DuMont Dokumente:

Eine Sammlung von Originaltexten, Dokumenten und grundsätzlichen Arbeiten zur Kunstgeschichte, Archäologie, Geisteswissenschaft, Musik- und Filmgeschichte, ästhetischen Erziehung

In der vorderen Umschlagklappe: Stadtplan von Paris um 1900

In der hinteren Umschlagklappe: L'Antitradition futuriste, Manifest vom 19. Juni 1913

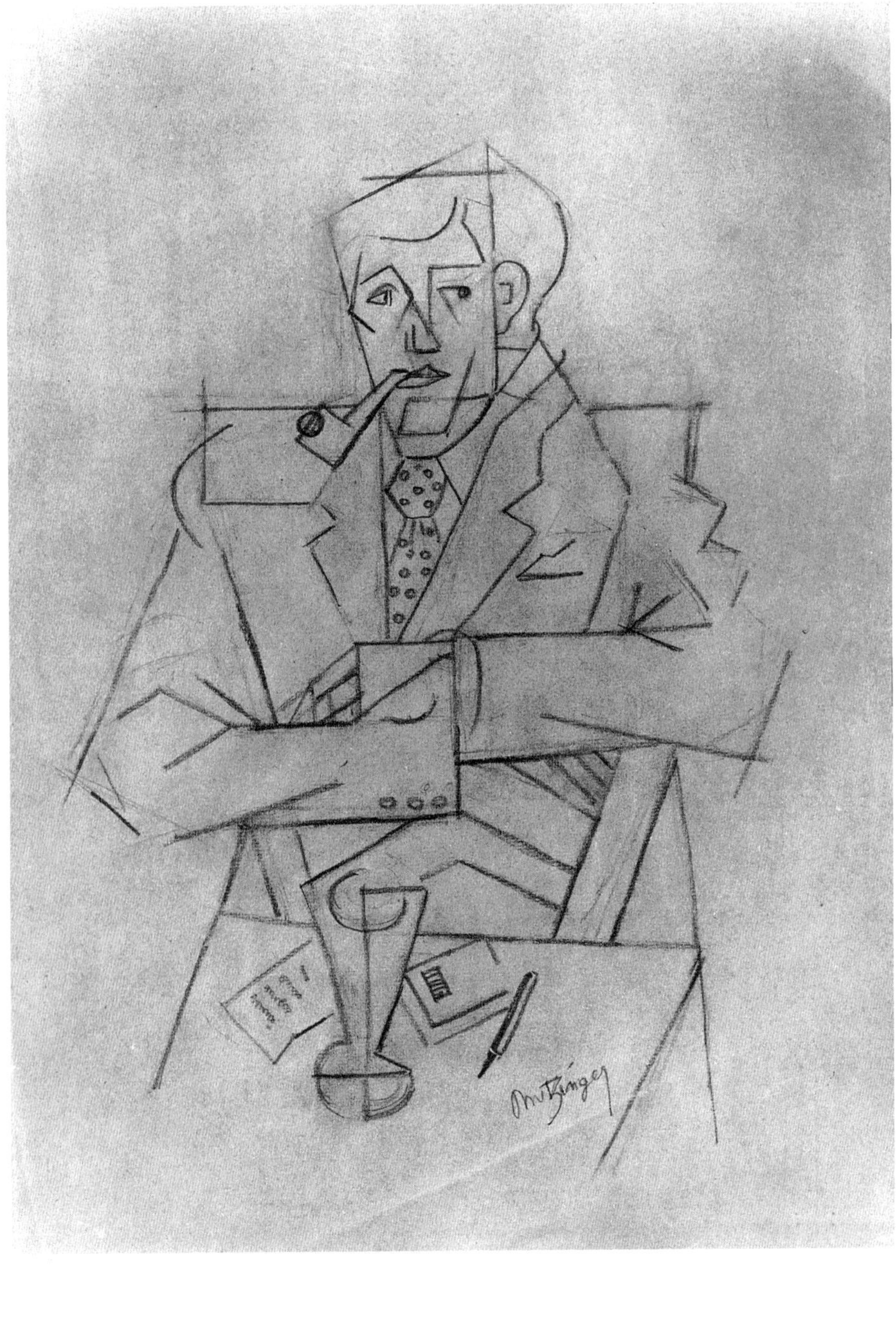
Metzinger

Hajo Düchting (Hrsg.)

Apollinaire zur Kunst

Texte und Kritiken
1905–1918

DuMont Buchverlag Köln

Auf der Umschlagvorderseite: Apollinaire in Picassos Pariser Atelier am Boulevard de Clichy, aufgenommen zwischen 1910 und 1912
Auf der vorderen Umschlagklappe: Guillaume Apollinaire, Porträtfoto, aufgenommen zwischen 1908 und 1910
Auf der Umschlagrückseite: Marie Laurencin, Künstlergruppe, 1908, Baltimore Museum of Art, © 1989 VG Bildkunst, Bonn
Frontispiz: Jean Metzinger, Studie zum Bildnis Apollinaires, 1909, Musée National d'Art Moderne, Centre Georges Pompidou, Paris, © 1989 VG Bildkunst, Bonn

CIP-Titelaufnahme der Deutschen Bibliothek

Apollinaire, Guillaume:
Apollinaire zur Kunst : Texte und Kritiken 1905 – 1918 /
[Guillaume Apollinaire]. Hajo Düchting. – Köln : DuMont,
1989
(DuMont-Dokumente)
ISBN 3-7701-2190-2
NE: Düchting, Hajo [Hrsg.]; HST

Satz und Druck: Rasch, Bramsche
Buchbinderische Verarbeitung: Bramscher Buchbinder Betriebe

Printed in Germany ISBN 3-7701-2190-2

Inhalt

1911

1912

1913

1914

Ich liebe die Kunst der heutigen Maler,
denn ich liebe vor allem das Licht.

Guillaume Apollinaire

Vorwort

Mit dem Namen Guillaume Apollinaires verbindet der deutsche Leser vor allem wohl einige ›moderne‹ Gedichte, vielleicht auch die faszinierenden *Kalligramme*. Zwei Bände mit den wichtigsten Erzählungen sind darüber hinaus in jüngster Zeit neu aufgelegt worden (*Der gemordete Dichter*, 1980, und *Erzketzer & Co.*, 1986). In den Anthologien zur modernen Kunst taucht Apollinaire wie ein Phantom in unzähligen Zusammenhängen auf. Aus seiner Biografie weiß man von seiner Freundschaft zu den wichtigsten Malern seiner Zeit. Wenig weiß man hierzulande aber über den Kunstkritiker und Impressario der Avantgarde. In den »wunderbaren Jahren« von 1900–1914 war Apollinaire nämlich nicht nur Dichter und Schriftsteller, sondern auch Journalist, Kunstkritiker, Vortragsredner und Ausstellungsmacher, ein ›Animateur‹, wie ihn die Kunstwelt seitdem kaum wieder erleben durfte.

Als die erste französische Gesamtausgabe seiner kunstkritischen Schriften auf den Markt kam (1960), war die erste und einzige deutsche Übersetzung von *Die Maler des Kubismus* (1956) bereits vergriffen. Gerade dieses Büchlein aber hatte bereits zu seinen Lebzeiten viel zur Geringschätzung von Apollinaires Kunstverständnis beigetragen. Mit den hermetisch-poetischen Texten des Dichters konnte man dem Kubismus im kunstwissenschaftlichen Sinne nicht beikommen. Auch die Textauswahl aus seinen Kunstkritiken machte den Eindruck des vielbeschäftigten, aber nicht sehr tiefgründigen Kunstfreundes nicht wett. Die endlosen Salonkritiken unterstrichen vielmehr die journalistische Seite von Apollinaires zweifellos vorhandener Neu-Gier für die moderne Kunst. Es fiel schwer, den gemeinsamen Nenner zu erfassen, der es ermöglichte, den Dichter und den Kunstkritiker, den Symbolisten und den Futuristen als zwei Seiten einer der Zentralfiguren jener Umbruchzeit zu erkennen, die sich in vielen Bereichen durch eben diese Janusköpfigkeit von Alt und Neu, Fortschrittseuphorie und Geheimniskrämerei auszeichnete. Erst einige neuere Studien beschäftigten sich ausdrücklich mit Apollinaires Rolle als Kunstjournalist und Katalysator für viele, ganz neuartige künstlerische Ideen.

Dem deutschsprachigen Publikum Apollinaire in seiner schillernden Rolle als ›moderner Orpheus‹ vorzustellen, ist die Absicht dieser Auswahl aus seinen Kunstkritiken. Grundlage für die Auswahl und Übersetzung bildeten die beiden Ausgaben in französischer und englischer Sprache (*Chroniques d'Art*, 1960; *Apollinaire on Art*, 1972), sowie einige weitere Artikel aus seiner Kolumne »La Vie anecdotique« im *Mercure de France* (*Anecdotiques*, 1955). Vieles mußte ausgelassen werden aus dem Konvolut des Tagesjournalismus, doch wurde darauf geachtet, neben den großen, wichtigen Einsichten zur modernen Kunst auch kleinere, weniger bedeutende Texte hereinzunehmen, die zweifellos mehr zum ›Geschäft‹ Apollinaires gehörten als seine mehrfach überarbeiteten Grundlagentexte zur modernen Malerei. Insgesamt sollte der Eindruck nicht verwässert werden, daß Apollinaire nicht nur ein Anführer und Verführer in Sachen moderner Kunst war, sondern genauso ein Verführter, der sich vom ›Schock der Moderne‹ allzu leicht blenden ließ. Was aber die kunstkritischen Schriften Apollinaires bei allen offensichtlichen Mängeln so wertvoll macht, ist ihr einzigartiger dokumentarischer Charakter. Authentischere Quellen zur Entstehungsgeschichte der modernen Kunst zwischen 1900 und 1914 wird es kaum geben, Quellen, die zum besseren Verständnis dieser Zeitspanne und ihrer künstlerischen Manifestationen beitragen.

Um das Verständnis der Texte zu erleichtern, wurden nicht nur die Artikel ausführlich kommentiert, sondern auch in einer Einführung versucht, dem Leser am Beispiel Apollinaires Einblick in die wichtigen Zusammenhänge von Kunst und Leben zu dieser Zeit zu geben. Zur Dokumentation gehören auch zahlreiche Kurzbiografien zu den wichtigsten erwähnten Malern. Interessant sind eben nicht nur die heute allseits bekannten Namen, sondern gerade auch die Flut inzwischen vergessener oder weniger bedeutender Maler, die der Kritiker in einem Atemzug mit den Großen erwähnt. In dieser Zeit der Umwertung aller Werte vermochte auch Apollinaire nicht immer die Spreu vom Weizen zu trennen – wollte es auch gar nicht aus Gründen der Kollegialität –, denn neue Beurteilungskriterien mußten sich erst noch herausbilden. So wird ein faszinierendes Kapitel der Kunstgeschichte auch einmal ›von unten‹ beleuchtet, nicht nur als Geschichte der Gewinner, sondern auch der Verlierer in dem Kampf um Durchsetzung und Würdigung, der sich vor allem in den Pariser Salons abspielte, die ebenfalls vorgestellt werden, um das Aktionsfeld dieser künstlerischen Auseinandersetzungen zu beleuchten. Die begleitenden Abbildungen sollen eher summarisch einen Überblick darüber verschaffen, wie vielseitig und offen Apollinaires Kunstverständnis war, aber auch wie eklektisch und stimmungsabhängig. Letztendlich glaubte Apollinaire weniger an eine unbedingte ›Moderne‹ als an den gemeinsamen Ursprung alles Schöpferischen in einem stets wandelbaren, im Kern aber unzerstörbaren »schöpferischen Geist« des Menschen, dem er in jedem noch so bescheidenen Kunstwerk seine Verehrung zollte.

Für die Hilfe bei den umfangreichen Recherchen zu den Künstlerbiografien möchte ich Yvonne Tutert meinen herzlichen Dank aussprechen.

November 1989

Einführung

Apollinaire zur Kunst

Ich betrachte den Dichter als den besten aller Kritiker …
Alle großen Dichter werden ganz natürlich zum Kritiker.
Charles Baudelaire

»Eines Tages da wartete ich auf mich selbst.«
Apollinaire in der Schule des Lebens und Sehens

Guillaume Apollinaire: Mit diesem Namen beschwört man eine Epoche der Veränderungen, der Umwandlungen und Erneuerungen auf allen Gebieten der Kunst und Kultur. Apollinaire war nicht nur Kronzeuge der Entstehung einer modernen Kunst, sondern führte sie gleichermaßen mit seinen Gedichten, Prosastücken und Kunstkritiken an. Kaum ein anderer seiner ›Kollegen‹ hat mit soviel Feuer und Engagement diese Entwicklung begleitet, kaum ein anderer hat sich so sehr von ihrem Geist infizieren lassen. Apollinaire ist der erste moderne Kunstkritiker, der sich mittragen läßt von der Welle der Innovationen und dabei Vorausschau wie Rückblick hält.

Sein Kampffeld sind vor allem die großen öffentlichen Salons, in denen seit dem 17. Jahrhundert die Kunstausstellungen in Paris stattfinden (s. S. 308 ff.). Mit den Salons entstand damals auch das Genre der Kunstkritik, der spottlustigen Salonberichte, die weniger das Kunstwerk als das kulturelle Geschehen meinen.[1] Aber erst mit der Öffnung des Salons für alle Künstler des In- und Auslands (und nicht nur für die Mitglieder der Académie des Beaux-Arts) durch Dekret der Nationalversammlung vom 21. 8. 1791 entwickelte sich ein turbulentes, ›modernes‹ Kunstleben in Paris, dem die Presse nicht nachstehen wollte. In den führenden Tageszeitungen, wie dem *Mercure de France* und dem *Journal de Paris* wurden regelmäßige Salonberichte veröffentlicht, die manchmal den Umfang eines kleinen Buches annahmen. Neben diesen eher langweiligen Überblicken entstand eine andere Form der Kunstkritik, die sog. Korrespondenzen (z. B. von Grimm oder Bachaumonts *Mémoires sécrètes*), die sich in gehobener literarischer Sprache wirklich kritisch mit den Kunstwerken auseinandersetzten. Eine andere Möglichkeit, seiner Meinung Ausdruck zu geben, waren die vor den Toren der Salons verteilten Broschüren, die anonym oder unter Pseudonym veröffentlicht wurden und vor allem die Sensationslust des Publikums durch satirische Glossen stillten, eine Form der Kritik, die später auch Apollinaire bestens beherrschte.

Mit Denis Diderot betritt endlich ein Schriftsteller und Philosoph den Kampfplatz der Salonkritik, um offen und in scharfer, aber wohlformulierter Form Kunsturteile zu fällen. Seine *Salons de 1759, 1761, 1763, 1765, 1767, 1769, 1771, 1775, 1781,* um die berühmtesten des Ancien régime zu nennen, heben die Kunstkritik vom Niveau des oberflächlichen Tagesjournalismus auf die Ebene sprachlich und sachlich angemessener, qualitätvoller Literatur. Bei Diderot findet man zum ersten Mal den Gedanken der Ebenbürtigkeit, wenn nicht sogar Überlegenheit des literarischen Kritikers über den ausübenden Künstler.[2]

Das Terrain war geebnet. Nun konnte sich mit größter Selbstverständlichkeit jeder hoffnungsvoll begabte junge Mann auf die Kunstkritik stürzen, wenn ihm die Verleger wohlgesonnen waren. Von diesem hart erkämpften und durch Diderot geadelten Recht machen zunächst die Literaten Gebrauch, die schon durch ihr Metier, aber auch durch freundschaftliche Beziehungen zu bildenden Künstlern dem Schauen und Denken zugeneigt sind. Der nach Diderot wohl berühmteste literarische Kunstkritiker ist zweifellos Charles Baudelaire, dessen Freundschaft zu Delacroix, Guys und schließlich noch zu Manet sicherlich viel zur Prägung seines Kunstverstandes beigetragen hat.[3] Nicht zuletzt an Delacroix' Bildern formuliert Baudelaire seine ›moderne‹ Kunstauffassung, die die schöpferische Einbildungskraft *(Imagination, la reine des facultés)* ins Zentrum der Kunstbewertung stellt und die Farbgebung als »magische Akkorde« zu ihrem Ausdrucksträger macht. Selbst Kandinsky hat sich – genau besehen – nicht weit von dieser Position entfernt, wenn er etwa von den seelischen Vibrationen spricht, die der Künstler durch das Zusammenspiel von Form und Farbe im Betrachter auszulösen vermag.[4]

Wenn sich schließlich sogar »von Baudelaire zum Surrealismus« ein Bogen schlagen läßt, z. B. im Weiterreichen einer Grundüberzeugung einer »geheimnisvollen« seelischen Schöpferkraft, die sich unabhängig vom Sujet bereits im Material abzeichnet[5], so findet sich darin Apollinaire einbezogen, als wenn er zu den großen Kunst- und Literaturtheoretikern gehörte.

Beim ersten Überfliegen seiner Salonkritiken schleicht sich allerdings schnell ein Gefühl der Enttäuschung ein, wahre Perlen befinden sich in nächster Nachbarschaft zu vagen journalistischen Phrasen, die ihre Entstehung nicht dem gründlichen Hinschauen und Nachdenken über Kunst verdanken, sondern dem Druck der Redaktionstermine.[6]

Überhaupt läßt sich – im Gegensatz zu seinen literarischen Vorgängern auf diesem Gebiet, selbst zu einem eigentlich so kunstfremden Geist wie Zola[7] – bei Apollinaire kaum eine zusammenhängende ästhetische Theorie aus der Summe seiner Äußerungen herausfiltern. Vielleicht liegt aber in diesem scheinbaren Manko weniger eine Schwäche des Autors, als das Symptom einer kaum faßbar schnell sich wandelnden Zeit, in der Apollinaire selbst sich mitreißen ließ von dem ›frisson nouveau‹ und der ›modernité‹, den von Baudelaire eingeführten Kunstkategorien, die allerdings erst zu Apollinaires Zeit ihre (aus heutiger Sicht verhängnisvolle) Wirksamkeit entfalteten.

Kunst und Leben als eine Einheit, so lautet die griffige Formel der historischen Avantgarden. Auch für Apollinaire ist sie der Brennpunkt seiner ästhetischen Anschauungen: Apollinaire erlebte die Kunst seiner Zeit so hautnah und neugierig wie kaum ein anderer seiner Zunftgenossen, und er ließ sich vorbehaltlos von ihr formen und bilden. Schon aus diesem Grund ist eine komplementäre Betrachtung von Apollinaires Leben und seinen künstlerischen Anschauungen unabdingbar, um Verständnis für seine »Frontwechsel« (Décaudin), seinen Eklektizismus, seine Vagheit, aber auch für seinen Scharfblick zu gewinnen.

Im Gespräch mit seinen Literatenfreunden in einem der vielen, zur Legende gewordenen Cafés im Paris der Jahrhundertwende, wie z. B. der Closerie des Lilas, liebte es Apollinaire, auf seine ›dunkle‹ Herkunft anzuspielen: Er war der uneheliche Sohn einer exzentrischen Schönheit, Angélique Alexandrine Kostrowitzky, aus polnischem Adel und unter Obhut der Kurie von Rom stehend, und des ehemaligen Offiziers der Königlichen Armee Beider Sizilien Francesco Flugi d'Aspermont, der nach Geburt eines zweiten Knaben seine Gefährtin verließ. In Apollinaires Phantasie mußte mindestens ein Kardinal oder sogar der Papst hinter dieser Liaison gesteckt haben; vielleicht war dies aber auch der Erinnerungsreflex des nach der Lösung der Beziehung einsetzenden Umhegung durch die ›Mutter Kirche‹. Damals nahmen sich sowohl der Bischof von Monaco als auch der Bruder des unglücklichen Liebhabers, der Generalabt des Benediktinerordens Dom Romarino alias Nicolas Flugi der beiden Knaben an.

1888 tritt Guillaume Albert Vladimir Apollinaire de Kostrowitzky, so der volle Taufname, als Internatsschüler in das Kolleg Saint-Charles in Monaco ein, sein Bruder folgt ein Jahr später. Dort durchläuft er bis 1895 einen normalen Schulweg mit durchweg guten Leistungen. Was treibt ihn aber des nachts zusammen mit seinem Mitschüler René Dupay, dem späteren Freund und Literaten René Dalize, in die dunkle Kapelle des Kollegs? Will er mit seinen nächtelangen Exerzitien für die Sünden seiner, aus der Ferne bewunderten, aus der Nähe aber durchschauten Mutter um Vergebung bitten, oder lockt ihn das Geheimnis des Glaubens, Anfänge einer Neigung zum Okkultismus und zur Metaphysik, der er sich bald sehr intensiv hingeben wird?

Schon früh findet Guillaume zu den geistigen Künsten, er dichtet seit dem zwölften Lebensjahr Verse und Sonette in bester französischer Tradition. Ein Notizbuch aus dem Jahre 1894/95 zeigt außerdem ein nicht sehr ausgeprägtes, wohl aber bemerkbares Talent für das Zeichnen und eine sich später noch mehr ausprägende Erfindungsgabe, das geschriebene Wort mit der Zeichnung zu verbinden.

Diese so herrlich eingesponnene Zeit findet durch den Wechsel der Schule ein jähes Ende. Im Jahre 1895 tritt er in die zweite Klasse des Kolleg Stanislas in Cannes ein, verläßt aber nach zwei Jahren die Schule wieder, um sich in Nizza auf das Abitur (baccalauréat) vorzubereiten, das er aber dann nicht mehr ablegt. Die zwei Jahre in Cannes haben ihn verändert, der fromme, naive Glauben ist einem unterschwelligen Mystizismus gewichen, der brave Schüler gebärdet sich aufsässig und obrigkeitswidrig. Er liest das anarchistische *Journal du Peuple* und engagiert sich gar für Zola und Dreyfus. Unter dem Pseudonym Guillaume Macabre – das erste von vielen noch folgenden – verfaßt er Kurzgeschichten und gibt zusammen mit seinem ehemaligen Mitschüler André Toussaint-Luca ein widerspenstiges Blatt heraus, *Der Rächer.* Die Weichen sind gestellt: Guillaume möchte Schriftsteller und Dichter werden. Toussaint-Luca erinnert sich an diese Umbruchzeit: »Seine Neugier trieb ihn, nach Anekdoten, exzentrischen Geschichten, nach den komischsten und am wenigsten bekannten Einzelheiten zu suchen. Schon damals kannte er alle witzigen Bemerkungen, all die kleinen Abenteuer, die die Seitenpfade der Geschichte ausmachen, aber auch das Vergnügen an ihr.«[8] Der angehende Literat verschlingt alles, was er vor die Augen bekommt: Balzac, Tolstoi, Zola,

Bourges, de Régnier, de Gourmont und Vielé-Griffin. Doch der alles anziehende Pol dieser Jahre blieb Mallarmé und der Symbolismus. Das Schlüsselgedicht Mallarmés *Un Coup de dés* war gerade in der kleinen Zeitschrift *Cosmopolis* erschienen und hatte große Diskussion und Bewunderung in den eingeweihten Kreisen hervorgerufen. Das waren neue Töne: »... einen Gegenstand benennen, heißt drei Viertel des Genusses am Gedicht unterdrücken, ihn suggerieren ist das ersehnte Ideal.«[9] Die Interpunktion war in dem Gedicht ausgelassen, eine neue, über die Seiten großzügig verstreute Typografie deutete Intonation, Pausen und Klangfülle an, ähnlich einem Musikstück. Eine ganze literarische Richtung nahm von dort ihren Ausgang und huldigte einer von Wagner und Baudelaire abgeleiteten mystischen Klangtheorie der Dichtung.[10]

Symbolistische Literatur und symbolistische Kunst: Die Ideen Gauguins und seines synthetistischen Zirkels waren die Grundlage jeder aufgeschlossenen Kunstdiskussion. Die Nabis, vor allem Emile Bernard und Maurice Denis, führten nach Gauguins Abreise in die Südsee seine Gedankengänge über die Freiheit der Kunst von der sklavischen Nachahmung der Wirklichkeit weiter, von der Betonung des Eigenwerts von Farben und Linien, der Synthese aller Elemente auf der Fläche des Bildes zu einer universellen Harmonie. Apollinaire wird noch Jahre später eine begeisterte Besprechung einer Ausstellung von Gauguins Bildern schreiben (*Die Ausstellung Paul Gauguin,* 1910, s. S. 104) und ebenso die Bilder der Nabis in den Salons würdigen. In diesen Theorien ist eine Wurzel von Apollinaires Kunstverständnis zu sehen. Der entgegengesetzte Pol der damaligen Kunstdiskussion trug die Bezeichnung Naturismus, eine kurzlebige literarische Strömung, von dem heute vergessenen Dichter Saint-Georges de Bouhélier ins Leben gerufen. Im Unterschied zu der hermetischen Weltdeutung des Symbolismus wandte sich der Naturismus an die direkte, sinnliche Erfahrungsmöglichkeit der Wirklichkeit. André Gides Roman *Les Nourritures terrestres* von 1897 liest sich fast wie eine nachgeholte Programmschrift dieser Bewegung, die trotz ihrer kurzen Dauer starke Impulse an die Kunstszene weitergab, z. B. an die Dichter und Maler der Abbaye de Créteil, einer 1906 gegründeten Künstlergruppe, die die Veränderungen der Moderne begrüßte und ihnen im Kunstschaffen nachgehen wollte. Apollinaire hatte mit ihren Mitgliedern Kontakt, ja machte sogar Marinetti mit Jules Romains, dem Haupt der Gruppe, bekannt.[11] So wurden bereits in Apollinaires Jugend die beiden wichtigsten Aspekte seiner Kunst- (und Welt-)anschauung begründet: der Hang zu mystischen Erklärungsformeln und als Gegenstück die unbedingte Hingabe an das moderne Leben.

Unverhofft bietet sich Guillaume 1899 die Gelegenheit aus der Enge der Provinz auszubrechen, als die Mutter in Monaco den jüdischen Bankier Jules Weil kennenlernt und beschließt, mit ihm nach Paris zu gehen. Doch die Realität der Metropole sieht anders als in den Träumen des jungen Dichters aus. Das Weilsche Vermögen ist schnell aufgebraucht, man entzieht sich den Gläubigern durch blitzschnelle Umzüge in andere Stadtviertel; schließlich gibt die lebenslustige Mutter dem angehenden Dichter zu verstehen, daß er nun für sich selbst aufkommen müsse.

Im Juli 1899 versucht Mme. de Kostrowitzky ihr Glück noch einmal im Casino von Spa, während ›Onkel Jules‹ und die beiden Brüder sich im zwanzig Kilometer entfernten Stavelot aufhalten. Das Glück aber ist offenbar nicht auf der Seite der Kostrowitzkys, überstürzt reisen die Mutter und ihr Geliebter ab und lassen Guillaume und Albert nebst einem Haufen unbezahlter Rechnungen zurück. Während der Monate in Stavelot vernachlässigt Guillaume die literarische Arbeit nicht: Er schreibt Liebesgedichte, Akrosticha über die Vornamen der Mädchen, satirische Verse über die Sitten und Gebräuche in der Stadt; er versucht sich sogar im Wallonischen und er entwirft Theaterstücke und Erzählungen, wie *Que vlo-ve?*. Angeregt durch die Mythen und Legenden dieser Gegend schreibt er die erste Fassung seines Buches *L'Enchanteur pourrissant* (Der verwesende Zauberer).

Die abenteuerliche Rückkehr nach Paris (ohne die offenen Rechnungen beglichen zu haben) führt zurück in eine triste Welt voller Demütigungen (wovon das Gedicht *Die Tür* handelt). Für einen Feuilletonisten des *Le Matin* namens Esnard muß Apollinaire als Zuträger arbeiten.[12] Doch die erschöpfenden Niederungen des Broterwerbs dämpfen nicht seinen künstlerischen Trieb. Auf seinen Spaziergängen durch die Stadt, in den Cafés und Bibliotheken versucht er, Anschluß an die Kunstszene der Metropole zu gewinnen. Endlich, in der Bibliothèque Mazarine, lernt er den Historiker Léon Cahun kennen, der ihn in die Geheimnisse der Kabbala einweiht. Durch seine Vermittlung lernt Guillaume auch Marcel Schwob kennen, Mitarbeiter am berühmten *Mercure de France*. Die ersehnte Verbindung zu Dichterkreisen, zu Catulle Mendes, Paul Claudel und André Gide, ist damit hergestellt.

Dieser neue Kontakt bringt die nötige Aufmunterung; Gedichte entstehen, die er in der neu gegründeten Zeitschrift *La Grande Revue* 1901 erstmals unter seinem Namen (Kostrowitzky) veröffentlichen kann. Doch zu dieser Zeit ist Guillaume gar nicht in Paris, sondern befindet sich im Automobil auf einer Reise nach Deutschland, an der Seite von Mme. Milhau und ihrer Tochter, deren Hauslehrer er geworden ist, zusammen mit Miss Annie Playden, die für den Englischunterricht zuständig ist. Ende 1901 erreichen sie Bad Honnef, in dessen Nähe Mme. Milhau ein kleines Landhaus, ›Neu-Glück‹, besitzt. Für den für Miss Playden entflammten Dichter beginnt eine wichtige Zeit des Sehens und Lernens. Von Bad Honnef aus unternehmen sie Reisen nach Köln, Düsseldorf und Bonn, durchforschen die Eifel (bis Maria Laach) und lassen sich die Legenden und Sagen vom Rhein erzählen.

Seine ersten Impressionen schickt Apollinaire unter dem Titel *Die schlechten Straßen Deutschlands* an den *Tabarin,* dessen korrespondierender Mitarbeiter er durch die Vermittlung von Eugène Gaillet (einem anderen Zuträger Esnards) geworden war. Im Februar 1902 bricht Mme. Milhau mit ihren Begleitern zu einer dreimonatigen Reise durch Deutschland und Österreich-Ungarn auf. Die Museen in Berlin, Nürnberg und Dresden faszinieren Apollinaire. Er schreibt seine ersten Kunstkritiken: *Der Pergamon-Altar in Berlin* (La Revue Blanche, 15. Mai 1902), *Die Düsseldorfer Ausstellung* (L'Européen, 11. Oktober 1902) und *Das Germanische Museum in Nürnberg* (L'Européen, 13. Dezember 1902). Mit Recht läßt sich deshalb behaupten, daß Apollinaire in den deutschen Museen und Ausstellungen seine ästhetische Erziehung vervollkommnet, die bisher nur sehr lückenhaft war. Die Kunst der deutschen Renaissance, der gotische Kölner Dom und die Kölner Malerschule hinterlassen nicht nur Spuren in seiner Dichtung, sondern bilden auch eine Art Ferment in Apollinaires ästhetischer Entwicklung.[13] Apollinaire hat das Feld ästhetischer Reflexion entdeckt. Erfahrungen und Begegnungen in anderen Städten führen zu einer reichen dichterischen Ernte: In Prag inspiriert ihn das alte Judenviertel zu der Erzählung *Der Reisende von Prag,* von einem Abstecher nach Wien bringt er *Die Jagd auf den Adler* mit, die mysteriöse Geschichte eines Abkömmlings Napoleons. In München besucht er das Starkbierfest und das Kabarett Die Elf Scharfrichter. Er skizziert das Gedicht *Das Haus der Toten* und die Erzählung *König Mond.* Der *Grande France* schickt er einen Bericht über die »Franzosen in München«, und er bietet dem Direktor der *La Plume*, Karl Boes, seine Dienste an.

Erfüllt und im Glauben an seine literarische Berufung gestärkt kehrt er ins Rheinland zurück und tritt von dort aus die Heimreise nach Paris an. Doch neben der literarischen Erfahrung, den Gedichten und Erzählungen, die später einen nicht geringen Teil von Apollinaires Ruhm ausmachen werden, bringt er auch eine tiefe Schwermut mit, eine enttäuschte Liebe mehr, denn Miss Playden hat seinem heftigen Werben nicht nachgegeben. Diese menschliche Enttäuschung wird von nun an wie ein Schatten über sein Werk ziehen, die Grunderfahrung nicht erfüllter Liebe, wie er sie in dem langen Gedicht *Das Lied des Ungeliebten* thematisiert. Durch den Anschluß an die literarische Zeitschrift *La Plume* gewinnt Apollinaire an Einfluß und Ansehen. In den Soirées der Redaktionsmitglieder und zuarbeitenden Schriftsteller im Weinkeller des Soleil d'Or fällt Apollinaire mit der Rezitation seines *Schinderhannes* auf. Dort macht er die Bekanntschaft von André Salmon, Alfred Jarry und Mécislas Golberg, dessen krause ästhetische Theorien großen Eindruck auf ihn machen.[14] Apollinaire genießt die literarische Bohème des Spätsymbolismus, den romantischen Habitus der schwarz gekleideten Dichter und Denker in ihren gezierten Posen. Alfred Jarry zeigt ihm eine andere Seite des Lebens, meilenweit entfernt von unerfüllter Liebe und Dandykult. Der ramponierte Wunderknabe der Literatur, gefeierter Verfasser des *Ubu-Roi,* einer beißenden Satire über Spießertum und bürgerliche Konvention, zieht Apollinaire, wie er sich jetzt offiziell nennt, in eine zwielichtige Welt, in der Leidenschaft für die Kunst nicht selten mit einer Verachtung aller vernünftigen Lebensregeln einhergeht. Apollinaire berichtet über die ihn oft bedrückenden Szenen mit dem betrunkenen Jarry, die überraschend abgefeuerten Pistolenschüsse, das seltsame Gebaren des alkohol- und äthervergifteten Bohemiens, seine merkwürdige Absteige (la grande Casublerie).[15]

Indessen wird Apollinaire bei aller Exzentrik Jarrys dessen neuartige Dichtung nicht entgangen sein, in der sich jene »réalité nouvelle« ankündigte, die bald das gesamte künstlerische Leben in Paris erfassen sollte, jene trotzige Ablehnung alles Althergebrachten, die Suche nach neuen Ausdrucksformen, das Spiel mit einer doppelbödigen Wirklichkeit, und nicht zuletzt jene Bereiche des Phantastischen und Bizarren, die der Surrealismus später aufgreifen und vertiefen wird.[16]

In der *Revue Blanche* schreibt Jarry jede Woche einen seiner zynischen Kommentare zum Zeitgeschehen, die die Gemüter erregen. In der Nummer 128 veröffentlicht er eine freie Übersetzung von Grabbes Stück *Scherz, Satire, Ironie und tiefere Bedeutung.* Überhaupt war in dieser Umbruchzeit Ironie und eine gehörige Portion Humor nicht nur ein zweckfreies Element der jungen Bohème, sondern wohl auch ein Mittel, sich in dieser Zeit zurechtzufinden. Apollinaire schreibt für verschiedene kleine Zeitschriften, vor allem aber für die

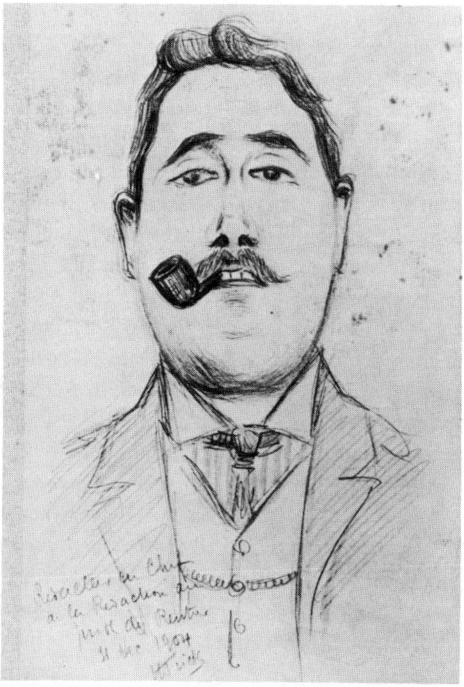

H. Frick, Guillaume Apollinaire, 1904

Revue Blanche, auch kleinere Kunstartikel, so zu einer Ausstellung von Dufy, die der junge Kunstkritiker »äußerst jugendlich« findet, »denn nichts läßt einen so um die Zukunft bangen wie eine frühe Vollendung«.[17] Doch die Geldmittel der kleinen Zeitschriften waren oft schnell erschöpft, auch die der *Revue Blanche.* Apollinaire kann noch einen letzten Artikel unterbringen, über die gefälschte Tiara des Saitapharnes (Über Fälschungen, 1. April 1903), dann stellt die Zeitschrift ihr Erscheinen ein. Lange bleibt er jedoch nicht unbeschäftigt. In diesem Klima der täglichen Begegnungen, der hochfliegenden Pläne und Träume wird schnell etwas Neues aus der Taufe gehoben. Die nächste literarische Perle heißt *Le Festin d'Esope,* Geldgeber ist Jean Sève, Redaktionsbüro das Zimmer von Salmon in der Rue Saint-Jacques. Beiträge zu dieser »Zeitschrift der Schönen Literatur«, wie sie der Untertitel ausweist, liefern Jarry, Salmon, de Gourmont, Deniker, und vor allem immer wieder Apollinaire, der in mehreren Folgen die erste Fassung seines *Enchanteur pourrissant* abdrucken kann, sowie einige seiner Rheingedichte.[18]

In den wenigen erschienenen Nummern (bis das Geld wieder einmal ausging) beginnt sich ein Bruch mit der überkommenen Literaturtradition des Symbolismus abzuzeichnen. Zwar werden die großen Dichterfürsten Régnier und Moréas noch hin und wieder ›nachempfunden‹, und auch Apollinaires Beitrag *L'Enchanteur pourrissant* steht in der Nachfolge einer schwarzen Romantik. Doch zeigt sich in vielen Gedichten die neue Tendenz zum *vers libre, zum Aufbrechen der starren Dichtertheorie der Parnassiens.*

Am 15. April 1905 veranstaltet La Plume ein großes Bankett zur Feier ihres fünfzehnjährigen Bestehens, woran auch Apollinaire teilnimmt. Mittlerweile hat sich der junge Mann einen Namen gemacht – Guillaume Apollinaire ist bereits so bekannt (und anerkannt), daß ihm der Dichterfürst Paul Fort, ein strenger Anhänger des Symbolismus, die Verwaltung seiner neuen Literaturzeitschrift *Vers et Prose* anvertraut. Salmon wird übrigens Redaktionssekretär. In der nächsten Nummer von *La Plume* (Mai 1905) erscheint ein manifestartiger Artikel, der von den Herausgebern Ricardo Canudo und André Tudesq unterzeichnet ist, aber eindeutig auch Apollinaires Handschrift trägt, ein Dokument spannungsvoller Erwartung von tiefgreifenden Veränderungen in Kultur und Gesellschaft:

»In jedem Leben – in dem des Individuums, sowohl wie in dem einer Gemeinschaft – gibt es Augenblicke, in denen das Leben stillzustehen scheint, fiebrig, erstaunt, erfüllt von dem Unbekannten, das kommen wird. Ungeduldig erwarten wir dieses Unbekannte, das uns auf einen Weg zurückführen soll, den wir im Nebel verloren haben. In diesem Augenblick kämpft die Gewohnheit ihren Todeskampf und der Strom der Erneuerung fließt unerbittlich – im Verborgenen noch oder schon offenbar – über Regionen, die uns bisher unberührbar erschienen. Verehrte Namen geraten in Vergessenheit, Menschen und Werke, von denen man einst immer wieder sprach, erscheinen uns ungenügend, ja unbedeutend. Man erhebt sich gegen seine Lehrer, vernichtet seine Götter [...].

Im Leben der Gesellschaft dienen solche Augenblicke der Vorbereitung auf große Erneuerungen von Ideen und Formen.

Wir sind an einem solchen Augenblick des Wartens angekommen. Wir spüren und wissen es. Wir sind ungeduldig, reagieren blasiert auf alles, was wir nicht länger mögen und von dem wir nur Weniges bewahren wollen [...], das nämlich, was uns hilft zu leben und die Zukunft vorzubereiten. Weiter und weiter entfernen wir uns von jenen flüchtigen Dingen der Vergangenheit, die heute schon offiziell und pedantisch geworden sind. Wir hoffen auf eine tiefgreifende, keineswegs nur formale Erneuerung der Gesellschaft in all ihren Schichten, auf eine Erneuerung der Mythen, der Künste, der Philosophie und der Wissenschaft.«[19]

»Wenn wir wissend wären, so erwachten alle unsere Götter.« Der Beginn einer Karriere und einer neuen Kunst

Trotz der zunehmenden literarischen Erfolge bleibt Apollinaire finanziell von seiner Mutter abhängig. Seine kleine Stellung als Redakteur bei einer Finanzzeitschrift, *Le Guide du Rentier,* läßt ihm zwar viel Zeit für sein literarisches Hauptinteresse, doch ist sein Gehalt so niedrig, daß er wieder bei seiner Mutter, die jetzt in Le Vésinet lebt, wohnen muß.[20] Bei seinen sonntäglichen Spaziergängen begegnet Apollinaire den Malern André Derain und

Maurice de Vlaminck, erste Kontakte mit der modernen Malerei, die er später als Anekdote in einem wichtigen Artikel über *Die Anfänge des Kubismus* (1912) verarbeiten wird.

Das Warten auf den Abendzug verkürzt sich Apollinaire in den Bistros um den Gare St.-Lazare, dem Critérion und dem L'Austin's Fox in der Rue Amsterdam. Wahrscheinlich in dem ersten Lokal trifft er eines Abends (durch Vermittlung von Mollet) auf Picasso, der sich ebenso wie Apollinaire seit einiger Zeit in Paris befindet und um Anerkennung als Künstler kämpft. Bei einem zweiten Treffen bringt Picasso seinen Freund Max Jacob mit; alle drei verbindet bald eine enge Freundschaft. Apollinaire wird in die ›Bande à Picasso‹ aufgenommen. In den Ateliers des Bateau Lavoir, in den ungeheizten, dunklen Verschlägen, die sich Maler, Bildhauer, Dichter und Schriftsteller teilen, findet Apollinaire einen kongenialen Geist der Veränderung und Erneuerung, den er selbst in neuen Formen ausdrücken möchte. Die Atmosphäre von Ironie, Wortspiel, anarchistischem Verhalten, in der die Trinkgelage in den Lokalen Lapin à Gill, Les Enfants de la Butte oder Chez l'Ami Emile ablaufen, hinterläßt bei dem aufnahmefähigen Apollinaire tiefen Eindruck. Jeden Dienstagabend wird der Kreis der Maler um Picasso noch erweitert, wenn man sich zu den Soirées von *Vers et Prose* in die Closerie des Lilas begibt. Schriftsteller, Maler, Musiker, Bildhauer, alte und junge, bereits berühmte und noch ganz unbekannte, unter ihnen Moréas, Jarry, Stuart Merrill, Elémir Bourges, Gustave Kahn, Duhamel, Vildrac, Salmon, Apollinaire, Picasso, Derain und Van Dongen mit ihren nicht minder interessanten Begleiterinnen formieren sich hier zum Kern der kommenden Avantgarde.[21]

Zu den harmloseren, aber gerne aufgesuchten Vergnügungsorten gehört der Zirkus Médrano, der eine seltsame Anziehungskraft auf die Bohème ausübt. Im Beruf des Artisten und Clowns sah man vielleicht ein Spiegelbild des Künstlers, der erst nach bestandenem Drahtseilakt mit der Gunst des Publikums rechnen kann. Besonders Picasso ist sichtlich angetan von den Zirkusdarbietungen. Das Motiv des Clowns oder Harlekins taucht nun immer häufiger in seinen Bildern der blauen Periode auf. Die Gaukler werden zu Symbolen des ruhelosen Künstlertums, von der Gesellschaft ausgestoßen und belacht, ihr aber zur Unterhaltung dienend.[22]

Apollinaire schreibt zwei Kritiken zu diesen Bildern; die eine erscheint in der sehr kurzlebigen Zeitschrift *La Revue Immoraliste*, von Henri Delormel, einem Freund Apollinaires, anläßlich eines Trinkspruchs im Critérion gegründet. Zur Seriosität dieses Blattes trägt auch Apollinaires Essay zum Lobe der Prostitution nicht gerade bei.[23] Nach der zweiten Nummer, die man vorsichtshalber in *Les Lettres Modernes* umtauft, erscheint das Blatt nicht mehr. Apollinaires erster Artikel über Picasso sagt kaum etwas über die Bilder der blauen Periode aus, und doch vermittelt der Text etwas von ihrem Geist. Apollinaire wählt statt der genauen Bildbeschreibung die umschreibende Metapher, die poetische Paraphrase. Mit der Betonung der Phantasie schlägt Apollinaire einen Ton an, der alle seine kunstkritischen Schriften durchziehen wird, und der an seinen großen Vorgänger Baudelaire erinnert.[24] Der zweite ausführlichere und wichtigere Artikel zu Picasso erscheint am 15. Mai in *La Plume* (Junge Künstler: Picasso, der Maler; s. S. 51 ff.). Noch stärker als im ersten Artikel entfaltet sich in diesem langen Text Apollinaires eigentliches Talent der poetischen Nachempfindung, der sogenannten *critique poétique*. Auch diesmal sind keine Bilder direkt genannt oder genauer beschrieben, und doch vermittelt sich beim Lesen die Ausstrahlung und tiefere Motivation dieser Bilder. Dieser Text bildet den Grundstein für Apollinaires kunstkritischen Einsatz wie auch seine dafür gewählten Stilmittel; das sind nicht stilkritische Einordnung, Bildbeschreibung oder die Aufklärung maltechnischer Zusammenhänge, sondern vor allem Metapher, Allegorie und Assoziation, was wiederum auf Baudelaire zurückweist.[25]

Als eine eigenständige Kategorie führt Apollinaire hier zum ersten Mal das Element des ›Neuen‹ ein, dem er alles andere unterordnet. Noch überraschender aber ist die Betonung der ›Schönheit‹, was Apollinaire bei aller gesuchten Modernität als Verfechter eines kaum verhüllten Idealismus auszeichnet.[26] Wie sehr Apollinaire selbst diesen Artikel als wesentlich für seine Kunstanschauung auffaßte, beweist die Tatsache, daß er diesen Text in dem Abschnitt zu Picasso in dem Buch *Die Maler des Kubismus* einfügte.

Es erstaunt nun, daß Apollinaire nach diesem vielversprechenden Anfang als Kunstkritiker für zwei Jahre in diesem Bereich schweigt. Auch seine literarischen Aktivitäten gehen zurück. Außer zwei pornografischen Romanen[27] kann Apollinaire mit nur wenig Kreativem in dieser Zeitspanne aufwarten. Vielleicht läßt sich in dieser Schaffenspause eine Parallele zu Picasso sehen, der sich nach seiner ersten Ausstellung zurückzieht und einen Ausweg aus seiner spätsymbolistischen Phase sucht.

Der Fauvismus ist inzwischen wie ein Feuerwerk über Paris niedergegangen. Um Matisse sammeln sich andere Maler, Derain, De Vlaminck, Braque, deren Bilder der Farbe ein neues Gewicht, neue Ausdruckskraft verleihen. Die Nabis um Maurice Denis gehen einen anderen Weg, sie setzen auf die Linie, auf die dekorative Flächenkomposition. Alle im Salon ausstellenden Maler aber berufen sich mehr und mehr auf Cézanne, den in seinen letzten Lebensjahren die jungen Maler aufsuchen, um seine ›Lehre‹ zu erfahren.[28] Intellektueller Treffpunkt sind die Cafés und Bistros, die Ateliers und Wohnungen der Maler und Dichter, und vor allem die Wohnung von Gertrude und Leo Stein in der Rue des Fleurs, wo Maler wie Picasso und Matisse mit Schriftstellern und Kritikern wie Salmon und Apollinaire zusammenkommen und unter anderem die Sammlung der Bilder Cézannes bewundern. Picasso kommt besonders häufig zu den Steins, er malt ein Porträt von Gertrude Stein, dessen Kopf er nach etlichen Versuchen übermalt und aus dem Gedächtnis neu gestaltet im Stil der erst gerade entdeckten iberischen Skulptur.[29]

In dieser Zeit muß Picasso auch schon an seinem Schlüsselbild *Les demoiselles d'Avignon* gearbeitet haben, vielleicht als Gegenstück zu dem Bild *La joie de vivre* von Matisse, das Meisterstück des Salon des Indépendants von 1906. Mit Gewalt ging Picasso alle ihn beschäftigenden bildnerischen Probleme gleichzeitig an. Stammt das Motiv noch aus dem Milieu der Bohème – es handelt sich um eine Bordellszene –, so ist die Bildgestaltung weit entfernt von der Larmoyanz der blauen Periode. Die Figuren erscheinen hart und kantig, gewaltsam deformiert, um sich dem Bildraum anzupassen, die Gesichter zu fremdartigen Masken erstarrt.[30]

Die Gefühle von Picassos Freunden beim Betrachten dieses Bildes sind sehr gemischt. Braque, der durch Vermittlung Apollinaires Ende 1907 die Bekanntschaft mit Picasso gemacht hat, schreckt zunächst zurück.[31] Doch bald darauf entsteht aus diesem Schock eine enge Freundschaft und eine intensive gemeinsame Arbeit an dem Stil, den man später den Kubismus nennen sollte.

Über die Reaktion Apollinaires ist nichts bekannt, sicher wird es ihn aber genauso beunruhigt und aufgerüttelt haben wie die anderen Augenzeugen dieses Schlüsselbildes des 20. Jahrhunderts. Ein Echo von Picassos Verwandlung ist vielleicht auch in Apollinaires Gedichten aus dieser Zeitspanne abzulesen, etwa in *Die Verlobung* (Les Fiancailles) oder in dem hermetischen, rätselhaften Gedicht *Lul de Faltenin*.[32] Apollinaire beginnt wieder zu schreiben. Durch einen früheren Mitschüler, Louis de Gonzague-Frick, wird er in die Redaktion der Zeitschrift *La Phalange* eingeführt, in der er neue Gedichte veröffentlicht, wie das berühmte Prosagedicht *Traumdeutung* (Onirocritique) im Januar 1908. Einen besseren Namen für eine Zeitschrift kann sich Apollinaire nicht vorstellen, denn er selbst sucht nach einer ›Phalanx‹ von Künstlern, die das Neue, das sich nun überall mit Vehemenz ankündigt, aufgreifen und formen. In einem Vortrag über die *Phalanx der neuen Dichter* (25. 4. 1909) setzt Apollinaire selbst ein Zeichen. Neben ganz neuen Namen, wie Max Jacob, Léo Fargue und André Salmon finden sich aber in Apollinaires Phalanx noch etliche ältere Bekannte aus dem Symbolismus, der Abbaye de Créteil und auch Einzelgänger wie Marinetti. Apollinaires eklektischer Geschmack wird zum ersten Mal deutlich, seine Vorsicht, aber auch sein Wunsch, zusammen mit einer ausgewählten Künstlerschar Vorkämpfer einer neuen Ästhetik zu werden.

Ein weiterer Reflex der neuen Situation läßt sich in Apollinaires erster großer Salonkritik erkennen, dem Bericht zum Salon d'automne von 1907. Neben den monografischen Artikeln, den Vorworten zu Einzel- und Gruppenausstellungen, den manifestartigen Texten, in denen Apollinaire nach Grundlegungen seiner Ästhetik sucht, wird er nun auch immer wieder Salonberichte abgeben. Den grundsätzlichen Schwierigkeiten dieses Genres versucht Apollinaire im allgemeinen dadurch zu begegnen, daß er eine persönlich (oder strategisch) motivierte Auswahl einiger Künstler in den Zusammenhang einer Ästhetik des Neuen und Modernen stellt und andere Künstler im Vorbeigehen behandelt.

Der Artikel zum Salon d'Automne (s. S. 54 ff.) ist allerdings ein Stück einmaliger Humoreske im Stile von Alfred Jarry. Statt einige Künstler näher zu beleuchten, wählt Apollinaire das Mittel der Glosse, um den Herbstsalon als Institution anzugreifen. Im Mittelpunkt steht dabei der Direktor und Gründer Frantz Jourdain, der durch einige burleske Abenteuer gejagt wird, die seine bigotte und spießige Haltung in Fragen der Kunst dekouvrieren. Auch De Vlaminck muß für eine satirische Studie seiner cholerischen Persönlichkeit herhalten. Nur noch in der Besprechung des Salon des Indépendants von 1908 hat Apollinaire eine so spitze, satirische Feder geführt. Dann scheint ihm der Kampf um die moderne Kunst zu ernst zu werden, um allein mit Satire oder leichter Ironie weitergeführt werden zu können. Schon der nächste Artikel zu Matisse (La Phalange, 15. 12. 1907) ist in einem ganz anderen Ernst und Stil gehalten. Apollinaire war von Anfang an ein großer Bewunderer von Matisse, den er nie unterläßt, in seinen Salonberichten als integren, mutigen Künstler herauszustellen, der nur seiner Kunst verpflichtet ist. Auch dieser erste Text zeichnet sich durch Einfühlungsvermögen und Beobachtungsgabe aus, zwei Gaben des Kunstkritikers, die man Apollinaire nicht immer bescheinigen mag. Neben vielen für das Verständnis von Matisses Malerei wichtigen Gedanken fällt vor allem ein Leitmotiv auf, das Apollinaires Kunstverständnis wie ein roter Faden durchzieht: der Glaube an die Autonomie des Kunstwerks gegenüber gegenständlicher Abbildtreue (vgl. auch S. 63ff.).

Das Jahr 1907 ist außerdem in zweierlei Hinsicht von großer Bedeutung für Apollinaires Leben. Zum einen schafft er es, sich aus der (mehr emotionellen) Abhängigkeit von seiner Mutter zu lösen, indem er im April sein erstes eigenes Domizil in der Rue Léonie 9 bezieht (bald umgetauft in Rue Henner). Zum anderen schöpft er neue Kraft aus der Beziehung zu der jungen Malerin Marie Laurencin, die er bei Picassos Kunsthändler Clovis Sagot kennengelernt hat.

Für den Dichter beginnt nun eine aufregende (und wohl auch aufreibende) Zeit: Er schreibt für verschiedene Zeitschriften, wie *La Vie de Paris, Culture physique* und *Je dis tout,* arbeitet bei *Paris-Journal, L'Intransigeant* und *Mercure de France* mit und veröffentlicht Gedichte und Erzählungen im *Soleil* und im *Messidor.* Für den Verlag der Gebr. Briffaut gibt er die Reihen *Maître de l'Amour* und *Coffret de Bibliophilie* heraus, deren Tendenz in die Richtung seiner eigenen 1907 erschienenen ›erotischen‹ Romane geht.

Im Salonbericht von 1908 stellt Apollinaire die protokubistischen Landschaften von Braque vor, bemerkt den Willen zur Konstruktion und zieht eine erste Parallele Kunst – Wissenschaft. Neben Braque werden vor allem die fauvistischen Maler Friesz, Rouault, Van Dongen, Dufy, Manguin, Marquet und Camoin gestreift. Allein der Beitrag zu Marie Laurencin führt den Dichter wieder auf poetische Gipfel, was durch die enge Beziehung der beiden eine menschliche Erklärung erhält.[33] Obwohl Apollinaire immer noch nicht völlig vom Talent des Einzelgängers Henri Rousseau überzeugt ist, den er 1907 durch die Vermittlung Jarrys kennengelernt hat, schreibt er zunehmend positiv über den Maler und leitet damit seine Hochschätzung innerhalb der Avantgarde ein. Rousseau malt als Dank ein Doppelbildnis Apollinaires mit Marie Laurencin mit dem Titel *Der Dichter und seine Muse* (Farbabb. 7). Mit einem bezeichnenden Zitat nach Mallarmé schließt der Salonbericht von 1908: »Nichts, was in der Vergangenheit schön gewesen ist, kann jemals ganz ausgelöscht werden.« Während sich Apollinaire für die neuen Maler einsetzt, hat er doch ständig das *beau idéal* vergangener Zeiten vor Augen, und bringt es dazu noch in einer Wendung des Großmeisters des Symbolismus ein, jener jetzt heiß bekämpften Literaturrichtung der Vergangenheit. Um einiges fundierter stellt sich dagegen das Vorwort zum Katalog der 3. Ausstellung des Cercle de l'Art moderne in Le Havre dar (*Die drei bildnerischen Kräfte,* s. S. 86ff.), die vor allem Werke der fauvistischen Maler zeigt. Es beinhaltet das Kernstück von Apollinaires Kunstauffassung und verdient deswegen genauere Betrachtung. Statt sich auf die einzelnen Maler (des Fauvismus!) zu beziehen, schägt der Text gleich zu Anfang eine hochgespannte lyrische Tonart an, vergleichbar mit den Picasso-Artikeln. Im Chaos der Naturkreisläufe gehen die Menschen ihrer Arbeit nach, und doch alle einem einzigen Ziel entgegen, dem Tod. Das unerbittliche Verstreichen der Zeit, das Thema der Vergänglichkeit aller Freuden durchzieht auch Apollinaires Gedichte wie ein Generalthema.[34] Nun aber

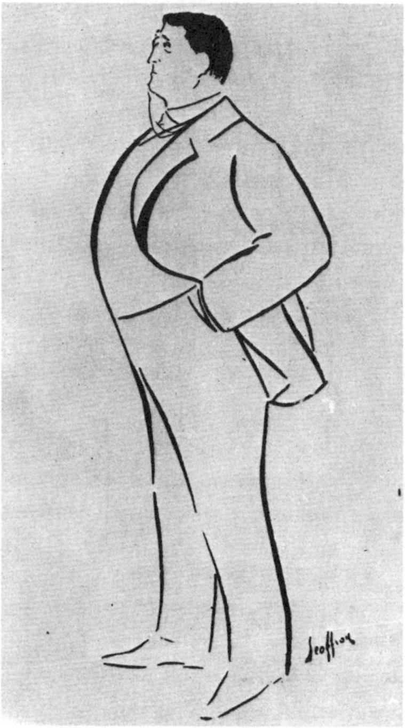

Karikatur Apollinaires von Geoffroy für La Phalange, 1907

erscheinen die neuen Maler, die nicht mehr der Natur untertan sein wollen. Sie setzen auf die bildnerischen Kräfte der Reinheit, der Einheit und der Wahrheit. Aus dem Feuer als Symbol dieser drei Kräfte steigt eine neue, reine Kunst auf, die nicht länger einer vergangenen sklavischen Naturschönheit frönt, sondern eine neue (bildnerische) Welt erschaffen will, die nicht minder schön ist als die alte Naturschönheit. Sie ist genau wie die Natur der Vergänglichkeit unterworfen. Die neuen Werke aber und mit ihnen die neuen Maler werden unsterblich sein.

Mit diesen Gedanken formuliert Apollinaire das Fundament seiner Kunstanschauung, die aus der Praxis der fauvistischen, aber auch der protokubistischen Malerei von Picasso und Braque abgeleitet ist. »Nur die Fotografen machen Abbildungen nach der Natur«, dieser Satz genügt, um das jahrhundertealte Credo der mimetischen Funktion der Kunst in Frage zu stellen. Die neuen Maler sind wahre Schöpfer, die aus der (gegenständlichen) Wirklichkeit nur das herausnehmen, was sie brauchen, um daraus ein ganz neues Bild der Welt zu schaffen, das um vieles tiefer, wahrer und reiner ist als das althergebrachte. Unabhängigkeit der Kunst von der Naturnachahmung, eigenständige Schöpferkraft des Künstlers, Autonomie des Kunstwerks, die Verschmelzung unterschiedlicher Bildelemente zu einer Einheit, schließlich die immerwährende Suche nach einer neuen und tieferen Wahrheit (einem neuen Wirklichkeitsbegriff) – das sind die Hauptmerkmale des neuen ästhetischen Programms, dem Apollinaire in der Folge kaum noch etwas hinzufügen wird außer einigen Vokabeln aus dem Atelierjargon.[35]

Mit dem folgenden Artikel, einem Vorwort zu Braques Ausstellung in der Galerie Kahnweiler, setzt Apollinaires Engagement für den Kubismus ein. Die Polemik gegen den Impressionismus sollte an dieser Stelle nicht allzu ernst genommen werden, da Apollinaire diesem Stil sonst immer gerecht zu werden versucht. Allerdings zeigt diese Polemik die zeittypische Reaktion auf eine ›Kunst des schönen Scheins‹, für die der Impressionismus oft genug stellvertretend stand. Einzig Cézanne (der wiederum schon zur Zeit der Entstehung des Impressionismus gegen diesen Stellung bezogen hat) wird als wichtiges Vorbild der neuen Malerei akzeptiert. Wieder zieht Apollinaire ganz unterschiedliche Maler zusammen, um das Lob der modernen Malerei zu singen. Neben Picasso, Matisse, Braque, Derain, De Vlaminck, Friesz, Marquet, Van Dongen werden auch Marie Laurencin, Félix Valloton und Odilon Redon in den Olymp der Moderne gehoben. Die Braque gewidmeten Teile des Textes bleiben eigentümlich vage und unbestimmt. Auch ganz persönliche Sympathien (und Antipathien) scheinen eine Rolle zu spielen bei dem Versuch, Kunstwerke poetisch-visionär zu durchdringen. Braques Reaktion auf die *Demoiselles d'Avignon* von Picasso war sein Bild *Grand nu* (Abb. 8), das er 1908 im Salon des Indépendants ausgestellt hatte. Apollinaire bezeichnet dieses Bild als »das originellste Kunstwerk im Salon« und sieht Braque als »mutigen und kühnen Maler«, dessen »letzte Zweifel bald verschwunden sein werden«. Den weiteren Weg Braques verfolgt Apollinaire jedoch kaum. Immerhin nimmt er ihn auch in die *Maler des Kubismus* auf unter Bezugnahme auf den Salon von 1908 und unter Verwendung dieses Vorworts. Eine Erklärung dafür ist vielleicht Braques Zurückhaltung gegenüber dem Pariser Kunstbetrieb. Bis 1914 stellte Braque kaum noch in einer Salonausstellung aus. So wird bereits hier, am Ursprung des Kubismus deutlich, wie wenig sich Apollinaire auf die bildnerischen Probleme dieses neuen Stils einlassen möchte, wie fremd ihm die intellektuellen Theorien und Auseinandersetzungen bleiben, die dessen Entstehung begleiten. Auch im weiteren Verlauf der Entwicklung, in der der Dichter immer stärker als die Autorität auf diesem Gebiet angesehen wird, nimmt er lieber zu Mystifikationen wie der ominösen ›Vierten Dimension‹ Zuflucht, anstatt sich mit den Bildern selbst auseinanderzusetzen. Trotzdem bleibt Apollinaire einer der wichtigsten Zeitzeugen für die Entstehung des Kubismus mitsamt allen Anekdoten und Legenden, die sich darum ranken.[36]

Dieses so aufregende Jahr endet für Apollinaire schließlich mit der Veröffentlichung des Buches *L'Enchanteur pourrissant* (Der verwesende Zauberer) in einer Luxusausgabe mit Holzschnitten von André Derain. Wegen der kleinen Auflage, die Henri Kahnweiler liebevoll ausstattet, ist ihm keine große Resonanz beschieden, doch zählt es weniger in der Form als des Inhalts wegen zu den wesentlichen Publikationen des Dichters vor dem Krieg.[37]

Die ganze Ambivalenz des ›Ungeliebten‹ gegenüber dem schönen Geschlecht wird Anfang 1909 deutlich. Unter dem später gelüfteten Pseudonym Louise Lalanne liefert er für die Zeitschrift seines Freundes Eugène Montfort, *Les Marges,* boshafte Verrisse der zeitgenössischen Frauenliteratur. Auf der anderen Seite wird er sich in einem langen Artikel für Malerinnen einsetzen, mit einer intensiven Würdigung von Talent und Stil verschiedener zeitgenössischer Künstlerinnen (Le petit Bleu, 5. 4. 1912, s. S. 65ff.). Am 1. Mai 1909 erscheint die Quintessenz dieser frühen Leiden, *Le Chanson du Mal-Aimé* (Das Lied des Ungeliebten), im *Mercure de France*. Die Entstehung dieses langen und bedeutenden Gedichts geht auf das Jahr 1904 zurück, seine endgültige Form erhält es aber erst 1913 in dem Gedichtband *Alcools* (Alkohol), mit der Anfügung des Epitaphs und der Antwortstrophen des Kosaken Zaporgues.

Um Marie Laurencin näher zu sein, zieht er nach Auteuil, Rue Gros 15. Zum Glück bezieht er die zweite Etage und bleibt vom Hochwasser verschont, über das er im *L'Intransigeant* berichtet. Bald danach zieht er wieder um, in die Rue Gros Nr. 37.

Nur ein kurzer, nichtssagender Text über Matisse ist für das Jahr 1909 verzeichnet, der zudem gar nicht veröffentlicht wurde (s. S. 91).

Auf Fürsprache von Salmon vertraut der Herausgeber des *L'Intransigeant,* Léon Bailby, Apollinaire eine feste Kunstkolumne an. Außerdem arbeitete er als Kunstkorrespondent für *Paris-Journal*. In diesen beiden Zeitungen – neben vielen anderen kleineren – erscheinen nun die wichtigsten Artikel Apollinaires, in denen er immer dezidierter für die moderne Kunst Stellung bezieht.

Sein erster großer Salonbericht (1910) für den *L'Intransigeant* trägt den saloppen Titel *Vorsicht, frisch gestrichen! Der Salon des Indépendants* mit dem Untertitel »6000 Bilder sind ausgestellt« (s. S. 94ff.). Neben dem Ausdruck einer gewissen Hilflosigkeit im Meer der Bilder zeigt dies auch eine für Apollinaire typische Koketterie mit seinem neuen Amt als Kunstrichter. Nun kann er ganz offen und in hoher Auflage seine Kunsturteile fällen, die neuen Maler verteidigen und die alten, langweiligen verdammen.

Der Artikel beginnt mit den stolzen und überzeugten Worten: »In den bildenden Künsten regiert Frankreich heute unbestritten.« Zuerst werden die Fauves, und an ihrer Spitze Matisse, den Apollinaire wieder als einen redlichen Künstler voller Talente heraushebt, ins Feld geführt. Die Grazie von Laurencins Bildern wird beschworen. Dann folgt das »erste kubistische Porträt ihres treuen Dieners« (nämlich Apollinaire) von Jean Metzinger, einem jungen ehrgeizigen Maler, der sich aber in theoretischen Diskussionen verlieren wird. Robert Delaunay, dessen Bilder »an ein Erdbeben erinnern«, wird zum ersten Mal erwähnt. Rousseau wird eindeutig gewürdigt. Sein Bild *Le songe* (Abb. 14) ist für Apollinaire und die Avantgarde ein Stück wiedergefundene Kindheit, darüber hinaus aber von einem hohen, wenn auch »primitiven« Stilwollen geprägt.[38] Der neo-impressionistische Maler Paul Signac wird gebührend gelobt. Überhaupt scheint dieser doch sehr strenge und doktrinäre Stil auf Apollinaire eine merkwürdige Anziehungskraft ausgeübt zu haben, wenn man die häufigen Erwähnungen seiner Vertreter in seinen Salonberichten bedenkt.

Das Fazit des »Spaziergangs unter 6000 Bildern«: »Im Ganzen zeigt uns der Salon der Unabhängigen, daß sich die jungen Künstler heute wieder mehr der Komposition zuwenden. Die Künstler bedienen sich verschiedener Methoden, um zu komponieren. Es gab noch nie eine so systematische Kunst und so viele künstlerische Systeme wie heute.« Das ist eine bemerkenswerte Feststellung und zeugt von Apollinaires Gabe, verschiedenste Eindrücke zu synthetisieren. In der Flut der Bilder aller Stilrichtungen verliert er nicht den Blick für die wesentliche Erneuerung, die sich in der bildenden Kunst abzuzeichnen beginnt: Komposition und Konstruktion aus bildimmanenten Elementen.

Der Artikel bringt darüber hinaus keine weiteren neuen Gedanken. Dagegen erscheint in einem weiteren Text über den Salon d'Automne eine scharfe Einwendung gegen »bildnerische Metaphysik« und gegen platte Imitatoren des Kubismus. Wen Apollinaire hier meint, läßt sich nur noch schwer feststellen. Sind es die ›kleinen Kubisten‹, die er später in der Section d'Or vertreten wird, oder sind es tatsächlich oberflächliche Plagiatoren eines Stils, der sich doch vorerst noch im Verborgenen entwickelt, in den Ateliers vor allem von Braque und Picasso, den Apollinaire hier als kraftvollen Urheber dieser Malerei heraushebt.

Die übrigen Kunstkritiken dieses Jahres zeigen wieder Apollinaires eklektischen Geschmack, der beileibe (noch nicht) auf die Moderne eingeschworen ist. Es erscheinen Artikel zu Cézanne, Bonnard, De Vlaminck, Friesz, Gauguin, Manet, Manguin, wieder zu Picasso, zu Dufy und seinen Holzschnitten für das *Bestiaire*, das März 1911 in einer Auflage von nur 120 Exemplaren herauskommen wird.

Im Oktober 1910 erscheint Apollinaires zweites Buch, eine Sammlung von Kurzgeschichten unter dem Titel *L'Hérésiarque & Cie.* (Erzketzer & Co.). Mit ihm wird der Dichter schlagartig auch in weiteren Kreisen bekannt. Von Elémir Bourges unterstützt, gerät der Band sogar in die Vorentscheidung zum Prix Goncourt, der aber schließlich doch an einen anderen Schriftsteller fällt, Louis Pergaud und seinen Roman *De Goupil à Margot.* Neuen Ruhm bringt das erwähnte *Le Bestiaire ou la cortège d'Orphée* (Bestiarium oder das Gefolge von Orpheus) vor allem wegen der kongenialen Zusammenarbeit von Dichter und Maler, einer Herausforderung, der sich Apollinaire gerne stellt, glaubt er doch an eine enge Zusammengehörigkeit aller Künste.[39]

»... eine ganz neue Ästhetik ...«
Modernität und moderne Kunst

Apollinaire ist nun eine anerkannte Größe im Literaturbetrieb, Kunstkenner, gesuchter Kunstkritiker für zwei große Tageszeitungen und nicht zuletzt ein gern gesehener Freund und Causeur in Künstlerkreisen.

Als täglicher Berichterstatter über das »Anekdotische Leben« in Paris findet er im *Mercure de France* ab April 1911 ein neues Aufgabenfeld. Die kleinen charmanten Berichte über interessante Ereignisse und Zeitgenossen bringen ihm nicht nur tieferen Einblick in die Struktur der zeitgenössischen Kulturszene, sondern verschaffen ihm auch ein schier unerschöpfliches Reservoir für seine literarische Tätigkeit. Diese marginalen Texte erscheinen ihm so wichtig, daß er beabsichtigt, sie in einer Sammlung zu veröffentlichen.[40]

Großes Aufsehen erregt 1911 die geschlossene Hängung der kubistischen Maler im berühmt gewordenen Saal 41 des Salon des Indépendants. Dieser Raum mit Bildern von

Delaunay, Gleizes, Metzinger, Léger, Le Fauconnier (und natürlich Marie Laurencin) führt der breiten Öffentlichkeit zum ersten Mal die Gruppe der Kubisten als Einheit vor Augen und setzt an ihre Spitze als vehementen Verteidiger und Impressario Guillaume Apollinaire. Die gleiche Gruppierung und Hängung wird Apollinaire noch einmal im Saal 8 des Herbstsalons durchsetzen können. Damit ist der Kampf endgültig eröffnet! Apollinaire bezieht nun ganz eindeutig Stellung für ›seine‹ Maler, deren Versuche allerdings nur vage unter dem bereits lancierten Begriff des Kubismus zusammengefaßt werden können. Im Vorwort zum Katalog des 8. Salon der Unabhängigen in Brüssel stellt sich Apollinaire hinter diesen Sammelbegriff und erklärt den Kubismus zu einer »einfachen und noblen Kunst«, »zugleich zurückgenommen wie ausdrucksvoll« und »brennend auf der Suche nach Schönheit«. Die offensichtliche Schwierigkeit, alle seine Maler in eine Stilkategorie zu pressen, führt ihn zum Schluß zu der Feststellung, daß der Kubismus alles andere als ein System sei, das die Talente der verschiedenen Künstler fesseln würde.

Man merkt deutlich, wie Apollinaire um Worte ringt, die den Anforderungen des Stilbegriffs Kubismus einerseits, den Bildfindungen der Maler andererseits gerecht werden können. Auch zum Saal 8 des Herbstsalons fällt Apollinaire nicht viel mehr ein, als darauf zu beharren, daß der Kubismus zwar kein System, aber doch eine Art »Schule« sei, der viele Maler folgen, die auf der Suche nach den »Grundlagen der Zeichnung und Inspiration« sind.

Trotz aller Interpretationsschwierigkeiten des sonst so wortgewaltigen Apollinaire scharen sich die jungen Maler um ihn und sehen in ihm die einzig ernstzunehmende Autorität zur Erklärung ihrer künstlerischen Ziele. Robert Delaunay, ein sich vom Kubismus schnell fortentwickelnder Maler, den Apollinaire in den Vordergrund seiner Salonberichte stellt, schreibt später: »Es bedurfte eines Apollinaire, um die ersten Schritte zu enthüllen, die ersten Anfänge dieser neuen Kunst, für die er meisterhaft grundlegende Definitionen zur Unterscheidung der alten Kunst von der neuen, kommenden gefunden hat, Definitionen, die auch heute noch von Gültigkeit sind.«[41] Zu einer Zeit völliger Ablehnung und scharfer Kritik mag es den jungen und künstlerisch isolierten Malern genügt haben, wenn ein so wichtiger Kunstkritiker und Dichter wie Apollinaire für sie Partei ergriff, wenn seine Worte auch oft genug nicht viel mehr als sibyllinisches Raunen waren.

Ein die Gemüter in Paris erregendes Ereignis wirft Apollinaire allerdings vorübergehend aus dieser Kampfbahn und bringt ihn in Verruf. Im Laufe der Untersuchungen des skandalösen Diebstahls der Mona Lisa aus dem kaum bewachten Louvre wird auch der Dichter verhaftet und in Untersuchungshaft genommen. Eine unvorsichtige Taktik mit kleinen Diebesstücken seines ›Sekretärs‹ Piéret, ebenfalls dem Louvre entwendet, und ein polemischer Artikel über die unhaltbaren Zustände in der berühmten Bildersammlung ziehen Apollinaire in einen Sog des Mißtrauens und der Verfolgung (s. auch 1911, Anm. 6). Die ausländerfeindliche Boulevardpresse hat endlich ein neues Opfer, den *métèque* (Hergelaufenen) Apollinaire, der sich auch noch mit einer Bande verrückter Künstler abgibt, deren ›Anführer‹ (Picasso) auch Ausländer ist. Diese feindselige Reaktion auf einen Dichter, der immerhin kurz vor dem Prix Goncourt stand, ist nur aus dem damals vorherrschenden Klima des Nationalismus zu verstehen, dem selbst angesehene Literaten wie Barrès und

Maurras verfielen.[42] Auch nach der Entlassung aus der Santé hören die Angriffe auf Apollinaire nicht auf. Selbst enge Freunde lösen sich von ihm, wobei ihn am schmerzlichsten wohl das Verhalten Picassos trifft, der ihn vor dem Untersuchungsrichter verleugnet.

Um Apollinaire aus seiner Niedergeschlagenheit zu reißen, die durch die wachsende Entfremdung zwischen ihm und Marie Laurencin noch verstärkt wird, beschließen André Billy, André Salmon, André Tudesq und René Dalize im Februar 1912, eine neue Zeitschrift zu gründen, die ganz unter der Federführung von Apollinaire stehen soll, *Les Soirées de Paris*. Schnell entwickelt sich das kleine Blatt zu einem kräftigen Organ der Avantgarde im Paris der Vorkriegszeit. In ihm erscheinen Apollinaires neue Gedichte, seine wichtigsten Texte zur modernen Kunst sowie andere Texte und Manifeste zur Kunst und Literatur der Avantgarde.[43] In der ersten Nummer spricht Apollinaire *Über den Bildgegenstand in der modernen Malerei* (s. S. 151f.), ein klassischer Text für das Verständnis der Ästhetik des Dichters. Ausgehend von der willkürlichen Betitelung mancher Bilder, auch durch die neuen Maler selbst, konstatiert Apollinaire eine zunehmende Tendenz zur Abschaffung des Sujets, d. h. des abgebildeten Gegenstands in der Malerei. »Man bewegt sich derart auf eine völlig neue Kunst zu, die für die Malerei das Gleiche bedeuten wird, was die Musik schon für die Literatur bedeutet hat. Das wird reine Malerei sein, so wie die Musik reine Literatur ist.« Der humanistisch geschulte Apollinaire kannte zweifellos die Formel *ut pictura poesis*, mit der die Renaissance- und Barockmaler ihre Themenwahl aus der antiken (und zeitgenössischen) Poesie, aus der religiösen und profanen Geschichte begründeten. Das Anschauungsmodell der Musik wurde zwar schon in den Diskussionen an der französischen Akademie im 17. Jahrhundert eingebracht (sog. Farbe-Linie-Streit)[44], doch brachten die abstrusen Farbe-Ton-Korrespondenzen der Barocksystematiker (Castels Farbenklavier z. B.) den Malern wenig Verwertbares. Erst mit der Gefühlsästhetik der Frühromantik erhält die Musik paradigmatischen Charakter als Vorbild einer neuen, reinen Kunst.[45] Die Anschauungen der deutschen Frühromantik werden über Mme. de Staël nach Frankreich vermittelt und fallen besonders im Bereich des Symbolismus auf fruchtbaren Boden. Was Mallarmé an Bildern und Ideen von Novalis übernimmt, wird bald Allgemeingut der symbolistischen Ästhetik.[46] Von hier aus geraten die wichtigsten Ideen einer reinen, quasi-musikalischen Kunst auch in den Diskurs der Moderne.

Anfang des 20. Jahrhunderts beschäftigen sich zahlreiche Maler mit Farbe-Musik-Korrespondenzen, geben ihren Bildern musikbegriffliche Titel (*Fugen* bei Klee und Kupka) oder veranschaulichen ihre Theorie mit eingestreuten Vokabeln aus der Musiksprache.[47] Apollinaire steht diesen Diskussionen nicht fremd gegenüber, er erhält z. B. durch Gabrielle Buffet-Picabia erstklassigen Unterricht in Musikgeschichte und bezieht viele seiner Informationen aus den Gesprächen mit beiden Picabias. Der wichtigste Gesprächspartner in dieser Zeit aber bleibt Robert Delaunay, dessen schnelle Entwicklung vom Kubismus weg hin zu einer farbigen, ›reinen‹ Malerei Apollinaire mit großem Interesse verfolgt. So sind schon einige Begriffe in diesem Text (Über den Gegenstand in der modernen Malerei) sehr wahrscheinlich auf Diskussionen mit Delaunay zurückzuführen (reine Malerei, Harmonie der Lichter und Schatten). Erste Anschauungsmodelle neben den *Tours Eiffel* (Abb. 17) von

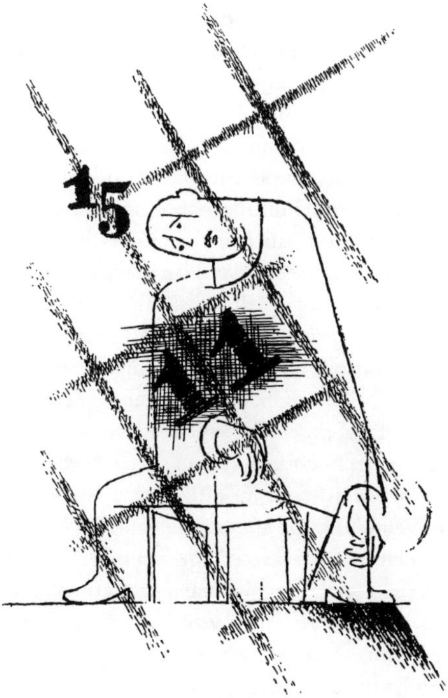

Louis Marcoussis, Apollinaire im Gefängnis, 1912

Delaunay sind aber wohl auch die Bilder Picassos, dem der Dichter einen merkwürdigen Satz widmet: »Ein Picasso studiert einen Gegenstand wie ein Chirurg, der einen Leichnam seziert.« Sollte damit die analytische Phase des Kubismus gemeint sein, an der Picasso (und Braque) gerade arbeiteten (s. 1912, Anm. 7)?

Picasso hatte Apollinaire nicht aus den Augen verloren, trotz der Entfremdung durch die Mona-Lisa-Affäre. Im Februar hatte Apollinaire einen wichtigen Artikel zur Bedeutung Picassos geschrieben, in dem er den kaum dreißigjährigen Maler mit Michelangelo und Rembrandt verglich. Eine Steigerung der Wertschätzung läßt sich kaum noch vorstellen. Tatsächlich wendet sich Apollinaire in der Folge verstärkt den jungen Malern des Saals 41 zu und hier wiederum denjenigen mit Tendenz zur Farbe und Abstraktion. Picasso steht bereits im Zenit der modernen Kunst (wenigstens in den Augen Apollinaires). Nun gilt es anderen talentierten Malern zu helfen, um den Sieg der Moderne voranzutreiben.

Inzwischen nämlich haben die Kubisten Konkurrenz aus Italien bekommen, eine unverschämt frech auftretende Gruppe von Malern und Bildhauern unter Führung des Schriftstellers Fillipo Tomasso Marinetti, der die Werbetrommel für seine Maler nicht schlechter rührt als Apollinaire. Dessen Einwände gegen die futuristischen Maler betreffen dann auch vor allem ihr markstrategisches Auftreten, ihre Manifeste und Soirées, die Apollinaire anmaßend und größenwahnsinnig findet. Anderseits hegt er eine heimliche Sympathie für die Futuristen und ihre Bilder, drückt sich doch in ihnen (und in ihren Titeln) eine Seite von Apollinaires ästhetischer Überzeugung aus, der er immer mehr Gewicht zu schenken bereit ist. Wenn Apollinaire in seiner Besprechung der Futuristenausstellung auch die Beschäftigung mit dem Sujet – Themen aus dem modernen Großstadtleben – kritisiert, so zeigt doch die Aufzählung der Titel das neu erwachte Interesse des Dichters an solchen Darstellungen. Bereits ein Jahr später behauptet Apollinaire in einem Bericht über den Salon des Indépendants (1913), daß er die Rückkehr des Gegenstands in die Malerei vorausgesehen habe.

Was ihn im Salon des Indépendants von 1912 tatsächlich am meisten fasziniert, ist Delaunays große »salon-machine«, *La ville no. 2* (Abb. 22), »groß ausgeführt und von einer einfachen und noblen Komposition«, »die Summe künstlerischer Anstrengungen«, »bis weit zu den großen italienischen Malern« zurückreichend. Das uns Heutigen etwas manieriert wirkende Werk, das den Ehrgeiz eines jungen Malers kaum verbergen kann, bewirkt bei Apollinaire eine innere Wende. Nicht daß er nun seinen eben erst fundierten ästhetischen Überlegungen abschwört, doch werden sie modifiziert.

Aufschlußreich ist die folgende Passage aus seinem Salonbericht: »Nicht eine Spur Anmaßung, nicht der leiseste Wunsch, zu schockieren oder dunkel zu wirken, und doch ist hier ein wichtiges Werk entstanden, das in der Geschichte der modernen Malerei ein Meilenstein sein wird. Von nun an werden es junge Künstler wagen, sich großen Themen bildnerisch zu nähern und sie entsprechend umzusetzen ...« Sollte der erste Satz als Absage an den hermetischen Stil des analytischen Kubismus (oder schon der *Demoiselles d'Avignon*) zu verstehen sein, so bezieht sich der zweite ganz deutlich auf den neuen, von Apollinaire postulierten Trend, zum Gegenstand zurückzukehren und ihn in eine moderne Bildsprache umzusetzen, so wie es die Futuristen gezeigt haben. Das Auftauchen mehrerer wandfüllender Bilder im Herbstsalon von 1912 und im Salon des Indépendants von 1913, z. B. die *Joueurs de football* Delaunays und Gleizes (Abb. 47), Metzingers *L'Oiseau bleu* (Farbabb. 4), de la Fresnayes *La conquête de l'air* (Farbabb. 6), Légers *La noce* (Abb. 38) kann durchaus auf Apollinaires Betreiben zurückzuführen sein, der sich weit mehr an diesen großen allegorischen Darstellungen der modernen Welt interessiert zeigt, als an den immer abstrakter werdenden Bildern von Picasso und Braque oder von Picabia, Kupka und Duchamp.[48]

Die futuristische Theorie beflügelt die Bemühungen einiger Maler in Paris, die vom strengen Kubismus der Richtung Picassos und Braques abweichen wollen. Den Künstlern um die Gebrüder Duchamp im Atelier von Jacques Villon in Puteaux schwebt eine ganz andere Malerei vor, thematisch an die Sujets der Moderne anschließend, formal aber mit neuen bildnerischen Mitteln umgesetzt. Ihre Studien zur Komposition und den Theorien Leonardo da Vincis inspirieren Picabia, Léger, Gleizes, Metzinger, die Gebrüder Duchamp und andere zur Titelwahl La Section d'Or (Der Goldene Schnitt) für ihre große Ausstellung. Natürlich hält Apollinaire, der auch in diesen Kreisen ein- und ausgeht, die Einführungsrede. Zu aller Verblüffung spricht er von einer Spaltung des Kubismus, kaum daß er sich zum Verteidiger dieses immer noch heftig angefeindeten Stils gemacht hat. Die mit Apollinaire bekannten und befreundeten Maler werden in vier Kategorien unterteilt, den »wissenschaftlichen Kubismus«, zu dem Picasso, Braque, Gleizes, Gris und Laurencin gehören, den »naturhaften Kubismus« dem nur Le Fauconnier angehören soll, den »instinktiven Kubismus«, dem der Rest der avantgardistischen Maler in ganz Europa zugezählt wird. Im Mittelpunkt aber steht der »orphische Kubismus«, der sowohl eine »sinnfällige Konstruktion« wie auch eine »sublime Bedeutung« aufweisen kann und dessen Maler »das Sujet wiedergeben«. Zu dieser Gruppe gehören Robert Delaunay, Léger, Picabia und Marcel Duchamp.[49] Delaunay nimmt zwar an der Ausstellung Section d'Or nicht teil, doch wird immer mehr der Einfluß seiner Malereiauffassung auf Apollinaires Ästhetik deutlich. In einem kleinen Kabinettstück (In der Ausstellung der Section d'Or, *L'Intransigeant,* 10. Oktober 1912, s. S. 185f.) läßt Apollinaire drei junge Damen die Vorzüge (und Nachteile) der ausstellenden Maler diskutieren, »da ist Metzinger mit seiner raffinierten Kunst, Jean (!) Gris der Dämon der Logik, Marcel Duchamp, der beunruhigend ist, Picabia mit einer sehr kraftvollen und lyrischen Komposition, Légers wunderbare Farben« usw. Im Mittelpunkt der Gespräche steht wieder die geheimnisvolle Farbe-Musik-Beziehung, »eine höchst mystische Kunst«, die nach Apollinaire Grundlage aller ausgestellten Bilder ist.

In dem langen Artikel *Die neue Malerei: Notizen zur Kunst* in den *Soirées de Paris* (s. S. 168ff.) führt Apollinaire ein anderes Stichwort aus dem Puteaux-Kreis ein: die Vierte Dimension. Diese ominöse Bezeichnung für ein neues Raumverständnis, das Zeit und Bewegung beinhaltet, stammt aus den Diskussionen mit Gleizes, Metzinger und dem legendären Princet, der als Autorität auf diesem Gebiet pseudowissenschaftlicher Theorien galt.[50] Vor allem zeigt dieser Begriff die intellektuelle Unruhe dieser Maler, die das Neue spüren, aber noch nicht benennen können, die Ablösung des statischen Weltbildes durch ein dynamisches, panoramatisches, wie es auch die gleichzeitigen wissenschaftlichen Erkenntnisse und technischen Erfindungen nahelegen. Bekannt ist ja die Vorliebe der modernen Künstler für das Automobil und die Maschine allgemein. Flugzeugbilder werden genauso selbstverständlich gemalt (Delaunays *Hommage à Blériot,* de la Fresnayes *La conquête de l'air,* Farbabb. 6) wie belebte Hafen- und Städteanlagen, Eisenbahnen, Automobile und Maschinenteile (besonders von Léger). Die Modernität der neuen Kunst drückt sich gerade in Bildern aus, die Bewegung und Dynamik des modernen Lebens zum Thema haben, sei es am Gegenstand aufgezeigt wie bei den Futuristen und der Section d'Or, sei es in abstrakten Bildern wie sie Delaunay ab April 1912 schafft.

Bevor Apollinaire sein neues Appartement am Boulevard Saint-Germain beziehen kann, verbringt er einige Wochen Ende des Jahres 1912 bei den Delaunays, mit denen ihn eine enge Freundschaft verbindet. Der Bruch mit Marie Laurencin ist vollzogen, nichts hält ihn mehr in Auteuil. Leidenschaftlich stürzt sich Apollinaire in ein neues geistiges Abenteuer. Beim Anblick der Fenster-Bilder Delaunays gerät er ins Schwärmen: Farbe, Kontraste, geheimnisvolle Beziehungen, musikalische und mystische Konnotationen, das muß ›Orphismus‹ sein (s. 1913, Anm. 8).

Delaunay ist mit diesem poetischen Begriff zunächst einverstanden, denn jetzt hat er einen glühenden Verteidiger seiner abstrakten Malerei gefunden, die sonst selbst unter den Kubisten noch wenig Anklang findet.[51] Apollinaire selbst wird von dem Innovationstrieb der Maler mitgerissen. Das Ende 1912 entstandene Gedicht *Les Fenêtres* (Die Fenster) ist ein erstes Beispiel für jene »ganz neue Ästhetik« (esthéthique toute neuve), die Apollinaire mit dem Gedichtband *Alcools* (1913) umsetzt und die von der Idee der Simultanität bei Delaunay (aber sicher auch von den futuristischen Beispielen) beeinflußt ist.[52] An den Anfang seiner ersten Gedichtsammlung stellt er ein anderes Gedicht, *Zone*. Nachdem er bei den Delaunays das Gedicht *Pâques* (Ostern) des gerade aus New York zurückgekehrten Weltenbummlers Blaise Cendrars gehört hat, streicht er in einer impulsiven Geste alle Satzzeichen in den letzten Probeabzügen.[53]

Neben den wenigen simultanistischen (wie *Zone* und *Weinmond*) enthält der Gedichtband *Alcools* vorwiegend ältere Gedichte, darunter endlich die Rheinlieder aus seiner Deutschlandzeit. Entsprechend ist die Aufnahme des Bandes. Besonders hart geht Georges Duhamel mit Apollinaire ins Gericht, ein kleiner Racheakt für dessen Bemerkungen zum *unanimisme:* »Nichts erinnert so an einen alten Trödlerladen wie diese Sammlung von Gedichten, die Monsieur Apollinaire unter dem einfachen, aber geheimnisvollen Titel *Alcools* veröffentlicht hat. [...] Eine grelle und betäubende Vielfalt steht in dieser Ansammlung anstelle der Kunst. [...] Das einzige, was Guillaume Apollinaire wirklich an Eigenem besitzt, ist ein schillernder Kosmopolitismus, den man zwar verabscheuen kann, von dem man aber zugeben muß, daß er recht schmackhaft ist.«[54]

In ähnlich ambivalenter Weise wird auch Apollinaires Sammelband »Ästhetischer Meditationen«, der unter dem verfänglichen Titel *Les peintres cubistes* im Mai 1913 erscheint, aufgenommen. Gerade der vom Verleger Figuière eigenmächtig vorgenommene Austausch von Haupt- und Untertitel läßt dieses Buch wie eine Kampfschrift für den Kubismus erscheinen. In Wirklichkeit enthält dieses legendäre Büchlein eine ziemlich heterogene Sammlung von kunstkritischen Texten aus den Jahren 1905 bis 1912, die wenig über die Entstehung und Entwicklung des Kubismus aussagen, noch weniger über den Stil der Maler, die Apollinaire in anschließenden kurzen Charakterisierungen vorstellt. Auch sind diese Texte zum großen Teil bereits veröffentlicht. Betrachtet man aber die Zusammenstellung dieser so verschiedenen Texte unter dem Gesichtspunkt von Apollinaires neuer simultanistischer Ästhetik, so wird eine Parallele zu seinen Gedichten deutlich: Der unter dem Titel »Ästhetische Meditationen« geplante Band wäre dann eine *poème-peinture,* eine kontrastreiche Zusammenstellung wichtiger Texte zum Verständnis der modernen Kunst im Zeichen der Simultanität.[55]

Paris 1913: eine Woge von Kundgebungen und Manifesten; Futurismus, Orphismus, Dramatismus, Simultanismus, Paroxismus...[56] Auch Apollinaire läßt sich zu einem Manifest im Stil der futuristischen Texte überreden (*L'Antitradition futuriste,* s. hintere Umschlagklappe). Überraschend viele Namen aus den futuristischen Kreisen finden sich friedlich vereint mit Apollinaires neuen Malern unter der Rubrik »Rose aux«. Besonders mit Marinetti, Soffici und Severini unterhält Apollinaire freundschaftliche Beziehungen in Paris. Trotz dieser Kontakte und vor allem trotz der Apollinaire immer vertrauter werdenden Thematik der Futuristen hält er zur futuristischen Bewegung in der Öffentlichkeit weiter

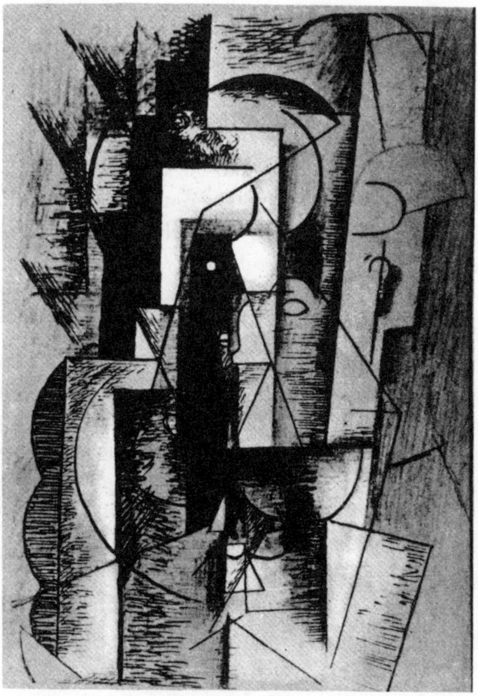

Pablo Picasso, Guillaume Apollinaire, Frontispiz der Erstausgabe von Alcools, 1913

Abstand, was sein Artikel *Der Futurismus* beweist, den er im Oktober 1912 veröffentlicht hat (s. S. 186f.). Wieder werden die Futuristen gegen die Kubisten ausgespielt, ihr bergsonistisches Konzept gerügt, da es zur Verwirrung führe.[57]

Besondere Gunst genießt 1913 jedoch der Orphismus. Am 18. Januar hält Apollinaire in der Galerie des Sturm in Berlin einen Vortrag zur modernen Malerei anläßlich einer Ausstellung von Delaunays Bildern (s. S. 192ff.). Bereits im Dezember 1912 war in der gleichnamigen Zeitschrift der Artikel *Realität. Reine Malerei* erschienen, der Delaunays Gedanken zur abstrakten Kunst enthielt, mit einem kurzen Vorwort von Apollinaire versehen.[58] Zur Ausstellung erscheint nun ein Katalog in luxuriöser Ausstattung mit den Reproduktionen zwölf neuer Bilder (darunter den Fenster-Bildern) und Apollinaires Gedicht *Die Fenster* als Vorspann.

Der Artikel *Die moderne Malerei* gehört zu den ambitioniertesten und fundiertesten Beiträgen Apollinaires zur Entwicklung der modernen Kunst. Die historische Betrachtung erwähnt einige Vorläufer der modernen Kunstbewegung, darunter Constable und Turner, Marées[59], Van Gogh und Picasso, den lebenden Großmeister der Moderne, den Apollinaire hier also bereits zu ihren Ahnen zählt. Für die französische Seite werden Courbet, Delacroix und Cézanne aufgeführt. Der Impressionismus wird diesmal nicht geschmäht, sondern als Ausgangspunkt der modernen Kunst dargestellt.

Zwei große Malrichtungen werden im folgenden unterschieden: der Kubismus Picassos, den Apollinaire sowohl von Cézanne wie auch von Derain ableitet, und der Orphismus Delaunays, der von Matisse und den Fauves ausgegangen sei (was nicht ganz falsch ist).[60] Den Kubismus definiert Apollinaire mit den bekannten Worten als die Kunst, »neue Kompositionen mit formalen Mitteln zu malen, die nicht aus der visuellen, sondern aus der konzeptuellen Realität stammen.« Es folgt allerdings ein Satz, der bar jeden Verständnisses für den Kubismus ist: »Dieser Stil führt zu einer poetischen Malerei, die von jeder Wahrnehmung unabhängig ist.« Picassos Malerei dieser Zeit läßt sich wohl kaum als poetisch beschreiben, vor allem aber war sie immer noch am Gegenstand orientiert, den Picasso in keiner Phase außer Acht gelassen hat. Hier zeigt sich wieder eine synthetisierende Tendenz Apollinaires, der am liebsten alle künstlerische Erscheinungen unter einen Hut bringen möchte. Richtiger ist dann die Einschätzung der Collage, die gerade von Picasso und Braque aufgenommen und verwendet wird. Neue technische Mittel der modernen Malerei werden von Apollinaire immer vorbehaltlos begrüßt. Aber gerade in diesem Fall sieht er wohl als erster Kunstkritiker die Bedeutung dieser neuen Technik, was er in seinem nachfolgenden Artikel zu Picasso noch stärker akzentuiert.

Der Orphismus wird aus dem Impressionismus und Neo-Impressionismus abgeleitet, wobei Seurat, der Maler, den Apollinaire und Delaunay am meisten aus dieser Gruppe schätzen, als wichtigster Vorläufer herausgehoben wird.[61] Zur Beschreibung des Orphismus wählt Apollinaire die etwas vage Beschreibung des Simultankontrastes, Delaunays »métier nouveau«.[62] Nun subsumiert Apollinaire wieder verschiedene Maler unter diesen Stilbegriff: Léger, Picabia, Duchamp und diesmal auch Marie Laurencin. Hinzu kommen noch einige deutsche Maler, die aus der Verbindung zur Sturm-Galerie und zum Blauen Reiter stammen, Kandinsky, Marc, Meidner, Macke, Jawlensky, Gabriele Münter, Otto Freundlich. Den Schluß bildet wieder einer der Grundgedanken Apollinaires: »Die Malerei ist keine Kunst der Nachahmung, sondern eine Kunst der Schöpfung«, und eine poetische Metapher, die den idealistischen Hintergrund des Dichters der deutlich macht: »Ich liebe die Kunst der jungen Maler, denn ich liebe vor allem das Licht.«

Der folgende Artikel ist wieder einmal dem Ruhm Picassos gewidmet (s. S. 195f.). Er schließt in der hohen dichterischen Inspiration an die anderen Texte zu diesem Maler an. Im Mittelpunkt steht diesmal der synthetische Kubismus und vor allem die Erfindung der Collage, deren bildnerischen Möglichkeiten von Apollinaire sehr richtig eingeschätzt werden. In diesem Zusammenhang erwähnt er wieder die sich neu abzeichnende Bedeutung des Gegenstandes: »Der Gegenstand, entweder real oder in Trompe l'œil wiedergegeben, wird zweifellos eine zunehmend wichtige Rolle spielen.«

Es ist faszinierend, wie schnell Apollinaire seine Beobachtungen einer sich ständig wandelnden Ästhetik anzupassen vermag. Auch die von Delaunay vermittelte Simultanität wird nun ohne Zögern auf Picassos Bilder angewandt, obwohl dieser den Begriff selbst nie verwendet hat.[63] Fast wie eine Beschwörung gegen die allzu schnell ablaufenden Innovationen in der bildenden Kunst schließt der wichtige Text, den Apollinaire auch in die *Peintres cubistes* aufnimmt, mit den Worten: »Ich selbst fürchte mich nicht vor der Kunst und ich hege keine Vorurteile gegen die von Malern benützten Materialien. [...] Mir genügt es, die Arbeit zu sehen. Man muß die Arbeit sehen können. An der verwandten Arbeitszeit läßt sich der Wert des Kunstwerks abschätzen.« Welch zeitgemäßer Gedanke, Arbeitszeit = Wert des Kunstwerks, und doch welch idealistische, antimoderne Kunstanschauung. Noch Baudelaire sprach von der »beauté fugitive«, die man nur durch ebenso schnelle bildnerische Arbeitsgänge erfassen könne.[64] Und der gesamte Bildbegriff des Impressionismus und Spätimpressionismus (Bonnard, Vuillard) fußte auf der Überzeugung, allein im Kontakt mit der Natur und im spontanen Erfassen ihrer Erscheinungen malen zu können. Die neuen Maler zeichnen sich für Apollinaire dagegen durch ihre Suche nach fester und genau durchdachter Komposition aus, was eben auch an der verwendeten Zeit ablesbar ist.

Unter Orphismus versteht Apollinaire immer weniger nur die Malerei von Robert (und Sonia) Delaunay, sondern eine neue Tendenz der Malerei allgemein, die von der konzeptuellen Linie des Kubismus abweicht, zum einen also emotionell, vital, instinktiv aufzufassen ist, und zum anderen zur farbigen Abstraktion tendiert. Apollinaire hütet sich allerdings vor einer genauen Definition, sondern lenkt lediglich die Aufmerksamkeit des lesenden und hoffentlich auch sehenden Publikums auf die Bilder seiner neuen Maler.

Im Bericht über den Salon des Indépendants von 1913 (s. S. 196ff.) sind dann auch weniger die eingestreuten Bemerkungen zu den einzelnen Malern interessant, auch nicht der Abschnitt über die Simultantechnik Delaunays, der lediglich einige Merksätze aus Delaunays theoretischem Text *Realität. Reine Malerei* wiederholt, als die überraschende Quintessenz aus diesen »orphistischen« Bestrebungen: »Die moderne Richtung der Malerei scheint mir die wagemutigste Malerei zu sein, die jemals existierte. Sie stellt sich nämlich das Problem des Schönen selbst. [...] Die neuen Künstler suchen nach einer idealen Schönheit, die nicht mehr nur stolzer Ausdruck der Menschheit sein wird, sondern der Ausdruck des ganzen Universums, in dem Ausmaß, wie es sich im Licht vermenschlicht.« In diesen Sätzen zeigt sich noch einmal sehr deutlich die Janusköpfigkeit von Apollinaires Kunstauffassung, einmal auf die Avantgarde und ihre Maler ausgerichtet, begierig alles Neue aufzufassen und mitzuteilen, dann aber wieder in einer sehnsüchtigen Bewegung einem *beau idéal* zugewandt, einer idealen Schönheit, die allerdings nicht mehr an der klassizistischen Norm des Menschenbildes orientiert ist, sondern an dem Abstraktum der ›Schönheit an sich‹ mit Blick auf die farbigen, abstrahierten Bilder der Orphisten Delaunay, Picabia, Bruce, Frost, Kupka, Valensi. Etwas konkreter wird dieser Schönheitsbegriff, wenn man Apollinaires neu erwachte Liebe zum modernen Sujet hinzuzieht, wie sie seit Delaunays *La ville no. 2* (Farbabb. 2) offenkundig geworden ist. Weit mehr als auf abstrakte Malerei reagiert Apollinaire nämlich auf die Darstellungen modernen Lebens, das in Delaunays *L'Equipe de Cardiff* (Abb. 46), Gleizes' *Joueurs de football* (Abb. 47), Metzingers *L'Oiseau bleu* (Farbabb. 4) oder Légers *La noce* (Abb. 38) zum Ausdruck kommt. Aufschlußreich in dieser Hinsicht ist das »Kompliment« zu Delaunays Bildern. »Seine Malerei, die im Ganzen zu intellektuell schien [...] hat nun einen entscheidenden volkstümlichen Charakter bekommen. Ich glaube, das ist das größte Kompliment, das man einem Maler heute machen kann.«

Das einzige völlig abstrakte Bild im Salon des Indépendants, *Procession* von Picabia, wird dagegen kritisiert als »zuviel Gehirnakrobatik und Instinkt«. Aus dieser Dialektik eröffnet sich ein neuer Zugang zu Apollinaires Kunstanschauung. Während ihm die bildnerischen Neuerungen der Simultantechnik und Collage ab 1912 vor allem Anregungen für seine Dichtung liefern, so bleiben ihm sowohl die analytischen und synthetischen Bilder von Picasso wie auch die völlig abstrakten Bilder z. B. von Picabia und Kupka verschlossen. Der Schönheitsbegriff Apollinaires stammt zum großen Teil noch aus der symbolistischen und synthetistischen Ästhetik, mit einem Anflug von Geheimnis, Musikalität und Assoziation, immer aber gebunden ans Sujet, den Gegenstand aus der modernen Welt, die dem Künstler und Seher ihre Geheimnisse hinter den Erscheinungen offenbart. Viele Gedichte aus dieser Zeit unterstützen diese Deutung, wie z. B. *Un Fantôme de nuées* (Wolkenphantom), *Le musicien de Saint-Merry* (Der Musikant von Saint-Merry) oder das berühmte *Les Collines* (Die Hügel).[65] Selbst so avantgardistische Gedichte wie *Lundi rue Christine,* Prototyp des sog. *poéme-conversation,* aus Gesprächsfetzen und Gedankensprüngen zusammengesetzten Gelegenheitsgedichten, verdanken ihre Entstehung nicht einem intellektuellen Konzept (wie der Simultanität), sondern Apollinaires umfassendem Wirklichkeitssinn, der Zugewandtheit zum modernen Leben in allen Facetten, zusammengehalten durch ein geheimnisvolles Band der Korrespondenzen.[66]

Apollinaires »Frontwechsel«, wie seine neue Ästhetik ab 1912 beschrieben wurde[67], ist weit weniger radikal als die Innovationen seiner Malerfreunde, von denen er sich inspirieren läßt. Bei aller Aufgeschlossenheit dem Neuen und der *surprise* gegenüber, bleibt Apollinaires Ästhetik dem traditionellen Schönheits- und Harmoniebegriff verhaftet. Nicht Destruktion des Alten um jeden Preis, sondern Aufnahme und Einbettung des Neuen in den soliden Grundfesten des Alten, zeichnet Apollinaires künstlerische Anschauung selbst in diesen gärenden Jahren der Innovationen aus.

In diesen Zusammenhang gehört auch der Rousseau-Mythos, an dem Apollinaire nicht unmaßgeblich beteiligt ist. Nach anfänglicher Zurückhaltung gegenüber dem ›Sonntagsmaler‹ Henri Rousseau, den Apollinaire durch Jarry kennenlernte, widmet er dem Einzelgänger immer mehr Raum in seinen Kunstkolumnen bis zur Apotheose in einem langen monografischen Artikel in den *Soirées de Paris* vom 15. Januar 1914 (s. S. 219ff.). Für die avantgardistischen Maler gilt Rousseau als ›Primitiver‹, als ein unbewußt schaffender, kindlicher Maler, der aus einem instinktiven Bedürfnis schafft und dabei zu Leistungen fähig ist, die er am wenigsten versteht. Das war alles andere als eine Abwertung des auch wegen seiner Gutmütigkeit und Menschlichkeit geschätzten Rousseau. Die Hochachtung der Künstler galt gerade den eigenwilligen ›primitiven‹ Stilmanierismen wie der Steifheit seiner Figuren, der Ambivalenz seiner räumlichen Komposition, der nuancenreichen Farbigkeit. Bereits Cézanne wurde als ›Primitiver‹ in seinem künstlerischen Ziel, »faire Poussin après la nature«, das er in den *Badenden* verwirklichen wollte, mit den Malern des Quattrocento verglichen. Auch Apollinaire führt als Vergleichsbeispiele Taddeo Gaddi und Paolo Uccello

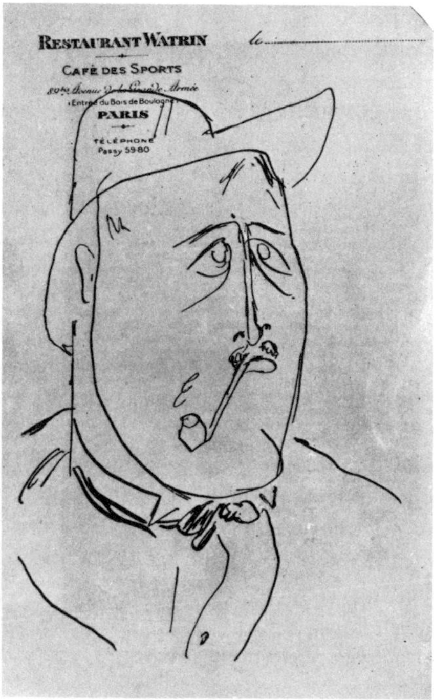

Maurice de Vlaminck, Guillaume Apollinaire
© 1989 VG Bild-Kunst, Bonn

an, versucht aber Rousseaus einmalige Persönlichkeit herauszustellen, wobei der unbewußte, instinktive Schaffensakt betont wird. Für die Avantgarde wird Rousseau zu einem Mythos stilisiert, wie er nur schwer mit seinen Bildern allein erklärt werden kann, sondern eher als zeittypisches Ergebnis einer Tendenz zur Stilisierung und Mystifizierung des Künstlers Anfang des 20. Jahrhunderts angesehen werden muß (s. 1914, Anm. 8).[68]

Der Rousseau-Mythos ergänzt für Apollinaire die moderne Malerei um den Aspekt des Primitivismus, einer geheimnisvollen schöpferischen Quelle aus den Tiefenschichten des Künstlerbewußtseins, die der Dichter sowohl an den afrikanischen Plastiken studiert, die er als einer der ersten europäischen Kunstkritiker im Zusammenhang mit der Entwicklung der modernen Kunst erwähnt und würdigt[69], als auch in den kreativen Äußerungen von Kindern und Geisteskranken entdeckt. Weit mehr als die intellektuellen Abstraktionen seiner kubistischen Freunde interessieren Apollinaire die Forschungen zum Ursprung menschlicher Kreativität, die Phänomene der künstlerischen Einbildungskraft, die aus so vielen Quellen gespeist wird und deren Ausdruckskraft an so vielen Bereichen des menschlichen Lebens offenbar wird.[70]

Apollinaires nachlassendes Interesse für die abstrakten Konzepte aus den Avantgarde-Ateliers, wie Simultanität und Vierte Dimension, macht ihn andererseits anfällig für Fehleinschätzungen und Mißverständnisse. Das folgenschwerste betrifft Delaunays Malerei, die er im *Salon des Indépendants* von 1914 als »sich drehenden Futurismus« beschreibt und dabei einen Einfluß auf Ottmann feststellt. Von allen drei Seiten hagelt es Proteste, von Delaunay, der die Freundschaft zu Apollinaire endgültig aufkündigt (ohnehin abgekühlt durch die enge Beziehung der Delaunays zu Cendrars), von Ottmann und von den Futuristen. Es folgt eine Debatte um die Simultanität, die die Gemüter bis hin zu Duellforderungen erhitzt, die allerdings in letzter Minute durch offene Briefe und formelle Entschuldigungen abgewiegelt werden.[71]

Auf Betreiben des Direktors des *L'Intransigeant* muß Apollinaire nun jedoch seine Kunstkolumne aufgeben. Seine Beziehung zu dieser Zeitung hatte sich durch das offensive Eintreten des Dichters für einen noch völlig unbekannten und geschmähten Bildhauer namens Archipenko verschlechtert. Der lange Beitrag zu Archipenkos Ausstellung in der Berliner Galerie Der Sturm zeichnet sich durch einen ›hohen‹ Stil und poetische Bilder aus, die vor allem aus dem Bereich des Exotismus stammen (s. S. 229ff.). Interessant ist wiederum die Verknüpfung von Tradition und Neuem, die Apollinaire als wesentliche Grundidee von Archipenko betont. Apollinaire schreibt nun hauptsächlich für die Kolumne »Les Arts à Paris« des *Paris-Journal.* Aber auch seine eigene Zeitschrift *Les Soirées de Paris,* die nach langen Machtkämpfen mit den Mitherausgebern Billy, Dalize und Tudesq nun Apollinaire allein gehört[72], dient ihm als Verbreitungsmedium seiner Kunstansichten. Im zweiten Heft veröffentlicht er das Poème-conversation *Lundi rue Christine* und mehrere seiner Ideogramme. In diesen kleinen, telegrammartigen Gedichtnotizen findet Apollinaire den engsten Berührungspunkt mit der zeitgenössischen Malerei. Die später als *Calligrammes* veröffentlichten Schriftbilder gehören sicher zu den eigenartigsten und reizvollsten Erfindungen Apollinaires. Ihre spielerische Gelöstheit, ihr Feuerwerk von Anspielungen auf Malerei und Kunst der Zeit, ihre zauberhafte Fragilität und Transparenz erheben sie zu Gipfelleistungen der modernen Poesie.[73]

Während Apollinaires Offenheit für neuartige Kunstäußerungen erhalten bleibt – so schreibt er über die Farblichtmusik von Survage, über den Rayonismus, den Futurismus und die Ballets russes, widmet sich Fantômas und dem populären Film – durchziehen seine Kunstartikel Mitte 1914 immer deutlichere Töne der Mäßigung und des Ausgleichs. So vertritt er in seinem Artikel *Schulen* im Juni 1914 (s. S. 264) das Ende aller Ismen. »Heute gibt es nur noch moderne Maler, die nach der Befreiung ihrer Kunst nun eine neue Kunst formen, um Arbeiten zu erzielen, die genauso neu sind wie die dafür geschaffene Ästhetik.«

Aus solchen Worten ist der Wunsch Apollinaires zu spüren, die verworrene Vielfalt der Avantgarde auf ein allgemein zugrundeliegendes Prinzip, auf eine gemeinsame Ästhetik zurückzuführen. Das Aufbrechen der Gattungen und Genres, die sich überstürzenden Innovationen, die schier unübersehbare Auffächerung der individuellen Stile läßt nicht nur in Apollinaire, sondern bei vielen anderen Kunstkritikern, Vermittlern und Denkern der Moderne, immer stärker die utopische Sehnsucht nach einer einheitlichen Bildsprache, nach einer Synthese aller modernen Kunstrichtungen, einem ästhetischen ABC der Moderne aufkeimen (s. 1914, Anm. 25). Auch in der Debatte um die Simultanität bezieht der Dichter mit bedächtigeren Worten als zuvor Stellung. In einem Artikel *Simultanisme-Librettisme* (Les Soirées de Paris, Mai 1914) unterstreicht er noch einmal die Rolle Delaunays, weist aber gerechterweise auch auf die Futuristen und Kubisten hin. Im Bereich der Literatur verweist Apollinaire ausdrücklich auf Cendrars und seine eigenen Simultangedichte, angefangen mit dem eigenen Werk *Die Fenster.* Lediglich dem anmaßenden Barzun erteilt er eine Abfuhr in Sachen Plagiierung (s. 1913, Anm. 1). In einem grundsätzlichen Artikel verteidigt Apollinaire schließlich *Die Kritik der Dichter* (Paris-Journal, 5. Mai 1914, s. S. 257ff.) gegen den Vorwurf der Voreingenommenheit und des Eklektizismus. Seine Auswahl von Malern sei nicht Ergebnis von Willkür oder geheimer Absprache, sondern des Spürsinns der Dichter, die »versuchen, das Neue vom Alten zu unterscheiden, damit die vom Neuen ausgelösten Energien nicht umsonst sind«.

Apollinaires Kampagne für die Moderne befindet sich auf ihrem Höhepunkt bereits in Rückzugsgefechten. Die Sehnsucht nach festen Werten und Idealen innerhalb der Moderne zieht Apollinaire immer stärker von der Front der bedingungslosen Innovation ab.

»Der Neue Geist«
Zwischen Ordnung und Abenteuer

Der Kriegsausbruch im August 1914 überrascht Apollinaire während eines Autoausflugs mit André Rouveyre nach Deauville.[74] Als Ausländer wird Apollinaire wie Picasso nicht eingezogen, doch sein Umfeld ist verwaist. Um der eintretenden Stille und Untätigkeit zu begegnen, meldet sich Apollinaire freiwillig zum Kriegsdienst. Nach anfangs schleppender Abwicklung der Formalitäten gelingt es ihm in Nizza, die Einberufung zu beschleunigen. Der Wunsch, an die Front zu kommen, wird zum einen mit der kurzen, aber heftigen Episode mit der schönen Louise de Coligny-Châtillon zusammenhängen, andererseits aber wohl vor allem auf sein nationales Engagement (mit dem Hintergedanken einer schon lange betriebenen Naturalisierung) zurückzuführen sein. Am 6. April 1915 bezieht die 45. Batterie seines Regiments Stellung in der Gegend von Mourmelon-le-Grand. Das Leben an der Front scheint Apollinaire Spaß zu machen. Er nimmt trotz erhöhter Alarmbereitschaft seine journalistische Tätigkeit wieder auf, schreibt »Echos« für den *Mercure de France* und kleinere Artikel für andere Zeitungen. Im Juni vervielfältigt er mittels Gelatinedruck in 25 Exemplaren eine Broschüre mit Gedichten unter dem Titel *Case d'Armons* (Protzkasten). Der Kriegsdienst, besonders die Kommunikation mit den »Söhnen des Volkes« inspiriert Apollinaire offenbar. Eine umfangreiche Korrespondenz beweist dies, unter anderem mit einer rätselhaften jungen Frau namens Madeleine Pagès, die er schon Anfang Januar auf der Rückreise von Nizza kennengelernt hatte. Apollinaires Ehrgeiz kennt keine Ruhepausen. Da er bei der Artillerie nicht Offizier werden kann (die einzige Chance für eine schnelle

Naturalisierung), meldet er sich zur Infanterie. Als Unterleutnant wird er am 18. November zum 96. Linienregiment westlich von Reims verlegt. Damit ist die Zeit der Soldatenromantik endgültig vorbei. In den verlausten, verdreckten Schützengräben unter täglichem Beschuß bleibt keine Zeit für die Poesie. Wenige Tage nach seiner lang ersehnten Naturalisation wird Apollinaire am 17. März 1916 von einem Granatsplitter, der seinen Helm durchbohrt, am Kopf getroffen, während er die letzte Ausgabe des *Mercure de France* liest.

Nach einer augenscheinlichen Genesung stellen sich Lähmungen und Gedächtnisverluste ein. Apollinaire wird am 9. Mai 1916 im Italienischen Hospital von Paris trepaniert. Die schwere Operation verläuft den Umständen entsprechend gut, doch die Heilung zieht sich lange hin. Apollinaire wird trotz der schweren Kopfwunde nicht aus dem Kriegsdienst entlassen, erhält aber eine ruhige Schreibtischtätigkeit in der Zensurbehörde des Kriegsministeriums. Noch im Krankenbett beginnt er die Satzfahnen seines neuen Buches *Le Poète assassiné* (Der gemordete Dichter) zu korrigieren und die Gedichte für den Band *Calligrammes* zusammenzustellen. In voller Uniform und verbundenem Kopf sieht man ihn bald wieder in den Cafés der Avantgarde sitzen. Picasso zeichnet ihn wie einen angeschlagenen, aber siegesgewissen Kriegsgott an der Theke des beliebten Café de Flore. Im Dezember wird ein großes Bankett zu Ehren des Dichters veranstaltet, an dem alte und neue Freunde teilnehmen. Sein Ruhm hat sich vergrößert; junge Dichter sind auf ihn aufmerksam geworden, z. B. ein Medizinstudent namens André Breton, Wortführer einer neuen Richtung der Literatur. Von Zürich aus bittet ihn Tristan Tzara um Mitarbeit für die Zeitschrift *Dada*, der Apollinaire sein Gedicht *Arbre* (Baum) schickt. In Paris scharen sich neue Namen um ihn, Jean Cocteau, Paul Dermée, Philippe Soupault, Pierre Aragon, junge kühne Dichter und Schriftsteller, die Apollinaire als ihren geistigen Vater sehen. Als Pierre Reverdy im März 1917 seine Zeitschrift *Nord-Sud* gründet, bringt er in seinem Leitartikel eine Hommage auf Apollinaire: »Es gab einmal eine Zeit, da entsannen sich die jungen Dichter Verlaines und zerrten ihn aus dem Dunkel, in das er versunken war. Jetzt ist es nur natürlich, daß uns die Zeit reif erscheint, uns um Guillaume Apollinaire zu scharen. Mehr als irgendein anderer unserer Zeitgenossen hat er neue Wege aufgezeigt, neue Horizonte erschlossen. Er hat unsere Liebe, unsere Bewunderung verdient.«[75]

Der kühne Geist Apollinaires vor dem Krieg wird bewundert, seine poetischen Neuerungen, sein künstlerischer Wagemut. Mit einigen Überraschungen kann der Dichter auch diesmal wieder aufwarten. Zunächst erwähnt er in einem Interview mit Reverdy, das noch im Italienischen Hospital stattfindet, den Film als das »kommende Medium«. Die Begeisterung für das Kino und seine Serienhelden machte ihn und andere Avantgardekünstler schon vor dem Krieg zu einem begeisterten Anhänger von *Fantômas.* In dem 1910 erschienenen Erzählband *L'Hérésiarque & Cie* (Erzketzer & Co.) läßt er Baron d'Ormesan eine Filmgesellschaft gründen und das Konzept für einen Kriminalfilm durchspielen.

Zusammen mit André Billy gibt Apollinaire nun der Versuchung nach, selbst einmal ein Drehbuch zu schreiben, *La Bréhantine* und den Entwurf zu *C'est un oiseau qui vient de France.* Man merkt den aus Kostengründen nicht verwirklichten Manuskripten an, wieviel Mühe sich Apollinaire gegeben hat, seine simultanistische Dichtungssprache auf den Film zu

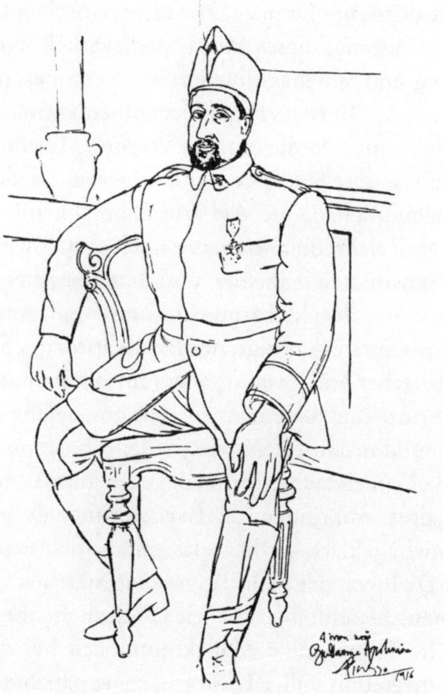

Pablo Picasso, Apollinaire in Uniform, 1916

übertragen, aber die Sturzflut von unzusammenhängenden Bildern und Einzelthemen ließe sich auch heute wohl schwer in einen kommerziellen Film verwandeln.[76]

Auch die Zusammenarbeit mit der alten Avantgarde geht weiter. Am 18. Mai 1917 findet die Premiere von *Parade* statt, einem Ballett von Léonide Massine, nach einem Entwurf von Cocteau und der Musik von Eric Satie. Picasso hat das Bühnenbild entworfen, das allerdings alles andere als kubistisch ausgefallen ist. Trotzdem kündigt Apollinaire das Ballett als »kubistische« Aufführung an und nimmt damit ganz bewußt Bezug zu seiner kunstkritischen Rolle vor dem Krieg. Ein neues Wort taucht nun immer häufiger in Apollinaires Vokabular auf: Sur-Realismus, ein Begriff, der den vorher gebrauchten Sur-Naturalismus ablöst (den im übrigen bereits Baudelaire kannte)[77], aber genauso wenig mit Inhalten gefüllt wird wie vorher Kubismus und Orphismus. Dies wird von Breton später mit dem Ersten surrealistischen Manifest nachgeholt (s. 1917, Anm. 4). Apollinaire gebraucht das Wort noch undoktrinär, im Sinne einer poetischen, nicht abbildenden Kunst, in Anlehnung besonders an den Orphismus.

Kurz nach der Aufführung von *Parade* läßt Apollinaire mit Unterstützung von Pierre Albert-Birot ein eigenes Stück aufführen, *Les mamelles de Tirésias* (Die Brüste des Tiresias), mit dem Untertitel »Surrealistisches Drama«. Die phantastischen Geschehnisse, unter anderem eine Geschlechtsverwandlung, dieses Multi-Media-Stückes (es bestand aus Tanz- und Sprechszenen, Singstücken und Spielhandlungen) wird von den jungen Dichtern als neuer revolutionärer Geniestreich Apollinaires begeistert aufgenommen. Hier wehe ein echt anarchischer, dadaistischer Geist, meinen die blinden Verehrer Apollinaires. Dieser ist aber viel mehr beunruhigt durch die andere Seite der Kritik, die sein Stück als »extravagant, sinnlos und verhängnisvoll« beschimpfen. Diese Art von Schmähkritik hatte Apollinaire immer schon schwer getroffen: Man sieht ihn also immer noch als Clown, Spaßmacher und Verunsicherer, nicht aber als ernsthaften Künstler und französischen Staatsbürger, ordensgeschmückten Offizier, Beamten des Kriegsministeriums und Anwärter auf die Académie Française. So sieht sich Apollinaire genötigt, der Publikation des Stücks ein Vorwort voranzustellen: »Mein surrealistisches Stück ist vor allem für die Franzosen geschrieben worden. Ich habe sie hier auf die ernste und allgemein anerkannte Gefahr aufmerksam gemacht, die für eine Nation, die reich und mächtig sein will, in der Abnahme der Geburtenziffern liegt und ich habe gezeigt, daß es ein einfaches Mittel dagegen gibt: Kinder zu zeugen.«[78]

Die Freunde Apollinaires empfinden diese Erklärung als gelungenen dadaistischen Streich. Noch immer ist nicht geklärt, ob dies »das erste absichtlich anarchistische Stück, die erste Befreiungstat eines Dichters, der nicht länger eine Starrheit ertragen konnte, die jegliches Überraschungsmoment ausschloß«, war, wie Cocteau meinte, oder doch eine als Satire verkleidete nationalistische Propaganda. Man konnte sich bei Apollinaire darüber nicht mehr sicher sein. Sein Auftreten in voller Uniform, seine patriotischen Sprüche und merkwürdigen Ansichten schienen nicht mehr ganz in das Bild eines vorauseilenden Sehers zu passen, dessen Funktion Apollinaire so oft angenommen hatte.[79]

Die spärliche kunstkritische Arbeit, die Apollinaire nach einer Pause von zwei Jahren wieder aufnimmt, zeigen wie im Fall von Derain, für den er 1916 ein Vorwort schreibt, einen zurückhaltenden Ton der Mäßigung und Ordnung (s. S. 270f.). Derain hatte sich schon lange von den kubistischen Versuchen entfernt und sich einem ›gotischen Stil‹ zugewandt, einem herben, scharf gezeichneten Klassizismus. Die großen Zerstörer der Tradition, die Futuristen, werden nur noch mit Spott und Hohn bedacht (s. S. 271ff.). Lediglich seinen ersten großen Künstlern hält Apollinaire noch die Treue. Für eine gemeinsame Ausstellung schreibt er das Vorwort für Matisse und Picasso, kaum seinen frühen poetischen Höhenflügen vergleichbar, nur mehr eine Anhäufung leerer Phrasen und schiefer Bilder.

Bei einem Künstler, den er sonst wenig liebevoll bedacht hat, Kees van Dongen, findet Apollinaire zu seiner alten Form zurück: »Seine Bilder riechen oft nach Opium und Ambra. Die riesig weit aufgerissenen Augen scheinen Abgründe der Sinnlichkeit zu sein, in denen Lust mit Schmerz eins wird.« Der Katalogbeitrag ist vor allem ein Rausch der Farbe (s. S. 281f.). Selten hat Apollinaire so direkt ein koloristisches Talent zu beschreiben versucht.[80] Aber dieser poetische Reichtum betrifft Bilder, die sicher nicht zu den stärksten dieses Malers gehören. Hatte Apollinaire seinen zielsicheren Kunstgeschmack eingebüßt?

Über seine alte Phalanx, die orphistischen Maler Delaunay, Gleizes, Metzinger, Léger, Picabia und Duchamp verliert Apollinaire kein Wort mehr, und das nicht nur, weil einige

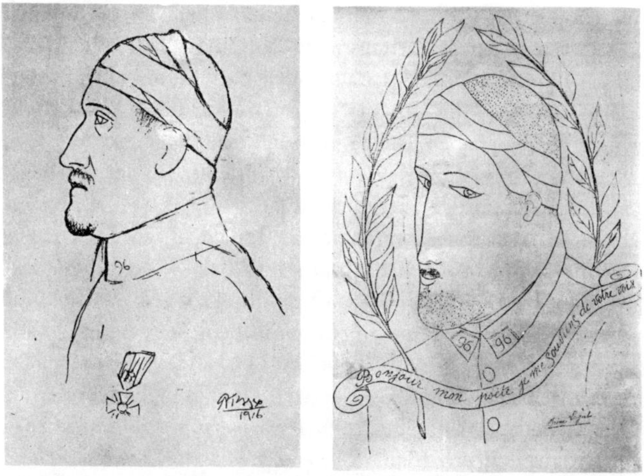

Apollinaire mit Kopfverband, Zeichnungen von Pablo Picasso und Irène Lagut
© 1989 VG Bild-Kunst, Bonn

von ihnen nicht mehr in Paris sind. Einzig mit Picabia und Duchamp unterhält Apollinaire noch Kontakte; für Picabia liefert er Gedichte für das dadaistische Magazin *391* (ohne recht zu wissen, was sich hinter diesem Titel verbirgt) und für Duchamp schreibt er über den *Fall Richard Mutt,* den Skandal um das erste Ready-made (s. S. 282f.). Doch wenig wird über Apollinaires wirkliche Meinung zu diesem neuen Kunst(be)griff Duchamps deutlich, statt dessen beruft er sich auf die künstlerische Freiheit, die selbst vor einem offensichtlichen Scherz (!) nicht in Frage gestellt werden dürfe.

Schon vor dem Krieg hatte Apollinaire sein Konzept der Farblichtmusik veröffentlicht, nun kündigt er eine Ausstellung von Léopold Survage und Irène Lagut, für die er ein Vorwort aus schönen neuen Kalligrammen schreibt, als *Première exposition des Soirées de Paris* an, vielleicht in Erinnerung an die einmalige Initiative von Herwarth Walden mit Zeitschrift, Verlag und Galerie Der Sturm in Berlin. Auch dem »Taktilismus« widmet Apollinaire seine Aufmerksamkeit, dabei bewußt oder unbewußt übersehend, daß es sich um eine dadaistische Finte von Picabia und Duchamp handelt (s. 1918, Anm. 1 u. 2). Doch hier spricht nicht mehr der alte, unvoreingenommene Impressario der Avantgarde. Mühsam versucht Apollinaire, sein altes Gleichgewicht wiederzufinden, er übt sich wieder in der »alten Kunst der Verse«[81], die er nicht nur an die neuen Zeitschriften *SIC* und *Nord-Sud,* sondern auch an die akademische *Grande Revue* schickt. Ja, er distanziert sich schließlich sogar von der Modernität um jeden Preis und dem Dichter, der wie kein anderer den Modernismus befürwortet hat, Charles Baudelaire. In einem Vorwort für die Neuausgabe der *Blumen des Bösen* wirft er Baudelaire seine Morbidität vor und seine Art, das Leben als etwas Verderbtes, Ekliges zu sehen.

Was Apollinaire mit dem von ihm beschworenen »Neuen Geist«, dem echten »Geist der Moderne« meint, gibt er in einem Vortrag am 26. November 1917 unter dem Titel *Der Neue Geist und die Poeten* zur Kenntnis des staunenden Publikums: »Der Neue Geist, der sich ankündigt, nimmt vor allem für sich in Anspruch, von den Klassikern einen gesunden Menschenverstand geerbt zu haben, einen sicheren, kritischen Geist, eine Gesamtschau über die Welt und die moderne Seele, und das Gefühl der Pflicht, daß den Ausbruch von Affekten ausschaltet oder zumindest unter Kontrolle hält.«[82]

Bei diesen ersten Worten stockt den Zuhörern der Atem. Ist das noch Apollinaire, der Lichtbringer, der mit seiner Fröhlichkeit und seiner Begeisterungsfähigkeit alle mitreißen konnte? Und doch, nach diesem Aufruf zur Ordnung und zur Rückbesinnung auf tradierte Werte kommt wieder der alte Apollinaire zum Vorschein: »... die ganze Welt, ihre Geräusche und Erscheinungsbilder, der menschliche Geist und die menschliche Sprache, der Gesang, der Tanz, alle Künste und alle Kunstwerke, noch mehr Wunder als die, die Morgane auf dem Berg Gibel erscheinen ließ, stehen zur Verfügung, um das zu sehende und zu hörende Buch der Zukunft zu schaffen.«

Immer tiefer steigt Apollinaire in den alten Avantgarde-Mythos ein; analog zum Wissenschaftler und Techniker sollen die neuen Künstler ihre Werke bilden und der Menschheit in die Zukunft vorangehen. Alle Künste werden auf diesem Weg zu einer »synthèse des arts« zusammenschmelzen, einer allen Kunstäußerungen zugrundeliegenden Ursprache, die es noch gilt aus dem Chaos der Ismen herauszufiltern.[83] Um gegen dieses Chaos von innen wie von außen aber gefeit zu sein, müsse man sich den großen klassischen Werten unterordnen, der Ordnung und dem Pflichtgefühl, wozu sich dann noch die Freiheit (des Künstlers) geselle. »Diese Freiheit und diese Ordnung vermischen sich im Neuen Geist und kennzeichnen seine Stärke.«

Auch wenn Apollinaire wenig später den berühmten Satz prägt: »Die Überraschung ist die größte neue Schaffensquelle«, so ändert das nichts an den klaren Rahmenbedingungen für den ›Neuen Geist‹: Aufruf zur Ordnung, Besinnung auf tradierte Werte in Kunst und Gesellschaft. Aus den Reaktionen auf diesen Vortrag, den viele alte und neue Freunde (wie Feinde) gehört hatten, u. a. Breton, Soupault, Aragon, Cendrars, Léger, Picasso, Jacob, Salmon, Férat und Hélène d'Öttingen, einige Mitglieder der Abbaye de Créteil, kann man Enttäuschung entnehmen.[84] Zwar waren alle Elemente seiner Vorkriegsästhetik vorhanden, Neuheit, Überraschung, Prophetie, Kunst-Wissenschaft-Parallele, doch unnachgiebig gekoppelt mit dem neuen Akzent Ordnung und Klarheit.

Auch eines der letzten Gedichte Apollinaires, *Die hübsche Rothaarige*, entstanden aus der neuen Bekanntschaft mit Jacqueline Kolb, spricht von dieser neuen Synthese von Ordnung und Abenteuer:

»Ich weiß von Altem und Neuem so viel wie ein einzelner Mensch von beiden wissen kann
Und ohne mich heute um diesen Krieg zu beunruhigen
Unter uns meine Freunde und für uns
Ich bin Richter im langen Streit der Tradition und Erfindung der Ordnung und des Abenteuers.«

Am deutlichsten macht ein Gedicht für Picasso, das in der Zeitschrift *SIC* im Mai 1917 erschienen ist, diese Rückbesinnung deutlich.[85] Angeblich soll es durch die weit gestreute Typografie ein Stilleben Picassos nachbilden, was aber eine eher vage Assoziation bleibt. Im Inhalt knüpft Apollinaire unmißverständlich an die blaue Periode von Picasso an, jene spätsymbolistischen Bilder, mit denen Picassos Künstlerkarriere und Apollinaires Laufbahn als Kunstkritiker begann. Die typografische Verteilung will dann auch mehr dem berühmten Gedicht *Ein Würfelwurf* von Mallarmé gleichen, als einem Kalligramm Apollinaires, deren Neuheit er anläßlich des Erscheinens des Gedichtbandes *Calligrammes* gegen den Vorwurf der Destruktivität verteidigen muß: »Wenn ich eines Tages diese Versuche aufgebe, so deshalb, weil ich es satt habe, wie ein Possenreißer behandelt zu werden. Und das nur deshalb, weil meine Versuche denen absurd vorkommen, die sich damit begnügen, auf den alten Pfaden zu wandeln. Aber Gott ist mein Zeuge, daß ich nur versucht habe, für die Kunst und Literatur neue Gebiete zu erschließen, ohne auch nur im geringsten den wirklichen Meisterwerken der Vergangenheit und Gegenwart meine Anerkennung zu versagen ...«[86]

Die fieberhafte Eile, mit denen Apollinaire seine letzten Projekte vorantreibt, Gedichte, Kurzgeschichten, zwei Theaterstücke (*Farbe der Zeit* und *Casanova*) sowie die Arbeit an einem ersten Roman und einem neuen Gedichtband, in dem er seine Gedichte mit Bildern verbinden will, ist vielleicht verständlich vor dem Hintergrund einer völligen Umorientierung, die sicher nicht nur dem Dadaismus und Surrealismus gegolten hätte. Vielleicht ist es aber auch die Todesangst eines verbrauchten und geschwächten Künstlers, der seine aufgewühlte Vergangenheit noch einmal klären und übersehen möchte, bevor ihn der Tod ereilt. Geschwächt von einer Lungenentzündung kämpft Apollinaire noch einige Tage gegen die in Europa grassierende Spanische Grippe, bis er ihr am 9. November 1918 erliegt.

»Nun bin ich trunken ich trank ja die ganze Welt«
Kriterien der Kunstkritik Apollinaires

Kein Kunstkritiker hat sich nach dem Weltkrieg wieder so engagiert und überzeugt für die Sache der Moderne eingesetzt wie Guillaume Apollinaire zu seiner Zeit für ›seine‹ Maler. Mit der ganzen Kraft seiner Autorität als Dichter und Schriftsteller, dessen Ruhm auf diesem Gebiet weit über seinem Ruf als Kunstkritiker stand, suchte Apollinaire, neue wagemutige Künstler ohne Rücksicht auf seine Person zu verteidigen und durchzusetzen. Sicher war er in diesem Kampf um die Moderne nicht der einzige Kritiker und Kenner, auf dessen bedingungslose Hingabe die jungen Künstler vertrauen konnten.[87] Was jedoch Apollinaire so einzigartig macht, ist seine Treffsicherheit, sein instinktiver Spürsinn für Künstler und Kunstströmungen, die heute zu den Marksteinen der modernen Kunst gehören. So wie Baudelaire sich auf die Seite von Delacroix, Zola auf die Seite von Manet und Huysmans auf die Seite von Degas stellte, bezog Apollinaire dezidierte Stellung nicht nur für die Großen der Moderne, Picasso, Braque, Matisse, Mondrian, Chagall, Delaunay, sondern auch für

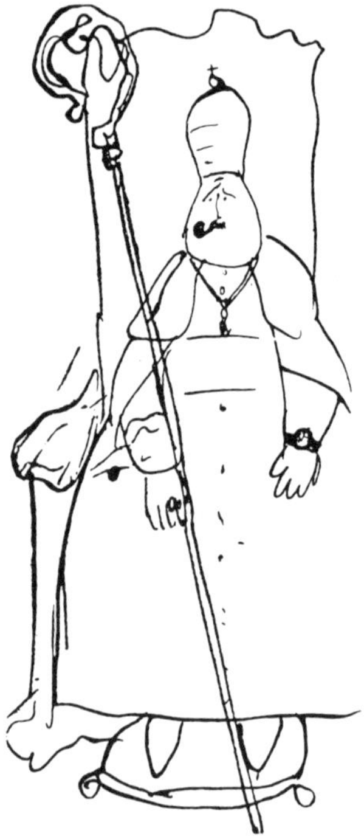

Karikatur Apollinaires von Pablo Picasso
© 1989 VG Bild-Kunst, Bonn

eine Anzahl anderer moderner Maler, weniger bedeutend, doch genauso unbedingt zur Speerspitze der Avantgarde gehörend, wie die ›Leuchttürme‹ Apollinaires.[88]

Neben diesen heute kunstgeschichtlich verzeichneten Namen lernt man aber in Apollinaires Kunstkritiken auch einen gnadenlos geschäftigen Kunstbetrieb kennen, der die sich ihm stellenden Künstler auf Gedeih und Verderb der (Ohn-)Macht des Kunstkritikers ausliefert. Unzählige Namen schreibt Apollinaire nieder, wobei man nie ganz sicher ist, ob er die Namenslitanei immer mit den entsprechenden Bildern in Einklang zu bringen weiß. Doch auch bei diesem offensichtlichen Marathon durch die Pariser Salons darf man nicht vergessen, daß Apollinaire tatsächlich unter tausenden von Bildern seine Wahl treffen mußte, und daß auch die heute vergessenen Künstler damals nicht den Bodensatz der Kultur bildeten, sondern ihr schäumendes Ferment, mit dem Apollinaire sein *Eau de vie moderne* zu keltern beabsichtigte. Gerade der ihm des öfteren vorgeworfene Eklektizismus aber gehörte zu einer Strategie, die er in einem Brief an seinen futuristischen Freund Soffici beschreibt: »Glauben Sie nicht, daß es zur Durchsetzung einer neuen Konzeption der Kunst notwendig ist, daß mittelmäßige Sachen zur gleichen Zeit wie die erhabenen (sublimen) auftreten? Auf diese Weise läßt sich doch erst das Ausmaß der neuen Schönheit ermessen.

Deswegen und zugunsten großer Künstler wie Picasso habe ich z. B. Braque und die Kubisten in meinen Schriften unterstützt. Denn wenn ich der allgemeinen Verdammung dieser Künstler gefolgt wäre, würde das bedeutet haben, daß man ein Talent der Kritik aussetzt, das nichts anderes verdient, als ermutigt zu werden.«[89]

Dieser Brief ist in zweierlei Hinsicht aufschlußreich, zum einen bestätigt er noch einmal Apollinaires Unverständnis gegenüber dem Kubismus, gerade was seinen orthodoxen, theoretischen Teil anbelangt, zum anderen wird daraus tatsächlich ein strategischer Plan sichtbar, den man im Delaunayschen Duktus zusammenfassen könnte: Nur im Kontrast sieht man wahre Größe!

Vergeblich wird man in Apollinaires Texten, selbst in seinen inspiriertesten, nach stichhaltigen kunstkritischen Argumenten für einen Künstler oder eine Kunstrichtung suchen. Nicht daß Apollinaire dazu unfähig gewesen wäre, das Gegenteil zeigt sich in Texten wie *Die Anfänge des Kubismus* (s. S. 189ff.) oder *Die moderne Malerei* (s. S. 192ff.). Denn auch hinter seiner oft gerügten *critique poétique,* der poetischen Umschreibung und Assoziation statt stilkritischer Untersuchung der Bilder, steckt neben seinen eigenen dichterischen Ansprüchen eine pädagogische Absicht, die in den besten Texten deutlich durchschimmert. »Die, welche das Geheimnis der Literatur und Kunst enthüllen, sind keine Eingeweihten. Im Gegenteil, Sie sind es, wenn Sie die Neugier des Publikums herausfordern und ihm zu denken geben. So führen Sie es dazu, sich nach und nach bezaubern zu lassen, aber ohne ganz zu verstehen, vor allem ohne verstehen zu wollen.«[90]

Von Apollinaire wurde gesagt, er könne seine Zuhörer verzaubern, wenn er den wunderbaren Reigen seiner Konversation eröffnete.[91] Und auch sein unbekanntes Publikum, das jeden Morgen mit den neuesten Nachrichten aus dem Pariser Kunstleben versorgt werden wollte, wußte er auf diese Weise zu nehmen; nicht mit überlegenem Geist überwältigen, sondern ›verführen‹, anlocken, schließlich mit poetischer Emphase in das große Wundern über die Welt mitreißen. Apollinaire ließ sich selbst gerne im Strom der Innovationen treiben, genauso wie der Verführer war er auch oft der Verführte, der sich mehr als einmal täuschen und blenden ließ.[92]

Gerade da überzeugt Apollinaire am meisten, wo er nicht nur der Gebende, sondern auch der staunend Nehmende war, der offen Empfangende, wie das in seinen ›Entdecker‹-Texten sichtbar wird, bei Picasso zum Beispiel oder auch bei Delaunay. Allein was Apollinaire von diesem letzten Maler an neuer Begrifflichkeit, an Modernität und Kühnheit erhalten haben muß, und was er schließlich in seinen eigenen Gedichten daraus macht, wiegt so manches Fehlurteil und so manches Mißverständnis auf, dem sich nicht nur die ›aufgeteilten Kubisten‹ ausgesetzt sahen. An dieser Nahtstelle von Malerei und Dichtung wird die erregende wechselartige Inspiration einer ganzen Epoche deutlich, in der die Korrespondenz der Künste nicht nur heimlich geglaubt, sondern ihre Verschwisterung auch offen praktiziert wurde.[93] Welche kostbaren Geistesblitze fördert Apollinaire aus diesen Begegnungen zutage, Meisterwerke der modernen Dichtkunst wie die *Calligrammes,* ohne die ein Großteil der nachfolgenden Entwicklung konkreter Poesie nicht denkbar wäre, oder wie die Simultangedichte, die nicht nur von der hektischen »recherche de la quatrième dimension«

(Maurice Raynal) Zeugnis geben, sondern gleichzeitig auch die Wunder der Moderne fasziniert und faszinierend preisen.

Das Konzept der Modernität ist sicher der Angelpunkt in Apollinaires Kunstanschauung, gestützt durch die Kategorien des Neuen und der Überraschung. In diesen Punkten schließt sich Apollinaire eng an seinen Vorgänger Baudelaire und dessen *modernité* an. Auch wenn er den Dichter der *Correspondances* später wegen seiner Morbidität rügt, so wird ihm beim Lesen der *Curiosités esthétiques* der Kerngedanke des *frisson nouveau* nicht entgangen sein, genauso wenig wie die Betonung der Farbe und ihrer Musikalität, auch dies Dominanten in Apollinaires Kunstverständnis. Doch man würde sich über den grundsätzlichen Charakter von Apollinaires Rezeptionsverhalten sehr täuschen, wollte man ihm ein intensives Studium der wichtigen ästhetischen Theorien bescheinigen. Apollinaire war in jeder Beziehung ein Gourmant, ein Vielfraß und Vielleser, der sich einmal brüstete, nie ein Buch richtig durchgelesen zu haben, und dann wieder Gedichte von Mallarmé und Rimbaud auswendig zitieren konnte.

Apollinaire war ganz Kind einer modernen, schnellebigen Zeit, mit deren Tempo man schon damals Schritt halten mußte, um nicht »passateistisch« (althergebracht, überholt) hinterherzuhinken. Diese unbedingte Hingabe an die Geschwindigkeit der Veränderung zeichnet auch Apollinaires einziges Manifest aus, *L'Antitradition futuriste,* eine, abgesehen von dem etwas gezwungenen futuristischen Schockmoment, furiose Attacke gegen das Alte, Traditionelle, in der die großen Namen unter die Guillotine des blinden Modernismus fallen.[94]

Weit weniger radikal liest sich der Großteil seiner Kunstkritiken und auch seiner Gedichte. Apollinaire wußte, was er der Tradition schuldig war und er unterschlug besonders in seinen letzten Jahren dieses Eingeständnis nicht mehr (Der Neue Geist und die Dichter). Selbst in den umstürzlerischen Jahren 1912–1914, dem Höhepunkt von Apollinaires Tätigkeit für die Avantgarde, spricht sich im gleichen Atemzug mit der Beschwörung der Modernität der Kunst ein nicht minder brennender Idealismus aus, auf der Suche nach der Schönheit an sich. Woran Apollinaire schließlich diese moderne Schönheit festmacht, ob an den Simultanfarben Delaunays, an den Arabesken Laurencins, den Collagen Picassos, oder gar an akademischen Erzeugnissen wie der Plastik *La Marseillaise* von François Rude[95], läßt sich nicht mit letzter Sicherheit sagen. Völlig abstrakte Bilder und Konzepte lehnt Apollinaire schließlich ab, und gibt einer populäreren Kunst mit wiedererkennbaren Themen und Motiven den Vorzug, allerdings in moderne Bildsprache umgesetzt (wie *La ville no. 2* von Delaunay). Vielleicht ist Schönheit in letzter Instanz für Apollinaire ein wunderbares Zusammentreffen neuer und eigentlich unvereinbarer Dinge, das plötzliche Aufblitzen des menschlichen Geistes und der Erkenntnis seiner grenzenlosen Tiefe. Selbst die letzte Verschwörungsformel des Orphismus, ein dunkler, mystischer Begriff, der universalen Anspruch erhebt, löst sich schließlich auf in das Staunen über den schöpferischen Geist des Menschen: »Orphismus oder Sur-Naturalismus, das bedeutet eine Kunst, die kein fotografischer Naturalismus ist, die aber trotzdem von der Natur ausgeht, [...] von jener inneren Natur unerwarteter Wunder, unvorhersehbar und erfreulich.«[96]

Letztlich sind alle Modernismen nur die wunderbaren Blüten ein- und desselben Baumes, der Fähigkeit des Menschen, aus sich selbst zu schöpfen und die Welt zu verändern. Hinter den Kunstwerken und den Künstlereitelkeiten sieht Apollinaire vor allem den schöpferischen Geist des Individuums, den Kosmos im Menschen nach einer alten Überlieferung von Novalis. Die moderne Kunst ist für ihn gleichzeitiger Ausdruck einer immerwährenden Suche nach Abenteuer und nach Ordnung, um dem Chaos des Lebens einen menschlichen Sinn aufzuprägen.

Mag sein, daß Apollinaire diese zugleich erschreckende wie einzigartige Fähigkeit des Menschen zur Verwandlung mit dem Begriff *le sublime* gemeint hat, den er besonders im Zusammenhang mit dem Sujet gebrauchte. Das Erhabene, ist das nicht gemäß der überlieferten Theorie von Longinus die staunende Ehrfurcht vor den Wundern der Natur, bezogen auf den schöpferischen Geist des Menschen, der es der Natur im Kunstwerk nachmacht? Apollinaires ganze Liebe galt einem Künstler, der wie ein neuer Proteus seine Stile wechselte, Pablo Picasso. Auch Apollinaires Kunstanschauung ist nicht ein für alle Mal festgelegt, sondern wandelbar, flexibel den sich verändernden Bedingungen der modernen Kunst angepaßt. Nur so sind seine ›Frontwechsel‹, sein Umschwenken in der Beurteilung von Kunst zu verstehen, als ständiges Aufnehmen einer Witterung für das Neue, Noch-Nicht-Dagewesene, aber auch für die darin enthaltene Schöpferkraft des Künstlers, der das Sublime im Bildnerischen (le plastique), jenem anderen Pol von Apollinaires ästhetischer Konzeption, zu gestalten vermag. Kommt in Sublimen die künstlerische Einbildungskraft zum Ausdruck, so steht das Bildnerische für die gestalterische Umsetzung, die Apollinaire vor allem in den bildimmanenten Konstruktionen der orphistischen Maler angewandt sieht.

Im Sublimen treffen sich auch die drei bildnerischen Kräfte, die Einheit, die Wahrheit und die Reinheit, um im Symbol der Flamme zu verschmelzen. Die Flamme selbst steht in Apollinaires Dichtung für den Schöpfergeist, oder moderner ausgedrückt, für das schöpferische Unbewußte, dessen Kraft und Tiefe der Dichter als Ursprung der künstlerischen Schöpfung entdeckt. Zeitgleich zu Freuds Schriften, die er kannte und erwähnte[97], entwirft Apollinaire weniger eine kohärente Ästhetik der Moderne, die ohne ständige Modifikation selbst sehr schnell starr und unbefriedigend sein würde, als eine moderne Kunstpsychologie, einen ersten Ansatz zu einem Verständnis künstlerischer Schöpfung, weit über stilkritische Abhängigkeit hinausgehend.[98]

Den Anforderungen der neuen Realität, der Moderne und ihren Auswirkungen auf die menschliche Psyche und Identität, kann man nur mit einem ›Neuen Geist‹ begegnen, Apollinaires kühn umspannender Synthese von Altem und Neuem, von technischem Erfindergeist und magischer Prophetie, die verankert ist im menschlichen Bewußtsein selbst, das in seinen Tiefenschichten immer wieder aufs Neue die Kraft zur Veränderung und die Kraft zur Ordnung finden wird.[99]

Texte und Kritiken 1905–1918

1905

Picasso, Maler und Zeichner

Von Picassos Arbeiten behauptet man, sie zeigten eine vorzeitige Ernüchterung.

Ich glaube das Gegenteil.

Picasso läßt sich von allem bezaubern. Sein unbestreitbares Talent scheint mir von einer Phantasie geführt zu werden, die das Wunderbare mit dem Schrecklichen, das Abstoßende mit dem Feinen richtig mischt. Sein mit einer Liebe zum Detail begabter Naturalismus wird von dem Mystizismus begleitet, der in jeder spanischen Seele wohnt, sei sie auch noch so wenig religiös. Es ist ja bekannt, daß Castelar einen Rosenkranz in seiner Tasche zu tragen pflegte. Selbst wenn Picasso nicht besonders religiös wäre (was ich aber nicht glaube), müßte er trotzdem eine heimliche Verehrung für die heilige Theresa oder den heiligen Isidor bewahrt haben.

In Rom laufen zur Karnevalszeit vermummte Gestalten umher (in der Maske des Harlekin, der Columbine oder der *cuoca francese*), die nach einer ausschweifenden Nacht, die manchmal in Mord endet, in den Petersdom eilen, um die abgenutzte Zehe des Apostelfürsten zu küssen.

Das ist die Art von Wesen, die Picasso feiern würde. Unter den wundervollen Gewändern seiner schlanken Clowns spürt man tatsächlich die Gegenwart junger Menschen des Volkes – wendig, verschlagen, schlau, arm und betrügerisch.

Seine Mütter haben die feinen Hände, die man oft bei den jungen Müttern der arbeitenden Klasse antreffen kann. Seine nackten Frauen schmückt eine Haartracht, die traditionelle Maler geringschätzen und die der Schild abendländischen Schamgefühls sind.

La Revue immoraliste, April[1]

Junge Künstler: Picasso, der Maler

Wenn wir wissend wären, so erwachten alle unsere Götter. Aus dem tiefen Wissen geboren, das die Menschheit von sich selbst bewahrt hat, sind die Gottheiten nach ihrem Ebenbild, die man früher angebetet hat, in die Nacht des Vergessens zurückgefallen. Trotz dieses ewigen Schlummers trifft man aber hier und da noch auf Augen, in denen Menschlichkeit aufblitzt, die göttlichen und freudigen Geistern gleichen.

Diese Augen sind aufmerksam wie Blumen, die auf ewig die Sonne anbeten wollen. Oh, welch große Freude! Es gibt noch Menschen, die mit solchen Augen sehen.

Picasso hat Bilder der Menschheit erblickt, die im Azur unseres Gedächtnisses schwebten und in Verbindung zum Göttlichen standen, um sie an Metaphysiker weiterzugeben. Wie heilig wirken seine vom Rauschen der Flügel bewegten Himmel, seine Lichter, so schwer und tief wie die der Grotten!

Es gibt Kinder, die umhergeirrt sind, ohne den Katechismus zu lernen. Sie bleiben stehen und der Regen hört auf zu fallen. »Schau her! Es gibt Menschen, die in diesen Löchern leben und in diese Lumpen gekleidet sind.« Diese Kinder, die niemand liebt, verstehen so viel mehr vom Leben. Mama, hab mich doch ein wenig lieb! Sie wissen, wie man große Sprünge macht. Jedes Kunststück, das ihnen gelingt, ist ein Zeichen geistiger Entwicklung.

Die Frauen, die keiner mehr liebt, erinnern sich. Sie haben schon viel zu lange ihre herrischen Ideen aufgebügelt. Sie beten nicht mehr. Sie haben sich den Erinnerungen geweiht. Sie hocken in der Dämmerung wie in einer alten Kirche. Diese Frauen sind dabei aufzugeben. Ihre Hände würden nichts lieber tun, als eilig Kränze zu flechten. Bei Tagesanbruch verschwinden sie; Schweigen ist ihr einziger Trost. Durch viele Türen sind sie gegangen: Mütter legten sich über die Wiegen, um die Neugeborenen vor Verwünschungen zu schützen. Als sie sich über sie beugten, lächelten die Kinder, denn sie fühlten sich in ihrer Güte geborgen.

Sie haben sich so oft bedankt, daß ihre Unterarme wie ihre Augenlider zittern.

In eisige Nebel gehüllt warten die alten Männer, ohne viel zu grübeln, denn nur Kinder sinnen nach. Angeregt durch ferne Länder, Kämpfe von Tieren und verkrustete Haarsträhnen, können diese Alten ohne falsche Bescheidenheit betteln. Andere Bettler hat das Leben verschlissen. Das sind Schwächlinge, Krüppel und Spitzbuben. Sie wundern sich, das Ziel doch erreicht zu haben, das blau geblieben ist, ohne noch Horizont zu sein. Im Alter wurden sie närrisch wie Könige mit zu vielen Elefantenherden, die kleine Zitadellen auf ihrem Rücken tragen. Es gibt Reisende, die Blumen mit Sternen verwechseln.

Alt geworden wie Ochsen, die mit fünfundzwanzig Jahren sterben, haben junge Männer gestillte Säuglinge zum Mond geführt.

In einem reinen Tageslicht verweilen die Frauen schweigend; ihre Körper sind engelsgleich und ihre Blicke flattern erregt. Wegen der Gefahr haben sie ihr Lächeln nach innen gekehrt. Sie warten auf die Furcht, um unschuldige Sünden zu bekennen.

Im Zeitraum eines Jahres durchlebte Picasso seine Malerei, naß und blau wie die feuchten Tiefen des Abgrunds und voller Mitleid. Das Mitleid machte Picasso härter. Die Plätze ertrugen einen aufgehängten Mann, der hoch an den Häusern über den Köpfen der schräg nach oben schauenden Passanten baumelte. Diese gequälten Menschen haben eigentlich einen Erlöser erwartet. Der Strick hing auf wunderbare Weise über die Mansarden hinaus. In den Mansardenfenstern glühten die Blumen auf. In den Zimmern zeichneten arme Maler beim Lampenlicht Akte mit wallenden Haaren. Die am Bett verstreuten Frauenschuhe deuteten auf zarte Hast.

Ruhe stieg nach diesem Lärm auf.

Die Harlekine erwachen unter ihrem Flitterwerk zum Leben, während die Malerei ihre Farben sammelt, sie aufheizt oder dämpft, um von der Stärke und Dauer der Leidenschaften zu berichten, während die das Trikot begrenzenden Linien sich biegen, hochschießen oder abbrechen. Die Vaterschaft verändert den Harlekin in einem viereckigen Raum, während seine Frau sich mit kaltem Wasser erfrischt und sich selbst bewundert, denn sie ist genauso schlank und rank wie ihr Mann, der Spaßmacher.

Ein naher Feuerplatz spendet der fahrenden Truppe etwas Wärme. Liebliche Lieder liegen in der Luft; anderswo ziehen Soldaten vorüber, die den Tag verfluchen. Liebe ist gut, wenn man sie entsprechend verehrt. Die Gewohnheit, im eigenen Heim zu leben, verstärkt das väterliche Gefühl. Das Kind bringt den Vater näher zur Frau, die Picasso glorreich und rein sieht.

Die Mütter, Erstgebärende, erwarteten das Kind nicht mehr, vielleicht wegen gewisser schwatzhafter Raben und böser Vorzeichen.

Weihnachten! Sie gebaren künftige Akrobaten mitten unter den zahmen Affen, den weißen Pferden und den bärenähnlichen Hunden.

Die heranwachsenden Schwestern balancieren auf den großen Bällen der Gaukler und befehlen mit ihren Kugeln der strahlenden Bewegung der Planeten. Diese jungen Mädchen, Kinder noch, haben die Unsicherheit der Unschuld. Die Tiere lehren sie die religiösen Geheimnisse.

Einige Harlekine begleiten die Verklärung der Frauen und sind ihnen ähnlich, weder Mann noch Frau.

Die Farbe hat den matten Glanz der Fresken, die Linien sind sicher gezogen. Doch an die äußeren Grenzen des Lebens gestellt, sind die Tiere vermenschlicht und die Geschlechter unentschieden.

Hochnäsige Tiere haben das Bewußtsein ägyptischer Halbgötter.

Wangen und Stirn der schweigsamen Harlekine sind welk von krankhafter Sensibilität.

Man kann diese Gaukler nicht mit Schauspielern auf einer Bühne vergleichen. Wer sie anschaut, muß frommen Sinns sein, denn sie vollziehen wortlose Riten mit mühsamer Behendigkeit.

Eben das unterscheidet den Maler von den griechischen Töpfern, an die seine Zeichnung bisweilen erinnert. Auf den bemalten Vasen opferten bärtige und betrunkene Priester sinnlos demütige Tiere. Hier ist die Männlichkeit bartlos, aber sie zeigt sich in den Muskeln der hageren Arme, den ausgezehrten Gesichtern. Und die Tiere sind geheimnisvoll. Picassos Vorliebe für den flüchtigen Strich verwandelt und durchdringt; er vollbringt einmalige Beispiele von Kaltnadellinien, in denen die allgemeinen Merkmale der Welt nicht von den Lichtern verändert werden, welche die Formen durch farbige Schattierung beeinflussen.

Mehr als alle Poeten, Bildhauer und andere Maler besticht uns dieser Spanier mit einem plötzlichen Frösteln. Seine Meditationen sind in Ruhe vor uns ausgebreitet. Er kommt von weit her, von den Schätzen der Spanier des 17. Jahrhunderts, ihrer Komposition und brutalen Dekorationslust. Die ihn kannten, erinnern sich an die feurigen Ausbrüche, die mehr als reine Experimente waren.

Seine Ausdauer auf der Suche nach der Schönheit hat ihn auf diesen Weg gebracht. Im moralischen Sinne versteht er sich mehr der lateinischen Rasse zugehörig, von seinem Rhythmus her ist er Araber.

La Plume, 15. Mai[2]

1907

Der Salon d'Automne

Mets ta jupe en cretonne
Et ton bonnet, mignonne!
Nous allons rire un brin
De l'art contemporain
Et du Salon d'Automne.

Der Besuch des Salon d'Automne scheint mir doch unumgänglich zu sein. Familienväter werden gut beraten sein, wenn sie ihre Söhne zu pädagogischen und humanitären Zwecken mitnehmen.

Es ist gut, wenn ein Kind schon in jungen Jahren die Namen der Menschen kennenlernt, die einmal berühmt sein werden.

M. Jourdain

M. Jourdain wird von Baignières im Freundeskreis gerne mit Spitznamen belegt,
ie ›Frantz der Erste‹ oder ›Der eilende Fuß‹, der ›Präsident der Fassaden‹ oder auch ›Der gute Samariter‹. Denn M. Jourdain vereint in einer Person den Präsidenten des Salon d'Automne seit Gründung und den Ehrenpräsidenten des Kaufhauses Samaritaine, ein Amt, das er eines Abends an einer Ecke der Quais aufgabelte.

Und das kam nur daher, daß er sich für sein Alter so gut gehalten hat! Er sieht aus wie ein apostolischer und anarchistischer Mormone, was ihm die Ernennung zum Offizier der Ehrenlegion eingebracht hat, sowie dieses kleine Lied, gesungen zu einer bekannten Melodie:

Monsieur Jourdain
A le gôut fin
Depuis l'âge le plus tendre.
Pour tout savoir
Il n' a qu'à voir
Et pas besoin d'entendre.
Comme architec,
On dit: «Quel mec!
Il a du poil au ventre!»
Et l'on assur'
Qu'en fait d'pentur'
Cest un gai dilettantre

Qui port' fièrement
Son bout d'ruban

Il en a un p'tit bout
Qui fait fort bien son affaire, etc.

Dieses Jahr war er wirklich bewundernswert. Seine Reise aus dem Erdgeschoß des Grand Palais in die Galerie Bernheim in der Rue Richepanse war eine glorreiche Episode im Leben unseres großen Impressario der Schönen Künste, dieser wahrlich historischen Persönlichkeit.

Man umlagerte ihn, man drängte sich in seine Nähe. Ein Mitglied der Jury hielt das Bonbonglas, ein anderes den Spucknapf, ein drittes das Taschentuch [franz. Wortspiel: drageoir-crachoir-mouchoir]. Unterwegs schrie der gute Samariter unaufhörlich: »Schauen Sie mich an! Ich kämpfe mich durch wie ein Stier!«

Bei Bernheim angekommen, stürzte er sich auf ein wunderbares Gemälde von Cézanne, ein rotes Bild: das Porträt von Mme. Cézanne. Fénéon hielt ihn zurück und berichtete ihm in aller Gelassenheit eine erstaunliche Neuigkeit in drei Sätzen.

Dann wandte sich M. Jourdain einem Landschaftsbild zu. Er stürzte sich wie ein Verrückter darauf. Das Bild von Cézanne war aber gar keine Leinwand, sondern eine echte Landschaft. Frantz Jourdain tauchte in sie ein und verschwand am Horizont aufgrund der Tatsache, daß die Erde rund ist. Ein junger Angestellter bei Bernheim, ein rechter Sportfanatiker, rief begeistert: »Er wird noch um die ganze Welt laufen!«

Zu unser aller Glück geschah dies nicht. Die Versammlung sah Frantz Jourdain wieder auf der Bildfläche, ganz rot und außer Atem. Zunächst sah er vor der Landschaft ganz klein aus. Als er aber näher kam, wurde er immer größer. Etwas verstört zog er die Augenbrauen hoch und murmelte: »Was für ein Teufel, dieser Cézanne, was für ein Teufel!« Dann hielt er wieder vor zwei Bildern, einem Stilleben mit Äpfeln und dem Porträt eines alten Mannes.

»Meine Herren«, sagte er, »ich wette, daß niemand hier ist, der das nicht wundervoll findet.«

»Doch, ich«, antwortete Rouault, »diese Hand dort ist doch eher ein Stumpf.«

Frantz Jourdain verfiel in Schweigen. Das war seine Achillesferse. Malerei reduzierte sich nämlich für ihn vor allem auf die Frage: Ist eine Hand ein Stumpf, oder ist sie es nicht? Was immer er tun oder sagen mag, diesen Stumpf kann er nicht ableugnen. Aber wenn ein Mann fast zwanzig Jahre damit verbracht hat, seine Bewunderung für Cézanne auszuposaunen, kann man jetzt nicht von ihm erwarten, daß er zugibt, nicht zu wissen, warum er Cézanne eigentlich bewundere.

Unter dem Dutzend Bilder von Cézanne bei Bernheim war ein Stilleben mit Früchteschale, ein ganz schiefes und verdrehtes Bild. M. Jourdain machte Einwände gegen dieses Bild. Früchteschalen sehen normalerweise besser aus als das da; sie stehen eher gerade. M. Bernheim machte sich dann die Mühe, die arme Fruchtschale zu erläutern, unter Aufbietung aller Würde eines Mannes, der mit dem Adel des Empire verkehrt: »Cézanne stand wahrscheinlich links von der Früchteschale. Er sah sie aus einem bestimmten Blickwinkel. Stellen Sie sich ein wenig weiter links vor das Bild, M. Jourdain ... Etwa so ... Nun schließen Sie ein Auge. So wirkt das Bild doch stimmiger, oder nicht? Es gibt also überhaupt keinen Fehler von Cézanne.«

Auf dem Rückweg zum Erdgeschoß des Grand Palais war Frantz Jourdain tief in Gedanken versunken. Seine zusammengezogenen Augenbrauen zeugten von der Ernsthaftigkeit seiner Gedankengänge. Nachdem er über all die Schlachten gegrübelt hatte, die er geschlagen hatte, sagte er die folgenden Worte mit einer Feierlichkeit, die jedes Mitglied der Jury zu Tränen rührte:

»Das Dutzend Bilder von Cézanne bei Bernheim ist höchst gefährlich!« Er grübelte wieder und fügte dann hinzu: »Ich werde noch bei Vuillard vorbeischauen.«

Dann schaute er auf die untergehende Sonne, und er schien von weitem das glitzernde Gold der Kuppeln des Samaritaine zu sehen. Von Zeit zu Zeit hörte man ihn murmeln: »Das Dutzend Cézannes ... das Dutzend Cézannes!« M. Frantz Jourdain war ein gebildeter Mann, und so dachte er an Suetonius.

Refrain:
(Chor der Wächter des Grand Palais)
Il en a un p'tit bout
Qui fait très bien son affaire, etc.

Im Erdgeschoß war Cézanne für M. Frantz Jourdain noch lange nicht beendet. Er legte den Arm in vertraulicher Weise um die Schultern Desvallières, die noch kein menschlicher Arm umschlungen hat, und erklärte:

»Verstehen Sie, ich bin für die Freiheit in der Kunst und in der Farbe. Dieses Porträt von Mme. Cézanne z.B. halte ich für außergewöhnlich. Wirklich, diese Frau ist wundervoll gemalt. Aber der Mund, der Mund ... Glauben Sie, das ist realistisch? Das frage ich mich immer wieder und ich kann einfach zu keinem Schluß kommen ... Was zum Teufel kann man mit so einem Mund schon anfangen?«

Und vor den Augen der Jury begann die Parade der Bilder von neuem ... Da brachte man ein Bild in der Art, wie man es für die Schaufensterdekoration von Modegeschäften braucht: ein Wachskopf und ein Körper, drapiert mit echten Stoffen.

Rouault sagte laut:

»Wollen denn die Konfektionsgeschäfte dieses Jahr auch im Herbstsalon ausstellen?«

Bei dieser Bemerkung drehte sich Frantz Jourdain mit zornrotem Kopf um und sprudelte diese bemerkenswerten Worte in Rouaults Gesicht: »Aber gewiß stellen sie aus, mein Herr! Ich bin für den Fortschritt, immer nur für den Fortschritt! Wenn es erst Hüte für 25 Centimes gibt, wird es bald keine mehr für 25 Franc geben, und wir werden alle Künstler sein.«

Bei diesen Worten zeigte M. Desvallières, der an sich ein gesetzter, gutsituierter Mann ist, gewisse Anzeichen des Vergnügens: »Ist das wahr? Sie machen schon Hüte für 25 Franc? Das ist sehr billig. Ich dachte, man können keinen Hut unter 25 Louisdor kaufen.« Daraufhin ließ M. Frantz Jourdain das Bild zurückbringen, worauf es von der Jury akzeptiert wurde. So ging die Arbeit der Jury unter Zähneknirschen weiter. Frantz Jourdain machte einige witzige Einwürfe an die Opposition:

»Piot mault«, sagte er, »aber Rouault wird immer blasser, er wütet wie ein Sektierer.«

Es ist schon so, daß M. Frantz Jourdain gerade dabei ist, seinen Namen in alle Pfeiler des Samaritaine eingravieren zu lassen. Fortwährend läßt er neue Geschäftsgebäude anbauen. Wie sein Namensvetter, M. Bourgeois Gentilhomme, hat Frantz Jourdain einen Hang zu Zeremonien. Hat er nicht ein Fest der Versöhnung und Reinigung mit Bankett und kompliziertem Ritual (mitten im Karneval) organisiert, um schließlich doch noch die Verbindung zwischen einem seiner Verwandten und der Tochter des Anarchisten Vaillant zu segnen, der gerade guillotiniert wurde, obwohl er niemanden getötet hat?

Trotzdem traf ihn die Nachricht in den Magen. Der Bürger in ihm war geschockt:

»Pfui! Die Tochter eines guillotinierten Mannes! Was für ein Skandal!«

Aber auch der Anarchist in ihm kam wieder zum Vorschein:

»Trotzdem bin ich alles in allem erfreut. Das war schon mutig, was X tat, und keinesfalls bürgerlich.« Und so wurde die Feierlichkeit abgehalten. Mit tränenerfüllten Augen, zitternder Stimme und erhobenen Armen segnete er X im Namen der anarchistischen Prinzipien, nachdem er gutbürgerlich gespeist hatte.[1]

Cézanne

Eigentlich brauchen wir gar nicht über die Kunst von Cézanne sprechen. (Das besorgt schon M. Georges Lecomte in seinen gelehrten Werken.)

Wir wollen aber trotzdem bekanntmachen, daß M. Frantz Jourdain Cézanne im Salon d'Automne absichtlich unterrepräsentiert hat, unter dem Vorwand, den Ruhm des Malers nicht trüben zu wollen und um die Kundschaft seines Teilhabers Jansen nicht zu ärgern.

Die Gutmütigkeit Cézannes ist schon legendär. Als Ambroise Vollard nach Aix kam, um ihm einige Bilder abzukaufen, fand er zu seinem Erstaunen auf allen Bildern mit Häusern ein quadratisches Loch genau über dem Schornstein. Er fragte nach dem Grund: »Tja, das sind die Kinder, die Spaß haben wollen. Sie dachten, wenn die Schornsteine keine Löcher haben, könne auch kein Rauch herauskommen.«

Cézanne war wohlhabend. Er pflegte in einem Landauer zum Malen herauszufahren. Das erscheint uns heute als nettes Zeichen einer vergangenen Zeit.

Der Meister aus Aix war auch bescheiden. Er diskutierte bereitwillig mit dem Zeichenlehrer des Gymnasiums von Aix, und war nicht zu stolz, ihn um Rat zu fragen:

»Scheuen Sie sich nicht, mich zu korrigieren«, sagte er. »Sie wissen darüber viel mehr als ich.«

Gerne erzählte er Geschichten über seine Malerei. Eines Tages, anläßlich einer heiligen Kommunion, schenkte er der Heldin der kleinen Feier ein Bild. Ihre Eltern sagten nichts und dankten ihm kaum. Sie hielten das Bild für scheußlich. Cézanne lachte sich über diese

Verlegenheit ins Fäustchen. Einige Tage später besuchte er diese Leute wieder. Die ganze Familie umringte ihn, dankte ihm und sprach von seinem Genie. Die feinen Leute hatten sich seit dem letzten Mal etwas erkundigt und herausgefunden, daß das Bild sein Geld wert war.

Man hat manchmal von Cézannes religiösen Gefühlen gesprochen. In dieser Hinsicht können wir einen seiner eigenen Aussprüche zitieren:

»Die Jesuiten haben mich gepackt. Meine Schwester geht zur Messe, und ich also auch.«[2]

Vollard

Da ist einer der ersten Kunsthändler Cézannes und einer der besten von ganz Paris. Er wurde auf der Insel Réunion geboren, wie Leconte de Lisle, M. de Mahy und Marius-Ary Leblond. Er besitzt eines der exklusivsten Geschäfte der Stadt. Dort versammeln sich jeden Abend die besten Leute.

Aus unbekannten Gründen bedauert er, die Bilder verkauft zu haben, die er verkauft hat. Er war es, der im Gespräch über Lefebvre, Henner und andere [Maler des Salons] zu Guérin sagte:

»Wie schade, daß ich nicht die Bilder dieser Herren zu verkaufen habe!« Und zu der Melodie von »Tu sens la menthe« fügte er hinzu:

Je march' pour tout c'qu'on me propose
Laprade, Marquet, Manzana,
Leurs toil's n'sont pas couleur de rose;
J'eusse préfére vendr' des Bonnat,
Mais j'march', qu'voulez-vous, j'suis marchand,
La fortune vient en marchant.

Refrain für seine Haushälterin:

Rangez toutes ces toil' charmantes
Toutes ces toiles charmantes,
Tout ce charme rentoilé,
Empilez-les, empilez-les,
Aux ca, aux ca, aux cabinets.

Desvallières

Er ist nun seit vierzig Jahren mit den jungen Malern zusammen. Dank seines lobenswerten Willens paßt er seine Manieren immer dem Geschmack des Augenblicks an. Ohne große Schieberei gelang es ihm, Vizepräsident des Salon d'Automne zu werden.

Er ist der Enkel von Legouvé, und er folgt aufs Wort dem zwölfsilbrigen Rat seines Vorfahren:

»Tombe aux pieds de ce sexe à qui tu dois ta mère.« [Falle dem Geschlecht zu Füßen, dem du deine Mutter verdankst.]

Léon Bloy hat einmal über das Haus Nr. 4 in der Rue Saint-Marc, wo Legouvé und auch M. Desvallières lebten, folgendes gesagt:

»Es gibt noch einige Mikroben in diesem Haus. Sie stammen alle von unserem Freund Desvallières.«

Dieses Jahr hatte der liebenswerte Vizepräsident eine zauberhafte Idee. Er schlug vor, die Laudatio des Salons von M. Cormon von der *Grande Revue*, Mitglied des *Institut*, schreiben zu lassen.

»Sie verstehen«, sagte er einem unserer Mitarbeiter, »Cormon kritisiert mit Korrektheit. Wir werden ihm mit den gleichen Begriffen antworten können. Es wird Zeit, daß man den Mitgliedern des *Institut* zeitgenössische Richtungen zu erklären versucht. Die Mitglieder des *Institut* sind die fähigsten Repräsentanten des Großbürgertums, und das Bürgertum muß an der Spitze der intellektuellen Bewegung marschieren. Es muß die Bewegung anführen, um nicht selbst unterzugehen.« M. Cormon lehnte das Angebot in einem sehr ausgewogenen Brief etwa mit den folgenden Worten ab:

»Ich mag den Plebs nicht. Ich bin mit Jesus gegen Barabbas, und der Plebs wird immer mit Barabbas gegen Jesus sein.«

M. Desvallières hat einen Bruder, der durch das Stück *Champignol malgré lui* ziemlich bekannt wurde. Dieser lustige Autor ist auch Maler. Unter verschiedenen Pseudonymen stellt er regelmäßig im Salon aus. Man würde meinen, daß er sich mit dem Erfolg als Singspieldichter zufrieden geben sollte. Aber nein, er muß seine kleinen Schrullen pflegen. Malerei ist sein Hobby, und die Lorbeeren seines Bruders stören seinen Schlaf.

Vor einiger Zeit schrieb er ihm einen Brief mit folgendem Inhalt: »Mein Herr, ich werde noch ein Genie sein, wenn Sie nicht mehr Mitglied des *Institut* sind.«

M. Desvallières war davon sehr geschmeichelt, denn er träumt schon lange davon, Mitglied des *Institut* zu werden. Und da er ein sehr symphatischer, korrekter Herr ist, wird er es eines Tages werden.

Abel-Truchet

Um zur Cézanne-Retrospektive zu gelangen, muß man unweigerlich an den Bildern des Herrn Abel-Truchet vorbei. Dieser Umstand enthüllt seinen ganzen Charakter. Zu anderen Zeiten stand sein Name immer am Anfang des Katalogs. Um das zu schaffen, hatte M. Truchet zu einem schlauen Trick gegriffen, dem Bindestrich. Dieses Jahr war jedoch seine Schlauheit nicht ausreichend, denn ein gewisser Aaron zeigte von der Jury akzeptierte Bilder. Nun steht M. Abel-Truchet auf dem zweiten Platz im Katalog.

Abel-Truchet hat einen bemerkenswerten Geschäftssinn. Wenn er eine Ausstellung organisiert, ist er jeden Tag zur Stelle und überwacht die Verkäufe. Er trägt besonders dafür Sorge, daß die kleinen Bilder zu geringen Preisen, 50 bis 60 Franc, angeboten werden. Sie sind für Sammler ohne großes Einkommen gedacht. Im Salon trifft man ihn nicht weit von seinen Bildern, wie er Prospekte und Visitenkarten verteilt. Seine größte Tugend ist seine Offenheit, wie er als erster zugeben wird. »Frantz Jourdain«, so sagt er, »behandelt mich wie einen fauligen Fisch, nur weil ich Cézanne nicht mag. Ich mag ihn nicht, das ist schon wahr, aber M. Frantz Jourdain mag ihn noch weniger als ich. Ich bin in dem Punkt wenigstens ehrlich. Er sagt, er mag ihn, und ich sage das nicht.«

Matisse

Der König der Fauves. Sie wagen es nicht, seine Bilder abzulehnen.

Die Jury hat entschieden. Die Bilder wurden angenommen. Die Abstimmung wurde vollzogen. An diesem Punkt erinnert sich M. Frantz Jourdain an die ihm von M. Jansen, dem bekannten Malermeister und finanziellen Förderer des Salon d'Automne anvertraute Mission.

M. Jansen mag weder Cézanne noch Matisse, noch überhaupt Bilder, die wagemutiger als die von Abel-Truchet sind.

Um den Geschmack des Malermeisters zu verteidigen, beauftragte M. Jansen M. Frantz Jourdain. Und dieser erfüllte seine Mission nicht schlecht. Die Bilder von M. Henri Matisse waren also akzeptiert. Da erhebt sich M. Frantz Jourdain und läßt das Bild *La coiffeuse* [La coiffure, Abb. 4] zurückholen, das größte der von Matisse eingesandten Bilder.

»Meine Herren«, sagt Frantz Jourdain, »ich bitte, im Namen der Interessen des Salon d'Automne wie auch im Interesse von Matisse selbst, daß dieses Bild abgewiesen wird.«

Desvallières protestierte als Mann von Welt:

»Wir betrachten das Bild unseres Freundes Matisse nicht als Richter, sondern als Mitstreiter. Sicher erscheint es dem ungeübten Auge etwas grell. Aber dennoch haben wir über dieses Bild abgestimmt und wir sollten die Regeln beachten.«

Auch Rouault protestierte, weniger gnädig. Auch er beschwor die berühmten Regeln. Er wurde heftig und begann, vor dem Präsidenten zu gestikulieren. Der wiederum packte ihn mit eiserner Faust und schüttelte ihn wie einen Pflaumenbaum.

»Ich stehe zu den Regeln«, schrie Frantz Jourdain, während Rouault unter seinem Zugriff blau anzulaufen begann. »Ich stehe dazu, hören Sie? Ich weiß sehr wohl, daß ich deswegen von den Fauves verschlungen werde, aber ich pfeife darauf.« Er gab nicht nach. Während der unglückliche Rouault in seinen Stuhl zurückfiel und nach Luft rang, wurde eine neue Abstimmung durchgeführt und *La coiffeuse* von Matisse abgelehnt.

Othon Friesz

Der Kopf der Schule von Le Havre. Er hat eine Freundin, die in ihren Wutanfällen seine Bilder zerfetzt und perfekt Japanisch spricht. Friesz' Bilder wären abgelehnt worden, wenn nicht M. Desvallières aufgestanden wäre und gesagt hätte:

»Ich bitte um Nachsicht für die Bilder unseres Freundes Friesz, ein wunderbarer Mann, nicht nur als Künstler, sondern vor allem als Mann. Er hat eine Freundin, die in ihren

Wutanfällen seine Bilder zerfetzt und perfekt Javanisch spricht.«

Auf diese Weise wurden seine Bilder angenommen.

Vallotton

Er stellt sechs Bilder aus, unter anderem ein Porträt von Mademoiselle Stein, jener amerikanischen Dame, die zusammen mit ihrem Bruder und einer Gruppe von Verwandten das ungewöhnlichste Mäzenat der Künste in unserer Zeit übernommen hat.

Leurs pieds nus sont chaussés de sandales delphiques.
Ils lèvent vers le ciel des fronts scientifiques.

Diese Sandalen waren oft Anlaß zu Unheil. Besonders Wirte und Limonadenverkäufer haben eine Abneigung gegen sie.

Wenn sich diese Millionäre hin und wieder auf der Terrasse eines Cafés erfrischen wollen, kann es passieren, daß man sich weigert, sie zu bedienen und sie höflich darüber informiert, daß die Getränke in diesem Café für Leute in Sandalen zu teuer sind.

Im übrigen amüsieren sie sich darüber und verfolgen in Ruhe ihre ästhetischen Experimente weiter.

Zu unserem Bedauern stellt M. Vallotton nicht das Porträt einer reichen protestantischen Dame aus der Schweiz aus, die darauf bestand, ihren Zahnersatz während der Sitzungen herauszunehmen. »Das wäre doch nicht ehrlich, meine Zähne mitzumalen«, sagte sie, »ich habe nämlich keine mehr. Die in meinem Mund sind falsch, und ich denke, daß ein Maler nur das, was real ist, malen sollte.«

Der Zöllner Rousseau

Dieser gute Mann hat einige Bilder eingereicht. Die Jury hat sie angenommen. M. Jourdain aber, der bei der Abstimmung anscheinend verhindert war, ließ die Bilder in die Abteilung der dekorativen Künste hängen. Nachdem er dann die Reste eines Lappens aus der Tasche gezogen hatte, den er statt eines Taschentuches immer bei sich trägt, zog er noch vorsichtshalber einen Vorhang über die Bilder des Zöllners, der sie völlig abdeckte.

Dieser merkwürdige Vorgang verbarg ein Geheimnis. Nur durch Zufall entdeckte es Rousseau.

Am Eröffnungstag war der Alte in Tränen aufgelöst.

»Jemand hat etwas gegen mich«, sagte er, »obwohl ich niemandem etwas getan habe. Wenn man meine Bilder nicht will, warum lehnt man sie dann nicht einfach ab? Die Herren von der Jury waren frei, zu tun und zu lassen, wie sie belieben.«

In diesem Moment kam M. Frantz Jourdain mit einer ihn umringenden Gruppe von Bewunderern aus Belgien vorbei. Der alte Rousseau war wie vom Blitz getroffen. Er stolperte. Man half ihm auf. Als er wieder zu sich kam, schrie er: »Das ist er! Das ist der Herr!«

»Über wen regen Sie sich so auf?«, wurde er gefragt, »der Mann, den Sie gerade gesehen haben, war Ihr Präsident M. Frantz Jourdain.« »Ist das möglich?«, murmelte der frühere Zollinspektor. Dann erzählte er die folgende, rührende Geschichte:

Trente ans debout à la frontière,
J'arrêtai le contrebandier.
Je palpai la contrabandière;
Puis, quand je devins brigadier,

Un soir, dans le train de dix heures,
D'un homme correctement mis
Voyageant avec un permis
Je tâtai les gibbosités postérieures.

O temps lointains! lointaines gares
Que le gaz éclairait bien mal!
Le monsieur transportrait quatre mille cigares.
Le lui dressai procès-verbal.
Ce temps passa. Des noms: Gauguin, Cézanne
Me hantaient. Pour leur art, le laissai la douane.

Et gardant ce surnom: le douanier,
Je ne suis pas, des peintres, le dernier.
Or, dans mon souvenir, une fenêtre
S'est ouverte. Je viens de reconnaître
L'ancien voyageur fier de s'être vengé
Parce que par ma faute il a mal voyagé.

Wir beklagten noch eine Weile das Los des unglücklichen Rousseau, sprachen über den tiefen Unterschied zwischen dem Zoll und den bildenden Künsten. Dann gingen wir weiter, um den *Zola* von M. José de Charmoy zu sehen.

De Vlaminck

Wir wurden darüber informiert, daß M. de Vlaminck der Favorit von M. Frantz Jourdain sei. Das erstaunte uns nicht weiter. Wenn man erfährt, daß dieser Maler sich mit einem Artikel brüstet, der nichts mit Adel zu tun hat, muß man doch lächeln. Das ›de‹ ist hier wirklich nur ein Artikel und der Name De Vlaminck bedeutet einfach ›Der Flame‹.

Wegen seiner uns entgegengebrachten Sympathie und, offen gestanden, auch wegen seiner eigenen Interessen hat sich M. de Vlaminck das gefährliche Ziel gesetzt, uns umbringen zu wollen.

In einen Gummianzug gekleidet und mit einem Halstuch bewaffnet, folgt er uns überall hin und lauert auf den Augenblick, wo er uns mit seinem kroatischen Instrument den tödlichen Schlag versetzen kann. Die Halstücher von M. de Vlaminck sind zwar nicht so berühmt wie die von M. Le Bargy, aber doch weit interessanter. Sie sind ganz aus Wolle, in grellen Farben gefärbt und erfüllen verschiedene Funktionen.

Wenn M. de Vlaminck einen Kellner rufen möchte, löst er sein Halstuch von der Nadel, mit der es am Hemdkragen befestigt ist und schlägt mit ihm mehrmals kräftig auf den Tisch.

In der passenden Gesellschaft kann es vorkommen, daß er einen kleinen Tanz organisieren möchte. Dann nimmt er einfach sein Halstuch ab, zieht ein paar Katzensaiten auf und schon ergibt das eine hübsche, kleine Violine, wie sie die Tanzmeister früher liebten.

Um die Wahrheit zu sagen, er hat gar keinen Bogen und benutzt daher sein Tuch eher wie eine Mandoline, Mandola oder eine Gitarre. Das Tuch dient ihm auch als Verteidigungswaffe, die bei Gelegenheit auch zum Angriff taugt.

Georges Braque

Fast alles von ihm wurde abgelehnt. Nur ein Bild von Braque ist vertreten. Zur Zeit erholt er sich aber von seinen exhibitionistischen Frustrationen im Midi. Der Speicher des Hauses, wo Braque logiert, enthält eine Menge Bücher. Braque liest in diesem Moment gute Werke von Polygrafen des 16. Jahrhunderts.

Dieser humanistisch eingestellte Maler hat seine Gesundheit durch exzessives Spucken beim Pfeifenrauchen ruiniert. Da er schwach und labil ist, sollte er nicht seine tägliche Ration Lebertran vergessen, und zwar von Anfang November bis Frühlingsanfang einige Gläschen täglich.

Je dis tout, 19. Oktober

Henri Matisse

Hiermit lege ich einen bescheidenen Versuch über einen Künstler vor, der, wie ich glaube, Frankreichs beste Qualitäten in sich vereint: die Kraft der Einfachheit und die Süße der Klarheit. Es gibt keine direkte Verbindung zwischen Malerei und Literatur. Ich habe deshalb jede Anstrengung unternommen, um eine Verwirrung auf diesem Gebiet zu vermeiden. Und doch versucht Matisse genauso bildnerischen Ausdruck zu erlangen, wie ein Poet, um lyrischen Ausdruck kämpft.

Als ich zu Ihnen kam, Matisse, schauten die Leute auf Sie und lachten, aber Sie lächelten einfach zurück. Man wollte ein Monster sehen, wo es in Wirklichkeit ein Wunder gab.

Ich befragte Sie, und Ihre Antworten enthalten die Gründe für das Gleichgewicht Ihrer sensiblen Kunst.

»Ich habe gearbeitet«, sagten Sie mir, »um meinen Horizont zu erweitern, indem ich Antworten auf die verschiedenen, mich beschäftigenden Fragen gefunden habe, indem ich mich bemühte, die verschiedenen Gedanken der Meister der bildenden Künste in Vergangenheit und Gegenwart kennenzulernen. Und das bedeutet auch physische Arbeit, denn ich versuchte gleichzeitig, ihre Techniken zu verstehen.«

Nachdem Sie dann ein Glas mit einem alten Rancio aus Colliure nachgefüllt hatten, unternahmen Sie es, mir die Untiefen einer solchen gefährlichen Reise zur eigenen Persönlichkeit aufzuzeigen.

Die Reise beginnt im Wissen und endet im Bewußtsein, d. h. im totalen Vergessen von allem, was nicht in Ihnen war. Welch schwieriger Weg das ist! Diskretion und Geschmack sind die einzigen Wächter, um vor den Dingen zu schützen, die man nicht auf diesem Weg antreffen möchte. Instinkt ist kein Führer; er hat selbst den Weg verloren, den man wieder zu finden hofft.

»Danach«, sagten Sie, »formte ich mein Selbst, indem ich meine frühesten Werke betrachtete. Sie täuschen selten. Ich fand in ihnen ein immer wiederkehrendes Element, das ich zunächst für eine monotone Wiederholung hielt. In Wirklichkeit war das aber ein Ausdruck meiner Persönlichkeit, der immer gleich blieb, ungeachtet der Geisteszustände, die ich durchlief.«

Sie hatten Ihren Instinkt wiederentdeckt. Schließlich unterwarfen Sie Ihr menschliches Bewußtsein dem kreatürlichen Unbewußten.

Aber diese Entwicklung brauchte ihre gute Zeit!

Was für ein Bild für einen Künstler: die allwissenden und allmächtigen Götter dem Schicksal untergeordnet zu wissen!

Sie sagten zu mir: »Ich habe mich bemüht, meine Persönlichkeit zu entwickeln, indem ich mich vor allem auf meinen Instinkt verließ und indem ich immer wieder auf meine ersten Prinzipien zurückkam. Immer wenn mich Schwierigkeiten bei der Arbeit blockierten, sagte ich zu mir: Ich habe Farben und Leinwand, und ich muß mich selbst mit Reinheit ausdrükken, selbst wenn das nur skizzenhaft ausfällt – durch Setzen von vier oder fünf Farbflecken z. B. oder durch Ziehen von vier oder fünf Linien, die jedoch ausdrucksstark sind.«

Man hat Sie oft wegen dieser Skizzenhaftigkeit kritisiert, mein lieber Matisse, ohne daran zu denken, daß Sie damit eines der schwierigsten Ziele verwirklichen: Sie haben Ihren Bildern eine bildnerische Existenz gegeben, ohne direkt gegenständlich sein zu müssen. Die gegenständliche Welt brauchen Sie nur zur Anregung. Die Ausdrucksstärke Ihrer Arbeiten resultiert vor allem aus der Verbindung von Farben und Linien. Das macht die Arbeit eines Malers ja schließlich aus, und nicht die einfache Reproduktion von Gegenständen, wie einfältige Gemüter immer noch annehmen.

Henri Matisse baut seine Vorstellungen auf. Er konstruiert seine Bilder aus Farben und Linien, bis es ihm gelingt, sie mit Leben zu erfüllen, bis sie eine zwingende, geschlossene Komposition bilden, von der man keine einzige Farbe oder Linie abziehen kann, ohne das Ganze zu einer rein zufälligen Begegnung von Linien und Farben zu machen.

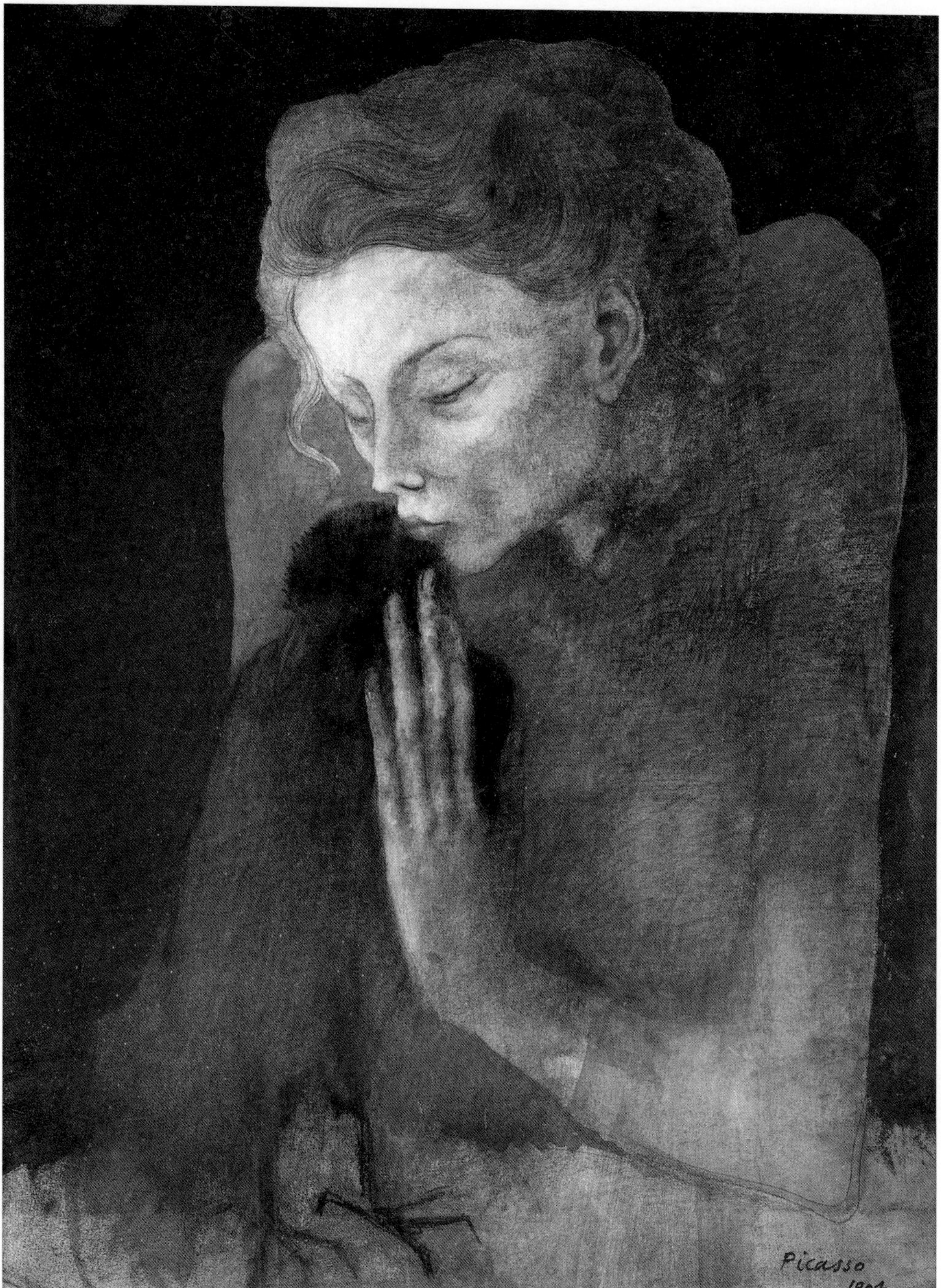

1 Pablo Picasso, Femme à corneille, 1904

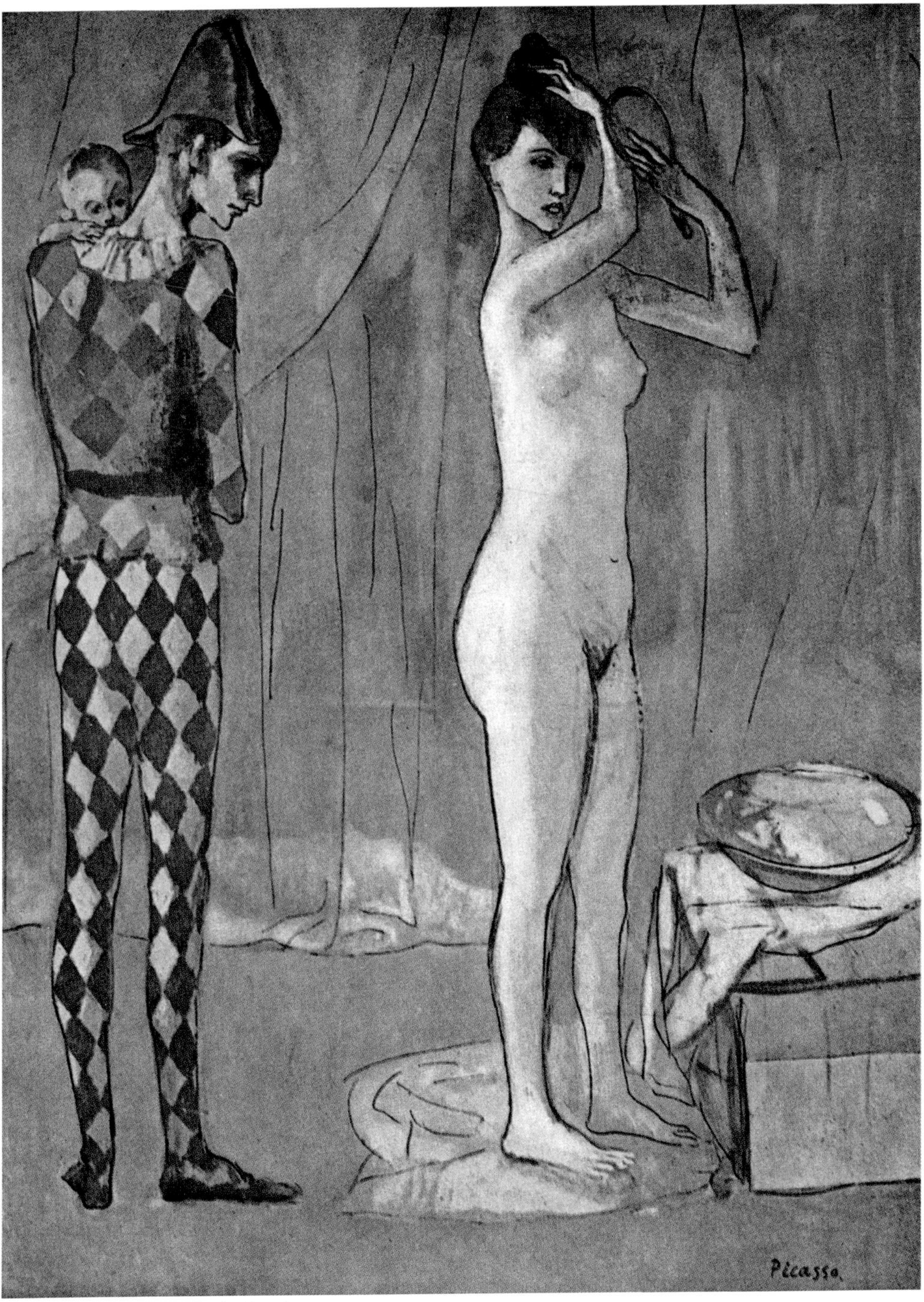

2 Pablo Picasso, Famille d'arlequins, 1904

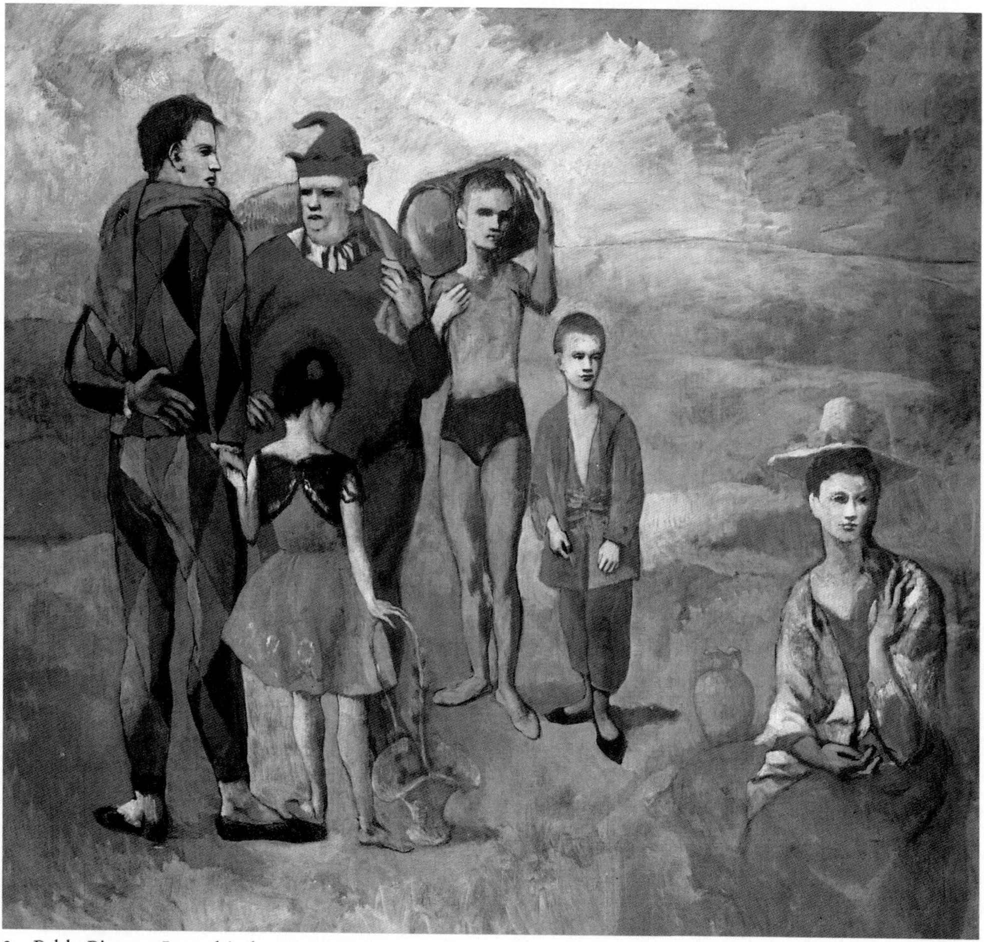

3 Pablo Picasso, Les saltimbanques, 1905

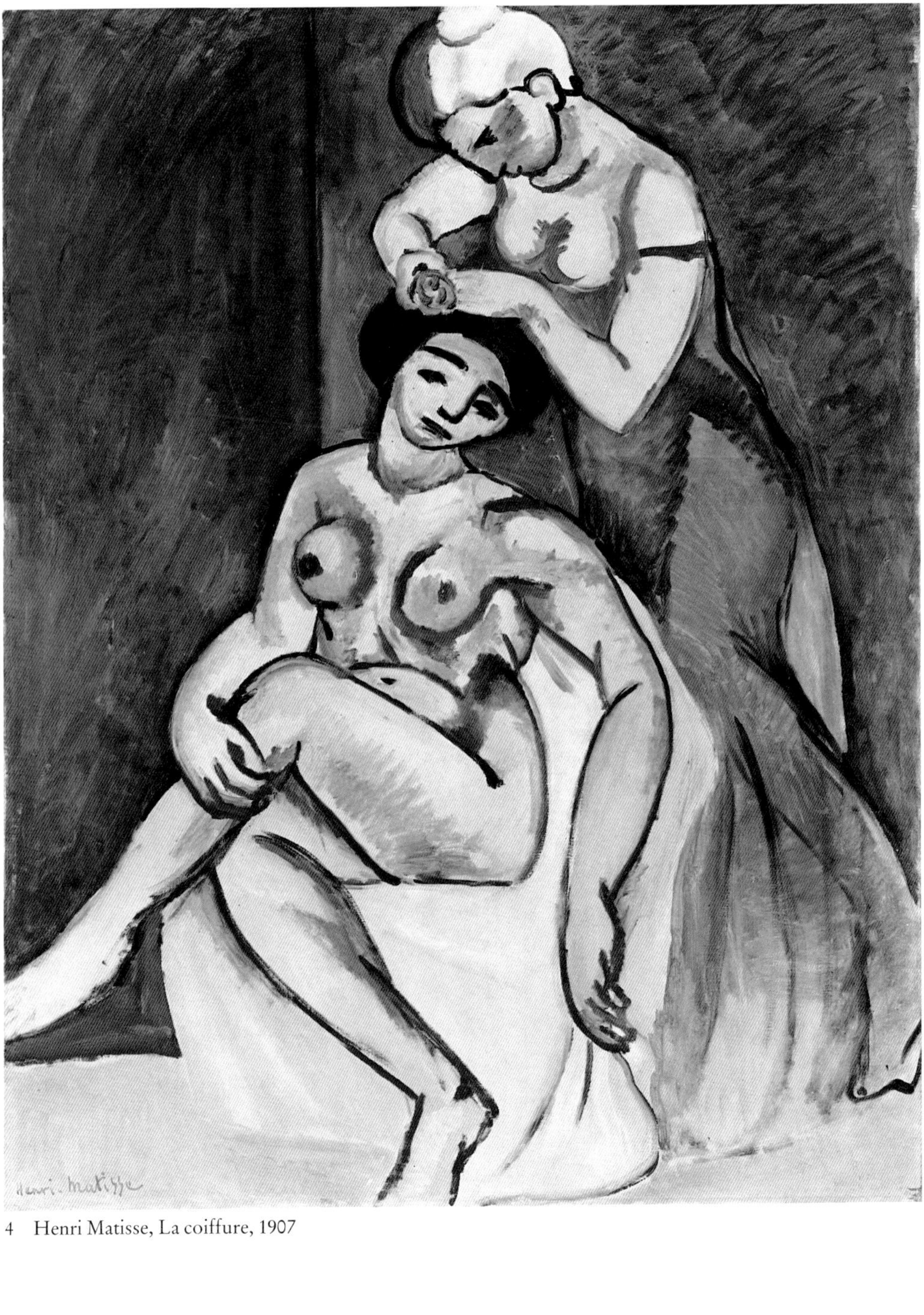

4 Henri Matisse, La coiffure, 1907

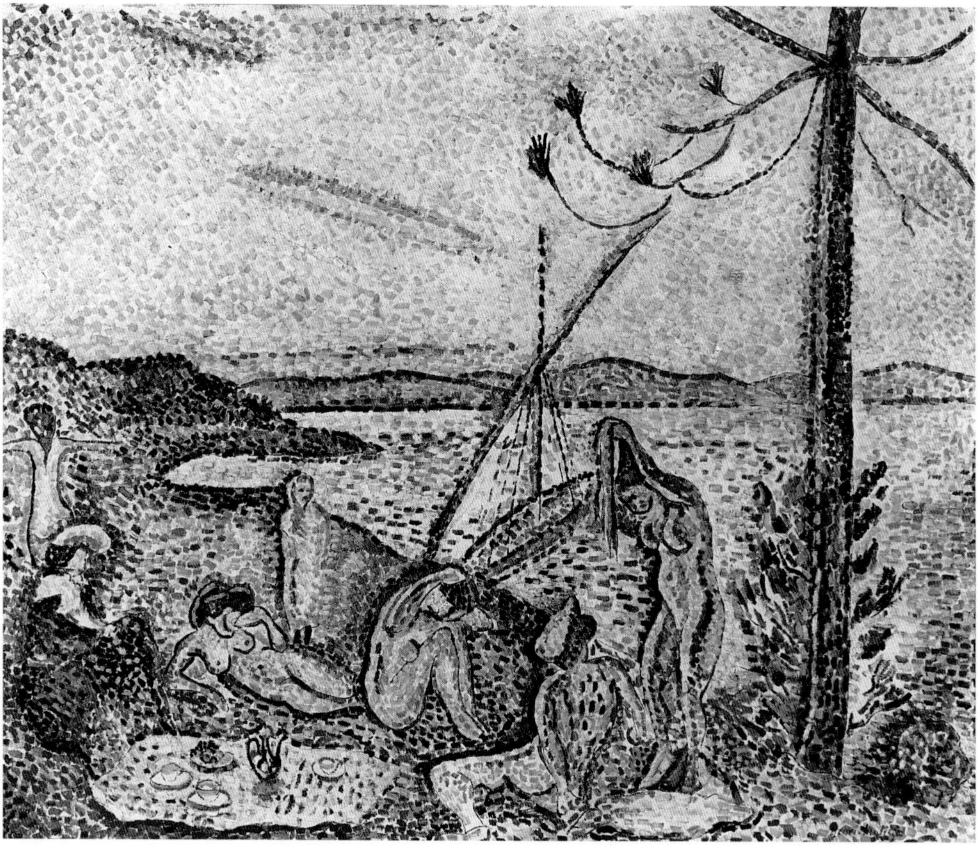

5 Henri Matisse, Luxe, calme et volupté, 1904

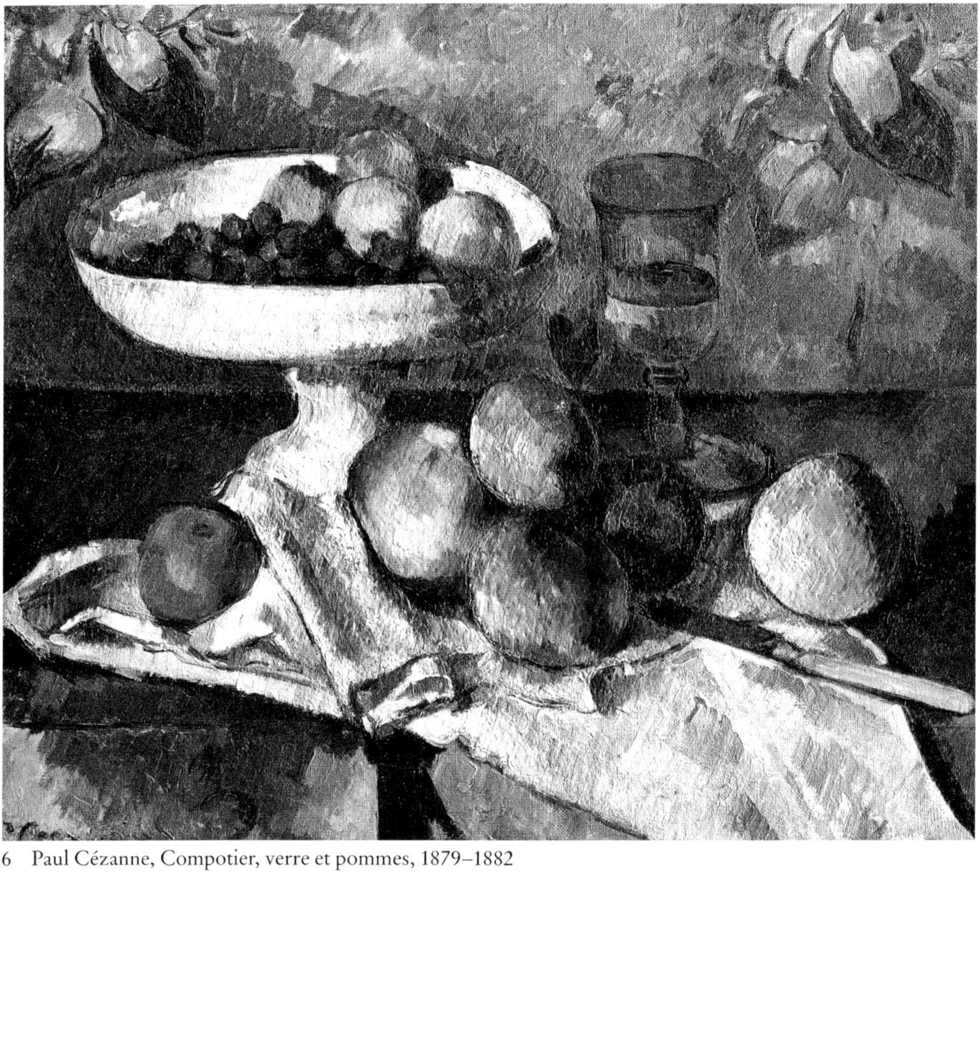

6 Paul Cézanne, Compotier, verre et pommes, 1879–1882

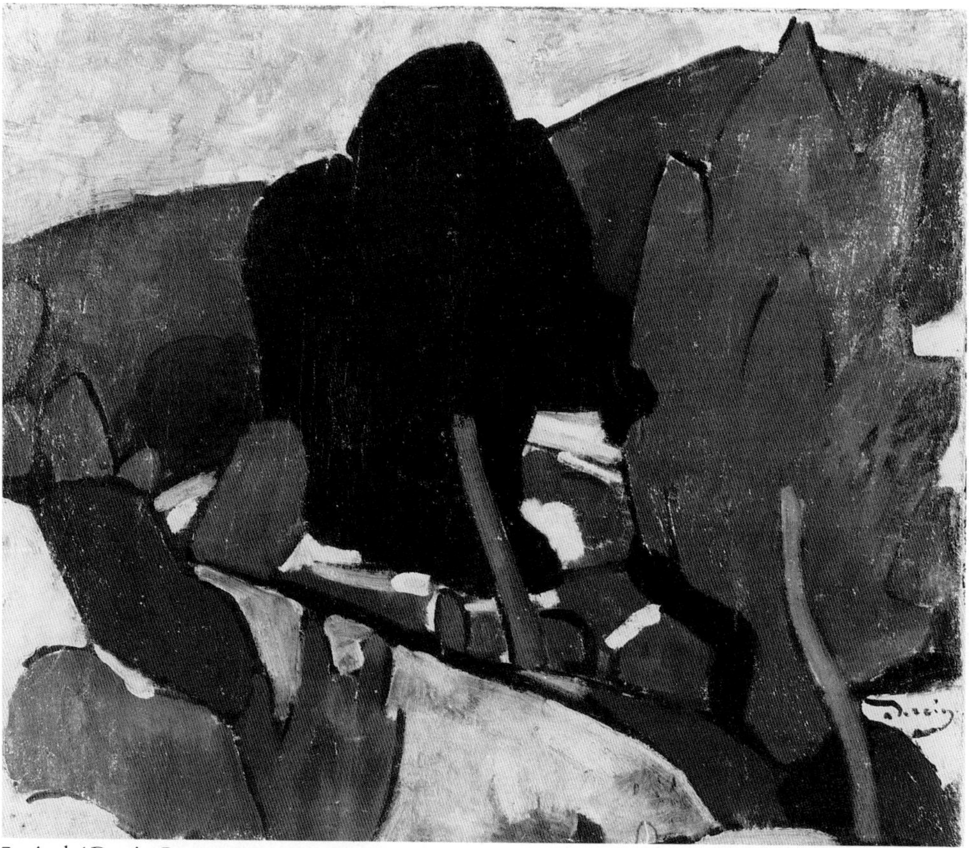

7 André Derain, Paysage à Cassis, 1907

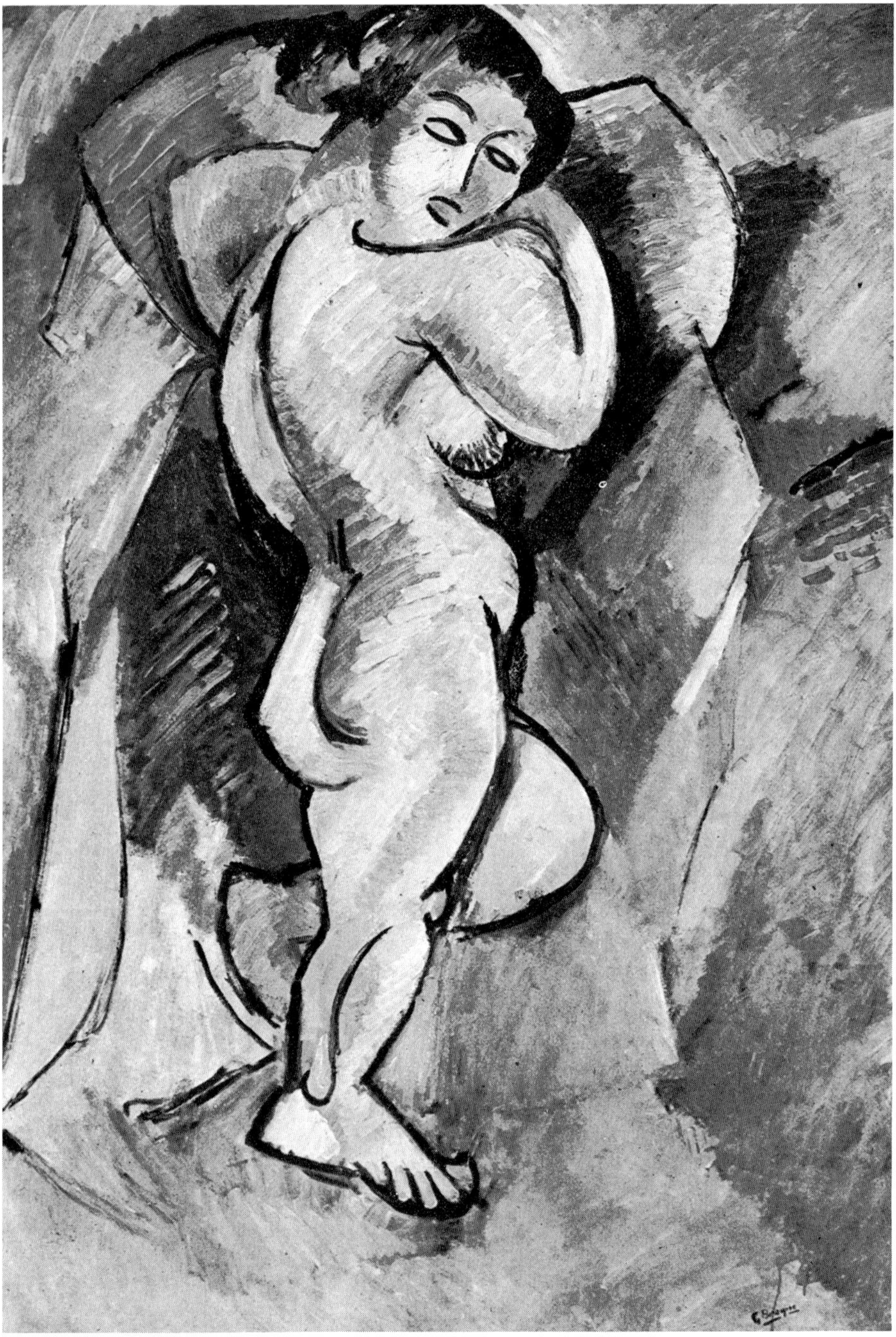

8 Georges Braque, Grand nu, 1908

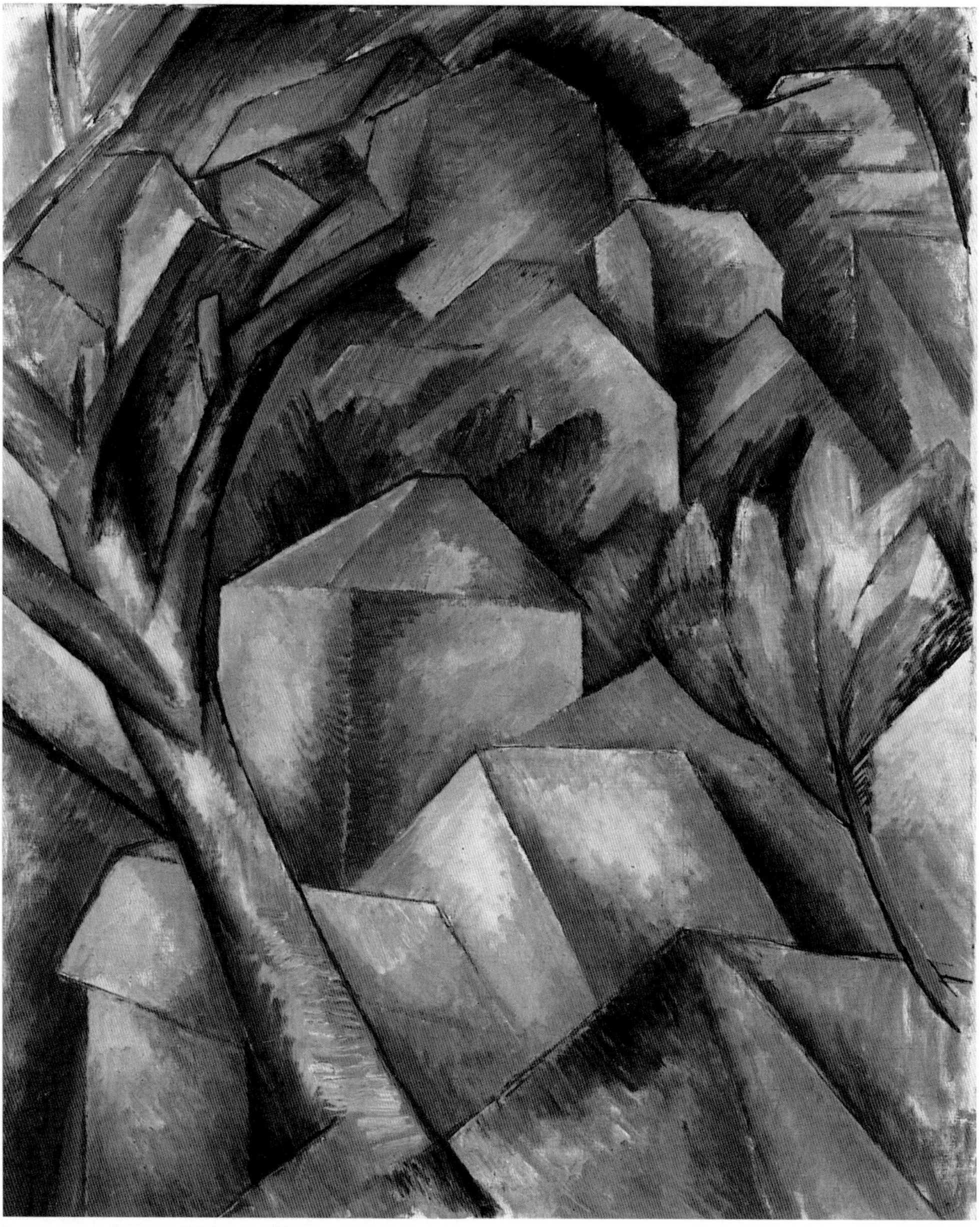

9 Georges Braque, Maisons à l'Estaque, 1908

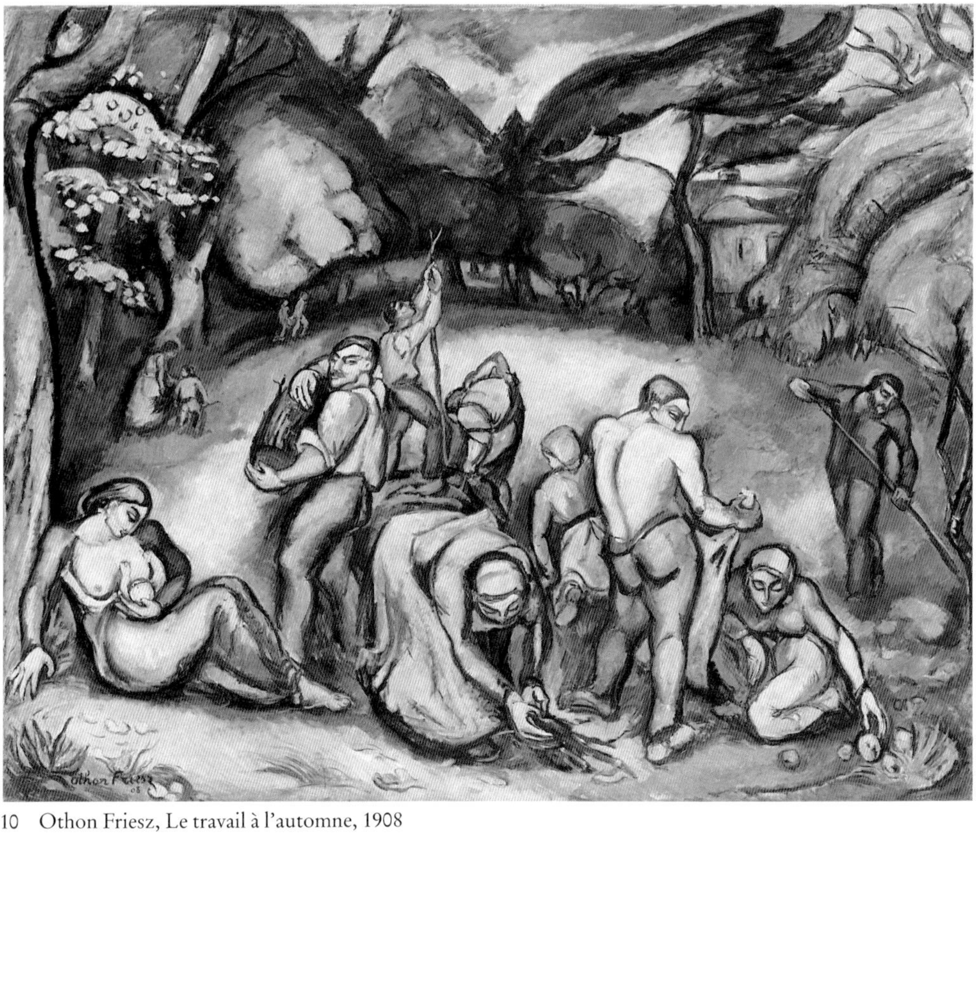

10 Othon Friesz, Le travail à l'automne, 1908

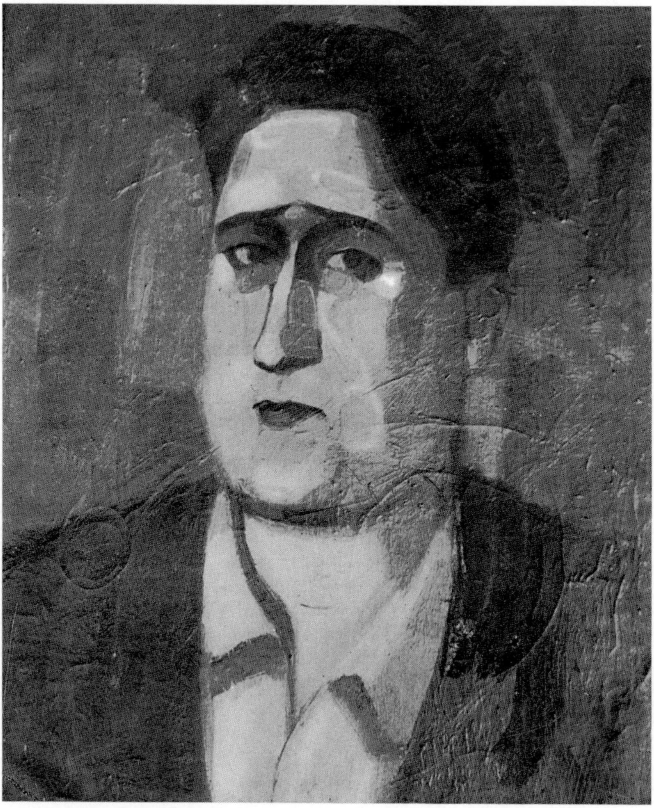

11 Jean Metzinger, Portrait d'Apollinaire, 1910

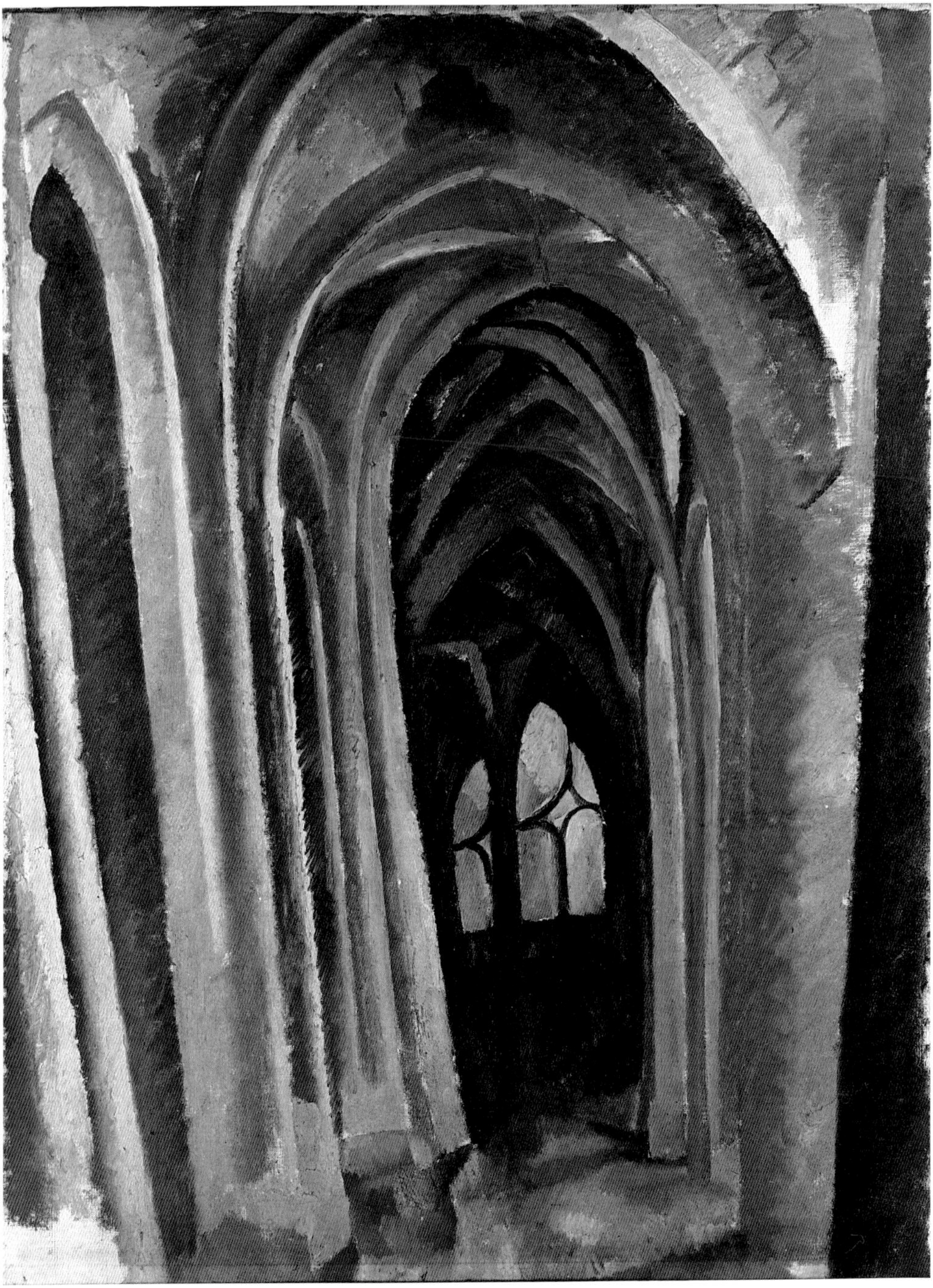

12 Robert Delaunay, Saint-Séverin no. 2, 1909

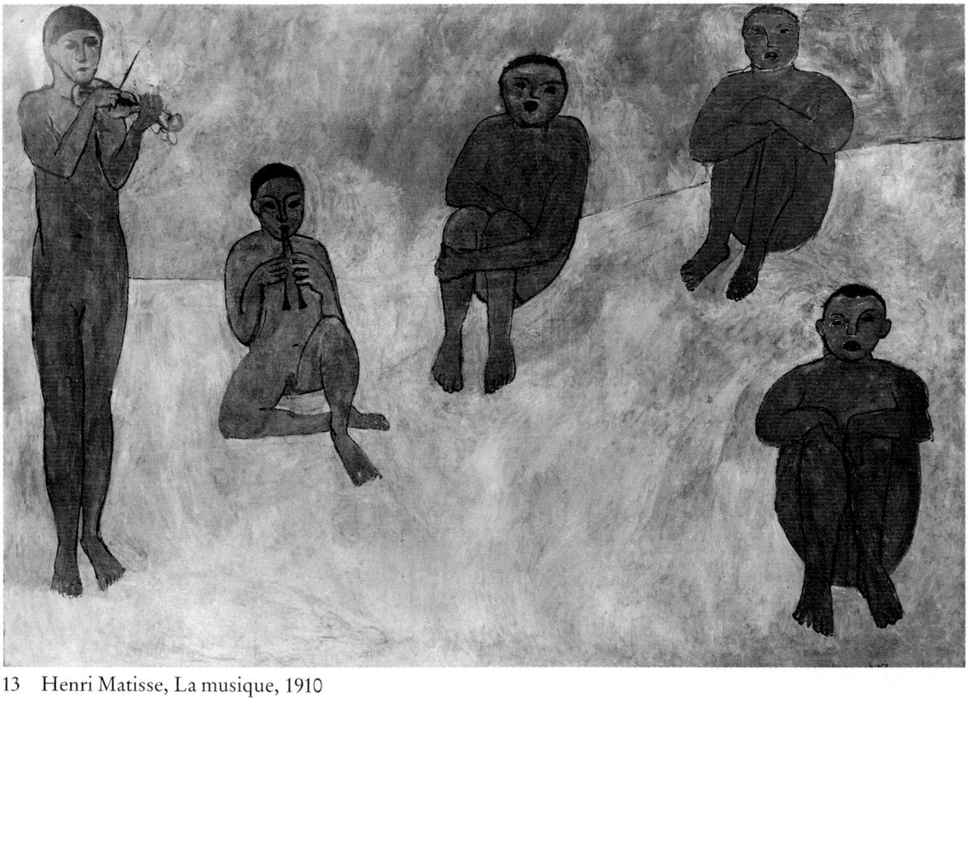

13 Henri Matisse, La musique, 1910

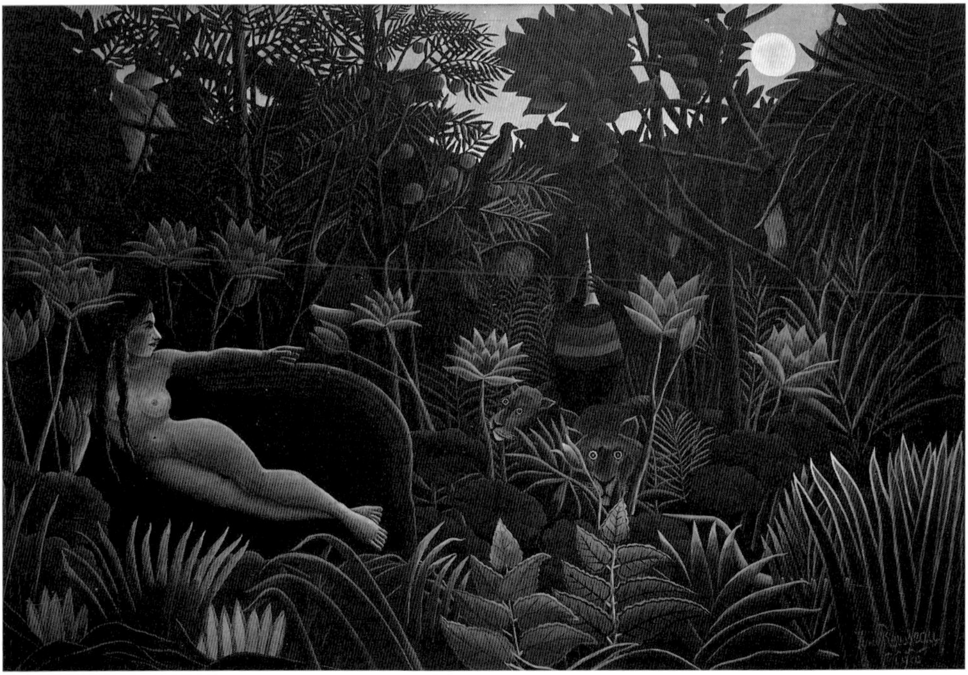

14 Henri Rousseau, Le songe, 1910

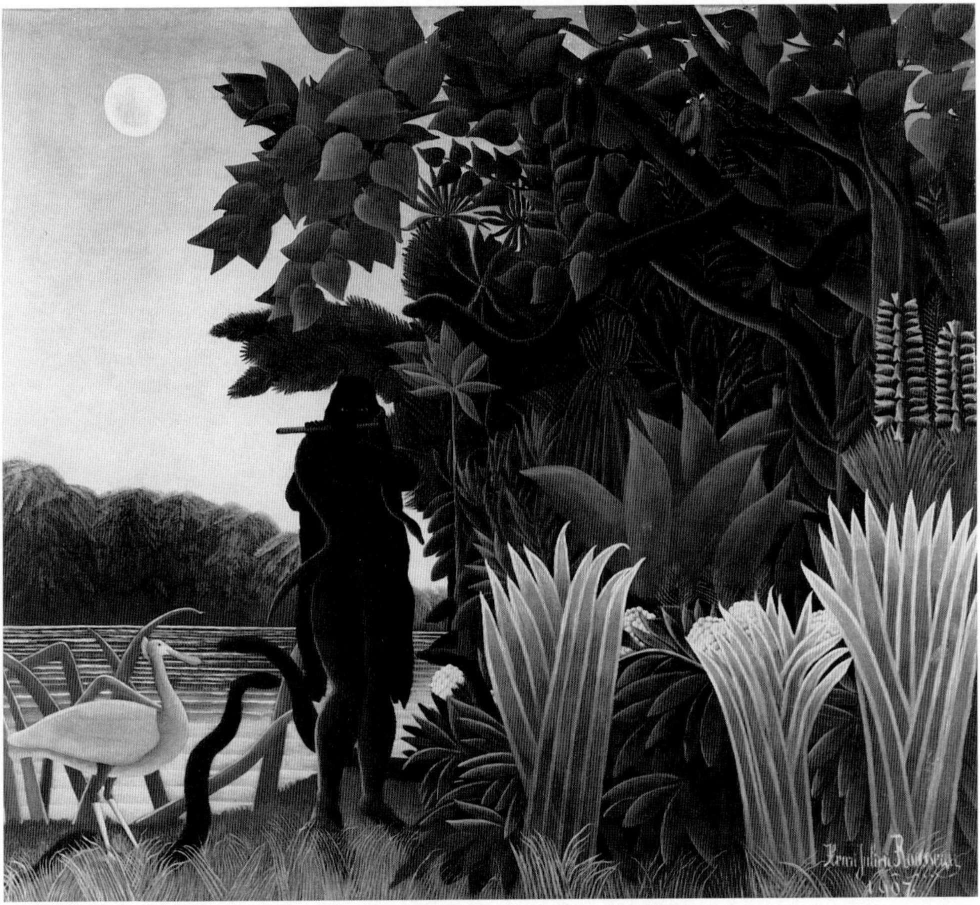

15 Henri Rousseau, La charmeuse des serpents, 1907

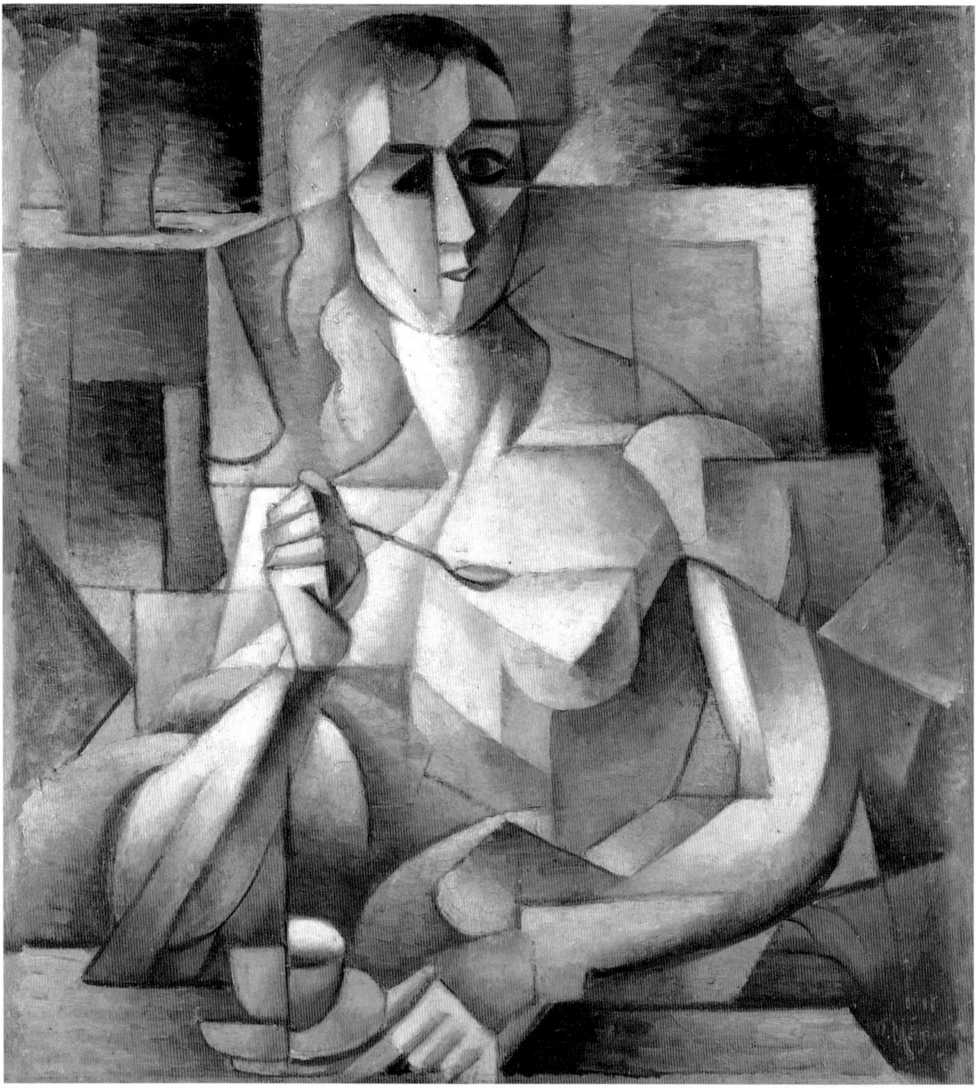

16 Jean Metzinger, Le goûter, 1911

Ordnung aus dem Chaos schaffen – das ist künstlerische Schöpfung. Und wenn das Ziel des Künstlers diese Schöpfung ist, so muß er eine Ordnung anerkennen, an der sich sein Instinkt messen läßt.

Für einen auf diese Weise arbeitenden Künstler kann der Einfluß anderer Persönlichkeiten nicht schädlich sein. Er besitzt eine innere Gewißheit. Sie rührt von seiner Ehrlichkeit her. Die ihn gelegentlich befallenden Zweifel werden nur seine Neugier anstacheln.

»Ich habe nie den Einfluß anderer Künstler gescheut«, sagte Matisse mir, »ich hätte das für Feigheit gehalten und für mangelnde Aufrichtigkeit mir gegenüber. Ich glaube, daß die Persönlichkeit eines Künstlers sich entwickelt und stärkt in der Auseinandersetzung mit anderen Künstlern.

Wenn der Kampf unglücklich ausgeht, wenn die eigene Persönlichkeit unterliegt, so war das eben das Schicksal des Künstlers.«

Folglich kann einen Künstler jede Art bildnerischer Schrift interessieren und ihm bei der Entwicklung seiner Persönlichkeit behilflich sein: die hieratischen Ägypter, die verfeinerten Griechen, die wollüstigen Kambodschaner, die Arbeiten der alten Perser, die afrikanischen Plastiken, nach den Leidenschaften geformt, welche sie ausgelöst haben. Nur im ständigen Vergleich der eigenen Kunst mit anderen künstlerischen Vorstellungen, nicht durch Verschließen vor den Nachbarkünsten der Malerei erreichte Henri Matisse, dessen Persönlichkeit bereits so reich war und sich auch in der Isolation hätte weiterentwickeln können, jene Größe und den überzeugten Stolz, der ihn auszeichnet. Obwohl Henri Matisse auf den künstlerischen Gehalt aller Nationalitäten neugierig ist, bleibt er doch besonders der Schönheit Europas zugeneigt. Wir Europäer haben ein Erbe, das von den Gärten unter der Mittelmeersonne bis zu den festen Meeren des Nordens reicht. Dort finden wir die für uns nötige Seelennahrung. Die aromatischen Erzeugnisse anderer Kulturen können nur das Gewürz für uns sein. Unter dieser Voraussetzung studierte Matisse besonders Giotto, Piero della Francesca und die Sieneser Primitiven, Duccio, der im Volumen schwach ist, aber stärker im Geist. Dann studierte Matisse Rembrandt. Als er sich auf die Kreuzungen der Malerei gestellt hatte, besann er sich schließlich auf sich selbst, um den Weg zu finden, dem er dann mit triumphierenden Instinkt folgte.

Wir befinden uns nicht in Gegenwart eines extravaganten oder extremen Unternehmens: Die Kunst von Matisse ist äußerst klarsichtig. Sein Verstand drückt sich immer rein genug aus, um gehört zu werden, sei er zeitweilig leidenschaftlich oder leiserer Art. Das Bewußtsein dieses Malers stammt aus der Kenntnis anderer Arten künstlerischen Bewußtseins. Seine bildnerische Frische verdankt er seinem Instinkt, seiner Kenntnis von sich selbst.

Wenn wir von der Natur sprechen, dürfen wir nicht vergessen, daß wir ein Teil von ihr sind. Wir müssen uns selbst mit der gleichen Neugier wie einen Baum, einen Himmel oder eine Idee studieren. Denn es gibt eine Beziehung zwischen uns und dem Universum. Diese Beziehung können wir entdecken und uns damit zufrieden geben.

La Phalange, 15. Dezember[3]

1908

Der Salon des Indépendants

Um diese 24. Ausstellung der Unabhängigen hat man so wenig Aufsehen wie möglich gemacht. Für die Herren Kunstkritiker wird es wohl triftige Gründe geben, den Anweisungen aus irgendwelchen verräucherten Ausstellungsbüros zu folgen.

Friede sei mit den Verwaltern der Kunst!

Und doch blieb die gebotene Schweigepflicht nicht vollständig gewahrt. Die eigentlich zum Stillschweigen verpflichteten Kritiker konnten sich letztlich doch nicht verkneifen, über einige Kunstwerke zu sprechen, deren bahnbrechender Erfolg zu offensichtlich ist, als daß er noch länger ignoriert werden könnte. In seinem Roman *La 628-E8* berichtet Octave Mirbeau, wie sehr Félix Vallotton in Deutschland geschätzt werde.[1] Wer sind denn diese Franzosen, die sich der Anerkennung des Talents und der Technik dieses Künstlers in Paris bisher entgegenstellten? Die Zeit wird ohne Zweifel auch diese Fehlurteile berichtigen.

Die Kunstliebhaber in Frankreich beargwöhnen mit Vorliebe den ausländischen Geschmack. Gerade diese Geschmacksurteile aus dem Ausland könnten aber auch als Indiz der Qualität dienen. Man sollte ruhig einmal zugeben, daß ein Ausländer, der von den Pariser Plaudereien unbelastet ist und zudem frei von jedem Einfluß der oft unterwürfigen und ziemlich desinteressierten Kunstkritik, auf ganz natürliche Weise von einem Kunstwerk angezogen werden kann, dessen Schönheit ihm auf dem neuesten Stand und am wenigsten angreifbar erscheint. Der Fremde wird sich besonders den Kunstwerken widmen, von denen er das höchste Niveau und die größten Einsichten erwarten kann. Er sucht sich unbefangen das aus, was er im eigenen Land nicht vorfindet und spart seine Begeisterung für originelle Kunstwerke auf. Andere Länder haben wohl ihre Porträtisten, ihre Landschaftsmaler, usw. dennoch bringt heute allein Frankreich Beispiele dieser ehrlichen, gesunden und wunderbaren Kunst hervor, deren Entwicklung die ganze Welt in Staunen versetzt, eine Kunst, die einmal unangefochten dem 20. Jahrhundert zum Ruhm gereichen wird.

Es gibt in anderen Ländern keinen Künstler, der mit Félix Vallotton vergleichbar wäre. Falls es in Frankreich noch jemanden gäbe, dessen Anschauungen von höherem Niveau wären, so bestimmt keinen, dessen Technik meisterhafter wäre als seine. *Les femmes au bain,* das dieses Jahr von ihm ausgestellte Bild, veranschaulicht am besten, was ich hier sagen möchte. Bedauerlich ist leider, daß der Maler seinen künstlerischen Gipfel wohl bereits erreicht hat. Von nun an muß man befürchten, daß die Zufriedenheit Vallottons mit sich selbst auf das Niveau, das sein verwöhntes Publikum von ihm erwartet, Einfluß nehmen wird. Vor allem sollte sich Vallotton vor seinen ausländischen Bewunderern vorsehen! Falls es die Pflicht des Kritikers ist, ausländische Meinungen zur Kunst zu hören und zu versuchen, ihnen gerecht zu werden, so sollte ein Künstler meiner Meinung nach noch lange nicht sich damit auseinandersetzen, geschweige denn ihnen folgen.

André Derains schöpferischer Wille bedingt seinen hohen handwerklichen Standard. Es gibt wirklich wenige Maler, die sich ihres Metiers so sicher sein können.

Hören wir doch endlich mit dem Gerede über Abstraktion auf! Malerei ist ganz sicher die konkreteste aller Künste.

Hier sehen wir doch eine der reinsten Inspirationen unserer Zeit in wunderbarer Vollendung. Derains Bemühen verzettelt sich nicht in Lichthaltigkeit, Linearität oder Volumen. Seine Ehrbarkeit als Künstler wird durch ganz andere Mittel offensichtlich, nämlich durch die schreckliche Ruhe, mit der er alles auszudrücken vermag, ganz leidenschaftslos, und doch in voller Übereinstimmung mit seinen Leidenschaften. *La toilette, Le portrait* und *Le paysage de cyprès* belegen diese noble Disziplin, die die Wirklichkeit reinigt und »die Natur mit Authentizität begabt« (Mallarmé).

Georges Braques große Komposition scheint mir das originellste Kunstwerk dieses Salons zu sein.[2] Die Entwicklung dieses Künstlers von seinem sanften *Le vallon* bis zu seinen neuen Bildern ist beachtlich. Dennoch wurden sie innerhalb von nur sechs Monaten gemalt. Man sollte nicht zu lange bei dem etwas summarischen Ausdruck dieser Komposition verweilen, sondern unvoreingenommen Braques Willen zur Konstruktion anerkennen.

Die Wissenschaft der Konstruktion gibt nämlich manchem Maler noch ungelöste Rätsel auf. Braque stellt sich mutig einigen dieser Probleme. Das ist sicher erst eine der ereignisreichen Etappen auf dem kühnen Weg dieses Malers. Seine letzten Zweifel werden bald verschwunden sein.

Das große Bild *Travail à l'automne* [Abb. 10] von Othon Friesz erhielt in diesem Jahr den größten Beifall. Das macht das Bild aber keineswegs weniger beunruhigend. Seit einiger Zeit schon kann man beobachten, daß Friesz sich verändert. Scheinbar hat er nun seine frühere Ruhe wiedergewonnen, allerdings ganz bewußt um den Preis bedauerlicher Kompromisse. Das wird wohl seinen Erfolg rückläufig machen. Ohne seine Experimente zu einem Abschluß gebracht zu haben, unterbrach Friesz sie zugunsten eines bombastischen Ausspielens seines künstlerischen Wissens, eben von allem, was er überhaupt weiß.

Doch nicht alles, was er weiß, ist auch von gleicher Qualität. Seine Malerei ist darum voller Ungereimtheiten. Trotzdem sind talentierte Maler wie Friesz selten zu finden.

Eigentlich hat seine Arbeit keine Tiefe. In diesem Bild von riesigen Dimensionen konfrontiert er uns mit sehr verschiedenen, willkürlich zusammengefügten Bildteilen. Diese zusammenhanglose Gruppierung zeigt vor allem den oberflächlichen Charakter seiner Komposition. Zweifellos wird Friesz dieses Vorgehen zu rechtfertigen versuchen, indem er sagt, er wolle keine kleinteilige und isolierte Bildwirkung. Als ob er statt abzuschließen lediglich zusammenfassen wollte! Diese Absicht jedoch, so vernünftig sie zunächst erscheinen mag, erweist sich notgedrungen als eine etwas überstürzte Methode. Denn die dazu erforderliche minuziöse Arbeit schließt jeden echten schöpferischen und heroischen Akt aus.

Marquets Studien besitzen alle seine bekannten Qualitäten. Marquets Talent ist meiner Ansicht nach größer als er selbst annimmt. Diese Bescheidenheit steht ihm nicht immer gut an. In einem gewissen Sinne zwingt sie ihn, sich ständig zu wiederholen aus Angst, sich zu verirren.

Maurice de Vlaminck hat einen flämischen Sinn für Humor. Malerei bedeutet für ihn eine Art dauernder Kirmes. In seinen Augen ist alles lustig und gutgelaunt. Inzwischen hat man bei ihm einen Geschmack für den Exotismus entdeckt, den er anscheinend bei seinen Saufgelagen auf Straßenfesten aufgefangen hat. Das ist aber nicht ohne Pfiff. De Vlaminck hat im übrigen nicht lange gefackelt, um seinen Stil zu finden. Die Fülle seines Talents ist ja offensichtlich, und großzügig teilt er davon aus. Seine Neugier ruht niemals. Die zeitgenössische Malerei verdankt seiner Ehrlichkeit und seinem Sinn für das Wunderbare einige Entdeckungen, die sie schnell in Anspruch genommen hat und für welche die Kunst der Zukunft dankbar sein wird.

Ich finde einfach nicht die passenden Worte, um die ganz und gar französische Grazie von Marie Laurencin zu beschreiben. Sie ist mit der größtmöglichen Zahl weiblicher Qualitäten begabt und dabei frei von männlichen Fehlern. Vielleicht der größte Fehler von weiblichen Künstlern ist der Ehrgeiz, ihre männlichen Kollegen zu überflügeln. Dabei verlieren sie völlig ihren weiblichen Charme und Geschmack.

Bei Marie Laurencin liegt das zum Glück ganz anders. Sie ist sich der tiefen Unterschiede zwischen Mann und Frau durchaus bewußt: Unterschiede im Ursprung und Unterschiede in den Idealen. Laurencins Persönlichkeit vibriert vor Glück und Freude. In ihrer natürlichen Domäne, der Reinheit, geht sie ganz auf.

Die Frau hat viele Mythen und viele Gottheiten geschaffen, die nicht alle durch Euhemerismus rationalisierbar sind.[3] *Diane à la chasse, Allégorie* und *Artémis,* alle mit vor Freude tränennassen Gesichtern, sind die zarten Manifestationen dieses kindlichen und erzählfreudigen Aspekts des weiblichen Geistes. Kees van Dongen äußert seinen tollen Appetit auf nachdrückliche Weise. Er fühlt sich inmitten des Getümmels zuhause und scheint ganz offen seine politischen Ansichten demonstrieren zu wollen. Das ist wohl nicht die Bitterkeit eines Multatuli, sondern eher die Heftigkeit eines Domela Niewenhuis.[4]

Van Dongens Bilder führen uns in die Welt von Riesen, die schamlos soziale Probleme lösen. Er läßt uns stets mit einem peinlichen Gefühl zurück. Seine nobelsten und schönsten Farben prostituiert er für diese großstädtischen Niederungen, die er mit den Augen eines Fremden beobachtet. In Paris zu leben hat Van Dongen nicht viel geholfen. [...]

Paul Signac ist der Meister einer Kunst geworden, die für mich zu speziell ist, um sie vorbehaltlos bewundern zu können. Er hat mit voller Absicht seine Ausdrucksmittel reduziert. Da er leider nicht die dafür notwendige Sensibilität besitzt, ist ihm das nur durch eisernen Willen und harte Arbeit gelungen, indem er die konzentrierte Beobachtung anstelle der künstlerischen Sensibilität eingesetzt hat. Darin ist er allerdings Meister.

Ich glaube einfach nicht, daß Raoul Dufy schon mit seinen Zeichnungen zufrieden ist. Sein Streben nach Erfolg in dieser Richtung ist offensichtlich, und man kann ihm nur dazu gratulieren. Dufys Zögern ehrt ihn unbedingt. Wir werden ihm bald als einen neuen Menschen und Maler wiederbegegnen. [...]

Die aufrichtige Kunst von Albert Camoin ist im Salon sehr schön vertreten. Dieser Künstler hat jedoch anscheinend jede Anstrengung und jedes Experiment hinter sich gelassen, was ich tief bedauere.

Henri Rousseaus Beitrag ist zugleich rührend und komisch.[5] Dieser Autodidakt hat unleugbare, natürliche Talente, Gauguin hat scheinbar seine schwarzen Schatten bewundert. Aber immer noch fehlt es dem Zöllner an Erziehung. Noch kann man sich nicht ganz seinem Genie hingeben. Die ängstlichen und komischen Aspekte seiner Kunst sind einem noch zu bewußt.

Henri Rousseau weiß weder, wohin er will, noch was er will. Wie der kleine, verwirrte Poet Alfred Poussin[6] könnte er beten:

> Seigneur! éclairez ma pensée,
> Et donnez un but à mes pas.
> Chacun a sa route tracée:
> Je ne l'ai pas!

Man wird auch sehr durch Rousseaus Ruhe verunsichert. Er hat scheinbar überhaupt keine Ängste auszustehen. Er ist zufrieden, aber ohne Stolz. Rousseau hätte sich vielleicht mit einfachem Kunsthandwerk zufrieden geben sollen.

Georges Rouaults Haar wird weißer und weißer... Ist das ein Zeichen vorzeitigen Alterns? Zunächst ist Rouault wohl als gläubiger Katholik zu sehen. Bei ihm tauchen tatsächlich alle die dekorativen Elemente wieder auf, die einem Mann, der täglich die heilige Messe besucht, geläufig sind. Ob hell oder dunkel, Rouaults Malerei scheint immer als eine Dekoration für das Arbeitszimmer des Abbé Tourmentin gedacht zu sein.[7]

René Prath hat das Auge des Dilettanten für die Erscheinung der Dinge. Er setzt Formen und Farben nicht malerisch um, sondern nimmt sie so wie sie sind, ganz körperlich direkt. Sein Sachverstand verpflichtet ihn zur größtmöglichen Wirklichkeitstreue. Dafür kann man ihn wirklich nicht tadeln. Denn sein Talent als Maler verwandelt die Gegenstände trotz seiner gegenteiligen Absicht... Wenn schon die Formen nicht idealisiert sind, so doch wenigstens die Farben. [...]

Tristan Klingsor versieht seine Malerei mit der gleichen gefühlvollen Sentimentalität, die seinen leicht künstlichen und leicht altmodischen Gedichten so viel Charme verleiht. Persönlich ziehe ich den Dichter dem Maler vor. [...]

Die Zustimmung, der sich Francis Jourdain erfreut, wird durch die hier vorgeführten Qualitäten voll gerechtfertigt. Er hat zwar kein so hohes Ziel, wie man von einem Maler seines Alters und seines Talents erwarten könnte, doch kann niemand von seinen *Ports*, seiner *Baie de Saint-Tropez*, seinen *Champs* oder seinem *Soir* unberührt bleiben. [...]

Laprade ist ein Mann seiner Zeit. Seine Kunst ist deshalb genauso belanglos wie alles andere, das nicht auf dem Wissen der Vergangenheit und auf der weisen Vorausschau der Zukunft begründet ist.

Im großen und ganzen ist der Salon der Unabhängigen von 1908 genauso interessant wie seine Vorgänger. Er enthält zwar weniger Neuheiten, aber die Tendenzen sind wieder bestätigt worden. Auch die Unterschiede wurden deutlich. Die verschiedenen Richtungen zeigen ganz klar, was junge Maler heute denken und wonach sie streben. Dieser Salon gehört schon der Vergangenheit an. Und falls es wahr ist, daß einige Maler mehr als nur ihr

Bemühen um Schönheit zeigten, was ich glaube, so kann es nicht ganz nutzlos sein, hier einen Satz von Mallarmé anzuschließen, der wegen der in ihm ausgedrückten Hoffnung so wunderbar ist: »Nichts, was in der Vergangenheit schön gewesen ist, kann jemals ganz ausgelöscht werden.«

La Revue des lettres et des arts, 1. Mai

Die drei bildnerischen Kräfte

Die drei bildnerischen Kräfte, Reinheit, Einheit und Wahrheit, erheben sich triumphierend über die gebändigte Natur.

Vergebens wogen die Jahreszeiten, die Menschen gehen doch alle dem gleichen Tod entgegen. Die Wissenschaft konstruiert und zerlegt alles Bestehende, vergebens. Die Welten entziehen sich immer mehr unserer Vorstellung; die Bilder unserer Einbildungskraft kreisen nur noch in sich und beleben allenfalls das in ihnen gespeicherte Unbewußte; die Farben, die Gerüche und Töne verblüffen uns für einen Moment, dann entschwinden sie unserer Wahrnehmung. Aber diese monströse Schönheit währt nicht ewig.

Wir wissen, das unser Atem keinen Anfang und kein Ende kennt. Was uns aber bewegt, sind vor allem Anfang und Ende der Welt.

Indessen vertiefen sich immer noch zu viele Maler in das Studium der Pflanzen, der Steine, des Wassers und der Menschen. Man gewöhnt sich so schnell an die geheimnisvollen Verkettungen der Natur. Am Ende lullt uns die Knechtschaft in süßes Nichtstun ein. Heute sind die Arbeiter die Herren der Welt, und die Gärtner haben weniger Respekt vor der Natur als die Maler.

Es wird Zeit, daß die Maler wieder die Herrschaft übernehmen. Aber der gute Wille garantiert noch keinen Sieg.

Auf dieser Seite der Ewigkeit tanzen die sterblichen Formen der Liebe; im Namen der Natur ist ihr verworfenes Treiben zusammengefaßt. Die Flamme ist das Symbol der Malerei und die drei bildnerischen Kräfte flammen auf und strahlen in die Welt hinaus.

Das Feuer ist die Reinheit, die nichts Fremdes in sich bestehen läßt und alles grausam verwandelt, was es einmal erfaßt hat.

Es besitzt jene magische Einheit, die noch in jedem kleinsten Teil der großen Flamme gleicht.

Schließlich verkörpert es die erhabene Wahrheit des Lichts, die niemand verleugnen kann.

Die wahrhaftigen Maler dieser abendländischen Epoche beziehen sich wieder auf diese Reinheit ohne Rücksicht auf die Naturkräfte. Reinheit bedeutet Vergessen nach dem Studium. Ein reiner Künstler ist unsterblich, es sei denn, alle Künstler der vergangenen Jahrhunderte hätten nie existiert.

Die Malerei im Abendland beginnt sich zu erneuern, mit jener Logik, welche die Alten Meister an ihre Nachfolger weitergegeben haben, so, als ob sie das Leben weitergäben. Und das ist alles. Man kann nicht auf ewig den Kadaver seines Vaters mitschleppen. Man muß ihn zu den anderen Toten legen. Voller Bewunderung erinnern wir uns an ihn und wir vermissen ihn. Auch wenn wir Väter werden, dürfen wir nicht erwarten, daß unsere Kinder diese Bürde das ganze Leben lang tragen. Doch unsere Füße lösen sich nur schwer von der Erde, in der die Toten ruhen.

Die Reinheit in Betracht ziehen heißt, alles auf den Instinkt setzen, die Kunst vermenschlichen und die Persönlichkeit steigern. Die Wurzel, der Stengel und die Lilienblüte zeigen die Entwicklung der Reinheit bis zu ihrer symbolischen Blüte.

Alle Körper sind gleich im Licht, und die Schatten entstehen nur aufgrund dieser leuchtenden Kraft, die nach ihrem Willen erschafft. Wir kennen noch lange nicht alle Farben, und jeder Mensch erfindet neue hinzu. Der Maler aber muß sich vor allem seiner eigenen Schöpferkraft hingeben. Dann werden die Bilder, die er der Bewunderung der Menschen anbietet, für einen Moment auch ihnen die Herrlichkeit der menschlichen Schaffenskraft aufzeigen.

Um das zu erreichen, muß man die Vergangenheit, die Gegenwart und die Zukunft mit einem Blick erfassen.

Die Leinwand muß jene wesentliche Einheit vermitteln, die allein die Ekstase hervorruft. In diesem Fall wird uns nichts Flüchtiges ablenken. Dann werden wir auch nicht plötzlich in die Vergangenheit zurückgeworfen. Als freie Menschen, die sehen wollen, werden wir nicht unser Leben aus Neugier aufgeben. Die falschen Salzhändler des Wissens werden unsere Salzstatuen nicht an der Zollschranke der Vernunft vorbeischmuggeln können.

Wir werden nicht in der unbekannten Zukunft umherirren, die, abgelöst von der Ewigkeit, nur ein anderes Wort für die Versuchung der Menschen ist. Wir werden uns nicht mehr in dem Versuch erschöpfen, die allzu flüchtige Wirklichkeit festzuhalten, die für den wahren Künstler nur die Maske des Todes sein kann: die Gewohnheit des äußeren Scheins. Die Malerei wird unweigerlich existieren. Die Vision wird ganzheitlich, vollkommen sein. Weit entfernt von jedem Mangel wird ihre Unendlichkeit nur die Beziehung zwischen einer neuen Schöpfung und einem neuen Schöpfer verstärken. Andernfalls wird es keine Einheit geben. Die Beziehungen zwischen den verschiedenen Teilen des Bildes und den verschiedenen Wesenheiten, Gegenständen und Lichtern würde in eine Vielzahl von unverbundenen, disharmonischen Stücken auseinanderfallen.

Auch wenn es eine unendliche Anzahl von Schöpfungen gäbe, die jeweils von einem Schöpfer stammen, ohne daß irgendeine Schöpfung die Ausdehnung der anderen, gleichzeitig existierenden beeinträchtigen würde, so ist es doch unmöglich, alle zur gleichen Zeit zu erschaffen. Ihre Gegenüberstellung oder gar Vermischung würde ihr Ende bedeuten.

Jede Gottheit erschafft nach ihrem Ebenbilde, so auch der Maler. Nur die Fotografen reproduzieren die Natur.

Die Reinheit und die Einheit zählen nicht ohne die Wahrheit, die man nicht mit der höheren Wirklichkeit vergleichen kann, da beide identisch sind – die Wahrheit ganz außerhalb der Naturwirklichkeit, die uns in jener fatalen Ordnung halten will, in der wir nichts weiter als Tiere sind.

Vor allem sind die neuen Maler Menschen, die Übermenschliches geben wollen. Sie suchen mühsam nach Spuren dieser Übermenschlichkeit, wie man sie sonst nirgends in der Natur vorfindet.

Allein diese Spuren führen zu Wahrheit. Abgesehen davon gibt es keine Wirklichkeit (für die neuen Maler).

Doch wird man niemals die Wirklichkeit ein für alle Male entdecken. Die Wahrheit wird immer neu sein. Sonst wäre sie ein naturhaftes System und elender als die Natur selbst.

In diesem Falle wäre das eine erbärmliche Wahrheit, die uns mit der Zeit immer unwirklicher und ferner vorkäme. Sie würde die Malerei auf die Funktion einer bildnerischen Schrift zurückwerfen, die nur dazu da ist, die Beziehungen zwischen Menschen gleicher Nationalität zu erleichtern.

Heute könnte man schnell eine Maschine erfinden, die solche Zeichen zu reproduzieren in der Lage wäre, ohne sie zu verstehen.

Katalog der dritten Ausstellung des Cercle de l'Art moderne im Rathaus von Le Havre, Juni.[8]

Georges Braque

Es ist gar nicht lange her, da wurden die Bemühungen einiger Künstler zur Erneuerung der bildenden Künste noch vom Publikum, aber auch von den Kritikern bespöttelt. Die spöttischen Stimmen sind inzwischen verstummt. Niemand würde es heute noch wagen, diese wunderbaren Versuche anzugreifen, es sei denn, um zugleich eine Bresche in die Ordnung, die Harmonie, die Proportion und Würde zu schlagen, eben die Qualitäten der Kunst, ohne die nur ein wütender Ansturm mehr oder weniger aufrichtiger Temperamente, die ihre Faszination von der Natur, wie im Fieber, ohne Sinn und Verstand, wiederzugeben versuchen, übrig bliebe.

Das sind die Charakteristika des Impressionismus. Der Name war gut gewählt. Diese Maler waren wirklich ›beeindruckt‹ vom Himmel, von den Bäumen, vom Leben selbst im Spiel des Lichts. Ganz ähnlich schauen Nachtvögel verstört auf den Tagesanbruch. Ähnlich ist auch die Bestürzung von Wilden angesichts eines Blitzes oder der Majestät der Elemente. Weder Wilde noch Primitive haben allerdings in ihrem Entsetzen eine bestimmte künstlerische Empfindung entdeckt. Ihre Emotion entstammte vor allem einer religiösen Leidenschaft, die sie kultivierten und anwandten. Aus diesem Gefühl bauten sie ihre gigantischen Monumente, leiteten sie ihren Dekorationsstil ab, schufen sie – wie Gott selbst – die Bilder, die ihrer Vorstellung von Kunst entsprachen.

Im Ganzen gesehen war der Impressionismus nur ein schwächlicher und ausschließlich religiöser Moment in den bildenden Künsten. Neben einigen wunderbar begabten Meistern, die wußten, was sie taten, sah man eine ganze Reihe von Zeloten und Neophyten, die in ihren Bildern lediglich ihre Ehrfurcht vor und Kommunikation mit dem Licht demonstrierten. Das suchten sie dadurch darzustellen, daß sie ihre Farben nicht mehr mischten. Man wurde schon Maler dadurch, daß man ungemischte Farben auf die Leinwand auftrug, so wie man Christ durch die Taufe wird, was ja nicht unbedingt der Zustimmung des Täuflings bedarf. Um Meisterschaft zu erreichen, genügte ein Mangel an Geschmack. Ich will gar nicht nicht erst alle die Maler zu allen Zeiten erwähnen, die sich ohne vorhergegangenes Studium der Malerei zuwandten, angezogen von den Profitmöglichkeiten und der Leichtfertigkeit einer vom Zufall regierten Kunst.

Ignoranz und Ungebärdigkeit – das sind die Hauptcharakteristika des Impressionismus. Wenn ich Ignoranz sage, meine ich den völligen Mangel an Kultur in den meisten Fällen. Was die Wissenschaft anbetrifft, so gab es auch davon genug, noch dazu ohne Sinn und Verstand angewandt. Sie hielten sich nur für wissenschaftlich. Epikur selbst war die Wurzel des Systems, und die Theorien der Physiker mußten herhalten, um die verschrobensten Improvisationen zu rechtfertigen.

Aber die Zeiten haben sich geändert. Jene absurden malerischen Anstrengungen hängen mittlerweile im Museum, neben dem Durcheinander von Meisterwerken und Nieten. Nun ist wieder Platz für eine noblere, maßvollere, geordnetere und kultiviertere Kunst. Die Zukunft wird zeigen, wie einflußreich innerhalb dieser Entwicklung das wunderbare Beispiel von Cézanne, die einsame und bestimmte Arbeit von Picasso, das unerwartete Zusammentreffen von Matisse und Derain, dem die Begegnung von Derain und De Vlaminck vorausging, sein werden.

Der Erfolg hat bereits einem Picasso recht gegeben, einem Matisse, einem Derain, einem De Vlaminck, Friesz, Marquet und Van Dongen. Er wird genauso die Werke von Marie Laurencin und Georges Braque krönen. Eines Tages wird man auch die Reinheit eines Vallotton erkennen und einem Meister wie Odilon Redon seinen gebührenden Platz einräumen. Ich zweifele nicht daran, daß mit der Zeit dieses Ziel erreicht wird, das ich hier angedeutet habe.

Betrachten wir nun Georges Braque. Er führt ein bewundernswertes Leben. Er kämpft leidenschaftlich um die Schönheit und er erreicht sie auch, man möchte fast sagen, ohne Anstrengung.

Seine Kompositionen haben die Harmonie und die Fülle, auf die wir lange gewartet haben. Seine Dekorationen bezeugen einen Geschmack und eine Kultur, die von einem sicheren Instinkt gestützt wird. Er wurde ein Schöpfer, indem er in sich selbst die Elemente der von ihm gemalten, synthetischen Motive fand.

Er schuldet seiner Umgebung nichts mehr. Sein Geist hat absichtlich den Abgesang der Wirklichkeit provoziert und plötzlich findet eine universelle Wiedergeburt im bildnerischen Sinne in ihm und außerhalb von ihm statt. Er drückte eine Schönheit voller Zärtlichkeit aus und die Perlen seiner Bilder erleuchten unser Verständnis. Ein reich kolorierter Lyrizismus, von dem wir zu wenige Beispiele haben, füllt ihn mit harmonischer Begeisterung. Die heilige Cäcilie selbst spielt auf seinen Musikinstrumenten.

In seinen Tälern summen die Bienen aller Jugend und sammeln ihren Honig. Das Glück der Unschuld schmachtet auf seinen zivilisierten Terrassen.

Dieser Maler ist engelsgleich. Reiner als andere Menschen, kümmert er sich nicht um seiner Kunst fremde Dinge, die ihn aus dem Paradies herausstoßen würden, daß er jetzt bewohnt.

Niemand soll an diese Bilder herantreten und nach dem frommen Mystizismus, der Psychologie der Literaten oder der zwingenden Logik der Scholaren suchen! Dieser Maler komponiert seine Bilder nach seiner absoluten Suche nach vollkommener Originalität, vollständiger Wahrheit. Wenn er sich noch auf menschliche Mittel und Methoden einläßt, dann nur, um die Wirklichkeit seines Lyrismus zu betonen.

Seine Bilder haben eine Einheit, die ihnen auch Notwendigkeit gibt. Für den Maler, den Dichter, den Künstler allgemein wird jede Arbeit ein neues Universum mit eigenen Gesetzen. (Das unterscheidet ihn von den anderen Menschen, besonders von den Wissenschaftlern.) Georges Braque kennt keine Ruhe. Jedes seiner Bilder spricht von einer Anstrengung, die noch keiner vor ihm unternommen hat.

Vorwort zum Katalog der Ausstellung ›Georges Braque‹,
Galerie Kahnweiler, 9.–28. November[9]

1909

Porträt eines Fauve

Henri Matisse wurde in Cateau (Nord) am 31. Dezember 1869 geboren. Jetzt, im Alter von 39 Jahren, zählt er zu den Führern der Gruppe von Malern, die furchtsame Menschen *Fauves* [wilde Tiere] genannt haben. Man sollte hinzufügen, daß man bei der Beurteilung dieser Maler oft in Schwierigkeiten gerät. Nehmen Sie zum Beispiel Matisse. Während eine ganze Reihe von Kritikern die Bezeichnung *fauve* für ihn noch für zu milde hält und ihn statt dessen gerne als *fauvissime* bezeichnen oder am besten gleich direkt ein wildes Tier nennen würde, gefällt es M. Frantz Jourdain, ihn vernünftigerweise, aber nicht unbedingt weitblikkender, mit Cabanel zu vergleichen. M. Henri Matisse ist tatsächlich ein Neuerer, aber er renoviert eher, als er innoviert. Man muß schon eine besonders getrübte Wahrnehmung haben und gewöhnt sein, eher auf künstliche Dinge als auf künstlerische zu schauen, um von der Reinheit von Linie und Farbe bei Henri Matisse unangenehm berührt zu sein.

Bärtig, mit Augen voller Bosheit, die hinter seiner goldenen Brille lauern, so lebt M. Henri Matisse einmal in Paris, einmal in Colliure. Dieser Fauve ist ein Mann von Raffinesse. Er liebt es, von antiken und modernen Kunstwerken, von kostbaren Stoffen und jenen Skulpturen umgeben zu sein, in denen die Neger von Guinea, Senegal und Gabun mit großer Reinheit ihre tiefsten Ängste ausgedrückt haben.

Als liebenswürdiger Amphitryon empfängt er oft seine Freunde, unterstützt von seiner kleinen, ausgezeichneten Frau, die, nachdem er Fauve geworden ist, selbst eine Fauvette wurde [Wortspiel: fauvette = Grasmücke].

Seine Küche ist delikat, ohne prunkvoll zu sein. Eine allgemein gute Laune und die Spiele von drei Kindern unterstreichen noch den Charme, den das Heim des cartesianischen Meisters durchzieht.[1]

1910

Die Ausstellung Paul Cézanne (Galerie Bernheim)

Paul Cézanne muß zu den größten Meistern der Malerei des 19. Jahrhunderts gerechnet werden.

Viele junge Maler haben eine ausgeprägte Vorliebe für seine Arbeit. Das rührt wohl daher, daß Cézanne, wie alle Künstler mit Genie, bis zum Ende seines Lebens bewundernswert jung geblieben ist. Er verstand es außerdem, seine Bilder mit einem außergewöhnlichen Gespür für Größe und Persönlichkeit zu gestalten. Noch niemand hat ihn bisher in der Kunst der Komposition übertroffen.

Die Bilder dieser Ausstellung erlauben dem Betrachter, sich eine umfassende Vorstellung von dem Meister aus Aix zu verschaffen. Das konnte man zwar alles schon vorher sehen, um die Wahrheit zu sagen, aber dieses Werk verdient es, immer wieder von neuem gesehen und studiert zu werden.

Da gibt es zum Beispiel die wunderbaren Studien von Mme. Cézanne. Das farbige Gewebe der Landarbeiter in den *Joueurs des cartes,* die während des Spiels Pfeife rauchen, ruft Giottos Behandlung der Gewänder in Erinnerung. Die wunderbaren *Baigneuses* sind ein herrliches Argument gegen die Kritiker, die uns in ihrer unnachahmlichen Weise weismachen wollten, Cézanne wüßte nicht, wie man Akte malt!

Die Bäume in diesen feinen Landschaften sind so lebendig, daß sie fast wie menschliche Wesen erscheinen.

Die Wahrheit wird in den Arbeiten von Cézanne überall sichtbar; sie zeichnet das flüchtigste Aquarell und die hastigste Skizze aus. Mit seinem einmaligen Talent und wunderbaren Kenntnissen auf dem Gebiet der Malerei konnte Cézanne es sich leisten, auch den kühnsten Impulsen zu folgen. Sein Wagemut ist manchmal erschreckend, doch bezeugt seine Malerei vor allem seine Mühen, seine Ungewißheiten und seine Leiden. Keiner erinnert mehr an Pascal als Cézanne. Das literarische Genie des ersten war vom gleichen Rang wie das bildnerische Genie des zweiten. Beide Künstler haben in ihren Werken eine Größe geschildert, »die manchmal den Verstand übersteigt«.

Paris-Journal, 20. Januar

Die Ausstellung Pierre Bonnard

Ich liebe die Malerei von Bonnard sehr. Sie ist einfach, sinnlich, geistvoll im besten Sinne des Wortes, und sie läßt mich, ich weiß nicht warum, unentwegt an ein kleines Schleckermäulchen denken. Es stimmt, daß mein Geschmack im allgemeinen mehr zu den ambitionierten Malern neigt, zu den Malern, die nach dem Sublimen in der Malerei streben und die selbst die Gefahr des Stolperns nicht davon abhält, einer solch erhabenen Kunstform nachzueifern.

Trotzdem gebe ich mich gerne dem Charme von M. Bonnards kultivierter und verführerischer Malerei hin.

Die Grazie und Feinheit einiger seiner Aktbilder, zum Beispiel die mit dem Titel *S'essuyant* und *Demi-nu* haben nichts ihresgleichen in der Geschichte der Kunst.

Unter den Landschaften gibt es Bilder von großer, aber nicht brutaler Kraft, wie *Le train et les chalands,* mit einer zugleich kraftvollen wie leichten Wirkung. Ein leicht ironisches Gefühl liegt in einem kleinen Bild, das ein violettes Dach, eine abbröckelnde Mauer, einen sich verdunkelnden Himmel und zwei kleine über die Felder laufende Kinder zeigt [Les deux enfants]. M. Bonnard ist voller Phantasie und Einbildungskraft. Jemand erzählte mir neulich vor Bonnards Bildern, daß er sich vor ihnen geneigt fühle, eine der Fabeln von La Fontaine zu zitieren. Ich dagegen denke eher an Bernardin de Saint-Pierre...

M. Bonnard sollte eines Tages, nur zum Spaß, *Paul et Virginie* illustrieren.

L'Intransigeant, 10. März

Die Ausstellung Maurice de Vlaminck

Eine sehr wichtige Ausstellung ist gerade in der Galerie von Vollard in der Rue Lafitte eröffnet worden. Der Katalog mit einem Vorwort von M. Roger Marx enthält nur vierzig Eintragungen.

Es gibt hier nur erstklassige Bilder...

M. Maurice de Vlaminck ist einer der talentiertesten Maler seiner Generation. Seine Vision ist umfassend und kraftvoll. Seine nüchterne und intensive Handschrift läßt der Linienführung ihre ganze Reinheit, den Volumina ihr ganzes Relief, den Farben alle Leuchtkraft und Schönheit.

M. de Vlaminck bevorzugt als Motiv die Umgebung von Paris und besonders die Ufer der Seine. Viadukte, Pont de Chatou, Pont de Triel, Pont de Meulan, die Hügel von Louveciennes, bunt bemalte Schleppdampfer, dickbäuchige Lastschiffe und Kähne, die sich langsam die Seine abwärts bewegen – das sind die sehr einfachen Motive, die dieser kühne Maler am häufigsten behandelt. Bei den seltenen Gelegenheiten, wo De Vlaminck »jene blumengeschmückten Ufer, von der Seine umspült«, verläßt, geht er bis nach Versailles und kehrt dann mit brillanten Interpretationen von Schloß und Park zurück. Die Malerei von M. de Vlaminck ist wie in Blau gebadet. Die intensive Farbigkeit seiner Himmel gibt seiner Malerei die bemerkenswerte Brillanz, die ein Kennzeichen des Malers ist. Das ist schon so sehr zu einer Masche geworden, daß er seinen ganzen Stil ändern muß, wenn er etwas anderes malen möchte, zum Beispiel Stilleben. Da verwendet er instinktive farbige Formen, die er auf die Leinwand schichtet, um eine dekorative Wirkung zu erzielen, die er in seinen Landschaften sonst nur von seinen Himmelsdarstellungen fordert, durch den Kontrast von Farben und Helldunkel.

De Vlaminck stellt auch Fayencen aus: Teller und bemalte Vasen, die ein wenig barbarisch, aber äußerst ungewöhnlich und von prachtvoller Wirkung sind.

L'Intransigeant, 16. März

Vorsicht, frisch gestrichen! – Der Salon des Indépendants
6000 Bilder sind ausgestellt

Erste Eindrücke von der 26. Ausstellung – Keine unbekannten Namen – Der Untergang des Impressionismus – Junge Künstler kehren zur Komposition zurück.

Jemand erzählte mir neulich eine nette Geschichte.

Es war zu der Zeit, als Manet noch dem allgemeinen Spott des Publikums ausgesetzt war, aber trotzdem weiter seine Bilder ausstellte.

Stéphane Mallarmé lehrte Englisch an einem Gymnasium, und einer seiner Schüler hatte ihn so geärgert, daß er gezwungen war, ihn durch Nachsitzen zu bestrafen.

Die Mutter des Jungen kam, in Tränen aufgelöst, um den Lehrer um Nachsicht zu bitten.

»Ich bitte Sie, mein Herr, lassen Sie doch bitte meinen Jungen gehen. Es gibt da eine Manet-Ausstellung, und ganz Paris geht hin, um über seine Bilder zu lachen. Ich würde mir niemals verzeihen, wenn mein Kind von diesem einzigartigen Vergnügen zurückstehen müßte, das zudem noch seinen Geschmack zu bilden hilft.« »Madame«, erwiderte Mallarmé, »ihr Sohn hat sich in einer unerträglichen Weise aufgeführt. Das ist das erste Mal, daß ich es für nötig befunden habe, einen meiner Schüler zu bestrafen. Hiermit verdoppele ich die Strafe. Leben Sie wohl, Madame.«

Falls das betreffende Kind noch am Leben ist und falls es manchmal in den Louvre geht, wird es erstaunt sein, die gleiche *Olympia,* über die seine Mutter spottete, an einem Ehrenplatz hängen zu sehen. Mallarmé hatte als Lehrer wohl Unrecht, aber er hat immerhin verhindert, daß dieses Bild unter so ungünstigen Bedingungen gesehen wurde.

An all das dachte ich in den letzten Tagen, während ich meinen Bericht über die 26. Ausstellung der unabhängigen Künstler vorbereitete. Wie vorsichtig muß man doch sein, um nicht voreilige Urteile auszusprechen. Es ist so leicht, sich zu irren, und es gibt nicht immer einen Mallarmé, der wegen ungebührlichen Lachens die Strafe verdoppelt. In den bildenden Künsten regiert Frankreich heute unbestritten. Der Salon des Indépendants ist eine ausgezeichnete Gelegenheit, sich jedes Jahr über die Arbeit der jungen französischen Künstler zu informieren. Das ermöglicht uns die Vorhersage des künftigen Kunstgeschmacks. Trotz der unvermeidlichen, beträchtlichen Anzahl mittelmäßiger oder lächerlicher Werke, und trotz der Bluffs, die immer nur in geringer Anzahl auftreten, sagt der Salon der Unabhängigen jedes Jahr die künstlerische Zukunft voraus, so wie ein Barometer das Wetter.

Die diesjährige Ausstellung hat dem aufmerksamen Publikum keine neuen Namen gebracht, wenngleich einige Künstler ihr Talent erneut bekräftigen konnten – Talente, die wir übrigens schon vorher wahrgenommen oder zumindest erwartet hatten.

Nun denken Sie aber nicht, daß Frankreich weniger Künstler hervorbringt. Das kommt daher, daß die Gesellschaft der unabhängigen Künstler seit der Zerstörung der Gewächshäuser am Cours-la-Reine ohne Heimstatt ist. Die neu erbauten und sehr teuren Baracken erlauben aus Platzmangel nicht, neue Mitglieder aufzunehmen. Trotzdem zeigt die Ausstellung 6000 Arbeiten, was eine ganze Menge ist. Wenn wir den Trend dieser Ausstellung zusammenfassen wollten, würden wir mit großer Freude sagen, daß er den endgültigen Untergang des Impressionismus besiegelt. Das wird ganz offensichtlich, wenn man die Säle 18 und 21 betrachtet, wo die wirklich bedeutenden Werke des Salons ausgestellt sind.

Der redliche Künstler Matisse – Othon Friesz, Manguin, Puy, De Vlaminck und Marquet

Jeder Saal ist in drei Abteilungen aufgeteilt. Im rechten Teil des Saals Nr. 18 hängen die Bilder von Henri Matisse, Othon Friesz, Manguin, Puy, De Vlaminck und Marquet. Sprechen wir zuerst über Matisse, einem der zur Zeit verschriensten Maler. Mußten wir nicht neulich lesen, wie die gesamte Presse von Paris (diese Zeitung eingeschlossen) Matisse mit unüblicher Heftigkeit angriff? Kein Prophet gilt in seinem eigenen Land. Während das Ausland ihm und mit ihm auch Frankreich zujubelt, macht sich sein Heimatland bereit, einen der beeindruckendsten Praktiker der Malerei zu Tode zu steinigen.

Ich bin glücklich, wieder Gelegenheit zu haben, die Redlichkeit seiner Kunst zu rühmen. Matisse ist einer der seltenen Künstler, die sich völlig vom Joch des Impressionismus befreit haben. Er versucht nicht die Natur nachzuahmen, sondern mit den Mitteln der Malerei das auszudrücken, was er sieht und fühlt, so wie ein Dichter die Wörter des Wörterbuchs benutzt, um die gleiche Natur und die gleichen Gefühle auszudrücken. Matisse, ist nebenbei bemerkt, ein Künstler von reinem Talent. Sein einzigartiges Bild [Jeune fille aux tulips] ist unter Arbeiten gehängt, die alle noch den Einfluß des Impressionismus zeigen, und erscheint daher um so herausragender. Das ist ein echtes Kunstwerk...

Das Bild *Adam et Eve* von Othon Friesz bezeichnet eine wichtige Phase in seiner künstlerischen Entwicklung. Es stellt einen beträchtlichen Fortschritt in der Komposition dar. Auch einige seiner Experimente, besonders die mit Figuren, finde ich sehr interessant. Da gibt es eine hübsche Landschaft, bekrönt von den charmanten weiblichen Gestalten von Flora und Fauna. Daneben mag ich auch eines seiner kleinen Bilder mit einer Gruppe von Schlittschuhläufern sehr. Das ist eine ganz neue Interpretation moderner Kleidung [Les patineurs].

Manguin betitelt eine sehr ausgefeilte und sehr harmonische Arbeit mit *Le reflet*. Sie zeigt einen Akt vor einem Spiegel. Vielleicht genauso lieb ist mir jedoch seine *Tête de femme au turban vert*, ein kleines, elegantes, einfaches und sehr gut ausgeführtes Bild.

Puy macht große Fortschritte. Seine Seestücke sind transparent, wie das Meer an den schönsten Sonnentagen. Sein samtiger Akt hat die Schlankheit und Kühnheit einer kleinen venezianischen Kurtisane, die Casanova einst geliebt haben könnte, und vor der Jean-Jacques [Rousseau?] sich unbehaglich gefühlt hätte.

Laprade stellt ein wichtiges Stilleben aus, voller Sensibilität, Kunstfertigkeit und Sicherheit.

Bei aller Einfachheit verlangen Marquets Bilder volle Aufmerksamkeit. Dieser Maler betrachtet die Natur mit gütigen Augen. Er hat etwas von der Sanftheit des heiligen Franziskus. Seine Bilder *La mer à Naples* und *Une rue hollandaise pavoisée* spiegeln diese Art von Güte, Ruhe und Frohsinn wieder. Hier haben wir wieder die Flüsse von De Vlaminck, mit den Ruderbooten, Dampfschiffen, weißen Segeln, helle und sehr schöne Ansichten der Seineufer, und dann noch die sorgfältigen Beobachtungen von Lacoste.

Der Mystizismus von Girieud – Der Charme von Marie Laurencin – Ein solider Akt von Jean Metzinger – Die Gewöhnlichkeit von Van Dongen

Im mittleren Bereich des Saals Nr. 18 befinden sich die Bilder von Girieud, der sich in einem sublimen Mystizismus versucht. Es ist ein moderner Mystizismus, der ein sehr edles menschliches Ideal ausdrückt.

Das Talent von Raoul Dufy hat Ähnlichkeit mit demjenigen umbrischer Maler, zugleich aber mit dem alter Holzschneider. Seine Bilder sind gut geordnet und mit sicherer Hand gemalt. Man muß diesen kleinen Sachen, die er sich auszustellen begnügte, großen Wert zugestehen.

Die drei Bilder von Mlle. Marie Laurencin zeigen einen beträchtlichen Fortschritt in ihrer künstlerischen Entwicklung. Ihre Kunstauffassung ist männlicher als die anderer Frauen, die sich den bildenden Künsten zuwenden. Mit dieser idealen Männlichkeit verbunden sind Grazie und Charme, die ihresgleichen suchen. Man empfindet vor ihren Bildern, wie *La coiffeuse* und *Etude. Nature morte,* daß sie ihr Handwerk beherrscht und mit einer sehr dekorativen, lyrischen Einbildungskraft begabt ist.

Die Reinheit einer solchen Kunst gereicht unserer Epoche zur Ehre. Jean Metzinger stellt einen solide konstruierten – einige würden sagen, solide eingerüsteten – Akt aus, einige Ansichten von Laon und das Porträt ihres treuen Dieners [d. i. G. Apollinaire; Abb. 11]. Metzinger will hoch hinaus. Er nimmt sich, vielleicht ein bißchen zu kaltblütig, Arbeiten vor, die so mancher Meister nicht bewältigen könnte. Seine Kunstauffassung ist nie kleinlich. Dieser junge Mann verdient Aufmerksamkeit.

Robert Delaunay besitzt diese Unruhe nicht. Im Gegensatz zu Metzinger setzt er für die Kunst nicht alles aufs Spiel. Seine Bescheidenheit verhindert jedoch nicht, daß er einige merkwürdige Dinge macht. Der Einfluß von O. Friesz vor einigen Jahren beschert uns diesmal einige gut gemalte Bilder, die leider aussehen, als ob sie ein Erdbeben schildern.

Rouault zeigt einige dunkle Werke [im Katalog verzeichnet als: Figures décoratives, Juge, Le bar, Paysage]. Diese furchterregenden Karikaturen der Werke Gustave Moreaus schmerzen die Augen. Man fragt sich, welches unmenschliche Gefühl den Maler veranlaßt haben könnte, sich so etwas auszudenken und zu malen.

M. van Dongens Bilder sind der Ausdruck dessen, was normale Bürger, die an Durchfall leiden, Wagemut nennen. Ich für meinen Teil finde schon, daß diese Bilder einiges malerisches Talent verraten, aber auch eine Vulgarität, die der Künstler bemüht ist, in Brutalität umzuwandeln. Gehen wir nun, nach einem kurzen Blick auf die Bilder von Modigliani und Lhote, auf Jacks *Vue de Camaret* und *Nu* zu dem Zöllner Rousseau über.

Rousseaus Beitrag besteht aus einem großen Bild mit dem Titel *Le songe* [Abb. 14]. Auf einem Sofa im Stil von 1830 schläft eine nackte Frau. Um sie herum wächst tropische Vegetation, bevölkert von Affen und Paradiesvögeln. Während ein Löwenpaar vorbeiwechselt, spielt ein geheimnisvoller Neger auf der Flöte. Unbestreitbar ist dieses Bild sehr schön. Ich glaube, daß dieses Jahr keiner mehr zu lachen wagt... Fragen Sie die Maler. Ihre Bewunderung ist einmütig. Alle bewundern dieses Bild, sage ich Ihnen, sogar das Louis-Philippe-Sofa mitten im jungfräulichen Wald. Und die Maler haben recht.

Erwähnen wir noch die großen Figuren von Le Fauconnier, der seine bildnerischen Versuche in Richtung auf Majestät und Edelmut zusteuert und dabei Gefahr läuft, die Schönheit zu opfern.

Das Licht der Neo-Impressionisten – Roussel, Bonnard, Maurice Denis – Signac stellt ein Meisterwerk aus

Im Saal 21 finden wir einige Impressionisten und diese Neo-Impressionisten, die eine Theorie über das Malen von Licht aufgestellt haben, das die Impressionisten nur so unvollständig wiedergeben konnten. Roussel und Bonnard haben je ein Bild eingesandt. Es sind zarte und geistvolle Maler, die M. Octave Mirbeau bezaubern, zweifellos aus dem gleichen Grund, der unsere sturen Stadtpolizisten mit ganz jungen, hübschen Frauen spazierengehen läßt. M. Maurice Denis zeigt eine *Nausicaa,* inspiriert von einem modernen Gefühl für Dekoration und dem Geist der Antike. Wenn Klarheit eines seiner künstlerischen Merkmale sein sollte, so ist Ungenauigkeit das andere. M. Maurice Denis kennt sich bei Homer nicht sehr gut aus. Nachdem er versucht hat, das Rezept von André Chenier anzuwenden: »Laßt uns antike Verse über moderne Gedanken schreiben«, ist Denis doch erfolgreicher als bei der Interpretation eines katholischen Wunders, der Legende vom heiligen Georg.

Signacs Ausstellungsbeitrag ist wundervoll. Das Talent des Malers hat sich wunderbar entfaltet, ohne von der sehr genauen Technik des Pointillismus behindert zu werden. *L'Arbre* ist eines der Meisterwerke des Neo-Impressionismus, der bei genauer Betrachtung nichts, aber auch nichts mit dem Impressionismus zu tun hat. Signac zeigt auch ein vibrierendes und ausgefeiltes Aquarell und eine phantastische und leuchtende Stadtlandschaft irgendwo aus der Levante [laut Katalog *Le pin de Bertrand* und *Marseille*].

Neben dem Meister geben die Schüler keine sehr beeindruckende Figur ab. Man könnte jedoch Henri-Edmond Cross und Lucie Cousturier erwähnen. M. Lebrasque stellt zwei ehrliche, nüchterne, wunderschön ausgeführte Bilder aus: *Poissons* und *Enfants mangeant des fruits devant un paysage marin.* Über die Kunst von Sérusier gibt es nichts mehr zu sagen. Leider!...

Man sieht sich dann doch lieber die dekorativen Bilder von Valtat an, die Fische zeigen, oder eine hübsche Dekoration von Deltombe, harmonisch zusammengestellte Blumen, Früchte und Gemüse. Jean Devilles Bild *Les arbres* zeigt eine reizende Gefühlsstimmung. M. Delville stellt auch noch *Paysage avec un chemin de fer* und ein feines Stilleben aus. Mme. Georgette Agutte hat ein großes, dilettantisches Bild gemalt. Es macht keinen großen Spaß, das anzuschauen. Da die Dame mutig ist, wartet man ängstlich darauf, was sie noch alles zu malen wagt. [...] Werfen wir zum Schluß einen Blick auf die Bilder von [...] Peské, die ziemlich schlecht und langweilig sind; die Bilder von Maximilian Luce, direkt und ehrlich, und die von Petitjean, der neben Künstlern wie Luce, Bonnard oder gar Signac völlig deplaziert erscheint...

Die Vernissage (19. März)

Mehr als zehntausend Menschen in den Baracken auf dem Cours-la-Reine, der noch vor einem Monat vom Wasser der Seine bedeckt war – Eine fröhliche Eröffnung an einem bedeckten Tag

Vernissage ... Das Wort hat seine Bedeutung vollständig gewandelt. Heute firnissen [vernis = Firnis] die Maler ihre Bilder nicht mehr. Und wenn doch, dann geschieht das vor Eröffnung der Ausstellung, an anderen Orten.

Gestern war die Vernissage für die Kunsthändler. Anwesend war auch M. Dujardin-Beaumetz, der für die Regierung einkauft. Da er seine Wahl noch nicht treffen konnte, kommt er in einigen Tagen wieder. Heute war der Tag des Publikums. In den Baracken auf dem Cours-la-Reine drängte sich eine gewaltige Menschenmenge...

Nach den Fluten des Flusses, dessen Spuren noch auf dem feuchten Boden zu spüren sind, ergoß sich nun eine menschliche Flut!

Kaum einen Monat vorher reichte die Seine hier herauf... Die Hängung des Salons hat sich angenehm verändert. Statt der orientalischen Wandbehänge, die letztes Jahr die Eingänge zu den Ausstellungsräumen schmückten, hat man nun eine graue Wandbespannung verwendet, die den Eindruck der Bilder nicht stört. Das Publikum gewinnt einen ausgezeichneten Eindruck von der Ausstellung. Dieser Salon ist fröhlich und jung. Es macht Spaß, ihn zu durchqueren. Die künstlerischen Richtungen sind kaum jemals zuvor so deutlich vor Augen geführt worden ... Vor allem der Einfluß von Renoir, von Picasso und von Matisse ist deutlich zu spüren.

Im Saal 12 ist der Ausstellungsbeitrag von Dieriks bemerkenswert. Der norwegische Künstler hat ein Gemälde eingesandt, *Femme blonde à demi nue,* dessen Fremdartigkeit zu den sonst so bodenständigen Qualitäten des Malers in scharfem Kontrast steht. Daneben hängt ein Selbstporträt, dessen Ähnlichkeit und Naturtreue die große Meisterschaft des Künstlers bestätigt. Darüber hängen einige Ansichten norwegischer Fjorde, mit einer ruhigen Kraft gemalt, die an den kraftvollen und handwerklich gekonnten Ernst eines französischen Meisters aus den 30er Jahren des 19. Jahrhunderts erinnert [...].

Es ist sinnlos, die lustigen Streiche von Gaillard zu betrachten, arme, traurige Machwerke ... Das Fleisch ist traurig, leider! ... Lassen Sie uns lieber die Beiträge von René Juste anschauen, der ein sehr richtiges Gefühl für räumliche Beziehungen hat. Bemerken wir noch P. Chapuis, der eine Art Van Gogh zu sein scheint, einer, der mit Cremebonbons malt. Trotzdem ist Chapuis ein Maler. Seine Bilder *Fleurs, Cagneux* und *La halte* sind alle sehr hübsch.

In Saal 13 findet man [...] *Les baigneuses* von Weise. In diesem schönen Bild fühlt man den direkten Einfluß von Cézanne. Trotzdem besitzt Weise eine spürbar persönliche Handschrift. Er beschäftigt sich mit Recht mit der Suche nach einer Komposition.[1] Manzanas künstlerischer Orientalismus hat bereits große Erfolge erzielt ... Und doch gibt es nichts Vulgäreres, keine größere Augenwischerei als diese Tafeln, die nicht mit Farbe gemalt sind, sondern mit Siegellack in Metallfarben, wie sie die jungen Mädchen lieben. Ich empfinde nichts bei diesem Impasto à la Anglada, in dieser leeren Virtuosität, die niemals zu einem Stil finden wird. Daneben gibt es die Bilder von Tristan Klingsor, dessen elegante und schöne Gedichte ich liebe [...].

Im Memoriam Lempereur – Viele Namen, die auf ›sky‹ enden –
Die religiöse Malerei von ›Klein-Rußland‹

Im Saal 15 hängen einige von schwarzem Krepp umrahmte Bilder zur Erinnerung an den letztes Jahr verstorbenen Lempereur. Ich habe diesen Künstler von beträchtlichem Talent von der Schule her gekannt, wo er einige Klassen über mir war. Ich sehe ihn noch vor mir, immer zeichnend, besonders Soldaten – Gebirgsjäger. Ich kann diese postume Ausstellung nicht ohne Rührung betrachten. Besonders ein schimmerndes, beim Rennen gemaltes Bild, von heiterer Ausstrahlung, fesselt meine Aufmerksamkeit. [...]

Jasinsky holt seine Inspiration von den Chinesen, den Persern, den Indern und den Azteken. Er hat sich noch nicht ganz von den Einflüssen des Byzantinismus freigemacht, von dem ich gleich sprechen werde. [...] Die große dekorative Tafel von Brunelleschi erstaunt wegen ihrer Bedeutungslosigkeit. Sie zeugt von keinem Wissen, sondern lediglich großer Spiegelfechterei. [...]

J. Crotti hat sich der pointillistischen Technik verschrieben, nicht um reine Farbtöne zu erhalten, sondern um sich von den anderen abzuheben, um sich ein gewisses Flair zu geben.

Marinot bemüht sich um dekorative Effekte. Erwähnen wir noch P. Dumont, Duchamps häßliche Akte, Kantchalowsky, der mit seinen Stiefeln malt, Lewitskas Gemälde eines nackten, im Park tanzenden Paares, das ganz erfreulich ist, und dann lassen Sie uns zur Schule der byzantinischen Renaissance übergehen, die drei Maler, eher drei Kunsthandwerker, einschließt, zwei Männer und eine Frau: Boitchouk, Kasperowitch und Mlle. Segno. Der Ehrgeiz dieser Künstler besteht darin, die Tradition der religiösen Malerei in ›Klein-Rußland‹ am Leben zu erhalten.

Das ist ihnen auch voll und ganz gelungen. Ihre gut gezeichneten, vollendeten Arbeiten sind ganz und gar byzantinisch. Die Einfachheit, den Goldgrund und die Detailfreude haben sie auch auf einige kleine, moderne Bilder angewandt: *La gardeuse d'oies, L'Architecte, La liseuse, Idylle* usw. Das Dumme ist nur folgendes: Sie bedienen sich zwar absichtlich einer meditativen Technik, sind aber doch nicht geschickt genug, sie auf ein modernes Thema anzuwenden. Trotz allen guten Willens verschwindet alles Byzantinische, wenn sie einen Herrn mit steifem Kragen malen, und übrig bleibt nur die etwas komische Malerei dieser Russen, die noch alles über moderne Malerei lernen müssen. Denn diese ist doch sehr verschieden von der Kunst der vergoldeten Ikonen in den Kathedralen der Ukraine – und viel schwieriger.

Zeitweise hatte die Schule der byzantinischen Renaissance nicht wenige Mitglieder. Eine Anzahl von ihnen hat nun eine abtrünnige Sekte gebildet, deren unvollkommene Arbeiten neben die kanonische Malerei gehängt wurden, die M. Boitchouk anführt.

Einige weitere byzantinische Bilder, seien sie orthodox oder schismatisch, hängen noch im Saal 17, wo sonst noch die Zeichnungen und Gemälde von Ricardo Florès zu sehen sind. Francis Jourdain hat neben anderen Bildern ein Stilleben eingesandt, das einen Tisch und einen Krug zeigt, dessen Blumen eine feine Harmonie mit den japanischen Mustern des Hintergrunds eingehen. Es gibt auch eine hübsche Szene im Unterholz, mit einem Bach, an dem sich eine Frau und ein Mädchen zum Baden bereit machen. [...]

(20. März)

Fahren wir also fort, mit unserem Gang durch die kilometerlangen Reihen von Gemälden.

Bevor wir unseren Spaziergang in dieser riesigen Bilderallee – nichts anderes ist der Salon des Indépendants – fortsetzen, verweilen wir doch noch etwas im Saal 17, einem der interessantesten dieser Ausstellung.

Jacques Blot zeigt eine gute Komposition – Die Farbradierungen von Mlle. Krouglikoff.

Jacques Blot zeigt ein Bild von überschäumender lyrischer Freude. Es ist Frühling am Meer. Man sieht Barken und Schiffe, Gärten, die sich zum Ufer hinziehen, von überall her kommen junge, nackte Mädchen – Najaden oder Dryaden – werfen sich ins Meer, raufen sich und lassen den Schaum hochspritzen, der immer bereit ist, den göttlichen und neuen Körper der Aphrodite zu formen. M. Blot stellt auch ein schönes Porträt einer Dame in blauem Kleid vor, mit Chrysanthemen in einer blauen Vase, und ein Bild *Maternité* von frischer rosa Farbe, mit merkwürdigen Ausdrucksversuchen im Gesicht des Kindes und einem verführerisch schönen Blumenstrauß auf samtigem Granitsockel vor einem persischen Teppich.

Louis Süe stellt zwei sehr dekorative Stilleben vor, besonders das eine mit einem japanischen Fächer, und Porträts von modernen Frauen. Das ist eine sehr sinnliche, aber auch ein wenig oberflächliche Malerei. Die Farbradierungen von Mlle. Krouglikoff gehören zu den schönsten, die man in diesen Tagen gemacht hat. Der Ausstellungsbeitrag von Fornerod ist ehrenhaft. Das Bild *Les Niniches* ist amüsant. Das Ganze ist ein wenig dunkel, mit Bemühen um einen fröhlichen Ausdruck. Man spürt den Einfluß von Pichot. Der einzige Unterschied besteht darin, daß Pichot kleine Figuren malt und Fornerod vor allem Stilleben. Bei Fornerod gibt es auch mehr Feuer. Pichot hat dafür mehr Sensibilität.

M. Josué Gaboriau, mehr Josué als Gaboriau, würde besser daran tun, die Malerei aufzugeben und politische Romane zu schreiben, wie sein Namensvetter, dessen Werke Bismarck sehr schätzte. [...]

Gehen wir nun zum Saal 19, wo die Zeichnungen von Abramoviz und die von Séverin Rappa ausgestellt sind, dem alle Physiognomien vertraut sind, ein feiner und ehrlicher Künstler. Erwähnen wir noch Thomas Jean, der eine orangenschälende Frau wunderbar gemalt hat und Hazledine, einen alten Pointillisten, der mittlerweile groteske Menschenmengen roh dahinpinselt. Mit wieviel Geist und Kraft konnten das die alten Flamen malen! Und schließlich Doucet, den seine Tänzerinnen auf dem Ball von Montmartre und seine miserablen Porträts hoffentlich niemals mit seinen alten Freunden der Abbaye entzweien mögen.[2] [...]

Im Saal 20 wird man Zeichnungen in gutem Stil von Maurice Robin bemerken. Er zeigt Ansichten von Paris in sehr sauberer und luftiger Manier. In seinen Bildern von Meeresstränden gibt es viel Raum. *Un arbre* vor einem Meer mit Segeln entbehrt nicht der Kraft und Größe. Tavernier, ist das ein Pseudonym für Charles Guérin, von dem hier das Modell und die Malerei stammt? ...

Ganz in der Nähe hängt Georges d'Espagnat, ein mittelmäßiger Künstler ohne Zeichenkunst und mit schmutzigen Farben. Und dann gibt es Lombard, der Van Dongen nachahmt, aber nicht dessen Kraft und Talent besitzt. [...]

Ein russischer Humorist, Léon Schulmann, zwingt sich zum Lachen. Paviot hat zwei Bilder eingesandt, *Les vendanges* und *Une jeune femme au corset*, deren saubere, farbige, luftige Faktur ich mag. Nach der Betrachtung der harmonischen Landschaften von Jean Plumet muß man einen Augenblick vor den aufwendigen Werken von Zak innehalten, der Bouguereau, Redon, Holbein und die Byzantiner vermischt, ohne sie dadurch zu verbessern.

Ein Saal trägt allein die Nummern 22 und 23. Am bemerkenswertesten ist hier der Beitrag von Mme. Vasticar, der aus einigen Möbelstücken, in Wasserfarben bemalt, besteht. Das ist eine unerwartete und insgesamt reizende Art, Wasserfarben anzuwenden. Mme. Vasticars Beitrag zum Salon wird sicher allgemein geschätzt werden. Die warmen, dunklen Töne des polierten Holzes, die neuen, bequemen, legeren und sehr einfachen Formen der Möbelstücke unterstützen die Anmut und Frische der Farben.

Ich begann mich zu wundern, keine Bilder von M. Vladislaw Granzow zu finden, als ich plötzlich drei zu Gesicht bekam: *Le parc* und zwei *Paysages de Corfou*, in seiner gedämpften Palette gemalt. Ein Blick genügt und man fällt in Träumerei. Und dann gibt es noch die sensiblen Zeichnungen von Louise Hervieu und Lansons Metallarbeiten, wo ich eine unglückliche Verbindung von Kupfer und Eisen bemerken muß. Als mein Blick auf eine wollüstig skulptierte *Eva* und ein Relief von drei vollfigurigen, jungen Frauen fiel, war ich versucht zu rufen: »Haltet den Dieb!« Diese Arbeiten sehen aus wie von Maillol, sind aber von Hoetger. Dieser Künstler nimmt sich das Gute, wo er es findet. Zu anderer Zeit hat er sich das Gute von Meunier, Bourdelle oder Rodin angeeignet. Aber Hoetger hat großes

Talent und alles in allem das Recht, zu tun, was ihm gefällt, wie das so viele große Leute getan haben. Das gleiche gilt für Ciolkowski, diese Kunst für Schwule, die er noch mehr umdreht.[3]

Lassen Sie uns für dieses Mal den Raum der Humoristen auslassen, nicht jedoch ohne Pascin zu erwähnen, der ein witziger Mann ist, und das scheußliche Bild *Cible,* von Albadi in Trompe-l'œil gemalt.

Ende eines Spazierganges unter 6000 Bildern (22. März)

Ich war also doch noch im Raum der Humoristen.

Der Boronali ist ein netter Scherz und überhaupt nicht exzessiv. Nichts ist so selten wie der Exzeß und daher nichts so schwierig. Die Helden der Ilias beleidigten einander in exzessiver Weise. Seit Homer haben wenige Künstler diese Art von Exzeß erreicht. Man wird durch Herumprobieren nicht homerischer.

Im Saal 24 gibt es Bilder von Verhoeven, Monumente des Nichtwissens und des schlechten Geschmacks. Lombard imitiert Van Dongen, ohne dessen Talent zu besitzen.

Im Saal 26 stellt Gleizes ein Porträt des Dichters Arcos aus. Ich mag seine Landschaften lieber als diese Porträts.

Im Saal 27 bemerke ich Henri Ghéon, der ein hart arbeitender Maler ist, ein Schreiber von großer Sensibilität und vielleicht auch ein brutaler Arzt.

Im Saal 30 muß man einfach respektvoll auf den Beitrag von Marcel Lenoir schauen, da in seinen Bildern zugleich Frömmigkeit wie Mitleid steckt. Man muß ebenso aufmerksam die Bilder von Stuckgold betrachten, der über Experimenten zu brüten scheint, die andere Künstler längst zur Vollendung gebracht haben, dessen Bemühungen aber alles andere als banal sind. Man weiß wirklich nicht, was man zu M. Dunoyer de Segonzac sagen soll. Er verschwendet eine Menge Leinwand und Farbe.

Das gleiche kann man nicht von Mlle. Maroussia behaupten, die mit Nüchternheit malt und nach Ausdruck und Kraft sucht, ein wenig auf Kosten der Schönheit. Ich hoffe, sie wird mir nicht vorhalten, daß ich sage, was ich denke. Mir wurde berichtet, daß ein anderer stolzer Künstler, über den ich etwas Ähnliches sagte, mir das nachträgt.

M. Le Fauconnier wäre im Unrecht, so etwas zu tun. Denn keiner ist ihm wohlgesonnener als ich es bin. Ich schätze ein Kunstwerk, wenn der Künstler dem nahe gekommen ist, was ich Schönheit nenne, nicht Kraft, Stärke, Güte oder anderen Attributen von Göttlichkeit.

Schluß

Im Ganzen zeigt uns der Salon der Unabhängigen, daß sich die jungen Künstler heute wieder mehr der Komposition zuwenden. Die Künstler bedienen sich verschiedener Methoden, um zu komponieren. Es gab noch nie eine so systematische Kunst und so viele künstlerische Systeme wie heute.

L'Intransigeant

Die Ausstellung Othon Friesz (Galerie E. Druet)

Diese Ausstellung wird allen, die französische Malerei lieben, großes Vergnügen bereiten – allen, die jenes reine, weder zu fahle noch zu blendende Licht lieben, das die Bilder von Poussin und Claude Lorrain erleuchtet, jenen Ausdruck, der Clouets Porträts und die Figuren der Gebrüder Le Nain mit so viel Wahrheit auszeichnet.

Ohne M. Friesz mit dem Gewicht solcher mit Recht berühmter Namen zermalmen zu wollen, möchte ich ihn doch für diese zarte Gewalt loben, eine Gewalt, welche die Natur selbst dazu zwingt, sich den Dimensionen der künstlerischen Idee des Malers anzupassen.

Im Werk großer Maler ist jedes Bild ein Mikrokosmos der Welt. Es ist durchaus möglich, daß man dies in Zukunft von dem Bild *Paysage,* Nr. 20 im Katalog, sagen wird. Ein weiches und leuchtstarkes Licht gibt diesem Bild eine Qualität, die man in den Freilichtarbeiten außerhalb Frankreichs nicht finden wird, geschweige denn überhaupt in Werken, die von einem anderen als dem Geist der französischen Kunst beseelt sind.

Betrachten Sie zum Beispiel die Einfachheit, die Weichheit und das Licht von *Entrée de Cassis,* ein erstklassiges Bild, das mitten unter den *Etudes en Provence* hängt. Diese Bilder sind noch sehr impressionistisch und etwas zu sehr von Sonnenlicht durchflutet. M. Friesz hat sich mittlerweile völlig vom Impressionismus gelöst und damit eine echte Liebe zum Licht in dessen tiefer Erkenntnis gewonnen.

Les acrobates bezeugt die Suche nach einem expressiven Stil. *Le pêcheur,* ganz nackt in diesem grünblauen Licht, ist eine starke und feine Arbeit. Bemerkenswert sind auch zwei Kompositionen, *L'Eau* betitelt, von denen die kleinere vielleicht das größere Bild ist.

Ich fühlte mich besonders hingezogen zu einem Aquarell mit dem Titel *Le port,* das die Seestücke der Alten Meister in Erinnerung ruft. Es zeigt eine Feluke mit vollen Segeln im Wind, wie sie in einen Hafen einfährt, in dem eine Gruppe von Seeleuten, vielleicht Sträflinge, bei der Arbeit sind.

Auf den zweiten Blick hinterläßt das große Gemälde *Le travail à l'automne* [Abb. 10] auf mich einen noch stärkeren Eindruck als zuvor. Im Hintergrund sieht man die unbewegliche Masse des Waldes und der Häuser, im Vordergrund die lebhafte Figurengruppe, die Holz und Früchte einsammelt, während eine Mutter im Liegen ihr Kind stillt. Das ergibt eine Komposition voller Emotion und Größe. Was noch bis zum Meisterwerk fehlt, ist vielleicht der Umstand, daß der Künstler einfach Übersetzer einer universellen Doktrin in einem Zeitalter religiöser Überzeugungen sein sollte.

M. Friesz zeigt auch einige Stilleben und einige Studien von München, die ich weniger mag als seine Landschaften: Licht, Wasser, Vegetation, von einigen wesentlichen Figuren belebt.

L'Intransigeant, 6. April

Die Ausstellung Paul Gauguin

Unter den zahlreichen denkwürdigen Figuren des 19. Jahrhunderts ist kaum eine geheimnisvoller als Paul Gauguin, der die Pariser Börse verließ und wegzog, um in einer primitiven Hütte auf den Marquesas-Inseln zu sterben.

Alle seine Bilder wurden im gleichen Geist der Frömmigkeit gemalt, seien sie aus der Bretagne, Arles, Tahiti oder von den Marquesas-Inseln. Er hat sich der liturgischen Malerei gewidmet, in der die Farben eine symbolische Bedeutung haben. Das verstärkt ihren dekorativen Reiz. Das Werk dieses religiösesten aller modernen Maler war die erste Herausforderung an den Impressionismus, der leider immer noch herrscht, nicht nur in den bildenden Künsten, sondern auch in der zeitgenössischen Literatur.

M. Vollard stellt zur Zeit in seiner Galerie in der Rue Lafitte 15 Bilder von Gauguin aus. Sie gehören zu den besten aus allen Schaffensphasen. Es ist tatsächlich so, daß Gauguins Glauben an seine Kunst sich über die Jahre nicht änderte. Die Einheit seines Werkes ist bemerkenswert. Dieser Maler kennt weder verschiedene Stilphasen noch zeitlich unterscheidbare Perioden. Er kennt nur einen Stil, den er nie aufgegeben hat, obwohl er sich selbst mehrere Male gezwungen hat, das Klima und mit ihm die Motive zu wechseln. Sowohl seine bretonischen als auch seine marquesischen Landschaften drücken ein einmaliges Gefühl von künstlerischem Glauben vor den dekorativen und endlos sich erneuernden Wundern der Natur aus. Seine Bilder aus Ozeanien sind nicht weniger religiös als seine Bilder aus der Bretagne wie *Lutte de Jacob avec l'ange*. Die Zeichnung seiner Bilder ist wunderbar, und seine kräftigen Farben scheinen den Ruhm der heiligen Dreifaltigkeit zu besingen.

Gauguins Bilder fanden Eingang in das Musée Luxembourg. Diese harmonischen Werke sollten jedoch lieber im Louvre hängen, Bilder eines Mannes, der um der Kunst willen »den Schmerz und alle Arten von Leiden ertrug«, wie Charles Morice sagte.

Mit diesen herausragenden Eigenschaften, die ihm zweifellos einen Platz unter den größten Künstlern erobern werden, reiste Paul Gauguin zu den Grenzen der Menschlichkeit, um die göttliche Reinheit der Kunst zu bannen ...

L'Intran sigeant, 11. Mai

Die Ausstellung Manguin

M. Manguin ist ein wollüstiger Maler. Die etwa fünfzig Bilder, die er in der Galerie Druet ausstellt, sprechen von einer ein wenig gleichgültigen Sinnlichkeit. Als Kolorist hat er sich der Ausdruckskraft von Kontrasten verschworen, die Lichter von halb blasser, halb fleischiger Farbe hervorbringen.

Die Eigenart seiner Farbkontraste widerspricht der akademischen Zeichnung seiner Akte. Ein sehr realistischer, aber beunruhigender Charme ergibt sich aus der bizarren Opposition von Maler und Zeichner, die ein und dieselbe Person sind.

Manguins Akte strahlen eine heidnische Frische aus. Seine wundervollen Landschaften berichten von dem jungen Ruhm der ländlichen Gegenden im Juni nach Sonnenaufgang.

Manguins sorgfältig komponierte Stilleben ziehen das Auge vielleicht noch mehr als die anderen Bilder an. Vielleicht deswegen, weil sich in diesen Bildern M. Manguins Talent als Kolorist am vollkommensten entfaltet, ohne von dem Wunsch nach Prinzipien behindert zu werden, wie das bei seinen Akten der Fall ist.

L'Intransigeant, 14. Juni

Die Ausstellung Edouard Manet

In der Galerie Bernheim ist eine erfreuliche Auswahl von Ölbildern und Pastellen des Mannes ausgestellt, der mit dem alten Vorurteil gegen das Helldunkel gebrochen hat und dadurch für alle Innovationen in der zeitgenössischen Malerei verantwortlich ist.

Man wird das Vergnügen haben, hier wieder einmal die herrlichen Manets der Sammlung Pellerin wiederzusehen: *Le déjeuner dans l'atelier, Marcellin Desboutin, Nana, Au café, La promenade, La dame rose, Manet à la palette* und sein erstaunliches Bild *Bar aux Folies-Bergère,* dessen Farben und Komposition bereit scheinen, von Seurat, dem Mikrobiologen der Malerei, pasteurisiert zu werden.

Einige von Manets Pastellen nehmen bereits Toulouse-Lautrec vorweg. Aber dieser kam niemals darüber hinaus, während Manet ...

Es sollte bemerkt werden, daß die Bilder in dieser Ausstellung nicht alle von gleicher Qualität sind.

Es gibt einige Werke, die weit höher zu bewerten sind als die *Olympia,* die nur noch historisch interessant ist, und die der Louvre unerwartet mit Ingres *Odaliske* zusammengehängt hat.[4] Es gibt auch einige kleinere, unwichtigere Arbeiten, einige unbedeutende, kleine Bilder.

Insgesamt gesehen ist die Manet-Ausstellung sehr interessant. Im Durchgehen werden wir gewissermaßen noch einmal Zeuge der Ursprünge der herrlichen künstlerischen Bewegungen, welche die bildenden Künste am Ende des 19. Jahrhunderts revolutioniert haben – Bewegungen, die noch nicht an ein Ende gekommen sind, und niemand kann vorhersagen, wann und wo sie enden werden.

Die Lektion würde noch vollständiger sein, wenn dieser Manet-Retrospektive eine Cézanne-Ausstellung folgen würde ...

L'Intransigeant, 15. Juni

Bildnisse von Cézanne in der Galerie Vollard

M. Vollard neigt dazu, seine Ausstellungen über das eigentliche Schließungsdatum hinaus zu verlängern. Auch die Cézanne-Ausstellung mit dem Titel »Bildnisse« geht noch weiter. Das bedeutet, daß die, die diese ernste und bewegende Sammlung noch nicht gesehen haben, Zeit haben, dies nachzuholen.

Dieser Besuch wird vor der Eröffnung des Salon d'Automne sehr erhellend sein. Er wird dazu beitragen, etwas von dem Einfluß des Meisters aus Aix auf die heutigen jungen Maler ermessen zu können. Es ist ja wohl hinlänglich bekannt, daß die meisten der neuen Maler behaupten, Nachfolger dieses ernsten, nur an der Kunst interessierten Malers zu sein.

Einige Leute haben gesagt, daß Cézanne sich selbst zu einem Primitiven gemacht hat, um den Weg zu einem neuen Klassizismus zu ebnen. Das scheint zu bedeuten, daß seine Malerei, voller Unwissen und Fehler als Unterweisung zu einer integren und echten Kunst dienen könnte.[5]

Was soll das? Das Böse sollte das Gute hervorbringen? Ist denn das Paradies nur eine Art Hölle? Ist das Schöne nur das Alter der Häßlichkeit und Perfektion nur die Quittung des Unperfekten? Vielleicht bin ich ja nur von der Bedeutung des Wortes ›Klassizismus‹ irregeführt worden. ›Klassizismus‹ ist eine mehrdeutige Bezeichnung geworden, die jeder interpretiert, wie er will. Wenn wir uns aber auf die älteste und allgemein akzeptierte Definition beschränken, werden wir herausfinden, daß das Wort ›klassisch‹ auf Werke angewandt wird, die allgemein geschätzt werden und die als Idealbilder (oder Vorbilder) hingestellt werden. Es ist nicht meine Aufgabe zu entscheiden, ob Cézanne ein Klassiker ist oder nicht. Ich weiß jedoch auch, daß ich Cézanne nicht einen Primitiven nennen könnte. Ich sehe in seiner Kunst keinen Platz für die gefällige Hingabe an Details, die den Arbeiten primitiver Künstler wie unfähiger Literaten einen vergleichbaren Charme verleiht.

Cézanne, ein Primitiver, ein Ignorant, ein Maler ohne Verstand? Also wirklich! Wer möchte das glauben? Der Hang zum Detail bei den Primitiven rührt von Unsensibilität her. Bei Cézanne ist die große Einfachheit mit Bewußtsein erreicht. Vor der Natur malend brachte er sein ganzes Genie auf, um aus dem Impressionismus eine Kunst des Verstandes und der Kultur zu machen. All das erscheint deutlich in den ausdrucksstarken Gesichtern, die M. Vollard uns jetzt zeigt. Eine indiskrete Hand hat die Bilder auf verwegene Weise gefirnißt, was – wie wir hoffen nur vorübergehend – die allgemeine Harmonie stört.

Aber was für eine exquisite und machtvolle Verfeinerung steckt in diesen einfachen, herben Porträts! Als transzendenter Maler und provinzieller Künstler mangelt es Cézanne manchmal an Charme. Aber selbst die ländlichsten dieser Gesichter besitzen Adel. Man kann sicher sein, daß er immer die Menschlichkeit seiner Modelle in höhere Sphären übersetzte.

L'Intransigeant, 27. September

Eine kleine Vernissage im Grand Palais

Die deutschen Künstler sind bereit, den Faubourg Saint-Antoine zu stürmen
Die Ausstellungen von Malerei und Möbelkunst – Ein allgemeiner Bericht über den Salon d'Automne – Die Deutschen stellen keine Uhren aus

Morgen am 30. September werden die Deutschen den Faubourg Saint-Antoine stürmen. Die bayerischen Truppen, die an der Avenue d'Antin lagern, werden 18 Säle im Erdgeschoß des Grand Palais besetzen. Sie haben eine Menge Platz im Salon d'Automne eingenommen, dessen Eröffnung während des Kampfes stattfinden soll.

Der Mangel an Platz hat unsere Maler gezwungen, nur eine kleine Zahl von Bildern auszustellen.

Diese Bilder erzählen uns nichts Neues über die Absichten der jungen französischen Künstler.

Im Ganzen finden wir die gleiche Mißachtung der Form, die hier einem Effekt geopfert wird, der den Namen Farbe trägt. Einige der jungen Künstler besitzen noch die Geistesgegenwart, der Versklavung durch die Sinne entgegenzuwirken. Sie beginnen einzusehen, daß ihre Sinne gereinigt und geordnet werden müssen, wenn sie an der Schöpfung eines echten Kunstwerks teilnehmen wollen. Trotzdem fehlt es allgemein an Kultur, und man ist nur zu gerne bereit, mit dieser kleinen Schwäche zu leben.

Eine große Anzahl hochtalentierter Künstler stellt in diesem Salon nicht aus. Uns wurde berichtet, daß der Platzmangel die Jury gezwungen hat, fast alle Arbciten von Künstlern abzulehnen, die nicht Mitglied der Gesellschaft [des Herbstsalons] sind. Aber was noch schlimmer für die Gesellschaft ist, ist die Qualität der Arbeiten, die nicht abgelehnt worden sind. Ihr Mittelmaß ist erschütternd! Und daran zu denken, daß die gleiche Sorte von Juroren die Arbeiten von Henri Rousseau abzulehnen pflegte, jenem armen, alten Engel, der erst kürzlich zu seinem Schöpfer heimgegangen ist! Sie lehnten den Zöllner wegen seines Unwissens ab! Sie hätten ihn besser wegen seiner Inspiration ablehnen sollen, denn was die Ignoranz betrifft, so hat er eine Menge Kameraden in der Vergangenheit wie in der Gegenwart und auch in den Sälen des Salons.

Jeder kennt das geistvolle Buch *A la manière de* ... [von Paul Reboux und Charles Muller, 1908], das das Pasticcio in den Rang eines literarischen Genre erhebt.

Es gibt dieses Jahr eine Menge Pasticcios im Salon, aber leider ist nicht der leiseste Humor dabei zu erkennen.

Da sind falsche Marquets, falsche Frieszs, falsche Girieuds, ganz zu schweigen von den vielen Arbeiten, die Maler imitieren, die nicht im Salon ausstellen.

War das eine gute Idee, den deutschen angewandten Künsten so viel Platz einzuräumen? Ich weiß es nicht. Aber es wäre unfair, nicht zu erwähnen, daß auch die französischen eine Menge Platz beanspruchen.

Es gibt im Grand Palais jedes Jahr einen Einrichtungs-Salon, der die einen wie die anderen angemessen berücksichtigen könnte.

L'Intransigeant, 30. September

Die Eröffnung des Salon d'Automne

Wenig Überraschungen in der Malerei, kaum Skulptur, aber viel angewandte Kunst

Die Eröffnung des Salon d'Automne war ein brillantes Schauspiel. Die Leute drängten sich um die dekorativen Bilder von Maurice Denis und Sert und bewunderten die französischen Möbel im zweiten Stock. Es gab auch hitzige Diskussionen um die angewandte Kunst aus München. Wie immer erregten die Bilder von Matisse großes Aufsehen.

Bourdelles *Carpeux* und Maillols *Pomona* brachten sehr unterschiedliche Kommentare hervor. Diesmal waren viele Ausländer, besonders Russen und Deutsche vertreten.

Soweit es die Malerei betrifft, bringt der Salon dieses Jahr wenig Überraschungen. Die zwei dekorativen Wandbilder von Henri Matisse [*La danse* und *La musique*, Abb. 13] hinterlassen einen kraftvollen Eindruck. Der Reichtum der Farbe und die nüchterne Perfektion in der Linie sind dieses Mal unwiderlegbar. Es ist von nun an unwahrscheinlich, daß das französische Publikum einen der bedeutendsten Maler unserer Zeit noch länger ignorieren kann. *Le vieux pêcheur* von Othon Friesz ist eine seiner besten Arbeiten. Diese dramatische Malerei, die der Künstler lange in sich reifen ließ, ist auch wegen ihrer poetischen Qualitäten bemerkenswert. In diesem alten, von den Stürmen zermürbten Mann, dessen Augen etwas von weit entfernten Ländern widerspiegeln, spürt man eine große Menschlichkeit. Auch der Hintergrund mit dem Meer und einem Schiff trägt zu diesem Gefühl bei.

Ich möchte eine *Medea* von Marinot erwähnen, die alles andere als ein unbedeutendes Bild ist. Jenseits der Frage nach dem technischen Können ist M. Marinot ein wagemutiger Maler.

M. van Dongen macht Fortschritte in der Banalität, aber seine Begabung als Maler ist trotzdem offensichtlich.

M. Lombard hat ein reiches Talent. Er benutzt es, um großzügige Arbeiten auszuführen und er scheint sich schon sehr gut aus der Affäre zu ziehen. Seine Kunst ist noch etwas gekünstelt. Wünschen wir ihm, daß er seine Freiheit bezähmen lernt.

M. Pierre Girieud stellt *Baigneuses* aus, einen der wichtigsten Beiträge des Salons. Über seinen Entwurf für ein farbiges Glasfenster bin ich weniger begeistert. In meinen Augen ist das ein Fehlschlag. M. Lallemand stellt einige Blumenbilder aus, die an Girieud erinnern. Verhoeven ist in seiner Bedeutungslosigkeit kompliziert. Laprades *Vue de Marseille* erzählt uns nichts Neues über den Künstler, aber beweist, daß seine Virtuosität mit seiner Sensibilität nicht Schritt hält. Guerins *Nu* ist gefällig. *Christ flagellé* von M. Desvallières bezeugt lediglich die Ängste und Vorahnungen des Künstlers.

Die ganz in Blau gebadeten Bilder von M. de Vlaminck werden Gefallen finden. Er malt immer annehmbarer, ohne an Kraft zu verlieren. Malte M. Alcide Le Beau seine Bilder etwa in Nagasaki? Sein Ausstellungsbeitrag ist amüsant.

M. Lebasque macht lobenswerte Fortschritte in der schönen Kunst der Einfachheit, so wie Camoin, dessen Landschaft eine der wenigen Bilder dieser Art im Salon ist, die mehr als bloße Ansichtskarten sind. Die Akte von M. Manguin sind mit großer Anstrengung gemalt. M. Vuillard zeigt uns Arbeiten, die in ihrer Art perfekt sind. Dieser Künstler schöpft nun aus der Fülle eines Talents, das sich aus gutem Geschmack und einer verhaltenen Kraft zusammensetzt. Kars scheint ein paar Stunden bei Friesz genommen zu haben. Dieriks zeigt uns einige wunderschöne Wolkenbilder, mit runden Formen, wie Engel. Es ist besser, dieses Jahr nicht vor Vallottons Bild anzuhalten. Dagegen bereitet es Vergnügen, die Bilder von Francis Jourdain anzuschauen, genauso wie Tristan Klingsors Stilleben und *Jardin au printemps* von Mme. Agutte. Die acht Wandbilder von M. Maurice Denis, die er *Soir florentin* betitelt, haben ihre guten Seiten. Man fragt sich allerdings, wie sie bloß von Boccaccios *Dekamerone* inspiriert werden konnten, wie im Katalog festgestellt wird. Unentwegt zur Reinheit strebend ist M. Denis beim Bizarren gelandet. Er malt Phantome.

M. Russels akademische Akte, die von Cézanne inspiriert sein sollen, sind bedauerliche Irrtümer. Mlle. Dufau stellt zwei Bilder allegorischen Inhalts aus, die demnächst in der Sorbonne hängen sollen: *Zoologie* und *Géologie*. M. Jacques Blot zeigt uns ein hübsches Seestück. Den Beitrag von Constantin Parthenis muß man sorgfältig anschauen. Dieser Albaner hat sich der neuesten französischen Landschaftsschule angeschlossen und mit Leidenschaft Ansichten Griechenlands gemalt.

Die wichtige Dekoration von M. Sert, *La danse de l'amour* genannt, zeigt große Erfahrung und Kenntnis, wie auch eine sichere künstlerische Disziplin. M. Sert versucht nicht, seine poetische Imagination zu leugnen, was in dieser Zeit eine Seltenheit geworden ist.

Das Werk von Sert, das noch gewinnen wird, wenn es seinen vorgesehenen Platz eingenommen hat, ist zweifellos einer der beachtenswertesten Beiträge des Salons.

Die Malerei von Jean Delville wird sicher Interesse finden, da er ein ehrlicher Künstler ist. M. Manzana-Pissarro stellt ein Porträt von Mme. Delarue-Mardrus aus. Es ist ganz in Silber und Gold gemalt und stellt meiner Meinung nach einen schweren künstlerischen Fehler dar. Wie zur Strafe in die Ecke gehängt wirken die Bilder von Jean Metzinger. Er hat sich selbst das Ziel gesetzt, mit allen verschiedenen Methoden zeitgenössischer Malerei zu experimentieren. Dabei verliert er vielleicht kostbare Zeit und erschöpft seine Energien ohne Sinn. Das scheint in den hier gezeigten Bildern sehr deutlich zu werden. In beiden scheint er für mich einen Schritt zurück gemacht zu haben. Möge er seinen eigenen Weg finden und daran festhalten! Es stimmt traurig, wenn ein intelligenter Maler sein Talent in sterilen Versuchen verschwendet.

Le Fauconnier hat eine Landschaft ganz in Grautönen gemalt, was sehr schwierig ist. Das Bild [Villa dans le rocher] ist phantasievoll erfunden, aber nicht gut komponiert. Dieser Künstler hat echte Fortschritte gemacht, für die er beglückwünscht werden muß. M. Stuckgold stellt Blumenbilder aus. Er hat einige davon in voller Farbe und Sinnlichkeit gemalt. M. Raoul Dufy hat statt Gemälde einige schöne Holzschnitte eingeschickt, die einen Gedichtband illustrieren sollen.[6]

Das Bild *Christ aux bohémiens* ist eine tumultartige, bewegte und geschickt gravierte Arbeit. [...] Man wird auch eine sehr detailreiche Miniatur von Mlle. van Bever de la Quintinie mögen. [...]

Retrospektiven

Dieses Jahr sind dem Salon d'Automne drei Retrospektiven angeschlossen. Die wichtigste und bedeutendste ist diejenige Frédéric Bazilles, der 1870 auf dem Schlachtfeld von Beaune-la-Rolande gefallen ist. Bazille war ein Freund von Monet, Manet, Renoir, Sisley, Pissarro und Fantin-Latour. Manets Einfluß auf diesen Maler ist offensichtlich. Es wird sogar behauptet, daß ein Teil des Bildes *Intérieur de l'atelier* von Manet selbst gemalt worden sei. Man erkennt aber ebenso den Einfluß von Courbet, und noch mehr den von Stevens. Die Ausstellung Lempereurs, der im letzten Jahr starb, bringt einige schöne Landschaften zusammen. Es gibt auch eine Retrospektive der Arbeiten von Trigoulet.

Die angewandten Künste

Die Herren Süe, Baignères, Bonnard und Miss Lloyd haben eine schöne Wohnung entworfen und möbliert. Für eines der Zimmer hat Bonnard einige Wandbilder gemalt, die eine sehr geglückte Note einbringen. Da sind Affen, Gazellen, Tauben und junge Mädchen zu sehen, alles fein und mit viel Geschmack komponiert. Die Landschaften im Hintergrund sind mit der gleichen freien und geistvollen Phantasie ausgeführt. Ich erwähne noch einen Sessel von M. Paul Follot, dem wir auch sonst gut gemachte und richtig proportionierte Möbel verdanken. M. Follot hat den richtigen Sinn für Möbel. Sie sind gleichzeitig formschön und bequem. Er hat auch geschmackvollen Schmuck geschaffen, der hier in einer Vitrine gezeigt wird.

Skulptur

Es gibt diesmal im Herbstsalon nur wenig Skulpturen. Der *Carpeaux* von Emile Bourdelle zieht vor allem die Aufmerksamkeit an. Ich glaube trotzdem, daß diese schöne Statue noch schöner geworden wäre, wenn der Künstler ihr andere, bescheidenere Proportionen gegeben hätte. Maillols *Pomona* ist eine bemerkenswerte Arbeit, die ich schon im Bronzeguß sehen konnte. Ich muß zugeben, daß ich diesen Bronzeguß der jetzigen Form vorziehe. Die Statuetten von Mme. France Raphaël bezeugen ein großes Talent. Ihre *Etude de nu* ist sehr gewagt und ermangelt auch nicht der Anmut. Man wird sich auch ein wunderschönes Trinkgefäß in getriebenem Silber von Francisco Durrio anschauen müssen, der es versteht, Alltagsgegenständen menschliche Formen zu geben. Lassen Sie mich schließlich noch die beunruhigende Skulptur *Fécondité* von Quillivic erwähnen, der diese Eigenschaft in einem fettleibigen weiblichen Buddha personifiziert zu verstehen scheint.

L'Intransigeant, 1. Oktober

Der Salon d'Automne

Obwohl man im diesjährigen Salon d'Automne nur sehr wenige wirklich erstklassige Arbeiten sehen konnte, gab es eine ganze Reihe interessanter Bilder. Ich würde sicher getadelt werden, wenn ich an dieser Stelle nicht zuerst ein schönes Porträt des Dichters Touny-Léris[sic], in einer bezaubernden, romantischen Pose dargestellt, erwähnte. Die Künstlerin, Mme. van Bever de la Quintinie hat ihr Modell perfekt wiedergegeben.[7] Ihre Linienführung ist anmutig und ihre Farben sind zart, ohne daß es an Kraft fehlt. Es ist ein ausgezeichnetes Porträt dieses Dichters und ebenso ein sehr anziehendes Bild.

Henri Matisse, den so viele uninformierte Betrachter unharmonisch empfinden, ist ein sehr verlockender Maler. Mehr als jeder andere findet er immer wieder zu einer sehr seltenen und sehr schönen Farbigkeit. Nur eine absichtliche Mißachtung der Wahrheit könnte einen die dekorative Kraft seiner Arbeiten verleugnen lassen. Ich persönlich halte die beiden Wandbilder, die er dieses Jahr eingereicht hat, für die besten Arbeiten, die der Künstler bisher gemacht hat, den ich allein – das sage ich nicht ohne Stolz – immer verteidigt habe.

Das beachtlichste Werk in diesem Salon ist die Serie der dekorativen Wandbilder von Maurice Denis, die vom *Dekamerone* inspiriert sind. Maurice Denis ist ein großer, kultivierter Künstler. Das religiöse Gefühl, das ihn beseelt, gibt seinen Bildern große Reinheit. Diese Reinheit findet sich auch hier und man sieht mit einiger Befriedigung, wie es der Bescheidenheit und Liebe von M. Denis gelungen ist, das humanistische Heidentum des Giovanni Boccaccio auf einer höheren Ebene ohne Betrug umzusetzen. In diesen Bildern weht eine erstaunliche Musik, und nachdem ich sie nun gehört habe, ärgere ich mich, sie nicht schon das erste Mal vernommen zu haben.

Es muß eigentlich nicht weiter bemerkt werden, daß einige wichtige Künstler wie André Derain, Marie Laurencin, Puy und andere keine Arbeiten eingereicht haben. Es gab einige Gerüchte über eine bizarre Manifestation des Kubismus. Schlecht informierte Journalisten sind so weit gegangen, von einer bildnerischen Metaphysik zu sprechen. Was in diesem Jahr zu sehen ist, ist nicht einmal das, sondern einfach eine platte und schwache Imitation bestimmter Bilder, die in diesem Salon eben nicht ausgestellt wurden. Sie wurden von einem Künstler mit großer Persönlichkeit gemalt, der im übrigen seine Geheimnisse niemandem anvertraut. Der Name dieses großen Künstlers ist Pablo Picasso. Der Kubismus im Herbstsalon war jedoch nur ein Eichelhäher im Kleid eines Pfaus.[8]

Eine große Abteilung des Salons war der Möbelkunst gewidmet. Ich werde nichts mehr zur Kunst aus München sagen. Kultivierte Deutsche geben selber zu, daß sie grotesk ist. Was die französische Seite anbetrifft, so ist sie kaum besser.

Trotzdem hat M. Süe eine Ausstellung organisiert, die mir von wirklich gutem Geschmack inspiriert gewesen zu sein scheint. Ein auf sehr unerwartete und bezaubernde Weise von Bonnard ausgestattetes Schlafzimmer beweist, daß die angewandten Künste in Frankreich immer noch ausgezeichnete Arbeiten hervorbringen können.

Poésie, Herbstnummer

Die Ausstellung Henri-Edmond Cross

Derzeit läuft eine Ausstellung des Malers Henri-Edmond Cross. Cross gehörte mit Signac, Luce und einigen anderen zu den Malern, die, beeinflußt vom großen Künstler Seurat und den Theorien von Charles Henry, die Richtung des Neo-Impressionismus, auch als Pointillismus bekannt, begründeten. Diese Kunst, die eine gewisse Ähnlichkeit mit byzantinischen Mosaiken und bestimmten italienischen Bildern aufweist, hat in den letzten zwanzig Jahren zahlreiche Arbeiten von extremer Leuchtkraft hervorgebracht. Die hier ausgestellten Bilder gehören zu den letzten Arbeiten des Küntlers, der vor einigen Monaten starb. Die blendende Leuchtkraft dieser Landschaften, das verwirrende Weiß seiner Akte und der überall zu findende Lyrizismus in diesen wunderbaren Harmonien können dauernder Bewunderung sicher sein.

Maurice Denis, ein Freund des verstorbenen Künstlers, schrieb in seinem bewegenden und fundierten Vorwort zum Katalog: »Laßt uns in den Vibrationen seiner Himmel und in den Flammen seiner von der Hitze des Tages niedergedrückten Felder das Echo irdischer Harmonie hören, oder vielmehr laßt uns die Erregungen seines Herzens und die Stimme einer inspirierten Seele hören.«

L'Intransigeant, 31. Oktober

Die Kunstwelt – Vermischtes

21. Dezember
Die Galerie Vollard hat gerade eine Ausstellung allerbester Qualität eröffnet. Sie besteht aus Bildern von Pablo Picasso. Obgleich sie schon vor einiger Zeit gemalt worden sind, man könnte sie Jugendwerke nennen, machen die Persönlichkeit des Künstlers, die Kraft seines Talents und die Schönheit seiner Bilder diese Ausstellung sehr wichtig. Da Picasso nicht in einem der Salons ausstellt, wird nun jeder diese wunderschönen, bisher öffentlich nicht bekannten Bilder in der Rue Lafitte betrachten können.

23. Dezember

Einige charakteristische Werke von Pablo Picasso sind in der Ausstellung der Galerie Vollard, die vor drei Tagen eröffnet worden ist, ergänzt worden. Diese Bilder bilden zusammen mit den anderen ein schönes Ensemble, über das ich noch sprechen werden.

In der Galerie Bernheim Jeune gibt es eine erstklassige Ausstellung unter dem Titel »Fauna«. Da sind Ochsen zu sehen, von Corot und Van Gogh gemalt; Katzen mit gescheiteltem Haar, wie modische Herren es zu tragen pflegen, von Bonnard gemalt; Hirsche von Courbet,

Pferde von Degas, Delacroix, Constantin Guys, K.-X. Roussel und Maurice Denis; Hunde von Gauguin, Manet, Monticelli und Toulouse-Lautrec; Pfauen von Cézanne[9]; wilde Tiere von Bayre und Delacroix. Alles fügt sich zu einem wunderbaren Ganzen zusammen, das man gesehen haben muß. Man sieht auch Seurats *Cirque* und eine Skizze für *Un dimanche d'été à la Grande Jatte,* Arbeiten, in denen alles enthalten ist, was die moderne Kunst an Innovationen noch entdecken kann.

25. Dezember

Einige Leser haben sich nach dem Katalog der Picasso-Arbeiten in der Galerie Vollard erkundigt. Es gibt aber keinen Katalog, und es wurden auch keine Einladungskarten verschickt. Die Bilder wurden noch nicht einmal gerahmt. Arbeiten von so großer künstlerischer Kraft brauchen zwar nicht unbedingt den Luxus von Rahmen. Trotzdem wäre eine etwas weniger spartanische Ausstattung der Ausstellung nicht unangebracht gewesen.

26. Dezember

Ich besuchte neulich die Ecole des Beaux-Arts, um die Ausstellung der Arbeiten zu sehen, die der Staat dieses Jahr aus den verschiedenen Salons angekauft hat. Bevor diese Arbeiten zum Schlaf in die Provinzmuseen geschickt werden, haben wir Pariser noch einmal die Gelegenheit, alle zusammen anzuschauen. Wie erwartet werden konnte, ist die Mehrzahl dieser Ankäufe ehrenwert und sonst nichts. Die einzig wirklich bedeutenden Arbeiten sind die Skulpturen von Rodin, Despiau und Bourdelle, und eine Gruppe von Landowski, die zumindest ein großes technisches Können verrät. Die Leute werden wie immer verärgert oder erfreut sein, je nach ihrem ästhetischen Urteilsvermögen. Sie werden wieder einmal das große Wandbild von Henri Martin und eine immense Anhäufung wertloser Bilder von Künstlern aus jeder Ecke der Welt sehen. Inzwischen werden die schönsten modernen Bilder von ausländischen Museen erworben.

In der Galerie Bernheim Jeune kann man neben der sehr schönen Ausstellung »Fauna« auch dreißig Zeichnungen von Constantin Guys sehen. Die Skizzen dieses Künstlers sind fertige Werke und man versteht nur zu gut Baudelaires Begeisterung für seinen nervösen, präzisen, modernen, schnellen, alles Wesentliche erfassenden Stil.[10]

28. Dezember

In der Galerie Druet stellt Raoul Dufy einige Holzschnitte aus, die das Buch *Bestiaire ou Cortège d'Orphée,* das im Januar erscheinen soll, illustrieren. Diese Holzschnitte zeigen große technische Meisterschaft und sind in breiter Manier ausgeführt. Details wurden nicht absichtlich umgangen, doch geht Dufy nicht auf jede winzige Einzelheit ein. Man muß auf Dufys Interpretation der legendären Sirenen noch näher eingehen. Da sie im Wirbelsturm der Scylla verschwunden sind anläßlich der unvergessenen Katastrophe, die Messina zerstörte, wäre es sehr schwierig genau zu bestimmen, wie sie ausgesehen haben. Die Griechen stellten sie mit Vogelköpfen und Frauenkörpern dar, während die Römern diesen netten Monstern einen Fischschwanz verliehen, *desinit in piscem*. Dufy hat beide Ansichten vereint. Seine Sirenen haben Flügel und ihre Körper enden plötzlich in einer runden, festen Form, wie die Körper von Thunfischen.

30. Dezember

Ein Dichter als Kunsthändler? Davon hörte man noch nie etwas und dieses eine Beispiel ist relativ neu. Der Kunsthändler-Dichter ist M. Charles Vildrac. Es scheint, daß es unter allen künstlerischen Berufen keinen poetischeren gibt als den, den er sich ausgesucht hat. Von nun an wird sein Motto *Ut pictura poesis* heißen.

Mit M. Marseille als Partner hat M. Vildrac seine Galerie in der Rue de Seine eröffnet, einige Schritte entfernt von der Rue des Beaux-Arts. Er stellt Bilder, Statuen, Zeichnungen und Radierungen von den Künstlerpionieren aus, über die zur Zeit am meisten gesprochen wird: Charles Guérin, Pierre Girieud, Bourdelle, Marie Laurencin, Gleizes, Marcel Lenoir, Herbin, Raoul Dufy usw.

Einige Tage vorher hatte ein schon berühmtes Bild einen kurzen Auftritt in der Galerie. Es war ein großes Bild von Picasso, dessen Ausstellung in der Rue Lafitte bei Vollard sich großen Erfolgs erfreut. Das betreffende Bild, vor einiger Zeit in *La Plume* abgebildet, war vor einigen Jahren auch in Venedig ausgestellt. Es wurde von einem französischen Kunstliebhaber gekauft. Als nach dessen Tod seine Sammlung aufgelöst wurde, ging Picassos Arbeit von der Auktion in die Rue de Seine, wo sie aber nicht lange blieb.[11]

L'Intransigeant

1911

Die Kunstwelt – Vermischtes

10. Januar

Lieben Sie die Fotografie? M. Druet hat davon genug in seiner Galerie. Es handelt sich um sehr schöne und ziemlich genaue Reproduktionen berühmter Bilder von Leonardo da Vinci bis Maurice Denis, darunter Arbeiten von Tizian, Ingres, Toulouse-Lautrec und Cézanne.

Ich kenne jemanden, der jetzt ganz schnell eine Reproduktion von Seurats *Cirque* kaufen wird, nicht weil er ein Liebhaber von Fotografien ist, sondern weil er Seurats Malerei liebt.

12. Januar

»Der Realismus, die Schule des Pleinairismus, der Impressionismus«, so schreibt Théodore Duret in seinem Vorwort zur Ausstellung von Jean Puy in der Galerie Blot, »haben dieselben banalen Formen hervorgebracht wie die klassischen und traditionellen Schulen vorher. Mit der Zeit hat es sich herausgestellt, daß es nicht viel schwieriger ist, in konventioneller Manier mit ungemischten Farben und reinen Farbtönen zu malen, als früher mit Licht und Schatten, oder indem man helle Farben unter einem alles überziehenden Schleier von Dunkelheit verbarg.«

Diese richtige Kritik betrifft nicht nur das Werk von Jean Puy. Sie stimmt auch nur für einen Teil seines Werkes, bestimmte Badeszenen, bestimmte Arbeiten, wie das Bild nach einem Gipstorso und sogar auch einige Landschaften. Trotzdem stehen Jean Puys oft unleugbares Talent und seine Originalität außer Frage. Seine samtigen und bezaubernden Akte haben eine Sinnlichkeit, welche die abenteuerliche Leidenschaft eines Casanova rechtfertigen würde. Puys Bilder sind ohne falsche Traurigkeit und mit einem zugleich geistvollen wie sinnlichen Charme gemalt, der heute selten geworden ist.

Man wird sicher ein Bild mögen, das *Le peintre* betitelt ist. Es würde vielleicht in einem größeren Maßstab noch besser aussehen. Aber vielleicht geht das über die Kapazitäten des Malers hinaus. Das beste Bild der Ausstellung ist aber meiner Meinung nach ein intimes, kleines Werk, im Katalog *Au piano* genannt. Das Bild *Vieil homme* zeigt ehrliches Bemühen um Stil und Würde. Das ist gelungen, ohne daß eine der Qualitäten von Farbe und Feinheit verloren gegangen sind, die Puys beste Eigenschaften darstellen.

L'Intransigeant

Adolphe Willette

Ausstellung seiner Arbeiten im Louvre, Musée des Arts décoratifs

Ach, Willette, was für wunderschöne Allegorien können Sie doch komponieren! Eine von ihnen, mit besonderer Liebe gemalt, läßt Sie geradezu des Nobelpreises für würdig erscheinen. Der von Ihnen ausgewählte Titel erklärt das gut: *Désarmée, la France n'en sera que plus belle.* In der Tat zeigt Ihr Bild Frankreich als ein herrliches, kraftvolles Mädchen, das nackt aus einer Rüstung steigt, die nur ihre Schönheit verdeckt hätte! Willettes Glaubenbekenntnis besteht aus drei säuberlich ausgeführten Buchstaben, die jeder im Musée des Arts decoratifs lesen kann, wo seine Ausstellung noch bis zum 12. Februar andauert. »AMO«, sagt Willette. Und wenn er sehr alt sein wird, wird er sich wie der heilige Augustinus erinnern: »Amabam amare.«

Dennoch haßt dieser Mann der Liebe zumindest drei Dinge: Er haßt M. Bérenger[1], er haßt die Engländer und er haßt den Krieg.

Es stimmt, daß die Herren Engländer und M. Bérenger auf die Liebe mit einem bösen Blick schauen; Liebe, diese bizarre Sache, deren Ausübung zwar nicht verboten, deren Beschreibung und Schilderung aber als verwerflich betrachtet wird, unter dem leeren Vorwand, es könnten ja Kinder in der Nähe sein. Nun frage ich Sie, liebe, mutige Verteidiger der jungen Leute – wenn es keine Liebe gäbe, gäbe es dann überhaupt Kinder?

Über die Liebe, über Kunst und Literatur hat Remy de Gourmont alles gesagt, was zu sagen ist. Lesen Sie seine *Nouveaux dialogues des amateurs.* Es ist ein erhellendes Buch, voll gesundem Menschenverstand. Auch Willette hat die Liebe gegen die Angriffe der Prediger verteidigt. Er hat das manchmal etwas hartnäckig getan, aber immer mit gutem Geschmack und immer zugunsten der Kunst. Denn Liebe ist nicht nur ein anderes Wort für die französische Kunst – es ist die Kunst selbst, die universale Kunst.

Was den Krieg betrifft, so ist es unvermeidlich, daß Willette ihn haßt, da er das Gegenteil der Liebe ist. Man kann sagen, daß der weißeste Pierrot, der jemals die Höhen von Montmartre bewohnt hat, fast ebensoviele Zeichnungen gegen den Krieg wie gegen die Heuchelei derer, die die Schönheit verachten, gemacht hat. Ich wiederhole es: Wenn jemand den Nobelpreis verdient hat, so ist es Willette, und falls er ihn eines Tages bekommt, würde ich viel dafür geben, M. Bérengers Gesicht zu sehen!

Willettes Kunst besteht vor allem aus einer bezaubernden Allianz von Intelligenz und Poesie, Malerei und Gesang, der Allegorie und dem Leben selbst. Es gibt eine Menge Fröhlichkeit und Sorglosigkeit in seinen Gesichtern, aber auch Melancholie. All Ihr Pierrots und Kolumbinen, Ihr Träumer und ungezogenen kleinen Mächen mit den schönen Brüsten, Du, Eva vom Montmartre, die Du die Schlange zum Springseil genommen hast, und Sie, Willette, Ihr alle, die Ihr mit solcher Süße lächelt, Ihr seid zauberhaft »et tristes comme l'Amour même«.[2]

L'Intransigeant, 26. Januar

Aquarelle von Signac – Wandteppiche von Maillol

Von den byzantinischen Mosaiken bis zur Libreria von Siena gibt es genügend Kunstwerke der Vergangenheit, die die neo-impressionistische Technik rechtfertigen. Der Divisionismus hat den Malern das Potential an Leuchtkraft der Farben bewußt gemacht. Die Langsamkeit der Durchführung dieser Technik verpflichtet den Maler, der Komposition seiner Bilder größere Aufmerksamkeit zu schenken. Diese offensichtlichen Vorteile würden schon ausreichen, um die Aufmerksamkeit auf eine Schule zu lenken, die niemals sehr stark war. Doch gingen einige hervorragende Maler daraus hervor: Henri-Edmond Cross und Paul Signac, der gerade seine letzten Bilder in der Galerie Bernheim ausstellt. Es sind nur wenige Bilder ausgestellt, einige Aquarelle in reinen Farbtönen und die Kartons, die Signac für die Planung seiner Bilder verwendete.

Die Kartons wurden noch nie ausgestellt. Es sind sehr schöne Zeichnungen, großzügig ausgeführt und gut komponiert. Die Arbeiten von Signac, ob Zeichnungen, Aquarelle oder Ölbilder, sind von keiner Hast gekennzeichnet und schon das entfernt sie weit vom Impressionismus.

Die Aquarelle haben alle die Seine in Paris zum Thema. Sie sind unter dem Titel *Ponts de Paris* zusammengefaßt. Ist das nicht das Schönste, was Paris zu bieten hat: die Seine und ihre Brücken?

Gleichzeitig werden einige Wandteppiche von Maillol ausgestellt. Der Stoff ist schön, aber die Kompositionen sind lächerlich.[3]

L'Intransigeant, 28. Januar

Der Salon des Indépendants

Die Eröffnung findet morgen statt – Eine allgemeine Übersicht der Ausstellung – Der Triumph des Zöllners Rousseau (20. April)

Dieses Jahr ist der Salon des Indépendants ausgezeichnet. Die geschlagenen Schlachten haben die Gesellschaft gestärkt. Mehr als vierhundert neue Mitglieder sind gekommen, um die Reihen zu stärken. Man glaubte schon, daß die Unabhängigen am Boden seien. Aber es ging ihnen so wie Antaeus: Zu Boden geworfen, erheben sie sich stärker als zuvor.

Das allgemeine Erscheinungsbild des Salons wurde völlig verändert. Bestimmte Gruppen, die letztes Jahr einen festen Block bildeten, wurden nun getrennt und auseinandergehängt. Eine Art Sezession läßt sich in der als Fauves bekannten Gruppe feststellen, eine Sezession, die nicht nur in den Ausstellungsräumen sichtbar ist, sondern vor allem auch in dem Geist der ausgestellten Arbeiten. Ein Streben nach Komposition herrscht nun über dem Impressionismus. In den Sälen 41 und 43 ist kaum noch etwas vom Impressionismus übrig geblieben. Gerade hier hängt alles, was an diesem Salon neu und stark ist. Ich werde von diesen

Sälen wieder sprechen. Lassen Sie mich jetzt nur die wichtigen Werke erwähnen, von Delaunay, Le Fauconnier, Marie Laurencin, Metzinger, Gleizes, Léger, Lehmbruck, Maroussia, De Vlaminck, Girieud und Van Dongen im Saal 41, und die Arbeiten von Dunoyer de Segonzac, Albert Moreau, La Fresnaye, Detaille, André Mare und Mainssieux im Saal 43. Das soll nicht heißen, daß es in den anderen Räumen nicht auch vollendete Werke gibt, aber sie haben nicht den gleichen Grad an Neuheit. Saal 27 zeigt die Malerei von Matisse, eine wundervolle Harmonie von sehr subjektiven Farben, sowie den bescheidenen und sehr schönen Beitrag von Raoul Dufy. Saal 40 zeigt die Kompositionen von Lhote und Granzow. Saal 28 bietet den wundervollen Beitrag von Henri-Edmond Cross, der letztes Jahr starb, sowie eine Reihe leuchtender Bilder von Signac. Darüber werde ich später genauer berichten. Heute möchte ich den verbleibenden Platz dem Zöllner Rousseau widmen.

Die jungen Künstler wollten ihre Bewunderung für den armen, alten Engel, den Zöllner Henri Rousseau, zum Ausdruck bringen, der im Sommer 1910 gestorben ist. Deshalb haben sie eine Retrospektive für den organisiert, den man auch den Maître de Plaisance nennen könnte, nicht nur wegen des Viertels, in dem er lebte, sondern auch wegen der Anmut, die die Betrachtung seiner Bilder zu einem solchen Vergnügen macht.

Die Retrospektive findet im Saal 42 statt, genau zwischen den beiden bedeutenden Räumen des Salons, der morgen eröffnet wird. Wie ich schon erwähnte, handelt es sich um die Säle 41 und 43.

Es gibt kaum Künstler, die mehr Spott über sich ergehen lassen mußten als der Zöllner zu seinen Lebzeiten, und es gibt wenige Menschen, die so ruhig gegenüber dem ihm zugemuteten Hohn und der Würdelosigkeit geblieben sind. Dieser höfliche, alte Mann behielt immer die Ruhe. Durch einen glücklichen Charakterzug bestand er sogar darauf, in den Spötteleien ein Zeichen von Interesse zu sehen, das selbst die bösartigsten Kritiker gezwungen waren, an seinem Werk zu haben. Ein- oder zweimal ließ er sich sogar dazu hinreißen zu behaupten, er wäre der kraftvollste Maler seiner Zeit. Es ist sogar möglich, daß er in diesem Punkt gar nicht so weit von der Wahrheit entfernt lag. Wenn er auch in seiner Jugend keine künstlerische Ausbildung genossen hat, so scheint es aber doch so, daß er später, als er malen wollte, die Meister geduldig betrachtete und fast als einziger unter den modernen Malern ihre Geheimnisse ahnte.

Seine einzigen Fehler waren ein gelegentlicher Überschwang des Gefühls und fast immer eine volkstümliche Jovialität, über die er sich nicht erheben konnte, und die ziemlich scharf im Kontrast zu seinen künstlerischen Bestrebungen und der von ihm beanspruchten Stellung in der zeitgenössischen Kunst stand.

Aber wie machten sich daneben seine Tugenden aus! Es ist doch sehr bedeutsam, daß die jungen Künstler diese Tugenden geahnt haben. Man kann ihnen nur gratulieren, besonders dann, wenn es nicht nur ihre Absicht ist, ihn zu ehren, sondern auch sein Erbe anzutreten.

Der Zöllner stellte alle seine Bilder fertig, was heute sehr selten geworden ist. Sein Stil war frei von Manierismen, Tricks und Systemen. Daher kommt die Vielfalt seiner Arbeiten. Er hatte genauso viel Vertrauen in seine Hand wie in seine Einbildungskraft. Daher stammt die

Anmut und der Reichtum seiner dekorativen Komposition. Da er am mexikanischen Feldzug teilgenommen hatte, besaß er eine genaue bildnerische und poetische Vorstellung der tropischen Vegetation und Fauna. Aus diesem Grund ist dieser Bretone, der lange in Pariser Vororten lebte, zweifellos einer der merkwürdigsten, wagemutigsten und charmantesten Künstler des Exotismus geworden. Sein Bild *Charmeuse de serpents* [Abb. 15], das im Salon ausgestellt ist, belegt das hinreichend. Aber Rousseau war nicht nur Dekorateur, er war nicht nur ein ausgesprochener Illustrator, sondern er war auch ein Maler. Das macht einigen Leuten das Verständnis seiner Bilder so schwer. Er hatte einen Sinn für Ordnung, das ist in seinen Gemälden wie in seinen Zeichnungen offensichtlich, die wie persische Miniaturen aufgebaut sind. Er wollte eine reine Kunst machen. Seine weiblichen Figuren, die Konstruktion seiner Bäume, das harmonische Lied seiner Tonabstufungen von nur einer Farbe, all das ist geprägt von einem Stil, den nur französische Maler besitzen, und der die französische Malerei auszeichnet, wo immer sie sein mag. Ich spreche, wohlgemerkt, von den Bildern der Meister. Man hat Rousseau als Wilden oder als Einfältigen eingestuft. Er ist aber ganz entschieden weder das eine noch das andere.

Dieser Maler hatte einen außergewöhnlich starken Willen. Wie könnte man das einen Augenblick lang bezweifeln, nachdem man die winzigen Details seiner Bilder gesehen hat, und das sind keine künstlerischen Schwächen! Wie könnte man das bezweifeln, wenn man das aufsteigende Lied der Blautöne und die Melodie der weißen Farben vernommen hat, die in seinem Bild *Noce* auftauchen, wo die Figur einer Bauersfrau an bestimmte holländische Meister erinnert. Als Porträtmaler ist Rousseau unvergleichlich. In der Ausstellung befindet sich das Bildnis einer Frau in feinen Schwarz- und Grautönen, das vielleicht sogar noch weiter als ein Porträt von Cézanne getrieben worden ist [Portrait de la femme de l'artiste à la lampe].

Ich hatte zweimal die Ehre, von Rousseau porträtiert worden zu sein, in seinem kleinen Atelier in der Rue Perrel. Ich sah ihn oft bei der Arbeit, und ich weiß, wie er sich um jede Einzelheit bemühte und wie er imstande war, bis zuletzt die ursprüngliche Konzeption seines Bildes im Kopf zu behalten. Ich weiß auch, daß er nichts dem Zufall überließ, und vor allem, daß er nie etwas Wesentliches außer Acht ließ. Unter Rousseaus schönen Skizzen befindet sich das kleine wunderschöne Bild *La carmagnole*. Das ist die Studie zu *Centenaire de l'Indépendance,* das nicht hier ausgestellt worden ist, und unter das Rousseau geschrieben hatte:

»Auprès de ma blonde
Qu'il fait bon, fait bon, fait bon …«

Die Nervosität der Zeichnung, die Vielfalt, Anziehungskraft und Delikatesse seiner Farbgebung machen diese Skizze zu einem ausgezeichneten Werk. Seine Blumenbilder zeigen uns, welche Quellen von Anmut und Ausdruckskraft doch in der Seele und in der Hand des alten Zöllners gelegen haben.

Wird das Publikum diese Ausstellung verstehen? Ich hoffe es doch sehr. Man kann bescheidene Gasthäuser finden, in denen die Mahlzeiten von der Frau des Besitzers gekocht und die Weine vom Mann gepflegt werden und wo beides köstlicher mundet als in allen exklusiven Restaurants, wo alles dem bescheidenen Mahl überlegen ist. Genauso ist die Malerei des Zöllners hervorragende Arbeit in einem Milieu ohne Luxus. Oh, das ist keine hygienische Kunst, das ist ganz einfach eine gesunde, bodenständige Kunst, und es lohnt sich, bei ihr stehenzubleiben.

Die jungen Künstler und die neuen Stilrichtungen (21. April)

Nachdem ich meine Meinung zu Rousseau gesagt habe, gehe ich nun zum Saal 41 über, der zusammen mit dem Saal 43 im Salon der interessanteste ist. Das ist zweifellos deswegen so, weil alle meine Kollegen ihn ignorieren. Und doch findet man in diesen Räumen deutlicher als in allen anderen – und ich meine nicht nur diesen Salon, sondern auch alle übrigen in der Welt – das Zeichen unserer Zeit, den modernen Stil, den alle vorgeben zu suchen, den man sucht, ohne erkennen zu wollen, wo er zu finden ist. Wir sind heute Zeugen der Entstehung einer reinen und nüchternen Kunst, deren manchmal noch etwas rigide Erscheinungsweisen bald humanisiert sein werden. Man wird später über den Einfluß von Picasso auf die Entwicklung einer solchen Kunst sprechen. Die vielen Einflüsse, die man bis zu den vornehmsten Perioden der französischen und italienischen Kunst zurückdatieren könnte, mindern aber keineswegs die Verdienste der neuen Maler.

Zu den talentiertesten Künstlern heute muß man Robert Delaunay zählen. Sein starkes Talent hat Größe und Tiefe. Der Überschwang seiner Ausdrucksformen wird ihm die Zukunft ebnen. Er hat sich sowohl in der Zeichnung als auch in der kräftigen und lebhaften Farbgebung weiterentwickelt. Sein *Tour Eiffel* (Abb. 17) ist von dramatischem Zugriff und bezeugt ein sicheres handwerkliches Können. Le Fauconniers kraftvolles Bemühen resultiert in *L'Abondance* (Abb. 19), einer vielgestaltigen Komposition in nüchternen Farben, deren Formen und Figuren, Gegenstände und Landschaften im gleichen Geist geschaffen wurden und harmonisch in Ausdruck und Sensibilität verbunden worden sind.

Marie Laurencins Bilder *Portrait* und *Jeunes filles* sind ehrlich, fest und kühn. Die Anmut und die Vornehmheit ihrer Arbeit ist des höchsten Lobs würdig. Was die Sicherheit ihres Geschmacks angeht, so kann man ihr meines Wissens nur Picasso zur Seite stellen.

Metzingers Arbeiten sind die einzigen, die man hier im eigentlichen Sinne als kubistisch bezeichnen könnte. Ihre Anziehungskraft zeigt, daß der Kubismus mit der Realität nicht unvereinbar ist. Diese kinematisch zu nennende Kunst zeigt uns jede Facette der bildnerischen Wahrheit, ohne die Vorteile der Perspektive außer Acht zu lassen. Insgesamt ist das gar nicht langweilig und zudem sicher gesetzt. Diese Kunst spielt mit den bildnerischen Problemen und meistert sie auch. Ich mag diese Maler sehr.

Die großflächigen Landschaften von Albert Gleizes erinnern noch an Le Fauconnier. Das ist jedoch nicht ihr einziges Verdienst. Gleizes' große Anstrengung ist seinen Figuren zugute gekommen: *Homme nu* und *Femme au phlox* sind Bilder voller Persönlichkeit und Kraft. M. Firmin [sic] Légers Arbeit vermittelt den am wenigsten menschlichen Eindruck in diesem Saal.[4] Das ist eine schwierige Kunst. Er schafft eine zylindrische Malerei, wenn man das so sagen kann, und er hat sich nicht gescheut, seiner Komposition das Aussehen eines Haufens alter Reifen zu geben. Aber keine Sorge! Die Disziplin, der er sich unterworfen hat, wird bald Ordnung in seine Ideen bringen. Man kann jetzt schon die Originalität seines Talents und seiner Palette sehen. Erwähnen wir noch die instinktiven Bilder von Maroussia, voller Gefühl und Freude. Der Bildhauer Lehmbruck, der nicht ohne Verdienst ist, stellt einige Zeichnungen aus.

Einige alte Fauves

Dieser Saal enthält auch einige Bilder alter Fauves. Van Dongen stellt eine Art von Plakaten aus, Girieud, traurig, traurig... und Maurice de Vlaminck, der sich an wichtigere Arbeiten machen sollte. Er ist geschaffen für große auffällige Bilder! Er ruiniert sein Talent mit dem Malen von Visitenkarten. Das ist ein Verbrechen.

Einige junge Fauves

Die jungen Fauves findet man im Saal 43. Luc-Albert Moreau zeigt einige Bilder von intensivem baudelaireschen Geschmack. Dunoyer de Segonzac, dessen Zeichnungen die Grazie choreografischer Bewegungen einfangen, versucht sich an kräftiger Malerei. Seine gut gesetzte *Groupe de nus* zeigt, daß seine Palette menschlicher wird. Er stellt auch eine zarte Landschaft aus. *Le cuirassier* (Abb. 18) von La Fresnaye ist eine ausgezeichnete Arbeit. Der Künstler nähert sich der Militärmalerei mit völliger Freiheit und vollkommen neuen Methoden. Das ist einer der schönen Beiträge des Salons. M. de la Fresnaye muß sich nun an große Kompositionen wagen. Aber wo wäre Gros ohne die Schlachten des Empire geblieben? La Fresnaye muß sich einen Krieg wünschen. Der Manierismus von G. de Mire ist nicht unangenehm. Marchand gebührt großes Lob, seine *Légende de Saint Martin* ist eine ausgezeichnete Arbeit. Sein Talent ähnelt dem von Dufy, zumindest was die Palette anbelangt. Von Marchand kann man noch viel erwarten. Ich persönlich werde seine Entwicklung mit großem Interesse verfolgen. Erwähnen wir noch Paul Véras *Baigneuses* und Lotirons Stilleben. Auch Chabaud ist nicht unbegabt, er hat ein sehr freizügiges Talent.

Die Fauves der Vergangenheit

Sie haben sich im Saal 27, weit weg von ihren jungen Rivalen, versammelt. Es ist sehr kokett, sich selbst so alt darzustellen. Niemals war das Talent von Matisse frischer. Ich habe mich seit vier Jahren bemüht, diesen Maler zu verteidigen. Fast jeder andere Kunstkritiker war gegen ihn. Aber schließlich gewöhnen sich die Leute an alles. Matisse hat sich nicht geändert. Seine Farben sind kühner als je zuvor. Seine Linie hat den gleichen Charakter, den sie auch in früheren Jahren hatte. Doch dieses Jahr schätzten die Augen der Kritiker, ohne geblendet zu sein, die sehr ausdrucksstarke und harmonisch gemalte *Andalouse*. Dufys bescheidener Beitrag ist von hoher Qualität. Er hat ein Stilleben eingeschickt von sehr nobler Poesie und mit einem mystischen Ausdruck sowie einige Andrucke von Holzschnitten, die bewundernswert im Handwerk und im Ausdruck sind. Sie werden mein *Bestiaire* zu einer Arbeit machen, die mit den größten Epochen der Buchkunst standhalten kann. Ein Mann von Geschmack, der eine Schule für angewandte Kunst gegründet hat, sagte mir neulich, daß das *Bestiaire* die einzige moderne Arbeit ist, deren Abbildungen er seine Studenten anschauen läßt.

(22. April)

Ich habe einen großen Teil des mir zur Verfügung stehenden Platzes den mir wichtig scheinenden Malern gewidmet. Aber es gibt natürlich noch viele andere Maler in der Ausstellung der Unabhängigen, deren Talente und Verdienste erstklassig sind. Im Saal 27 sind z. B. die Beiträge von Camoin, Mlle. Charmy, Mme. Marval, Laprade, Manguin, Lebasque und Manzana-Pissarro sehr interessant.

Rouault macht große Fortschritte. Ich mag seine Entwürfe für Porzellanmuster sehr. Die Arbeit von Friesz ist ausgezeichnet und voller Sensibilität.

Cross, Signac, Luce usw.

Man kann der Retrospektive von Cross nur den größten Respekt zollen. Er war einer der lyrischsten Maler. Seine Landschaft mit Gebäuden und Rindern ist ein wunderbares, leuchtendes Gedicht. Signac bleibt der ungeschlagene Meister des Neo-Impressionismus. Diese sorgfältige und ehrliche Kunst hat einmalige Verdienste und sie hat außerdem einige ausgezeichnete Bilder hervorgebracht. Neben den großen Bildern von Signac wird man auch seine Aquarelle bewundern, sowie einen Karton, der eine fertige Studie für ein Gemälde ist. *L'Echafaudage* ist zweifellos eine seiner am besten komponierten Arbeiten. Er versteht es, Arbeiter mit Geschmack zu malen. Er besitzt eine sehr einfache Kunstauffassung, ohne deklamatorischen Akzent.

Die Russen

Unter den ausländischen Malern haben anscheinend die Russen die Lektion der französischen Maler am besten begriffen. Es war eine kluge Entscheidung, einige dieser Maler im Saal 44 zu zeigen. Mme. Vassilieff mag alles, was exotisch ist. Mlle. Szerer ist die letzte Schülerin des neobyzantinischen Malers Boitchouk, der im letzten Jahr den Salon des Indépendants mit seinen Bildern und denen seiner Schüler füllte. Damit hat er den Franzosen vielleicht beigebracht, daran zu denken, daß Maler ebenso wie Dichter die Jahrhunderte täuschen können. Darin täuschte sich Mallarmé nicht. Machkoff ist sehr begabt. Ich erwähne auch Roudnieff, Chapchal, usw., und den begabten Bildhauer Archipenko. Mit einem Wort, diese Russen haben Persönlichkeit und ihre Experimente sind eindringlich. [...]

L'Intransigeant

Der 8. Salon der Unabhängigen in Brüssel

Die jungen Maler, die im diesjährigen Salon der Unabhängigen in Paris gemeinsam ihr künstlerisches Ideal offenbart haben, akzeptieren die Bezeichnung Kubisten. Trotzdem ist der Kubismus kein System. Die deutlichen Unterschiede, nicht nur im Talent, sondern auch in den Stilrichtungen dieser Künstler sind ein offensichtlicher Beweis dafür. Die Künstler haben jedoch ein gemeinsames künstlerisches Ziel: Wenn es das Hauptverdienst der als Fauves bekannten Maler war, zu den grundlegenden Prinzipien von Farbe und Komposition zurückzukehren, so ist es das Ziel der Kubisten, das Terrain einer so wiederbelebten Kunst noch zu vergrößern, indem sie zu den Prinzipien von Linie und Inspiration zurückkehren. Wenn man zudem in Erwägung zieht, daß die meisten der Kubisten eine Zeitlang zu den Fauves zählten, wird man erkennen, in wie kurzer Zeit diese jungen Künstler eine beträchtliche Wegstrecke zurückgelegt haben, und wie logisch ihre Konzeptionen sind.

Das Ergebnis dieser beiden künstlerischen Richtungen, die einander folgten und sich so gut ergänzten, ist eine einfache und noble Kunst. Sie ist ebenso zurückgenommen wie ausdrucksvoll, sie brennt auf der Suche nach Schönheit und sie ist bereit, sich den größten Gegenständen zu nähern, welche die Maler von gestern nicht anzugehen wagten. Diese Maler bleiben die dreisten, überholten und langweiligen Schmierfinken der offiziellen Salons.

Ich denke, daß ich mit diesen wenigen Worten die wirkliche Bedeutung des Kubismus aufgezeigt habe: Der Kubismus ist die neue und vornehme Manifestation der Kunst, ohne ein System zu sein, welches die Talente fesseln würde.

Im übrigen wäre es nicht zu verstehen, wenn gerade in einer Zeit, wo Gelehrte und Denker die Systeme verlassen, die Künstler wünschen sollten, in solche gefährlichen Spiele verwickelt zu werden.

Vorwort zum 8. Salon annuel du Cercle d'Art ›Les Indépendants‹ im Musée moderne, Brüssel, 10. Juni – 3. Juli[5]

Von Eugène Delacroix zum Neo-Impressionismus

Eine seltene Veröffentlichung von Paul Signac, die ursprünglich in begrenzter Auflage in der *Revue Blanche* erschienen ist, wurde gerade in einer größeren Auflage wiederveröffentlicht.

D'Eugène Delacroix au néo-impressionisme ist der Titel des kleinen Werkes, das Paul Signac dem Andenken seines Freundes, des großen Malers Georges Seurat, gewidmet hat.

Seurats Bedeutung wurde noch nicht ausreichend gewürdigt. Neben der Originalität seiner Arbeiten, in denen er als erster die neo-impressionistischen Theorien umsetzte, haben Seurats Bilder in ihrer Zeichnung, ihrer Komposition und den Lichtwirkungen einen Stil, der sie weit, vielleicht sogar sehr weit von den Werken seiner Zeitgenossen entfernt.

Kein Maler erinnert mich so sehr an Molière wie Seurat, aber an den Molière des *Bourgeois gentilhomme*, eines Balletts voller Anmut, Lyrik und gesundem Menschenverstand. Bilder wie *Le cirque* und *Le chahut* sind ebenso Ballette voller Anmut, Lyrik und Vernunft.

Die neo-impressionistischen Maler, von denen M. Paul Signac der begabteste und berühmteste ist, sind die, welche, um unseren Autor zu zitieren, »seit 1866 die Technik begründeten und weiterentwickelten, die als Divisionismus bekannt ist. Als Ausdruckmittel verwendeten sie die optische Mischung der Farbtöne.« Diese Technik könnte mit der Kunst der byzantinischen Mosaizisten verglichen werden. Ich erinnere mich, daß Paul Signac in einem Brief an Charles Morice auch auf die Libreria von Siena verweist.

Aber warum so weit zurückgreifen!

Signac gibt in seinem Buch hinreichend Belege, daß diese leuchtende Technik, die den impressionistischen Mitteln eine neue Ordnung auferlegt, schon von Delacroix erkannt, ja sogar angewandt wurde. Er wiederum hat sie beim Studium der Gemälde Constables entdeckt.

M. Signac untersucht ebenfalls genau den Beitrag des Impressionismus und seines Vorläufers Jongkind.

Dann kommt er zu Seurat, der im Jahre 1886 das erste divisionistische Bild *Un dimanche à la Grande Jatte* ausstellte.

Der Pointillismus war geboren und es entstanden brillante Werke, über die sich keiner lustig zu machen traute. Die Malerei heute scheint in die dem Neo-Impressionismus entgegengesetzte Richtung zu gehen. Delacroixs berühmte Worte »Grau ist der Feind der Malerei« und »Trübe Farben müssen verbannt werden« würden heute von den jungen Malern nicht mehr verstanden werden. Diese Maler möchten zu den Grundlagen von Form und Linie zurückkehren, so wie ihre Vorgänger zu den Grundlagen der Komposition, der Farben- und Lichtintensität zurückgekehrt sind. Im Gegensatz zu ihnen malen die neuen Maler gerade in den schwierigen Schattierungen von Grau und suchen die Eleganz trüber Farben.

Die Kunst der Neo-Impressionisten zog nur eine geringe Zahl Schüler an. Sie erfordert nämlich tatsächlich eine große Geschicklichkeit und hohes technisches Können, ganz abgesehen vom Talent. Die geforderte Disziplin entmutigte nervöse und eilige Künstler. Der Neo-Impressionismus hat der modernen Kunst eine Anzahl sehr schöner und leuchtender Werke hinterlassen, von Seurat, Signac, Cross, Luce, Van Rysselberghe und anderen, die heute zu Recht bewundert werden und die auch in Zukunft bestehen werden.

M. Signacs kleines Buch gilt also einem wichtigen Datum in der Geschichte der zeitgenössischen Kunst.

L'Intransigeant, 7. August

Und die Wächter, die die Tore des Louvre bewachen ... – Der Raub der Mona Lisa

Die *Mona Lisa* war so schön, daß ihre makellose Erscheinung in der Kunst sprichwörtlich wurde.

Es gibt nicht viele solcher Werke.

Der *Apollo Belvedere*, die *Venus von Milo*, die *Mona Lisa*, die *Sixtinische Madonna*, das *Jüngste Gericht*, die *Einschiffung nach Cythera*, das *Angelus*, die *Toteninsel*, das sind die Meisterwerke, welche von der Menschheit aus den künstlerischen Arbeiten aller Zeiten ausgewählt worden sind. Es sind die berühmtesten Kunstwerke der Welt.

Das bedeutet aber nicht, nebenbei bemerkt, daß der Ruf von einigen dieser Meisterwerke nicht doch ihren wirklichen künstlerischen Wert überstiege. Böcklins *Toteninsel* und das *Angelus* von Millet sind zweifellos höher bewertet worden, als sie es verdient hätten. Der Ruhm der *Mona Lisa* war jedoch mit ihrer Schönheit gleichwertig. Vielleicht war ihre Schönheit sogar noch höher anzusetzen ... Aber was soll man sagen zu »den Wächtern, die die Tore des Louvre bewachen«?

Es gibt noch nicht einmal einen Wächter für einen Raum. Die kleinen Bilder der holländischen Sammlung rund um Rubens sind wortwörtlich den Dieben überlassen.

Selbst die kleinsten Bilder sind nicht an der Wand befestigt, wie es sonst in den meisten ausländischen Museen üblich ist. Es steht außerdem fest, daß die Wächter keine Ausbildung im Feueralarm haben. Ein allgemeiner Zug von Sorglosigkeit und Gleichgültigkeit herrscht in diesen Räumen.

Der Louvre ist weniger bewacht als ein spanisches Museum.

Wenn wir trotzdem um jeden Preis Trost für den Verlust eines Meisterwerks suchen müssen, so können wir ihn in Deutschland finden, wo die Kuratoren und Restauratoren des 19. Jahrhunderts alle alten Bilder gereinigt und restauriert haben. Nun sieht man in den deutschen Museen nicht mehr alte Bilder, sondern nur die grellen Bearbeitungen dieses oder jenes Professors, der in letzter Instanz genauso schuldig ist wie der Dieb der *Mona Lisa*.

L'Intransigeant, 24. August[6]

Der Salon d'Automne

Vor der Eröffnung – Die Räume im Erdgeschoß noch nicht fertig – Ein Besuch im ersten Stock (30. September)

Der Salon d'Automne hat dieses Jahr zwei Eröffnungen, eine für die unteren Räume und eine andere für die Räume im ersten Stock, wo die angewandten Künste, Möbel, Inneneinrichtungen usw. gezeigt werden. Diese Räume gelten als die Hauptattraktion des Salons, sind aber zur Zeit noch nicht zugänglich. In ungefähr zehn Tagen gehen noch einmal Einladungen zur Eröffnung heraus.

Die Retrospektiven – Camille Pissarro

Dieses Jahr erlebt die Keramik, die einen hohen Perfektionsgrad erreicht hat, ihren Triumph. Die Anordnung und Verteilung der Bilder spricht für den Geschmack und das Talent des Ausstellungsorganisators M. Le Bail. Es ist jedoch bedauerlich, daß man es dieses Jahr nicht für nötig befunden hat, eine wichtige Retrospektive wie in den vergangenen Jahren durchzuführen. Man hätte eine Auswahl von Gemälden und Lithografien von Daumier oder auch Zeichnungen und Lithografien von Delacroix zeigen können. Man hätte Jongkind oder viele andere Maler zeigen können.
Es gibt zwei kleine Retrospektiven: Radierungen und Lithografien von Camille Pissarro und Arbeiten von Konrad Starke, einem Mitglied der Ausstellungsgesellschaft, der dieses Jahr verstarb. Über den letzteren ist nicht viel zu sagen, und der erste hätte durch die Miteinbeziehung von Gemälden sehr gewonnen. Die achtzig Radierungen sind so hell gedruckt, daß man ganz nahe herangehen muß, um etwas zu erkennen. Das gleiche gilt für die zwanzig Lithografien. Alle Drucke sind im Saal 2 ausgestellt. Es wäre aber besser gewesen, diese wunderbaren Drucke in einer Drehvitrine auszustellen, so daß sie leichter zu sehen wären. Hier sind also die berühmten Ansichten von Rouen, das Porträt von Cézanne und einige ländliche Szenen und Figuren. Diese für den Künstler charakteristischen Arbeiten sind nach der Natur ausgeführt. Sie sind sicher gezeichnet. Insgesamt gehören sie zu den interessantesten und merkwürdigsten Dingen, die der Impressionismus hervorgebracht hat, zu dessen großen Meistern Pissarro zählt.

Ein allgemeiner Überblick

Der Salon insgesamt macht einen ausgezeichneten Eindruck. Alle Maler haben scheinbar Fortschritte gemacht. Es gibt keinen Mangel an echten Innovationen. Im Saal 8 kann man die Kubisten sehen, über die ich morgen sprechen werde. In den Sälen 1, 3, 3b, 4 und 5, genannt die Säle der Meisterwerke, gibt es sicher einige erstklassige Werke. Man wird die dekorativen Wandbilder von Bonnard und Flandrin bemerken, die Bilder von Roussel, Jourdain, Le Bail, Guérin, Matisse, Marchand, Marquet, Valtat, Girieud, Friesz und anderen.

Der Saal der Kubisten hätte die Hauptattraktion des Salons werden können, wenn alle Kubisten ausgestellt hätten. Es fehlen jedoch nicht nur Delaunay und Marie Laurencin, sondern im angrenzenden Saal auch Maler, über die man zwar nicht spricht, deren Einfluß aber trotzdem spürbar bleibt: Picasso, Derain, Braque und Dufy.

So ist also der Saal 8, so wie er ist, der aktuellste und interessanteste im Salon und der am meisten diskutierte.

Die Hauptattraktion des Salons ist aber zweifellos die Ausstellung der Arbeiten von Henri de Groux.

Henri de Groux

Wie kann ich die zwiespältigen Gefühle erklären, die mich seit der vergangenen Woche gegenüber den Arbeiten von Henri de Groux erfüllen? Ich sah seine Arbeiten in einem

Lastwagen – fast ein Anstaltswagen – vor dem Grand Palais ankommen. Ich sah lange Zeit den Trägern zu, wie sie so viele berühmte Leute abluden: Napoleon, Tolstoi, Wagner, Baudelaire und andere. Später sah ich den Künstler im Saal 10, wo die Ausstellung gehängt wurde, verzweifelt auf einer leeren Verpackungskiste sitzen, wie ein Ausgesetzter in Ruinen. Bis dahin hatte ich weder de Groux noch seine Bilder gekannt. Von dem Namen kannte ich nur die Legende, und die ist wunderbar und unglaublich. Ich dachte sogar, daß er bereits gestorben sei, als ich ihn plötzlich voller Geistesgegenwart, Leben und Kraft vor mir sah. Seine Unterhaltung ist fundiert und sein Gesicht erinnert an Baudelaire. Zunächst schien mir seine Malerei die überholteste Sache der Welt zu sein. Ich fühlte, daß diese dantesken und shakespeareartigen Beschwörungen reine Literatur waren. Mit welcher inneren Traurigkeit schaute ich auf sein Bild *Christ aux outrages,* auf die tragische Geschichte von *Napoléon Crusoé* und auf seine Porträts. Und ich traute mich nicht, vor einem dieser Bilder anzuhalten.

Aber dann wurde ich langsam mit seinen poetischen Ergüssen vertraut. Die lyrische Einbildungskraft von Henri de Groux zeigte sich mir, und ich verstand die Bedeutung seines bildnerischen Deliriums. Plötzlich erwachten die romantischen Mengen, die traurigen, sorgenvollen Gestalten vor meinen Augen zum Leben.

Sicher, die Technik des belgischen Malers ist nicht neu. Sie ist heute aus der Mode und sticht deutlich von den anderen Arbeiten des Salons ab. In dem Werk dieses Malers hat die Einbildungskraft die beherrschende Rolle. Was ist daran schlecht? Die Maler haben vielleicht zu lange ihr ganzes Vertrauen entweder der Natur oder den Theorien geschenkt. Doch auch die Imagination schafft große Werke.

Die ausgestellten Werke von Henri de Groux geben einen Eindruck von seiner gewaltigen Arbeit und seiner Sensibilität erster Ordnung. Ein Bild wie *Christ aux outrages* ist jedes Museums würdig. Und falls die anderen Bilder nicht alle unsere Bewunderung finden, so ziehen sie doch unsere Aufmerksamkeit auf sich, durch die Art ihrer Ausführung, die offensichtliche Kultiviertheit, das Talent und die Begeisterung, die sich in ihnen ausdrückt. Diese Ausstellung wird zweifellos eine positive Wirkung zeigen. Viele junge Maler werden auf die Arbeiten von Henri de Groux zunächst mißtrauisch schauen. Aber allmählich werden alle, die wirklich die Kunst lieben, von der Einfachheit berührt werden, mit der der Künstler seine bildnerischen Mittel, seine poetischen Gedanken, seine Kopfarbeit, sein offensichtliches handwerkliches Geschick und seinen visionären Eifer offengelegt hat.

Von diesen Bildern, die bereits der Vergangenheit angehören, werden die jungen Maler einige ausgezeichnete Lektionen lernen.

Die außergewöhnliche Aufmerksamkeit der Presse für den Kubismus beweist seine Bedeutung (10. Oktober)

Der Krieg zwischen Italien und der Türkei hat den Zeitungen eine Menge Artikel eingebracht und dadurch die Veröffentlichung von Kunstnachrichten verzögert. Ich bitte daher die Maler, Italien, der Mutter der Künste, zu verzeihen.

Bevor ich näher auf die Ausstellungsräume eingehe, muß ich ein wenig über den Kubismus sprechen. Ich finde mich praktisch als einziger unter den Kritikern zur Verteidigung einer Gruppe von Künstlern bereit, deren künstlerische Ziele ich kenne und deren Arbeiten ich schätze. Der Spott über die Ausstellung ihrer Werke im Salon d'Automne beweist, außer der Richtigkeit ihres Weges, hinsichtlich ihrer künstlerischen Einschätzung überhaupt nichts. Diejenigen, die den Kubismus für einen Witz halten, irren sich gewaltig. Ihre Haltung zeigt lediglich, daß die Lektion von Ingres zwar ihre Wirkung auf die Künstler nicht verfehlt hat, aber vom Publikum und der Kunstkritik völlig übergangen wurde.

Die Kubisten

In dem sehr kleinen Saal 8 befinden sich die Arbeiten einiger weniger Maler, die als Kubisten bekannt geworden sind. Kubismus bedeutet nicht eine Kunst, die alles in Form von Kuben darstellt, wie allgemein angenommen wird. Im Jahre 1908 stellte Picasso einige Bilder aus, in denen einige einfach und sicher gezeichnete Häuser zu sehen waren, die dem Publikum wie Kuben vorkamen. Daher stammt der Name unserer jüngsten Malschule.[7]

Sie hat bereits leidenschaftliche Diskussionen ausgelöst. Der Kubismus kann in keiner Weise als systematische Doktrin bezeichnet werden. Er hat jedoch eine Schule begründet und die dieser Schule angehörenden Maler möchten ihre Kunstauffassung verändern, indem sie zu den Grundlagen von Zeichnung und Inspiration zurückkehren, so wie die Fauves – und viele der Kubisten waren vorher Fauves – zu den Grundlagen von Farbe und Komposition zurückgekehrt sind.

Das Publikum war jedoch an die leuchtenden, aber eigentlich formlosen Farbflecken der Impressionisten so gewöhnt, daß es die Größe der formalen Konzeptionen unserer kubistischen Maler nicht sofort anerkennen wollte. Man war schockiert, Kontraste zwischen dunklen und hellen Formen zu sehen, da man es gewohnt war, nur Bilder ohne Schatten wahrzunehmen. Man weigerte sich, in der monumentalen Erscheinung von Kompositionen, die weit über die Frivolitäten der zeitgenössischen Kunst hinausgehen, das zu sehen, was wirklich da ist: eine vornehme und zurückhaltende Kunst, die nicht zögert, selbst die größten Themen anzugehen, die der Impressionismus völlig unbearbeitet gelassen hat. Der Kubismus ist eine notwendige Reaktion der Malerei, aus der große Werke hervorgehen werden, ob man das will oder nicht. Denn kann jemand ernsthaft daran glauben, daß die unbezweifelbaren Anstrengungen dieser jungen Künstler fruchtlos bleiben werden? Ich werde sogar noch weitergehen und behaupten, ohne die Talente aller Art im Salon d'Automne zu unterschätzen, daß der Kubismus heute die sich auf dem höchsten Niveau befindliche Kunstäußerung in der französischen Kunst ist.

Die Einbildungskraft von Metzinger hat uns dieses Jahr zwei Bilder geschenkt, deren Eleganz von Farbe und Linie zumindest Zeugnis für eine hohe Malkultur ablegen. Metzinger malt seine Bilder außerdem fertig, ein heute seltenes Verdienst. Er ist jetz im Vollbesitz seiner künstlerischen Kraft. Er hat sich von anderen Einflüssen frei gemacht und seine Palette ist reich und raffiniert. Gleizes zeigt uns zwei Aspekte seines großen Talents: Erfin-

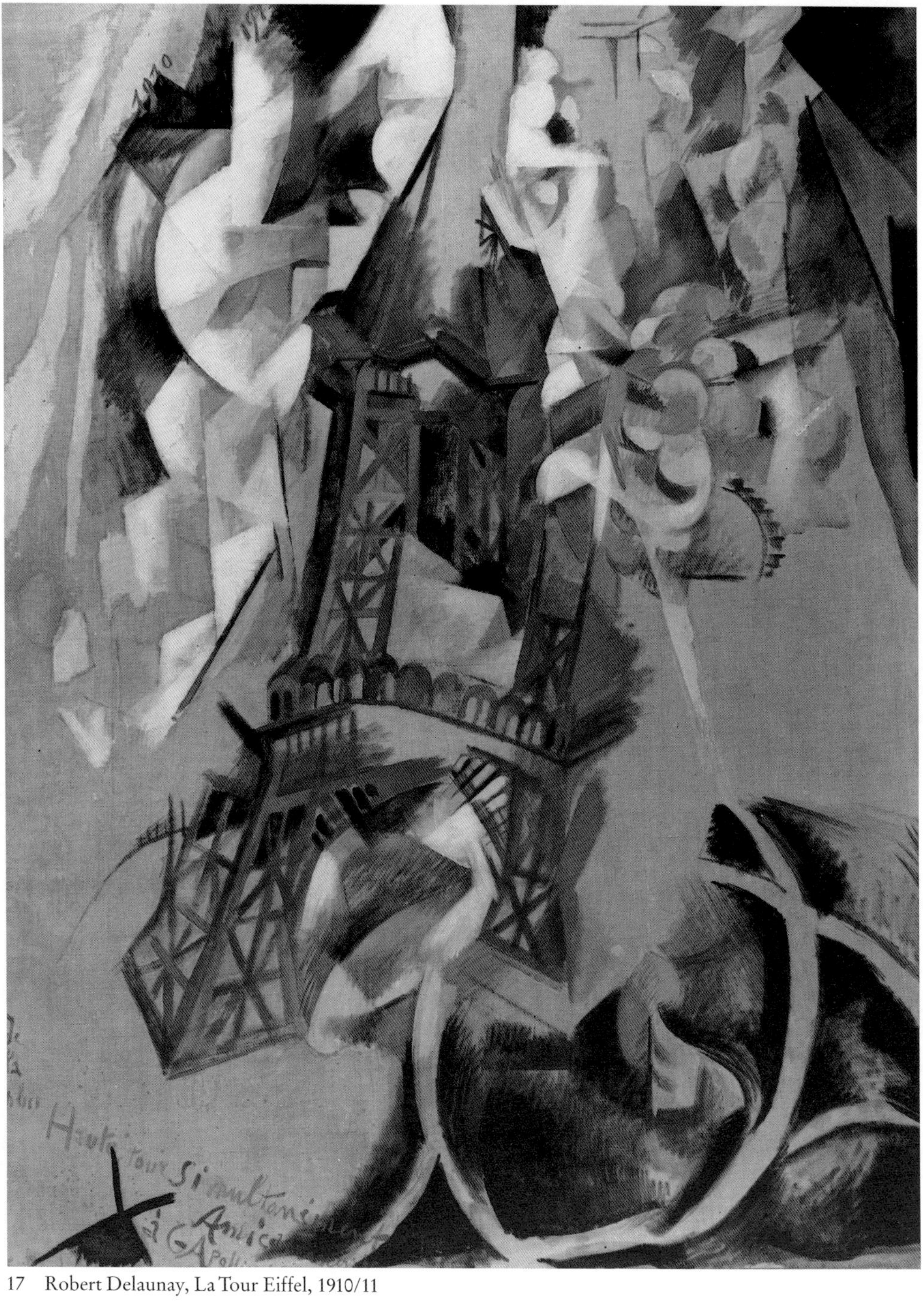

17 Robert Delaunay, La Tour Eiffel, 1910/11

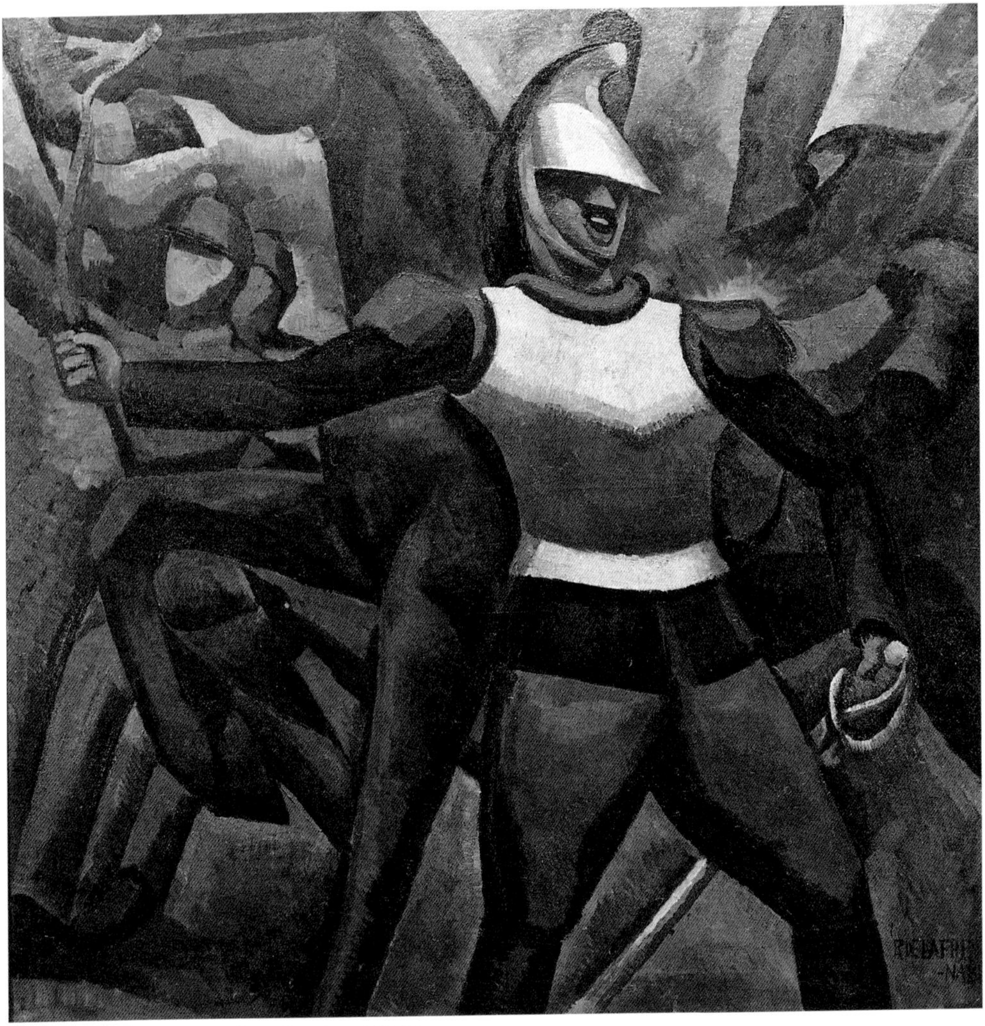

18 Roger de la Fresnaye, Le cuirassier, 1910/11

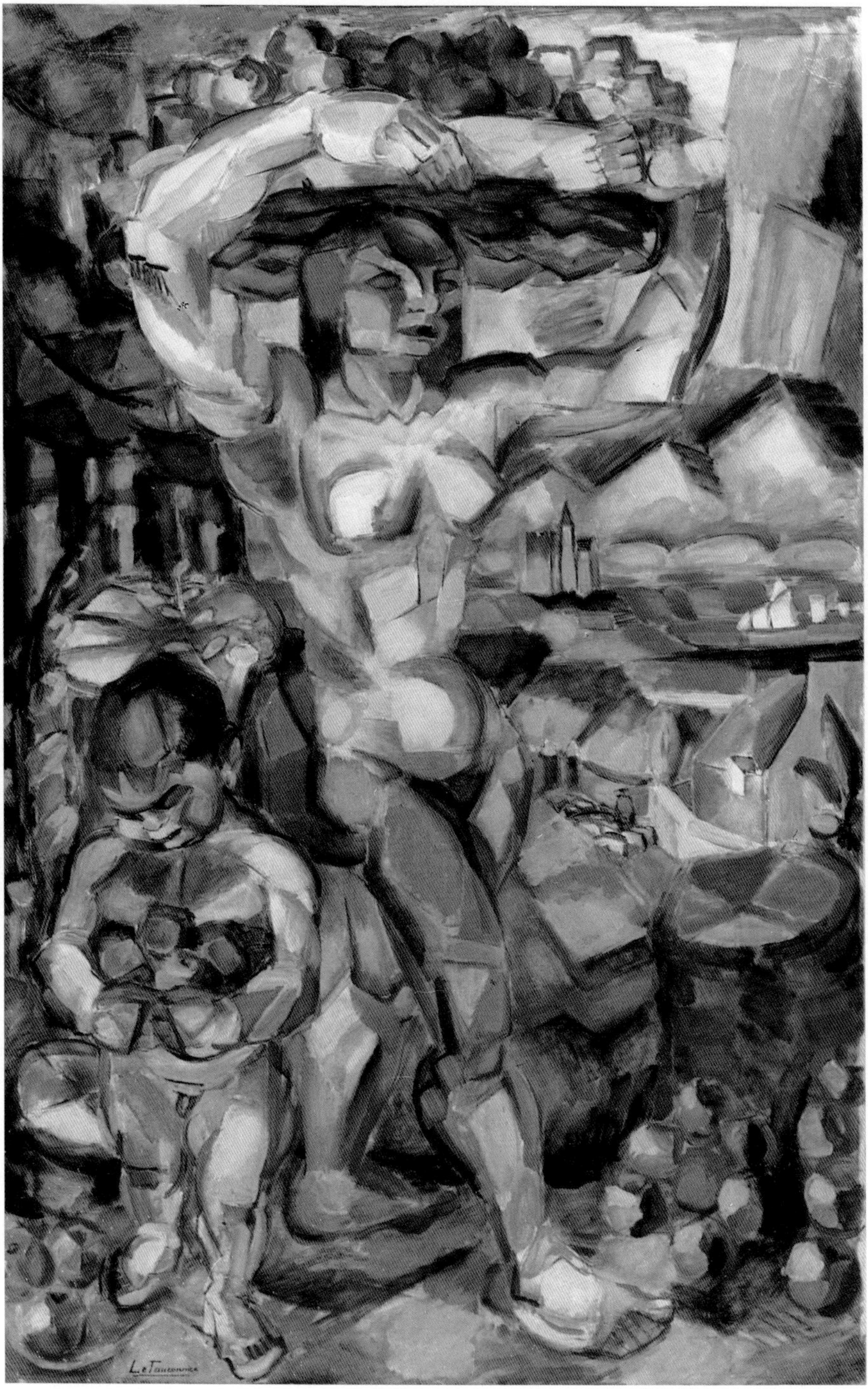

19 Henri le Fauconnier, L'Abondance, 1910

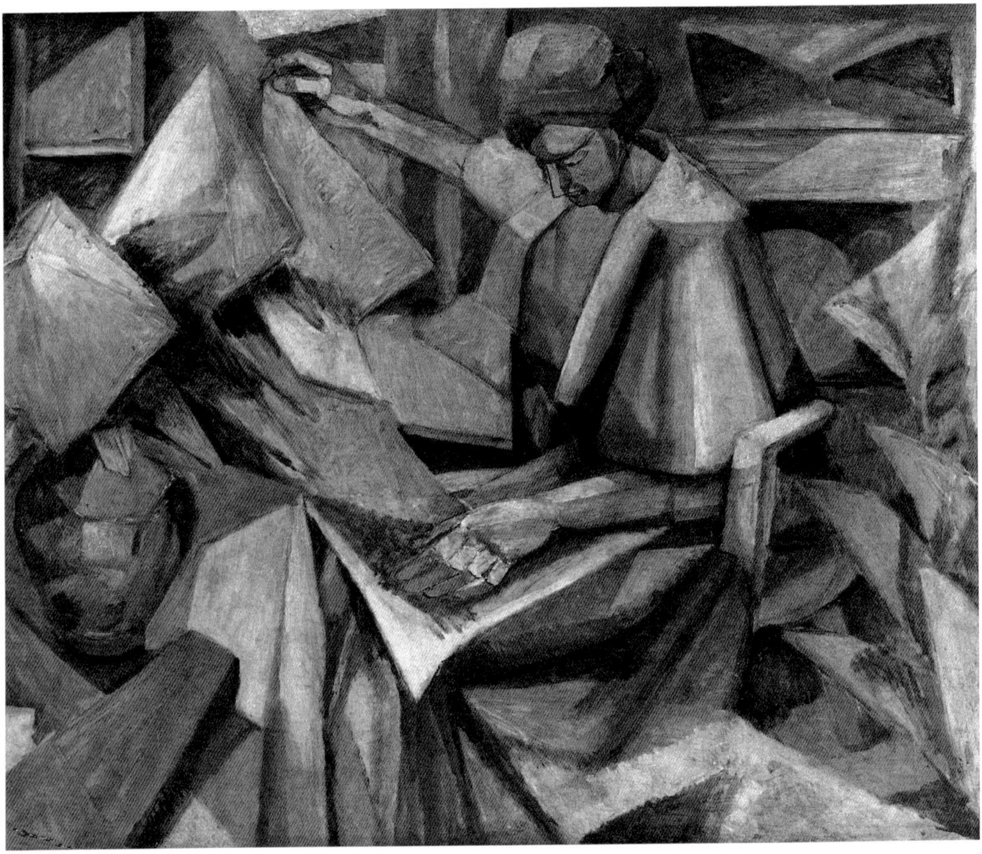
20 Albert Gleizes, La femme au phlox, 1911

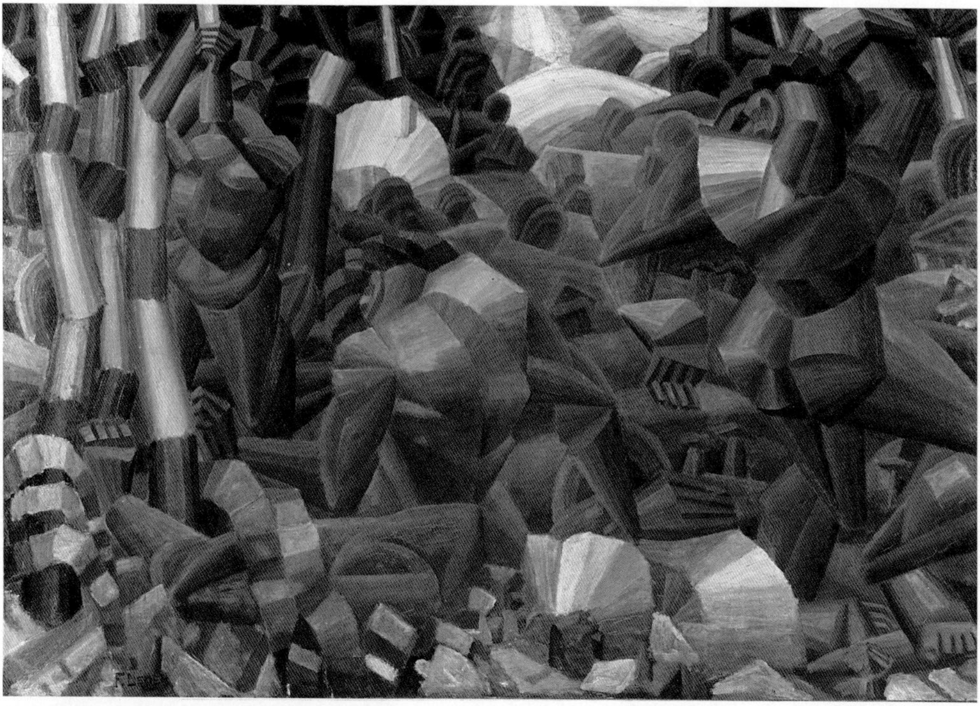

21 Fernand Léger, Nus dans le forêt, 1909/10

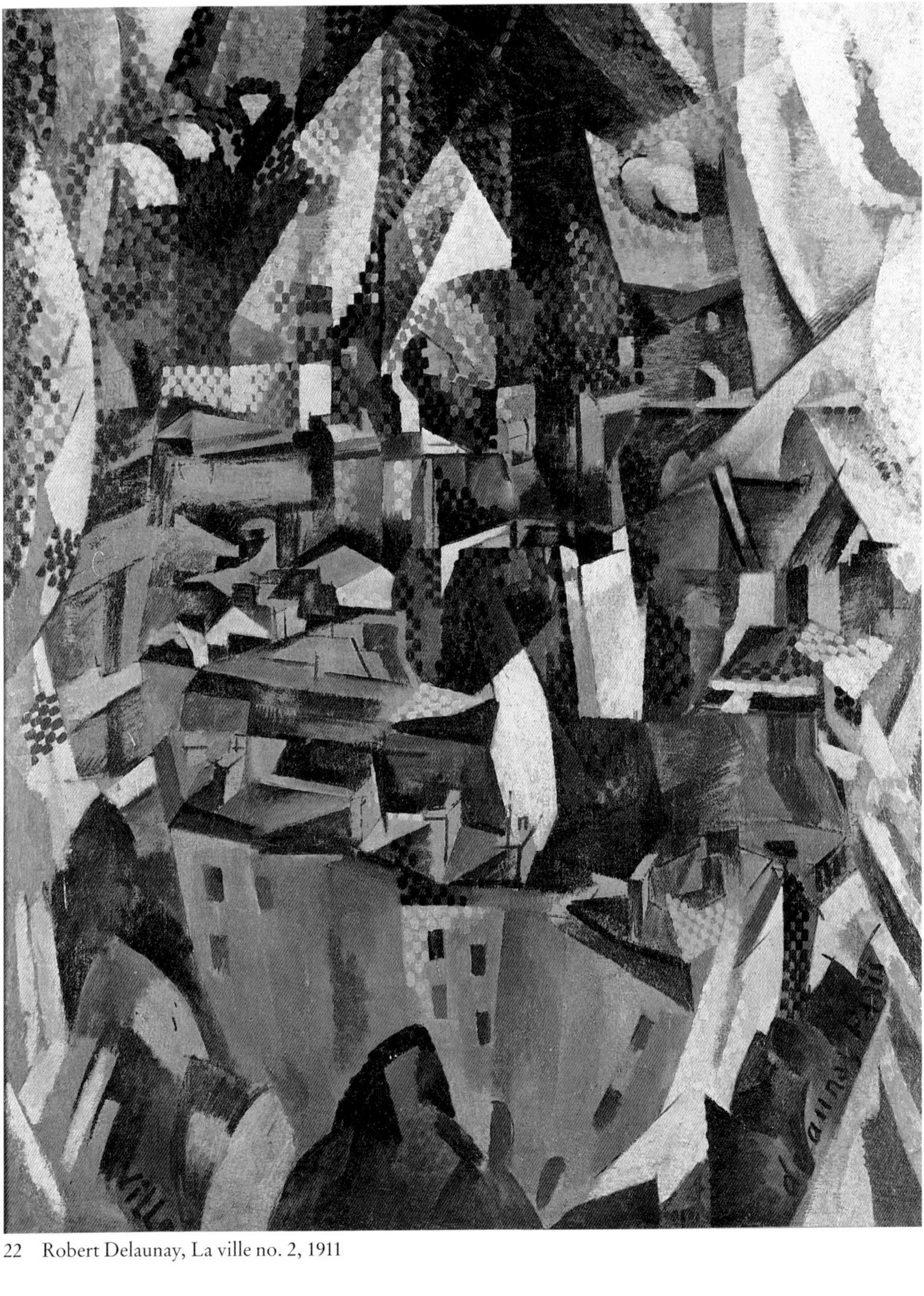

22 Robert Delaunay, La ville no. 2, 1911

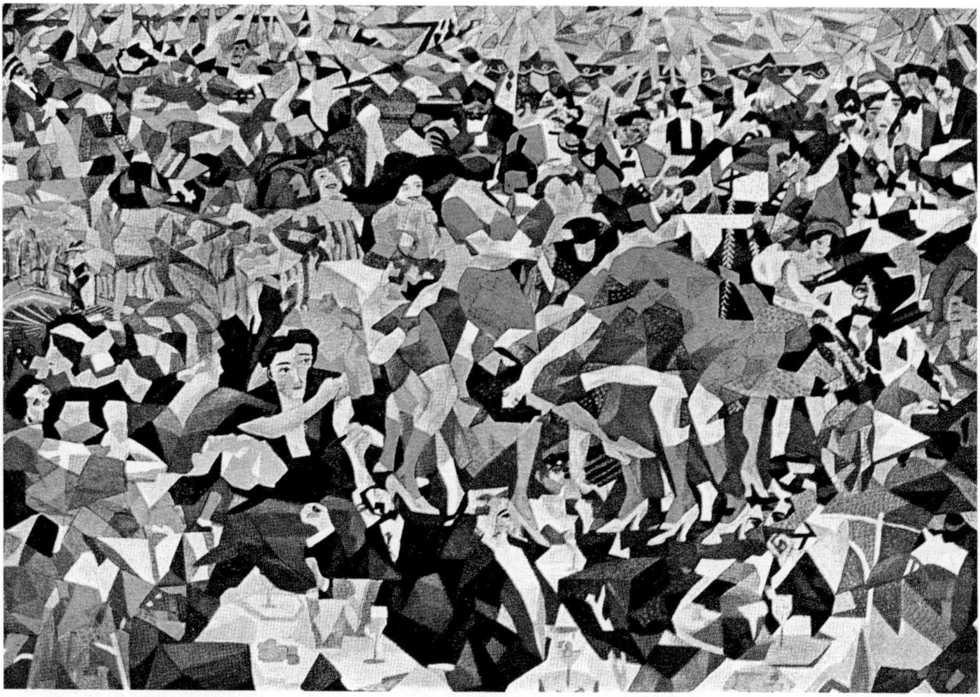
23 Gino Severini, La danse de Pan-Pan à Monico

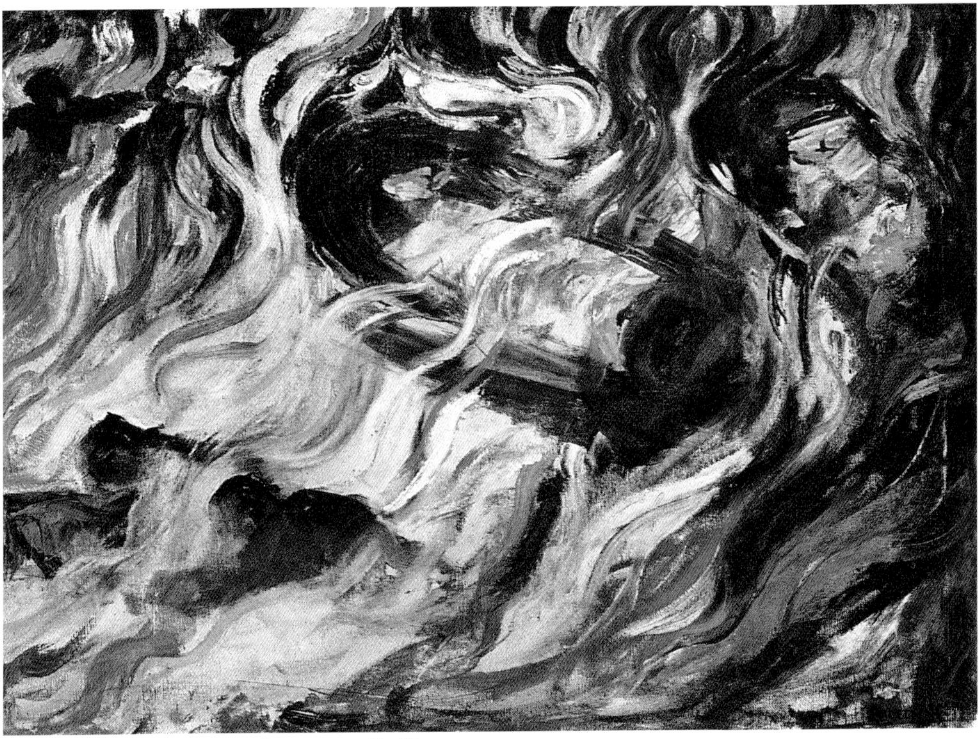

24 Umberto Boccioni, Stati d'animo I: Gli adii, 1911

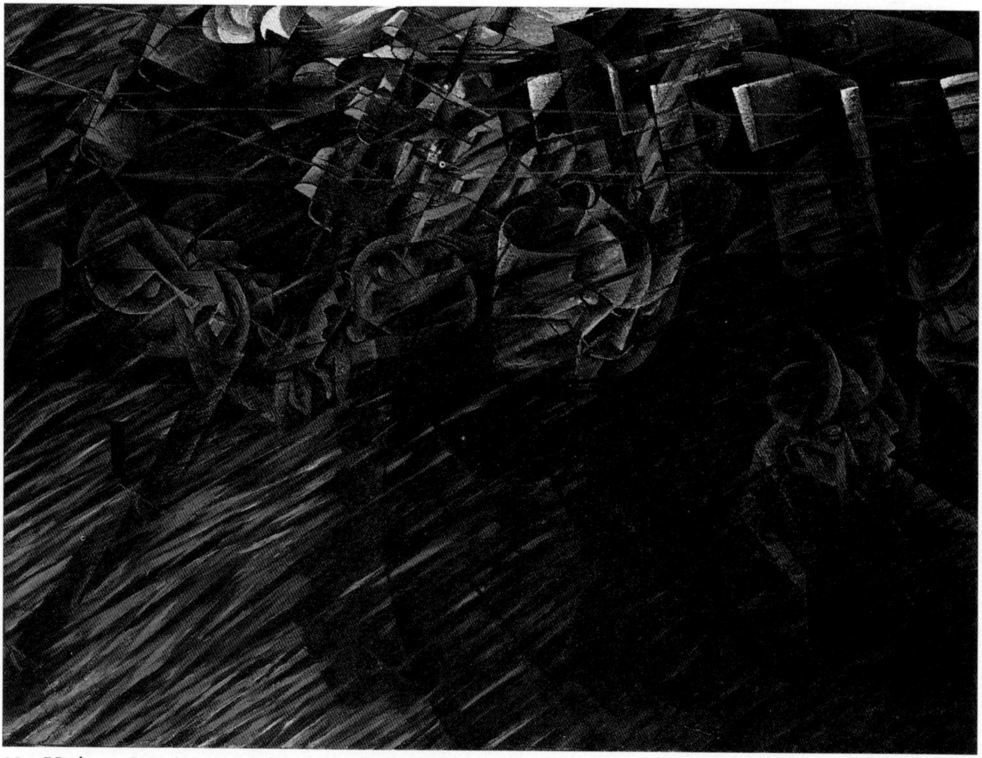
25 Umberto Boccioni, Stati d'animo II: Gli adii, 1911

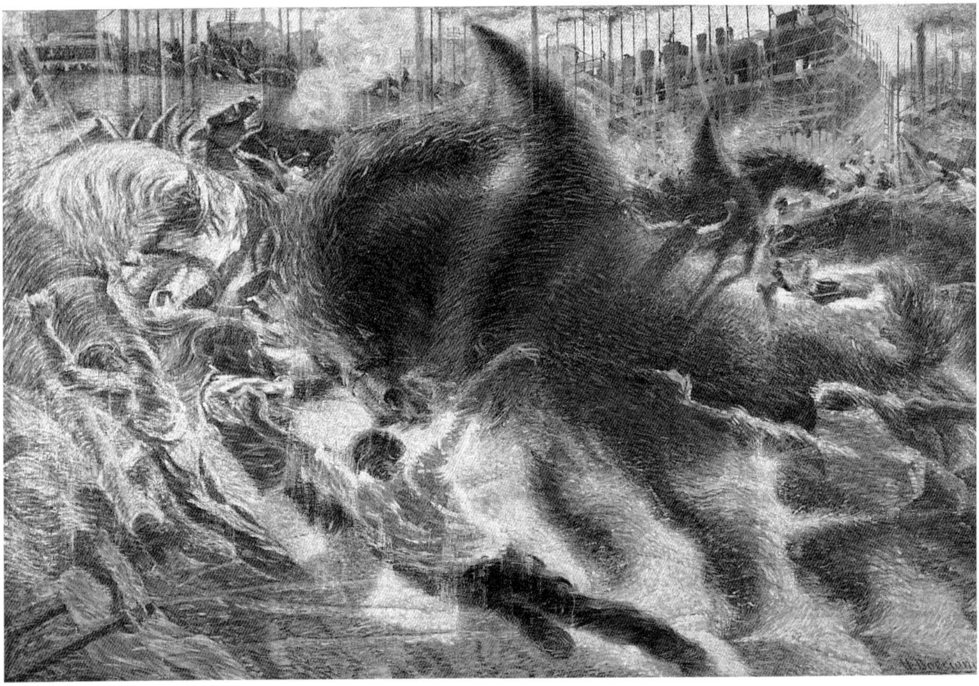

26 Umberto Boccioni, La città che sale, 1910/11

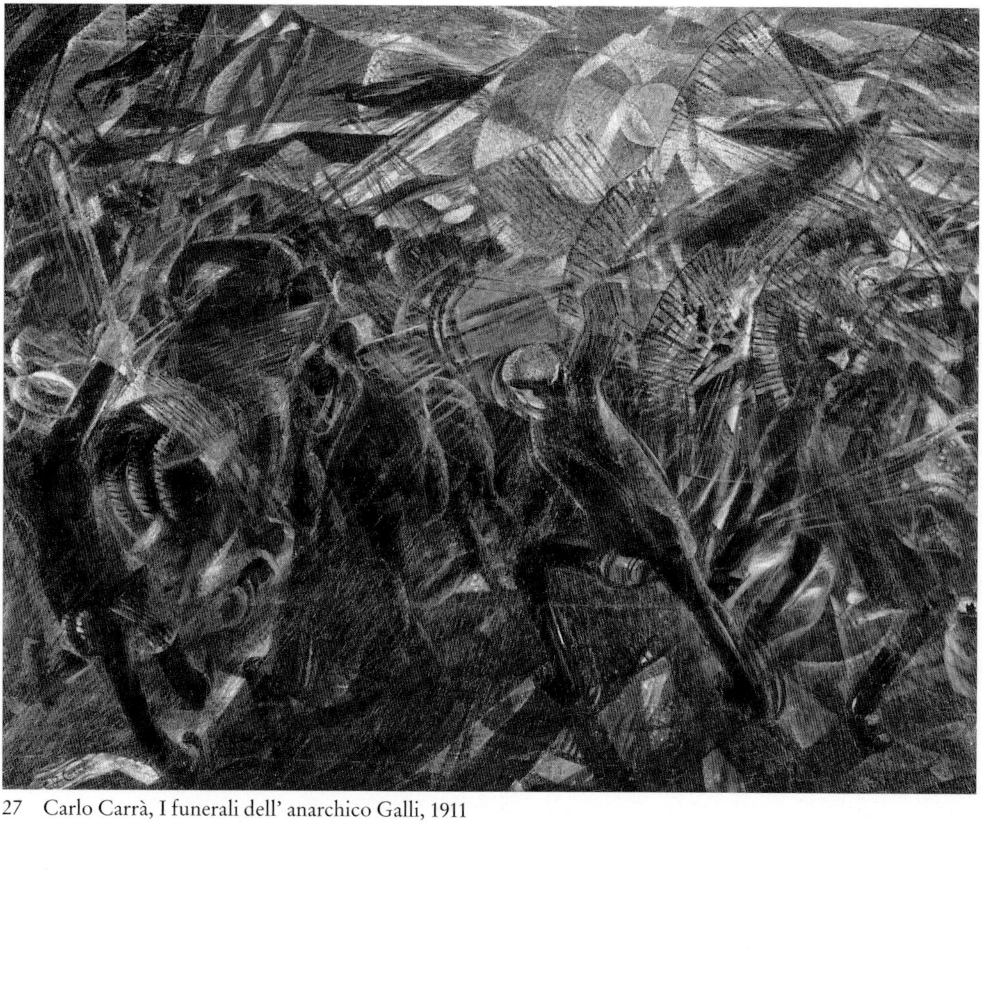

27 Carlo Carrà, I funerali dell' anarchico Galli, 1911

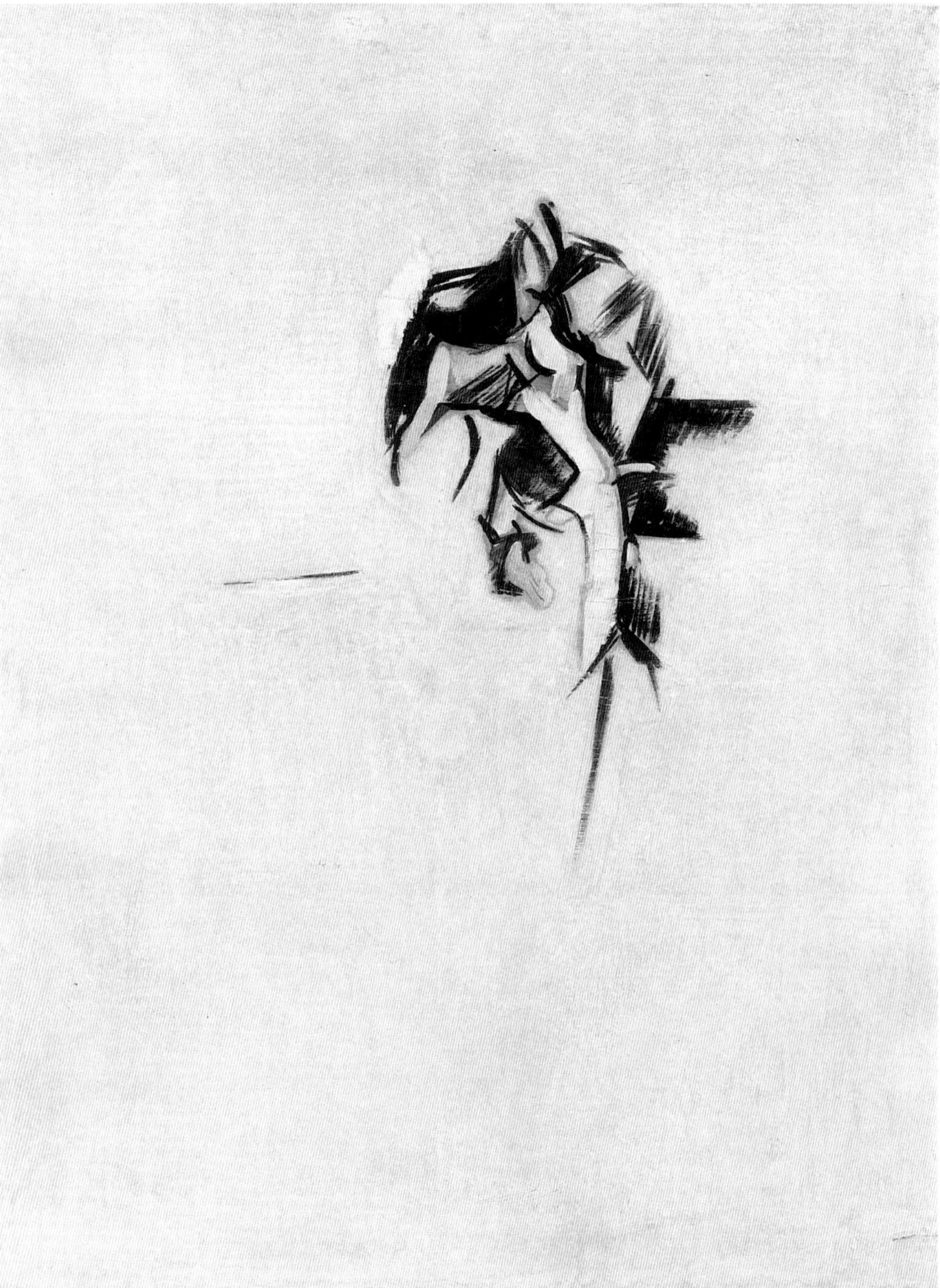

28 Robert Delaunay, Portrait du poète Guillaume Apollinaire, Etude, 1911

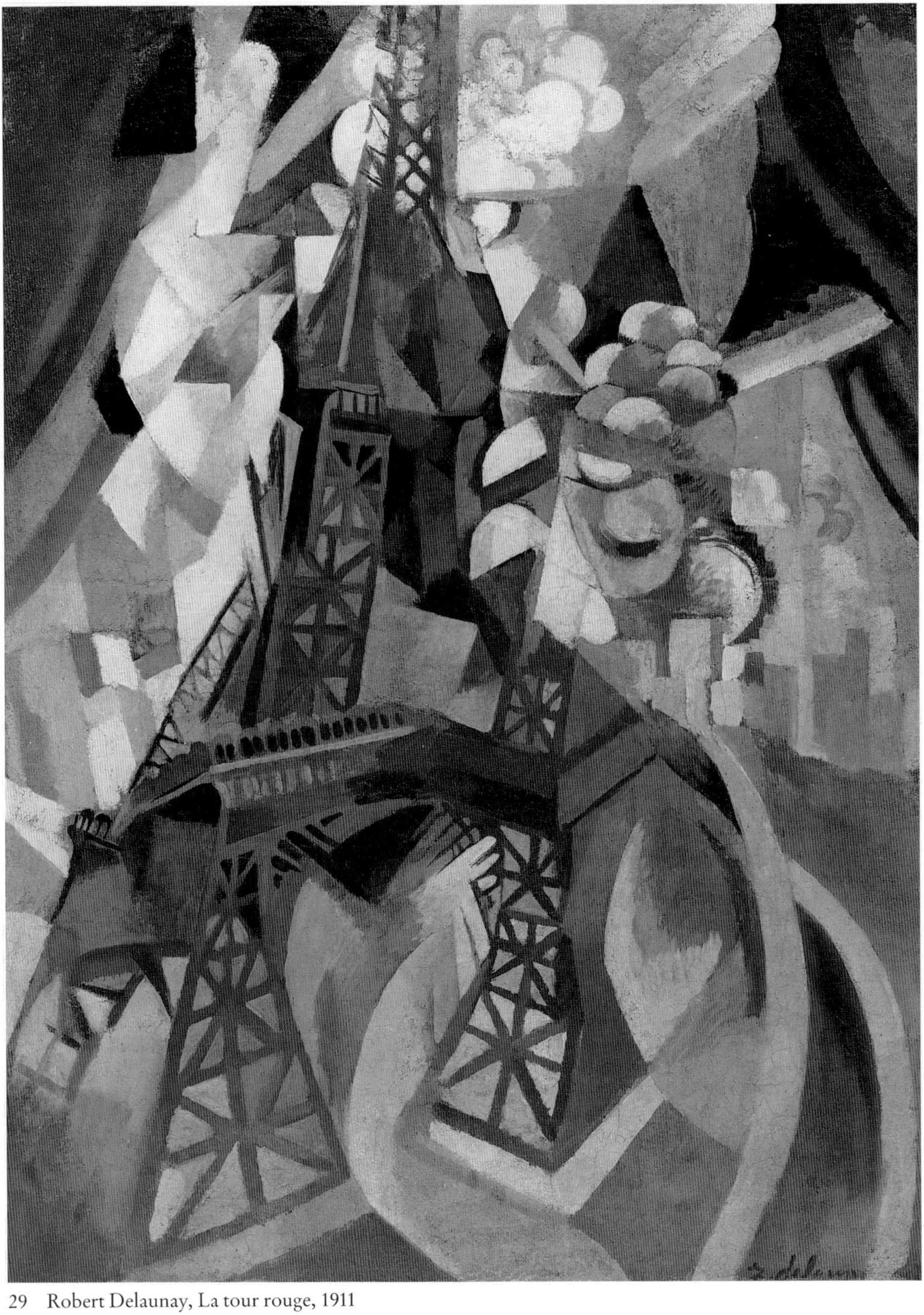

29 Robert Delaunay, La tour rouge, 1911

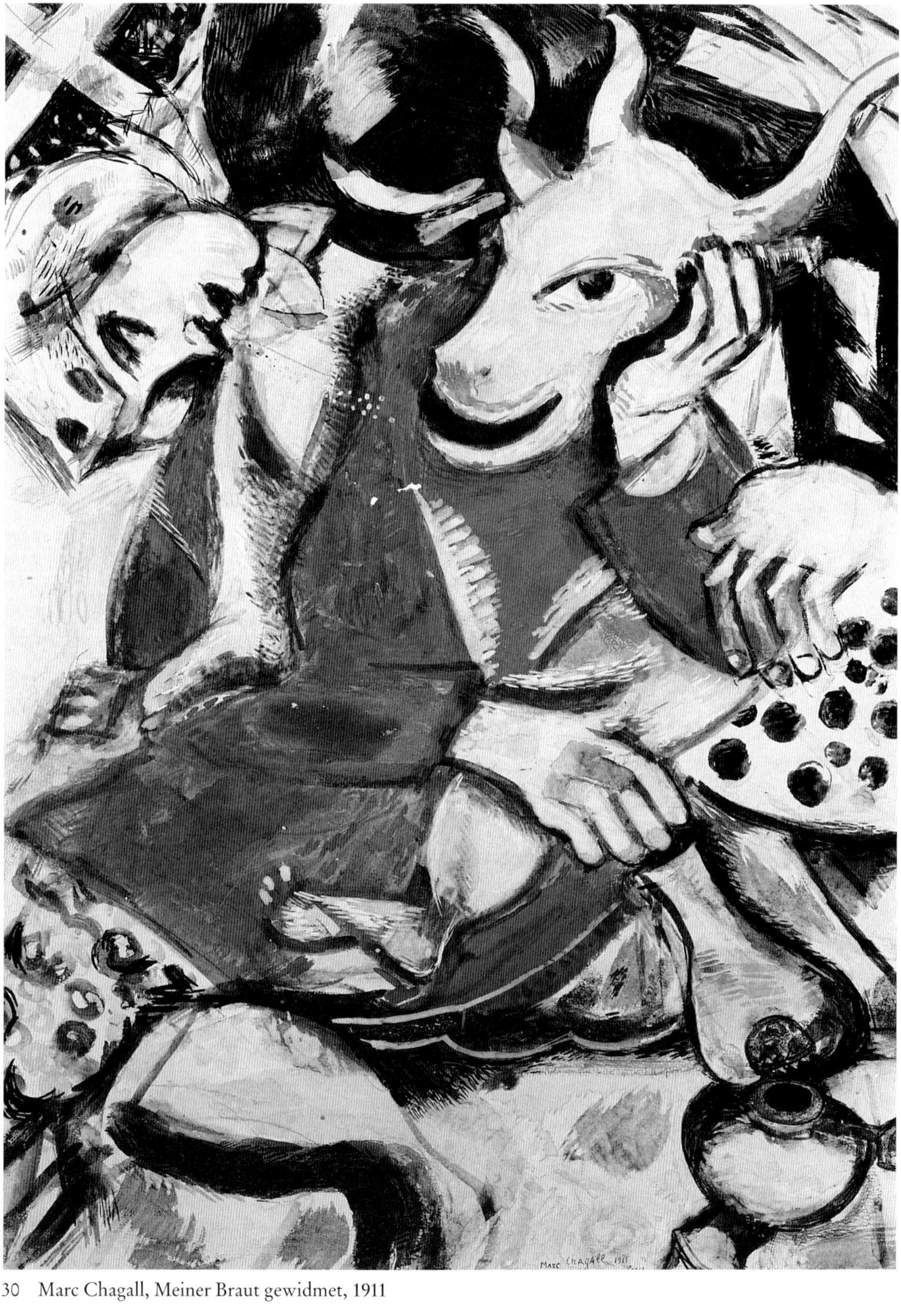

30 Marc Chagall, Meiner Braut gewidmet, 1911

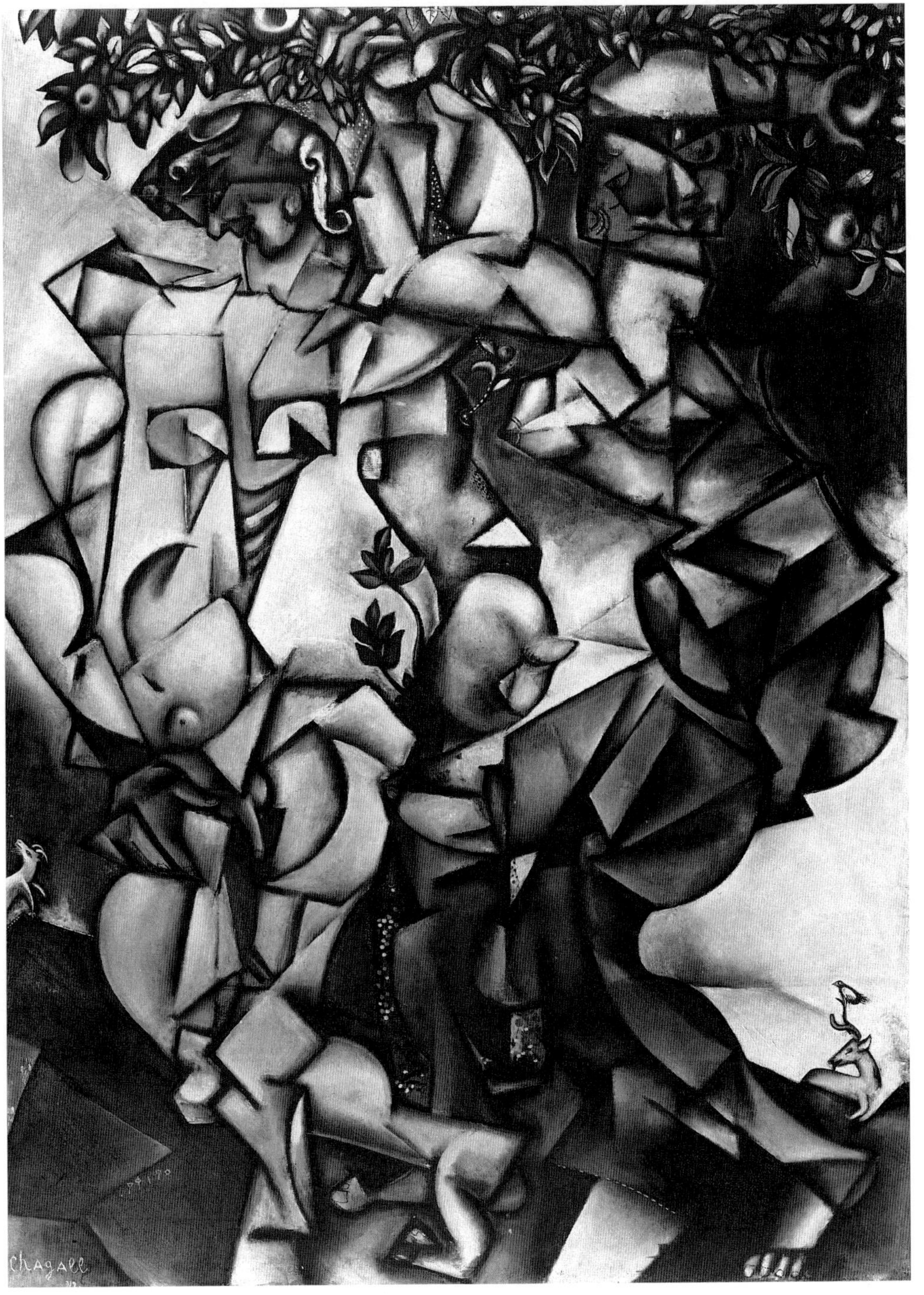

31 Marc Chagall, Adam und Eva (Die Versuchung), 1912

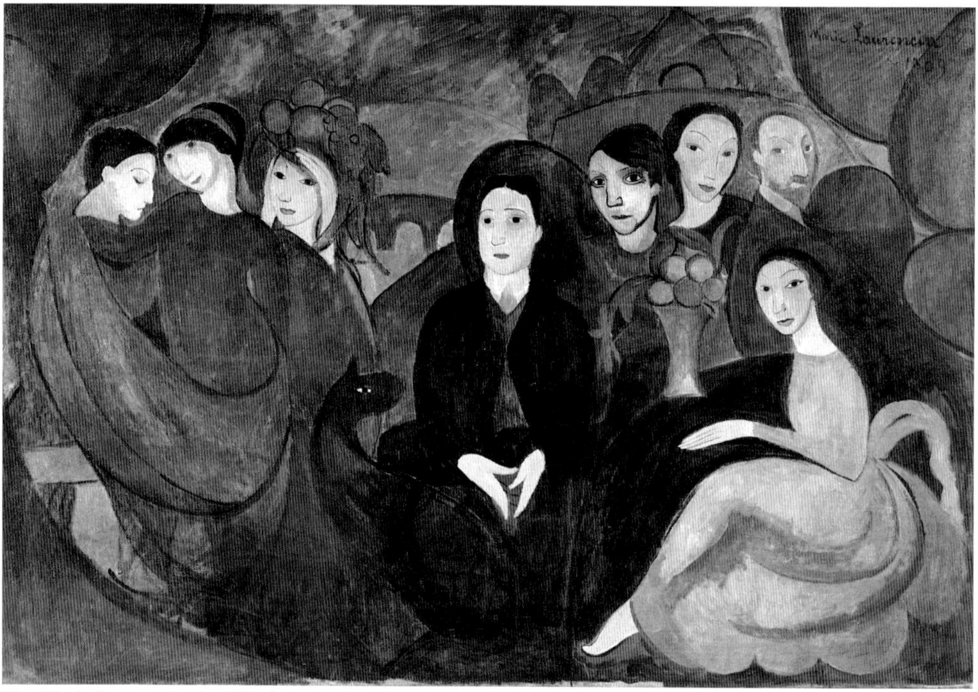

32 Marie Laurencin, Apollinaire et ses amis, 1909

dung und Beobachtung. Nehmen Sie zum Beispiel sein *Portrait de Jacques Nayral*. Es besitzt eine große Ähnlichkeit zum Modell und doch gibt es auf diesem ausdrucksvollen Bild keine Form und keine Farbe, die nicht von Künstler erfunden wurde. Dieses Porträt besitzt eine große Ausstrahlung, die dem Kenner nicht entgehen wird. Die grandiose Malerei schien bisher M. Detaille reserviert gewesen zu sein, und man weiß, was er daraus gemacht hat. Es wird Zeit, daß sich die jungen Maler dem Erhabenen in der Kunst widmen. *La Chasse* von Gleizes ist gut komponiert, die schönen Farben stimmen darin ein Lied an.

Firmin [sic] Léger ist noch auf der Suche nach einem persönlichen Stil. Sein Bild ist betitelt *Essai pour plusieurs portraits*. Dieses Bild drückt große künstlerische Bemühungen aus. Es zeigt neben viel Bescheidenheit noch mehr Talent.

Le Fauconnier hat drei kleine Landschaften eingesandt.[8] Sie sind erstklassig. Die Feinheit der Farben macht eine der großen Leistungen des Künstlers aus. Die von ihm gemalten Ansichten sind sehr attraktiv und von unaussprechbarem Charme.

M. de la Fresnaye hat nicht nur eine Statue, eine der besten Skulpturen des Salons, eingesandt, sondern auch einige, mit sicherer Hand geschaffene Holzschnitte, einen Akt und zwei ausgezeichnete Landschaften. Daneben gibt es die kraftvolle *Combat de boxe* von Dunoyer de Segonzac, dessen Palette und künstlerische Ausdrucksmittel in einer schnellen Entwicklung begriffen sind. Man beachte auch den Akt von Albert Moreau, dessen melancholische Einbildungskraft sich mit großer Zartheit ausdrückt, und die interessanten Beiträge von Duchamp, Kars und Doucet, deren Bilder allerdings, genauso wie die wichtige Komposition *Le Port de Bordeaux* von Lhote, im Saal des Kubismus deplaziert erscheinen.

(11. Oktober)

Man sucht in diesen Tagen verzweifelt nach einem neuen Möbelstil. Zweifellos wird man ihn in der Ausstellung der angewandten Künste von 1915 gefunden haben. Heute lädt der Salon d'Automne sein Publikum ein, seine Möbelausstellung zu besuchen, von der man die vollendeten Möbelstücke von Paul Follot hervorheben muß wie auch das im erlesenen Geschmack von André Mare entworfene Eßzimmer und den Arbeitsraum, ausgeführt unter Mitarbeit von Mlle. Laurencin und Mlle. Bernouard sowie der Herren Rouault, La Fresnaye, Duchamp-Villon, Segonzac, Villon, Moreau, Léger, Miré und Desvallières. [...]

(12. Oktober 1911)

Wie ich schon gesagt habe, gibt es außer den Kubisten wenig sensationelle Neuheiten im Salon. Trotzdem ist die Ausstellung als Ganzes ausgezeichnet und es gibt sicher keinen einzigen Raum ohne einige sehr gute Bilder. Man hat sich über die Kubisten sehr amüsiert und sich geweigert zu bemerken, daß ihr Einfluß bereits bei vielen anderen Malern festzustellen ist. Diese Beobachtung kann bei einem Besuch des Salons erhärtet werden. Dieser Einfluß auf andere Maler bietet doch wohl ausreichende Rechtfertigung für ein künstlerisches Bemühen, über das die Leute noch spotten, obwohl sie seine Existenz nicht leugnen können, worüber sie sich lustig machen, obwohl sie gezwungen werden, die Wichtigkeit dieser Kunst zuzugeben.

Saal 1: [...] Hier hängt die *Siesta* von Ottmann, der immer kraftvoller wird, und ein schönes dekoratives Wandbild von Charles Guérin *Femmes, fleurs et fruits.* Das ist ohne Zweifel eine der besten Arbeiten im Salon. Seine Komposition und Farbgebung sind sehr anziehend. Es ist eine Art *fête galante,* die Verlaine gemocht hätte.

Saal 3, 3a, 3b: Hier sieht man *Le phare* von Marquet, mit ungekünstelter Meisterschaft gemalt. Girieuds Wiener Landschaften machen einen schüchternen Eindruck, was für den Künstler ungewöhnlich ist. Man beachte auch Laprade, elegant und nervös, [...] Valtat, der einen Silberrahmen für sein schlicht überwältigendes Bild *Baigneuses* gewählt hat, und schließlich Le Bail, der künstlerische Ausdrucksmittel besitzt, die nicht ohne Wagemut sind.

Hier finden sich auch Dufresnoys zu robuste Bilder aus Venedig sowie Puy mit einem wichtigen Beitrag: Ich mag seine *La petite dentellière* und *A travers bois* sehr gerne.

Saal 4 und 5: Bonnards *La Mediterranée,* drei dekorative Wandbilder, ergeben ein pikantes Farbenragout. Die Farben sind aber nicht so schön wie die von Matisse, der formaler zu malen versteht, wenn er will. Die Malerei von Bonnard und Matisse zeigt eine völlige Abwesenheit von Formen. Das ist das genaue Gegenteil von Kubismus.

Mme. Marval stellt das hübscheste Bild im Salon aus, *Hommage à Gerard Nerval,* in dem die blonde Adrienne ein Volkslied singt. Die Künstlerin wagte es nicht, ein Porträt des Dichters in diese würdevolle Komposition einzufügen. Wie jeder weiß, sah Nerval wie ein provinzieller Schullehrer aus. Ganz in der Nähe hängen die Blumenbilder von Mme. Georgette Agutte, die auch ein starkes und faszinierendes Frauenporträt ausstellt, ein kühnes und leidenschaftliches Bild. Ich mag auch die poetischen Kompositionen von Marchand und K.-X. Roussels mythologische Bilder, so fein und wunderschön wie die Gedichte der Dichter der Pléiade. Georges Desvallières zeigt eine würdevolle und harmonische Dekoration für eine Bibliothek. Hier finden sich auch die effektvollen Bilder von Van Dongen, ein lyrisches Seestück und eine geheimnisvolle *Oase* von Friesz, Bilder von fließender Wildheit von De Vlaminck, Lombards *Fenêtre ouverte* mit malerischen Qualitäten und einem völligen Mangel an Komposition, sowie die flandrischen Maler mit einer ziemlich eisigen Eleganz.

Francisco Itturino und die letzten Fauves

Im Saal 6a stellte Itturino eine Anzahl von Bildern aus, die dem Leben in Spanien gewidmet sind. Seine in hellen Farben gemalten Bilder sind ohne Zweifel die leuchtendsten Arbeiten der spanischen Malerei. Seine badenden Frauen, seine Zigeuner und seine Tänzer werden sich großen Erfolgs erfreuen. Auch nächstes Jahr wird Itturino Erfolg haben, wenn er seinen dekorativen Ehrgeiz kultiviert und die Schattierungen seiner Palette gestärkt und variiert hat. Denn er ist ja ein begabter Kolorist.

Saal 7: Hier finden wir die farbigen Bilder der Epigonen des Fauvismus. Ein sehr gutes und ähnliches Porträt von Matisse von Mme. Meerson läßt diese Gruppe als eine Hommage an den Meister der kraftvollen und beredten Farben erscheinen. [...]

(14. Oktober)

[...] Saal 12, 13, 14, 15: Man muß den Beitrag von Echevarrìa besonders erwähnen, der unter anderen ausgezeichneten Arbeiten ein *Portrait de P. P. Plan* zeigt, dem die Literatur so viel verdankt. Man hat bisher noch nicht genügend bemerkt, daß die Malerei von Echevarrìa ein Temperament erster Güte zeigt. [...] Daneben sieht man die *Negerinnen* von Steinlein und die pausbäckigen Porträts von Jacques Villon. [...]

Saal 16, 17 und 18: Man beachte hier vor allem *Les fleurs* von Jean Deville, einem bewegenden Maler und Koloristen, dessen Bemühungen und Ergebnisse mehr als die Anerkennung verdienen, die sie ihm bisher gebracht haben. Das sevillanische Bild von Auguste Bréal ist ein unerwartetes Werk, tief empfunden und sehr angenehm anzuschauen. [...]

Skulptur

Der größte Beitrag zur Skulptur sind José de Charmoys Fragmente für das *Monument à Beethoven*. Es gab viel Gerede darüber, und ohne Zweifel werden wir bald diese riesige Arbeit in der Öffentlichkeit sehen. Jean Baffier, über den M. Charles Angrand gerade eine interessante Studie veröffentlicht hat, stellt eine Büste und einige dekorative Stücke aus. Marques *Baigneuse*, Bourdelles *Buste*, die holzgeschnitzte *Büste Maurice Denis* von Lacombe, die Büsten von Pimienta und Niederhausern-Rodo, Andreottis *Gorgon*, Duchamp-Villons *Baudelaire* und die Arbeit von Archipenko gehören zu den besseren Stücken in diesem Salon, der nur eine ziemlich kleine Skulpturenabteilung hat.

Die dekorativen Künste

Es ist wirklich bedauerlich, daß uns Raoul Dufy seine Farbdrucke auf kostbaren Stoffen nicht gezeigt hat. Das wäre ohne Zweifel die Hauptattraktion der Abteilung der angewandten Künste im Salon gewesen. Ich habe bereits über die Möbelausstellung gesprochen, die darauf hinweist – besonders die nüchternen Ensembles von André Mare – daß wir eines Tages neue Möbelentwürfe sehen werden, die nicht mehr fürchterlich sind. Man verachtet heute vielleicht zu sehr die Vergolderkunst und die Tapetenkunst. Zu den ersten Dekorateuren zählen die Herren Groult, Louis Süe, Jaulmes, Paul Follot.

L'Intransigeant

Eine Vernissage

Die Galerie d'Art Contemporain lud das Publikum heute zur Eröffnung einer Ausstellung ein, in der alle verschiedenen Tendenzen der jungen französischen Malerei vertreten sind.

Ich habe fast keinen Platz, um darüber ausführlich zu sprechen. Gehen Sie darum lieber selbst vorbei und schauen Sie sich die Ausstellung an. Die kühnste Gruppe umfaßt Mlle.

Marie Laurencin, Albert Gleizes, Roger de la Fresnaye, Firmin [sic] Léger, Duchamp, der große Fortschritte macht, und Jean Metzinger, der ein Kolorist geworden ist.

Das gibt mir erneut die Gelegenheit zu erklären, daß ich die Bemühungen der jungen, als Kubisten bekannten Künstler als die niveauvollste von allen heutigen künstlerischen Zielsetzungen ansehe. Man sollte auch auf das Werk von Dunoyer de Segonzac, Luc-Albert Moreau, Lotiron, Verdilhan und Alfred Lombard verweisen. Besonders erwähnt werden sollte der sehr schöne Akt von Raoul Dufy, ein halluzinatorischer *Calvaire* von Alcide Le Beau, die Arbeiten von Mme. Hassenberg, Paul Véra usw. und die Skulpturen der Herren Archipenko und Duchamp-Villon.

Die einzigen fehlenden Arbeiten, die diese Ausstellung wirklich repräsentativ machen würden, sind die von Picasso, Derain und dem großen Maler Seurat, dessen Namen ich besonders herausstellen möchte.

L'Intransigeant, 19. November[9]

1912

Die Pompiers – Félix Vallotton

Der Akademismus ist zur Zeit nicht sehr in Mode. Man wird sich dieser Tatsache nur allzu bewußt, wenn man die Ausstellung der Pompiers in der Galerie Georges Petit sieht. Diese Maler nennen sich selbst Pompiers[1]: Sie sind es wirklich und würden es lieber nicht sein. Immerhin ist ihre erste Ausstellung ein Erfolg. Der Katalog zur Ausstellung ist ausgezeichnet; er ist gut bebildert und mit einem Gedicht von Jean Aicard[2] geschmückt. Die kritische Auswahl unter den ausgestellten Werken würde ich gerne anderen überlassen, wären da nicht auch die Arbeiten von den Herren Baschet und d'Harpignies, und ein Bild von Ziem, eines der besten, die er je gemacht hat.

Was den Rest betrifft, so werden Sie mich nicht dazu bringen, auszusprechen, warum ich die Ölbilder, Zeichnungen und Skulpturen der folgenden Herren nicht mag: Joseph Bail, Bompard, Bouchor, Brokman, Paul Chabas, Raphaël Collin, Dagnan-Bouveret, Déchenaud, Friant, Gosselin, Laparra, Jules Lefebvre, Lorimer, L.-O. Merson, De Migl, Miller, Aimé Morot, Meunier, Olive, Pointelin, H. Royer, Saint-Germier, Vignal, A. Vallon, Cordier, E. Dubois, A. Injalbert, Peter, C. Puech, Sicard, Verlet und Vernon.

Diese Herren sind mehr oder weniger alle Mitglieder des *Institut*, und man korrigiert nicht die Rechtschreibung eines Akademikers.

Falls M. Vallotton kein Pompier sein sollte, so würde er es doch gerne sein.[3] Aber da er sich nicht traut, sich als Nachfolger von M. Courtois zu bezeichnen, gibt er vor, seine Inspiration von Ingres zu beziehen. In Wirklichkeit imitiert er einen der erstaunlichsten modernen Maler, den einzigen Pompier, den die Pompiers nicht verstehen, da er *pompier*, aber noch etwas anderes ist. Ich spreche natürlich vom Zöllner Rousseau. M. Vallotton ahmt ihn mit Hingabe nach, wie es in *Charrette, Peupliers, Ravin* und vielen anderen Bildern offensichtlich ist.

Rousseau wäre über einen solchen Schüler hocherfreut gewesen, aber ich glaube nicht, daß er eines dieser Bilder mit seinem Namen unterzeichnet hätte.

L'Intransigeant, 27. Januar

Von Michelangelo zu Picasso[4]

Oh, Ihr Massen, die Ihr Euch vor den mittelmäßigen Bildern der Sammlung Chauchard drängt![5] Ihr kleinen Leute, die ihr nur am *Angelus* von Millet interessiert seid, und Ihr erzkonservativen Herren, die Ihr nur Augen für Meissonier habt und ihn mit einem Vergrößerungsglas untersucht, so wie die Engländer Memlings Gemälde in Brügge beobachten.

Oh, Ihr armen Leute, unter Euch fand ich endlich die Vorbilder für die kleinen Farbbildchen wieder, die man in meiner Kindheit auf den Märkten verkaufte. Mehrere Male war ich versucht, Euch Michelangelos Worte über die flämische Kunst zuzurufen: »Diese Malerei ist nichts anderes als Lumpen, Hütten, Gemüse, Schatten von Bäumen, Flüsse und Brücken. Das nennen sie Landschaften, mit ein paar Figuren hier und dort. Das alles ist ohne Kunstverstand, ohne Symmetrie oder Proportionen, ohne Unterscheidung, Auswahl oder Leichtigkeit, mit einem Wort ohne die geringste Kraft. Und trotzdem finden das einige Leute gut.«

Diese Worte finden sich in einem Buch, dessen Lektüre sich kein Künstler entgehen lassen sollte: *Quatre dialogues sur la peinture*, übersetzt von M. Rouanet. Der Autor dieses Buches ist ein Portugiese mit Namen Francisco do Hollanda, der im 16. Jahrhundert durch ganz Italien reiste und Michelangelos Äußerungen zur Kunst sammelte. Dieses Buch hat für mich die gleiche Bedeutung wie Goethes Gespräche mit Eckermann für die Literatur.

Doch die Worte, die ich versucht war, in den ehrwürdigen Sälen des Louvre auszurufen, die die Sammlung Chauchard aufnehmen werden, könnten genauso gut an anderer Stelle wiederholt werden. Auf die überwiegende Anzahl moderner Maler paßt Michelangelos Beschreibung der flämischen Kunst.

Was für eine Freude ist es darum, heute wieder einem Maler zu begegnen, der sich um Vernunft, Kunst, Symmetrie und Proportion Gedanken macht. Ich erinnere mich an die Worte, die ich zu den Bildern der blauen Periode schrieb[6]:

»Picasso hat Bilder der Menschheit erblickt, die im Azur unseres Gedächtnisses schwebten... Wie heilig wirken seine vom Rauschen der Flügel bewegten Himmel, seine Lichter, so schwer und tief wie die der Grotten!... Die Frauen, die keiner mehr liebt, erinnern sich. Sie haben schon viel zu lange ihre herrischen Ideen aufgebügelt. Sie beten nicht mehr; sie haben sich den Erinnerungen geweiht. Sie hocken in der Dämmerung wie in einer alten Kirche... In eisige Nebel gehüllt, warten die alten Männer, ohne viel zu grübeln, denn nur Kinder sinnen nach. Angeregt durch ferne Länder, Kämpfe von Tieren und verkrustete Haarsträhnen können diese Alten ohne falsche Bescheidenheit betteln. Andere Bettler hat das Leben verschlissen. Das sind Schwächlinge, Krüppel und Spitzbuben. Sie wundern sich, das Ziel doch erreicht zu haben, das blau geblieben ist, ohne noch Horizont zu sein.« Picasso gab seinen Bildern Leben, so blau wie die Tiefen der See. Danach schuf er Bilder, die noch vollendeter waren.

Neben diesen Arbeiten einer unermeßlichen blauen Tiefe sieht man die neueren Arbeiten der rosa Periode. Ein wundervoller Frieden herrscht in ihnen. Bei den letzten Bildern dieser Schaffensphase spürt man, daß der Maler, der all diese junge und nüchterne Grazie geschaffen hat, bereits weiter auf die objektivsten Formen der Kunst zugeht, um sie zum Erhabenen zu führen. Picasso gebührt nämlich ein Platz unter den denjenigen Künstlern, von denen Michelangelo sagte, sie hätten den Namen ›Adler‹ verdient, da sie alle anderen überholen und durch die Wolken dringen bis zum Sonnenlicht.

Heute haben sich alle Schatten verzogen. Der letzte Ausruf des sterbenden Goethe »Mehr Licht« findet sein Echo in dem erhabenen und geheimnisvollen Werk eines Picassos, so wie er immer noch in den Werken von Rembrandt wiederklingt.

Marches de Provence, Februar

Über den Bildgegenstand in der modernen Malerei

Viele der neuen Maler malen ausschließlich Bilder, auf denen kein erkennbarer Bildgegenstand mehr zu sehen ist. Die Betitelung in den Katalogen spielt dann die gleiche Rolle wie Namen, die Menschen bezeichnen, ohne sie zu charakterisieren.

So wie es Legros [Wortspiel: gros = dick] gibt, die recht mager sind, und Leblonds, die recht dunkel sind, habe ich Bilder mit dem Titel »Einsamkeit« gesehen, auf denen sich mehrere Figuren tummelten.

Manchmal läßt man sich auch dazu herab, den Bildern unbestimmte Titel zu geben wie »Porträt«, »Landschaft«, »Stilleben«. Viele junge Maler verwenden jedoch nur noch den allgemeinen Begriff »Malerei«.

Wenn diese Maler auch noch die Natur beobachten mögen, so ahmen sie sie doch nicht mehr nach und vermeiden tunlichst die Darstellung in der Natur beobachteter und im Atelier sorgfältig rekonstruierter Szenen.

Das Abbildende hat in der Malerei keinerlei Bedeutung mehr, denn der Künstler opfert nun alles den Wahrheiten, den Notwendigkeiten einer höheren Natur, die er voraussetzt, ohne sie zu entdecken. Der Bildgegenstand [sujet] zählt nicht mehr, und wenn er noch zählt, so doch nur wenig.

Die moderne Kunst verschmäht im allgemeinen die meisten gefälligen Mittel, die die großen Künstler der Vergangenheit verwendet haben: die perfekte Darstellung der menschlichen Figur, wollüstige Akte, sorgfältig ausgeführte Details usw....

Die heutige Kunst ist streng, und selbst der prüdeste Minister hätte nichts daran auszusetzen.

Es ist ja wohl hinlänglich bekannt, daß gerade diese Strenge der Grund für den Erfolg des Kubismus in den Kreisen der eleganten Gesellschaft hat.

Wenn das Ziel der Kunst auch letztlich immer das gleiche bleibt, nämlich die Augen zu erfreuen, so verlangt man nun vom Kunstliebhaber eine andere Freude als die, welche er beim Anblick natürlicher Dinge spürt.

Man bewegt sich so auf eine völlig neue Kunst zu, die für die Malerei das Gleiche bedeuten wird, was die Musik bisher schon für die Literatur bedeutet hat.

Das wird reine Malerei sein, so wie die Musik reine Literatur ist.

Wenn der Musikfreund ein Konzert hört, empfindet er ein Wohlgefallen, das sich von dem Wohlgefallen an natürlichen Geräuschen, etwa dem Plätschern eines Baches, dem Tosen eines Wasserfalls, dem Pfeifen des Windes im Walde unterscheidet, auch von dem, das durch die auf Vernunft und nicht auf Ästhetik begründeten Harmonien menschlicher Sprache hervorgerufen wird.

Ebenso werden die neuen Maler ihren Bewunderern künstlerische Eindrücke verschaffen, die einzig und allein der Harmonie der Lichter und Schatten zu verdanken sind, ganz unabhängig vom dargestellten Gegenstand.

Man kennt die Anekdote von Apelles und Protogenes bei Plinius. Sie läßt das ästhetische Vergnügen erkennen, das aus dieser ungleichen Konstruktion hervorgeht, von der ich gerade gesprochen habe. Apelles besuchte einmal die Insel Rhodos, um die Werke des Protogenes, der dort wohnte, anzuschauen. Als Apelles antraf, war aber Protogenes nicht in seinem Atelier. Eine Alte war dort und hütete eine große Tafel, die schon zum Malen vorbereitet war. Statt seinen Namen zu hinterlassen, zog Apelles auf der Tafel einen so feinen Strich, daß man nichts Besseres hätte sehen können.

Als Protogenes zurückkam, bemerkte er den Strich und erkannte die Hand Apelles'. Daraufhin zog er darüber einen weiteren Strich von anderer Farbe, der noch feiner war, so daß man drei zu sehen glaubte. Apelles kam am nächsten Tag wieder zurück, ohne den anzutreffen, den er eigentlich erwartete. Die Feinheit des Strichs, den er diesmal zog, versetzte Protogenes in Verzweiflung. Dieses Bild erweckte für lange Zeit die Bewunderung der Kenner, die es mit dem gleichen Vergnügen betrachteten, als würde es anstatt fast unsichtbarer Striche Götter und Göttinnen darstellen.

Die jungen Maler der Avantgarde verfolgen insgeheim das Ziel der reinen Malerei. Das ist eine völlig neue bildende Kunst. Sie steht erst am Anfang und ist noch nicht so abstrakt, wie sie sein möchte. Die meisten neuen Maler beschäftigen sich mit Mathematik, ohne jedoch davon zu wissen und ohne sie zu kennen. Sie haben aber noch nicht die Natur verlassen, die sie geduldig befragen.

Ein Picasso studiert einen Gegenstand wie ein Chirurg, der einen Leichnam seziert.

Wenn es dieser Kunst der reinen Malerei gelingen sollte, sich völlig von der alten Malerei freizumachen, so wird das nicht unbedingt deren Verschwinden zur Folge haben, genausowenig wie die Entwicklung der Musik zum Verschwinden der verschiedenen literarischen Gattungen führte, genausowenig wie die Schärfe des Tabaks den Geschmack der Gewürze ersetzte.

Les Soirées de Paris, 1. Februar[7]

Die italienischen Futuristen

»Die Simultanität der Gemütszustände im Kunstwerk: Das ist das berauschende Ziel unserer Kunst.«

Diese Erklärung der italienischen Futuristen enthüllt zugleich die Originalität und die Schwäche ihrer Malerei. Sie möchten Formen in Bewegung malen, ein völlig legitimes bildnerisches Ziel, doch zugleich verfallen sie der Manie vieler Pompiers, die Gemütszustände malen wollen. Während unsere avantgardistischen Maler überhaupt keine Gegenstände mehr in ihren Bildern darstellen, so ist der Gegenstand [sujet] noch das Interessanteste, was die Bilder der Pompiers zu bieten haben. Die Futuristen erklären, daß sie die Vorteile des Bildgegenstandes nicht aufgeben wollen. Genau das könnte sich aber als verhängnisvolles Riff erweisen, an dem ihre an sich positive künstlerische Zielsetzung scheitern könnte. Die Futuristen sind junge Maler, die eine Menge Lob verdienten, wenn sich nicht durch die Prahlerei und die Überheblichkeit ihrer Manifeste jede Nachsicht ausschließen würde, die wir sonst geneigt wären, ihnen gegenüber walten zu lassen.

Sie erklären, der Kunst der modernen französischen Malerei »absolut entgegengesetzt« zu sein, und doch sind sie gerade in diesem Punkt nichts anderes als plumpe Nachahmer.

Nehmen wir z. B. Boccioni, den ich persönlich für den begabtesten Maler der Futuristen halte. Picassos Einfluß auf sein Werk ist unübersehbar, so wie in jeder zeitgenössischen Malerei sein Einfluß spürbar ist. Boccionis beste Arbeit [s. Abb. 24, 25] ist am meisten von Picasso inspiriert. Sie benutzt sogar die gedruckten Zahlen, die Picassos neuen Werken eine so einfache wie grandiose Realität geben.

Die Titel der futuristischen Bilder scheinen oft dem Vokabular der Unanimisten[8] entlehnt zu sein. Die Futuristen sollten sich vor Synthesen in Acht nehmen, die sich nicht bildnerisch umsetzen lassen und nur zu den kalten Allegorien der Pompiers führen.

Das Bild *Pan-Pan à Monico* [Abb. 23] sollte man sehr aufmerksam betrachten. Es ist das wichtigste Werk, das bisher von einem Futuristen gemalt wurde. In diesem Bild ist die Bewegung gut wiedergegeben. Da sich die optische Mischung kaum bemerkbar macht, ist alles in Bewegung versetzt, so wie es der Künstler wollte.

Weniger überzeugt bin ich von den anderen Bildern Severinis, die ganz offensichtlich von der neo-impressionistischen Technik und Van Dongens Malerei beeinflußt worden sind.

Erwähnen wir noch Carrà, der in der Art von Rouault, aber viel vulgärer malt, und der manchmal an den Akademismus eines vergessenen Malers, Mérodack-Jeaneau, erinnert.

Russolo ist am wenigsten von den jungen französischen Malern beeinflußt. Seine Vorbilder muß man in München oder Moskau suchen. Vielleicht wird er eines Tages mehr an bildnerischen Problemen interessiert sein. Die jungen futuristischen Maler könnten durchaus mit einigen unserer avantgardistischen Künstler mithalten. Bisher sind sie aber nichts weiter als unbeholfene Schüler von Picasso oder Derain. Was aber die Anmut des Bildes anbelangt, so haben sie keine Ahnung davon.

L'Intransigeant, 7. Februar

Die Futuristen

M. Marinetti möchte die gleiche Rolle in Italien spielen, die früher der heilige Franziskus von Assisi gespielt hat. Er möchte ein Reformer der Künste sein.

Il Poverello verdankte seine Kraft dem inspirierenden Glauben, der den bildnerische Sinn der Künstler und den lyrischen Sinn der Poeten der gesamten Halbinsel schon immer weckte. Von diesem Glauben wurden auch die mystischen Flagellanten motiviert, die *giullari di Dio*, die durch ganz Umbrien wanderten und auf öffentlichen Plätzen in heiligem Zorn ihre Dialoge führten. Diese Dialoge sind die frühsten dramatischen Werke Italiens seit dem Ausgang der Antike. Die Lebensführung des heiligen Franziskus brachte die Maler dazu, nach größerer Wahrheit im Ausdruck von Gesichtern und Figurenstellungen zu streben. Als Ergebnis dieser Bemühungen, die heilige Schönheit des stigmatisierten Heiligen wiederzugeben, wurde eine große Malerei geboren.

Die italienische Kunst ist nun schon seit langem von einem Akademismus gelähmt, der manchmal nur ein Schlummer der Kunst, oft aber auch ihr Tod ist. Nachdem Italien für lange Zeit die Künste der Welt angeführt hatte, mit Recht stolz auf seine glorreiche Vergangenheit, fiel es in der künstlerischen Qualität immer mehr hinter Frankreich, Holland, England, Spanien und Belgien zurück.

Es ist schon lange her, daß ein Michelangelo sagen konnte, ein großer Maler könne nur in Italien geboren sein! Hier kommt nun aber ein junger Poet, der die Künste und die Literatur in Italien wiederaufrichten möchte.

Mir scheint, daß die Künste in Italien weit mehr einer Überholung bedürfen als die Literatur. Die Literaturkritik werde ich aber hier nicht weiter verfolgen. Jedenfalls stimmt es, daß die Künste auf der Halbinsel zu rein handwerklichen Übungen verkommen sind. Selbst die Divisionisten bewahrten eine sehr gewöhnliche, akademische Zeichnung, und ihre Inspiration war schwachsinnig.

F.-T. Marinetti, ein gallisierter Italiener, möchte diesen Zustand ändern. Er möchte Italien aus seinem Schlaf reißen. Als Vorbild hat er Frankreich ausgesucht, weil Frankreich sowohl in den Künsten als auch in der Literatur führend ist. Ohne seine Mitstreiter informiert zu haben, präsentiert er ihnen doch sozusagen stillschweigend Frankreich als Beispiel moderner Kunstauffassung.

Er hat eine Anzahl von Poeten, Musikern, Malern gefunden, die ihm folgen. Zur Zeit gibt es fünf Maler in der Gruppe: Boccioni, Carrà, Russolo, Balla und Severini.

Nur die Herren Boccioni, Carrà und Russolo waren von Anfang an Futuristen. Sie allein erschienen am 8. März 1910 – einem Datum, das vielleicht einmal berühmt sein wird, wenn der Futurismus eine große literarische und künstlerische Bewegung werden sollte – auf der Bühne des Theaters Chiarella in Turin. Es war die dritte futuristische Soirée. Die erste fand in Triest statt, die zweite in Mailand. In Turin erschienen nun die führenden Futuristen zusammen mit Marinetti. Es handelte sich um die Herrn Boccioni, Carrà, Bonzagni, Russolo und Romani.

Zusammen lasen sie ihr Manifest vor, das laut Presse »ein lauter Aufschrei gegen die akademische Kunst, gegen die Museen, gegen die Vorherrschaft der Professoren, Archäologen, Trödler und Antikenhändler ist«. An dieser Stelle brach ein großer Tumult im Theater aus. Es gab Faustkämpfe, Duelle mit Spazierstöcken, die Polizei wurde gerufen usw. Seit diesem Tag haben die Futuristen zwei ihrer Mitglieder verloren. Wer wird je etwas über das Schicksal von Bonzagni und Romani erfahren? Bemerkt man vielleicht zufällig, daß der letzte Name Mme. Juana Romani gehörte, einer berühmten akademischen Malerin, die in die futuristischen Kreise eingeschleust worden war?[9] Machte Bonzagni eines Tages den Fehler, Tizian zu bewundern? Wir wissen es nicht. Tatsache ist jedoch, daß die fünf ursprünglichen Futuristen bis heute fünf geblieben sind. Zwei Namen haben sich inzwischen geändert, ohne daß uns von dem Schicksal der Vorgänger etwas zu Ohren gekommen wäre: Bonzagni und Romani wurden durch Balla und Severini ersetzt.

Die letzteren haben ein Manifest unterzeichnet, das zwar mit banalen antibildnerischen Ideen vollgestopft ist, aber für die schwachsinnige künstlerische Sensibilität der Italiener eine gesunde Stimulanz darstellt. In ähnlicher Weise waren die Beleidigungen und poetischen Verrücktheiten eines Jacopone da Todi imstande, Italiens lyrische Sensibilität zu wecken und einen Dante auf den Plan zu rufen.

Der originellste Aspekt der futuristischen Malerschule ist die Suche nach einer Bewegungsdarstellung in der Malerei. Das ist ein vollkommen legitimes Anliegen. Soweit dieses Problem überhaupt mit bildnerischen Mitteln lösbar ist, haben es jedoch bereits die französischen Maler gelöst.

In Wirklichkeit sind die Futuristen eher philosophischen und literarischen als bildnerischen Ideen gefolgt.

Mit einer Anmaßung, die man besser Unwissen nennen könnte, erklären sie: »Diese erste Ausstellung futuristischer Maler in Paris ist die wichtigste Ausstellung italienischer Maler, die jemals dem europäischen Urteilsvermögen dargeboten worden ist.«[10]

Das ist völliger Schwachsinn ... Man wagt es kaum, über soviel Dummheit zu urteilen.

Weiter fügen sie hinzu: »Wir sind die Führer der europäischen Bewegung in der Malerei geworden.«

Von der französischen Malerei kennen sie weder Corot noch Cézanne, weder Gauguin noch Renoir, weder Seurat noch Matisse, und sie ahmen die erst kürzlich nach Paris gekommenen Maler nach:

Boccioni steht unter dem Einfluß von Picasso, der die Arbeit aller jungen Maler nicht nur in Paris, sondern in der ganzen Welt anregt.

Carrá scheint eine ganze Menge der Bilder Rouaults oder Mérodack-Jeaneaus gesehen zu haben. Rouault ist ein kraftvoller Maler, dem ich selbst oft nicht gerecht geworden bin. Carrà könnte einen beträchtlich schlechteren Maler gewählt haben.

Russolo scheint eher von den Malern aus München und Moskau, Berlin und Wien beeinflußt worden zu sein. Hoffen wir, daß er von seinem Aufenthalt in Paris guten Nutzen zieht.

Balla hat sein Bild noch nicht eingesandt.

Severini ist neben Boccioni derjenige, der unter den futuristischen Malern am meisten zu sagen hat, wie mir scheint. Er steht unter dem Einfluß von Renoir, Van Dongen und der Neo-Impressionisten Signac, Cross und Van Rysselberghe. Trotzdem hat er Originalität und sein großes Bild *Pan-Pan à Monico* [Abb. 23] ist das wichtigste und ausgefeilteste, das bisher von einem futuristischen Maler gemalt wurde.

Nun denn! Diese Maler also, die so offensichtlich von den neuesten Strömungen der Malerei beeinflußt worden sind, daß man sie Schüler von Picasso, Schüler von Rouault, Schüler von Van Dongen nennen könnte, diese Maler erklären sich selbst als der Kunst der französischen Maler absolut entgegengesetzt.

Und gerade der Punkt, an dem sie sich von den neuen französischen Malern absetzen wollen, verdammt in meinen Augen die futuristische Kunst!

Die Kunst der neuen Maler in Frankreich unterscheidet sich vom Akademismus der Pompiers durch die heftige und erbitterte Beobachtung der Natur. Die neuen Maler beobachten die Natur sehr genau, sie zerlegen sie und studieren sie mit unendlicher Geduld. Man sollte es daher nicht erstaunlich finden, daß solche reinen Maler überhaupt nicht mehr am

Gegenstand oder Motiv weiter interessiert sind und daß sie nun ihre Bilder einfach »Malerei«, »Studie« oder »Landschaft« nennen.

Erst kürzlich sah ich mich sogar zu der Frage veranlaßt, ob nicht solche rein bildnerischen Anliegen zu einer völlig neuen Kunst führen würden, die für die Malerei dasselbe bedeuten würde, was die Musik für die Literatur bisher schon bedeutet hat.[11]

Die Futuristen sind jedoch kaum an bildnerischen Problemen interessiert. Die Natur interessiert sie nicht. Ihr Hauptanliegen ist das Sujet. Sie möchten Gemütszustände malen. Das ist die gefährlichste Malerei, die überhaupt vorstellbar ist. Sie wird die Futuristen unweigerlich dazu führen, reine Illustratoren zu werden.

Die Futuristen schließen jedoch Gino Severini ein, der sich entschlossen zu haben scheint, von den Realitäten Gebrauch zu machen, die nach den futuristischen Erklärungen streng verboten sind. Dadurch ist ihm ein lebendiges Werk gelungen, in dem die Farben nicht glatt vermalt sind und dadurch die Illusion von Bewegung erzeugen. Der Titel der Arbeit ist *Pan-Pan à Monico*.

Trotzdem wird die Ausstellung der futuristischen Maler unsere eigenen jungen Maler lehren, in Zukunft noch kühner als bisher zu sein. Ohne Kühnheit würden es die Futuristen nie gewagt haben, Arbeiten zu zeigen, die noch so unvollkommen sind. Die futuristische Ausstellung wird unsere jungen Maler auch ermessen lassen, wie weit voraus sie ihren Rivalen in Italien und in der Tat in der ganzen Welt sind.

Die Ausstellung wird sie auch lehren, bessere Titel für ihre Bilder zu finden. Hier sind einige von Boccionis Titeln: *Les adieux, Çeux qui s'en vont, ceux qui restent, La rue entre la maison, Le rire, La ville monte, Visions simultanés, Idole moderne, Les forces d'une rue, La rafle* [Abb. 24, 25, 26]. Carrà hat sich nicht gescheut, ein Ereignis darzustellen, dem er beigewohnt hat: *Das Begräbnis des Anarchisten Galli* [Abb. 27]. Russolo hat ein Bild mit *La révolte* betitelt.

Im Gegensatz zu den bewußt analytischen Bildern der meisten unserer jungen Maler enthalten die Titel der Futuristen zumindest einige Hinweise auf eine mehr synthetische Art der Malerei.

Kurz, die neue in Frankreich geförderte Kunst scheint sich bisher auf eine Melodie zu beschränken, während uns die Futuristen zumindest durch ihre Titel gelehrt haben, daß diese Kunst auch die Fülle einer Symphonie erreichen könnte.

Unter den Sätzen des Manifestes der futuristischen Maler gibt es eine Feststellung, die alle anderen an Dummheit übertrifft:

»Wir verlangen für die Dauer von zehn Jahren die vollkommene Unterdrückung des Aktes in der Malerei.«

Und doch ist diese Behauptung die unbewußte Bestätigung einer unabsichtlichen Übereinstimmung unter allen modernen Künstlern. Während der alte Renoir, der größte Maler unserer Zeit und einer der größten aller Zeiten, seine letzten Tage damit verbracht hat, wundervolle sinnliche Akte zu malen, die Augenweide kommender Zeiten, kehren unsere jungen Künstler dem Akt den Rücken zu, einer Kunstübung, die genauso legitim ist wie andere auch.

Das kommt zweifelos von dem Verlangen, in gewisser Weise aus dem engeren Bereich des Menschlichen hinauszugehen und die menschliche Figur nicht mehr als einziges Kriterium der Schönheit zu nehmen.

Man muß aber zugeben, daß die moderne Kunst von einer bisher unbekannten Strenge ist.

Was nun die Futuristen betrifft, so macht ihre Kunst hier in Paris ein wenig lächeln, was nicht heißt, daß man in Italien darüber lächeln sollte, und wenn doch, dann um so schlimmer für Italien.

Le Petit Bleu, 9. Februar

Die Ausstellung Marie Laurencin – Robert Delaunay

Auf Einladung von M. Robert Delaunay stellt Mlle. Marie Laurencin in der Galerie Barbazanges einige Bilder und Aquarelle vor allem aus der letzten Zeit aus. Die feinen, eleganten Arbeiten von Mlle. Laurencin gehören zu einer der offensichtlich originellsten Kunstauffassungen unserer Zeit.

Wenn diese Bilder auch einmalig und unverwechselbar in der Komposition und der Farbgebung sind, so läßt sich anderseits bezüglich der Gefühlswelt und des Geschmacks leicht eine Verbindung zur Kunst der französischen Renaissancemalerei aufzeigen.[12]

Ich stelle mir vor, daß die Grazien und Musen nicht weit entfernt sein müssen, wenn Mlle. Laurencin malt.

Ein Künstler mit ähnlicher Zukunft wie Mlle. Laurencin ist Robert Delaunay, der hier den größten Teil seines Werkes zeigt, einer der seltenen Künstler, der sich inzwischen von den dekorativen Tendenzen jener ersten künstlerischen Bewegung, an denen er teilgenommen hat, abgesetzt hat. Die Kunst von Robert Delaunay ist voller Bewegung und nicht ohne Kraft. Häuserreihen, architektonische Ansichten von Städten, besonders der Eiffelturm, sind seine charakteristischen Themen. Dieser Künstler hat eine monumentale Sicht der Welt, die er in wirkungsvolle Lichtspiele zerlegt. Leider sind viele der großen Leinwände Delaunays unvollendet, sei es nun absichtlich oder rein zufällig.[13] Man würde gerne die Wirkung seiner intensiven Farben in einem sorgfältig ausgeführten Werk sehen.

Robert Delaunay hat bereits einen wichtigen Platz unter den Künstlern seiner Generation eingenommen. Diese Ausstellung wird sicher die gute Meinung bestärken, die wir uns bereits über die Integrität seiner Kunst gebildet haben.

L'Intransigeant, 5. März

Der Salon des Indépendants

Die Vernissage findet morgen in den Baracken am Quai d'Orsay statt – Ein erster Überblick

Wenn die Unabhängigen morgen ihre Ausstellung eröffnen werden, kann ich von mir sagen, daß ich seit sieben Jahren die zeitgenössische Kunst in verschiedenen Publikationen verteidigt und dabei gerade in der Kolumne dieser Zeitung Wahrheiten vertreten habe, die sich sonst kaum jemand getraut hätte niederzuschreiben.

Diese Wahrheiten blendeten manchmal wie ein scharfes Licht. Ich hatte jedoch die Genugtuung zu wissen, daß sie eine kleine Elite erleuchteten. Man gewöhnt sich schnell an helles Licht. Meine Flammen haben wieder andere Fackeln angezündet. Heute bin ich nicht mehr allein, um die jungen französischen Schulen zu verteidigen. Aber auch in Zukunft werde ich nicht aufhören, von allem zu sprechen, was die Aufmerksamkeit der Künstler und des Publikums verdient.

Die neuen Stiltendenzen

Der Salon dieses Jahres ist der bisher wichtigste, den wir gesehen haben. Jeder Künstler durfte nur drei Bilder einsenden. Mit bewundernswerter Begeisterung entschied jeder Künstler, daß sein Beitrag zumindest besonders bezeichnend ausfallen sollte, wenn er schon so reduziert wurde. Jeder teilnehmende Künstler strengte sich also sehr an, mit dem Ergebnis, daß sich dieser Salon über zwanzig Räume weniger erstreckt, was der Konzentration des Betrachters und der Qualität der Arbeiten gut tut. Die verschiedenen Richtungen sind aber auch nicht mehr so zusammenhängend wie im vorigen Jahr präsentiert. Man findet Maler der gleichen Richtung in oft weit auseinanderliegenden Räumen.

Es gibt einen Friesz-Dufy-Trend, den Vallotton-Trend, den Zöllner-Rousseau-Trend und den Matisse-Trend, der nur noch von wenigen Malern vertreten wird.

Ganz hinten im Salon findet man die Gruppenausstellung der Pointillisten, die sehr schön ist. Es gibt eine religiöse Komposition voller Noblesse und Inspiration von M. de la Rochefoucauld und leuchtende Bilder von Signac, Mme. Cousturier und Luce. Die Kubisten und andere Künstler mit ähnlicher Bildsprache sind im Raum 20 vertreten. In meinem nächsten Artikel werde ich ausführlich auf die Bemühungen dieser Künstler zurückkommen, auf Léger, Metzinger, dessen Gedanken nur noch der Grazie und der Schönheit gewidmet sind, auf Gleizes, der eine schwierige Arbeit geschickt aufgebaut hat, auf Segonzac, der ein schönes Stilleben ausstellt, und auf Luc-Albert Moreau, Roger de la Fresnaye, Lhote, Marchand und Mme. Lewitska.

Bei einigen der letztgenannten Künstler macht sich ein gemeinsamer Trend bemerkbar. Sie versuchen, die Schwierigkeiten der Malerei zu umgehen, indem sie einem bedauerlichen Hang zur Illustration nachgeben. Ich werde bei nächster Gelegenheit noch näher ausführen, was ich als falsche Interpretation der Werke von Friesz und Dufy bezeichne.

Das größte Ereignis dieses Salons ist zweifellos die Annäherung zwischen Robert Delaunay und den Neo-Impressionisten, die in den letzten Räumen ausstellen. Delaunays Bild ist ganz bestimmt das wichtigste Bild des Salons. *La Ville de Paris* [Farbabb. 2] ist nicht nur eine künstlerische Manifestation. Dieses Bild markiert auch die Wiederkehr einer Kunstkonzeption, die seit den großen Italienern verlorengegangen zu sein scheint. Es faßt alle Bemühungen des Malers zusammen, der es komponiert hat, und es faßt alle Bemühungen der modernen Malerei zusammen, und das ganz ohne wissenschaftlichen Apparat. Es ist groß ausgeführt und von einer einfachen und noblen Komposition. Kein Fehler, den irgendjemand darin finden könnte, kann von dieser Wahrheit ablenken: Das ist ein Bild, ein wirkliches Bild, und es ist lange her, daß man so eines gesehen hat.

Le Fauconniers Bild *Le chasseur* [Abb. 36] zeigt eine noch größere Bemühung. Der Künstler hat von seiner Reise nach Italien die Vorliebe für natürliche Hintergründe und für die Komposition mitgebracht, die er genau genug kennt, um sie nicht mit der Anekdote zu verwechseln.

Unter den neuen Malern muß man Juan Gris, Jankes und Mme. Benz-Bizet erwähnen.

Unter den Bildhauern verlangen drei Namen Aufmerksamkeit: Brancusi, Centore, Archipenko. Und nun wollen wir uns den Salon genauer ansehen …

Vernissage bei den Unabhängigen
Ein brillanter und sehr pariserischer Auftakt – Auch die Sonne spielte mit (20. März)

Bei der Eröffnung des Salons gab es bereits ziemlichen Andrang. Seit sich heute morgen die Türen öffneten, drängte sich bereits eine dichte Menge in den kleinen Räumen der Baracken am Quai d'Orsay. […] Gestern habe ich die neuen Trends beschrieben, denen unsere jungen Künstler derzeit folgen. Die ersten Räume des Salons sind wie immer die uninteressantesten. Einige hier und da verstreute Bilder ziehen jedoch die Aufmerksamkeit an.

Saal 2, 3 und 4: Hier fällt ein Bild von einem außergewöhnlichen Gefühl für das Jenseitige auf, signiert Germaine Vasticar. Man muß auch auf ein Triptychon von Jacques Garnier hinweisen, ebenso auf das Grabmal von Jean-Jacques, und vor allem auf die Arbeiten von Jankes, einem noch unbekannten Maler von unruhigem Talent. *Armidsa* und *Venus* von Kern sind interessante moderne Bilder, trotz der Verwendung klassischer Themen. Mme. Andrée Benz-Bizet verdiente es, in anderen Räumen als den ersten ausgestellt zu werden. Sie hat ein unleugbares Talent als Koloristin. […]

Saal 5, 6 und 7: Die Beiträge von Mignote gehören zu den merkwürdigsten und interessantesten Bildern des Salons. Mignote erinnert manchmal an Rousseau, aber an einen Rousseau, der nie in Mexiko gewesen ist. Seinen Bildern fehlt es nicht an Kraft, und wenn er will, kann er sich bald auf die Ebene dekorativer Komposition erheben. M. J. Lederer ahmt die Manier der Zeichnungen von Mme. Gyp nach, die sie mit ›Bob‹ unterzeichnet. M. Jack Yeats stellt eine verrückte Sache aus: ein Mann in einem Faß, der Stöcke in die Luft wirft.

Saal 8, 9 und 10: Hier stellt der Impressionist Hervé aus, ein wirklich populärer Maler, der seine Bilder auf der Straße verkauft. […]

Saal 11, 12 und 13: Erwähnen wir noch die Namen Dameron, Goldner und Lemaître, der wieder an Rousseau erinnert und der einige charmante, genau gemalte Landschaften zeigt.

Saal 14: Dubois ist eine Art sorgloser und seelenloser Rousseau.

Saal 15: Ganz Eilige sollten ihren Salonbesuch in diesem Raum beginnen. Er enthält die ersten wirklich bedeutsamen Arbeiten. Der Russe Chagall stellt einen goldenen Esel aus, der Opium raucht. Dieses Bild brachte die Polizei in Rage. Aber ein wenig Goldfarbe, auf eine störende Lampe gemalt, machte alles wieder gut.[14] [...]

(25. März)

Nehmen wir unseren Rundgang im Saal 16 wieder auf, wo sich die Arbeiten von Cardoso befinden und Sauniers Porträt des jungen und ausgezeichneten Hellenisten Mario Meunier, der die Verse von Nonnos über Narziß zu kommentieren scheint. Der bedeutendste Beitrag in diesem Raum stammt von dem leidenschaftlichen, heftigen Maler Verdilhan. Dieser Künstler sollte seinem Instinkt allein gehorchen. Man kann ihm nur eines wünschen: daß ihm seine Inspiration eines Tages ein großes Werk diktieren möge.

Saal 17: Mme. Exters Bilder erinnern an Delaunays erste Studien, dramatisch wie Erdbeben. Dieser Saal enthält nur Arbeiten von Ausländern. Mme. Lewitskas Beitrag gehört zu den besten Einsendungen von Künstlerinnen in diesem Salon. Sie hat wohl die Landschaften des Zöllners studiert, dabei jedoch ihre eigene Persönlichkeit bewahrt. Das Gefühl, das ihr Bild *La campagne* durchweht, ist so tief wie die Lieder ihrer Heimat. Kandinsky stellt seine Improvisationen aus [Abb. 33], die nicht uninteressant sind, zeigen sie doch den Einfluß von Matisse. Kandinsky überzieht jedoch die Theorie von Matisse, man solle nur seinem Instinkt gehorchen. Er überläßt sich nur dem Zufall. Juan Gris stellt eine *Hommage à Picasso* [Abb. 34] aus, die sich durch großes Bemühen und noble Zurückhaltung auszeichnet. Juan Gris' Beitrag könnte als integraler Kubismus bezeichnet werden.

Gestern streifte ein tschechischer Maler durch den Salon, dem das Schicksal den Namen Kubista gegeben hat, auf der Suche nach seinen Namensvettern, den französischen Kubisten. Nach einer Runde durch den ganzen Salon hielt er vor Gris' Bildern und wäre heute immer noch dort, wenn nicht der gnadenlose Ruf »Die Ausstellung schließt!« seine Meditation beendet hätte.

Saal 18: Die Malerei von André Lhote ist ein Kompromiß zwischen den verschiedenen Tendenzen unserer jungen talentierten Maler. Das Publikum, dieses große Kind, wird an seinen Bildern Gefallen finden. Die Zeichnungen von Marchand liebe ich sehr, weniger allerdings seine große populäre Illustration *Labour*. Sie enthält zwar einige interessante Experimente mit der Bewegungsdarstellung, doch ziehe ich dann eher den Beitrag von Mlle. Bailly vor, die sich im Zeitraum eines Jahres erheblich verbessert hat. Ihre großen Figuren sind zwar in einer unansehnlich weinroten Farbe gehalten, geben aber eine respektable Komposition ab. Lotirons Ansichten von Laon sind ehrlich und friedlich. Dusouchet stellt einige Fresken aus, deren triste Farbgebung ich nicht verzeihen kann. Tobeen zeigt *Pelotaris*, eine angenehme Komposition, auf der in verschiedenen Posen das Porträt von Oliver Hourcade auszumachen ist, dem großen Meister des Kubismus in Aquitanien.[15]

Verhoevens Bilder sind weniger farbig, aber besser komponiert als sonst; daneben finden sich Frank Burty, der schüchterne Kubist, Suzanne Valodon, Pierre Huard und andere.

(3. April)

Saal 19: Das beste Bild in diesem Raum und das beste des Salons überhaupt ist Marie Laurencins *Femmes et eventails*, eine würdevolle Komposition, in seiner Zusammenstellung von Linien und Farben persönlich und originell. De Vlamincks Beitrag gibt keinen Hinweis darauf, woran der Künstler gerade arbeitet. Vor nicht allzu langer Zeit sahen wir aktuellere Arbeiten von ihm. Roger de la Fresnayes Militärbild ist weniger rein als seine Kunst im letzten Jahr. Diesmal hat er sein Thema sehr eingeengt. Sein *Portrait de femme* [Abb. 35] das weniger geglückt scheint, zeigt dennoch eine ernstere und persönlichere Bemühung, besonders in der Farbgebung.

Luc-Albert Moreau träumt von einer Art wollüstiger und melancholischer Malerei. Er malt kraftlose, matte Körper, ... »so traurig wie die Liebe selbst«. Diese Worte aus einem Gedicht von Théodore de Banville könnte man auch vor dem Stilleben von Dunoyer de Segonzac *Vénus de plâtre* wiederholen. Das Licht spielt kunstvoll auf Formen, die die Schönheit von Paros und der Antike wiederbeleben, die noch immer unter den Trümmern atmet. Erwähnen wir noch [...] die Arbeiten von Destable, der sich so schön auf ›détestable‹ [= abscheulich] reimen läßt.

Saal 20: Dies ist vielleicht der wichtigste Raum im Salon. Sensible Besucher werden bald bemerken, daß er mehr als nur Verrücktheiten enthält. Ich habe schon von den Bildern von Le Fauconnier und Gleizes gesprochen. Auch das Gemälde von Léger verdient Beachtung [Composition avec personnages]. Es ist ein unvollendetes Werk, das nur den informierten Besucher ansprechen wird. Im Thema ist es Bildern von Seurat verwandt. Légers Linienführung hat den Geist, der den pointillistischen Meister auszeichnet.

Molière und Voltaire würden diesen Maler geliebt haben. Metzinger möchte die Ebene großer Malerei erreichen. Sein *Port de mer* ist ein vollkommenes Bild, das gut ins Musée du Luxembourg passen würde. Es enthält bisher kein einziges Bild unserer neuen Maler. Die Zeit, um über den Kubismus zu sprechen, ist vielleicht schon vorüber. Die Zeit der Experimente ist jedenfalls vorbei. Unsere jungen Maler wollen nun endgültige Werke schaffen.

Man darf vor allem nicht die Malerei mit Illustration, Dekoration und Karikatur verwechseln. [...]

Saal 37–41: Hier stellt Tristan Leclère aus, der sich seinen Zauberernamen ›Klingsor‹ für seine Dichtung vorbehält.

Ebenfalls in diesem Saal finden sich [...] Marcel Fournier, der aus Madagaskar einige fein schattierte Bilder mit intensivem Kolonialgefühl mitgebracht hat; Makowski, ein Maler von echtem Talent, über den wir sicher noch Gelegenheit haben werden zu sprechen; [...] Asselin, dessen Inspiration jeden Tag sichtbarer wird; Rouault, ein kraftvoller Maler, dessen Kompositionen tadellos sind. [...]

Saal 41 bis zum Ende des Salons: [...] Deltombes Malerei ist für große Dekorationen geeignet. Man sollte ihm einige Wände zum Malen geben. Ich habe bereits gesagt, welche hohe Meinung ich von Robert Delaunays *La Ville de Paris* habe. [...] Mme. Georgette Agutte malt nervöse und heftig ausgeführte Arbeiten. Alexandre Séon schildert auf eine traurige Weise seinen Traum von Menschlichkeit. Francis Jourdain hat nur ein Bild eingesandt, das aber ausgezeichnet ist. Außerdem gibt es hier Ottmann, Josué Gaboriaud, dessen Arbeiten nobel und sehr ausgeglichen wirken. [...]

Skulptur und angewandte Künste: Der Salon enthält nur wenige Skulpturen, die aber sehr bedeutsam sind. Centore versteht es, große Werke kühn zu bearbeiten. Brancusi ist ein feiner und sehr individueller Bildhauer, dessen Skulpturen von großer Raffinesse sind. Archipenko hat das gleiche Gefühl für Eleganz, wie man es in gotischen Skulpturen findet. Lehmbrucks Talent läßt die Steifheit und Banalität der Düsseldorfer Bildhauer vergessen. Agéro hat diesmal eine wunderbare Büste geschaffen, einfach, ehrlich und nobel, mit einer sehr neuen Technik. Die angewandten Künste haben nur wenige Beiträge geliefert.

Wir erwähnen nur die Bucheinbände von Mare, die charmant und persönlich sind.

L'Intransigeant

Der Salon des Indépendants: Neue Tendenzen und Künstler

Der gerade in den Baracken am Quai d'Orsay eröffnete Salon des Indépendants gehört zu den wichtigsten vieler denkwürdiger, von der Société des Artistes Indépendants organisierter Ausstellungen. Signac hat mir einmal die Anfänge dieser Künstlergesellschaft erzählt, deren Präsident er heute ist. Es ist eine rührende Geschichte, und sein Held war ein Polizeioffizier im Ruhestand, der in seiner Freizeit zu malen pflegte.

Eine genauso heroische Rolle spielte ein junger Kunstkritiker, der als einziger die neu gegründete Gesellschaft besuchte. Sein Name ist Arsène Alexandre. Neulich sahen wir ihn den Salon des Indépendants zum achtundzwanzigsten Mal besuchen.

Dieser 28. Salon ist sehr bedeutsam. Da sich jeder Künstler auf drei Werke beschränken mußte, suchte jeder nur die besten Sachen auszustellen. Der Salon stellt somit in seiner Gesamtheit einen beträchtlichen Fortschritt dar, dessen Bedeutung nur dem Kritiker entgehen wird, der den offiziellen Status des Künstlers für wichtiger erachtet als sein Talent. Man wird beim Besuch der Räume verschiedene, klar unterscheidbare Tendenzen bemerken. Picassos Einfluß ist am deutlichsten zu spüren, obwohl er weiter umgewandelt worden ist. Selbst Künstler, die ganz und gar von diesem Einfluß durchdrungen waren, haben in den letzten zwei Jahren solche Anstrengungen unternommen, so daß ihre Persönlichkeit nun durch die strenge Disziplin, der sie sich unterworfen haben, verwandelt und gestärkt hervorgegangen ist. Der Einfluß von Matisse scheint vollkommen verschwunden zu sein. Das muß man eigentlich bedauern. Ein Meister wie Matisse, der der Farbe eine völlig neue Bedeutung gegeben hat und dessen Kühnheit in der Komposition wirklich erstaunlich ist, verdiente genaueres Studium. Seine Lektionen wären für manchen Künstler nützlich, besonders für Maler mit wenig Selbstvertrauen, die sich einem Hang zur Illustration hingeben.

Daneben gibt es zwei andere gut unterscheidbare Tendenzen, die eine besteht in der Abkehr vom Anekdotischen und im Versuch, das Sublime mit ernsten Mitteln zu erreichen. Das gehört zum größten Verdienst der zeitgenössischen Malerei. Diese Tendenz vereint Künstler wie Delaunay, Le Fauconnier, Metzinger, Gleizes, Marie Laurencin, Dunoyer de Segonzac, Luc-Albert Moreau, De Vlaminck, Rouault usw.

Die andere Tendenz wird von denen befolgt, die durch den Einfluß von Friesz die Arbeit von Girieud oder Dufy, einem großen und mißverstandenen Künstler, falsch interpretiert haben, was mir beklagenswert erscheint. André Lhote ist dafür heute der typischste Vertreter. Seine Leichtigkeit und sein vielseitiges Talent ermöglichten ihm, alles zu assimilieren, was bei Dufy und Girieud originell ist. Aber er hat es nur verwendet, um hübsche Bilder zu malen. Das hat eine Menge Künstler angezogen, die von dem schwierigen Aufstieg zu den Gipfeln reiner Malerei abgeschreckt worden sind.

So will es mir scheinen, daß ein Marchand, ein La Fresnaye, um nur die begabtesten und begeistertesten dieser Künstler zu nennen, sich einer Leichtigkeit nähern, die die Bemühungen ganzer Generationen von Künstlern, den Gipfel der Malerei zu erreichen, sinnlos machen wird.

Auch der Einfluß von Vallotton macht sich bemerkbar. Seine Manier ist nur ganz an der Oberfläche mit Ingres verwandt. Er besitzt weder Ingres' Kühnheit der Linie noch seine raffaelsche Klarheit der Farbe. Vallotton ist mehr den Deutschrömern des 19. Jahrhunderts verwandt. Vallotton beginnt eine Schule zu gründen. Man kann darauf warten, daß alte Jungfern in der ganzen Welt seine Formel bald in ihrer kalten Sterilität anwenden werden.

Unter den jungen Künstlern scheint mir Le Fauconnier den stärksten Einfluß auszuüben. Der Reichtum, die Vielfalt und die Tiefe seiner Farbgebung machten seinen Einfluß vorhersehbar. Und doch hoffe ich, daß dieser Stil nicht zu fest wird und den Künstler gefangen hält, einen Künstler, der einige sehr bedeutende Werke geschaffen hat und der dieses Jahr entschlossen zu sein scheint, endgültige Werke zu schaffen.

Man kann im Salon auch einen impressionistischen Trend erkennen, vertreten von Künstlern wie Marquet und Jean Puy, und einen Rousseau-Trend, wobei man jedoch nicht nach einem Rousseau-Stil Ausschau halten darf. Es handelt sich um sehr originelle Werke von Autodidakten, aber von Autodidakten mit Talent, die es schon immer in Frankreich gegeben hat, und die aus den Tiefen der Zivilisation dieses Landes aufzusteigen scheinen. Jene, die sich weigern, irgendeinen Wert in diesen spontanen Arbeiten zu sehen, könnten mit dem gleichen Recht auch die Poesie der Volkslieder verachten, die in der Tat heute vielleicht zu hoch eingeschätzt werden – zum Nachteil der wirklich großen Poesie. Man muß diese charmanten Bilder einfach lieben, darf sie aber nicht mit den Bildern der Meister verwechseln, denn die Meister wußten, was sie taten.

Schließlich gibt es noch einen Trend, dem im Salon gehuldigt wird, den des Neo-Impressionismus mit Signac, Lucie Cousturier und Antoine de La Rochefoucauld. Das ist eine Schule mit genau definierten Grenzen, aber innerhalb dieser doch sehr engen Grenzen wurden einige sehr bemerkenswerte und leuchtende Werke geschaffen. Außerdem ging aus ihnen einer der größten französischen Maler hervor, Seurat.

Nachdem ich nun versucht habe, die verschiedenen Trends und Einflüsse im Salon ausfindig zu machen, werde ich nun die herausragenden Werke der Ausstellung besprechen.

Zunächst enthält der Saal 38 das beeindruckendste Bild, beeindruckend sowohl vom Format wie von der künstlerischen Inspiration. Dieses Bild mit dem Titel *La Ville de Paris* [Farbabb. 2] wurde von einem jungen Maler geschaffen, dessen Arbeiten bisher zwar interessant, aber unvollendet erschienen. Seine dramatischen Kompositionen des Eiffelturms offenbarten schon sein kraftvolles Talent. Wir wagten aber nicht, auf eine solche vollständige Realisation seines Versprechens zu hoffen. *La Ville de Paris* ist ein Bild, das in sich selbst die Summe künstlerischer Anstrengungen konzentriert und darin weit bis zu den großen italienischen Malern zurückreicht. Man muß den Mut haben, das auszusprechen. Es geht hier nicht mehr um ein Stadium des Experimentierens, des Archaismus oder des Kubismus.

Das hier ist ein aufrichtiges und nobles Bild, ausgeführt mit einer Leidenschaft und einer Leichtigkeit, an die wir nicht mehr gewöhnt waren. Auf der linken Seite sieht man die Seine und den Montmartre. Auf der rechten Seite stehen der Eiffelturm und einige Häuser. Im Zentrum des Bildes erheben sich drei schlanke, kraftvolle Figuren, die Kritiker als Kopien von pompejanischen Wandgemälden ansehen, die aber trotzdem Inkarnationen französischer Grazie und Kraft sind, wie Jean Goujon sie auffaßte.[16] Die Einfachheit und die Kühnheit dieser Komposition sind auf glückliche Weise mit allem Neuen und Kraftvollen kombiniert, das verschiedene Generationen französischer Maler entdeckt haben. Nicht eine Spur von Anmaßung, nicht der leiseste Wunsch zu schockieren oder dunkel zu wirken, und doch ist hier ein wichtiges Werk entstanden, das in der Geschichte der modernen Malerei ein Meilenstein sein wird.

Von nun an werden es junge Künstler wagen, sich großen Themen bildnerisch zu nähern und sie entsprechend umzusetzen ...

Auch das Bild *Femmes et éventails* von Marie Laurencin ist große Malerei. Es zeigt einen einmaligen Sinn für Komposition, der von überhaupt keiner bekannten Stilrichtung abzuleiten ist. Alles in diesem Werk ist kühn ausgeführt und die Details, die Gesichtsausdrücke sind unvergleichlich würdevoll, ohne jede Geziertheit.

Le Fauconniers Bild *Le chasseur* [Abb. 36] zeigt die größte künstlerische Anstrengung im Salon. Falls er sich an ein größeres Thema gewagt hätte, müßte er wegen seiner Originalität, der Kraft und Vielfalt der Farben unter die allerbesten Künstler gezählt werden.

Auch Metzingers Beitrag gehört zu den bedeutendsten Leistungen des Salons. Dieser Maler zielt nun auf Grazie und Schönheit. Hier ist ein Maler, der wirklich an Ingres erinnert. Falls sich auch noch seine Sinnlichkeit zeigen würde, wäre er ein wirklich großer Maler. *Les baigneuses* [Abb. 37] von Gleizes markiert im Werk dieses Künstlers keinen Einschnitt, sondern eine neue Bemühung um Konstruktion und Linie. Diese Anstrengung war nicht vergebens. *Les baigneuses* ist ein großes Bild, trotz seines kleinen Formats. Légers Bild ist ein Beispiel reiner Malerei: kein Sujet, aber viel Talent. Es besteht jedoch Grund zur Befürchtung, daß die Inspiration des Künstlers bald versagen wird, wenn sie nicht mit neuen Ideen versorgt wird. Dunoyer de Segonzacs Beitrag ist weniger wichtig. Es ist ein vom Gefühl her sehr raffiniert gemaltes Stilleben. Eine gewisse Raffinesse zeichnet auch den

Doppelakt von Luc-Albert Moreau aus, der nach dem Ideal einer melancholischen und sinnlichen Kunst sucht.

Es gibt noch viele andere Künstler mit ausgesprochener Persönlichkeit im Salon. Aber mir scheint, daß die eben erwähnten Künstler ihre Eigenart am besten entfaltet haben.

Le Petit Bleu, 20. März

Kunstneuigkeiten: Malerinnen

So wie unsere Zeit das Aufblühen einiger weiblicher Talente in der Welt der Literatur erlaubt hat, so hat sie auch einige weibliche Persönlichkeiten in der bildenden Kunst hervorgebracht, die man nicht länger ignorieren kann. In der Saison 1911/12 gab es zahlreiche Einzelausstellungen von Künstlerinnen. Vor dem letzten Winter hat man weder in Paris noch in anderen Städten so viele Frauen gesehen, die bewiesen haben, daß ihre künstlerischen Fähigkeiten in keiner Weise denen der Männer unterlegen sind. Was die Frauen zur Kunst beitragen können, sind wohl kaum technische Neuerungen, sondern vielmehr der Geschmack, der Instinkt und eine neue und vollkommen unbeschwerte Sicht des Universums. Es gab zu allen Zeiten Malerinnen und es ist sicher merkwürdig, daß es ihrer nicht mehr gegeben hat. Das 16. Jahrhundert hat die Malerin Sofonisba Anguissola hervorgebracht, die sogar von Lanzi und Vasari gerühmt wurde. Paul IV. und der König von Spanien führten gelehrte Dispute um ihre Werke, die man heute in Madrid, Florenz, Genua und London bewundern kann. Der Louvre hat kein einziges Bild von ihr. Um 1530 in Cremona geboren, überflügelte sie bald ihren Meister Bernardino. Sie führte die Kunst des Porträts zu großer Höhe, so daß moderne Gelehrte zeitweise ihre Arbeiten sogar Tizian zuschrieben. Nach Jahren großen Erfolgs am Hof Philipps II. zog sie sich nach Genua zurück, wo sie schließlich erblindete. Lanzi sagt, daß sie unter ihren Zeitgenossen als die fortschrittlichste Interpretin der Künste galt. Auch Van Dyck besuchte sie und behauptete von ihr, er hätte von dieser alten, blinden Dame mehr gelernt als von so manchem ›hellsichtigen‹ Maler. Das 18. Jahrhundert brachte nur Künstlerinnen zweiten Ranges hervor, so wie Angelika Kauffmann oder Mme. Vigée-Lebrun. Erst im 19. Jahrhundert begannen sich wieder echte weibliche Künstlerpersönlichkeiten in Frankreich zu zeigen. Rosa Bonheur, Louise Abbéma und Berthe Morisot waren nicht ohne Einfluß auf die Kunstszene. Berthe Morisot war sogar eine der vollendetsten Künstlerpersönlichkeiten ihrer Zeit und ihre Werke werden sicher überdauern. Doch es dauerte bis zum Beginn des 20. Jahrhunderts, daß die weibliche Kunst neue Sofinisba Anguissolas hervorbrachte; diese bilden heute eine Gruppe beachtenswerter Künstlerinnen, von denen jede einzelne wert wäre, genau vorgestellt zu werden. Ich habe nicht die Absicht, alle unsere Malerinnen in diesem Artikel aufzuzählen. Ich lasse deshalb Talente wie Lucie Cousturier, Galtier-Boissière, Benz-Bizet, Léone Georges-Reboux, Georgette Agutte, Beaubois de Montoriol, Becagli, Montchenu-Lavirotte usw. beiseite, von denen keine dieses Jahr einzeln ausgestellt hat. Ich werde nur von denen sprechen, die erst kürzlich wichtige Werkgruppen gezeigt haben.

Mlle. Hélène Dufau hat eine Serie weiblicher Porträts ausgestellt. Ihre Kunst ist sehr verstandesbetont, die Phantasie spielt nur eine untergeordnete Rolle. Man merkt, daß Mlle. Dufau stark von den modernen Meistern, die sie schätzt, beeinflußt worden ist. Sie hat oft versucht, die Höhen der Allegorie zu erklimmen, und sie war darin erfolgreicher als ihre männlichen Kollegen. Ihre Kompositionen sind zwar nicht sehr originell, doch hat sie dafür ein bemerkenswertes Talent für Beobachtung, das Maler sonst selten besitzen. Wenn sie sich noch mehr auf das ihr angeborene Talent konzentrieren würde, so würde sie eines Tages bleibende Werke schaffen. In der Zwischenzeit sind ihre Porträts von Frauen auch nicht gerade unbedeutend. Sie hat es geschafft, das gesellschaftliche Erscheinungsbild ihrer Modelle scharf herauszuarbeiten. Obwohl sie Pariser Frauen malt, zeigt sie sic uns nicht als schöne Puppen, sondern als Gesichter, in denen sich die Intelligenz spiegelt, welche die Frauen so oft verbergen, aus Angst, sie könne von ihrer Schönheit ablenken. Man wünscht sich trotzdem eine noch sicherere Linienführung, eine kühnere Farbgebung und auch noch mehr Ausdruckskraft. Denn eine solche Kunst riskiert, in die Banalität abzugleiten, wenn sie nicht von dem Bemühen um Komposition gestützt wird. Mme. Marval bietet den Kunstliebhabern eine völlig andere Kunstauffassung. Diese Künstlerin besitzt Einbildungskraft und ein sehr persönliches Talent. Die Abstraktion ist nicht gerade ihr starke Seite, aber sie hat die wunderbare Gabe, die poetische Seite ihres Motivs zu zeigen. In dem Bild *Hommage à Gérard Nerval* gelang es ihr, alle Elemente einer angenehmen und überhaupt nicht manierierten Komposition dem Gefühl abzugewinnen, das den alten Liedern des Valois soviel Charme verleiht. Männer versagen meistens vor solchen Themen. Sie verlangen nämlich eine Kombination von gutem Geschmack und Fingerspitzengefühl. Wenn Ingres in der Lage war, seine *Apothéose d'Homer* mit soviel Größe zu versehen, dann darum, weil er mit guter Literatur aufgewachsen ist und ein Gefühl für die Antike hatte. Seither haben wir einige weniger gelungene Hommagen gesehen. Ich erinnere mich an eine gewisse *Hommage à Gauguin,* die traurigste Sache, die man sich vorstellen kann. Sie sah wie eine Versammlung von Geistern aus, eine Schande für das Handwerk des Malers, der diese Arbeit geschaffen hat. Er hat sein Bild so geplant wie ein Leichenbestatter ein drittklassiges Begräbnis einrichtet. Ich erinnere mich auch an eine *Hommage à Cézanne* von Maurice Denis, in dem nicht der leiseste Hinweis auf eine Hommage oder einen Cézanne zu sehen war, eine traurige Arbeit, die mehr ein Dokument als eine Apotheose zu sein scheint. In ihrem großen Bild mit Odalisken hat Mme. Marval die Reichweite ihres Talents gezeigt und damit ein bedeutendes Werk für die moderne Malerei geschaffen. Diese starke und sinnliche Arbeit, frei gemalt und ganz persönlich in der Komposition, Linie und Farbgebung, verdient es, zu überdauern. Die Ausstellung von Mlle. Marie Laurencin zeigte uns, was wir von dieser Künstlerin erwarten können. Sie hat Werke geschaffen, die keiner anderen Malerei etwas zu verdanken haben, ob alt oder modern. Sie beschwört vor allem die Freude und Kraft der Poeten der Pléiade. Ihre Frauenporträts werden eines Tages vielleicht den Stil unserer Zeit charakterisieren und man wird vielleicht von der ›Marie-Laurencin-Frau‹ sprechen, so wie man bereits von der ›Jean-

Goujon-Frau‹ spricht. In den letzten wenigen Jahren hat sie an zwei großen künstlerischen Bewegungen teilgenommen: am Fauvismus und am Kubismus. Aber unter den Fauves war sie die Fauvette. Als ein italienischer Kunstkritiker sie als ›Notre-Dame du Cubisme‹ bezeichnete, antwortete M. Fernand Fleuret, der das Vorwort zum Katalog ihrer Ausstellung schrieb, mit einer Hommage, die diese Bezeichnung in ihrer vollen Bedeutung wiederaufnimmt: »Gegrüßet seist Du, Maria, voll der Gnade.«

Anmut, Würde, Grazie sind durch und durch französische Tugenden; Frauen wie Mme. Merval und Mlle. Laurencin haben sie in die Kunst eingebracht und das zu einer Zeit, als die Kunst streng wurde und die Maler sich mit neuen technischen Experimenten beschäftigten, die Mathematik, Chemie und Kinematographie einschlossen und sich nicht länger darum kümmerten, ihren Bewunderern zu schmeicheln. Mlle. Marthe Galard, deren erste Einzelausstellung gerade gezeigt wird, hat weniger Autorität als die eben erwähnten Künstlerinnen. Trotzdem ist sie eine Künstlerin von Talent, deren Sinnlichkeit manchmal mit einem von Gewöhnlichkeit völlig freien Mystizismus kombiniert ist. Sie besitzt nicht die einzigartige Kühnheit der Linienführung, welche den Arbeiten von Mlle. Laurencin einen solchen individuellen und eindringlichen Stil verleiht, noch hat sie die Kultur, die Mme. Mervals Kompositionen mit einer tieferen Bedeutung versieht. Aber sie besitzt in einem hohen Grad einen geheimnisvollen Sinn für das Universum, der ganz ihr eigen ist. Möge sie von zu schneller Bewunderung, allzu großer Professionalität und Sentimentalität verschont bleiben! Mme. Lisbeth Delvolvé-Carrière ist dem nebligen Ideal ihres Vaters treu geblieben, dem großen Maler Carrière. Keiner hat ihre Kunst besser beschrieben als M. Gabriel Mourey: »Während Sie noch ein Kind waren, haben Sie gelernt, leise zu sprechen und die Noblesse und Schönheit tiefer Worte zu verstehen, die niemals lauter als flüsternd gesprochen werden.«

Es ist ganz deutlich, die Künstlerinnen haben dieses Jahr hart gearbeitet. Man könnte ohne Übertreibung sagen, daß die interessantesten künstlerischen Beiträge dieses Jahr fast nur von Künstlerinnen stammten. Mlle. Laurencin hat den herausragendsten Beitrag geleistet. Sie hat nicht nur eine eigene Ausstellung organisiert, sondern auch in den Salon der Unabhängigen eine Arbeit eingereicht, die zu den vollendetsten Arbeiten gehört, die sie bisher geschaffen hat. M. Mario Meunier, Rodins Sekretär und der ausgezeichnete Übersetzer von Sappho, Sophokles und Plato, erzählte mir neulich eine amüsante Anekdote über dieses Bild. Er zeigte eines Tages Rodin einige Fotos von kubistischen und futuristischen Bildern, unter denen sich auch das Bild von Mlle. Laurencin befand. »Hier ist also eine Frau, die weder kubistisch noch futuristisch ist«, sagte der Meister. »Sie weiß, was Grazie ist, sie ist schlangenförmig [serpentine].«

Das ist wirklich das passende Wort – die Kunst der Frauen ist schlangenförmig. Das war vielleicht auch der Fall, als jene große Künstlerin der Linie und Farbe, Loïe Fuller die Vorläuferin der heutigen Frauenkunst, jene brillante Mischung aus Malerei, Tanz, Zeichnung und Koketterie erfand, die sehr passend *danse serpentine* genannt wurde. Hinsichtlich des Werks einer anderen Frau entdeckte Rodins Genie diesen Ausdruck wieder!

Le Petit Bleu, 5. April

Die neue Malerei: Notizen zur Kunst

Man hat den neuen Malern ihre Beschäftigung mit der Geometrie sehr vorgeworfen. Doch gerade die geometrischen Figuren machen das Wesen der Zeichnung aus. Die Wissenschaft der Geometrie, die sich mit der Flächenausdehnung, ihrem Maß und ihren Beziehungen befaßt, war zu allen Zeiten Grundlage der Malerei. Bisher genügten die drei Dimensionen der euklidischen Geometrie, um die Empfindung des Unendlichen, welche die Seele der großen Maler mit Angst erfüllt, zu beruhigen – einer Angst, die kaum wissenschaftlich genannt werden kann, da Kunst und Wissenschaft zwei verschiedene Bereiche sind. Die neuen Maler wollen keine Mathematiker werden, genausowenig wie ihre Vorgänger. Doch man kann behaupten, daß die Geometrie für die bildenden Künste das gleiche bedeutet, was die Grammatik für die Literatur ist. Heute halten sich nun aber die Wissenschaftler nicht mehr an die drei Dimensionen der euklidischen Geometrie. Die Maler wurden auf ganz natürliche Weise und sozusagen durch Intuition dazu gebracht, sich mit den neuen Maßen der Ausdehnung zu beschäftigen, die man in der modernen Ateliersprache insgesamt und abgekürzt mit dem Begriff der ›vierten Dimension‹ bezeichnet.[17] Ohne mich in mathematischen Spekulationen ergehen zu wollen, die zu einem anderen Bereich gehören, würde ich vom Standpunkt der bildenden Künste aus, so wie ich ihn wahrnehme, sagen, daß die vierte Dimension aus den drei bekannten Dimensionen hervorgegangen ist: Sie stellt die Unendlichkeit des Raumes dar, der sich zu einem bestimmten Zeitpunkt in alle Richtungen hin verewigt. Sie stellt den Raum selbst dar, seine Dimension des Unendlichen. Sie verleiht den Gegenständen ihre Plastizität. Sie weist ihnen die im Werk richtigen Proportionen an. Dagegen zerstört zum Beispiel in der griechischen Kunst ein in gewissem Sinne mechanischer Rhythmus unaufhörlich die Proportionen.

Die griechische Kunst hatte von der Schönheit eine rein menschliche Vorstellung. Sie nahm den Menschen als Maß der Vollkommenheit. Die Kunst der neuen Maler nimmt das unendliche Weltall zum Ideal. Allein die vierte Dimension stellt dem Künstler das neue Maß der Vollkommenheit zur Verfügung, das ihm erlaubt, dem Gegenstand Proportionen zu geben, wie sie dem Grad an Plastizität entspricht, den er dem Gegenstand zukommen lassen will. Nietzsche sah die Möglichkeit einer solchen Kunst voraus: »›Oh göttlicher Dionysos, warum ziehst du mich an den Ohren?‹ fragte Ariadne einmal bei einem ihrer berühmten Zwiegespräche auf Naxos ihren philosophischen Liebhaber. ›Ich finde deine Ohren sehr hübsch, Ariadne. Warum sind sie nicht noch länger?‹« [Götzendämmerung]

Als Nietzsche diese Anekdote berichtete, machte er durch den Mund des Dionysos der griechischen Kunst den Prozeß. Da die jungen Maler die Proportionen des Ideals erreichen möchten und sich dabei nicht auf die menschliche Natur beschränken wollen, schenken sie uns eher intellektuelle als sinnliche Werke. Sie entfernen sich zunehmend von der alten Kunst der optischen Illusionen und örtlichen Proportionen, um die Größe metaphysischer Formen auszudrücken. Daher besitzt die gegenwärtige Kunst, auch wenn sie nicht unmittelbar aus bestimmten religiösen Glaubensvorstellungen abzuleiten ist, doch mehrere Wesenszüge der großen Kunst, das heißt der religiösen Kunst. Man könnte folgende Definition der

Kunst geben: Schaffung neuer Illusionen. Tatsächlich ist alles, was wir fühlen, Illusion, und die Funktion des Künstlers ist es, die Illusion des Publikums in Übereinstimmung mit seiner eigenen Gestaltung zu bringen. Die allgemeine Struktur einer ägyptischen Mumie entspricht den von den ägyptischen Malern gezeichneten Gesichtern, und doch waren die alten Ägypter recht verschieden voneinander. Sie haben sich einfach der Kunst ihrer Zeit angeglichen. Das ist die Funktion der Kunst, ihre soziale Bestimmung: diese Illusion hervorzubringen, den Typ. Wie sehr hat man sich über die Bilder von Manet und Renoir lustig gemacht! Nun braucht man nur einen Blick auf die Fotografien jener Zeit zu werfen, um die Übereinstimmung der Menschen und Dinge mit den Bildern dieser Maler zu erkennen. Diese Illusion scheint mir ganz natürlich zu sein, denn Kunstwerke sind die dynamischsten Produkte ihrer Zeit, von einem bildnerischen Standpunkt aus betrachtet. Dieser Dynamismus zwingt sich den Menschen auf und wird durch sie zum bildnerischen Standard einer Epoche. Wer sich daher über die neuen Maler lustig macht, mokiert sich über sein eigenes Gesicht, denn die Menschheit der Zukunft wird sich von der heutigen Menschheit nach den Vorstellungen, welche die Maler der lebendigsten, das heißt der neuesten Kunst über sie hinterlassen haben, ihr Bild machen. Man erzähle mir nicht, es gäbe heute auch noch andere Maler, die derart malten, daß sich die Menschheit in ihren Bildern wiederkennen könne. Alle Kunstwerke einer Epoche ähneln schließlich den Werken der dynamischsten, der ausdruckstärksten und der typischsten Kunst. Selbst Puppen, ein Produkt der Volkskunst, scheinen immer von der großen Kunst ihrer Zeit inspiriert worden zu sein. Das läßt sich leicht überprüfen. Doch wer traute sich zu behaupten, die Puppen, die man um 1880 in einem Geschäft verkaufte, seien aus der gleichen Empfindung heraus geschaffen worden, wie sie Renoir beim Malen seiner Porträts beflügelte? Niemand bemerkte damals so etwas. Das bedeutet jedoch, daß Renoirs Kunst dynamisch und lebendig genug war, um sich unseren Sinnen aufzuzwingen, während dem Publikum, das seine frühen Bilder sah, seine Anschauungen als Absurdität und Wahnsinn erschienen.

Das heutige Publikum verweigert sich den Arbeiten der jungen Maler, so wie das Publikum von 1880 Renoirs Arbeiten ablehnte. Das geht schon so weit, daß man sie billiger Tricks bezichtigt und im schlimmsten Fall versteigt man sich dazu, zu behaupten, diese Maler wären einfach auf dem falschen Weg. Nun kennt man aber in der ganzen Kunstgeschichte keinen einzigen Fall einer Kollektivgaunerei oder eines kollektiven künstlerischen Irrtums. Es gibt zwar vereinzelte Fälle von Betrug und Irrtum, aber es kann keine kollektiven Tricks und Irrtümer geben. Falls die neue Malrichtung ein solcher Fall wäre, würde das ein so außergewöhnliches Ereignis bedeuten, daß man von einem Wunder sprechen müßte. Um sich einen solchen Fall auszudenken, müßte man sich vorstellen, daß plötzlich alle Kinder in einem bestimmten Land ohne Kopf oder mit nur einem Bein oder einem Arm auf die Welt kämen – eine offensichtlich absurde Idee. Es gibt keine kollektiven Irrtümer oder Betrüge in der Kunst; es gibt nur verschiedene Kunstepochen und Kunstrichtungen. Alle verdienen das gleichen Ansehen, und jede Kunstrichtung wird doch gemäß der sich verändernden Vorstellungen von Schönheit einmal bewundert, dann verachtet, und schließlich wieder bewundert. Ich persönlich bin ein großer Bewunderer der modernen Malerei, da sie mir als die bisher wagemutigste erscheint. Sie hat die Frage nach dem Schönen selbst aufgeworfen. Die modernen Maler wollen Schönheit, losgelöst vom menschlichen Gefallen an sich selbst, darstellen. Das hat seit dem Beginn der Geschichtsschreibung noch kein europäischer Künstler gewagt. Die neuen Künstler suchen nach einer idealen Schönheit, die nicht länger nur der stolze Ausdruck der menschlichen Gattung ist.

Die heutige Kunst gibt ihren Werken ein grandioses, monumentales Aussehen, das in dieser Hinsicht alles bisher von den Künstlern früher Zeit Erdachte übertrifft. Gleichzeitig enthält die heutige Kunst keine Spur von Exotismus. Zwar sind unsere jungen Künstler mit den chinesischen Kunstwerken vertraut, mit afrikanischen und australischen Fetischen und mit der minuziösen islamischen Kunst, doch reflektieren ihre Arbeiten keinen dieser Einflüsse, und auch nicht die der italienischen und deutschen Primitiven.[18]

Die heutige französische Kunst entstand spontan auf französischem Boden. Das beweist die Vitalität der französischen Nation. Sie ist weit entfernt von jeder Dekadenz. Man könnte leicht eine Parallele zwischen zeitgenössischer französischer Kunst und der gotischen Kunst ziehen, die wunderbare Monumente auf französischem Boden und überall in Europa erbaute. Vorbei sind die griechischen und italienischen Einflüsse. Das ist die Wiedergeburt der französischen Kunst, sozusagen der gotischen Kunst – eine völlig spontane und von jeder Nachahmung freie Wiedergeburt. Die heutige Kunst ist mit der gotischen durch alle rein französischen Merkmale der aufeinanderfolgenden Kunstrichtungen verbunden, von Poussin zu Ingres, von Delacroix zu Manet, von Cézanne zu Seurat und von Renoir zum Zöllner Rousseau, diesem bescheidenen, aber so ausdruckstarken und poetischen Zeichen französischer Kunst.

Die Vitalität dieser dynamischen und unendlichen Kunst, die dem französischen Boden entsprungen ist, bietet uns ein wunderbares Schauspiel. Aber kein Prophet gilt in seinem eigenen Land, und darum erfährt diese Kunst hier immer noch mehr Widerstand als irgendwo anders.

Les Soirées de Paris, April/Mai[19]

Der Salon d'Automne

Vor der Eröffnung – Ein allgemeiner Überblick (30. September)

Morgen, am Montag wird der neue Herbstsalon eröffnet. Er hat dieses Jahr nicht das Aussehen eines Schlachtfelds wie 1907, 1908 und im letzten Jahr. Inzwischen sind Henri Matisse, Van Dongen und Friesz vom Publikum akzeptiert worden und nehmen Ehrenplätze in den ihnen reservierten Räumen ein. Sie werden bereits von so vielen Studenten der Ecole des Beaux-Artes verteidigt und bewundert, daß sie sicher über jeden lächeln würden, der sie heute noch *fauves* nennt. Sie sind nämlich sehr zahm geworden.

Um die Wahrheit zu sagen: Van Dongen versuchte, ein wenig Lärm zu schlagen. Doch die Jury verhinderte das, indem sie ein Bild ablehnte, das einige Leute in der Provinz schockiert hätte. Auch die Kubisten, die am Ende der Porträtretrospektive in einem dunklen Raum ausgestellt sind, werden nicht mehr ausgelacht, wie noch voriges Jahr. Nun rufen sie nur noch Haß hervor. Sie bereiten sich auf eine bevorstehende Gruppenausstellung vor, die *Section d'Or,* die am 10. Oktober eröffnet wird.

Der Schwerpunkt des Salons, der diesmal etwas an Charakter verloren hat, liegt bei den Porträts aus dem 19. Jahrhundert, eine sehr interessante Sammlung, die aber sehr viele, vielleicht zu vermeidende Lücken aufweist. Junge Künstler, die die Ausstellung gestern gesehen haben, vermißten Ingres, David und Prudhon. Andererseits sind unsere zeitgenössischen Künstler, egal zu welcher Stilrichtung sie gehören, breit vertreten, dazu gehören Bonnat, Carolus-Duran, Albert Besnard, Renoir, Degas, Jacques Blanche, Hermann-Paul, Charles Guérin, Lebasque, Bonnard. Es gibt auch einige Cézannes, einen erstklassigen Fantin-Latour und ein Frauenporträt von Vallotton, das bedauern läßt, daß der Künstler seinen Stil geändert hat.

Die wirklich große Attraktion des Salons von 1912 wird die Ausstellung der angewandten Künste im Parterre und im zweiten Stock sein. Leider können wir darüber nichts Näheres berichten, da die Herren Künstler nicht ganz fertig geworden sind. Nur M. André Mare wird sicher morgen fertig sein. Aber schon das Wenige, was wir gesehen haben, zeigt, daß diese dekorativen Ausstellungsstücke elegant, einfach und von guten Geschmack sind. Das dem Art Nouveau mangelnde Gefühl für Bequemlichkeit wurde von den jungen Dekorateuren wiederentdeckt. Ich denke, daß das Publikum von dem Fortschritt auf diesem Gebiet beeindruckt sein wird.

Die Eröffnung des Salon d'Automne – Ein kleiner Zwischenfall im Grand Palais (1. Oktober)

Heute fand die Eröffnung des Herbstsalons statt. Die Herren von der Abteilung angewandte Künste sind noch sehr beschäftigt. Ihre Ensembles sind noch nicht fertig.

Um zehn Uhr kam der Minister für Öffentlichkeitsarbeit, M. Guist'hau, am Grand Palais an. Er wurde von M. Frantz Jourdain, dem Präsidenten der Société du Salon d'Automne, gemeinsam mit dem Vizepräsidenten, den Vorsitzenden der verschiedenen Abteilungen und den Mitgliedern des Komitees empfangen. Der Ausstellungsrundgang begann unverzüglich.

Die Kunstsaison in Paris hat begonnen. In wenigen Wochen wird sie ihren Höhepunkt erreichen. In der Tat war heute jeder, der etwas in der Kunstszene von Paris bedeutet, bei der Eröffnung anwesend. Eine elegante Menschenmenge, unter ihnen viele große Namen aus der Welt der Künste und die zahlreichen Vernissagegänger, folgte dem Minister auf seiner Runde.

Unter den Anwesenden waren der Komponist Debussy, die Herren Théodore Duret, Paul Fort, Ernest La Jeunesse, Rouché, Direktor des Théâtre des Arts usw.

An diesem Morgen ereignete sich ein kleiner Zwischenfall, als einige kubistische Maler auf einen unserer Kollegen, M. Vauxcelles, losgingen und ihn gründlich beleidigten. Man beließ es dann jedoch bei dem heftigen verbalen Schlagabtausch.

Man betrachtete zuerst das Monument *Aux victimes de l'Inquisition* von Joseph Bernard sowie andere seiner Werke, *Etreinte, Portrait du poète André Rivoire* usw.

In der Abteilung Malerei gibt es keine neuen Gruppierungen. Gemälde der verschiedensten Stilrichtungen sind über alle Räume verstreut. Einzig die Kubisten sind als zusammenhängende Gruppe ausgestellt worden. Auch dieses Jahr bilden sie wieder die entschiedenste Gruppe im Salon. Die Jury war ihnen jedoch kaum zugeneigt, und wenn die meisten von ihnen nicht noch in letzter Minute gerettet worden wären, gäbe es dieses Jahr keine Kubistenausstellung. Das wäre schade gewesen, denn der Herbstsalon ist ja vor allem ein Salon der modernen Kunst. Tatsächlich revidierte die Jury nur deshalb ihre Entscheidung gegen die Kubisten, weil diese Gruppe junger französischer Maler im vergangenen Jahr beträchtlich an Bedeutung gewonnen hat. Der von ihnen ausgehende Einfluß selbst auf ausländische Künstler entging auch der Aufmerksamkeit der Organisatoren des Herbstsalons nicht.

Die neuen Werke der Kubisten, nicht länger aus Elementen der sichtbaren Realität komponiert, sondern aus den reinen Elementen der konzeptuellen Realität, sind sicher im einzelnen der Kritik offen. Was aber die allgemeine Tendenz betrifft, so scheint sie mir doch die Aufmerksamkeit jedes Kunstfreunds wert zu sein, der sich um die Zukunft der Kunst Gedanken macht.

Während eines schnellen Durchgangs durch den Salon bemerken wir eine nervös gearbeitete Statuette von M. Andreotti, [...] einige schöne Skulpturen voller Versprechen von Archipenko , [...] *La terrasse* und *Le pigeonnier,* zwei interessante Arbeiten von Jacques-Emile Blot. Die vier Bilder von Bonnard gehören zu den angenehmsten Arbeiten, die es zu sehen gibt, zugleich sind sie auch würdevoll und geistreich. Bourdelles Doppelmedaillon erinnert an zwei bretonische Schriftsteller, Edouard und Tristan Corbière; sie besitzen viel Charakter und Noblesse. [...]

Ich sah auch [...] eine charmante Skizze von M. Dethomas, [...] ein übertriebenes und unverständliches Werk von M. van Dongen mit dem Titel *Aux marins, aux voyageurs et aux saltimbanques,* einige ungekünstelte Landschaften von M. Dunoyer de Segonzac, einem Maler von schmerzender Aufrichtigkeit.

Das Porträt des Don Cayetano Cervirez von Echevarria ist eines der Meisterwerke des Salons, ein zugleich kühnes und meisterhaftes Bild. Man wird auch [...] auf ein feines und einzigartiges Aquarell von M. Fauconnet achten, *Napoléon à Sainte-Hélène,* einige kraftvolle Ansichten aus Italien von M. Fiebig; [...] *Baigneurs (Badende)* und *Joueurs de cartes* von M. Roger de la Fresnaye, der eine interessante Arbeit unternommen hat; *Femmes à la fontaine* von M. Othon Friesz, der aus Portugal eine neue Naturauffassung mitgebracht hat. [...]

(2. Oktober)

An interessanten Arbeiten von Frauen mangelt es dieses Jahr nicht. Einige von ihnen habe ich schon früher erwähnt. Alle Zeitungen haben übereinstimmend den wohlverdienten Erfolg von Mme. Marval bemerkt. Im Salon gibt es auch einige angenehme Skizzen von

Mme. Geneviève Granger und einige merkwürdige Projekte für Kacheln von Mme. Rosa Riera zu sehen.

M. Gropéano hat einige genau beobachtete Szenen aus dem Arbeiterleben eingesandt. Ich weise auch [...] auf den bemerkenswerten Beitrag von Henri Matisse hin, [...] eine strenge und eindrucksvolle Radierung von Louis Marcoussis, die frischen und schimmernden Landschaften von Francis Jourdain, *La danseuse* von Jean Metzinger [Abb. 42], ein einnehmendes und sehr poetisches Werk, [...] Laboureurs schöne und sehr moderne Holzschnitte, Georges Lacombes Holzplastik, ein Porträt von Antoine, König von Odeania, und Laprades *Pantins,* eine einfühlsame Arbeit. [...]

Die zwei großen Bilder von Picabia sind neue und ausgezeichnete Arbeiten von einem Künstler, der schon lange seinen Weg sucht und seine Kunst kennt. *Jugement de Pâris* ist ein etwas zögerndes Werk von André Lhote. Dagegen ist *Montagnards attaqués par un ours* ein sehr wichtiges Werk von Le Fauconnier, [...] ebenso wie *Homme au balcon* von Albert Gleizes, das den enormen Fortschritt beweist, den der Künstler in der letzten Zeit gemacht hat. Bemerkenswert sind auch die Arbeiten von Marcel Lenoir, deren symbolische Intentionen hochgespannt sind, und Luc-Albert Moreaus *Nymphes de la Seine,* mit einem sehr modernen Gefühl gemalt. [...] Fernand Légers *La femme en bleu* [Abb. 39] ist ein Werk von beträchtlichem Charme, und Nadelmans Bronze *Le jongleur* erinnert an Werke der Renaissance. [...]

(3. Oktober)

In Kürze werden alle Ensembles der Abteilung für angewandte Künste fertig sein. Was schon gestern und vorgestern fertig war, zog bereits ein neugieriges und aufnahmebereites Publikum an. Man spricht schon von einem neuen Stil in der Nachfolge der alten Tradition. Auf jeden Fall wird diese Ausstellung den schlechten Münchner Geschmack vergessen lassen, den als einzige Zeitung *L'Intransigeant* anprangerte. Beenden wir unseren Besuch bei den Malern. Verdilhan zeigt einige brillante Ansichten aus der Provence. Marchand zeigt sich als Vorläufer der Futuristen. Erwähnen muß ich auch M. de Vlamincks heftige Eindrücke aus der Ile de France und England, die sehr seltsame Zeichnung von Marcel Duchamp [Abb. 43], das sehr originelle Stilleben von Jacques Villon usw.

Porträts aus dem 19. Jahrhundert

[...] Trotz einiger bedauerlicher Lücken hat sich diese Retrospektive beim Publikum eines echten Erfolges erfreut. Abgesehen von der Qualität der ausgestellten Werke sind Porträts immer beliebt. Man betrachtete vor allem die beiden Porträts von Renoir, echte Meisterwerke, das bewundernswerte Familienporträt von Albert Besnard, das Bild von Degas, genauso beeindruckend wie ein Bild von Holbein, die drei nüchternen Gemälde von Jacques Blanche, [...] drei Cézannes von nicht immer der gleichen Qualität, [...] Fantin-Latours *Mes deux sœurs,* ein herrlich inspiriertes Werk, [...] die beiden Manets, die zeigen, daß er der modernste Maler war, der jemals gelebt hat, [...] zwei Bronzen von Lucien Schnegg, dessen Einfluß den jungen Bildhauern gut tat, das Porträt des M. Aman-Jean von Seurat, drei Toulouse-Lautrecs, stolz und gnadenlos, [...] und *Père Tanguy*, das merkwürdige Bildnis, das Van Gogh von einem Kunsthändler machte, dessen Geschichte uns wohl bald M. Octave Mirabeau, der Besitzer dieses Bildes, erzählen wird. [...]

Die Retrospektive der Arbeiten von Albert Braut umfaßt fast alle Bilder dieses sensiblen, raffinierten und oft melancholischen Künstlers.

L'Intransigeant

Exotismus und Ethnografie

In Frankreich sind es die Sammler und Antiquitätenliebhaber, denen man wirklich Könnerschaft zubilligen muß, eine Eigenschaft, die von der Verfassung eigentlich dem Ministerium der Schönen Künste zugedacht wurde. Einige Kunstfreunde wie M. Guillaume zum Beispiel – ein Name, den sich jeder merken sollte, der im Bereich der Antiquitäten auf dem neuesten Stand sein möchte – haben begonnen, die Skulpturen und Kunstwerke jener afrikanischen und ozeanischen Völker zu sammeln, die man beiläufig Wilde nennt. Bisher wurden diese Objekte nur aus rein ethnografischem Interesse gesammelt. Heute aber betrachten die Kunstsammler sie mit der gleichen Hochachtung, die sonst nur den Kunstwerken der sogenannten höherstehenden Völker Griechenlands, Ägyptens, Indiens und Chinas zukam. Trotz alledem besteht der Staat darauf, diese Arbeiten, deren Schönheit nun von sehr vielen Europäern erkannt wird, als nichts anderes zu betrachten als häßliche Fetische, groteske Auswüchse lächerlichen Aberglaubens. Das Trocadéro-Museum enthält eine große Zahl von Meisterwerken afrikanischer und ozeanischer Künstler. Von den verantwortlichen Stellen der Regierung wird es jedoch total vernachlässigt. Das Museum ist nur drei Tage in der Woche geöffnet. Es hat keine Wärter außer den Stadtpolizisten, die dort ihren Dienst tun. Die Sammlungen sind so aufgebaut, daß sie, statt ästhetische Sensibilisierung anzuregen, lediglich eine exotische Neugier befriedigen. Und doch kann man hier erstklassige Kunstwerke sehen. Ich habe besonders ein Prachtstück aus der Dahome-Sammlung vor Augen – eine große Eisenstatue, die den Gott des Krieges darstellt, zweifellos eines der ungewöhnlichsten und schönsten Kunstwerke, die man zur Zeit in Paris finden kann. Die von dem Dichter Lucien Rohmer gegründete literarische Schule Flora, die ihr Ziel darin sieht, eine anmutige Kunst zu pflegen, würde aus der Betrachtung des Dahome-Kriegsgottes großen Gewinn ziehen. Die menschliche Figur diente sicher als Inspiration für diese einzigartige Arbeit. Durch einen Geniestreich, so komisch und so tiefsinnig wie eine Seite aus Rabelais, ähnelt jedoch keines der einzelnen Elemente irgendeinem Teil des menschlichen Körpers. Der afrikanische Künstler war offenbar ein echter Schöpfer. Ich bin sicher, daß diese überraschende Gottheit den meisten Parisern völlig unbekannt ist. Im Trocadéro-Museum hält sich außer an Sonntagen kaum ein Besucher auf, und das sind dann nur Soldaten mit Marschbefehl und Kindermädchen auf einem Spaziergang. Die Leute wissen auch nichts über die schönen Maori-Grabmäler, deren Verzierungen an Seemuscheln und Wasserpflanzen erinnern; sie wissen auch nichts über die seltenen Skulpturen von den Osterinseln, von denen das Trocadéro einige wertvolle Stücke besitzt. Vielleicht handelt es sich dabei um die letzten Überreste der vorgeschichtlichen Zivilisation von Atlantis.

Die Regierung denkt ja gar nicht daran, diese Sammlungen exotischer Kunst zu erweitern. Während die Kuratoren der deutschen und englischen Museen, mit großzügigem Budget ausgestattet, überall, Frankreich eingeschlossen, auf der Jagd nach den Werken der genialen, ungebildeten Künstler aus Afrika und Australien sind, hat das Trocadéro noch nicht einmal eine eigene interessante Sammlung der sehr eigenständigen Eingeborenenkunst aus Madagaskar. Das gleiche gilt für die raffinierten Werke der Eisenschmiede von Äquatorial-Afrika, die scheinbar völlig vernachlässigt wurden. Man darf sich aber nicht täuschen lassen: Afrikanische Kunst erregt mit jedem Tag mehr Interesse. So mancher Fetisch aus Zentralafrika offenbart eine Ästhetik, die von der des alten Ägypten nicht sehr verschieden ist. Auch in den modernen Arbeiten findet man einen hervorragenden Sinn für Proportion, den nur sehr wenige europäische Künstler besitzen. Es scheint höchste Zeit zu sein, daß sich die Regierung in dieser Situation einschaltet. Die Preise steigen Tag für Tag. Man interessiert sich besonders für die Kunstwerke aus Guinea und von den Marquesas-Inseln. M. Guillaume interessiert sich zudem für die Kunst der Völker von Alaska. Fetische, die noch vor fünf oder sechs Jahren für einen Louis d'Or hätten gekauft werden können, sind heute sehr teuer geworden. Selbst Händler zögern nicht, einige tausend Franc dafür zu zahlen. Noch ist es Zeit für Frankreich mit seinen verschiedenen Kolonien, die alle reich an Kunstwerken sind, die Überreste dieser exotischen Zivilisationen zu retten. Das ethnografische Museum des Trocadéro verdient es, weiterentwickelt zu werden, nicht nur aus ethnografischer, sondern vor allem aus einer künstlerischen Sicht. Das Museum braucht vor allem neue Ausstellungsräume, damit die Statuen und andere Kunstwerke nicht in Glasvitrinen völlig durcheinander aufgetürmt werden müssen, zusammen mit Haushaltsgegenständen und alten Lumpen ohne jeden künstlerischen Wert.

Man könnte noch weitergehen: Es gibt keinen Grund, warum der Staat nicht endlich ein großes Museum für exotische Kunst gründen sollte, entsprechend dem, was der Louvre für die europäische Kunst bedeutet. Für den Anfang könnte das Museum die Sammlung aus dem Fernen Osten aufnehmen, die sich noch im Louvre befindet. Auch die verschiedenen Kunstwerke des Trocadéro könnten dorthin verbracht werden. Die Aufgabe der verschiedenen Kolonialverwaltungen wäre es, das Museum zu erweitern, das bald eines der nützlichsten Bauten der Zivilisation sein würde. Dann könnte das Trocadéro, nachdem es von den überflüssigen Kunstwerken befreit worden ist, seine rein ethnografischen Sammlungen weiter ausbauen. Denn es ist ein Jammer zu sehen, daß einige sehr ansprechende Sammlungen aus den französischen Provinzen seit dem Tag ihrer Einrichtung nicht mehr erweitert wurden. Die einzige neue Ergänzung, die zudem noch oben auf einer Treppe verstaut wurde, besteht in einer Schenkung billiger, kommerzieller Kinkerlitzchen wie Nadeln, Metallringe, Rosenkränze usw. Pfeifen, besonders Tonpfeifen, die zum großen Teil künstlerische Ornamente tragen, sind im ethnografischen Museum des Trocadéro nicht vertreten. Das ist wirklich zuviel! Die Lücke ist jedoch leicht zu füllen. Ich zweifele nicht daran, daß die wichtigsten Pfeifenhersteller, deren Modelle oft so lustig oder schlauerweise grotesk sind, oder den Porträts großer Männer nachgebildet, sich glücklich schätzen würden, Säcke voll mit Pfeifen zu stiften, die jeden Toppmann am Besanmast vor Neid erblassen ließen.

Das Trocadéro-Museum braucht dringend eine Überholung. Objekte von vorwiegend künstlerischer Art sollten von den ethnografischen Dingen getrennt und in einem anderen Museum untergebracht werden. Die ethnografischen Sammlungen sollten vergrößert und weiterentwickelt werden. Und was Frankreich betrifft, so sollte man ein neues Museum gründen, um nationale Folklore aufzunehmen. Das Trocadéro könnte sich ganz der kolonialen und ausländischen Ethnografie zuwenden. Wärter sollten dafür bereitgestellt werden und die Öffnungszeiten sollten denen der anderen Museen angeglichen werden.

Wir sind aber von M. Guillaume und den anderen Sammlern afrikanischer Kunst abgekommen. Ihr Zahl nimmt jeden Tag zu und die meisten von ihnen werden richtige Fanatiker. Viele von ihnen sind selbst Künstler und man hat bereits den Einfluß bemerkt, den primitive Fetische auf die zeitgenössische Kunst ausgeübt haben.

Paris-Journal, 12. September[20]

Junge Maler, bleibt ruhig!

Einige junge Männer, Kunstschriftsteller, Maler und Dichter, haben sich zusammengetan, um ihre künstlerischen Ideale zu verteidigen, und das allein ist schon ein Ideal. Als Titel für ihre Veröffentlichung haben sie *Section d'Or* [Goldener Schnitt] gewählt. Das zeigt wohl an, daß sie sich nicht isoliert in der Kunst betrachten, sondern innerhalb einer großen Tradition. Leider ergibt es sich, daß diese Tradition nichts mit der gemein hat, der unsere Kunstkritiker angehören. Welch ein Jammer für diese Herren! Einige dieser Herren haben sich nicht gescheut, Strafaktionen gegen Künstler in Erwägung zu ziehen, deren Arbeiten sie nicht mögen, nur um ihren flüchtigen Meinungen mehr Gewicht zu verleihen. Diese armen Leute sind von der Leidenschaft geblendet worden. Man vergebe ihnen, denn sie wissen nicht, was sie tun. Im Namen der Natur versuchen sie, die neuen Maler niederzuschlagen. Man fragt sich nur, was die Natur mit den Produkten der degenerierten Kunst gemein haben könnte, die von der Zitadelle in der Rue Bonaparte verteidigt wird [Ecole des Beaux-Arts], oder mit den mittelmäßigen Erben der impressionistischen Meister. Nicht diese Leute bringen uns zur Natur zurück, sondern viel eher die strengen Untersuchungen der jungen Meister, die sich mit bewundernswertem Mut den burlesken Namen zu eigen gemacht haben, mit dem sie verspottet werden. Zu welcher einzelnen Stilrichtung die Kubisten auch gehören, sie werden doch allesamt von denjenigen als ernsthafteste und interessanteste Kunstrichtung unserer Zeit betrachtet, denen die Zukunft der Kunst am Herzen liegt.

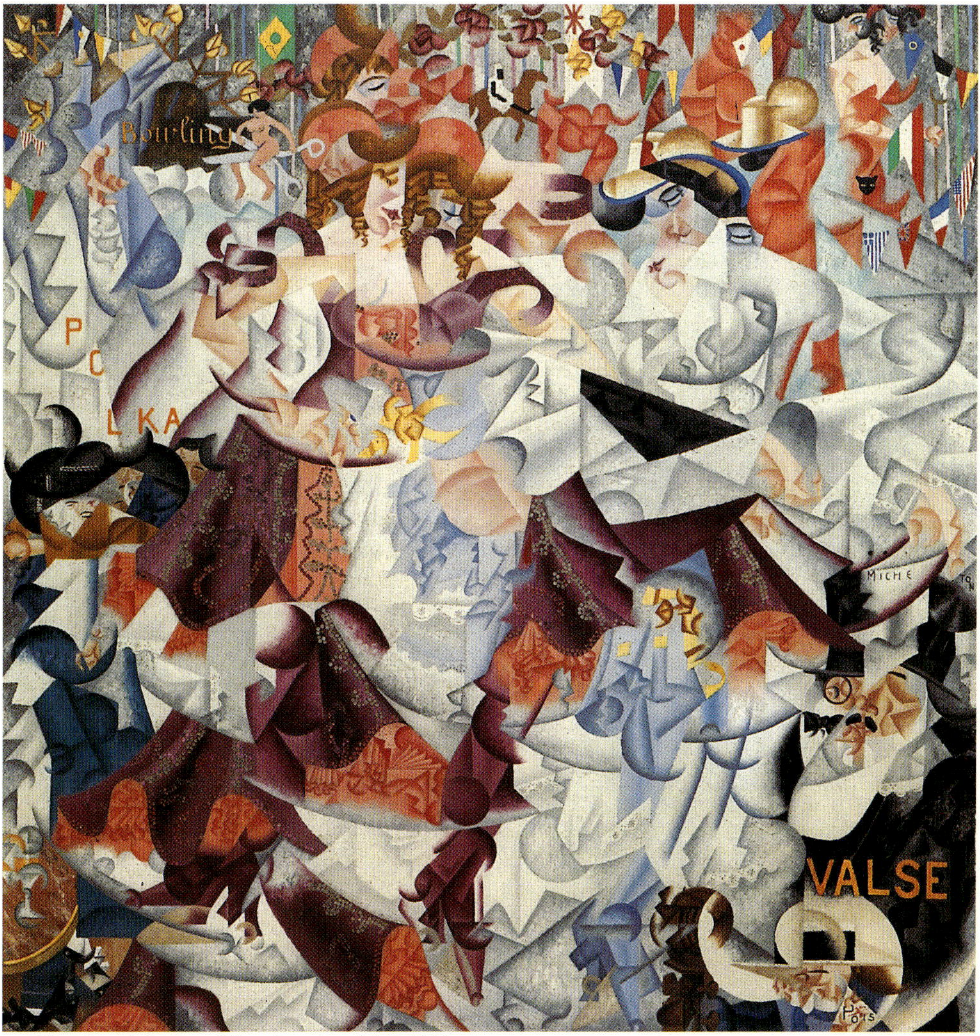

1 Gino Severini, Heroglifico dinamico del ›Bal Tabarin‹, 1912

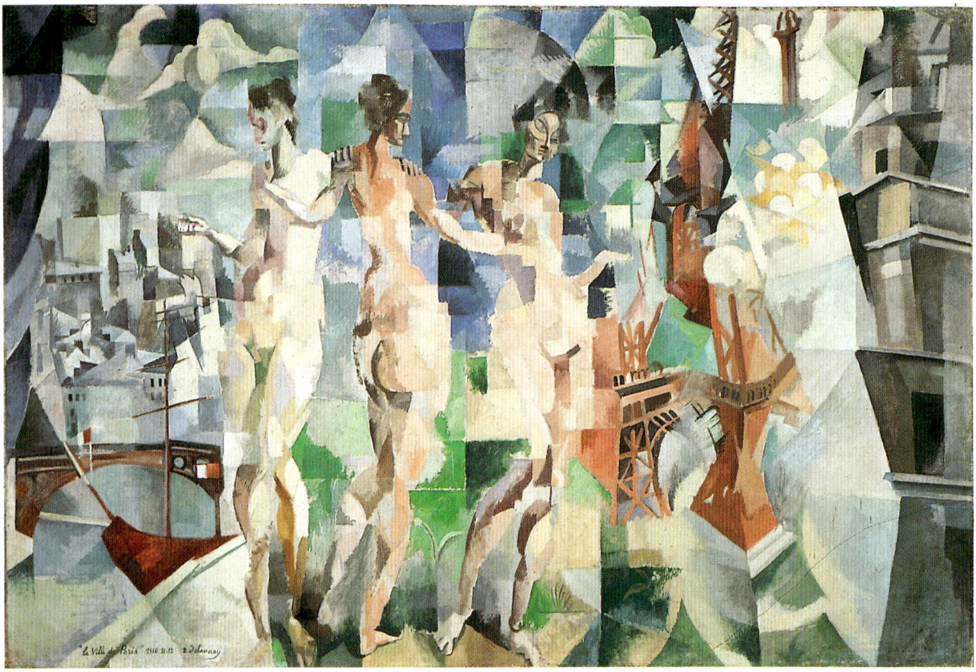

2 Robert Delaunay, La Ville de Paris, 1912

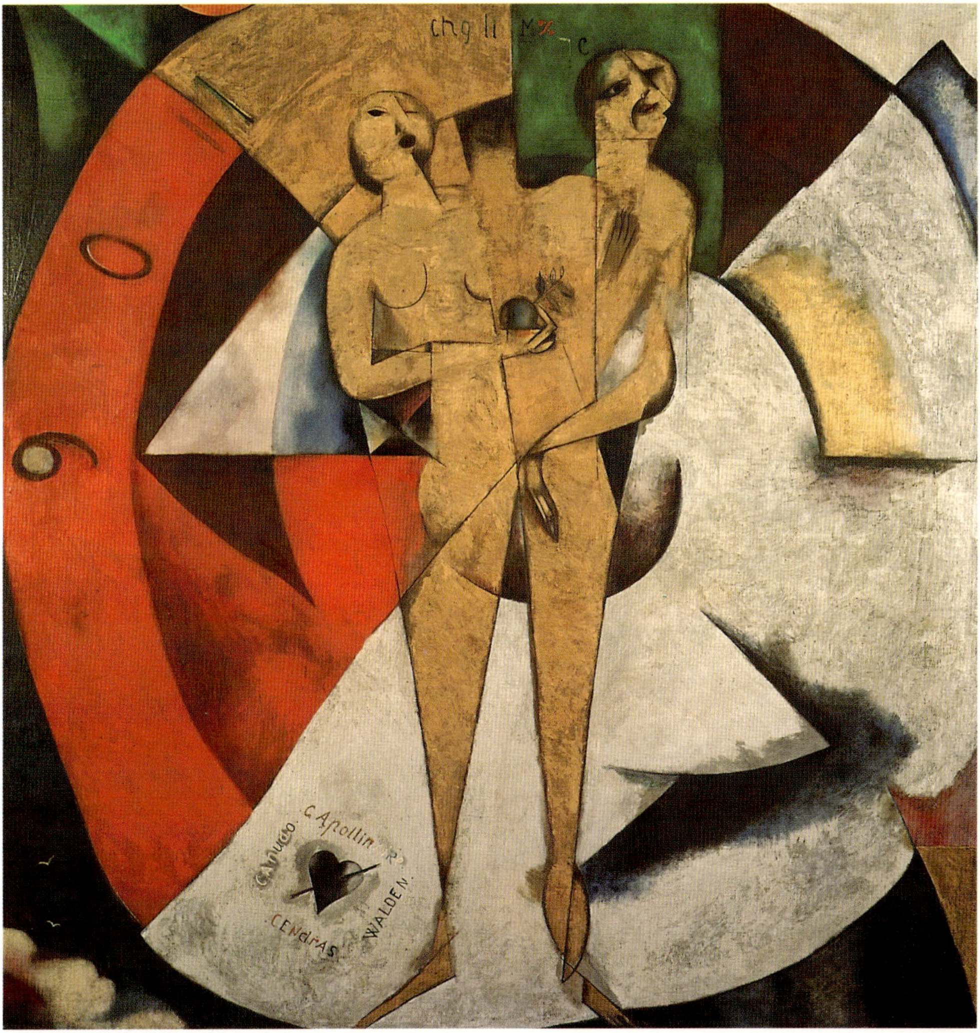

3 Marc Chagall, Hommage à Apollinaire, 1911/12

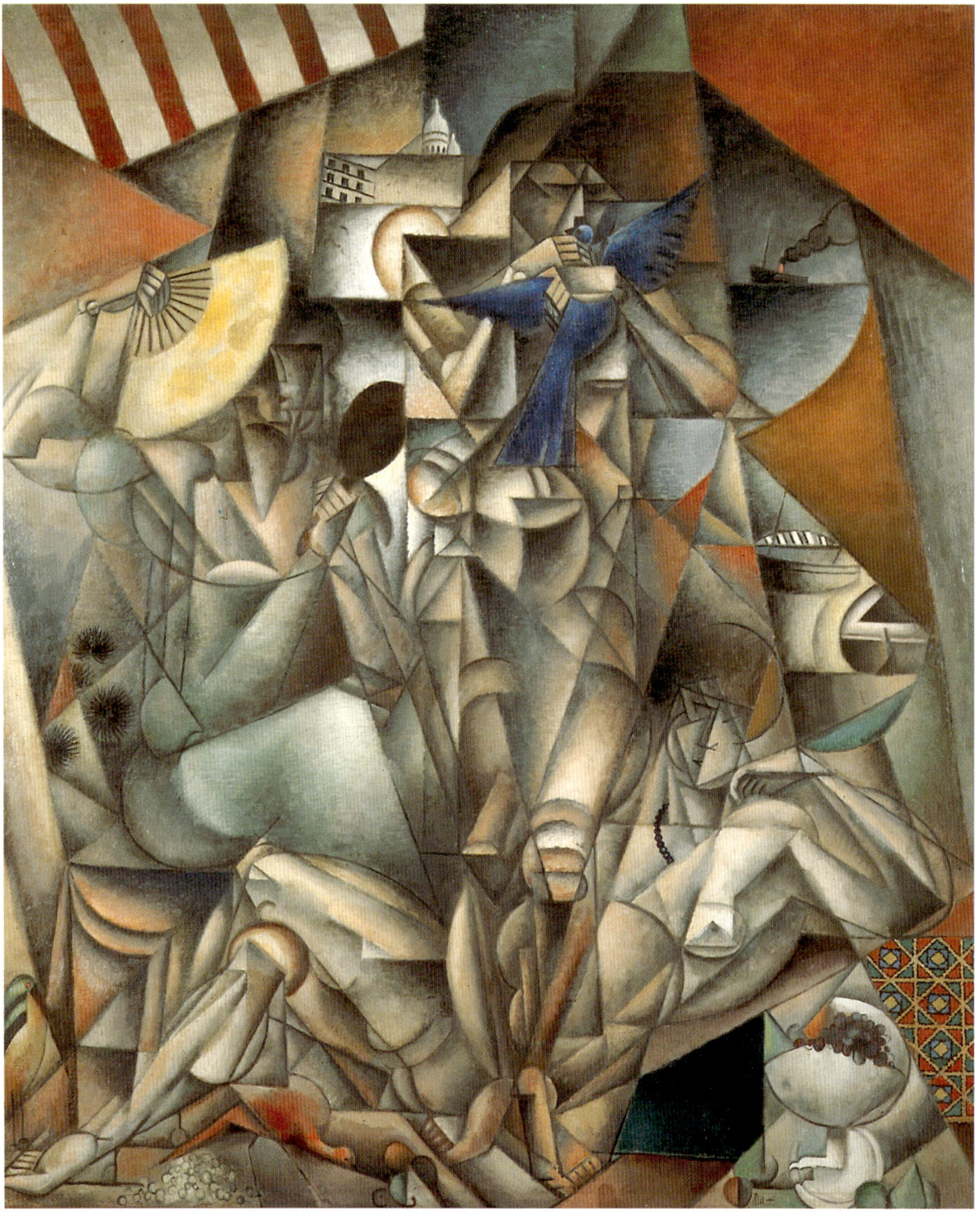

4 Jean Metzinger, L'Oiseau bleu, 1912

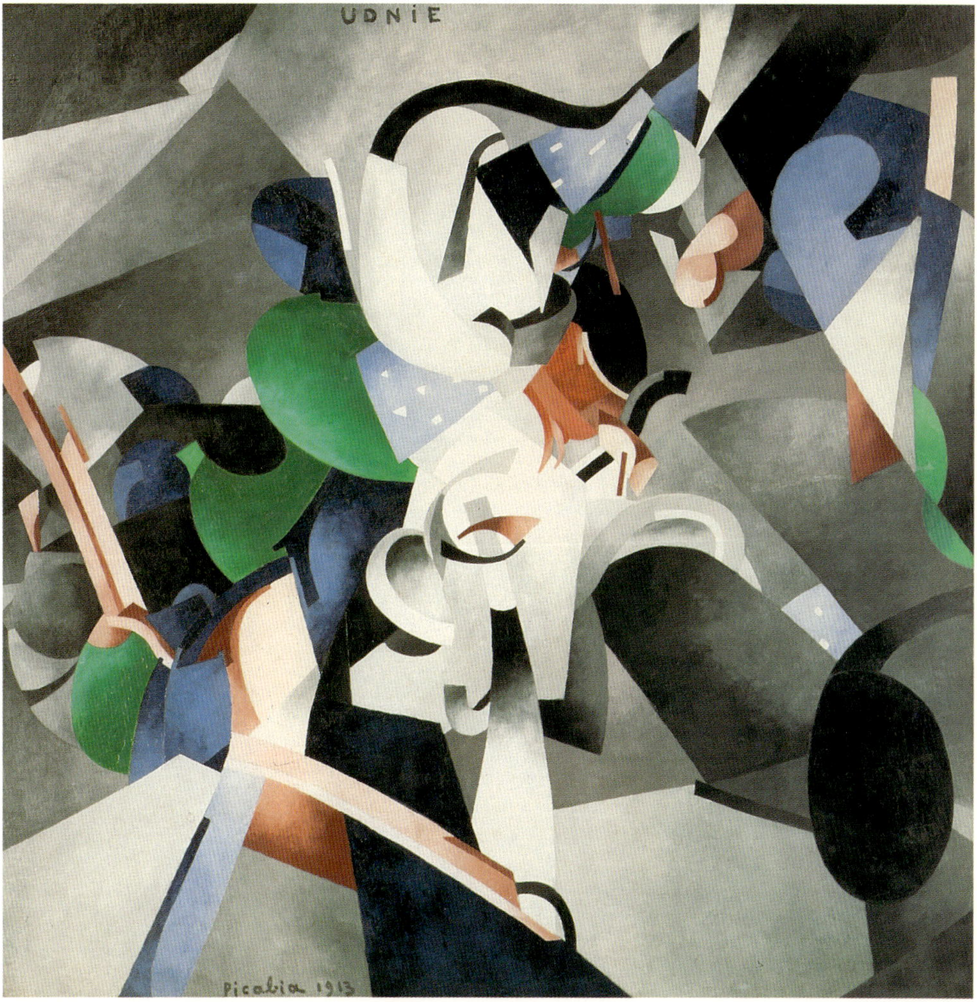

5 Francis Picabia, Udnie, 1913

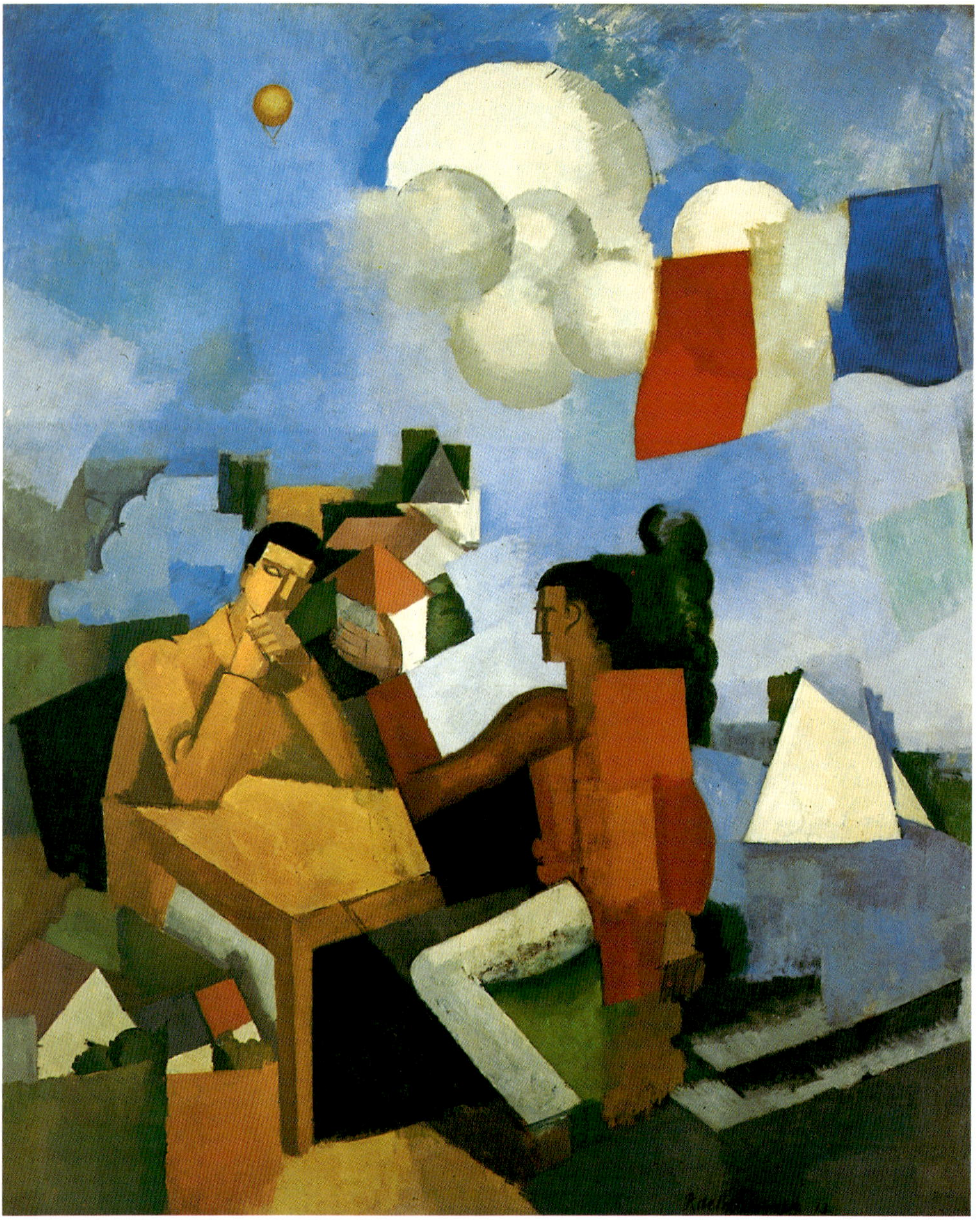

6 Roger de la Fresnaye, La conquête de l'air, 1913

7 Henri Rousseau, Le poête et sa muse, 1909 ▷

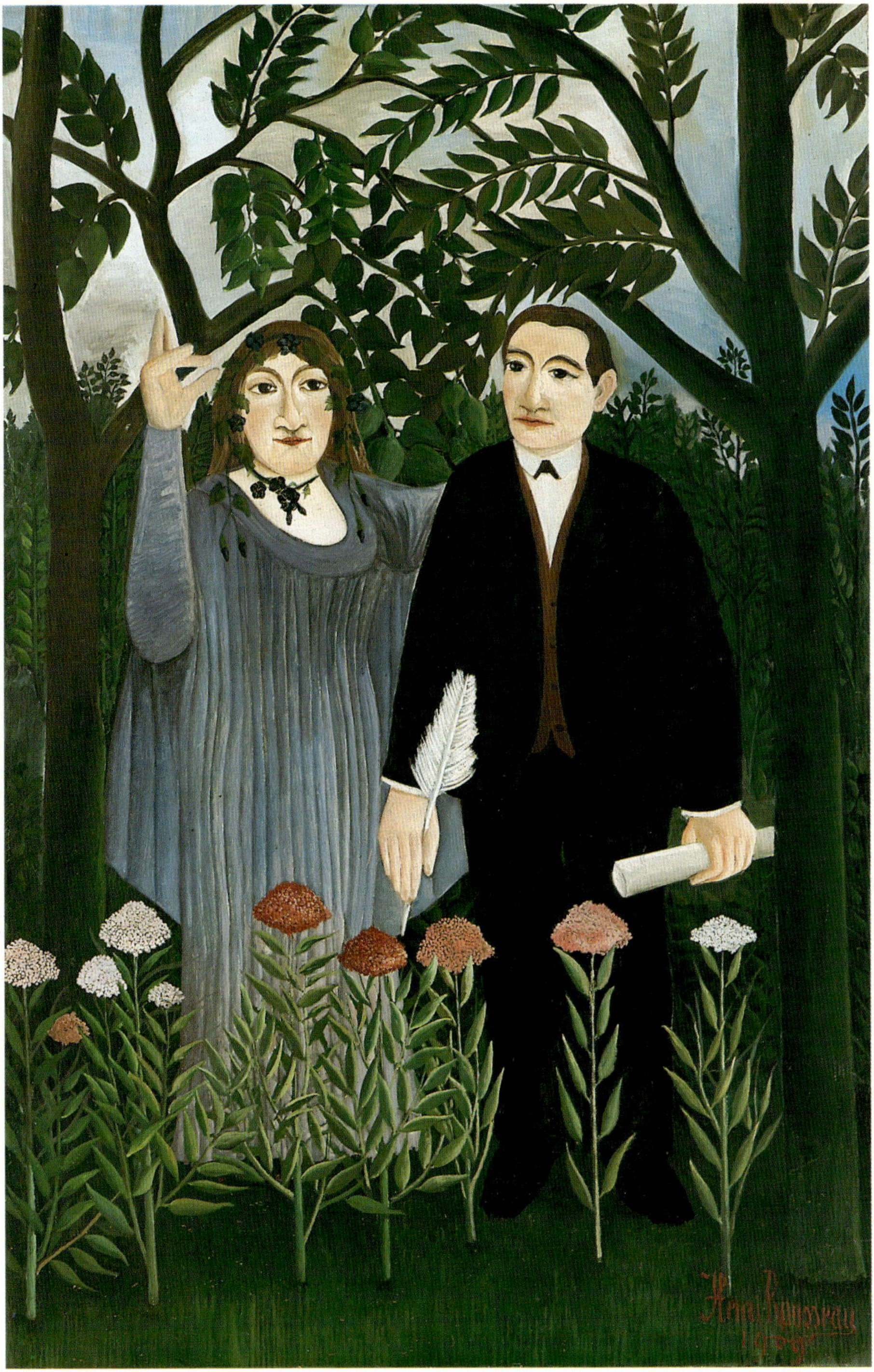
Henri Rousseau
1909

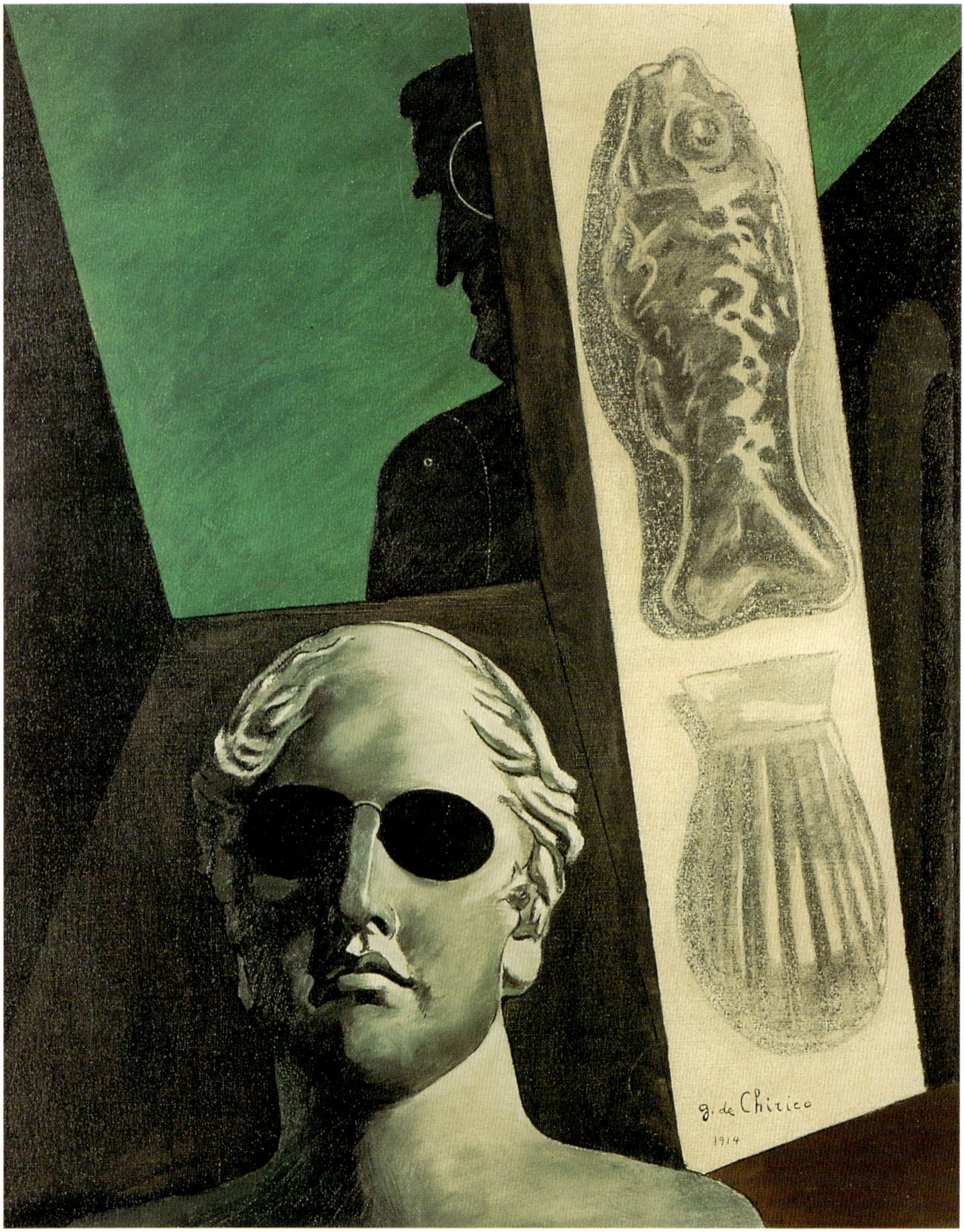

8 Giorgio de Chirico, Portrait Guillaume Apollinaire, 1914

All denen, die eine so offensichtliche Wahrheit verleugnen, antworten wir einfach folgendes: Falls diese Maler wirklich kein Talent haben sollten und ihre Kunst keine Bewunderung verdiente, hätten doch wohl alle die, deren Aufgabe es ist, den Geschmack des Publikums zu führen, zu schweigen. Warum regen Sie sich denn so auf, sehr verehrte Zensoren? Die Kubisten interessieren Sie nicht? Dann seien Sie doch bitte auch wirklich nicht an ihnen interessiert. Stattdessen liefern Sie uns aber indignierte Aufschreie, Zähneknirschen und Appelle an die Regierung.

Was für ein giftiger Ungeist durchweht unsere Kunstkritik, so viel Heftigkeit, so viele Klagen. All das beweist doch nur die Vitalität unserer neuen Maler. Ihre Arbeiten werden dennoch Jahrhunderte später bewundert werden, während die armen Verleumder der zeitgenössischen französischen Kunst längst vergessen sein werden.

Wir dürfen nicht vergessen, daß man auf Victor Hugo geschossen hat. Dadurch wurde sein Ruhm nicht geschmälert, im Gegenteil!

Bulletin de la Section d'Or, 9. Oktober[21]

In der Ausstellung der Section d'Or

Heute abend werden die Kubisten ihre Ausstellung eröffnen

Wir sind in der Ausstellung der Section d'Or, einem neuen Salon, dessen Name vom alten Maß der Schönheit abgeleitet wurde.

Die Eröffnung wird heute abend stattfinden, von neun Uhr bis Mitternacht. Durch Intrigen oder andere Methoden ist es einigen eleganten Damen gelungen, in die Ausstellungsräume an der Rue de la Boétie einzudringen, noch während die Bilder gehängt werden. Die Maler überwachen die Hängung unter dem Beifall der Damen.

LOUISE, *die stolz darauf ist, den Kubismus zu verstehen* Mein Gott! Ich dachte, das wäre alles viel schwieriger zu verstehen.

GERMAINE Ich verstehe überhaupt nichts. Aber ich mag die Farben und Linien.

LOUISE Das ist doch schon ein guter Weg zum Verständnis! Diese Bilder lösen in uns ein ästhetisches Gefühl aus, so wie es die Musik tut. Das ist doch schon etwas.

MARCELLE Das ist schon wahr, aber jeder sagt doch, diese Maler würden sich nur auf Kosten des Publikums lustig machen.

LOUISE Falls das wahr wäre, so wäre es an sich schon außergewöhnlich. Denn in der gesamten Geschichte der Kunst gibt es keinen einzigen bekannten Fall eines kollektiven Scherzes. Wenn dies jetzt einer wäre, wäre das schon interessant genug.

MARCELLE Da stimme ich zu. Also nach Deiner Auffassung sehen wir hier eine Art bildnerischer Musik, eine höchst mystische Kunst.

LOUISE Das würde ich so nicht sagen. Jeder dieser Maler folgt seiner eigenen Intuition. Einige sind Realisten, andere wieder Mystiker. Da aber alle von ihnen mit dem Rhythmus im Bild beschäftigt sind, können wir auf all das in ihren Kompositionen eingehen, was musikalisch ist.

MARCELLE Da könntest Du recht haben! Ich persönlich bleibe meiner ersten Liebe treu. Ich liebe die Meister der großen Epochen in der Malerei, und vor allem die Impressionisten, die für mich die Meister der modernen Malerei schlechthin sind.

LOUISE Das ist schon richtig. Aber für mich sind gerade diese jungen Maler die natürlichen Erben des Impressionismus. Es wäre ein Mißverständnis, sie mit den Futuristen zu verwechseln.

GERMAINE Mich würden wirklich sehr die Namen dieser Maler interessieren, deren Arbeiten mich so erstaunen und mir auch etwas mißfallen.

LOUISE Das ist Metzinger mit seiner raffinierten Kunst. Das ist Jean [sic] Gris, der Dämon der Logik, Albert Gleizes, der große Fortschritte gemacht hat, Marcel Duchamp, der beunruhigend ist, Jacques Villon, der aus den wenigen künstlerischen Formeln ausbrechen möchte; Dumont, dessen Arbeit mich interessiert, Valensi, der den Charme der Städte am Mittelmeer auszudrücken sucht, Roger de la Fresnaye, dessen Talent immer deutlichere Formen annimmt, Marcoussis, der sehr modern ist, Picabia mit einer sehr kraftvollen und lyrischen Komposition, Léger, dessen Bilder in wunderbaren Farben gemalt sind...

MARCELLE Ich glaube, meine liebe Louise, daß Du Dich über uns lustig machst. Alles was ich hier sehe, ist ein absolut unverständliches Chaos von Formen und Farben.

LOUISE Ich weiß, diese Malerei kommt Dir spanisch vor. Doch gibt es Leute, die auch Spanisch verstehen, so wie ich diese Bilder verstehe.

MARCELLE Das ist doch nicht dasselbe: Du mußt doch zugeben, daß diese Leute versuchen, das Publikum zum Narren zu halten.

Sie setzen ihre Diskussion im Weitergehen fort.

Gelesen und gebilligt:
Guillaume Apollinaire

L'Intransigeant, 10. Oktober

Der Futurismus

Der Futurismus ist meiner Meinung nach eine italienische Nachahmung von zwei Stilrichtungen der französischen Malerei, die innerhalb weniger Jahre aufeinander folgten: Fauvismus und Kubismus. Ich selbst führte M. Marinetti, den ersten Theoretiker der futuristischen Malerei, in die Arbeiten der neuen französischen Maler ein. Ich habe auch im *Mercure de France* über den Besuch der futuristischen Maler Boccioni und Severini in Picassos Atelier berichtet.

Weder Boccioni noch Severini sind ohne Talent. Sie haben jedoch die kubistischen Bilder nicht ganz verstanden und ihr Mißverständnis hat sie dazu gebracht, eine Art Fragmentkunst, eine volkstümliche, schreiende Kunst in Italien einzuführen.

Obwohl sie vorgeben, eine konzeptuelle Realität darstellen zu wollen, entnehmen sie ihre bildnerischen Elemente der visuellen Realität. Statt den Gegenstand als Ganzes zu malen, geben sie lediglich seine verschiedenen Aspekte wieder, wie es manchmal in populären Illustrationen gemacht wird. Während die Kubisten die verschiedenen Ideen über einen Gegenstand konzentrieren, um daraus ein einziges Gefühl herauszufiltern, würden die Futuristen, die nicht daran denken ihr Konzept der Dauer ernst zu nehmen, gerne so viele Gefühle hervorrufen, wie sie Ideen über einen Gegenstand haben.

Die Kubisten malen Gegenstände nicht so, wie man sie für gewöhnlich sieht, sondern wie man sie sich vorstellt, und ihre Kunst ist sehr leuchtend und rein.

Die Futuristen verstreuen über die Fläche des Bildes die verschiedenen Aspekte des Gegenstandes und die vielfältigen Gefühle, die von diesen Aspekten hervorgerufen werden und das führt zur Verwirrung. Die Kunst der Kubisten wird von einer strengen Disziplin unterstützt. Die Kunst der Futuristen wird von Zufälligkeit beherrscht, trotz aller Manifeste und Erklärungen.

Die futuristischen Künstler werden aus den fetten Pfründen der futuristischen Bewegung unterstützt, mit Sitz des Hauptquartiers in Mailand, und stehen sich deswegen finanziell nicht schlecht. Die meisten der jungen Kubisten dagegen, die heute eine der nobelsten und geistigsten Kunstauffassungen vertreten, sind von allen Mitmenschen verlassen worden, werden von der Presse beschimpft und leben praktisch in halber Armut, wenn nicht sogar in völliger Mittellosigkeit.

L'Intermédiaire des chercheurs et des curieux, 10. Oktober

Der Kubismus

Kubismus ist die Kunst, neue Ganzheiten mit Elementen zu malen, die nicht der visuellen, sondern der konzeptuellen Realität entnommen sind.

Es gibt jedoch keinen Grund, diese Art von Malerei des Intellektualismus zu bezichtigen. Jeder Mensch weiß um die Bedeutung der inneren Realität. Man benötigt keine große Intelligenz, um z. B. eine runde Form wahrzunehmen.

Der geometrische Aspekt, der vielen Betrachtern der ersten kubistischen Bilder so stark ins Auge fiel, beruht auf der Tatsache, daß diese Bilder den Kern der Wirklichkeit in ganz reiner Form wiedergaben und alle zufälligen, anekdotischen Aspekte ausgeschaltet hatten. Wenn der Künstler sein Konzept von Realität wiedergibt, kann er mit rein bildnerischen Mitteln den Anschein von drei Dimensionen erzeugen, er kann gewissermaßen seinen Gegenstand in kubischen Formen malen. Diese optische Wirkung könnte er niemals erzielen, wenn er lediglich die visuelle Realität abbildet, es sei denn unter Verwendung augentäuschender Methoden, wie Verkürzung oder Perspektive. Beides würde aber die Qualität der vorgestellten Formen entstellen.

Diese neue Malrichtung betont die Wichtigkeit der Linie. Das läßt einen verstehen, wie ich die Ehre hatte, M. Henry Lapauze nach der Lektüre seines schönen Buches über den Meister von Montauban mitzuteilen, warum sich die Kubisten als Nachfolger von Ingres bezeichnen können: für sie, wie für Ingres, besteht die wahre Kunst in der Linie.

Die neue Malerei wird Kubismus genannt. Sie erhielt diesen Namen durch ein Spottwort von Henri Matisse, dem die kubischen Formen in einem Bild mit Häusern besonders aufgefallen waren.

Diese Malrichtung, die ich lange Zeit ganz alleine verteidigte, wurde von Pablo Picasso und Georges Braque begründet. Picassos Erfindungen wurden durch den gesunden Menschenverstand von Braque unterstützt, der schon 1908 ein kubistisches Bild im Salon des Indépendants ausstellte.

Die Studien von Jean Metzinger brachten ebenfalls eine Bestätigung dieses neuen Stils. Metzinger zeigte im Salon des Indépendants von 1910 das erste kubistische Porträt [Porträt von Apollinaire, Abb. 11] und konnte im gleichen Jahr als erster Kubist ein Werk im Salon d'Automne einrichen.

Im gleichen Jahr wurden auch Bilder von Marie Laurencin, die dieser Malrichtung verwandt sind, im Salon des Indépendants ausgestellt. Ebenfalls 1910 wurden Albert Gleizes, der noch eine bedeutende Rolle in der neuen Richtung spielen sollte, sowie die Maler Le Fauconnier, Robert Delaunay und Fernand Léger Kubisten.

Die erste Gruppenausstellung des Kubismus fand im Jahre 1911 im Salon des Indépendants statt, wo der für die Kubisten reservierte Raum 41 einen tiefen Eindruck beim Publikum hinterließ. Ausgestellt waren die kunstvollen und beeindruckenden Arbeiten von Jean Metzinger, einige Landschaften von Albert Gleizes zusammen mit seinen Bildern *L'Homme nu* und *La femme au phlox*, von Marie Laurencin das *Portrait de Mme Fernande X.* und *Les jeune filles,* von Robert Delaunay ein *Tour Eiffel,* von Le Fauconnier *L'Abondance* und von Fernand Léger *Nus dans un paysage.*

Die erste kubistische Ausstellung im Ausland fand im selben Jahr in Brüssel statt. Im Vorwort des Katalogs übernahm ich in Übereinstimmung mit den Künstlern die Bezeichnungen Kubismus und Kubisten.

Ende 1911 wirbelte die kubistische Ausstellung im Salon d'Automne viel Staub auf. Weder die Bilder *La chasse* und *Portrait Jacques Nayral* von Gleizes noch Metzingers *La femme au cuillier,* noch Fernand Léger blieben vom Spott der Kritiker verschont. Zu diesen Künstlern waren noch ein neuer Maler, Marcel Duchamp, und ein neuer Architekt und Bildhauer, Duchamp-Villon, gestoßen.

Andere Gruppenausstellungen wurden im November 1911 in der Galerie d'Art Contemporain, Rue Tronchet in Paris, und im Jahre 1912 im Salon des Indépendants abgehalten, wo Juan Gris der kubistischen Bewegung beitrat. Im Mai 1912 erlebten die kubistischen Maler in Barcelona einen begeisterten Empfang. Im Juni wurde in Rouen eine Ausstellung ihrer

Arbeiten von der Société Normande de Peinture Moderne veranstaltet. Zu diesem Zeiptunkt trat Francis Picabia der neuen Malrichtung bei. Es sollte auch bemerkt werden, das einige Kubisten, wie Mlle. Marie Laurencin, Georges Braque, Jean Metzinger, Le Fauconnier und Robert Delaunay nur wenige Jahre vorher zu den Fauves gehört hatten. Sie waren die jüngsten Mitglieder dieser Gruppe.

Picasso hatte zur Zeit der Gruppengründung bereits ein gutes Stück Arbeit hinter sich. Zu den Fauves hatte er immer Abstand gehalten. Jean Metzinger und Robert Delaunay hatten sogar noch als Anhänger der divisionistischen Maler um Signac und Seurat angefangen.

Die bisher wichtigste Ausstellung kubistischer Malerei, die *Section d'Or,* findet diesen Oktober statt.

Neben den Arbeiten der bereits erwähnten Künstler wird die Ausstellung die Statuen von Agéro zeigen, einem Bildhauer, der der neuen Schule schon viel früher hätte beitreten sollen, und die wunderschönen Radierungen von Louis Marcoussis, dem neuesten Mitstreiter des Kubismus. Das jüngste Mitglied ist M. Georges Deniker, der gerade seinen Militärdienst als Ballonfahrer antritt. Er konnte seine kubistischen Arbeiten bisher noch nicht zeigen. Bisher haben wir nur eine Skulptur im Salon Nationale von 1911 gesehen.

Die französische Kunst des Kubismus hat ihren Einfluß bereits auf das Ausland ausgedehnt, besonders auf Spanien und Böhmen, wo alle jungen Maler Kubisten sind. Durch einen merkwürdigen Zufall lautet der Name eines der tschechischen Maler Kubista.

Auch in Deutschland gibt es Kubisten. Durch einen ebenso merkwürdigen Zufall heißt einer von ihnen Kubin. In einer Prager Zeitschrift sah ich vor einiger Zeit Abbildungen von kubistischen Möbeln, die ich nicht uninteressant fand.

Der Verleger Figuière wird in Kürze zwei Publikationen über die neue französische Schule der Malerei herausbringen: *Le Cubisme* von Jean Metzinger und Albert Gleizes, ein überwiegend theoretisches Buch, und *Méditations esthétiques* [Les peintres cubistes], in dem ich versucht habe, nach einigen allgemeinen Bemerkungen die Persönlichkeit der kubistischen Künstler zu charakterisieren: Marie Laurencin, Picasso, Braque, Jean Metzinger, Albert Gleizes, Fernand Léger, Marcel Duchamp, usw.

L'Intermédiaire des chercheurs et des curieux, 10. Oktober[22]

Die Anfänge des Kubismus

[...] Zu Beginn des Frühjahrs 1902 malte ein junger Maler namens De Vlaminck von der Ile de la Grenoullière aus die Brücke von Chatou. Er malte schnell und gebrauchte reine Farben. Sein Bild war fast fertig, als sich jemand hinter ihm räusperte. Es war ein anderer Maler, André Derain, der seine Arbeit interessiert betrachtete. Der Neuankömmling entschuldigte sich für seine Neugier, er sei nämlich auch Maler, und stellte sich vor. Das Eis war gebrochen. Man unterhielt sich über Malerei. Maurice de Vlaminck kannte die Arbeiten der

Impressionisten: Manet, Monet, Sisley, Degas, Renoir, Cézanne, die Derain bisher noch nicht gesehen hatte. Man sprach auch über Van Gogh und Gauguin. Die Nacht brach an, und in dem aufziehenden Nebel unterhielten sich die beiden jungen Künstler weiter. Erst um Mitternacht trennten sie sich.

Dieses kleine Erlebnis war der Ausgangspunkt für eine tiefe Freundschaft. De Vlaminck war immer auf der Suche nach interessanten Neuigkeiten aus dem Bereich der Kunst. Auf seinen Streifzügen durch die Dörfer an den Ufern der Seine hatte er bei Trödlern Skulpturen, Masken und Fetische gekauft, die von Negernkünstlern aus Französisch-Afrika in Holz geschnitzt und von Seeleuten oder Forschern mitgebracht worden waren. Ohne Zweifel fand er in diesen grotesken, mystischen Arbeiten Parallelen zu den Gemälden, Drucken und Skulpturen von Gauguin, die entweder von bretonischen Calvaires oder von den Skulpturen der Wilden aus Ozeanien, wohin Gauguin vor der europäischen Zivilisation geflüchtet war, inspiriert waren.

Welchen Ursprungs diese Kunstwerke auch waren, jedenfalls machten sie auf André Derain einen tiefen Eindruck. Er betrachtete sie nicht ohne Vergnügen und bewunderte besonders, wie die Bildschnitzer aus dem Kongo oder Guinea die menschliche Figur darstellten, ohne auch nur ein einziges Element aus der genauen Naturbeobachtung zu verwenden. Maurice de Vlamincks Vorliebe für die barbarischen Skulpturen der Neger und André Derains Betrachtungen zu diesen bizarren Objekten fanden zu einer Zeit statt, in der die Impressionisten die Malerei endgültig von ihren akademischen Fesseln befreit hatten. Dieses Zusammentreffen sollte auf die weitere Entwicklung der französischen Kunst noch großen Einfluß haben.

Etwa zur gleichen Zeit lebte auf dem Montmartre ein junger Mann mit unruhigen Augen, dessen Gesicht zugleich ein wenig an Raffael und an Forain erinnerte. Pablo Picasso hatte bereits mit sechzehn Jahren eine Art Berühmtheit mit Bildern erreicht, die man mit Recht mit Forains grausamer Malerei verglichen hat. Er hatte dann plötzlich diesen Stil verlassen, um geheimnisvolle Bilder in einem tiefen Blau zu malen. Er lebte in diesem merkwürdigen Holzgebäude in der Rue Ravignan Nr. 13, wo so viele andere bereits berühmte Künstler lebten, oder solche, die dabei waren, es demnächst zu werden. Dort habe ich ihn im Jahre 1905 kennengelernt. Sein Ruhm war noch nicht über die Grenzen der Butte von Montmartre hinausgedrungen. Seine blaue Elektrikerkleidung, seine manchmal brutalen Worte, die Fremdartigkeit seiner Kunst waren in ganz Montmartre bekannt. Sein Atelier war vollgestopft mit Bildern von mystischen Harlekinen und Zeichnungen, über die man achtlos lief und die jedermann mitnehmen konnte. Das war der Treffpunkt aller jungen Maler und Dichter. In diesem Jahr begegnete André Derain Henri Matisse. Aus dieser Begegnung ging die berühmte Kunstrichtung der Fauves hervor, der eine Reihe von jungen Malern angehörten, die bestimmt waren, Kubisten zu werden.

Ich habe diese Begegnung erwähnt, um die Rolle von André Derain, einem Künstler aus der Picardie, zu betonen, die er in der Entwicklung der französischen Kunst gespielt hat.

Im folgenden Jahr befreundete er sich mit Picasso, was die unmittelbare Geburt des Kubismus zur Folge hatte, der Kunst, neue Ganzheiten zu malen mit Elementen, die nicht aus der sichtbaren Wirklichkeit, sondern aus der konzeptuellen Wirklichkeit stammen. Jeder kann diese innere Wirklichkeit empfinden. Man braucht nicht sehr gebildet zu sein, um zum Beispiel zu sehen, daß ein Stuhl, egal wie man ihn hinstellt, nicht aufhört, vier Beine, einen Sitz und eine Rückenlehne zu haben.

Die kubistischen Bilder von Picasso, Braque, Metzinger, Gleizes, Jean [sic] Gris usw. machten Henri Matisse aufmerksam, der von dem geometrischen Aspekt dieser Bilder, mit dem die Künstler die tiefe Wirklichkeit mit großer Reinheit darstellen wollten, sehr beeindruckt war. Matisse prägte das Spottwort Kubismus, das so schnell um die Welt gehen sollte. Die jungen Maler nahmen diese Bezeichnung ebenfalls an, denn der Maler kann zur Darstellung der konzeptuellen Wirklichkeit durchaus zu den drei Dimensionen greifen. Wollte der Maler die Wirklichkeit einfach abmalen, so wie er sie sieht, müßte er mit dem Trompe l'œil arbeiten, entweder mit Verkürzungen oder der Perspektive, und das würde die konzeptuelle Form verzerren.

Bald begannen sich im Kubismus neue Tendenzen abzuzeichnen. Picabia wandte sich von der konzeptionellen Malformel ab und widmete sich – zur gleichen Zeit wie Marcel Duchamp – einer völlig freien Kunst. Delaunay seinerseits erfand in aller Stille eine Kunst der reinen Farbe. Man bewegt sich somit auf eine völlig neue Kunstauffassung zu, die für die Malerei das sein wird, was bisher die Musik für die Literatur gewesen ist. Das wird dann reine Malerei sein. Was immer man von so einem gewagten Anliegen halten mag, so kann man bestimmt nicht abstreiten, daß man es mit überzeugten und ernstzunehmenden Künstlern zu tun hat.

Le Temps, 14. Oktober[23]

1913

Die moderne Malerei

Frankreich hat im 19. Jahrhundert sehr viele verschiedene und neue Kunstrichtungen hervorgebracht, die alle in den Impressionismus münden. Diese Kunst ist der alten italienischen Malerei genau entgegengesetzt, die auf der Perspektive aufbaute. Wenn sich diese Bewegung, deren Ursprünge bereits im 18. Jahrhundert auszumachen sind, auf Frankreich zu beschränken scheint, so deshalb, weil Paris im 19. Jahrhundert zur Hauptstadt der Kunst wird. Diese Malrichtung ist natürlich nicht ausschließlich auf Frankreich bezogen, sondern in ganz Europa verbreitet. Engländer wie Constable und Turner, ein Deutscher wie Marées, ein Holländer wie Van Gogh und ein Spanier wie Picasso haben eine große Rolle dabei gespielt, die nicht nur einen Beitrag zum französischen Geist, sondern zu einer universellen Kunst darstellt.

Dennoch hat dieser Stil zuerst in Frankreich Fuß gefaßt, und es sind die französischen Künstler, die in großer Zahl und mit großem Erfolg, mehr als Maler anderer Länder, daran gearbeitet haben. Die größten Namen in der modernen Malerei, von Courbet zu Cézanne, von Delacroix zu Matisse, kommen aus Frankreich.

Vom künstlerischen Aspekt aus spielt Frankreich mittlerweile die Rolle, die für die alte Malerei Italien gespielt hat. Später studierte man auch in Deutschland diesen Stil mit dem gleichen Eifer wie in Frankreich vor den Fauves. Zur Zeit beginnt der Impressionismus in ganz individuelle Malstile zu zerfallen, von denen jeder einzelne nach einigem Zögern seinem eigenen Weg folgt, um zu einem lebendigen Ausdruck des Sublimen zu gelangen.

In der französischen Literatur hat sich das gleiche ereignet. Jeder neue Stil bringt unweigerlich verschiedene Tendenzen hervor. Die Bezeichnung Dramatismus drückt allerdings nicht gerade diese Ablehnung jeder direkten Beschreibung aus, die in den Werken der Dichter und Schriftsteller wie Barzun, Mercereau, Georges Polti und mir zum Ausdruck kommt.[1]

Ebenso gibt es in der modernen Malerei wieder neue Tendenzen. Die wichtigsten scheinen mir zum einen der Kubismus Picassos zu sein, zum anderen der Orphismus Delaunays. Der Orphismus ist von Matisse und den Fauves ausgegangen, besonders von ihren leuchtenden und antiakademischen Tendenzen. Der Kubismus läßt sich wiederum von Derain und seiner Schule ableiten.

André Derain, leidenschaftlich in Form und Farbe verliebt, hat als Maler, der sich ganz der Kunst hingegeben hat, mehr als nur Versprechungen gehalten. Denn er hat allen, die er traf, ihren eigenen künstlerischen Weg offenbart: Matisse erklärte er den Sinn der symbolischen Farbe und Picasso den neuer sublimer Formen. Dann lebte Derain zurückgezogen und verzichtete für einige Zeit darauf, an der zeitgenössischen Kunst teilzunehmen. Zu seinen wichtigsten Arbeiten gehören die ausgewogenen und tiefsinnigen Bilder bis 1910, die einen großen Einfluß ausgeübt haben, sowie seine Holzschnitte für mein Buch *L'Enchanteur pourrissant*. Diese Arbeiten leiteten eine Renaissance des Holzschnitts ein, da ihre neue Technik feiner und weittragender zum Beispiel als die Gauguins ist, und breitete sich bald in ganz Europa aus.[2]

Kommen wir nun zu den Haupttendenzen der Malerei. Wenn man den Kubismus genau definieren wollte, wäre er die Kunst, neue Kompositionen mit formalen Mitteln zu malen, die nicht aus der visuellen, sondern aus der konzeptuellen Realität stammen.

Dieser Stil führt zu einer poetischen Malerei, die von jeder visuellen Wahrnehmung unabhängig ist. Denn schon im Fall des einfachen Kubismus muß der Künstler, der einen Gegenstand vollständig darstellen möchte, insbesondere Gegenstände mit nicht ganz einfachen Formen, alle Teile der geometrischen Oberfläche aufdecken, um daraus ein Bild zu gestalten, das man, selbst wenn man sich die Mühe macht, es zu verstehen, sehr verschieden von dem Gegenstand finden würde, von dem der Künstler eine Vorstellung, das heißt seine objektive Wahrheit geben wollte.

Die Gültigkeit einer solchen Kunst steht wohl außer Frage. Jeder muß doch zugeben, daß ein Stuhl, von welcher Seite man ihn auch betrachtet, niemals aufhört, vier Beine, einen Sitz und eine Rückenlehne zu haben. Wenn man nur eines dieser Elemente wegläßt, läßt man ein wesentliches Element weg. Die primitiven Maler malten eine Stadt nicht so, wie man sie von vorne sieht, sondern so wie sie in Wirklichkeit ist, nämlich vollständig, mit Toren, Straßen und Türmen. Viele in die heutige Malerei eingeführte Neuerungen bestätigen immer wieder diesen menschlichen und poetischen Charakter.

Picasso und Braque haben Buchstaben und Inschriften in ihre Bilder eingefügt. In einer modernen Stadt spielen Reklame und Schriften eine sehr wichtige Rolle und sie stehen dem künstlerischen Zugriff voll zur Verfügung. Picasso hat manchmal auf normale Farben verzichtet, um seine Bilder reliefartig aus Karton und Papierstücken aufzubauen. Er folgt somit einer bildnerischen Inspiration, und diese fremdartigen, rohen, uneinheitlichen Materialien werden dank seiner zugleich starken und sensiblen Persönlichkeit veredelt.

Dieser Kunstrichtung gehören Georges Braque, Jean Metzinger, Albert Gleizes, Juan Gris und einige Arbeiten von Marie Laurencin an.

Eine andere, sekundäre Strömung kann von dieser Hauptbewegung unterschieden werden: der physische Kubismus, der neue Kombinationen aus Elementen der visuellen Realität schaffen will. Das ist keine reine Kunst und gehört auch nur wegen ihres konstruktiven Aspekts noch zum Kubismus.[3]

Eine andere Ableitung des Impressionismus beschäftigt sich mit dem Sublimen, dem Licht. Die Bemühungen der Impressionisten führten sie dazu, die Erscheinung des Lichts zu malen. Dann erschien Seurat: Er entdeckte den komplementären Farbkontrast, konnte sich aber noch nicht vom Naturvorbild freimachen. Ein Kontrast kann seine wahre Kraft nur aus sich selbst entfalten. Aber die Untersuchungen Seurats waren besonders für die nachfolgenden suchenden Künstler von großer Bedeutung.

Wenn tatsächlich eine Farbe immer ihre Gegenfarbe miterzeugt, so glaubte Delaunay, daß dadurch das Licht nicht zerlegt würde, sondern daß diese einfache Farbe alle anderen Farben des Spektrums hervorruft. Diese Stilrichtung kann Orphismus genannt werden. Dieser Stil steht, so glaube ich, der Sensibilität vieler moderner deutscher Maler näher als andere Stilrichtungen.

Die dramatische Bewegung in Kunst und Poesie wird in Frankreich zunehmend stärker. Sie wird vor allem vertreten durch die Arbeiten Fernand Légers, die unter den jungen Malern sehr geschätzt sind; dann in einigen Arbeiten von Marie Laurencin, in den neuen Arbeiten von Picabia, die wegen ihrer freimütigen Heftigkeit das Publikum des Salon d'Automne und der Section d'Or schockierten, und schließlich in den merkwürdigen Bildern von Marcel Duchamp, der versucht, die Bewegung des Lebens zu symbolisieren usw.

Auch die interessantesten deutschen Maler haben sich instinktiv dieser Kunstrichtung angeschlossen: Kandinsky, Marc, Meidner, Macke, Jawlensky, Münter, Otto Freundlich usw. Ebenso gehören die futuristischen Maler zum Orphismus, die aus dem Fauvismus und Kubismus hervorgegangen sind und nicht dafür sind, alle konventionellen Regeln der Perspektive und Psychologie abzuschaffen.

Diese beiden Bewegungen sind reine Kunst, denn sie allein machen das Vergnügen unserer visuellen Kraft aus. Das sind Bewegungen reiner Kunst, denn sie erheben uns zum Sublimen, ohne auf irgendeine künstlerische, literarische oder wissenschaftliche Konvention Rücksicht zu nehmen. Wir sind vor Begeisterung berauscht. Wir gehen auf einen bildnerischen Lyrizismus zu.

Parallel dazu bewegt sich die neue Literaturrichtung, die wir in Frankreich als Dramatismus kennen, auf einen konkreten und direkten Lyrizismus zu, den die beschreibenden Literaten nicht erreicht haben.

Diese schöpferische Tendenz dehnt sich mittlerweile über die ganze Welt aus. Die Malerei ist keine Kunst der Nachahmung, sondern eine Kunst der Schöpfung. Mit diesen beiden Kunstrichtungen, Orphismus und Kubismus, werden wir Poesie und Licht erzielen. Ich liebe die Kunst der jungen Maler, denn ich liebe vor allem das Licht.

Und da alle Menschen vor allem das Licht lieben, haben sie das Feuer erfunden.

Der Sturm, Februar[4]

Pablo Picasso

Verschiedene Ausstellungen widmen sich seit einiger Zeit dem Ruhm dieses Malers, einem von denen, die den größten Einfluß auf das künstlerische Bewußtsein unserer Zeit gehabt haben.

Er hat das Universum gründlich befragt. Er hat sich an das immense Licht unauslotbarer Tiefen gewöhnt. Zeitweise hat er sich auch nicht davor gescheut, wirkliche Gegenstände, ein Notenblatt, eine Briefmarke, ein Stück Zeitungspapier, ein Stück Wachstuch, das mit dem geflochtenen Muster eines Stuhlsitzes bedruckt ist, dem klaren Licht anzuvertrauen. Um der Wahrheit willen könnte die Kunst des Malers diesen Gegenständen keine weiteren bildnerischen Elemente hinzufügen.

Wild lacht die Überraschung in der Reinheit des Lichts auf. Und immer wieder tauchen Zahlen und Großbuchstaben als bildnerische Elemente auf, in der Kunst ein neues Bildmittel, lange jedoch schon mit der Geschichte der Menschheit verbunden.[5]

Es ist unmöglich, alle schöpferischen Möglichkeiten einer so tiefen und beeindruckenden Kunst vorherzusagen.

Der Gegenstand, entweder realistisch wiedergegeben oder in Trompe l'œil, wird zweifellos eine zunehmend wichtige Rolle spielen. Er bildet den inneren Rahmen des Bildes und markiert die Grenzen seiner Tiefe, so wie der Rahmen die äußeren Grenzen markiert.

Picasso stellt Volumen durch Flächen dar und gibt dadurch die verschiedenen Elemente wieder, die einen Gegenstand bedingen, so vollständig und genau, daß diese Elemente nicht allein durch die Bemühung des Betrachters als Gegenstand erscheinen, der notwendigerweise ihre Simultanität wahrnimmt, sondern allein durch ihre Anordnung auf der Bildfläche. Führt diese Kunst mehr in die Tiefe als daß sie erhebt? Sie verzichtet nicht auf die Beobachtung der Natur. Die Wirkung dieser Kunst auf uns ist so anheimelnd-vertraut wie die Natur selbst.

Als Picasso die geschwungenen Augenbrauen seines sterbenden besten Freundes sah, die vor Angst zitterten, erwachte in ihm der Wunsch zu sterben. Ein anderer Freund führte ihn eines Tages zu den Grenzen eines mystischen Landes, dessen Bewohner zugleich so einfach und so grotesk waren, daß sie leicht wiedererschaffen werden konnten.

Im übrigen gab es zum Beispiel die Anatomie in der Kunst nicht mehr. Sie mußte wiedererfunden werden, und jeder Künstler mußte seine eigene Hinrichtung mit dem methodischen Geschick eines großen Chirurgen vollziehen.

Die große Revolution in der Kunst, die er allein durchgeführt hat, besteht darin, daß es nun eine nur von ihm geschaffene Welt gibt.

Welch eine große Flamme!

Er ist der neue Mensch, und er zeigt uns seine neue Vorstellung der Welt. Er zeigt ihre Elemente, ihre Einzelheiten mit einer Brutalität, die zuweilen auch weiß, anmutig zu sein. Er ist wie ein neugeborenes Kind, das das Universum für seinen eigenen Gebrauch neu ordnet, und das auch, um die Beziehung zu seinen Geschöpfen zu erleichtern. Diese Darstellung zeigt die Größe eines Epos, und mit der folgenden Ordnung wird das Drama an Kraft gewinnen. Man kann ein System, eine Idee, ein Datum, eine Ähnlichkeit mißachten, aber ich sehe nicht, wie es möglich ist, die einfache Tätigkeit des Aufzählens zu verleugnen. Von einem bildnerischen Standpunkt aus könnte man sagen, daß man auf diese Wahrheit hätte verzichten können, aber da sie nun einmal da ist, wird sie zu einem wesentlichen Bestandteil unserer Kunst. Und dann gibt es noch vertraute Orte: eine Grotte im Wald mit Leuten, die Purzelbäume schlagen, ein Ritt auf einem Maultier am Rande eines Abgrunds, die Ankunft in einem Dorf, wo alles nach heißem Öl und saurem Wein riecht. Es gibt auch den Spaziergang über einen Friedhof, den Halt, um einen Fayencekranz zu kaufen (einen Immortellenkranz), die Aufschrift »Herzliches Beileid« ist unvergleichlich. Man hat mir auch von irdenen Kandelabern erzählt, die auf die Leinwand gedrückt wurden, um den Anschein zu geben, sie kämen daraus hervor. Kristallkugeln und die berühmte Rückkehr aus Le Havre, die Gitarren und die Mandolinen.

Ich selbst fürchte mich nicht vor der Kunst, und ich hege keine Vorurteile gegen die von Malern benützten Materialien.

Die Mosaizisten malen mit Marmorstücken oder bemalten Holzteilen. Man kennt auch einen italienischen Maler, der mit seinen Fäkalien malte. Zur Zeit der Französischen Revolution malte jemand mit seinem Blut. Man kann malen, womit man will, mit Pfeifen, Briefmarken, Postkarten, Spielkarten, Kandelabern, Teilen eines Wachstuchs, gestärkten Kragen.

Mir genügt es, die Arbeit zu sehen. Man muß die Arbeit sehen können. An der investierten Arbeitszeit läßt sich der Wert des Kunstwerks abschätzen.

Subtile Kontraste, parallele Linien, das Handwerk eines Arbeiters, manchmal der Gegenstand selbst, mitunter ein Hinweis, zuweilen eine Aufzählung, die individuell bearbeitet wurde, weniger Anmut als Grobheit. Man wählt nicht aus der Moderne, man akzeptiert sie, so wie man die neuesten Moden akzeptiert, ohne darüber zu diskutieren. Malerei … eine erstaunliche Kunst mit grenzenloser Tiefe.

Montjoie, 14. März[6]

Der Salon des Indépendants am Quai d'Orsay

48 Säle zur Besichtigung frei – Vom Kubismus zum Orphismus – Eine allgemeine Übersicht über den Salon der jungen Malerei (18. März)

Ein Dichter – ich glaube, es war Rimbaud – sah diese großen Kunstmessen voraus, riesige Ausstellungen von Malerei, die sich über Kilometer erstrecken.[7] Der Salon des Indépendants umfaßt in diesem Jahr 48 Ausstellungsräume. Die Besucher des diesjährigen Salons werden das Gefühl haben, auf einem gefrorenen See zu segeln, dessen Wellen die vielen wunderbaren Bemühungen der französischen Kunst sind, und unerwartete Formen der Schönheit zu finden. In jedem Saal, auch in den ersten, wo sonst nur die weniger geglückten Arbeiten hängen, gibt es zahlreiche frische, schöne Landschaften voller Licht und Wahrheit. Der Besucher wird sich lange in den Räumen mit neo-impressionistischer Malerei aufhalten, mit den Arbeiten von Signac, Luce, Mme. Cousturier.

Der Neo-Impressionismus spielt dieses Jahr eine wichtige Rolle, denn sein Initiator Seurat, oder zumindest einige seiner Forschungen, haben Maler inspiriert, deren hier zum ersten Male gezeigte Bilder unter die Ästhetik des Orphismus fallen.[8] Diese Tendenz zeigt sich auf heroische Weise in Delaunays *L'équipe de Cardiff* [Abb. 46], in Légers *Femme nue*, in Bruces Landschaften, in Mlle. Laurencins *Bal élégant,* in Albert Gleizes' *Football* [Abb. 47], und sogar in Metzingers *Oiseau bleu* [Farbabb. 4]. Viele Kunstkritiker werden gewöhnlich ärgerlich, wenn sie neue Versuche bei den Künstlern entdecken. Es würde allerdings angemessener sein, wegen eines Mangels an Versuchen, eines Mangels an Neuheit wütend zu werden.

An beidem ist jedoch in diesem Salon kein Mangel. Ich denke, daß die eben erwähnten Bilder in die Geschichte eingehen werden. Neben den bereits genannten Bildern wird man zweifellos am meisten über die Bilder von Mlle. Bailly und Mondrians *Bäume* (Abb. 48) sprechen. Es gibt zahlreiche Landschaften aus der Gegend um Céret (Roussillon), dem Barbizon der Kubisten. Die Landschaften von Marchand und Mme. Lewitska sind besonders gut. Ich sollte auch [...] Dunoyer de Segonzacs Stilleben, *Idoles* von L. A. Moreau, *Trois nus* von Utter und *Violons* von Marcoussis erwähnen. In den letzten Saal hat man ein armseliges futuristisches Bild und ein großes Bild, das Mikroben zeigt, gehängt.

Weder Matisse noch die Symbolisten, die das neue Theater an den Champs-Elysées ausmalen, stellen dieses Jahr aus.

Im letzten Moment hat man noch Delaunays Bild aufgehängt. Le Fauconnier soll laut Ankündigung ein riesiges Bild ausstellen. Während einige Arbeiter mit stoischer Ruhe die Hängung der Bilder beenden, stehen die Maler herum und reden, reden, reden ...

Die Eröffnung (19. März)

Schon um zehn Uhr war der Salon voller Leute: hübsche Frauen, jung, schön, elegant, etablierte Maler, Maler, die bald etabliert sein werden, Kunstliebhaber ... Félix Fénéon ist begeistert. Er sagt mir, wie glücklich er ist, alle diese neuen Tendenzen in diesem Salon zu sehen. An diesem Morgen wurde ein interessantes maschinengeschriebenes Dokument an die meisten Aussteller verteilt. Es handelt vom Orphismus und trägt die Unterschrift *Georges Meunier.* Wer ist Georges Meunier? Hier kommt der stellvertretende Staatsanwalt Granié, umringt von einer Gruppe von Leuten. Hier kommen die Herren Blot, Alphonse Kahn, der Maler Flandrin, der Maler Anglada. Man wartet auf M. Bérards Besuch. Ein Herr fragt beunruhigt: »Wo bleiben denn die orphischen Sänger?« Matisse wird erwähnt. Man spricht vom Kubismus, Pointillismus, Stilrichtungen aller Art ... Wer könnte angesichts solchen Eifers, solcher Jugendfrische ungerührt bleiben?

(20. März)

Der wirklich interessante Teil des Salons beginnt im Saal 14. Da sind wir, Robert Mortier ist von glühender und eifriger Sensibilität. Sein Bild *Bouquet* ist mit einem dekorativen Gefühl gemalt, das seiner selbst noch nicht ganz sicher ist. Sein Talent sollte nicht in eine Doktrin eingesperrt werden. [...]

(21. März)

[...] Saal 33 und 34: Francis Jourdain, fein, ruhelos, aber eine begrenzte Vision; Victor Dupont, ein guter Maler in breiter Manier; ein Paravent von Deltombe; Mlle. Charmy, von den Fauves beeinflußt; Alfred Lombard, den der Gedanke an Flandrin am Einschlafen hindert; hier ist wieder Fornerod, mit hübschen rustikalen Szenen; Asselin möchte gerne scharfzüngig sein; Jacques Blot mit einer hübschen Vision; Laprade mit einem bezaubernden Bild: ein Garten, Rosen, ein kleines, blondes Mädchen. Sérusier ... ach ja! die Schule von Pont-Aven, vergangene Tage. [...]

Saal 35: Der Raum der Neo-Impressionisten erhält dieses Jahr besondere Aufmerksamkeit, da die neuen Stiltendenzen den Erfindungen von Seurat und Signac, dessen *Port de La Rochelle* eines der leuchtendsten Bilder unserer Tage ist, verwandt sind.

(22. März)

[...] Saal 35, den Pointillisten gewidmet: Diese Malrichtung, die uns heute so abgeschlossen erscheint, ist vielleicht am meisten für die Befreiung des künstlerischen Bewußtseins der jüngeren Generation verantwortlich. Neben Signac erwähnen wir noch: M. Luce, dessen Bild *Les Ouvriers* seinen Wunsch nach Modernität zeigt, Mme. Lucie Cousturier, deren drei Stilleben im Sonnenlicht aufzuflammen scheinen, das sie heranreifen ließ. [...]

In den folgenden Sälen von 36 bis 41 bemerken wir den heftigen Gwozdecki, den flüchtigen Verdilhan, *L'Ecuyère* von Mérodack-Jeaneau, die fest gebauten Porträts von Van Hasselt, die summarischen Skizzen von Rouquayrol, Crotti mit einer raffinierten Feinheit, das *Portrait Canudo* von Saint-Pont und die Retrospektive von Pirola, einem jungen, vielversprechenden Maler [...].

Saal 43, der holländische Beitrag: Der Kubismus ist ins Museum von Amsterdam eingedrungen. Man stellt dort Picasso und Braque neben Rembrandt aus. Erwähnen wir noch die sehr astralen Bilder von Mondrian. Seine Bilder *Bäume* und *Portrait de femme* sind von großem Interesse; eine *Paysage provencale,* kraftvoll und sehr ausgeglichen von Louis Schelfhout; Alma hat ein wenig das Temperament von Van Gogh geerbt, und Van Riss mit seinen Farbtabellen. [...]

(25. März)

Saal 45: Man hat schon eine Menge über den Orphismus gesprochen. Hier zeigt sich zum ersten Mal diese neue Malrichtung. Sie versammelt Maler mit ganz verschiedenen Persönlichkeiten, die aber alle im Laufe ihrer Untersuchungen zu einer mehr innerlichen, weniger intellektuellen, mehr poetischen Vision des Universums und des Lebens gekommen sind. Orphismus war keine plötzliche Erfindung – er ist das Ergebnis einer langsamen und logischen Entwicklung von Impressionismus, Divisionismus, Fauvismus und Kubismus. Nur der Name ist neu. Viele Maler waren erstaunt, sich in dieser Gruppierung wiederzufinden, und es ist interessant, zu beobachten, wie viele doch sehr unterschiedliche Künstler in ihren Untersuchungen übereinstimmen und ganz unabhängig voneinander zur gleichen Bildgestaltung gekommen sind. *L'équipe de Cardiff* von Delaunay ist ein sehr modernes Bild. Es gibt darin nichts Sukzessives. Jeder Farbton ruft die anderen Farben des Prismas hervor und läßt alle zusammen leuchten. Das ist Simultanität. Diese sehr suggestive Malerei wirkt auf uns wie die Natur und die Poesie. Das Licht ist mit seiner ganzen Wahrheit darin. Diese neue Tendenz kann in fast allen folgenden Bildern gefunden werden, besonders bei Fernand Léger. Dieser Künstler muß gelobt werden, denn zum ersten Mal stellt er ein ›Bild‹ aus. Er hat einen beträchtlichen und ernsthaften Fortschritt gemacht.[9] Picabias *Procession* muß als ein wichtiger, aber unfertiger Versuch eines begabten Malers angesehen werden.

Saal 47: Der *Bal élégant* von Mlle. Laurencin ist ein reizendes Bild und eines der stärksten und freiesten des Salons.

L'Oiseau bleu von Metzinger ist das zur Zeit wichtigste Werk des Malers. Es ist ein brilliantes Bild, von einem der Außenwelt entnommenen Glanz und einer märchenhaften Phantasie. Luc-Albert Moreau verfolgt einen ähnlichen Weg wie Metzinger, *Les idoles* ist eine poetische und sinnenfreudige Komposition. Mit der Landschaft *Ferme* ist de la Fresnaye sehr vorangekommen. Auch Szobotka macht intelligente Ansätze. Von Chagall gibt es *Adam et Eve,* eine große dekorative Komposition, die ernsthafte Qualitäten des Kolorits, ein mutiges Talent und einen neugierigen und unruhigen Geist zeigt. Erwähnen wir noch in diesem Raum: Korody, ganz interessant; Bolz, Tobeen, zornige Versuche, das Schöne zu erreichen; Dunoyer de Segonzac, guter, unprätentiöser Beitrag eines Malers, der schon einmal sehr wagemutig war; Mlle. Alice Bailly, interessant; die *Violons* von Marcoussis usw.

Letzter Saal: De Giannattasios *Tourniquet,* das von dem Bild *Manège de cochons* von Delaunay abzuleiten zu sein scheint. Die kubistischen Bilder von Hugot, die Synchromie von Morgan Russel usw.[10]

(2. April)

Bei einem anderen Besuch habe ich noch einige Bilder bemerkt, die mir vorher entgangen sind. Das Blatt Papier, auf dem ich notiert hatte, wie sehr ich das Bild *Football* von Gleizes mag, wurde irgendwohin verlegt. Dieses Bild zeigt ein großes Streben nach Licht und Bewegung, eine dichte Komposition, schwierig in Konzeption und Ausführung. Aber alles darin, außer vielleicht einigen Blumen, ist neu und kraftvoll.

Der Bildhauer Agéro hat eine Gruppe von Steinfiguren eingesandt, deren ›Kraftlinien‹ unaufhörlich in Bewegung sind.[11] Das ist zwar nicht die angenehmste Art von Bildhauerei, aber die neueste, trotz aller Armut an Inspiration und der schlechten Ausführung. Der Name Bruce erscheint hier zum ersten Mal, er ist ein wagemutiger Maler.[12] Die Zonen (dieser ausgezeichnete Begriff, der farbige Flächen verschiedener Farbtöne bezeichnet, wurde von M. Roches, Herausgeber des schönen Kunstjournals *L'Art décoratif* gefunden), die Zonen in seinen Bildern sind beinahe die lebhafte Darstellung der Natur selbst. Das zeugt von noch einer Bemühung um die Malerei. Man beachte auch *L'Eté* von Cœuret, dem wirklich Unabhängigen. Ich sah ihn mit Frau und Kindern ankommen, seine Bilder in einem kleinen Karren, gezogen von einem wolligen, kleinen Esel.

Erwähnt sei schließlich noch Tobeen, der den neuen Malrichtungen durch sein horizontales Schraffieren in der Art von Cézanne verwandt, dessen Zeichenkunst aber ziemlich tot ist. Da sind Utrillos Landschaften, die M. Octave Mirbeau, soweit ich sehe, sehr schätzt. Valensis *Expression d'Alger* hätte neben Léger ausgestellt werden sollen; zwei Landschaften aus dem Vendée von Charles Péquin, einem intelligenten, begabten, aber ängstlichen Künstler.

L'Intransigeant

Durch den Salon des Indépendants

Die historische Rolle des Salon des Indépendants ist heute unbestritten. Die Kunst des 19. Jahrhunderts ist nichts anderes als eine lange Revolte gegen die akademische Routine: Cézanne, Van Gogh, der Zöllner Rousseau. Der Salon des Indépendants hat in den letzten zwanzig Jahren die neuesten Künstlerpersönlichkeiten und Stiltendenzen der französischen Malerei gezeigt, die die einzige Malerei ist, die heute zählt, und die angesichts des Universums die Logik der großen Kunsttraditionen weiterverfolgt. In diesem Jahr ist der Salon so lebendig wie nie zuvor.

Die neuesten Malrichtungen werden gezeigt: Kubismus, der Impressionismus der Formen und seine neueste Entwicklung, der Orphismus, reine Malerei, Simultanität.

Licht ist keine Technik. Es erreicht uns über unsere Sensibilität (das Auge). Ohne Sensibilität gibt es keine Bewegung. Unsere Augen sind die grundlegende sinnliche Verbindung zwischen der Natur und unserer Seele. Unsere Seele erhält ihr Leben in Harmonie. Harmonie aber entsteht nur aus der Simultanität, mit deren Hilfe die Maße und Proportionen des Lichts die Seele erreichen, den edelsten Sinn unserer Augen. Allein diese Simultanität bedeutet Kreativität, alles andere ist nur Aufreihung, Kontemplation, Studie. Diese Simultanität ist das Leben selbst.[13]

Die moderne Richtung der Malerei scheint mir die wagemutigste Malerei zu sein, die jemals existierte. Sie stellt sich nämlich das Problem des Schönen selbst.

Sie möchte nicht länger Schönheit darstellen, die mit dem Vergnügen des Menschen an der Natur zusammenhängt – und das ist etwas, was kein europäischer Künstler von Beginn der

Zeitrechnung jemals gewagt hat. Die neuen Künstler suchen nach einer idealen Schönheit, die nicht mehr nur stolzer Ausdruck der Menschheit sein wird, sondern der Ausdruck des ganzen Universums, in dem Ausmaß, wie es sich im Licht vermenschlicht.[14] [...]

Saal 35: Dies ist der Saal der Pointillisten. In symbolischer Weise wurden diese Bilder in einen Raum gehängt, der nur durch eine Anrichte von dem Raum getrennt ist, der die neuen Maler zeigt (Raum 36). Er enthält zahlreiche große, aber charakterlose Bilder, die weder zu der alten noch zur neuen Schule gehören. Die Pointillisten erreichen tatsächlich nur die äußeren Grenzen der heutigen Kunst. Ihre atmosphärischen Punkte tanzen, wie es scheint, vor der Anrichte. Und doch kann diese so abgeschlossen und begrenzt erscheinende Malrichtung vor allem für das befreite künstlerische Bewußtsein der jüngeren Künstlergeneration verantwortlich zeichnen.

Paul Signac ist gerade aus La Rochelle zurück. Ein sicher vor Ort gemaltes Aquarell von großem Farbenreichtum war sicher die Vorstudie für das große Bild *Le port de La Rochelle*. Das Talent des Künstlers scheint sich in diesem Bild verjüngt zu haben: Er hat an Kraft zugenommen, seine Kontraste sind unerwarteter und das Bild hat Tiefe. Das ist eines der besten Stücke der neo-impressionistischen Malrichtung.

Das Bild von Maximilien Luce, das vor einem in Bau befindlichen Haus stehende Arbeiter darstellt, zeigt seinen Wunsch, modern zu sein. Man sieht in diesem Bild vielleicht noch besser als in seinen anderen Bildern, worin der Künstler Neo-Impressionist ist. Sein Divisionismus ist hier sehr offensichtlich und läßt an manche Arbeiten von Seurat denken.

Mme. Lucie Cousturiers drei Stilleben von Gemüsesorten scheinen in dem Sonnenlicht aufzuflammen, in dem sie gereift sind. Man spürt ihre Berauschung am Licht, aber die Komposition ist irgendwie zu trocken.

Mme. Georgette Agutte ist ein großes Stück freier geworden. Ihre Impressionen der Natur scheinen nun ganz von Matisses Einfluß befreit worden zu sein.

Saal 42: Saal der Fauves. Einige leidenschaftliche und beeindruckende Porträts der Dichterin Valentine de Saint-Point. Man findet in ihnen die gleichen glühenden und persönlichen Qualitäten, die auch in ihren Arbeiten im Salon d'Automne offensichtlich waren. Ein hervorragendes Interieurbild von Gwodzecki.

Daneben die Retrospektive der Arbeiten von Pirola, einem jungen Künstler, von dem große Dinge erwartet wurden. Es handelt sich um ehrliche Naturstudien, Kompositionsskizzen, die vielleicht kraftvoll hätten werden können. Ich möchte besonders die schönen Landschaften, die er in Marseille gemalt hat, erwähnen.

Saal 43: Endlich erreichen wir den Bereich der neuen Malerei. Dies ist der holländische Ausstellungsraum, obwohl hier auch einige französische Maler ausstellen. Die Stiltendenz geht hier ganz deutlich zum Kubismus. Das *Atelier* von Yves Alix zeigt eine große Bemühung; ein kraftvoll gebautes Bild; seine Persönlichkeit offenbart sich aber mehr in der Farbe.

Vue de Nevers von André Favory ist sogar noch mehr von Gleizes beeinflußt. Es fehlt insgesamt an Vielfalt, aber die linke Seite des Bildes [...], ist ganz erträglich.

M. Gromaire kommt aus dem Norden Frankreichs. Sein Bild *Le juif errant* beweist seine flämische Abkunft. Er ist von Rubens und Brueghel beeinflußt, aber seine Malerei hat trotzdem Persönlichkeit. Dies ist eine Komposition voller gutem Humor, Jovialität und Kraft.

Mondrian, ein Holländer, zeigt einen sehr abstrakten Kubismus. (Wir wissen, daß der Kubismus in das Museum von Amsterdam eingedrungen ist. Während in Frankreich unsere jungen Maler belächelt werden, stellt man in Amsterdam die Arbeiten von Georges Braque, Picasso und anderen neben Rembrandt aus.) Mondrian ist zwar ein Abkömmling der Kubisten, aber sicher nicht ihr Nachahmer. Er scheint vor allem von Picasso beeinflußt worden zu sein, aber er besitzt trotzdem eine ganz eigene Persönlichkeit. Seine *Bäume* (Abb. 46) und sein Frauenporträt zeigen intellektuelle Sensibilität. Diese Art von Kubismus zielt in eine Richtung, die sich von den sehr interessanten Experimenten mit Materialien von Picasso und Braque unterscheidet.[15]

Paysage provençal von Louis Schelfhout ist ein kraftvolles und ausbalanciertes Bild. Dieses imaginäre Bild erweist sich als wirklicher als so manche Studie vor der Natur. Alma, ein Holländer wie Van Gogh, teilt zu einem gewissen Grad dessen Temperament. Seine kleine Landschaft hat große Subtilität in den Grau- und Grüntönen, ein ernstes und leidenschaftliches Bild.

Erwähnen wir noch die merkwürdigen und strengen Studien von Mlle. van Heemskerk, die dem Kubismus viel verdankt; versäumen Sie nicht die Farbreihen von Van Riss, Makowskis Farben voller Sensibilität, und Mme. Gerebtzhoff, mystisch, intellektuell, kindisch. Ein Bild ist betitelt *La communion immortelle.* Ist das chinesische Kunst? Mme. Vasilieff: Bemühen und Talent, so viel von beidem!

Saal 44: Der interessanteste Aspekt in diesem Saal ist die Arbeit von Dufy, der die letzten Jahre nur wenige kleine und ältere Arbeiten ausgestellt hat. Dufy hat sich lange Zeit mit der dekorativen Kunst herumgeschlagen. Er tat recht daran, zur Malerei zurückzukehren. Er hat entschiedenen Einfluß auf die Malerei von Friesz und Lhote und vielleicht sogar auf den Futurismus ausgeübt.

Mme. Lewitskas Landschaften aus dem Roussillon sind solide und voller Poesie, eine feine Kunst am Rande des Kubismus, besonders in der aufrichtigen Behandlung der Hintergründe. Locquin bringt tapfer das Licht seiner Landschaften aus dem Gleichgewicht.

Marchand, ein sensibler Künstler, malt ganz bezaubernde Ansichten von Céret. [...]

Lhote hat sich merklich verbessert. Er legt die Farbtöne in einer ziemlich graugestimmten Gesamtatmosphäre fest. Er hat sich sehr bemüht, von der illustrativen Tendenz wegzukommen, die ihn bisher so sehr beeinflußt hat.

Utter stellt ein extrem realistisches Bild aus *Trois Graces.* Sein Talent entwickelt sich.

Kisling gibt seiner Malerei neues Leben durch die Disziplin von André Derains Bildern. Ich mag besonders seine große kraftvolle Studie des Hundes des Bildhauers Manolo, die er in Céret gemalt hat. Auch Frank Burty verbessert sich.

Ich muß auch die interessanten Studien von Mme. Valodon, Le Fauconnets hübsche Zeichnungen und Van Dongens Plakatentwürfe erwähnen.

Saal 45: Hier ist der Orphismus. Das ist das erste Mal, das sich diese Stilrichtung, die ich voraussah und proklamierte, in der Öffentlichkeit zeigt. Delaunay ist einer der begabtesten und wagemutigsten Maler seiner Generation. Seine Dramatisierung des farbigen Volumens, seine plötzlichen Einbrüche der Perspektive und seine Verschiebungen von Flächen haben viele seiner Freunde beeinflußt. Seine Experimente in reiner Malerei, über die ich in *Le Temps* am 14. Oktober 1912 gesprochen habe, sind ebenso bekannt.[16] Er sucht nach der Reinheit der Mittel, nach dem Ausdruck der reinsten Schönheit. Delaunays neuestes Bild zeigt weiteren Fortschritt. Seine Malerei, die im ganzen zu intellektuell schien (zur großen Freude der deutschen Privatdozenten), hat nun einen entschieden volkstümlichen Charakter bekommen. Ich glaube, das ist das größte Kompliment, das man einem Maler heute machen kann.

L'équipe de Cardiff [Abb. 46] von Delaunay: Das ist das modernste Bild des Salons. Es gibt nichts Sukzessives in diesem Bild, das nicht nur mit dem Kontrast komplementärer Farben vibriert, die von Seurat entdeckt wurden, sondern wo auch jeder Farbton alle anderen Farben des Prismas hervorruft und leuchten läßt. Das ist Simultanität. Eine suggestive, nicht nur objektive Art der Malerei, die auf uns in ähnlicher Weise wie die Natur und die Dichtung wirkt!

Das Licht wird hier in seiner ganzen Wahrheit offenbart. Das ist die neue Richtung des Kubismus, und wir finden diese Tendenz zum Orphismus in fast jedem Bild im nächsten Raum. Das trifft besonders auf die Studien von Fernand Léger zu, der wegen seiner großen künstlerischen Integrität gelobt werden muß. Er weigerte sich, sein großes Bild auszustellen, weil er meinte, er hätte das sich gesteckte Ziel noch nicht erreicht.

Ich finde, daß Picabia Fortschritte gemacht hat. Seiner *Procession* fehlt ein wirkliches Sujet und die Oberfläche sieht tot aus, aber trotzdem macht er Fortschritte. Seine Blautöne quälen das Auge, während seine weinroten Quadrate und eine bestimmte Kurve links im Bild einen kraftvollen Eindruck hinterlassen.

Wir müssen auf diese unvollendete Anstrengung eines begabten Malers so schauen, wie wir die Funktion einer Maschine betrachten, die wir nicht begreifen, deren Bewegung und Kraft uns aber erstaunen und beunruhigen. All das erscheint noch zu unbewußt, zu beiläufig, um als orphischer Kubismus bezeichnet zu werden. Das ist noch zuviel Gehirnakrobatik und Instinkt. Warten wir noch ein wenig, bevor wir diese Malerei rühmen und warten wir auch noch, bevor wir sie verdammen.

Saal 47: Hier ist endlich der große Saal – wie der Salon Carré im Louvre. *Le bal élégant* von Marie Laurencin ist das bezauberndste Werk in diesem Salon und eines der freiesten und kraftvollsten. Man müßte ein Gedicht schreiben, um die Anmut dieser Komposition auszudrücken, die Delikatesse und Tiefe seiner weiblichen Farbgebung. Wir haben es hier mit einer ganz eigenständigen Künstlerin zu tun.

Die Pfingstrosen erwachen wie die aufgehende Sonne am Morgen. Während eine mit übergeschlagenen Beinen sitzende Musikerin ein Banjo spielt, bewegen sich zwei Tänzerinnen, die eine rosa, die andere schwarz gekleidet, auf den Schal und den Fächer zu. Das Himmelszelt ist rosa gefärbt. Die Tiefen sind so blau wie das Schweigen und die Indifferenz der Blicke füllt das Grün mit Unruhe, die von der Schnelligkeit des Tanzes gestreift wird. Das ist nicht mehr Kubismus, sondern Orphismus.[17]

Die Kunst von Mlle. Laurencin zielt auf die reine Arabeske, von der aufmerksamen Beobachtung der Natur vermenschlicht. Deren Ausdrucksstärke trennt sie von der einfachen Dekorationskunst und läßt ihr Werk trotzdem angenehm erscheinen.

Mit seinen *Joueurs de football* [Abb. 47] hat Albert Gleizes einen gewaltigen Schritt nach vorn gemacht. Das ist sein bisher vielfältigstes und farbig am besten angelegtes Bild. Im oberen Teil sehe ich noch einige unschöne, schwere Flecken, aber die Komposition ist vielseitig und neu. Gleizes führte eine schwierige Komposition aus, die er wie ein Meister bewältigte. Der Gegenstand kehrte in die Malerei zurück, und ich bin mehr als ein wenig stolz darauf, die Rückkehr dieser Grundlage der bildenden Kunst vorausgesehen zu haben.[18] Das Sujet von Gleizes' Bild ist die Bewegung.

Metzingers große poetische Komposition *L'Oiseau bleu [Farbabb. 4]* ist das bisher wichtigste Werk, das von diesem widersprüchlichen Maler gemalt worden ist. Es ist schwierig, die ganze Imagination und die märchenhafte Magie dieses gut gemalten Bildes in wenigen Zeilen zu beschreiben, ohne lange darüber nachgedacht zu haben.

Es kann nun nicht länger behauptet werden, daß der Kubismus eine melancholische Art der Malerei ist. Es ist vielmehr eine festliche Malerei, nobel, gemessen und kühn. [...]

Montjoie, 18. März

Nachtrag

Einige mürrische Leute, die sich verpflichtet fühlen, zur Geschichte der menschlichen Dummheiten beizutragen statt die Künste in Schutz zu nehmen, wandten den Begriff ›Verrückte‹ auf die neuen französischen Maler an. Mit nur ein wenig gutem Willen würden diese Leute verstehen, daß diese jungen Maler das Resultat einer langen Entwicklung sind. Obwohl Fehlschläge und Irrtümer einzelner Maler möglich sind, ist es in der gesamten Geschichte der Kunst noch nie vorgekommen, daß eine gesamte Gruppe von Malern den falschen Weg einschlug. Diese sehr einfache Tatsache sollte genügen, um den kühnen Werken der neuen französischen Maler mit mehr Vertrauen zu begegnen. Falls der Kubismus tot ist, dann lebe der Kubismus. Das Reich des Orpheus beginnt.

[...] Erwähnen wir noch die Arbeiten von M. Crotti, die eleganten Skulpturen von Archipenko, der heute einer der besten Bildhauer ist, und die interessanten Figuren von Brancusi und Agéro.

Montjoie, 29. März

Der Salon des Artistes Français

Die Eröffnung – Ein Blick in die Skulpturenabteilung (30. April)

Bei der Eröffnung des Salon des Artistes Français gab es so viele Menschen, daß ich schließlich überhaupt niemanden mehr erkannte. Aber natürlich war jeder da: Diplomaten, die feine Gesellschaft, die Mitglieder der Akademie, und natürlich Amerikaner. Ich sah sogar einige Amerikaner, die im Knopfloch die winzige grüne Kiefer des New Spirit trugen – des neuen Geistes, der erst vor kurzem in einer Verkaufsausstellung in New York mit Werken neuer französischer Malerei, von Cézanne zu den Kubisten, 395 000 Franc einbrachte.[19]

Vor Patricots schönem Porträt von M. Alapetite sah ich den Bildhauer Jean Boucher stehen. »Ich brauche Ihre Hilfe«, sagte er, »denn gerade ist mir etwas Merkwürdiges passiert. Mein *Fra Angelico,* Sie wissen, jene Gipsfigur, die manche Leute ganz nett finden. Nun, sie ist zu Leben erwacht, und was ihr Leben gibt, ist der Geist von Giotto selbst. Schauen Sie sich diesen lieben Herrn aus Fiesole einmal an, er ist unten in der Skulpturenabteilung und kommentiert die Kunst meiner Kollegen. Bitte, egal was Sie anstellen, lassen Sie ihn bloß nicht in die Malereiabteilung gelangen. Das gäbe einen unausdenklichen Skandal. Denn bei aller Milde hat der gute Giovanni eine schrecklich schnelle Zunge. Solange er nur über Skulpturen spricht, kann das Schlimmste verhindert werden.«

Ich eilte also die Treppen hinunter und sah M. Fra Angelico umhergehen, nicht im Frack gekleidet, wie es sein Name nahelegen würde, sondern in einer Mönchskutte, wie es seine Stellung erfordert [frac-froc, Wortspiel von Apollinaire]. Ich muß leider sagen, daß niemand ihm Beachtung schenkte. Man dachte, daß er ein Wächter in Arbeitskleidung sei. Als er jedoch begann, laut zu sprechen, wurde es erforderlich, ihn zu beschwichtigen. Ich ging zu ihm, als er gerade vor *Orphelin* von Niclausse anhielt.

»Monsieur Fra ...«, sagte ich zu ihm, aber er ließ mich nicht weitersprechen. »Seien Sie still«, sagte er mit einem Lächeln, »und bewundern Sie die Reinheit dieser Komposition. Der Künstler hat die Seele der Landschaft von Brie mit einer Kunstauffassung auszudrücken gewußt, die zugleich kraftvoll und raffiniert ist. Mein Herr, es gibt in dieser Steingruppe eine gewisse giotteske Reinheit, die ich sehr erbaulich finde ... In der Runde, die wir eines Tages im Paradies tanzen werden, soll Niclausse wegen seiner süßen Reinheit unter uns sein. Dieses Stilmerkmal finde ich auch in seiner hübschen kleinen Frauenbüste, die, es muß gesagt werden, Spuren von Despiaus Einfluß zeigt.«

M. Angelico hatte seine Stimme erhoben. Ich fühlte mich unangenehm berührt. Einige Leute schauten neugierig zu uns herüber. Ich war nicht sicher, wer sie waren, aber es gab keinen Zweifel, daß sie entweder Flieger waren (wegen ihres Aufzugs) oder die Engel von M. Anatole France (wegen ihres Gesichtsausdrucks, denn sie schauten alle aus wie M. d'Annunzio, in griechisch: angelos).[20] Ich versuchte, M. Fra Angelico zum Ausgang zu drängen, aber er bestand darauf, vor Bouchards *Pêcheurs* und seinem *Claus Sluter* stehenzubleiben. »Zwei noble Versuche, sehr verschieden voneinander«, sagte mein Führer, aber es war klar, daß er den *Claus Sluter* bevorzugte. Dann hielt er vor Landowskis Monument *Aux artistes morts inconnus,* den keuschen Akten von Mengue und Grange, dem Brunnen von Fernand David für Nantes, dem Monument von Pierre Falize, der Arbeit von Quillivic, der *Maternité* von Pommier und der Büste von Renaud. Bevor wir den Brunnen von Mme. Whitney erreichten, der so edel und dekorativ wirkt, wurde er von M. Rasets schönem Figurenguß bewegt. »Hier ist ein Künstler, mit dem wir rechnen müssen«, sagte er in seiner weichen und bezaubernden Art. Er war absolut begeistert von M. André Abbals himmlischen Ringern und ich erkannte, daß die Ringkämpfe im Paradies genauso zauberhaft wie dieser sein müssen. Aber dann wandte ich meinen Kopf für einen Moment ab und als ich wieder zu meinem Führer schauen wollte, war er verschwunden. Unter der großen Menge von Büsten, die M. Massenet darstellen, sah ich jedoch die aufrechte und unbewegliche Figur des Fra Angelico herausschauen, in Gips wiedergegeben von Jean Boucher.

(6. Mai)

Rufen wir uns in Erinnerung, was Chardin über den Salon von 1765 sagte: »Meine Herren, meine Herren, seien Sie nett zueinander. Halten Sie unter all den Bildern hier nach dem schlechtesten Ausschau, und dann denken Sie daran, daß zweitausend arme Teufel ihre Pinsel in Verzweiflung zerbrachen, weil sie wußten, daß sie niemals ein Werk schaffen würden, das nur halb so schlecht sein würde.« Manche Leute denken, daß sie die richtige künstlerische Courage zeigen, wenn sie den Salon des Artistes Français angreifen. In Wirklichkeit schlagen sie nur auf ein totes Pferd ein. Jedem, der die Farben von M. Georges Ohnet heftig kritisiert, würde folgende Antwort gebühren:

»Nehmen Sie es doch leicht, mein Herr. Diese Arbeit wurde bereits getan und zwar gut getan, und sie muß nicht noch einmal gemacht werden.«

Der diesjährige Salon des Artistes Français ist jedoch viel besser als sein Nachbar. Er ist vielseitiger und weniger manieriert als der Salon Nationale. Selbst die Farben der Wandbespannung wechseln von Saal zu Saal. Der Wunsch nach Abwechslung ist immer gut. Beginnen wir also unseren Besuch.

Saal I: Leicht zu amüsierende Gemüter werden herzlich über M. Chocarne-Moreaus Bild *Sacristie* lachen. Also gibt es doch noch Fröhlichkeit? Man wagt es zu bezweifeln, wenn man den sogenannten Salon des Humoristes besucht. Es sieht so aus, als ob der Humor in den Salon des Artistes Français geflüchtet ist. [...]

Saal II: Leute mit Vorliebe für humoristische Szenen sollten diesen Saal meiden. Das beste Stück ist hier von Sabatté: *Les tombeaux,* ausgezeichnet! Der talentierte Sabatté führt Granets Kunst fort.

Saal III: Roybet! Eine ganze Epoche liegt in diesem Namen. Um 1890 sagte man allerlei Schlechtes über ihn. Heute haben die jungen Maler nie etwas von ihm gehört. Auf jeden Fall ist er eine ästhetische Merkwürdigkeit. Dann gibt es noch einen bretonischen, von der Sonne gebräunten Segler, von Désiré-Lucas gemalt.

L'Intransigeant

Der Salon des Artistes Français

Meine lieben Kollegen von der Kunstkritik sagen gewöhnlich, daß es jedes Jahr im Salon des Indépendants zu viele Bilder gäbe. Ich habe andererseits die Angewohnheit, einen der jungen Maler aus dem Salon des Indépendants zu bitten, mich beim Rundgang durch die Malereiabteilung des Salons des Artistes Français zu begleiten, da dieser Salon von modernen Malern kaum besucht wird.

Ich erinnere mich an den verwirrten Gesichtsausdruck eines dieser Maler, nachdem wir alle diese großen Säle durchschritten hatten, nicht eingeschlossen die Skulpturenabteilung und die Ausstellung im Erdgeschoß, die endlosen Ausblicke auf dem Balkon.

Ein anderer junger Maler, der sich rühmte, eine kräftige Konstitution zu haben, mußte sich nach dem Besuch des Salons für zwei Tage ins Bett legen. Er war vollständig erschöpft und hatte heftige Kopfschmerzen. Daraus schließe ich, daß nicht nur die alten Kritiker denken, es gäbe zuviele Bilder im Salon des Indépendants, sondern umgekehrt auch die jungen Maler denken, es gäbe zuviele in dem Salon des Artistes Français. Daraus könnte man auch schließen, daß es heute überhaupt zu viele Bilder gibt. Aber das wäre nur die Meinung derjenigen Maler oder Kunstkritiker, die in einem Bild ihren schlimmsten Feind sehen. Vom Publikum wird diese Meinung nicht geteilt. Es geht willig zu den französischen Künstlern wie zu den Unabhängigen.

Offenheit und Unparteilichkeit gegenüber der Kunst herrschen in beiden Salons, was mir großes Vergnügen bereitet.

Diese beiden wichtigen Salons bieten sich in verschiedener Hinsicht zum Vergleich an. Sie ähneln sich in der Hinsicht, daß ungefähr drei Fünftel der Bilder im Salon des Indépendants genauso gut im Salon des Artistes Français gezeigt werden könnten. Trotzdem unterscheiden sich die beiden Salons voneinander, da sie in der Geschichte der Kunst des 19. Jahrhunderts entgegengesetzte Rollen spielten. Der schlechte Ruf, der heute den im Salon des Artistes Français ausgestellten Werken anhaftet, scheint zu beweisen, daß in dem Kampf zwischen den beiden Widersachern der kleinere über den großen gesiegt hat. Bei den Unabhängigen, zumindest in einigen Sälen, herrscht ein echt moderner Geist, der es verdient, Subtilität genannt zu werden. In vielen Fällen bildet dieser Begriff den Gegensatz zu Plastizität. Dieses stilistische Merkmal existiert heute sowohl in den Werken der Dichtung, wie in denen der Künste und Wissenschaften. Es kann aber nicht in den Werken der Vergangenheit oder in einem, das auf den Prinzipien der Vergangenheit beruht, gefunden werden.

Diese Prinzipien der Vergangenheit werden immer noch im Salon des Artistes Français angewandt, wenn auch mit höchst absurden Abänderungen. Aber die Vulgarität der Kunst dieses Salons reichte schon aus, um diese Prinzipien jeder Wirksamkeit zu berauben. Sie ertragen keine Vulgarisierung. Die Subtilität der modernen Kunst umfaßt dagegen alles, was existiert.

Die offizielle Kunst des Salon des Artistes Français appelliert vergebens an die Imagination. Die Imagination versteht sie nicht mehr. Die bildnerische Sprache, die hier gesprochen wird, würde in den bildenden Künsten der Vergangenheit äußerst vulgär wirken.

Vergil hätte wenig Verständnis für ein Gedicht in Küchenlatein!

Man wird später an den Malern dieses Salons so interessiert sein, wie man an gewissen lateinischen Versen des Mittelalters oder der Renaissance interessiert ist, aus denen Baudelaire einige Elemente seines Modernismus ableitete. [...]

Montjoie!, 29. April

Erste Ausstellung futuristischer Plastik des Malers und Bildhauers Boccioni

Heute eröffnet die Galerie La Boétie die Ausstellung futuristischer Plastik von Boccioni.

Dieser Bildhauer zerlegt die Materie in viele verschiedene Materialien: echtes Haar, Glasaugen, Gips, Teile von Treppengeländern, farbige Stoffetzen usw.

Das Problem des Dynamismus in der Bildhauerei ist hiermit deutlich gestellt. Boccioni versucht, der Architektur ihre verlorengegangene Bedeutung wiederzugeben. Aber da seine Formexperimente immer Interpretationen, oder besser Imitationen der Natur sind, muß dieser Versuch als gescheitert betrachtet werden.

Wir dürfen nicht vergessen, daß schon vor einiger Zeit der Bildhauer Agéro dem Raum in seinen ausgehöhlten Statuen und weit offenen Figuren die architektonische Rolle gegeben hat, die er in der neuen Plastik spielen muß. Auch seine Arbeiten enthalten die »Kraft-Form-Äquivalente für die expansiven Körper im Raum«.

Drei Jahre vorher machte Picasso eine Bronze, in der er die größtmögliche Menge Licht konzentrierte. Auch diese Arbeit besitzt etwas von diesem Dynamismus. Aber diese Versuche ändern nichts an der Wichtigkeit der ersten Ausstellung moderner Plastik, die gerade in der Rue de la Boétie gezeigt wird.

Boccioni führt Bewegung in die Plastik ein. Hogarth hat Boccioni seine *line of beauty* geliehen, diese Linie der Schönheit, die im 18. Jahrhundert so oft verwendet wurde.

Verschiedene Materialien, skulpturale Simultanität, heftige Bewegung – das sind die Innovationen von Boccionis Plastik.

In Paris führten die Experimente der jungen Bildhauer zu ganz neuen Formen. Auf diesem Gebiet haben Archipenkos letzte Versuche zu einigen verblüffenden Neuerungen geführt.

Die plastischen Ensembles von Boccioni sind davon zu unterscheiden. Es sind lustvolle Feiern der Energie: *Muscles en vitesse, Synthèse du dynamisme humain, Expansion spiralique des muscles en mouvement,* ein wahrer Friedhof von Athleten, über den wir gerne die Meinung von Leutnant Hébert hören würden.[21] In einigen ausgezeichneten Zeichnungen bemerken wir Boccionis Bemühen, die Vielfalt des Lebens energetisch auszudrücken. Das ist nicht einer der uninteressantesten Teile der ersten Ausstellung der neuen Plastik.

Nachtrag: Das Gerücht geht um, die *Muscles en vitesse* seien durchgegangen. Bisher konnten sie nicht wieder eingefangen werden.

L'Intransigeant, 21. Juni

M. Bérard eröffnet den Salon d'Automne

Eine allgemeine Übersicht über die Ausstellung im Grand Palais

Vor der großen, allgemeinen Vernissage, die Morgen stattfinden wird, hat heute nachmittag M. Bérard den Salon d'Automne in einer sehr intimen Runde eröffnet. M. Bérard wurde von M. Frantz Jourdain, M. Charles Guérin und den wichtigsten Mitgliedern der Société du Salon d'Automne im Grand Palais begrüßt. Dann gab man den Sälen die Ehre.

Das Vorwort zum Katalog des 11. Salons wurde von Marcel Sembat geschrieben. Es besteht in einer leidenschaftlichen und oft eloquenten Verteidigung der Freiheit des Künstlers und des Ausstellungswesens. Die Freiheit des Salon d'Automne war diesmal in Gefahr, wie jeder bereits befürchtet hatte. M. Sembat, ein begeisterter Kunstliebhaber, rief noch einmal die Verdienste dieses Salons für die zeitgenössische Kunst ins Gedächtnis. Die Verdienste des Salon des Indépendants sind noch größer und doch ... Möchten Sie eine bezaubernde parlamentarische und literarische Anekdote hören? M. Sembat erzählt sie mit großer Wonne. Sie betrifft das Gedicht *Tombeau d'Edgar Poe* von Stéphane Mallarmé:

»Ich sagte das Gedicht eines Tages Camille Pelletan auf. Ja, eines Tages, als wir in einer Bar über Dichtung sprachen, sagte ich es auf, vor Clémentel, der die gesamte Dichtung Mallarmés auswendig kennt. Camille Pelletan ist, wie ich Ihnen versichern kann, ein Mann von sehr großer Intelligenz, mit einer Erziehung, wie sie kein zweiter genossen hat. Nachdem er aber das Gedicht gehört hatte, brummte er: ›So, das ist also der Dichter, der einer von den am einfachsten zu verstehenden ist?‹ Er schüttelte heftig den Kopf und nur der Geist von Cambronne[22] wird je seine wahren Gefühle zu diesem Thema kennen.«

Soweit so gut, wie die arabischen Geschichtenerzähler zu sagen pflegen.

Der Einfluß der neuen Malrichtungen, Kubismus, Orphismus, Simultankontraste, die im Salon d'Automne soviel Diskussion und Widerstand ausgelöst haben, ist in fast jedem Saal spürbar. Die ausgezeichnete, von Charles Guérin angeordnete Hängung der Bilder, ein Liberalismus, der nicht hoch genug gelobt werden kann, läßt diesen Einfluß deutlich erkennen. In der Tat, falls diese Malerei nicht existieren würde, wäre der Salon uninteressant. Der Beitrag Hodlers könnte das sicher nicht wettmachen. Außerhalb von Frankreich beginnt dieser Schweizer oder besser germanische Maler, sich »einer außergewöhnlichen Beliebtheit zu erfreuen, nur mit Rodin vergleichbar«, schreibt Mathias Morhardt. Das ist nun wirklich eine Übertreibung. Ich persönlich bezweifele, daß Hodler in Frankreich jemals wirklich geschätzt werden wird. Sein großes Fresko *Einmütigkeit,* gemalt für einen Münchner Bierkeller, scheint mir am wenigsten geeignet zu sein, hier eine gewisse Popularität zu erreichen. Es gibt in Frankreich eine sehr lebendige, sehr leidenschaftliche, sehr nationale, sehr raffinierte, sehr moderne, sehr vielfältige Kunst. Wir brauchen den brutalen Vergleich mit einem Hodler nicht, der mehr Preuße als Schweizer zu sein scheint.[23]

Das Bild von Bonnard erregt große Bewunderung. Es ist auf eine angenehme Weise ähnlich wie ein Vuillard gemalt. Ich persönlich ziehe das Bild von Matisse im gleichen Saal vor. Dieses Porträt einer Frau ist das sinnlichste Werk, das die Malerei seit langem hervorgebracht hat. Das Bild zeichnet sich durch eine sehr sinnliche Farbgebung aus. Die offensichtlichen Qualitäten dieses inneren, aus der Imagination des Künstlers stammenden Bildes sind so intensiv und so einzigartig, daß man versteht, warum der Künstler, der dies geschaffen hat, einen ganz besonderen Platz jenseits der zeitgenössischen Stilrichtungen einnimmt und warum er keine Schüler hat. Wenn es ein Meisterwerk im Salon gibt, dann ist es dieses hier und sonst keines.

Man wird auch das Bild *Bateaux de pêche* von Gleizes bewundern. Dieser Maler macht unglaubliche Fortschritte. Ich liebe auch sein Porträt des Verlegers Figuière [Abb. 50], ein Phantasiestück voller überschwenglicher, gesunder Freude.[24]

La femme von Matisse und *Bateaux de pêche* von Gleizes genügen als Ruhmesblatt für jeden Salon. Wir werden aber auch noch eine schöne Chinoiserie von Jean Metzinger sehen, *En canot.* Dieses Bild hat eine offensichtliche Ähnlichkeit mit Ingres' chinesischer Kontur. Das zu erwähnen ist nicht müßig, da zur Zeit einige Leute ingreske Qualitäten in dem düsteren M. Vallotton – siehe sein *Lutte* – zu finden glauben.

Ich mag die großen, so reinen und so leuchtenden Bilder von Picabia sehr: *Edtaonisl (ecclésiastique)* [Abb. 51], *Udnie (jeune fille américaine)* [Farbabb. 5], *Danse,* einmalige Titel für glühende, lyrische Bilder, die aus der Imagination des Künstlers vor der Natur stammen.

In dem Bild von Roger de la Fresnaye *Conquète de l'air* [Farbabb. 6] sehen wir ein großes Streben nach reiner Farbe. Mit diesem Bild und den *Compositions* von Bruce sind wir schon im Bereich der simultanen Kontraste. Auch *La décoration* von Boussingault zeigt großes Bemühen und enthält einige schöne Aspekte. Dieses Bild zeigt den Einfluß von Marie Laurencin, die eine bezaubernde *Amazone* im Erdgeschoß ausgestellt hat.

Im Erdgeschoß arbeiten die Vertreter der angewandten Künste in aller Eile. Die Ausstellung russischer Volkskunst wird sehr viel Aufmerksamkeit erregen, denn sie ist voller Heiligenbilder und bezaubernder Spielzeuge. Jede französische Provinz könnte genügend Material für eine gleich bewegende und schöne Ausstellung liefern. Man sollte das tun, bevor es zu spät ist... Als Auftakt, denke ich, wäre eine Ausstellung der Volkskunst in Paris und der Ile de France ein großer Erfolg.

L'Intransigeant, 14. November

Der Salon d'automne

Die Eröffnung (15. November)

Der Salon d'Automne öffnete heute zum elften Mal seine Tore dem Publikum. Schon um 14 Uhr war die Avenue d'Antin mit Automobilen und Karossen verstopft. Das war jedoch nicht die elegante Menge der vergangenen Nacht, sondern die dichtgedrängte, bunt gemischte Menge der Künstler, Modelle und Ausländer. Die Betrachter waren mindestens so farbenfroh wie die Bilder an den Wänden.

Unter den Kappen und Filzhüten der Farbenkleckser, den Ulstermänteln aus der Gegend jenseits des Rheins und jenseits des Kanals gab es unzählige Herbstsalonkleider von Frauen, die weder von den wagemutigen Farben der neuen Paletten noch vom Kubismus der heutigen avantgardistischen Schneider beunruhigt worden sind.

Das Schauspiel fand in den Sälen statt. Was die Bilder angeht, so hörten sie Kommentare jeder Schattierung. Natürlich sind die Bilder von Gleizes, Matisse und Vallotton immer ein durchschlagender Erfolg. Der größte Konkurrent der Maler war aber die Ausstellung der angewandten Künste, in die man um 15 Uhr schon kaum mehr hineingelangen konnte.

Die offizielle Eröffnung des Salons fand gestern zu spät statt, als daß ich noch einen detaillierten Bericht für die gestrigen Ausgabe hätte abgeben können. Der Staatsuntersekretär für die Schönen Künste, begleitet von den Herren Frantz Jourdain, Charles Guérin und Olivier Sainsère, die sich angeboten hatten, seine Schritte und seinen Geschmack zu leiten, hielt zuerst vor der großen kubistischen Dekoration von M. Boussingault. Ohne großes Interesse schaute er die *Lévriers* von Diederich an, [...] dann ging der Zug weiter. M. Bérards längste Aufenthalte betrafen Chérets *Mascarades, La conquête de l'air* von La Fresnaye, wo der Minister um Erklärungen bat, und *La ville et le port* von Gleizes, wo er ausrief: »Ah, hier ist einer der doktrinären Kubisten, das ist Freiheit!« Lange hielt er vor der Retrospektive von François Bonhommé, ein *bonhomme* von 1848, ein demokratischer Maler von Minen- und Metallarbeitern, der seine Bilder oft mit *François Bonhommé dit le Forgeron* [der Schmied] unterzeichnete und der seine Arbeit definierte als »die bebilderte Geschichte der friedlichen Eroberungen der Soldaten der Industrie.« [...]

Der Minister schien vor Hodlers *Einmütigkeit* ungerührt zu sein, aber Girieuds Bild zu mögen. Auf M. Sainsère, der ihm Matisses Bild schmackhaft machen wollte, antwortete M. Bérard mit einigen total desinteressierten »Ahas« und »Ja-Jas«. Bonnards Dekoration machte auf ihn überhaupt keinen Eindruck. Doch der Geschmack des Ministers zeigte sich vor dem Bild von Maurice Denis. Er verlangte den Künstler zu sprechen, der aber nicht anwesend war. M. Bérard bewunderte auch die glasierte Töpferware von M. Lenoble, der ihm vorgestellt wurde. Er gratulierte M. Charles Guérin zu seinem Talent und seiner Bescheidenheit. Dann schaute er lange Zeit mit Bewunderung auf die Arbeiten von M. Desvallières. Als es spät wurde und die Säle dunkler – das Licht war noch nicht installiert – beschleunigte der ministeriale Zug seinen Schritt.

M. Sainsère sprach mit ihm begeistert über das Talent von M. Dunoyer de Segonzac, aber M. Bérard zog es vor, einen Blick auf Gleizes' Bild *Bateaux de pêche* zu werfen, das er für ein Zugunglück hielt. Er ließ sich herab, die Farben von Metzingers Bild angenehm zu finden, und schien entschlossen, nicht ein Wort über Van Dongen zu verlieren, dessen Bild von der Polizei sofort zurückgezogen worden war, wie es alle zwei Jahre der Brauch für diesen Künstler ist. Eine Petition gegen diese Entscheidung wurde unter den Teilnehmern des Ministerzugs herumgereicht und war schon von Mme. Gardelle, Mme. Marval, M. René Jean, La Fresnaye, Dunoyer de Segonzac, Flandrin, Luc-Albert Moreau und anderen unterschrieben worden. Das Gefolge zerstreute sich dann mitten in der Retrospektive von Niederhausern-Rodo, einem Freund von Verlaine, für den Rodin das folgende, so treffende wie kurze Vorwort geschrieben hat:

»Ich bin sehr glücklich, sagen zu können, daß Rodo ein echter Bildhauer war, seiner Kunst hingegeben. Die Summe seiner künstlerischen Bemühungen war ein Meisterwerk, *Jérémie*. Das ist ein durch und durch wunderbares Werk und wird für uns alle ein schönes Beispiel seiner Kunst bleiben.«

Im Saal 1 wird man neben den *Bateaux de pêche* von Gleizes noch *La Visitation, Le Bon Larron, La fuite en Egypte* von M. Desvallières bemerken, einem mystischen Maler, unfertig, dessen Ängstlichkeit schon manchmal peinlich ist. Mainssieux' Landschaften besitzen einige Verdienste. Marchands Bild ist zu gezwungen. *L'Eté* von Dunoyer de Segonzac ist in dunklen Farbtönen ausgeführt und zeigt eine lobenswerte Gleichgültigkeit gegenüber der Gefallsucht. Er scheint somit zu seinem Ausgangspunkt zurückgekehrt zu sein, dem Bild *Accouchement* vor vier Jahren, einer kühnen und strengen Malerei. Auf Verhoevens gelbe Frau lege ich keinen Wert. Die Arbeit von Friesz zeigt Fortschritte. [...]

Der düstere Vallotton überläßt den Saal 3 mit dem Bild *Homme et femme* der Trübsal. [...]

(16. November)

Heute war die Eröffnung des Herbstsalons. Früh am Morgen drängte eine riesige Menschenmenge in die Ausstellungsräume. Besonders die Abteilung der angewandten Künste erregte Aufsehen.

Lassen Sie uns den schnellen Durchgang durch die Räume fortsetzen. Die beiden am meisten bewunderten Werke befinden sich in Saal 3a. Gewisse Kenner, darunter ich, betrachten das Porträt von Matisse als das Meisterwerk des Salons. Ich habe darüber schon ausführlich gesprochen. Andere ziehen wieder Bonnards Bild vor, das mir schwächer als Matisses Bild erscheint. Nun, das ist wohl eine Geschmacksfrage. [...]

Im Saal 4 bietet Girieuds *Toilette de la Venus* ein trauriges Schauspiel künstlerischer Entwicklung. M. de Chirico, ein linkischer und sehr begabter Maler, zeigt einige merkwürdige Landschaften, voller neuer Intentionen, kraftvoller Architektur und großer Sensibilität. [...]

Im Saal 6 scheint André Lhote Fortschritte nach rückwärts zu machen. Im Saal 7 stellt Mme. Georgette Agutte einen *Bouquet de genêts* und ein *Bouquet d'ancolies* aus, deren Gefühlsausdruck ich sehr liebe. [...]

Der Saal 7 ist der Retrospektive Bonhommés gewidmet, über die ich gestern gesprochen habe und die wirklich sehenswert ist. Im Saal 6a findet man das simultane Bild von Roger de la Fresnaye und die Bilder von Gleizes, über die ich schon gesprochen habe. Das ist deshalb einer der interessantesten Säle der Ausstellung, und man sollte ihn sorgfältig studieren, wenn man wissen will, was in der Malerei heute passiert.

P.S.: Eine wichtige Ausstellung von 24 Aquarellen von Cézanne, die noch nie vorher ausgestellt worden sind, werden am nächsten Montag in der Galerie Blot gezeigt. Diese

Arbeiten werden eine neue Facette des Meisters der Sainte-Victoire zeigen. Man sagt, daß diese Ausstellung der leuchtenden Blätter den Ruhm des Malers aus Aix nicht wenig vergrößern wird.

(18. November)

[...] Im Saal 6a verdient Luc-Albert Moreau den Namen ›morose‹; er ist wirklich mürrisch. Die Bilder seiner Freunde sind im Ganzen betrachtet genauso traurig wie seine. Kisling scheint etwas Erfolg zu haben. Ich gestehe, daß mich diese Art zu malen, die sofort an Derain, Segonzac und L. A. Moreau erinnert, nicht sehr anspricht. Ich möchte sagen, daß ich dann doch Kars vorzöge, wenn ich einen Maler schätzen könnte, dem es an echter Persönlichkeit fehlt. [...]

Saal 10: [...] Die Holzschnitte von Laboureur haben Kraft, sind aber etwas zu karg. Die Versuche dieses Malers schließen sich denen der jungen Maler an. Auch bei ihm muß man den Wunsch nach Neuheit feststellen.

Saal 11: Die Belle Edition stellte einige ungewöhnliche Werke aus. Man kann über den Wert der Innovationen von Belle Edition und ihren Anleihen bei der Tradition streiten. Tatsache bleibt, daß das die einzigen Verleger sind, die etwas Neues versucht haben. [...]

Im Saal 12 gibt es den beißend guten Maler der Bretagne, O'Connor, der eifersüchtig über ein Stück Tradition wacht, das er von Gauguin erhalten hat; Victor Dupont, einen ehrlichen Maler von großer Noblesse der Inspiration; den Landschafter Altmann, dessen Beobachtungsgabe ausgezeichnet ist und der die Natur in ihrer ganzen Vielfalt wiederzugeben versteht.

Saal 13: Dorignac malt chinesische Schatten, ein kultivierter Künstler, der in die Irre geht. Hier hängt auch Charlot, ein cézannesker Maler der Bauern; Fornerods persönliche Kunst und Sureda, der, wenn er es nur wollte, einige neue und schöne Dekorationen erfinden könnte; Ottmann wiederholt sich; Marthe Galard behält immer ihre Persönlichkeit.

Saal 14: Lavery und Fauconnet, dessen *Chat* ein charmantes Bildchen ist, usw. [...]

(19. November)

Wir sind im Saal 15. Alcide Le Beau ist ein sehr talentierter Maler. Seine Unsicherheit hat der Entwicklung seiner Persönlichkeit sehr geschadet. Sein *Martin-pêcheur* ist ein charmantes Werk. [...]

Saal 16: Georges Lepape, Vermittler von eleganten Stücken, stellt *Hochet* aus, das auf einen neuen Stil aufmerksam macht.

Saal 17: Ich habe schon gesagt, wie hoch ich Metzingers Malerei einschätze. Vera sucht seinen Weg, so wie Jacques Villon, der großen Fortschritt macht. Ein sehr reichhaltiges Stilleben von Mme. Hassenberg. *Fantaisie sur le prélude de Nijinski* von Flandrin ist ein nobles und kaltes Werk. Auch M. Tobeen sollte seine Inspiration mehr anheizen. Erwähnen wir noch [...] die kleinen Harmonien von Bussy, ein Matisse *en miniature*.

Saal 18: Francis Jammes bevorzugt Lacoste als Maler, den genauen Schilderer der Landschaft der Pyrenäen. Mme. Lewitska hat ein lyrisches und einfaches Talent, das mir von Mal zu Mal persönlicher und verführerischer erscheint. Erwähnen wir noch [...] die beiden Bilder von Van Dongen, eine Art Matisse für arme Leute. Van Dongen hat wohl Talent, aber seine stilistischen Qualitäten sind zu oberflächlich. Umgang und Treppenhaus: *L'Intransigeant* hat bereits von dem Bild *Fruits* gesprochen, dem Bild von Mlle. Paule Mathelin, die erst zwölf Jahre alt ist. Das ist ein vielversprechender Anfang. Die beiden Bilder von Bruce sprechen sehr für den sensiblen Künstler. Ich habe bereits von den Bildern Picabias gesprochen. Ich halte sie für sehr wichtig, daran ändert auch nichts der Spott anderer Leute. Die Arbeiten von Bruce und Picabia fallen in diesem Salon sofort ins Auge – sie sind das, was man am besten sieht. Nun existieren Bilder immer, um gesehen zu werden. Ich leugne nicht, daß sie noch andere Qualitäten haben. Aber das beste Bett ist doch das, worin man am besten schläft. Andere Qualitäten, wie Stil, Ornament oder Reichhaltigkeit sind nur sekundär. Die Bilder dieser beiden Künstler erfüllen zumindest das erste Merkmal in einem hohen Grade, aber sie besitzen auch andere Merkmale. Nur schade, daß sie diejenigen geblendet haben, dessen Aufgabe es wäre, gute Augen zu haben.[25] [...]

Skulptur: Ich habe schon über die Retrospektive von Niederhausern-Rodo gesprochen, der wohl nicht ganz der große Bildhauer war, als den ihn Rodin darstellte. Ich habe auch die Statuen von Nadelmann erwähnt, die viel Wissen und einen sehr raffinierten Geschmack bezeugen. Ein Relief von Duchamp-Villon zeigt ungewöhnliche Experimente mit Bewegung und Atmosphäre. *L'Automne* und *La Vie et la Mort* von Wittig, dessen meditative und sehr bildnerische Kunst den Gipfel an Kraft und Großzügigkeit erreicht hat, eine echte Kunst ohne falsche Zier. [...]

L'Intransigeant

Malerei und Philosophie

Keine künstlerische Richtung seit der Romantik hat so viel Wirbel in aller Welt ausgelöst wie die neue Malerei. Ihr Erfolg ist der Grund für den Widerstand aus jeder Ecke. Und dieser Widerstand wird noch zunehmen. Er scheint, als ob die Philosophen ein ganzes Arsenal von Sophismen eingesetzt haben, um die moderne Kunst zu bekämpfen, wie mein alter Freund Delormel zu sagen pflegte.

Aus dem, was ich bisher gelesen habe, entnehme ich vor allem, daß die Philosophen jede Art von neuer Malerei mit der futuristischen verwechseln. Nun, es gibt in Frankreich keinen einzigen Maler, so wie er von den in Mailand veröffentlichten Manifesten definiert wird. Ich selbst veröffentlichte ein Manifest, das nicht ausgesprochen futuristisch war und in dem ich verschiedene neue Experimente in der Kunst ankündigte.[26] Durch die Veröffentlichung dieses Manifests zeigten die Futuristen einfach, daß sie von dem allgemeinen Streben nach Modernität nicht ausgeschlossen bleiben wollten, einem Streben, das sich in der ganzen Welt, besonders aber in Frankreich gezeigt hat.

Der Futurismus ist nicht unwichtig und die futuristischen Manifeste, die in französisch geschrieben und veröffentlicht wurden, haben keinen geringen Einfluß auf die Terminologie der heutigen neuen Maler gehabt. Aus der künstlerischen Sicht bezeugt der Futurismus den weltweiten Einfluß der französischen Malerei, vom Impressionismus zum Kubismus. Aber die Futuristen haben hier keine Nachfolge gefunden und ihre Malerei der schnellen Bewegung blieb im Ursprungsland nur ein vorübergehender künstlerischer Wandel.

Maler haben immer philosophiert. Ihre Angewohnheit, die Natur genau zu beobachten, führt sie dazu, darüber auch zu reflektieren. Aber ihr häufiges Philosophieren macht aus Malern noch keine Philosophen, besonders keine modernen Philosophen.

Form und Material – das sind die Themen der besten heutigen Maler, die nicht im geringsten mit Bewegung, Werden und anderen flüchtigen Eigenschaften, die eigentlich zur Musik gehören, beschäftigt sind. Wenn einige Maler dazu gelangten, zu erfinden und zu erschaffen, ohne die Natur nachzuahmen, haben sie dadurch eine neue Kunst geschaffen, die gegenüber der alten nachahmenden Kunst das sein mag, was die Musik für die Literatur bedeutet. Eine andere Ähnlichkeit mit der Musik hat ihre Malerei aber nicht. Denn in der Malerei ist alles auf einmal gegeben und das Auge kann über das Bild wandern, zu bestimmten Farben zurückkommen, zuerst von unten nach oben betrachten, oder genau umgekehrt. In der Literatur und in der Musik ist alles sukzessiv und man kann nicht zu bestimmten Worten oder Tönen, so wie man möchte, zurückkehren.[27] Daß die neue Malerei von der alten sehr verschieden ist, ist offensichtlich. Daß sie auch menschlicher ist, ist möglich. Daß sie aber auch nur die geringste Gefahr für die Kunst bedeutet, glaube ich nicht. Die brillanten, erstaunlichen und ernsthaften Studien der neuen Maler sind im Grunde realistischer Art. Die Anhänger ihrer Kunst sollen vom Studium der Natur nicht abgeschreckt werden. Ihr Anliegen ist es allein, alle ästhetischen Möglichkeiten zu bestimmen und zu kombinieren.

Laßt also die Philosophen den Salon d'Automne besuchen! Sie erhalten dort keine umfassende Lektion in moderner Kunst, bei weitem nicht! Wenn sie aber sehen, wie die Herren Maurice Denis, Vallotton und Desvallières, diese mystischen Abtrünnigen von der großen Religion des *Institut,* ihr Bestes tun, um die letzten Spuren der großen klassischen Kunst zu beseitigen, so werden sie vielleicht erkennen, daß es nötig war, Malerei auf ihre wesentlichen Elemente zurückzuführen. Falls sie dabei Fehler begangen haben, so war das unvermeidlich. Aber die darin eingebrachte Anstrengung wird die Entwicklung der Kunst fördern.

Zuviel Innovation? Wer weiß das schon genau? Ich wiederhole es, das ist für die Kunst nicht gefährlich, sondern nur für die mittelmäßigen Künstler. Und da diese Künstler immer mittelmäßig bleiben werden, egal was sie tun, was kümmert es dann, wenn sie dazu auch noch absurd sind?

Les Soirées de Paris, 15. Dezember[28]

Der Erste deutsche Herbstsalon in Berlin

Der Erste deutsche Herbstsalon, von der Zeitschrift *Der Sturm* organisiert, eröffnete im September. Das Ziel der Veranstalter, wie Herwarth Walden im Vorwort des Katalogs sagt, war ein Überblick über die heutige Entwicklung im Bereich der bildenden Künste auf der ganzen Welt. Korrekter wäre es zu sagen, daß dieser Salon die neuen Tendenzen in den bildenden Künsten zeigt.

Den Ehrenplatz dieser Ausstellung nimmt der verstorbene und betrauerte Henri Rousseau ein, der mit 21 Gemälden und einer Tuschezeichnung vertreten ist. Ich finde diese deutsche Hommage an die französische Malerei sehr rührend. Obwohl Rousseau nicht zur intellektuellen Elite gehörte, weder durch Geburt noch durch Erziehung, nahm er doch an der französischen Kultur im allgemeinen teil. Er hatte das große Glück, so vollständig und freundlich wie nur möglich diese feine, unbefangene, reichhaltige Natürlichkeit, gepaart mit Ausgelassenheit und Ironie zu verkörpern, die zugleich wissend und naiv war, wie sie nur wenige französische Künstler und Dichter besessen haben, zum Beispiel Villon oder Restif de la Bretonne...

Der Zöllner hätte nie in Deutschland geboren werden können, wo selbst die begabtesten jungen Männer studieren müssen, um Künstler werden zu können. Das ist ein Land der Professoren und Doktoren. Diese Hommage an den Zöllner ist also auch an Frankreich gerichtet, dem einzigen Land, wo er geboren werden konnte.

Im Ganzen ist der Berliner Herbstsalon eine Verherrlichung der neuen Malrichtungen junger Künstler, die entweder Franzosen sind oder in Paris arbeiten, und insbesondere eine Verherrlichung des Orphismus. Auch die Futuristen sind vertreten, aber sie sind ebenfalls Teil einer künstlerischen Bewegung, deren Hauptstadt Paris ist.

Die Titel von Delaunays Arbeiten im Katalog sind so aufreizend, daß man es auf ewig bereuen würde, sie nicht in der Ausstellung gesehen zu haben:

Contraste simultané mouvement de couleur profondeur;
Contraste simultané mouvement de couleur profondeur prisme soleil 1;
Contraste simultané mouvement de couleur profondeur prisme soleil 2;
Soleil 1;
Soleil 2;
Soleil 3;
Soleil Tour Aéroplane simultané;
Soleil Lune simultané 1;
Soleil Lune simultané 2;
Lune 1;
Lune 2;
Lune 3;
Seine Tour Roue Ballon Arc-en-ciel simultanés;
4e Représentation simultanée: Paris New York Berlin Moscou La Tour simultané, crayons de couleurs la représentation pour le livre des couleurs de la Tour simultanée de Tout;

3ᵉReprésentation simultanée: L'équipe de Cardiff;
Le Manège de cochons;
Portrait d'Henri Rousseau.

Durch seine Hartnäckigkeit und sein Talent hat Delaunay den Begriff simultan, den er dem Vokabular der Futuristen entnommen hat, zu seinem Markenzeichen gemacht, und er verdient daher, den Namen zu tragen, den er als Signatur verwendet: *le Simultané*.

Erste Ausstellung der Prismen, simultaner Skulptur, von denen er drei Beispiele zeigt:
Cheval prisme Soleil Lune;
Parisienne prisme électrique;
Oiseau prisme du matin.

Die Idee dazu stammt vom Autor dieser Zeilen und wurde einige Monate vor Boccionis Ausstellung Delaunay, Gleizes, Léger, Duchamp-Villon und Marcel Duchamp mitgeteilt. Die Idee bestand darin, eine Ausstellung neuer Skulptur zu organisieren, bevor andere darauf kommen. Der Autor dieser Zeilen ist glücklich, daß ihn schließlich jemand verstanden hat.

Die Ausstellung von Mme. Sonia Delaunay-Terk ist nicht weniger aufregend. Sie umfaßt: das erste simultane Plakat, die ersten simultanen Bucheinbände, die ersten Alltagsgegenstände mit simultanem Dekor:
Halo profondeur (Lampe mit Lampenschirm);
Profondeur Mouvement (Vorhänge);
Voir Mouvement couleurs profondeur (Kissen);
Astral (Kissen);
Lune Absinthe (Pokal);
Eau Vin (Pokal);
Vin (Pokal).

Wenn diese Berauschung mit simultaner Farbe eine der neuen Tendenzen der Malerei ist, dann ist sie auch die neueste und vielleicht interessanteste Tendenz in den angewandten Künsten. Uns fehlt nur noch eine polychrome Architektur. Die griechische Architektur war polychrom. Albert Gleizes erscheint in der Berliner Ausstellung mit seinem Bild *Joueurs de football.*

Unter den im Ausland arbeitenden Malern ist Kandinsky, der in München malt, einer der wenigen, die sich nach dem Studium der neuen französischen Malerei von diesem Einfluß freigemacht haben und nun seinen eigenen Stil verfolgen. Er ist hier mit verschiedenen Bildern vertreten.

Fernand Léger schickte neun Bilder und einige Zeichnungen ein.

Metzinger sandte *L'Oiseau bleu* ein, er hätte nicht besser wählen können.

Picabia zeigte zwei orphistische Bilder.

Auch die Futuristen Balla, Russolo und Ardengo Soffici waren vertreten. Ich sollte auch Boccioni, Severini und den spuckenden Carrà erwähnen, alle ebenfalls Futuristen.

Der Berliner Salon ist jedoch nicht vollständig, da Arbeiten von Matisse, Picasso, Derain, Braque, Marie Laurencin, Dufy und viele anderen fehlen. Doch ist dies eine historische

Ausstellung. Wenn der Orphismus sich zuerst im Salon des Indépendants gezeigt hat, so ist dies der erste Salon des Orphismus.

Aus Berlin erhielten wir andererseits folgendes Schreiben:
»Es ist langweilig, sich selbst mit so minderen Geistern wie Herrn Westheim von der *Frankfurter Zeitung* in Übereinstimmung zu finden. Doch der Herbstsalon in Berlin, von Herwarth Walden, dem Herausgeber der Zeitschrift *Der Sturm* organisiert, war eine Enttäuschung. Die Rousseau-Retrospektive war ein voller Erfolg und dieser Erfolg bedeutet am Ende den Sieg des reaktionären Geistes in der Kunst. Wir sind darüber glücklich, da das insofern auch der Triumph des französischen Geschmacks war. Die anderen französischen Maler, die ebenso den französischen Geschmack repräsentieren, Gleizes, Léger und Metzinger, erschienen im Vergleich mit den deutschen Revolutionären gemäßigter, unaffektierter und raffinierter. Wir verließen diese Ausstellung in der Überzeugung, daß die deutschen und italienischen Avantgardemaler gewissen konvertierten Juden gleichen, die unter Beibehaltung ihrer alten Tugenden und Untugenden die intolerantesten Katholiken überhaupt werden.

Alle, die mit dem französischen oder sogar mit dem slawischen Geschmack identifiziert werden konnten, so wie Kandinsky, erregten in Berlin Skandal, sie erregten ihn durch ihren Unterschied zu anderen Malern.«

Les Soirées de Paris, 15. November[29]

1914

Die Kleidungsreformer

Man muß jeden Donnerstag- und Sonntagabend im Bal Bullier M. und Mme. Robert Delaunay sehen, ihres Zeichens Maler, die dabei sind, eine Reform der Kleidung durchzuführen.

Der simultane Orphismus hat Neuheiten in der Kleiderordnung ans Tageslicht gebracht, die wirklich nicht zu verachten sind. Sie würden Carlyle Stoff für ein köstliches Kapitel in *Sartor Resartus* geliefert haben.[1]

M. und Mme. Delaunay sind Erneuerer. Sie geben sich nicht dazu her, die Mode vergangener Zeiten nachzuahmen. Sie wollen ihrer eigenen Zeit angehören. Dabei huldigen sie nicht der Tagesmode, indem sie sich im Kleidungsschnitt versuchen. Sie wollen die Mode durch neue Materialien in unendlich differenzierten Farben beeinflussen. Hier ist zum Beispiel ein Kleidungsentwurf von Robert Delaunay: violettes Sakko, beigefarbene Weste, schwarze Hose. Oder eine andere Zusammenstellung: roter Mantel mit blauem Kragen, rote Strümpfe, ein gelber, ein schwarzer Schuh, schwarze Hose, grüne Jacke, hellblaue Weste, winzige rote Krawatte.

Hier noch die Beschreibung eines simultanen Kleides von Mme. Sonia Delaunay-Terk: violettes Jackenkleid, breiter Gürtel in violett und grün und unter der Jacke eine Bluse, in verschiedene Farbzonen aufgeteilt, in lebhaften, leichten oder abgestuften Farbtönen. Dort treffen sich Altrosa, Orangerot, Dunkelblau, Scharlachrot usw. Diese Farbtöne werden von ganz unterschiedlichen Stoffen getragen: Leinen, Taft, Tüll, Baumwolle, Moiré und Seide.

Soviel Vielfalt geht nicht unbemerkt vorbei. Hier verbindet sich Phantasie mit Eleganz.

Wenn Sie den Bal Bullier besuchen und die Kleiderreformer nicht gleich finden sollten, so müssen Sie wissen, daß sie sich im allgemeinen zu Füßen des Orchesters aufhalten, wo sie ohne Verachtung die monotone Kleidung der Tänzerinnen und Tänzer betrachten.

Mercure de France, La vie anécdotique, 1. Januar[2]

Der Zöllner

Henri-Julien Rousseau trug den Spitznamen ›Der Zöllner‹, weil er Inspektor einer Zollstation war, ein Rang, der etwas hochfliegend auch als ›Zöllner‹ bezeichnet wird.

Der Zöllner wurde von Alfred Jarry entdeckt, dessen Vater er sehr gut gekannt hatte. Aber um die Wahrheit zu sagen: Ich glaube, daß Jarry zunächst nur von dem geradlinigen Charakter des Alten angezogen war, und weniger von seinen Qualitäten als Maler. Nach und nach jedoch kam der Autor von *Ubu Roi* dazu, die Kunst seines Freundes, den er den

»wunderbaren Rousseau« nannte, hoch einzuschätzen. Der malte sein Porträt, auf dem er mit einem Papagei und dem berühmten Chamaeleon zu sehen ist, das für einige Zeit Jarrys Busenfreund war. Ein Teil des Porträts ist verbrannt. Als ich es 1906 sah, war nur der ausdrucksstarke Kopf übrig. Der erste, der die Bemühungen des Malers aus Palaisance unterstützte, war M. Remy de Gourmont. Er beauftragte Rousseau sogar mit einer Lithografie, *Die Schrecken des Krieges*, die er in *L'Imagier* [sic] veröffentlichte. Das ist eine sehr seltene Arbeit, und nur wenige Leute haben sie gesehen.[3] Durch Jarry war Remy de Gourmont darauf aufmerksam geworden, daß der Zöllner mit der Reinheit, der Anmut und dem Bewußtsein eines Primitiven malte. Er besaß einige von den Schildern mit Weizengarben, die Rousseau für die Bäckereien in seiner Nachbarschaft gemalt hatte. Einige Male hatte er den alten Herrn auch an gewissen Straßenecken am Rive gauche getroffen. Rousseau stand dort und spielte selbstkomponierte Melodien auf seiner Violine. Die dort arbeitenden kleinen Mädchen ermutigte er, mit ihm zusammen die neuesten Volkslieder zu singen. Zu jener Zeit spielte er in den Konzerten in den Tuilerien mit. Seine Musik beflügelte seine Malerei. Die Violine von Ingres hat uns zwar ein Sprichwort gegeben[4], aber ohne die Violine des Zöllners würden wir heute nicht diese merkwürdigen Bilder besitzen, die der einzige Beitrag des amerikanischen Exotismus zu den bildenden Künsten in Frankreich geblieben sind.

Rousseau war tatsächlich in Amerika, nämlich als Soldat während des Mexikofeldzugs. Immer wenn er nach diesem Abschnitt in seinem Leben gefragt wurde, konnte er sich nur an einige Früchte erinnern, die den Soldaten verboten waren zu essen. Aber seine Augen hatten andere Erinnerungen aufgehoben: tropische Urwälder, Affen, bizarre Blumen...

Kriege nahmen einen wichtigen Platz im Leben des Zöllners ein. Im Jahre 1870 ersparte die Kaltblütigkeit von Sergeant Rousseau der Stadt Dreux die Schrecken des Bürgerkriegs. Gerne erzählte er die Einzelheiten dieser edlen Heldentat. Seine Stimme nahm dann immer einen ungewöhnlich stolzen Tonfall an, wenn er beschrieb, wie die Bürger und die Soldaten ihn mit dem Ruf »Lang lebe Sergeant Rousseau« feierten.

Alle die Rousseau gekannt haben, erinnern sich an seine besondere Vorliebe für Gespenster. Er sah sie überall, und ein Gespenst quälte ihn ein ganzes Jahr lang an seiner Zollstation. Immer dann wenn der gute Mann Dienst tat, war dieser Hausgeist nur zwei Schritte von ihm entfernt da. Er verhöhnte ihn, machte ihm eine lange Nase und verbreitete einen ekelhaften Gestank. Mehrmals versuchte Rousseau, das Gespenst mit einem Gewehr niederzuschießen, aber ein Geist kann ja nicht ein zweites Mal sterben. Und wenn Rousseau es fangen wollte, löste sich das Gespenst auf und erschien wieder an einer anderen Stelle.

Rousseau behauptete auch, daß Catulle Mendès ein großer Gespensterseher gewesen sei. »Eines Tages holte er mich in meinem Atelier ab«, pflegte er zu sagen, »und nahm mich in ein Haus an der Rue Saint-Jacques mit. Dort lag im dritten Stock ein sterbender Mann, dessen Seele in Form eines leuchtenden, transparenten Wurms durch die Luft schwebte...«

Natürlich ist es möglich, daß Rousseau uns an der Nase herumgeführt hat und daß kein wahres Wort an der Geschichte war. Aber er erzählte sie genauso, wie ich es berichtet habe, und er hatte ein großes Repertoire an anderen Gespenstergeschichten.

Rousseau war nicht nur ein Maler und ein Musiker, er war auch ein Schriftsteller. Er schrieb Stücke und Gedichte und hinterließ einige Bruchstücke seiner Memoiren. Wahrscheinlich könnte man unter seinen Papieren leicht einige hübsche Gedichte finden, die genauso gut gemacht sind wie seine bereits bekannten Gedichte.

Infolge einer komplizierten Affäre, die einige Überprüfungen ausgelöst hatte und die er nie ganz verstanden hatte, wurde er einmal vom Gerichtshof von Assize verurteilt, dann jedoch aufgrund des Bérenger-Gesetzes begnadigt.[5] Er hätte aber tatsächlich vom Dienst suspendiert werden können, denn seine Handlung war zwar nicht kriminell, aber unklug gewesen. Angezeigt wurde er von einem ehemaligen Schüler, der bei ihm Klarinettenstunden genommen hatte.

Als der Richter ihn über die Möglichkeit der Begnadigung informierte, war der Zöllner überglücklich. »Ich danke Ihnen, Euer Ehren«, sagte er höflich, »wenn sie mögen, male ich Ihnen das Porträt Ihrer Frau.«

Diese Affäre belastete seine letzten Jahre. Sein ganzes Leben lang war er verliebt, zuerst in ein polnisches Mädchen namens Yadwigha, die er niemals vergaß und die ihn zu seinem Meisterwerk *Le songe* inspirierte, und dann in seine beiden Frauen, die er beide in einfachen und anmutigen Porträts malte.

Im Alter von 64 verliebte er sich wieder in eine 54 Jahre alte Witwe, die er heiraten wollte. Er wollte bei ihren Eltern um ihre Hand anhalten, doch sie weigerten sich, ihn anzuhören, mit der Begründung, daß er ein Mann mit einer Vorstrafe und außerdem ein unmöglicher Maler sei.

Dem armen alten Zöllner brach das Herz.

Er ging zu allen Freunden und bat sie darum, sein Talent und seine Ehrlichkeit zu bezeugen. Ich hatte fast Tränen in den Augen, als ich ihm mein Zeugnis ausstellte. Sein Kunsthändler M. Vollard schrieb ihm eines auf einem offiziell abgestempelten Blatt Papier. Aber das half alles nichts. Ich glaube auch, daß die betreffende Dame ihn gar nicht liebte. Er kaufte ihr einmal Schmuck im Werte von 5000 Franc, und sie kam nicht einmal zu seinem Begräbnis.

Seit er sich ganz der Malerei gewidmet hatte, lebte Rousseau ein Leben in Armut und harter Arbeit. Er malte viele Familienporträts für die Kaufleute von Plaisance, dem Viertel, in dem er lebte.

Während der letzten Jahre seines Lebens begannen einige gut situierte Ausländer, seine Bilder zu kaufen. Französische Kunstsammler und Kunsthändler gaben bei ihm Bilder in Auftrag, und er konnte sich einen bescheidenen Wohlstand leisten. Das dauerte jedoch nicht lange, denn die Liebe machte den Zöllner großzügig und zwang ihn, jeden Pfennig auszugeben, den er sich beiseite gelegt hatte.

Der Zöllner war eine der Leuchten der Société des Artistes Indépendants. Die jungen Maler widmeten ihm im Jahre 1911 eine Retrospektive. Seine Bilder regten zu Vergleichen mit Taddeo Gaddi, Paolo Uccello, Cézanne, Poussin, den sienesischen und Pisaner Primitiven, den holländischen Malern an ... Aber eigentlich ist es sinnlos, solche Vergleiche anzustellen, denn die Persönlichkeit Rousseaus war zu stark, um irgend jemandem zu ähneln, selbst wenn Rousseau versucht hätte, einen anderen Künstler zu imitieren oder zu kopieren. Er selbst ist jedenfalls unnachahmlich.

Rousseau feierte gerne abendliche Feste, zu denen er Literaten, Maler, schöne fremde Frauen und die unverheirateten Damen seiner Nachbarschaft einlud. Seine Schüler gaben dann gewöhnlich ein kleines Konzert, jemand sagt einige Verse auf, und Rousseau sang schließlich noch die hübschen kleinen Lieder seiner Jugend. Danach trank jeder ein Glas Wein und ging nach Hause. Man war rundum glücklich, einige Stunden in der Gesellschaft eines so feinen Kerls verbracht zu haben. [...]

Zweimal malte der Zöllner mein Porträt in den zwei Fassungen von *Le poète et sa muse* [Farbabb. 7]. In der ersten Fassung waren im Vordergrund einfache Gartennelken zu sehen; in der zweiten größeren Fassung wurden sie von *œillets de poète* [Dichternelken] ersetzt.

Als das Bild mit den einfachen Nelken im Salon des Indépendants gezeigt wurde, war die Presse ohne Ausnahme von meinem Porträt begeistert. Es wurde auch in der Zeitschrift *Comoedia* abgebildet.

Die Presse befand ebenso einmütig: Das Porträt würde mir in keiner Weise ähneln. Einige fanden das Bild rührend, anderen kam es an der Grenze zum Grotesken vor. Alle stimmten jedoch darin überein, daß überhaupt keine Ähnlichkeit mit mir festzustellen sei. Aber wie hätten die Leute mich erkennen können, wenn das Porträt mir nicht ähnlich sah? Ich hatte den Zöllner gebeten, nicht meinen Namen zu erwähnen. Er muß sein Wort zurückgenommen haben. Nachdem ich aber den Katalog der Ausstellung zu Rate gezogen hatte, mußte ich mich vor der Treuherzigkeit des Künstlers verbeugen. Denn ich stellte fest, daß der Katalog nur diese Information gab: Die Muse inspiriert den Dichter.

Dazu kam noch, daß weder der Zöllner noch ich irgendwelche Zeitungsbüros aufsuchten und sehr wenige Journalisten kannten.

Diese Leute hielten von mir zu dieser Zeit nicht sehr viel. Das tun sie auch heute nicht. Für den Zöllner hatten sie nur offene Verachtung übrig. Wie konnten sie unter diesen Umständen mich ausreichend kennen, um beurteilen zu können, daß das Porträt mir nicht ähnlich sah? Und warum bezogen sich alle Zeitungen trotz des Katalogtitels auf das Bild als »Die Muse Apollinaires« oder »Apollinaire und seine Muse« oder »Der Dichter Guillaume Apollinaire, von der Muse inspiriert«. Das bleibt alles ein völliges Rätsel. Die Informationsquellen der Zeitungen sind wirklich unauslotbar.

Ich neige dazu, zu denken, daß das Porträt eine so große Ähnlichkeit besaß, zugleich so schlagend und so neu war, daß es selbst die verblüffte, die die Ähnlichkeit nicht wahrhaben wollten. Malerei ist die heiligste Kunst. Im Jahre 1909 waren wir Zeuge einer Massensuggestion, ähnlich der, die die reinste Religion entstehen läßt. Es war ein sublimes Abenteuer und auf jeden Fall wert, es durchgestanden zu haben. Mein Gesicht diente als einmaliges Experiment, das ich nie mehr vergessen werde. [...]

Im Zusammenhang mit diesem Porträt schrieb M. Arsène Alexandre: »Aber es versteht sich von selbst, daß von all diesen Möglichkeiten des Zeichnens oder Verzerrens die einzigen von wirklichem Wert diejenigen sind, die wir bei El Greco, Delacroix und Toulouse-Lautrec finden. Das könnte man genauer definieren als einen Impuls, dem der Künstler folgt, um Formen nach seinem Gefühl auszudrücken. Dabei verwendet er Mittel, die er direkt und unbewußt in sich selbst findet, ohne darüber überhaupt nachzudenken. Sobald er darüber nachdenkt, wird er entweder mittelmäßig oder übersteigert. Der größte Teil der Bilder im Salon des Indépendants leidet genau unter diesem Mangel: Ihre Schöpfer denken über sie nach. Nur der sanfte Zöllner Rousseau wäre ganz und gar unfähig, zu wollen, was er tat. Falls er durch einen Willensakt auf diese rührenden Allegorien gehört hätte, falls er diese Formen und Farben nach einem überlegten, kühl ausgearbeitetem System gemalt hätte, wäre er einer der gefährlichsten Männer, während er in Wirklichkeit nur der aufrichtigste und offenste ist.

Wenn seine Bilder nicht so teuer wären, würde man gerne einige besitzen, nicht um sie an die Wand zu hängen, wo sie eine gefährliche Anziehungskraft auf unseren Verstand ausüben würden, sondern nur um sie von Zeit zu Zeit anzuschauen, immer dann, wenn wir neues Selbstvertrauen brauchen. Falls er das besessen hätte, was ihm total fehlte, nämlich handwerkliches Können, und zugleich in der Lage gewesen wäre, diese Frische der Konzeption zu wahren, wäre Rousseau der Paolo Uccello unseres Jahrhunderts.« (*Comoedia,* 3. April 1909)

Einer Sache in dieser sonst sehr scharfsichtigen Würdigung muß ich doch widersprechen. Rousseaus Mangel an handwerklichem Können wurde vollauf durch eine Fülle künstlerischer Qualitäten und einer Kraft aufgewogen, die weniger aus akademischem Wissen als aus seiner Lebenskenntnis hervorging. Auf jeden Fall wäre es doch sehr merkwürdig, wenn man nach vierzig Jahren Malerei, wie im Fall Rousseau, nicht eine gewisse Meisterschaft erlangen würde. Man muß doch zugeben, daß zwischen Rousseaus Arbeit der letzten zehn Jahre und der Arbeit einer beliebigen Anzahl von Ausstellern im Salon Nationale oder im Salon d'Automne, die erst vor einem oder zwei Jahren mit der Malerei begonnen haben und schon einen enormen Erfolg verzeichnen, ein gewisser Unterschied besteht, und zwar völlig zugunsten des wunderbaren und freundlichen Rousseaus.

Er hatte einen so starken Sinn für die Realität, daß er manchmal beim Malen eines phantastischen Themas erschrak und ganz aufgelöst das Fenster öffnen mußte.

Wenn er ein Porträt malte, war er ruhiger. Er nahm zuerst die Maße seines Modells und, wie er es in meinem Fall getan hat, notierte sie sorgfältig auf der Leinwand. Die Proportionen paßte er der Größe der Leinwand an. Um sich selbst bei Laune zu halten, sang der Zöllner währenddessen Lieder aus seiner Jugend und aus der Zeit als Zollinspektor. [...] Manchmal machte er auch eine Kaffeepause.

Die heutigen jungen Maler, nicht nur in Frankreich, sonder auch in Deutschland, Rußland, England und sogar in Amerika, wo kurz nach seinem Tod die erste Ausstellung von Rousseaus Arbeiten gezeigt wurde, zeigen ganz offen, wie sehr sie die Malerei dieses armen alten Engels, des Zöllners Henri Rousseau, schätzen. Er könnte auch der Maître de Plaisance genannt werden, nicht nur deswegen, weil er in einem Viertel mit diesem Namen lebte, sondern auch weil seine Bilder so angenehm [plaisant] anzuschauen sind. [...][6]

Rousseau malte mit großer Sorgfalt. Mit Einzug des Frühlings zum Beispiel ging er gerne in die Wälder rund um Paris und pflückte eine große Menge Blätter, um sie zu Hause zu studieren.

Seine Naturstudien sind sehr bewegend und interessant. Sie lagen überall zwischen seinen Bildern im Atelier verstreut. Sie verliehen dem spärlich eingerichteten Raum eine beschwingte Note. Dort schlief er auch, und wenn Leute ihn fragten, ob das nicht zu unbequem sei, in einem Atelier zu schlafen, sagte er: »Sehen Sie, wenn ich aufwache, kann ich meine Bilder anlächeln.« [...]

Rousseau starb am 2. September 1910. M. Uhde sah ihn auf dem Sterbebett. Uhde schrieb später ein schönes Buch über ihn. Da viele von Rousseaus Freunden nicht in Paris waren, nahmen nur sieben Leute an seinem Begräbnis teil, darunter der Maler Paul Signac, Präsident der Sociéte des Artistes Indépendants.

Im Jahr 1911 wurde dank Robert Delaunay[7] und dem Vermieter Rousseaus, M. Queval, eine Grabstätte für dreißig Jahre erworben. Ein Grabstein mit einem Medaillon, das den Verstorbenen darstellt, wurde aufgestellt. Er liegt nicht weit von seinem Freund Alfred Jarry.

1913 meißelten der Bildhauer Brancusi und der Maler Ortiz de Zárate die folgende Grabinschrift ein, die ich dort mit Bleistift aufgeschrieben hatte:

Gentil Rousseau tu nous entends
Nous te saluons
Delaunay sa femme Monsieur Queval et moi
Laisse passer nos bagages en franchise à la porte du ciel
Nous t'apporterons des pinceaux des couleurs des toiles
Afin que les loisirs sacrés dans la lumière réelle
Tu les consacres à peindre comme tu tiras mon portrait
La face des étoiles

Les Soirées de Paris, 15. Januar[8]

Der Salon des Indépendants

Vor der Eröffnung (28. Februar)

Die historische Rolle des Salon des Indépendants läßt sich nun immer leichter definieren. Die Kunst des 19. Jahrhunderts – die Kunst, durch die sich die Integrität des französischen künstlerischen Genies selbst darstellte – war nichts anderes als die lange Revolte gegen akademische Routine. Dagegen stellten die wahren Künstler authentische Traditionen, die von den Meistern dieser degenerierten Kunst mißachtet worden waren, einer Kunstauffassung, die über ein Jahrhundert alle offiziellen Ehren genossen hat.

Delacroix, Corot, Courbet, Manet, Cézanne und sogar Rodin wurden immer wieder von den ›Meistern‹ in den ›Salons‹ ›abgewiesen‹, Künstlern wie Cabanel, Bouguereau, Gérôme, Benjamin Constant, Bürokraten einer offiziellen Kunst, die ihr Leben in administrativen Fehlentscheidungen vertan haben und nach ihrem Tod in völlige Vergessenheit gerieten.

Seit seiner Gründung hat der Salon des Indépendants in der Entwicklung der modernen Kunst eine sehr wichtige Rolle gespielt. Während der letzten dreißig Jahre zeigte er die Stilrichtungen und künstlerischen Persönlichkeiten, die den Körper und die Seele der Geschichte der französischen Malerei bilden, der einzigen Malerei, die heute in Europa zählt, die allein die Logik der großen Traditionen angesichts des Universums verfolgt und allein fortfährt, intensive Vitalität zu zeigen.

Es sollte noch erwähnt werden, daß der Anteil an Verrückten in diesem Salon nicht höher ist als in der sogenannten offiziellen Kunst der akademischen Salons.

Im übrigen ist die künstlerische Kultur heute total von der sozialen Ordnung getrennt. Künstler haben darum das Recht, sich so auszudrücken, wie sie es für richtig halten, und brauchen sich nicht darum kümmern, ob ihre Arbeiten als anstößig empfunden werden.

In einer solchen Situation ist es für neue Talente schwer, in der Öffentlichkeit bekannt zu werden, vor einem Publikum, das in der Tat schon heute von der Vielfalt der künstlerischen Bemühungen befremdet ist und zudem von den Bürokraten der herrschenden Inkompetenz in der Kunst weiter irregeführt wird.

Der diesjährige Salon verfolgt weiter dieses Ziel, obwohl man gelegentliche Zeichen der Ermüdung feststellen kann sowie auch die Gegenwart eines anarchischen Pompierismus in diesem antiakademischen Salon, der für die Kunst nicht weniger gefährlich ist als der akademische Pompierismus.

Die Wahrheit ist die, daß der Erfolg dieses Salons und die Art der Anwerbung der Aussteller die Künstler zur Teilnahme ermutigt hat, die noch vor zehn Jahren es vorgezogen hätten, in den offiziellen Salons auszustellen, und die nun eine sehr modische Note in den Salon hineinbringen. Erinnern wir uns daran, daß die Société des Artistes Indépendants von dem pensionierten Polizeioffizier Dubois-Pillet gegründet wurde und daß einer seiner charakteristischsten Aussteller der ehemalige Zollbeamte Henri Rousseau war. Der innovativste und würdigste Ausstellungsbeitrag stammt meiner Meinung nach von Archipenko: polychrome Skulpturen in verschiedenen Materialien. Glas, Holz und Eisen sind hier auf höchst originelle und erfolgreiche Weise zusammengesetzt. In der Skulpturenabteilung sollte ich auch die sehr wichtige polychrome Arbeit von M. Rossiné und die Statuetten von Mlle. Lodron erwähnen.

In der Malerei werde ich ganz kurz die folgenden Künstler erwähnen, deren Arbeit zu den interessantesten Beiträgen gehört: Gleizes mit dem Porträt einer Frau, Jean Metzinger, Roger de la Fresnaye, dessen Stilleben große Fortschritte zeigen, Edouard Férat, ein Neuling von einiger Bedeutung[9], Dufy, Lhote, Mlle. Bailly, Mme. Halicka, Favory, Giorgio de Chirico, Pierre Roy, Chagall, Fauconnet, Victor Dupont, Delmarle, Yeats und natürlich die Maler, die bereits berühmt sind, Signac, Mme. Marval, Mme. Cousturier, Luce, Bonnard, Laprade usw. Morgen werden wir unseren Besuch der Ausstellungsräume und unser Studium der künstlerischen Tendenzen von 1914 beginnen.

(2. März)

Die Stilrichtungen der jungen Künstler von 1914 sind so unterschiedlich und in diesem Salon so weit verstreut, daß wir die Etiketten von zweifelhaftem Wert, die bisher benutzt wurden, um sie auseinanderzuhalten, beiseite lassen werden. Es gibt zwei Hauptrichtungen, die eine zweigt vom Kubismus Picassos ab, die andere vom Kubismus André Derains, beide haben ihren Ursprung in Cézanne. Das ist, glaube ich, das prägnanteste und einfachste, was man über die moderne Kunst sagen kann, obgleich man den Einfluß der Volkskunst, vom Atelier Coutures, dem Zöllner Rousseau, Seurat und dem Impressionismus (besonders Pissarro) und sogar die Theorien der Futuristen berücksichtigen muß.

Die rechts liegenden Säle tragen die geraden Nummern, die links gelegenen die ungeraden Nummern. Die letzten ungeraden Säle enthalten die Arbeiten, die in den letzten drei oder vier Jahren die führende Rolle in diesem Salon gespielt haben. Mit ihnen werden wir beginnen. Saal 11 und 9: Hier kann man die Arbeiten von Archipenko sehen. Eine von ihnen ist aus verschiedenen Materialien, Glas, Zink, Holz, gemacht und polychrom bemalt. Sie stellt einen sehr guten Versuch dar, über die konventionelle Skulptur hinauszugehen. Diejenigen meiner Kollegen, die so sicher sind, die letzte Wahrheit im Bereich der Ästhetik für sich gepachtet zu haben, haben natürlich das Recht, eine so überraschende Arbeit nicht zu erwähnen, die mit soviel Leichtigkeit und Grazie ausgeführt wurde. Was mich betrifft, so bin ich glücklich, sagen zu können, wie sehr mich der Anblick eines solch schönen Kunstwerks erfreut hat. Die andere polychrome Statuette, im Saal 9 ausgestellt, ist nicht weniger interessant. Ich bemitleide wirklich jeden, der von dem Charme und der Eleganz von Archipenkos *Gondoliere,* einer schlanken, schwarzen Statue in Saal 11 unberührt bleibt.[10]

Die Bilder in diesen Sälen sind sehr unterschiedlich. Ich kann nicht sagen, daß ich von der *Synchromie en orange* von Morgan Russell völlig begeistert bin. Er ist jedoch ein talentierter Künstler. Dagegen werden die ziemlich trockenen, aber genauen und eleganten Bilder von Picabia, *Chanson nègre* und *Culture physique* nicht unbemerkt bleiben. Der bereits ausgeübte Einfluß dieses so sehr bekämpften Malers ist ausreichender Beweis für seine Wichtigkeit. Da ist auch Chagall, dessen Bilderfundus reichhaltig ist und der seine Inspiration aus der Volkskunst bezieht. Er ist einer der besten Koloristen im Salon. [...]

Der Saal 9 ist noch heterogener. In der Mitte des kleinen Raumes, auf der rechten Seite, hängt ein Van Dongen, würdevoll, farbig und ein wenig skizzenhaft. Nicht weit davon entfernt ist Metzinger, dessen bildnerische Phantasie immer reichhaltiger und dessen Farben kräftiger werden. Sein brillantes Porträt eines Rauchers weckt Erinnerungen an Van Gogh. Es steht den griesgrämigen Zensoren frei, nichts darin sehen zu wollen, um so schlimmer für sie! Edouard Férat stellt hier zum ersten Mal aus und erregt viel Aufsehen. Seine schönfarbigen Kompositionen versprechen wichtige Arbeiten.

Gleizes' Porträt einer Frau ist vielfältig und voller Leidenschaft. Es wird von einer sensiblen Studie begleitet.

Von den Bildern de la Fresnayes mag ich die Stilleben am liebsten. Dieser Künstler hat sich mit der Farbe beschäftigt und seine Bemühungen waren nicht umsonst. Seine Zeichenkunst ist hier eher summarisch, aber interessant. Besonders die Darstellung einer Flasche ist ihm wirklich wunderbar gelungen.

Die Wichtigkeit Dufys rührt von seiner Begabung her und auch von der Tatsache, daß er der erste der neuen Maler war, der Motive aus der Volkskunst übernommen hat. Er kann wirklich als einer der jungen Meister dieses Salons betrachtet werden. Eine Ausstellung seiner Arbeiten würde seine Rolle ins richtige Licht rücken. Man sollte sie veranstalten.

(3. März)

Wir stehen nun vor dem Werk Mérodack-Jeaneaus. In verschiedenen Pamphleten hat sich der Künstler beschwert, plagiiert zu werden.[11] Er übertreibt vielleicht ein wenig. Aber wahr ist, daß er auf Van Dongen großen Einfluß hatte sowie auf andere Maler, die diesen Einfluß sich nicht eingestehen wollen. Er existiert aber trotzdem. Villon hat Fortschritte in der Kunst der Farbabstufung gemacht. Marcoussis ist freier als letztes Jahr. Mme. Rousseau folgt den Schritten von Juan Gris und Mlle. Baillys Arbeit zeigt eine gewisse Frische.

G. de Chirico baut harmonische und geheimnisvolle Kompositionen inmitten von Stille und Meditation.[12] Das ist wie eine bildnerische Konzeption der Politik unserer Tage. Diese [an den zeitgenössischen Kunstströmungen] völlig desinteressierten Studien mit ihrer beeindruckenden Ästhetik verdienen Beachtung. Das Gemälde von Laboureur ist interessanter als seine Holzschnitte. Er ist doch viel mehr Maler als Holzschneider.

Ich möchte noch Mondrian und Mainssieux erwähnen, dessen Beitrag hier weniger interessant ist als der im Salon d'Automne [...]. Bolz steht unter dem Einfluß von dem Léger vor drei Jahren. [...]

Die Bilder in dem kleinen Raum nebenan machen insgesamt den Eindruck, als ob sie direkt aus dem Atelier von Couture kommen. Einzeln betrachtet wirken sie ganz unterschiedlich. Den Beitrag von Segonzac mag ich überhaupt nicht. Ich glaube, er begeht einen Fehler. Das gleiche gilt für Boussingault und Luc-Albert Moreau.

Unter dem Einfluß von Derain hat Marchand große Fortschritte gemacht. Sein Beitrag ist ausgezeichnet. [...] Ich möchte die Aufmerksamkeit auch auf Pierre Roy lenken, der zwei sehr schöne und sensible Stilleben ausstellt. Fauconnet erinnert an Rousseau, wie jeder sagt. Er war in der Tat ein großer Freund des Zöllners, der ihn sehr mochte.

(4. März)

Jedes Jahr erleidet eine Frau Kummer im Salon des Indépendants. Diese Tradition wird peinlich genau eingehalten. Vor drei Jahren wurden einige Bucheinbände von Mme. Saint-

Point gestohlen. Letztes Jahr wurde ein kleines Bild von einer Malerin gestohlen, ohne daß der Salon dafür die Verantwortung übernommen hätte. In diesem Jahr zerbrach das drängende Vernissagepublikum die Statuetten von Mlle. Lodron und machte somit die Arbeit eines Jahres zu Müll. Der Salon kann dafür nicht verantwortlich gemacht werden.

Gehen wir nun in Saal 7: eine Menge Landschaftsbilder! [...]

Utrillo stellt einige schöne Landschaften aus, aber ich habe schon bessere von diesem Maler gesehen. Man wird auch die hübschen Zeichnungen von Claude Chéreau anschauen, besonders seine schön beobachteten *Cheveaux*. [...]

Im Saal 5 stellt Altmann Landschaften in einem geglückten Impressionismus aus. Er hat Gespür für Wasser, das in Wasserfällen fließt. Bénoni-Auran (ein wirklicher ›Unabhängiger‹) stellt dieses Jahr eines seiner älteren Gemälde aus, das Porträt seiner Mutter, das er noch nie ausgestellt hat. [...]

Und hier ist endlich der Unabhängigste der Unabhängigen, M. Cœuret, der, wie ich glaube, am besten diesen einmaligen Typus des einfachen Künstlers darstellt, wie er am Ende des 19. Jahrhunderts in Frankreich auftaucht, und von denen einige soviel Frische und bezauberndes Talent besaßen. Cœurets Ankunft im Salon mit einem kleinen Karren, der von einem ungestutzten Esel gezogen wird, ist fast so lustig, wie es Rousseaus Ankünfte zu sein pflegten. Die Titel von Cœurets Bildern sind sehr hübsch: *Caresses, Trésor, Près du cérisier.* Es ist nur schade, daß er zuviel Malerei gesehen hat.

(5. März)

[...] Der Zentralsaal: Die beiden Gipsköpfe von Nadelmann, die zwei moderne junge Leute darstellen, der eine mit flachem Hut, der andere mit Melone, sind die ersten Arbeiten, in denen ein Stück moderner Kleidung künstlerisch behandelt wurde. M. Robert Delaunay experimentiert perfekt mit Farbkompositionen. Der Titel seiner neuesten Arbeit lautet: *Disques solaires simultané forme; au grand constructeur Blériot (1913–1914).* Das Semikolon spielt hier sicher eine große Rolle; seine obere Hälfte, der Punkt, markiert das Ziel, während das Komma als der Ariadnefaden durch all diese Labyrinthe eines sich drehenden Futurismus dient. Mit einem Wort: Talent. Er hat einen ausgezeichneten Einfluß auf Ottmann, dessen große und sehr schöne Arbeit mehr Aufmerksamkeit verdient als seine vorigen Arbeiten.[13]

Der französische Futurist Delmarle stellt ein Bild aus, das nicht uninteressant ist und in dem man den Einfluß von Gleizes entdecken kann. Der französische Futurist Rossiné stellt eine polychrome Metallskulptur, *Symphonie,* aus, die einige schöne Merkmale hat. Ich bevorzuge von Bruce seine Bilder im Salon d'Automne. Das Thema seines Bildes hier ist weitläufig, daß ich von der Unfähigkeit, es zu bewältigen, nicht überrascht bin. Es ist einfach *Espace* betitelt, oder genauer *Mouvements, Couleurs, L'Espace, Simultané.* Nach den Concetti des Ritters Marino sind nun die Concetti des Ritters Marinetti dabei, Frankreich zu überschwemmen. Ich möchte auch die Scherenschnitte von Lena Pilico erwähnen. Es gibt keinen Zweifel daran, daß Scherenschnitte sehr modern sind. Man beachte auch [...] einige

Bilder von Renée Finch und Mme. Gerebtzoff, deren Malerei so detailreich wie persische Miniaturen oder das persische Bild ist, das Gustave Moreau unvollendet zurückließ. Das Bild von Mme. Gerebtzoff wirkt wie eine Zusammenfassung ihrer Aktivität als unabhängige und vernachlässigte Künstlerin. Sie hat darin alle ihre Bilder in Miniaturformat nachgemalt. Ob es sich nun um eine Erinnerung oder ein Testament handelt, die Idee berührt auf jeden Fall. Ich werde aber nicht versuchen, in die Gedankenwelt einer Künstlerin vorzudringen, die so voller seltener und einzigartiger Meinungen und Absichten steckt. [...]

L'Intransigeant

Alexander Archipenko

Archipenko sucht in der Skulptur vor allem die Reinheit der Formen. Er möchte die abstraktesten, neuesten und symbolischsten Formen finden und er möchte sie so gestalten, wie er es will. Man sieht in seiner Kunst eine völlige Anpassung an die Tradition. Diese Anpassung mag für oberflächliche Gemüter nicht offensichtlich sein, sie ist aber denen deutlich, die entschieden haben, darauf zu achten.

Die Originalität von Archipenkos künstlerischem Temperament scheint auf den ersten Blick überhaupt keinen Einfluß aus der vergangenen Kunst aufzunehmen. Und doch hat er alles, was er nehmen konnte, genommen. Er erkennt, daß er kühn darüber hinausgehen kann.

Dummheit und Ignoranz werden immer behaupten, daß der Tango und der Bärentanz weniger künstlerisch seien als die traditionellen Tänze, obwohl gerade sie die gesamte Tradition miteinbeziehen, der sie sich entgegenstellen.

Archipenko wurde auf das beste von der Tradition genährt. Der Charme seiner Werke beruht auf der inneren Ordnung, die offensichtlich ist, obwohl er sie nicht ausdrücklich gesucht hat. Diese Ordnung bildet den Rahmen für seine merkwürdigen Statuen, deren Eleganz der Form völlig neu und exquisit ist.

Wenn man seine Kunst auf ein konkretes Bild hin reduzieren möchte, würde ich sie mir gerne als eine wunderbar tätowierte Königin von den Marquesas-Inseln vorstellen. Ihre Haut, von der *Pappa*-Beere geweißt, ähnelt der europäischer Frauen. Diese Königin tanzt den Cancan vor dem Altar der Seegöttin Atua. Sie muß das von einem französischen Seemann oder einem Sträfling, der aus Neu-Kaledonien entkommen ist, gelernt haben.

In dem heiligen Charakter von Archipenkos Kunst sieht man den religiösen Einfluß, der sein Temperament zu formen half. Zweifellos waren fromme und naive Bilder eine Freudenquelle seiner Kinderaugen, die in ihrem Erstaunen diese Bilder verwandelt und vergrößert haben. Ich wäre nicht erstaunt, wenn er als Kind kleine Altäre aus Seifenkisten und blauem Spitzenpapier gebaut hätte, auf deren Spitze eine vergoldete Gipsfigur der heiligen Jungfrau oder das byzantinische Bild eines Heiligen steht, umgeben von winzigen Kerzen in Silberkerzenständern.

Wie bei allen Mystikern wurden seine Sinne schon früh geweckt. Fand die Vereinigung der zwei Bewegungen, die man den Vater und die Mutter seiner Arbeit nennen könnte, zu dieser Zeit statt?

Er verstand die oberste Notwendigkeit, seiner Zeit anzugehören und das zeitgenössische Leben in die Kunst zu integrieren.

Man merkt seiner Arbeit an, daß er von Anfang an von der heiligen Nacktheit orientalisch-mythologischer Kunst angezogen war. Er wurde mit griechischer Skulptur gefüttert. Es war jedoch die reinere, mystischere Skulptur der Ägypter, die ihm Plastizität und Stil näher brachte und den stärksten Einfluß auf ihn ausübte.

Ein Papyrus mit Hieroglyphen aus Teutamoin zog ihn wegen seiner erotisch-symbolischen Darstellung von Himmel und Erde an. Die Statuen der Priesterinnen, die Götter, von Leopardenfellen kaum bekleidet, die Figuren der Athlophoren der Berenike Euergetes, und die Kanephoren der Arsinoe Philadelpus oder der Arsinoe Philopator, die religiösen Tänzer auf den Gräbern Thebens oder Beni Hasans stimulierten seine Einbildungskraft. Flüchtige Visionen versetzten ihn in Trance.

Er wurde geblendet von den barbarischen Bildern der afrikanischen Stammesidole auf den Basreliefs des unterirdischen Tempels von Beit-Qalli. Die merkwürdigen Gesten der afrikanischen Kriegsgefangenen in dem großen unterirdischen Tempel von Abu Simbel weckten seine Leidenschaft.

Er setzte seine Studien mit der chinesischen Kunst fort. Die Šakyamuni des Museums India House offenbarten ihm die Oberflächlichkeit der griechischen Kunst.

Die Darstellungen der Geburt des Buddha, der Bambusgarten von Kiä-Lan-Hio und der Zyklus der Verwandlungen hatten seine fromme Seele entflammt. Zu dieser Zeit verstand er seine Berufung und begann, auf innige Weise menschliche Formen zu gestalten. Er wandte seine Intelligenz zum Studium der Methoden der modernen Meister an, deren Temperament ihm am nächsten stand. Er wurde beeinflußt von der Sinnlichkeit der Florentiner, und Leonardo, Botticelli und Jean de Bologne offenbarten ihm die Geheimnisse der Kunst. Auch Jean Goujon beeinflußte ihn, ebenso die französische Sinnlichkeit des 18. Jahrhunderts in den Werken von Falconet und Clodion. Er lernte sein Handwerk von diesen Meistern, ohne jedoch ihr Sklave zu werden. Trotzdem schienen ihm die eigenen Schöpfungen leer zu sein. Die Feinheiten dieser Meister befriedigten nicht sein wildes Temperament. Er fühlte, daß er einen Spritzer Verrücktheit, wie der Philosoph sagt, dieser ganzen Weisheit zufügen müsse. Er sah nichts weiter als handwerkliche Geschicklichkeit und eine oberflächliche Sinnlichkeit. Sein Schönheitssinn fand in ihrer Kunst nur die Darstellung sinnlicher Begierde, etwas Weltliches und Bürgerliches, das seine Seele krank machte. Er vermißte den Geist.

Das Bedürnis, mit all seiner Seele zu glauben, inspirierte ihn, wie auch die Notwendigkeit, diesem Bedürfnis künstlerischen Ausdruck zu verleihen. Lange Zeit wurde sein unruhiger Geist von den extremen Tendenzen der verschiedenen neuen Stilrichtungen abgestoßen. Ihre andauernde Beschäftigung mit der Ethik des Kunstwerks allein schien ihm nicht weniger kriminell. Er hatte gewisse Wünsche und Ängste. Er entdeckte andere Vorstellungen, die ihn grundlegend erschütterten. Die Religion erleuchtete ihn nicht mehr, die Wissenschaft blieb stumm. Nun führte ihn seine neugierige und unruhige Seele noch tiefer in das Reich abergläubischer Ideen, die er reichhaltig und tröstlich fand. So entdeckte er den Eckstein seiner künstlerischen Schöpfung. Er schuf Werke, auf die andere herunterschauten und die dennoch großzügig, leidenschaftlich, unbeholfen und doch perfekt waren. In ihnen regierte der Aberglaube.

Die Atuas der Insulanerin Nonka, die Zemis der Kariben, die feinen, aber abstoßenden Idole Schwarzafrikas, die Fetische von Baum und Haus, schließlich der ganze Schwarm von Göttern, die auf einer symbolischen Ebene die Phänomene der Natur reflektieren, zogen seine intensive, nostalgische Imagination an. Er lebte in der Nähe ihrer Steinaltäre, bei den Statuen ihrer Götter und der Fetische, die ihnen als Opfer angeboten wurden: die Götter des Krieges und der Fruchtbarkeit mit ihren riesigen Genitalien, ein feines Frauengesicht, von einem unglücklichen Liebhaber dem Gott der Liebe geopfert, eine antike Tänzerin mit tiefliegenden Augen in aufreizender Stellung mit spitzen und schweren Brüsten und viele andere Gottheiten.

Durch das Studium dieser alten Skulpturen, die jünger als wir sind, wurde Archipenko erleuchtet.

Er folgte einfach der künstlerischen Konzeption ihrer Schöpfer und lernte alles, was ein Künstler im Kontakt mit ihrer Kunst lernen kann.

Er gab sich nicht zufrieden, Skulptur nur als eine Kunst der Reproduktion und Andeutung zu betrachten. Er schuf Votivbilder, Ausdruck seiner tiefsten Ideen, die er als Opfer seiner Wünsche anbot; er hörte nur auf seine eigene keusche und wunderbar kindliche Seele. Er arbeitete nicht mehr für den Augengenuß, sondern für seine abergläubische Seele, die an formalen Abstraktionen geschult worden war.

Er machte Fetische, die ihn in schmerzvollen Augenblicken schützten und andere, die Erinnerungen wachrufen. Er schuf Erinnerungen, die von gewissen Visionen und Gesten inspiriert waren. Er ließ seiner Phantasie freien Lauf, angeregt durch den Orientalismus, erinnerte sich aber immer wieder an die Lehren seiner europäischen Meister, die ihn davor bewahrten, in den Zufall abzugleiten, und deren gut angepaßtes Wissen und kontrollierte Geschicklichkeit ihn in Zaum hielten.

Die Kunst des jungen Russen Archipenko, der in Paris arbeitet, eilt ganz neuen Horizonten entgegen.

Ich war Zeuge seiner ersten künstlerischen Bemühungen. Schon zu dieser Zeit konnte man in seinen Arbeiten diesen abrupten, aber sanften Wechsel spüren, den man mit einem Tempowechsel vergleichen kann.

Archipenko konstruiert Realität und seine Kunst nähert sich immer mehr der reinen Skulptur. Archipenko besitzt die Gaben, die notwendig sind, um eine bildnerische Synthese zu schaffen.

Die einzigen Künstler, die in diese Richtung gehen, sind unsere jungen Maler. Nun ist der Weg offen für eine innerliche Skulptur, in der alle Elemente der Schönheit verschmolzen sind, wie die Sensibilität, das heißt unser Auge, sie wahrnimmt. Archipenkos wagemutigen Konstruktionen tun nichts anderes, als die ungeheuren Möglichkeiten dieser Kunst so laut wie möglich zu proklamieren.

Die Ausstrahlungen der Farbe verbergen und durchdringen diese Formen, die menschlich geworden sind. Die Bogenformen, die komplementären Formen, die Unterscheidungen der Flächen, die unbegrenzten konkaven und konvexen Formen, all das trägt zu einer lebendigen Konstruktion bei, zu einer skulpturalen Wahrheit.

Schauen Sie zum Beispiel auf seine *Salomé,* voller Leben und in einem blendenden Licht gebadet, auf seine vieldeutigen *Deux corps,* auf *Silence,* auf *Danses rouges,* in denen sich das Leben fast ganz in den Details verliert.

Mit Ausnahme weniger sehr vitaler und aufregender Werke war die Skulptur von heute nicht mehr als eine Melodie. Archipenkos Arbeiten sind eine Harmonie, die ersten Akkorde.

Vorwort zum Katalog »Der Sturm. Siebzehnte Ausstellung: Alexander Archipenko«, März[14]

Die Ausstellung Roger de la Fresnaye in der Galerie Levesque

Roger de la Fresnaye hat in seinem ganzen Leben nur zwei Bilder gemalt: *La conquête de l'air* und ein Stilleben, das noch nicht aus dem Salon des Indépendants zurückgekommen ist.

Die übrigen Bilder, die er in dieser Ausstellung zeigt, fand ich weniger ausdrucksstark. Ein zweiter Blick auf den *Cuirassier,* den ich im Salon des Indépendants vor zwei oder drei Jahren ziemlich bewegend fand, erwies sich als enttäuschend. Ist das ein Fehler der Beleuchtung oder doch etwas anderes? Mir scheint, daß in den Hufen des Pferdes genausowenig Leben ist wie im Kopf des Soldaten. Das ist tot. Es fehlt an Substanz. Das Bild *L'Artillerie* bringt Erinnerungen an jene unglückliche Zeit, als viele vom Kubismus und von Dufys Experimenten faszinierte Maler nur noch farbige Illustrationen produzierten. Zum Glück hat sich La Fresnaye seitdem weiterentwickelt. Wenn *L'Artillerie* den Ruhm von Georgin auch nicht vergrößert hat, so hat es ihn auch nicht abgeschwächt, diesen Ruhm, an dem gerade Lucien Descaves in Prosa und Fernand Fleurte in Versen arbeiten. Die beiden dekorativen Stilleben an den Seiten des Bildes *Femme gardant des vaches* könnten mit ein wenig mehr Anstrengung zu Bildern werden, die den Salon Nationale wert sind. Alles was der Künstler noch tun müßte, wäre ein Notenpapier auf den Notenständer zu legen, einige Violinsaiten hinzuzufügen und die Umrisse von Afrika oder beider Amerika auf der Weltkarte einzuzeichnen.

Der Kuhhirtin gehen sowohl die realen als auch die sentimentalen Proportionen ab. Also wirklich...

Es fehlt hier an Komposition und Substanz. Ich denke, diese Dinge müssen einem Künstler wie Roger de la Fresnaye einmal gesagt werden, einem Künstler, der schließlich ein so leichtes und lebendiges Werk wie *La conquête de l'air* gemalt hat.

Paris-Journal, 3. Mai

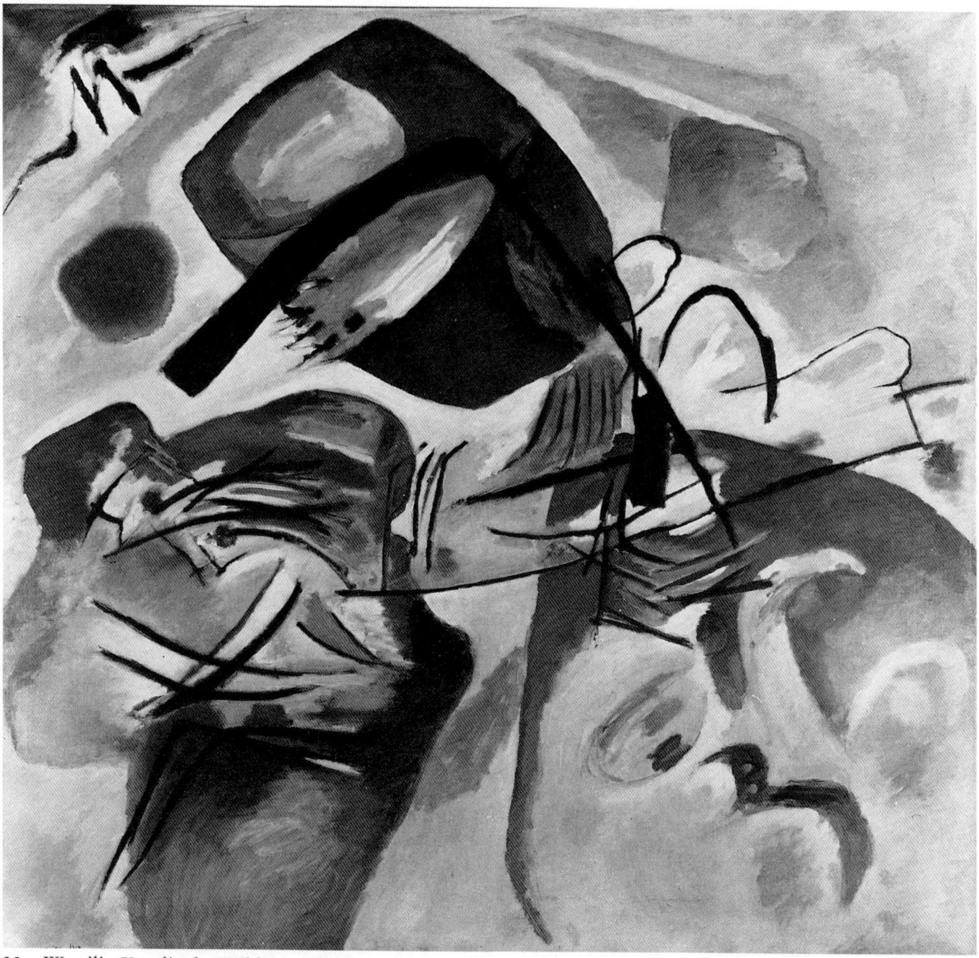

33 Wassiliy Kandinsky, Bild mit schwarzem Bogen, 1912

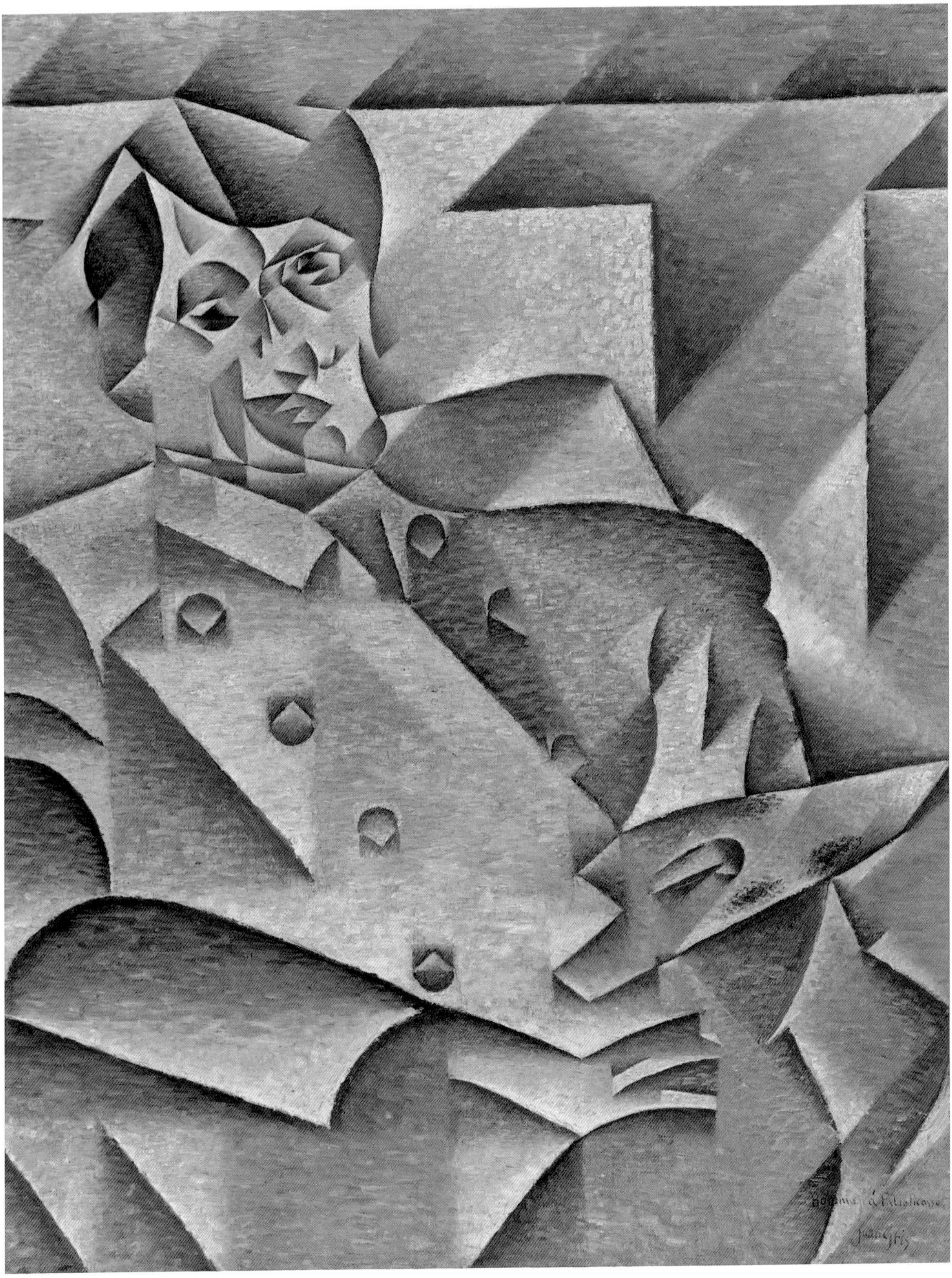

34 Juan Gris, Hommage à Picasso, 1912

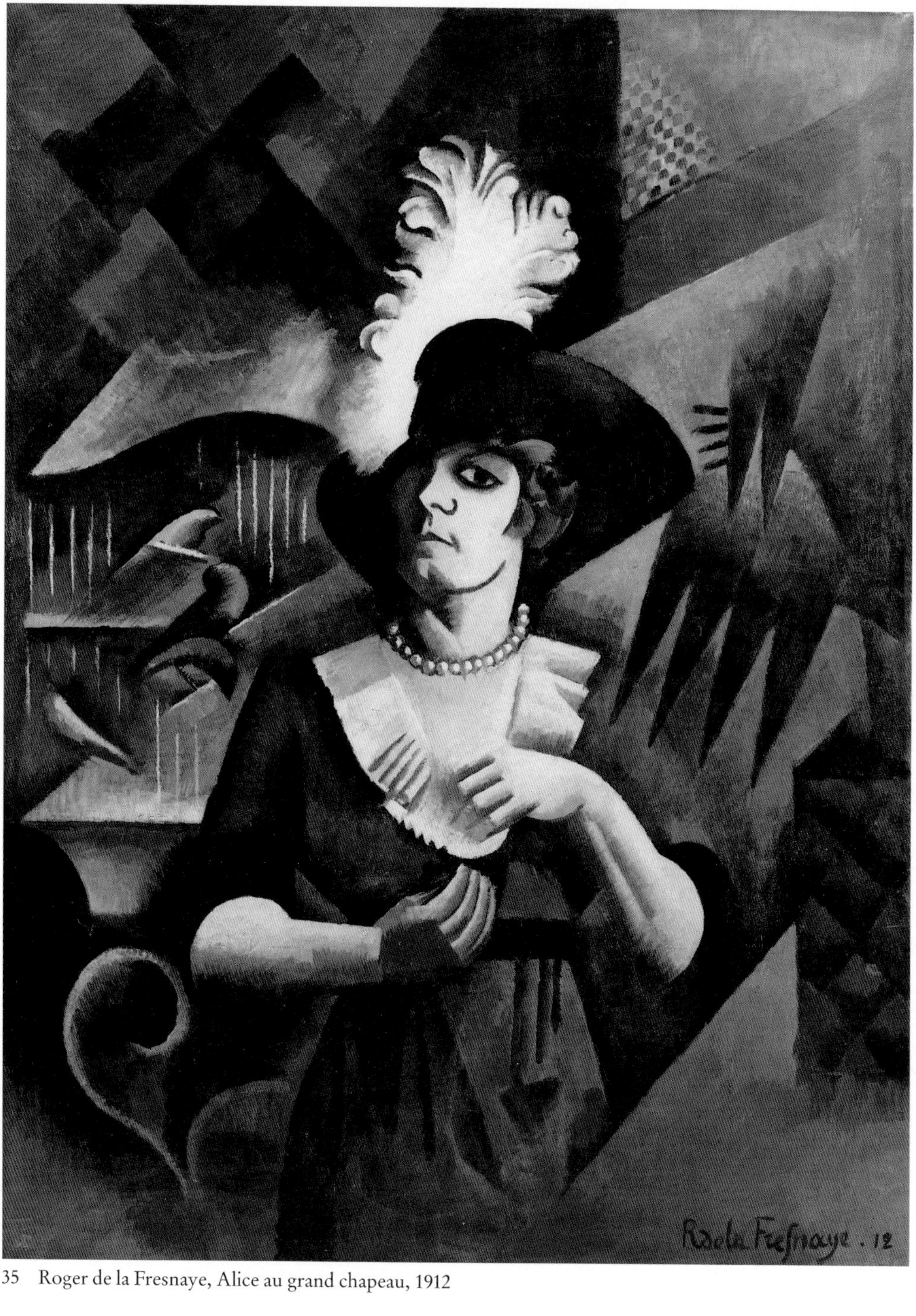

35 Roger de la Fresnaye, Alice au grand chapeau, 1912

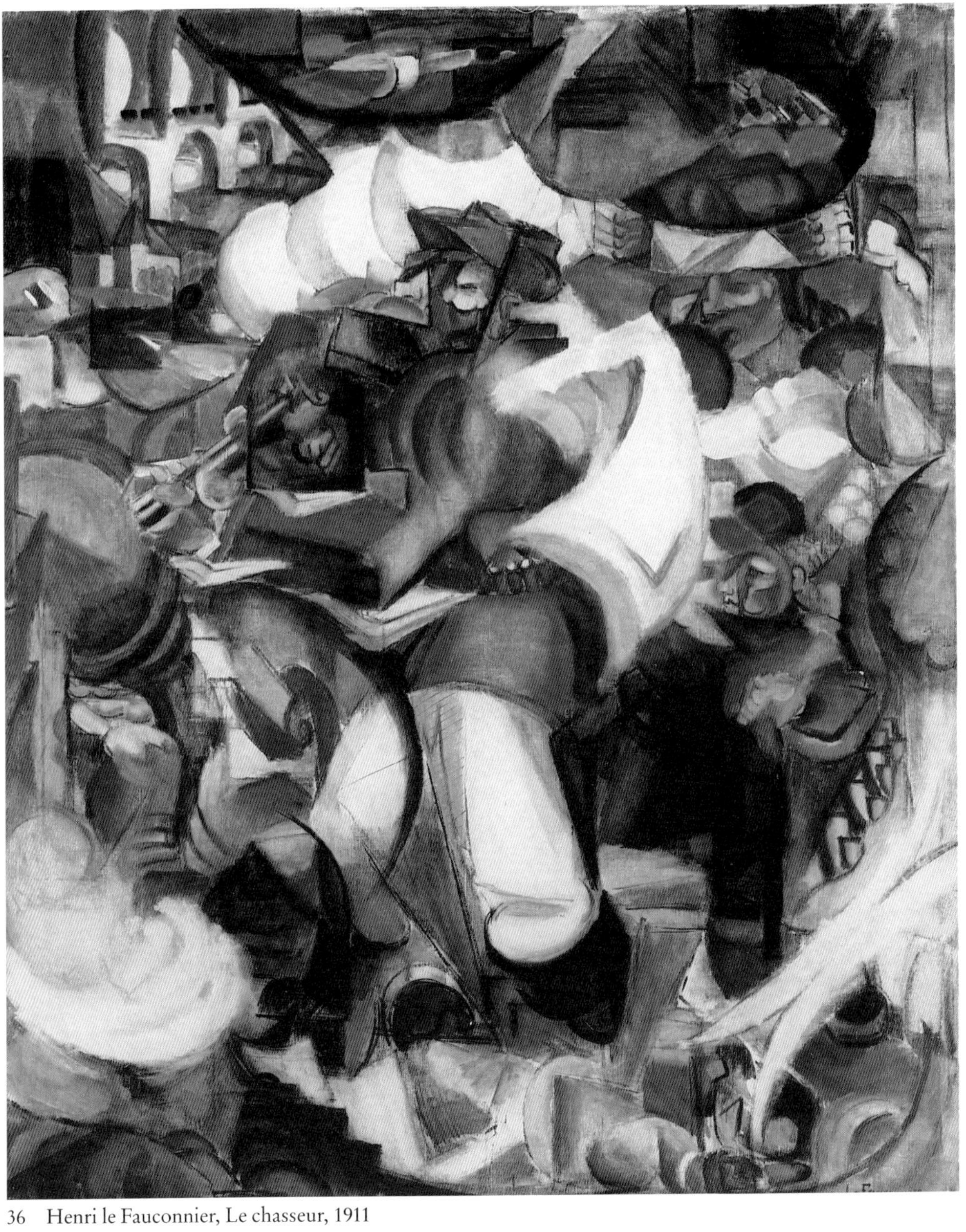

36 Henri le Fauconnier, Le chasseur, 1911

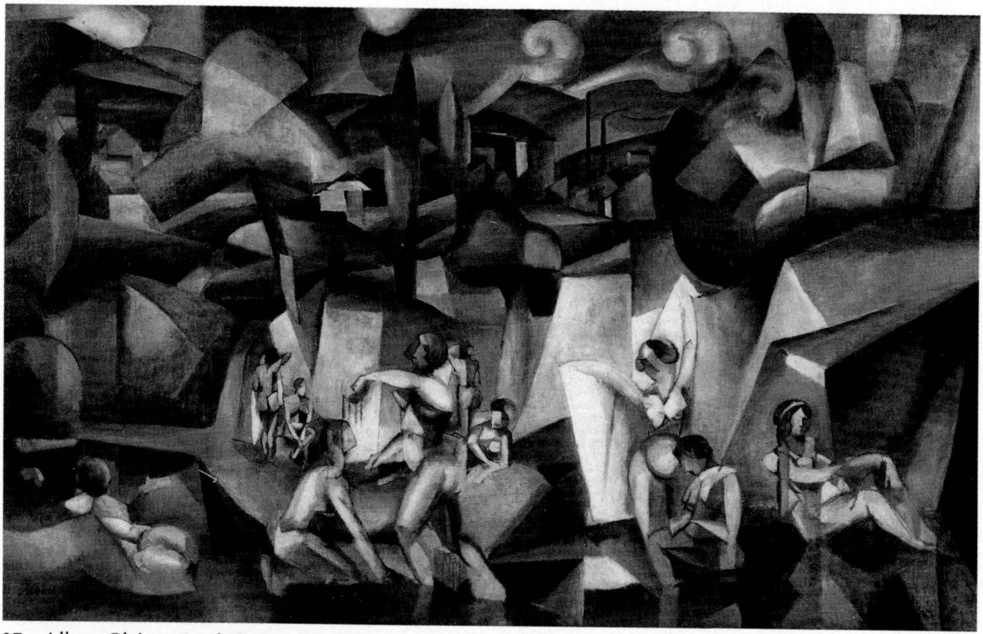

37 Albert Gleizes, Les baigneuses, 1912

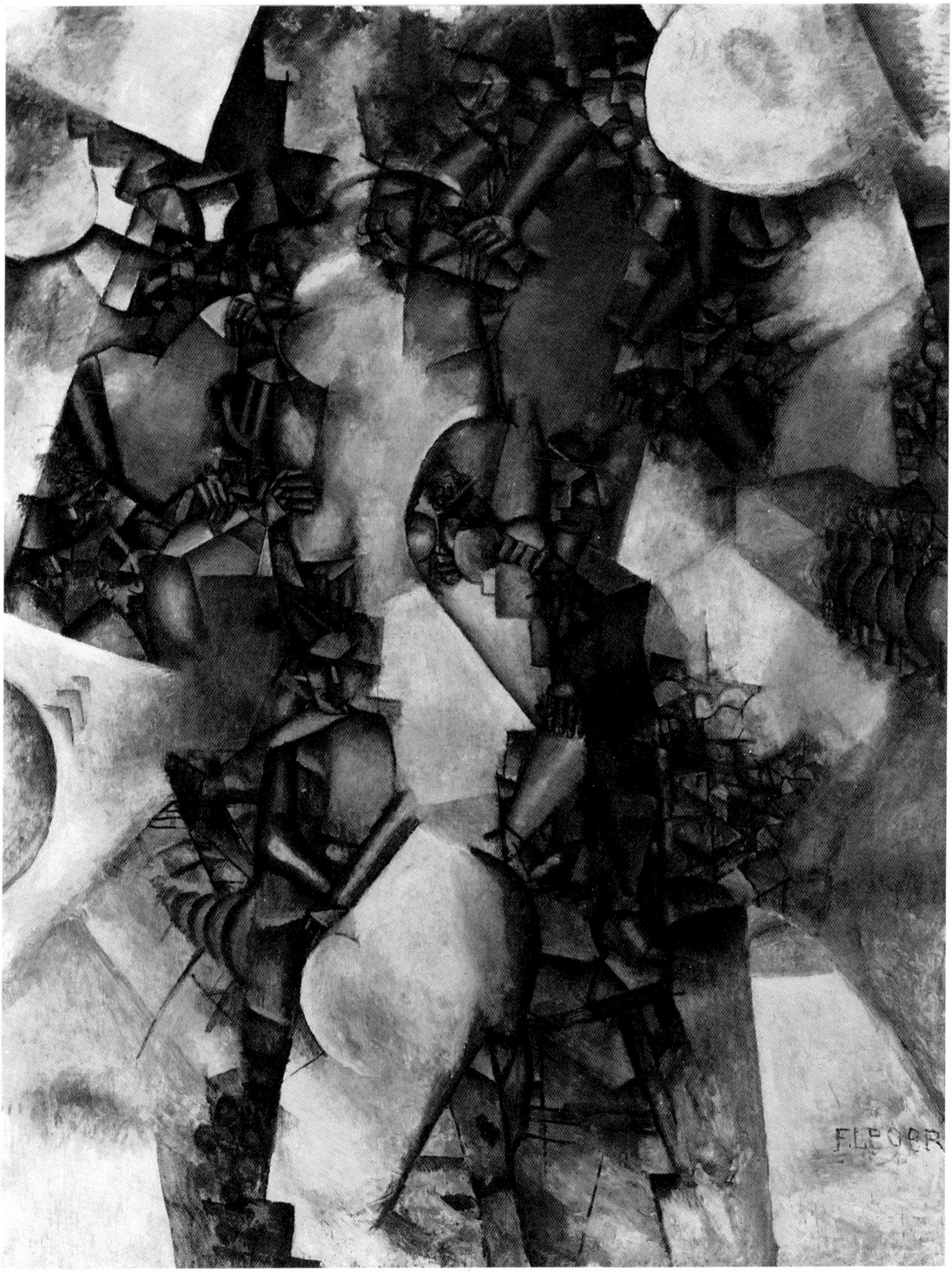

38 Fernand Léger, La noce, 1910/11

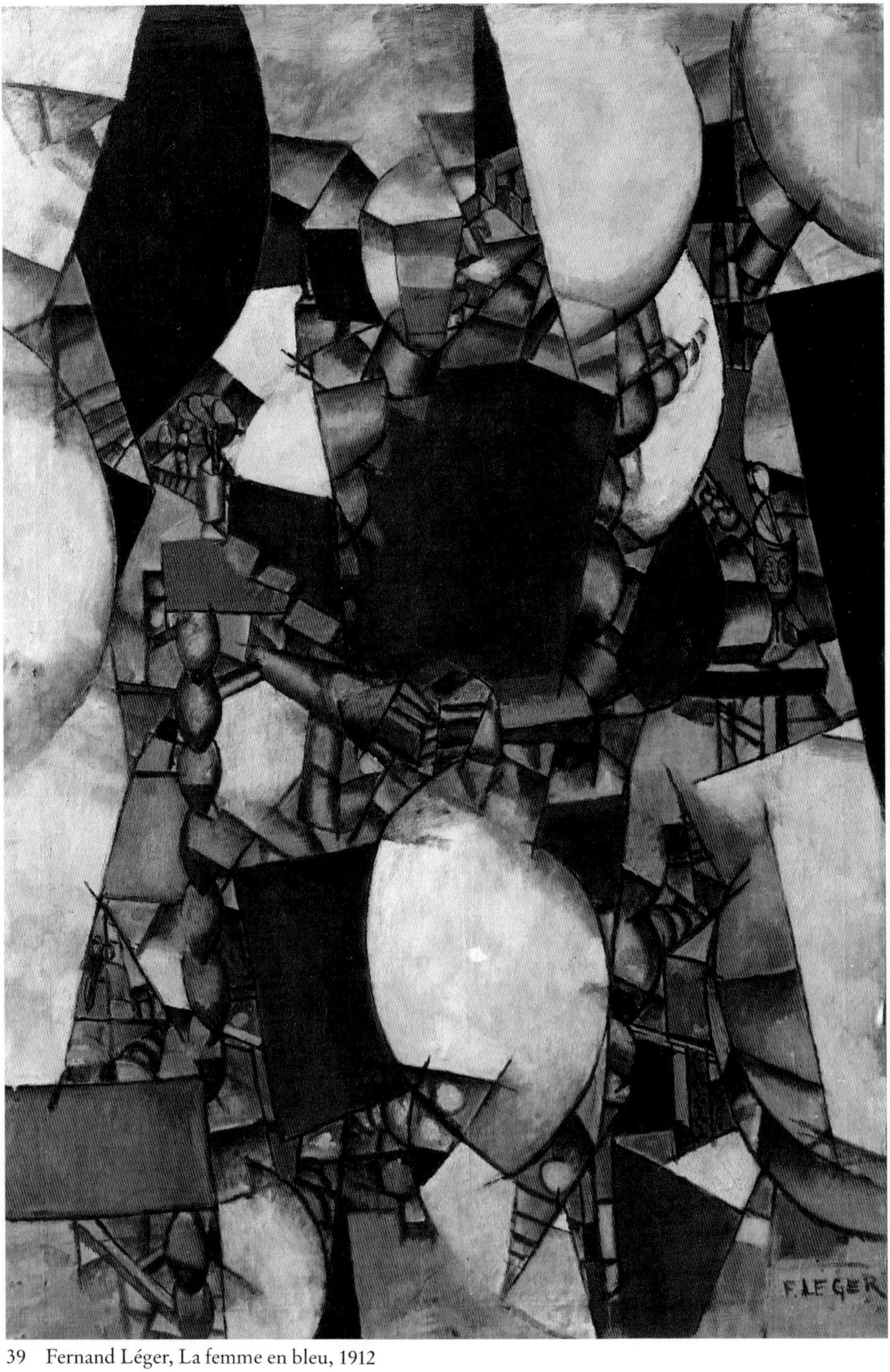

39 Fernand Léger, La femme en bleu, 1912

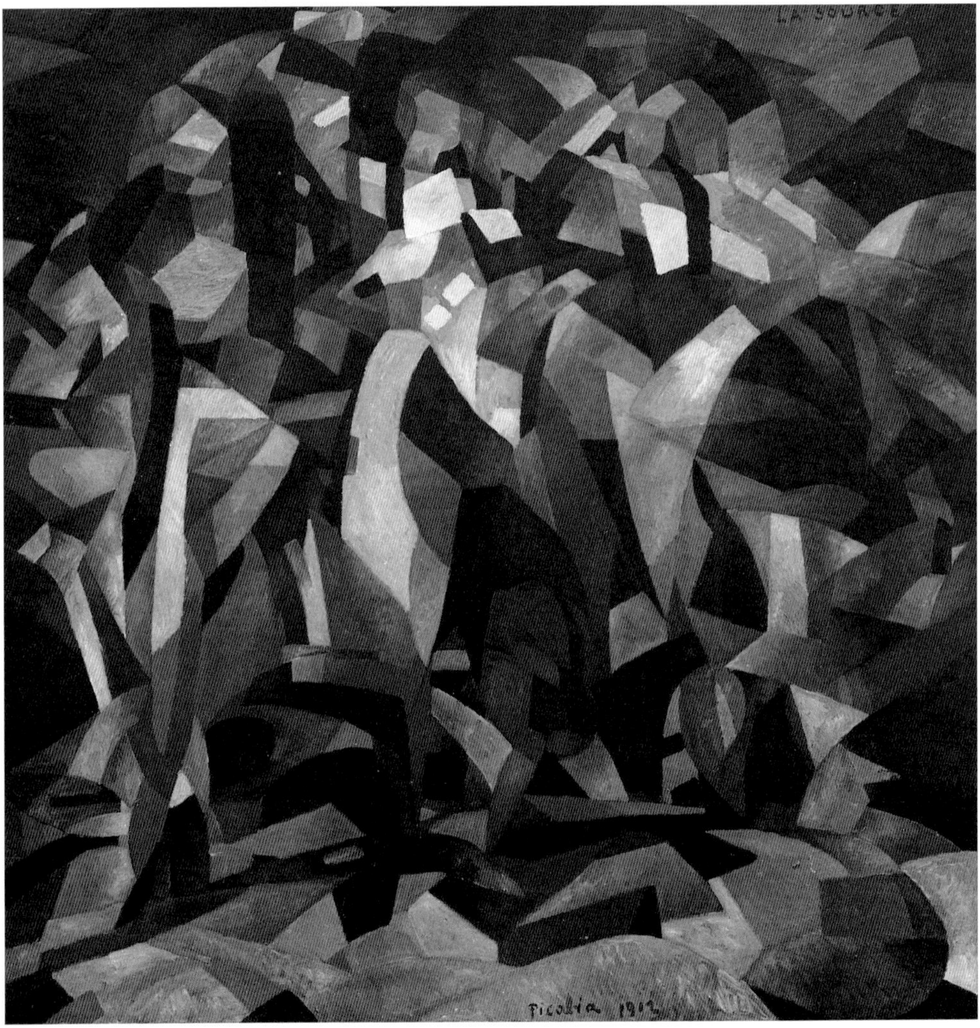

40 Francis Picabia, La source, 1912

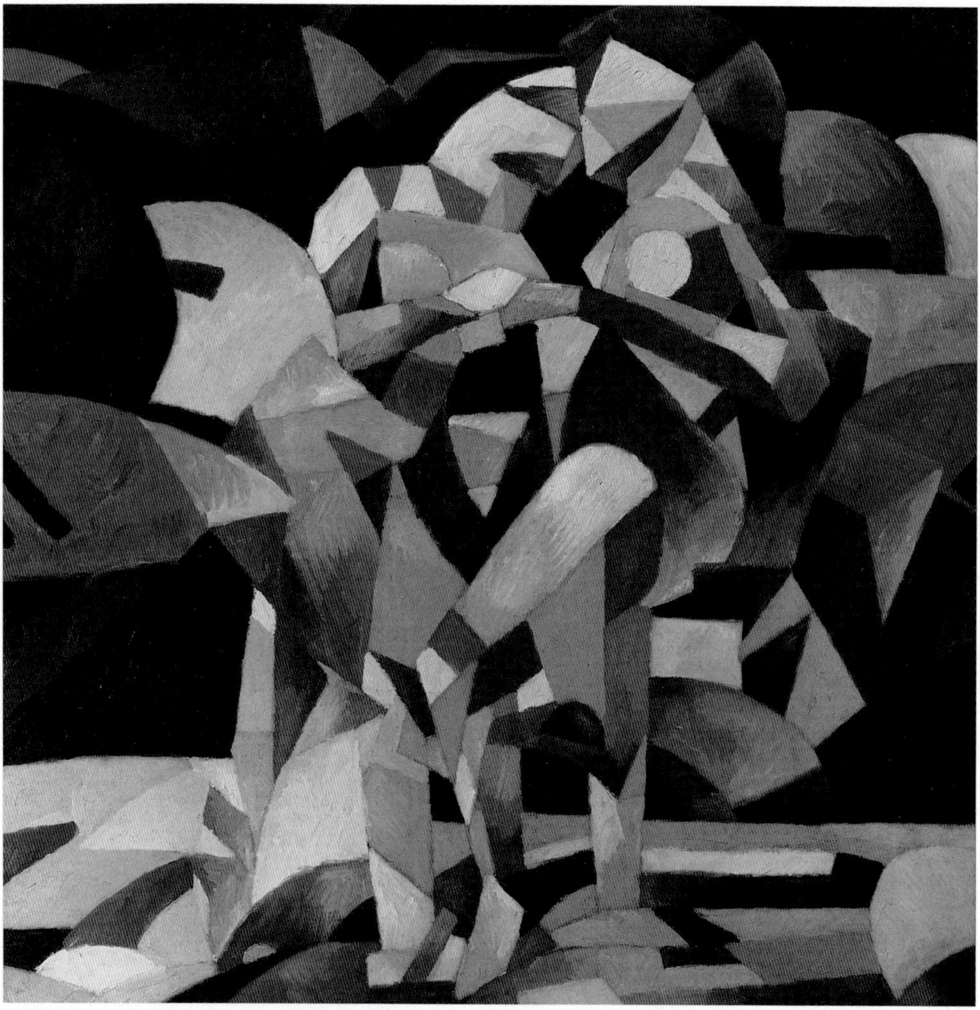

41 Francis Picabia, Danses à la source, 1912

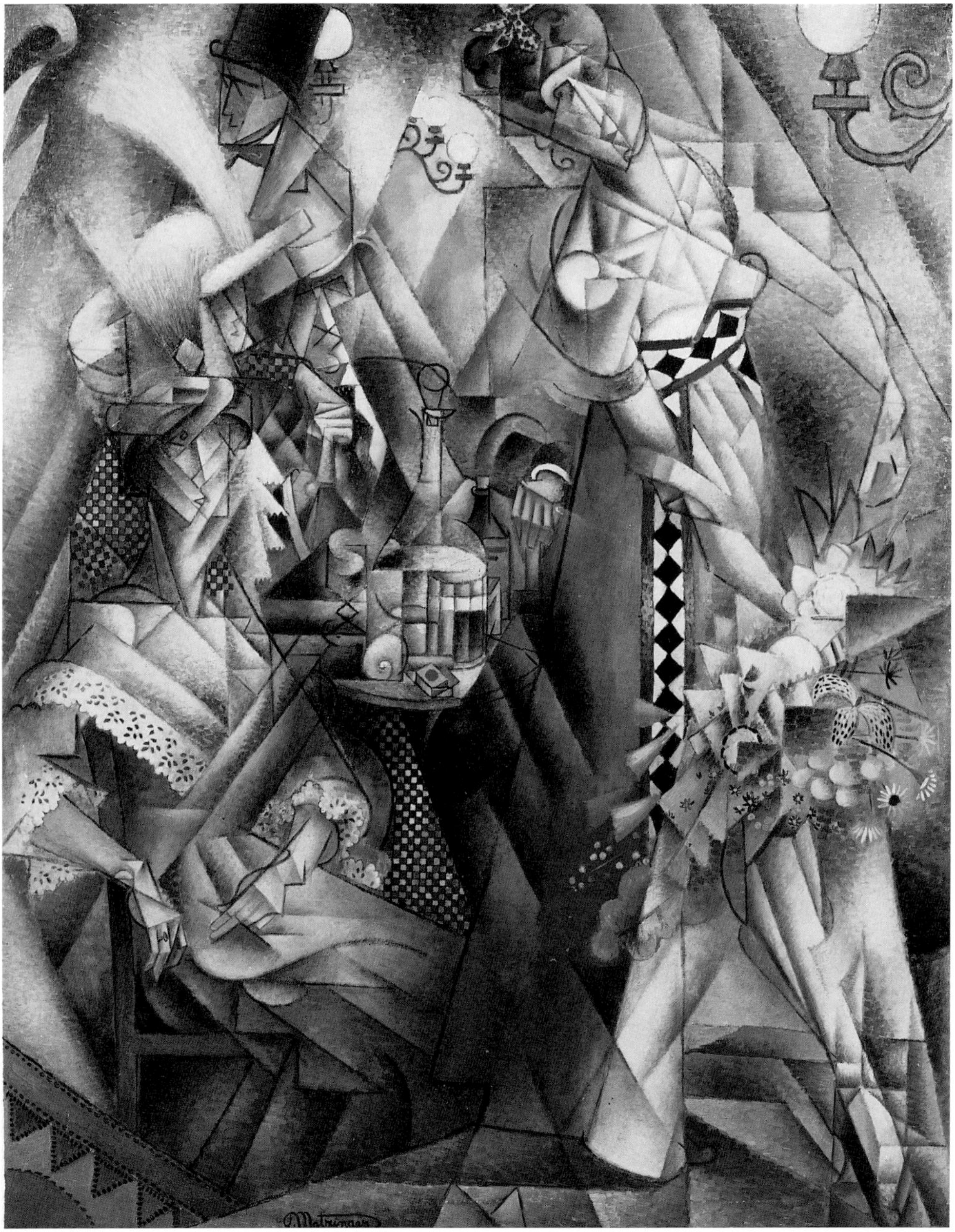

42 Jean Metzinger, La danseuse (au café), 1912

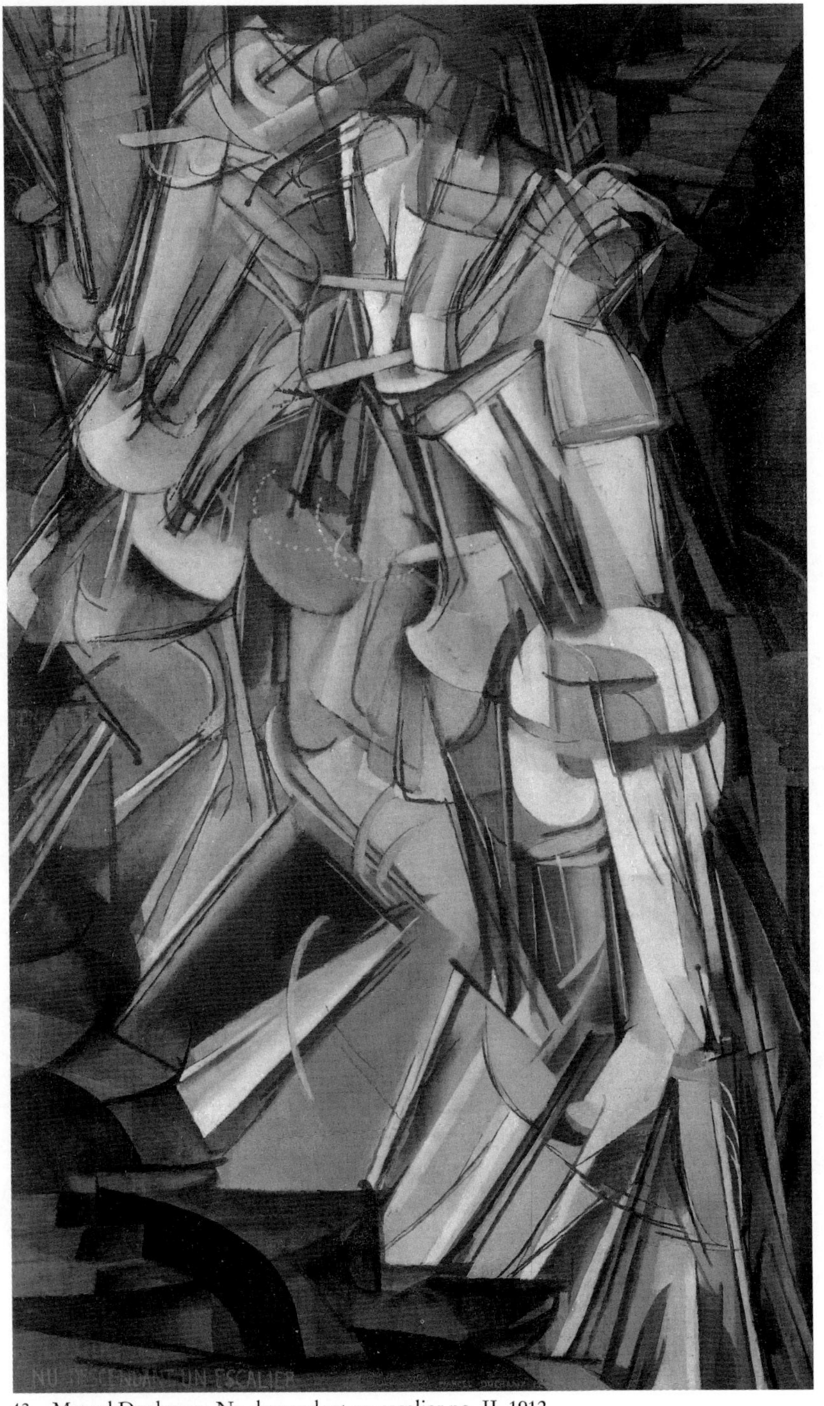

43 Marcel Duchamp, Nu descendant un escalier no. II, 1912

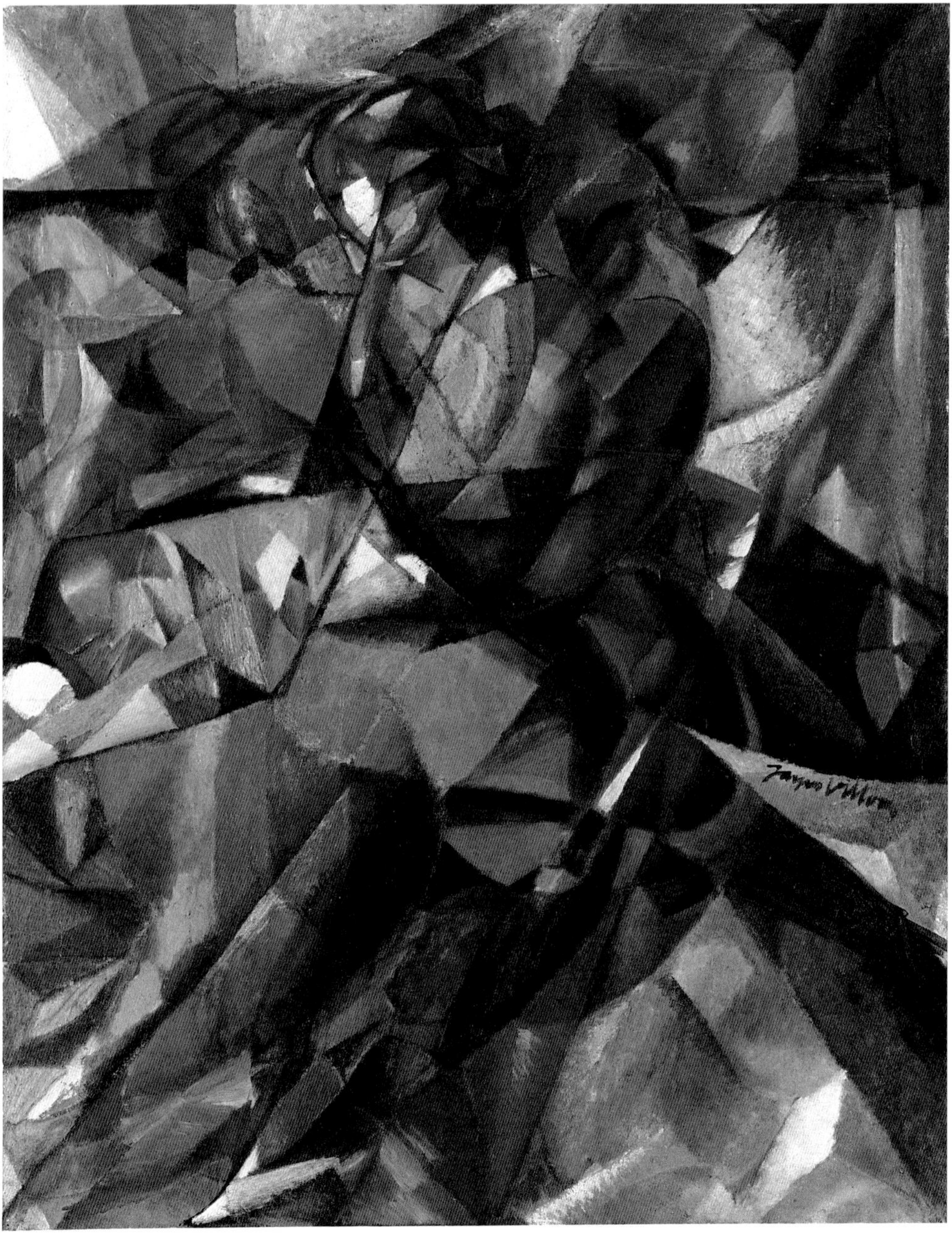

44 Jacques Villon, Jeune femme, 1912

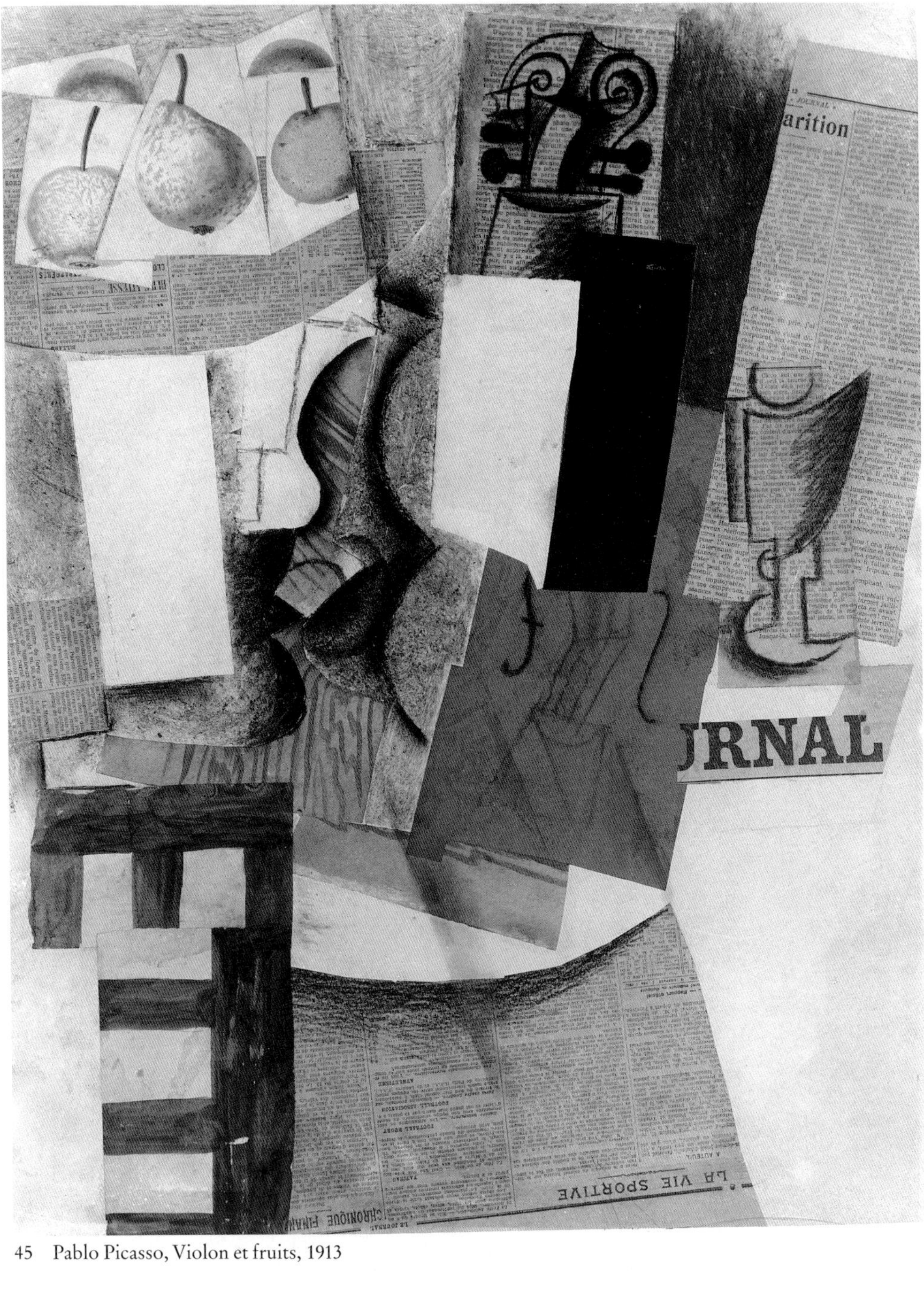

45 Pablo Picasso, Violon et fruits, 1913

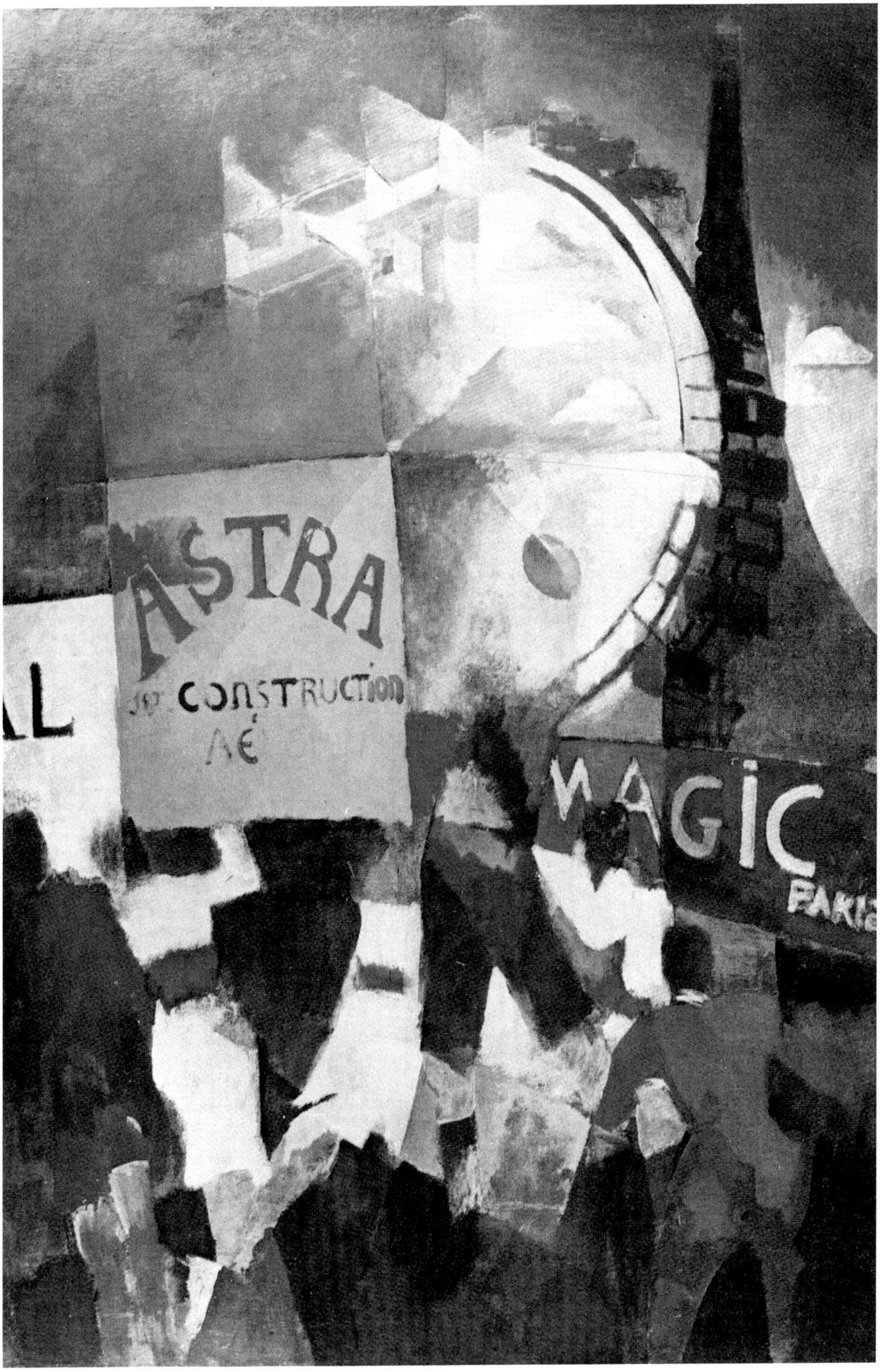

46 Robert Delaunay, L'equipe de Cardiff, 1912/13

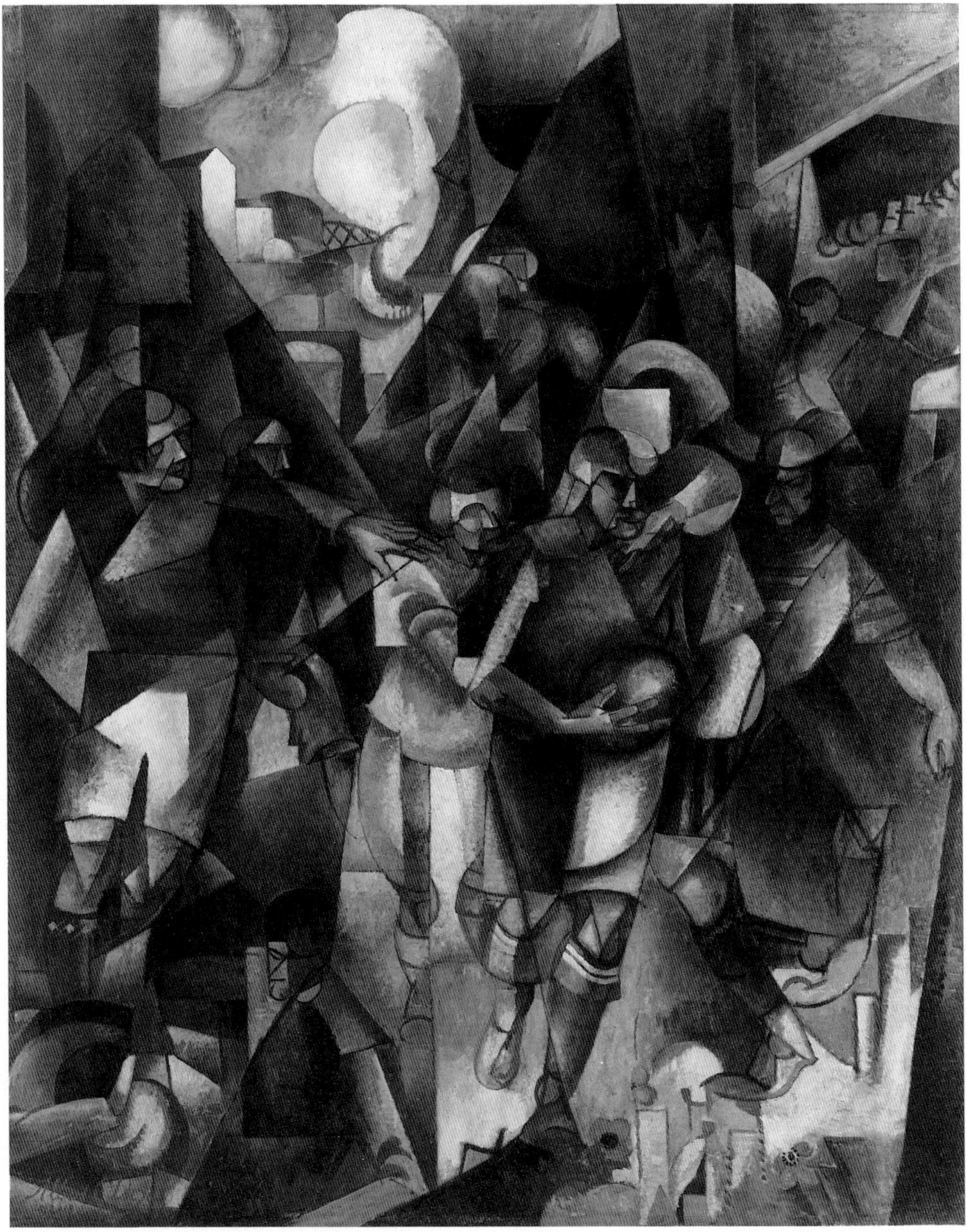

47 Albert Gleizes, Les joueurs de football, 1913

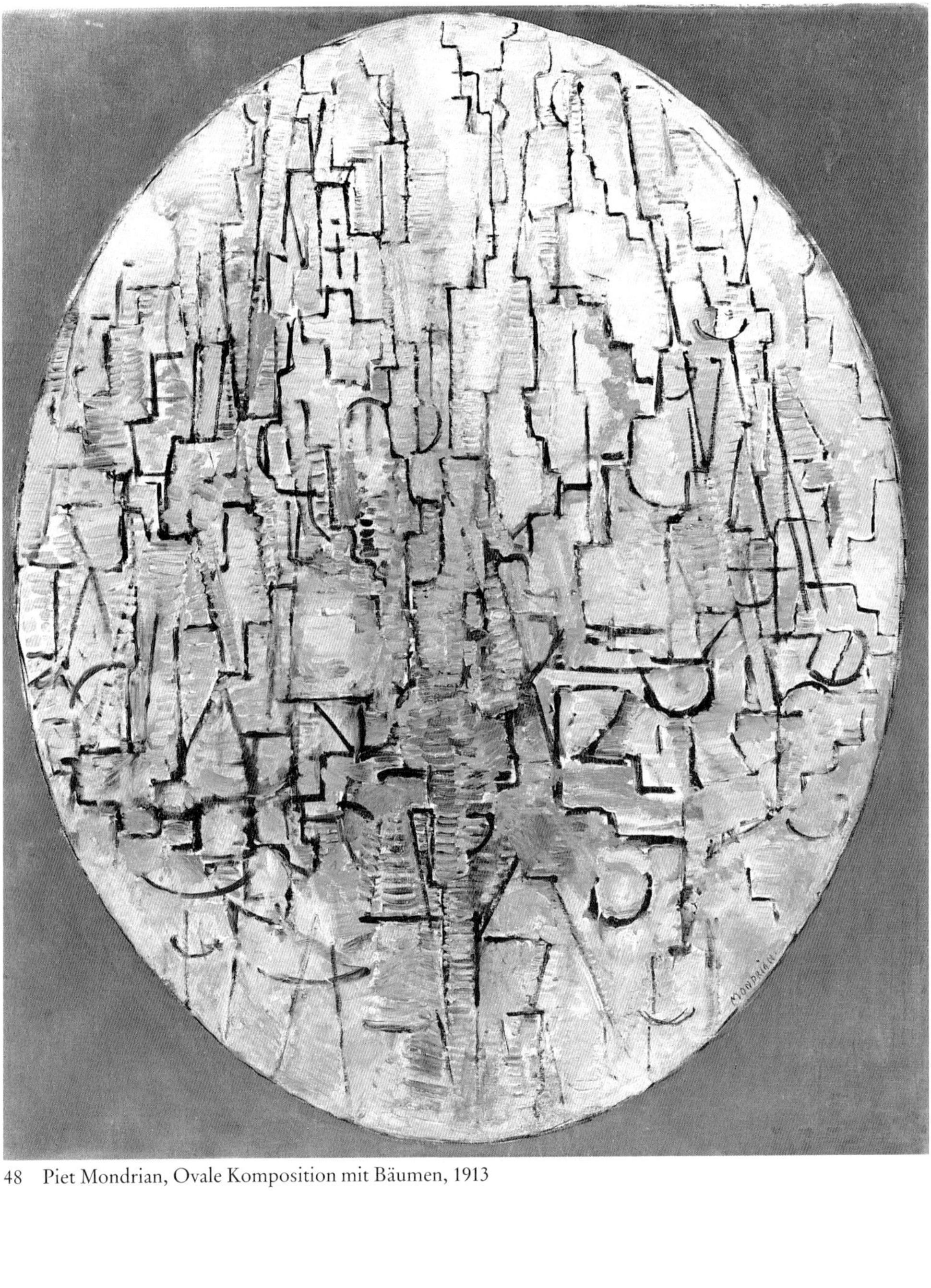

48 Piet Mondrian, Ovale Komposition mit Bäumen, 1913

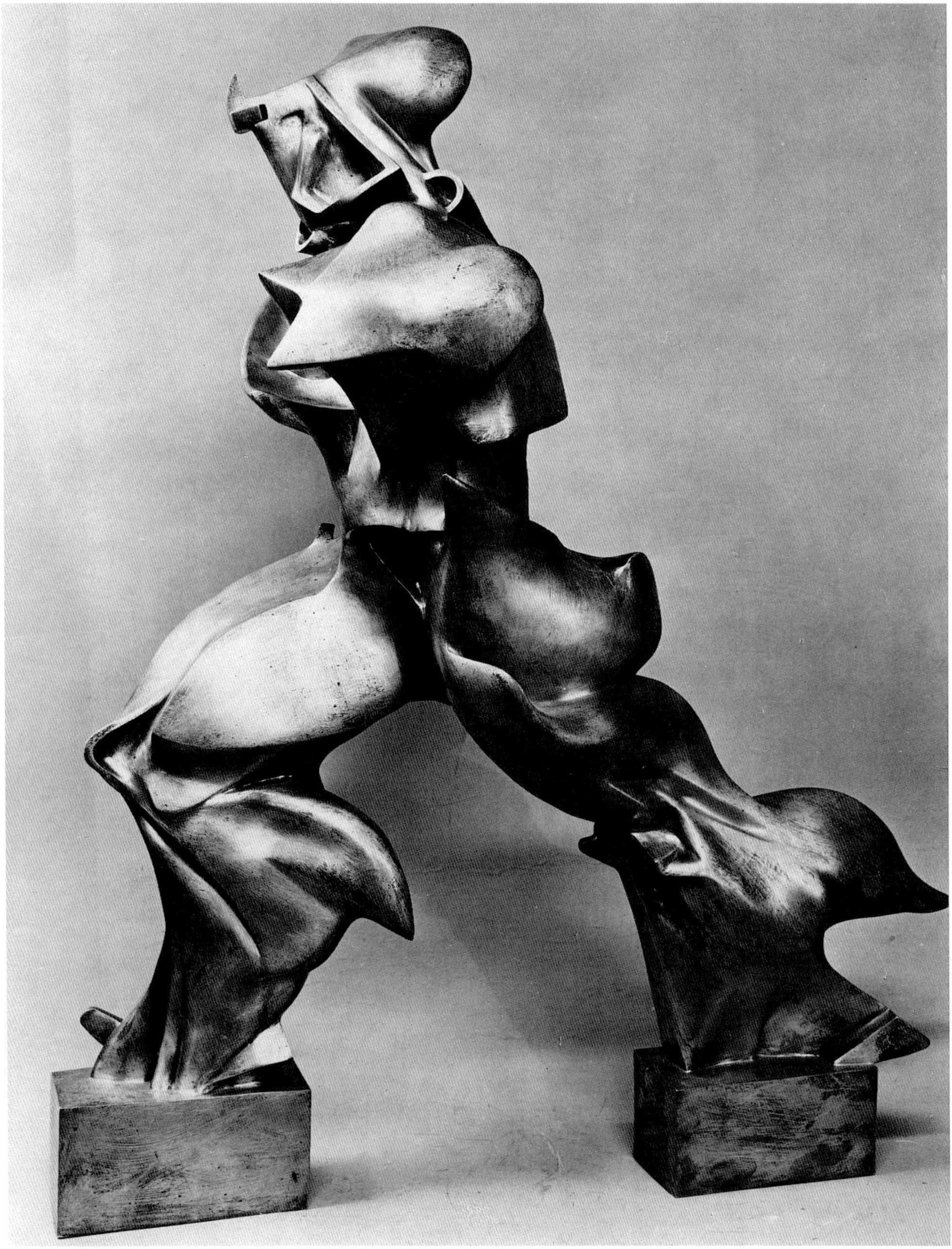

49 Umberto Boccioni, Forme uniche della continuità nello spazio, 1913

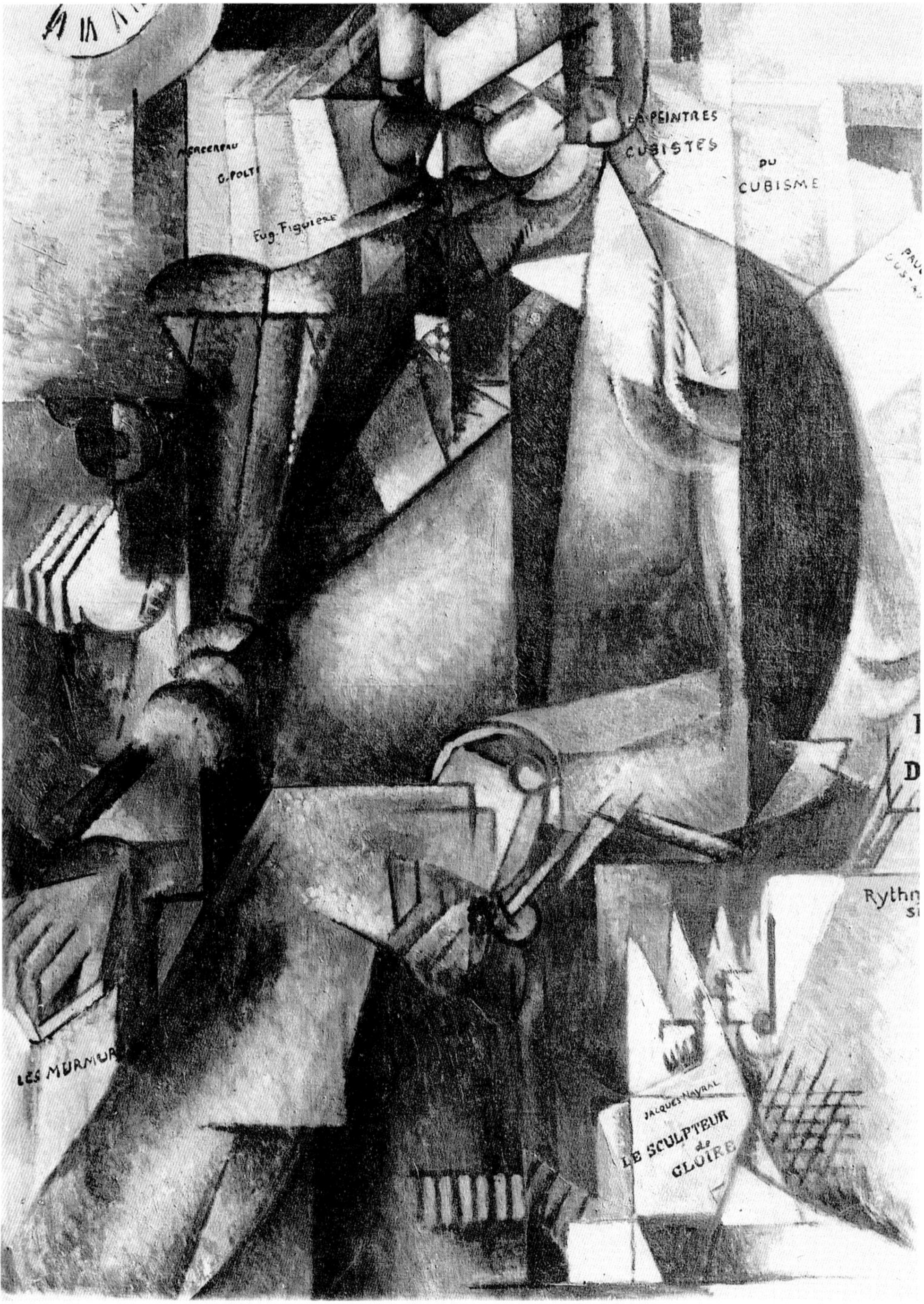

50 Albert Gleizes, Portrait de l'éditeur Figuière, 1913

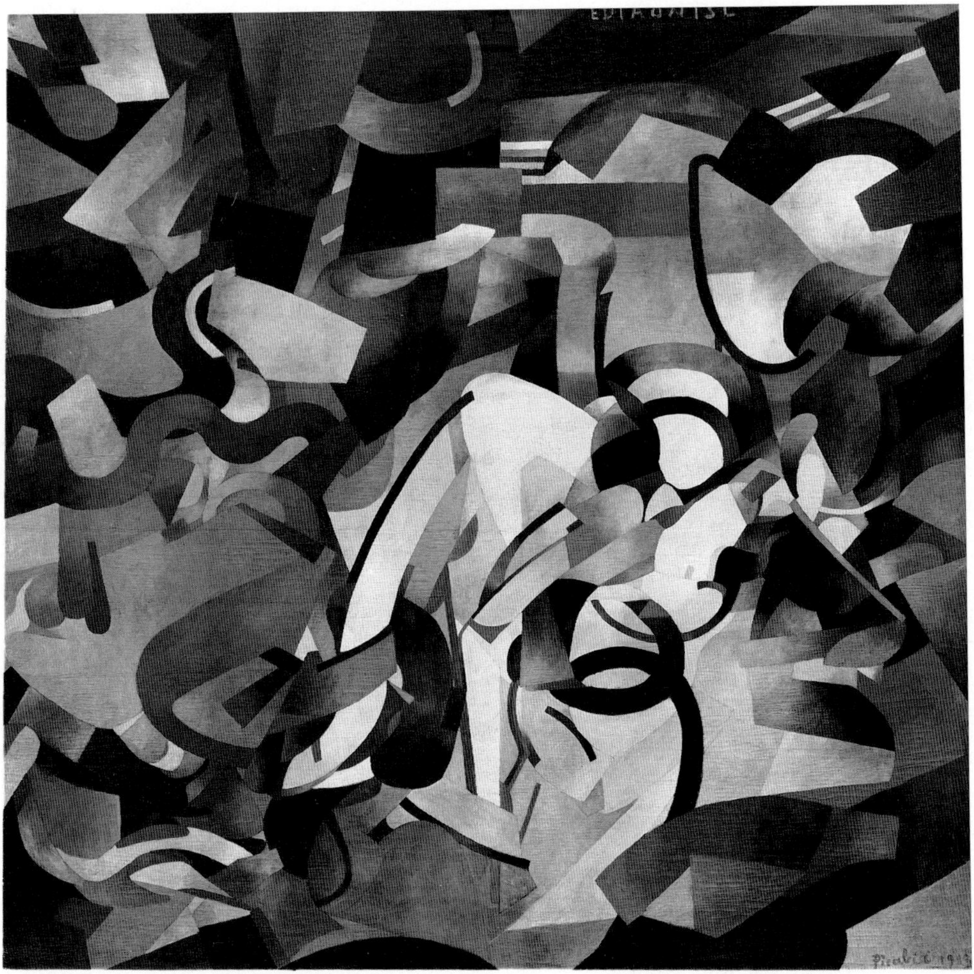

51 Francis Picabia, Edtaonisl, 1913

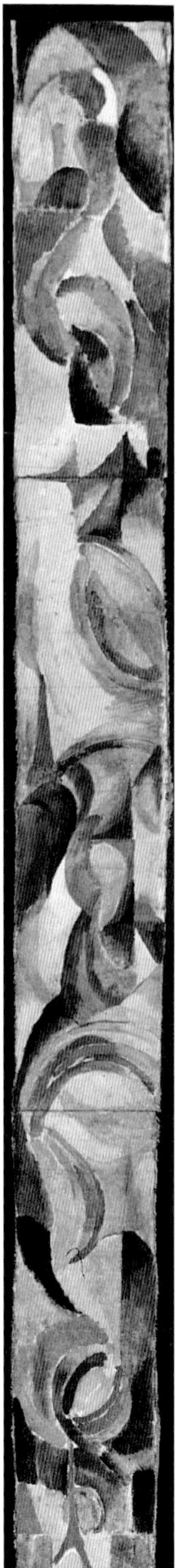

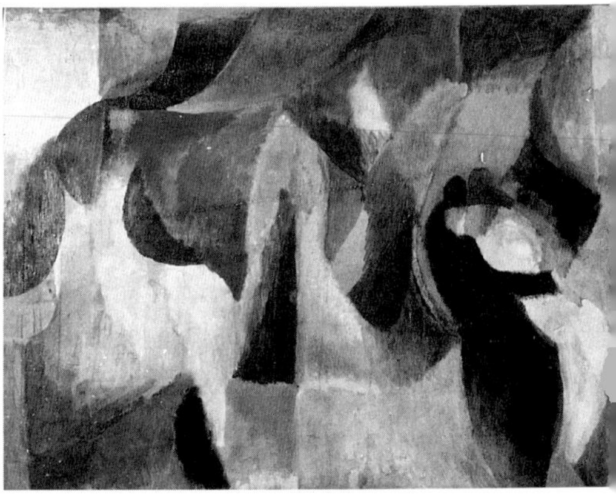

53 Sonia Delaunay-Terk, Le Bal Bullier, 1913

◁ 52 Sonja Delaunay-Terk, La prose du Transsibirien et la petite Jehanne de France, 1913

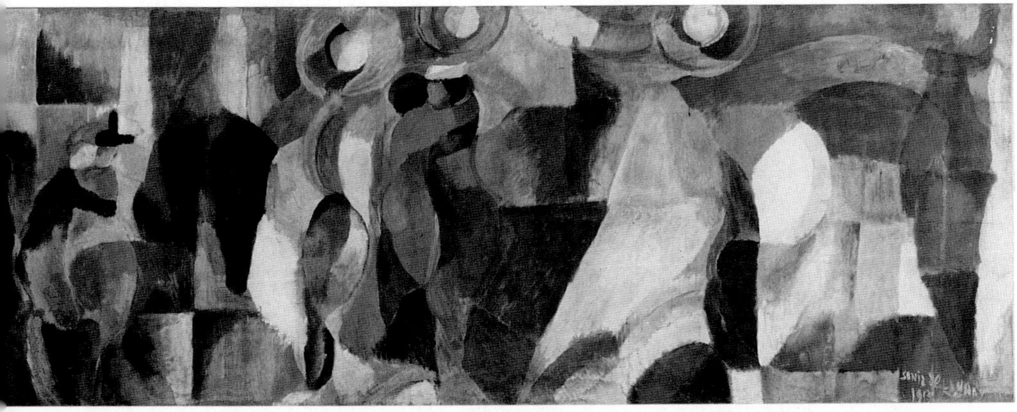

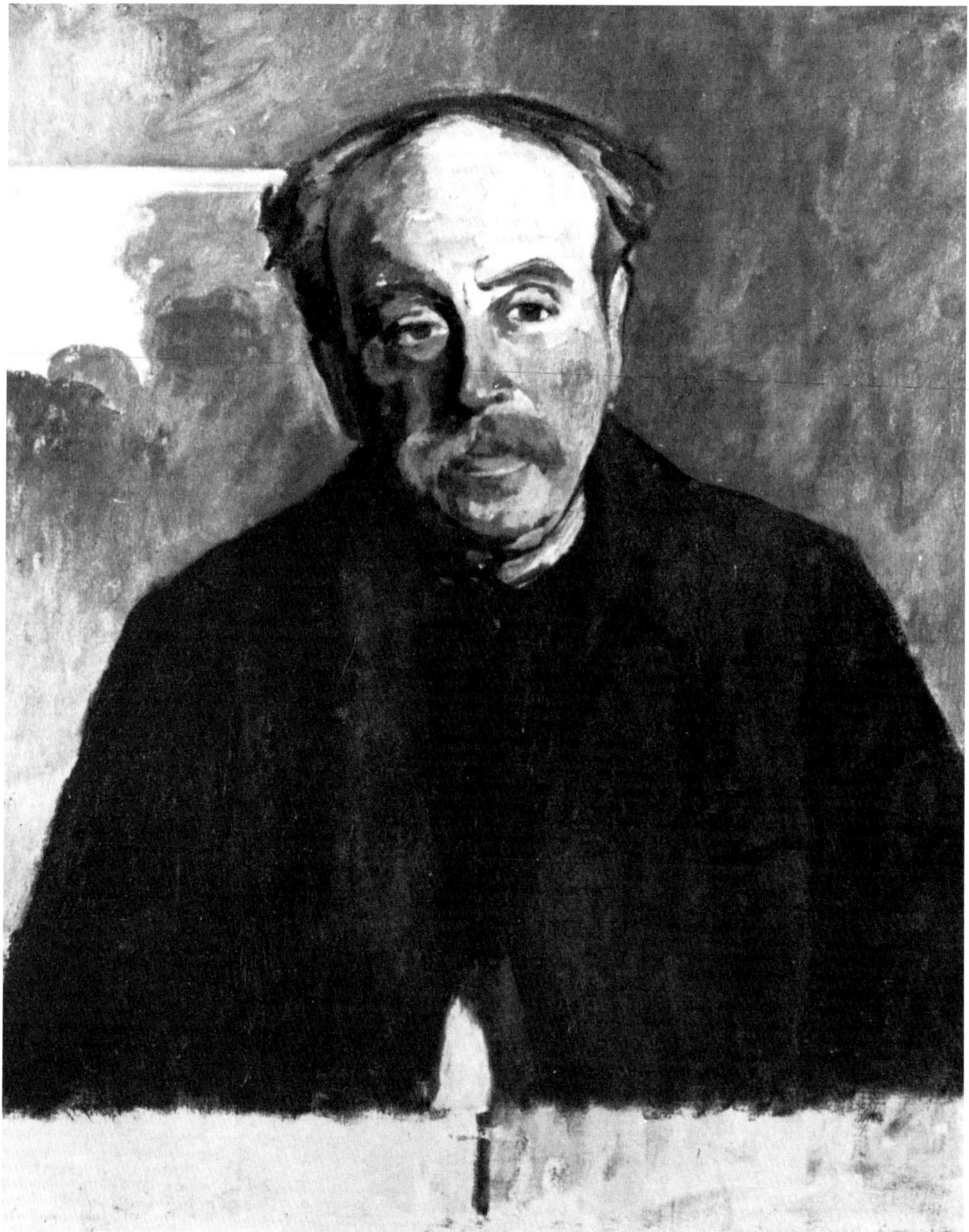
54 Robert Delaunay, Le Douanier Rousseau, 1914

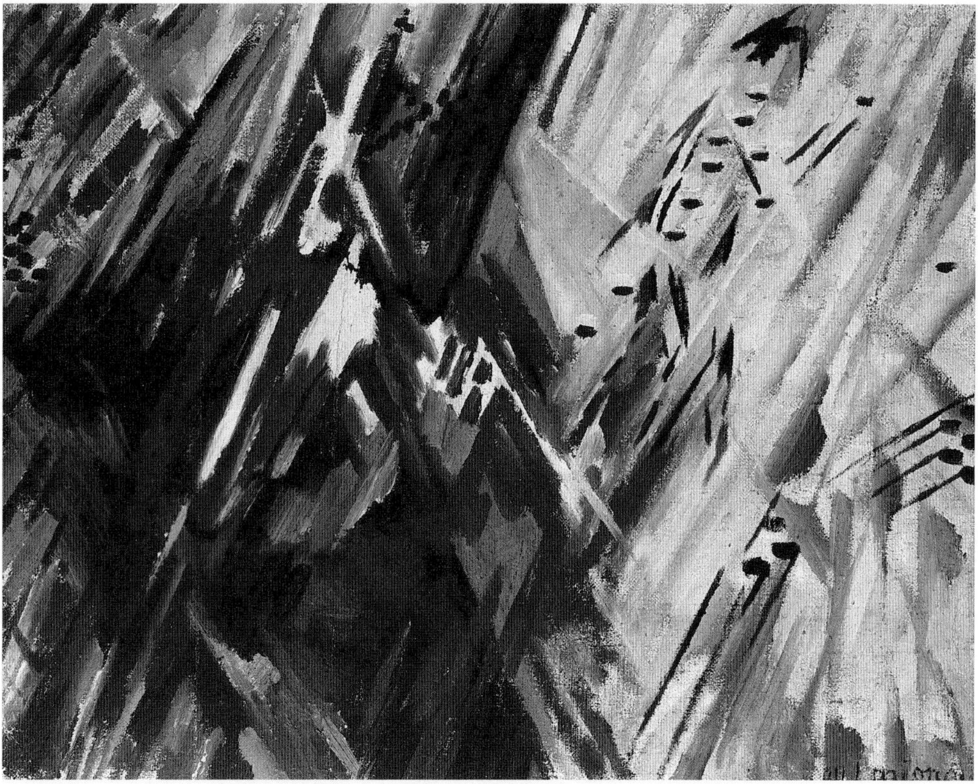

55 Michail Larionov, Rayonismus in Rot und Blau (Strand), 1911

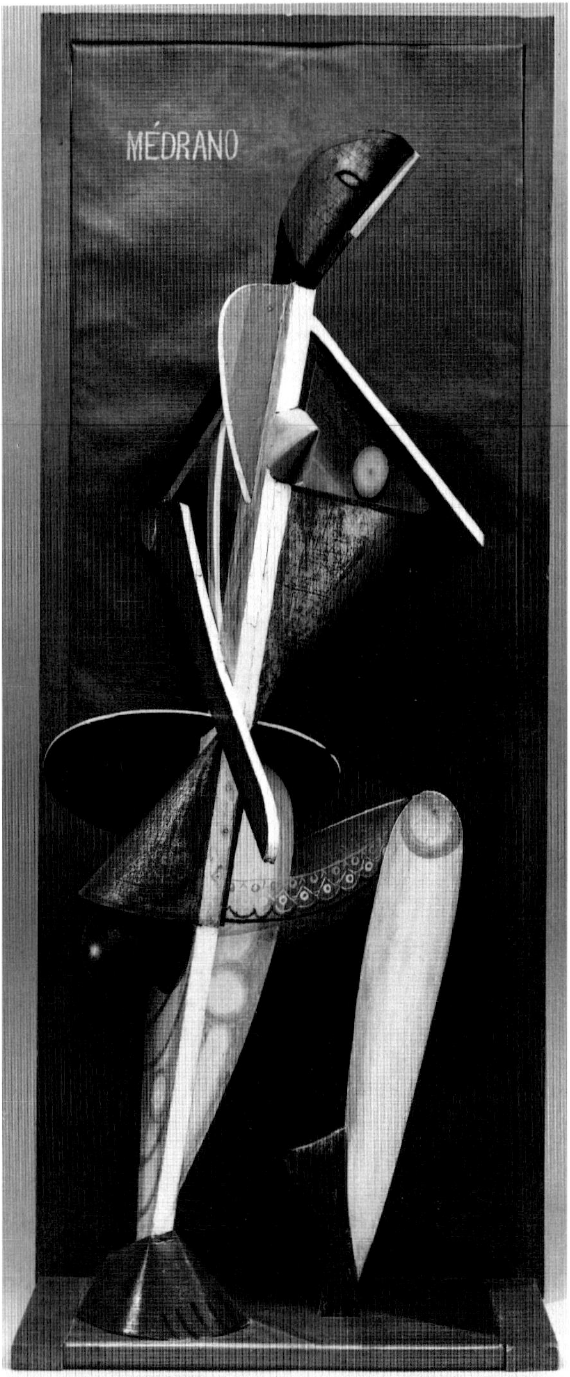

56 Alexander Archipenko, Medrano II, 1913

Die Kritik der Dichter

In einem Artikel in *L'Effort libre* spricht M. Thiesson von der modernen Kunst und der modernen Kritik.[15] Viele seiner Beobachtungen scheinen zutreffend zu sein. Sie scheinen aber ebenso ungerecht und ohne Nachsicht. Ich hege keinen Groll gegen ihn, weil er über mich schreibt. Begeht er nicht dennoch einen Fehler, wenn er sich weigert, die Freiheit und Ehrlichkeit dessen anzuerkennen, was André Salmon in *Montjoie!* als Kritik der Poeten beschrieb? Und insofern meine eigene Kritik betroffen ist, hat M. Thiesson irgendwelche anderen Künstler gegen die von mir verteidigten zu setzen? Jedem steht frei, Matisse, Picasso, Derain, Braque, Léger, Marie Laurencin usw. nicht zu mögen, aber niemand kann leugnen, daß sie die wichtigsten Maler ihrer Zeit sind – und daß ich sie verteidigt habe.

Es ist doch gleich, ob ich mich noch für Delaunay und seine Freunde interessiere oder nicht. Tatsache ist doch, daß ich der erste war, der ihre Kunst entdeckte und darüber schrieb. Alle, die nun darüber schreiben oder reden, verwenden Ausdrücke und Ideen von mir. Es würde schon einen unglaublichen Grad an Naivität oder totaler Ignoranz hinsichtlich der Arbeit einer Zeitung oder dem Zusammenspiel von Beziehungen und Freundschaften, in die der Kritiker verwickelt ist, bedeuten, wollte man dem Kritiker vorwerfen, so viele Namen in seiner Besprechung eines Salons zu erwähnen, in einem Salon, in dem Tausende von Künstlern ausstellen.

Ich habe niemals versucht, einen Künstler zu entmutigen. Noch habe ich jemals einen Künstler ermutigt, von dem ich fühlte, daß er eine Stellung innerhalb der zeitgenössischen Kunst einnimmt, die er nicht verdient.

M. Thiesson hat geglaubt, daß ich beim Schreiben meiner Artikel für den Salon des Indépendants verallgemeinere. Da hat er sich wohl getäuscht. Was ich über diesen Salon schrieb, betraf auch nur diesen Salon. Hinsichtlich Archipenkos zum Beispiel versuchte ich keineswegs, ein Urteil über diesen Bildhauer zu formulieren. Aber es kann doch nicht geleugnet werden, daß sein Ausstellungsbeitrag im Salon etwas Neues und Interessantes brachte, während das meiste der übrigen Skulptur nur mittelmäßig war.

Was Morgan Russell angeht, so vergißt M. Thiesson, daß Russell ein sehr junger Mann ist, der eine sehr schwierige Arbeit auf sich genommen hat. Ich möchte nicht derjenige sein, der einen sehr jungen Mann mit so edlen Zielen entmutigt. In Anbetracht seines Talents sollte man ihm Kredit gewähren.

Nach M. Thiesson hätte ich die Bilder von Picabia erklären sollen, da Picabia zu mir »lang und breit über seine Experimente und Entdeckungen gesprochen habe«. Sicher ist jedoch, daß Picabia noch viel länger mit meinem ehrenwerten Kritiker als mit mir gesprochen hat. Warum hat dann nicht M. Thiesson, der ein erleuchteter Kenner ist und die Chance hatte, diese Erleuchtung seinem Publikum mitzuteilen, die Bilder seines Freundes den Lesern von *L'Effort libre* erklärt, nachdem er meine Kommentare als ungenügend empfand? Meine Kommentare drückten genau das aus, was ich vor den Bildern Picabias im Salon empfand. Man hat in letzter Zeit Picabia so oft vorgeworfen, vulgär zu sein, daß es mir eine besondere

Freude war, zu erwähnen, daß er auf mich einen völlig anderen Eindruck hinterlassen hat. Die raffinierte Sprödigkeit, von der ich sprach, ist auf jeden Fall in seinen neuesten Kompositionen verschwunden, die ich neulich mit Vergnügen sehen konnte.

M. Thiesson möchte wissen, auf wen Picabia einen Einfluß ausgeübt hat. Vielleicht täusche ich mich, wenn ich bei dem einen oder anderen Maler, über den ich schreibe, nach Einflüssen suche. Man kann aber nicht leugnen, daß Picabia zwei interessante und experimentelle Maler beeinflußt hat, Marcel Duchamp und Jacques Villon, von denen der erste ein echtes, großes Talent besitzt.

M. Thiesson fragt auch, von wem denn Picabia bekämpft werde. Offensichtlich liest M. Thiesson nicht die Zeitungen und verbringt seine Zeit nicht bei den Malern. Denn Tatsache ist, daß Picabia sehr stark verleumdet wird. M. Soffici warf mir neulich in *La Voce* vor, über Picabia überhaupt gesprochen zu haben. Nicht ein Tag vergeht, ohne daß nicht irgendeine Zeitung seine Integrität oder Ehrlichkeit angreift.

Was Rochegrosse angeht, so wird sich M. Thiesson sicher erinnern, eines seiner Bilder auf der Titelseite einer Zeitung gerade unter meinem Namen abgebildet gesehen zu haben. Das war der Eingriff der Herausgeber, nicht der meinige.

Dufy scheint mir einigen Einfluß, einen wirklich beträchtlichen Einfluß auf einige junge Maler ausgeübt zu haben. Es gibt genug von diesen Malern, um Dufy als ihren Meister zu bezeichnen. Man hat ihn geopfert. Ich versuchte, die Rolle aufzuzeigen, die er gespielt hat. Ich betrachte ihn als talentiert, ich mag aber seinen Einfluß nicht, und das brachte ich zum Ausdruck.

Was Chagall angeht, so habe ich keinen Zweifel, daß M. Thiesson so wie ich denkt. Dieser junge Mann, kaum 20 Jahre alt, war in der Tat einer der besten Koloristen im Salon.

M. Thiesson hat seine ganzen Lorbeeren einem Pamphlet reserviert, das an der Eingangstür zum Salon verteilt wurde. Auch ich fand dieses Pamphlet so amüsant wie er. Aber obwohl ich mich an seiner pfeffrigen Sprache erfreute, bin ich doch erstaunt, daß M. Thiesson, ein Mann von Geschmack, den Teilen beipflichten kann, die die Lobhudeleien enthalten. So viel gesunder Menschenverstand wurde verschleudert, um Frauen zu beleidigen und mit einer ekstatischen Lobpreisung für die blumige und banale Malerei von Van Dongen zu enden, diesen Rochegrosse des Fauvismus – das sind doch sehr außergewöhnliche Ergebnisse und diese Kritik findet nun M. Thiesson hervorragend.[16]

Ich wurde schon so oft beschuldigt, in meiner Kritik voreingenommen zu sein zugunsten einer einzigen Stilrichtung, die ich überglücklich bin zu sehen; ebenso klagt mich jetzt wieder M. Thiesson des Eklektizismus an. Falls mein Eklektizismus noch anderswo als in seiner Phantasie existieren würde, wäre er immer noch nicht schlechter als sein Dilettantismus.

Die Kritik der Dichter gab es noch nicht zu der Zeit, als Gauguin in größter Armut auf Tahiti lebte und Van Gogh, von jedermann ignoriert, seine leidenschaftlichen Bilder malte. Heute haben die Dichter weder Matisse noch Picasso ignoriert. Sie haben sich nur noch nicht entschlossen, alles Neue zu bewundern. Sie versuchen, das Neue vom Alten zu unterscheiden, damit die vom Neuen ausgelösten Energien nicht umsonst sind. Da M. Thiesson glaubt, daß die heutigen Dichter zum Triumph des Mittelmaßes beitragen, täte er gut daran, sein Argument zu vervollständigen, indem er uns sagt, welche mittelmäßigen Künstler die Dichter gefeiert haben und welche Genies sie denn vernachlässigt haben.

Paris-Journal, 5. Mai

Ein Vortrag von Fernand Léger

Eine große Zuhörermenge erwartete den Vortrag des Malers Fernand Léger in der Académie Vassilieff.[17]

Für die Bewohner von Montparnasse ist Fernand Léger eine bekannte Figur, da er dort sein Atelier hat. Er gehört der Rasse der Normannen an, blond, ein wenig schwer, schlau und besonnen. Er ist einer der interessantesten Kubisten, weil er einen eigenen Weg parallel zu dem von Picasso, Braque oder Derain eingeschlagen hat und weil er die moderne Malerei mit einer gewissen Heftigkeit aufgenommen hat, wobei er jedoch darauf achtete, die Erbschaft des Impressionismus nicht zu verlieren.

Das Ziel des Vortrags war es, zu erklären, warum die zeitgenössische Malerei die Darstellung (im modernen Sinne des Wortes) der neuen visuellen Situation ist, die durch die Entwicklung neuer Produktionsmittel entstanden ist.[18]

Im Verlauf seines sehr klaren und freien Vortrags durchlief er mit Leichtigkeit alle Methoden, alle Stilrichtungen, die unter der Maske der Neuheit der Entwicklung der neuen Malerei eigentlich im Wege stehen.

Obwohl natürlich heute auch andere Malrichtungen möglich sind, zeigte er, daß die Malerei von Picasso, Braque und von ihm selbst die einzige Art realistischer Malerei ist, weil sie versucht, die Welt einfach aber kraftvoll darzustellen.

Lange sprach er über die Technik der Farbkontraste. Gewisse lärmende Gruppen junger Maler stutzte er auf die richtige Größe. Deren angebliche Innovation bestand darin, Seurats Theorie der Kontraste anzuwenden, wobei durch die Größe der Kontraste die Kraft verloren ging, die Realität zu repräsentieren.

Er definierte die Rolle des Salon des Indépendants und drückte große Befriedigung darüber aus, daß Paris zum Kunstzentrum der Welt geworden ist. Anstatt sich über die große Zahl fremder Künstler in Paris zu beklagen, sollten wir ihnen dankbar sein, daß sie hier nach Richtlinien suchen und dabei auch ihre neuen Ansichten und künstlerischen Bemühungen zugesteuert haben.

Paris ist der große Marktplatz der Malerei geworden und es gibt nichts Pejoratives in diesem Begriff. Der Marktplatz von Paris, das ist der Salon des Indépendants. Besucher aus aller Welt kommen zu ihm, so wie man nach Leipzig wegen bestimmter Produkte fährt und wie man nach Beaucaire und Nowgorod fuhr.

Léger verteidigte auch die Maler, die nicht länger im Salon des Indépendants ausstellen, um Platz für jüngere Künstler zu schaffen, die noch nicht etabliert sind.

Es gab nur eine einzige Unterbrechung des Vortrags durch den Vertreter des Staatsanwalts, M. Granié, der, wie bekannt ist, ein großer Freund der neuen Kunstrichtung ist. Seine Unterbrechung verlief äußerst höflich, denn Granié ist einer der gewitztesten Männer in Paris. Der Vortragende beantwortete die Frage sehr zufriedenstellend und wurde vom Publikum mit großem Beifall bedacht. Dann ging Fernand Léger ruhig vom Podium und lächelte wie immer sein leicht boshaftes Lächeln. Wir alle fühlten dann, daß alles, was er uns über die degenerierte Ästhetik der Städter gesagt hatte, das Ergebnis seiner eigenen Beobachtungen und Überlegungen war. Da Léger selbst ein Bauer ist, weiß er, daß Bauern, die nicht mehr durch die in ihren Feldern aufgestellten Plakate schockiert werden, keinen schlechten Geschmack besitzen, sondern den notwendigen Realitätssinnn.

Paris-Journal, 13. Mai

Futurismus und Ballets russes

Es scheint so, als ob Mme. Gontscharowa die Anführerin der russischen futuristischen Malschule ist, während ihr Ehegatte der Anführer und Erfinder der rayonistischen Malschule ist. Vor nicht langer Zeit wurde gesagt, daß Mme. Gontscharowa 700 neue Bilder in Rußland ausgestellt hat, und bald soll sie 150 speziell für Paris ausgewählte Werke hier ausstellen. Nach den Kennern ihrer Bilder zu urteilen, sind ihre Werke eine Mischung aus Matisse, Picasso, Picabia, Gleizes, Metzinger, Kandinsky, Fauves aller Art, Kubisten jeder Tendenz und Futuristen jeder Nationalität.

Weit entfernt die Fehler des französischen Publikums und der französischen Kunstoberen nachzuahmen, was ihren künstlerischen Nachwuchs betrifft, haben die Russen Mme. Gontscharowa wirklichen Erfolg beschert. Auch öffentliche Aufträge wurden ihr nicht vorenthalten. Sie wurde tatsächlich gebeten, das Bühnenbild für das Ballett *Coq d'Or* von Rimsky-Korsakow zu machen, das in dieser Saison von den Balletts russes aufgeführt wird. Dem russischen Futurismus wird so in der Oper alle Ehre erwiesen, während die neuen französischen Maler, deren Arbeit die Quelle jeder heutigen künstlerischen Innovation ist, weiter nichts als Gelächter ernten werden. Wir können wetten, daß Mme. Gontscharowa Frankreich nicht ohne Auszeichnung verlassen wird und nicht, ohne daß ihre Bilder vom Musée Luxembourg angekauft werden.

Inzwischen werden die französischen Maler wie Braque, Derain und Léger weiter von jedem ignoriert und das Luxembourg besitzt nicht ein einziges Bild oder auch nur eine Skizze von Matisse und Picasso, die weltweiten Ruf genießen. Wohl verstanden, ich spreche nicht von den jüngeren Malern. Das Luxembourg wird nach ihrem Tod über diese Maler nachdenken, wenn es Zeit sein wird, sie in den Louvre zu holen.

Paris-Journal, 24. Mai

Jean Metzinger in der Galerie Weill

Es besteht kein Zweifel daran, daß diese einfache, kleine Ausstellung von Studien und Skizzen den Ruf von Jean Metzinger noch festigen wird.

Sie wird die klare und kühne Seite seines Talents aufdecken, die noch nicht die Wertschätzung, die sie verdient, gefunden hat. Ich habe mir die kleinen, in der Galerie Weill ausgestellten Arbeiten gerne angeschaut. Es gibt da einige schöne Stilleben. Sie haben Charakter – einen Charakter, der sich nicht davor scheut, jeden Einfluß wahrzunehmen, der von Nutzen sein könnte. Jean Metzinger ist eine der anziehendsten Persönlichkeiten unter den heutigen jungen französischen Malern. Seine kurze Teilnahme an verschiedenen Kunstrichtungen hat ihre Anhänger und Bewunderer verwirrt und verunsichert. In den letzten Jahren scheint er sich jedoch beruhigt zu haben. Einige seiner Porträts haben ihm besonders schmeichelhafte Ermunterung und ermutigende Aufträge eingebracht.

Wenn er ein wenig schneller seine Neigung für das Paradoxe aufgegeben hätte – Paradoxe, die er aufgreift, ohne immer an sie zu glauben –, und falls er sich entschließen könnte – da er ja eigentlich bescheiden ist –, etwas weniger selbstüberzeugt aufzutreten, würde er zweifellos bald eine Stellung unter den heutigen Malern einnehmen, die passender und vorteilhafter für ihn wäre. Denn falls es ihm an Sensibilität fehlt, so mangelt es ihm nicht an Subtilität. Und seine Subtilität könnte ein ausgezeichneter Führer für seine Einbildungskraft sein.

Paris-Journal, 27. Mai

Futurismus

Die italienischen Futuristen werden zur Zeit in zwei Ausstellungen gezeigt, eine in London in der Galerie Doré, die andere in Neapel.

Die Eröffnung der Ausstellung in Neapel mit Arbeiten von Boccioni, Carrà, Russolo, Balla, Severini und Soffici gab Anlaß zu einigen merkwürdigen Zwischenfällen.

Die Ausstellungsmacher hatten an alles gedacht, außer an die Beleuchtung des Raumes. In letzter Minute erkannte Cangiullo, der *parolibero* (das ist der Name für Schriftsteller, die die Methode der *parole in libertà* anwenden), daß man die Bilder ohne Licht nicht sehen kann. Da er aber die normalen Beleuchtungsmethoden verachtete, kaufte er einige Signalraketen ein. Rote Blitze, überall Rauchfahnen, Kracher gingen los und schossen durch den Raum zum Erschrecken der versammelten Damen und Fräulein, Schreie, Rufe, Gelächter.

Marinetti ergriff eine der brennenden Fackeln und begann eine Rede über den bildnerischen Dynamismus (da war er aber irgendwie hinter dem Mond, denn der bildnerische Dynamismus ist seit drei Monaten ein alter Hut). Jedenfalls landete Marinetti einen heftigen Angriff auf den passeistischen Sentimentalismus, den Pastellismus und den kommerziellen Aquarellismus der neapolitanischen Pseudomaler.

Zum Abschluß des Abends gaben Maler und Publikum eine chorale Darbietung der berühmten onomatopoetischen Symphonie *Piedigrotta* des *parolibero* Cangiullo.[19]

Dann gingen alle zu Bett.

Paris-Journal, 31. Mai

Die Sammlung Camondo im Louvre

Heute soll der Präsident der Republik die Säle der Sammlung Camondo im Louvre einweihen. Neben den Kunstwerken des Mittelalters und der Renaissance, neben den erstklassigen japanischen Drucken, neben den Möbeln aus dem 18. Jahrhundert, neben Watteau, Latour, Perroneau, Fragonard, der anmutigen und berühmten Standuhr mit den *Drei Grazien*, Falconet, Meisterwerken von Riesener, Gouthière, [...], neben Gobelins und Teppichen nach Boucher wird man die wahre Neuheit dieser Sammlung entdecken, die den Besuchern des Louvre und die ganze Welt aufklären wird: Das sind die wunderbaren Bilder der modernen französischen Schule, insbesondere Werke der Impressionisten.

Der Zugang dieser Sammlung zum Louvre verlief nicht ohne Schwierigkeiten. Wenn man an die sehr kleine Zahl wirklich moderner Bilder im Musée Luxembourg denkt, bemerkt man erstaunt, daß der Louvre mittlerweile avantgardistischer ist als das Museum für zeitgenössischer Kunst.

Dieser Widerspruch ist jedoch entschuldbar, wenn man die Verwaltung des Luxembourg kennt und wenn man die Qualität einiger Bilder sieht, die es wirklich verdient haben, in das Museum der Meisterwerke einzugehen.

Hier sind bereits Ingres, Delacroix, Barye, Millet, Daumier, Corot, Puvis de Chavannes gut repräsentiert. Nun kommen dazu: *Le fifre* von Manet, sein »Schmuckstück in rosa und schwarz«, *Lola de Valence*, die von Baudelaire gefeierte Blume des Bösen. Hinzu kommen Cézannes Werke *La maison du pendu* und *Vase bleu*. Dann sind da noch die Jongkinds und die Toulouse-Lautrecs, ein wahrer Triumph. Schließlich die Renoirs, die eines Tages sicher besser gehängt werden, und die Degas'.

Nun bleibt dem Luxembourg nichts weiter übrig, als sich zu tummeln, sich schnell umzustellen, zu modernisieren und sich nicht mehr vor den avantgardistischen Richtungen zu fürchten, seien sie orphistisch, simultanistisch, futuristisch oder kubistisch. Denn nun ist es im Hintertreffen und das wahre moderne Museum in Paris ist heute der Louvre.

Paris-Journal, 4. Juni

Kinderzeichnungen

Die Galerie Malpel hatte den Einfall, eine Anzahl Kinderzeichnungen auszustellen. Man hat solche Zeichnungen schon einmal im Salon d'Automne ausgestellt. Aber da hatte es sich um Kinderzeichnungen aus Zeichenschulen gehandelt, die nach einem vom Lehrer vorgegebenen Modell gezeichnet worden waren.

In der Galerie Malpel handelt es sich um etwas ganz anderes. Die ausgestellten Zeichnungen stammen aus dem Bereich der Phantasie. Das Kind hat gemalt oder gezeichnet, was es wollte. Das ist schon viel interessanter.

Eine große Zahl der ausgestellten Arbeiten stammt indessen von Kindern, die bei Malern aufwachsen. Das sind größtenteils Söhne, Brüder oder Schwestern von Künstlern. Dadurch wird das Interesse hinsichtlich des ästhetischen Werts der ausgestellten Arbeit nicht vermindert, aber man wagt daraus kaum Schlüsse zu ziehen, was das bildnerische Talent von Kindern allgemein betrifft.

So findet man in den Malereien der Tochter Van Dongens den Einfluß der Malerei des Vaters. So oder so, diese Bilder zeigen Talent und sind schön anzuschauen.

Der Sohn des Malers Peské verbindet mit einem ernsthaften Talent für die Illustration auch eine poetische Neigung voller Frische. Man lese nur die folgende Impression vom Wald von Fontainebleau:

Sous les feuilles fanées
Des petits champignons
Des cèpes, des giroles
Tout gracieux et ronds

Unter den begabtesten Kindern befindet sich Mlle. Adyzia van Rees, eine Koloristin von sieben Jahren, auch sie Tochter eines Malers. Sie hat eindringliche Farbreihen aufgestellt, die an gewisse Tonleitern von Albert Savinio erinnern.[20]

Der elf Jahre alte A. Lebec hat eine interessante Phantasie. Er hat sehr lustige Clowns in einem Auto gemalt. Er wohnt in Orsay. Vielleicht ist er zusammen mit der sieben Jahre alten Babet Parayre und Jack Malpel einer der wenigen Aussteller ohne irgendeinen Bezug zu einem Maler.

Die Zeichnungen von Rosa Riera, sechs Jahre alt, lassen einen an die Keramikkacheln denken, wie sie seit langem in der katalanischen Heimat dieser kleinen Künstlerin gemacht werden. Auch die Zeichnungen ihrer Schwester Carmen erinnern manchmal daran.

Die Zeichnungen von Mlle. Sima Chagall erinnern an die alten Bilder ihres Bruders.

Der junge Gaillard, elf Jahre alt, ist schon ein recht geschickter Landschafter und der junge Picault, zwölf Jahre alt, hat ein interessantes Stilleben gemalt ...

Ich erinnere mich daran, wie Matisse mir einmal die Zeichnungen seiner Kinder zeigte. Es gab darunter ganz erstaunliche Sachen. Matisse interessierte sich sehr dafür.

»Trotzdem«, sagte er, »glaube ich nicht, daß man aus diesen Kinderzeichnungen eine große Sache machen sollte, denn sie wissen ja nicht, was sie tun.«

Paris-Journal, 7. Juni[21]

Schulen

Es gibt heute so viele Kunstrichtungen, daß sie als klare abgrenzbare Stile keine Bedeutung mehr haben. Man könnte sogar sagen, daß es keine ausgesprochenen Schulen mehr gibt, sondern nur Maler mit verschiedenen Temperamenten und Talenten, von denen jeder versucht das auszudrücken, was er über das Leben denkt und fühlt.

Zu einer Zeit, wo gewisse Freiheiten erst erkämpft werden mußten, lag es im Interesse der Maler, Gruppen zu bilden.

Heute glauben die Maler, sie seien frei. Sie müssen wohl erst wieder neue Fesseln entdekken, um neue Freiheiten zu erobern. Daher sollte man die Namen der verschiedenen Kunstrichtungen und Gruppen nicht zu ernst nehmen, ob Kubisten, Orphisten, Futuristen, Simultanisten usw. Schon seit langem bedeuten sie nichts mehr.

Heute gibt es nur noch moderne Maler, die nach der Befreiung ihrer Kunst jetzt Werke schaffen wollen, die in materieller Hinsicht ebenso neu sind wie die Ästhetik, auf der sie gründen.

Heute kann man nicht länger von Zeichnungen, Ölgemälden, Aquarellen usw. sprechen. Man kann nur noch von Malerei an sich sprechen. Unsere Lichtsignale sind unbestreitbar mehr ein Teil davon als die meisten der im Salon Nationale ausgestellten Bilder.

Paris-Journal, 16. Juni

Eine internationale Ausstellung der bildenden Künste in Paris

Kürzlich wurde der Ruf nach einem neuen Salon laut. In einem eben erst erschienenen Leitartikel im *Paris-Journal* argumentierte man dafür, und M. Bérard erhob die gleiche Forderung im *Le Matin*.

Im Grunde sind alle Salons in Paris international. Paris ist eigentlich an sich eine andauernde internationale Kunstausstellung. Gleichzeitig ist die von den Befürwortern eines neuen Salons propagierte Idee gar nicht so verschieden von derjenigen, die die Gründer des Salon d'Automne motivierte. Alles in allem sehe ich keinen Schaden, wenn man einen neuen Salon gründete. Einer mehr oder weniger ...!

Was sich jedoch als viel nützlicher als die Gründung eines neuen Salons erweisen würde, wäre die Einrichtung eines wirklich modernen Museums in Paris. Denn das Luxembourg ist dafür völlig ungeeignet. Es ist wirklich undenkbar, daß ein Land wie Frankreich, das seit zwei Jahrhunderten an der vordersten Front der Künste steht und eine nur mit Italien zu seiner glorreichsten Zeit vergleichbare Stellung innehat, nur die Bilder im Luxembourg als Übersicht über den künstlerischen Reichtum Frankreichs anzubieten haben sollte. Zugegeben, zwei Drittel der Bilder im Luxembourg stammen von anerkannten Künstlern, aber von Künstlern, die innerhalb der Geschichte der Kunst nie eine bedeutende Rolle gespielt haben.

Das Luxembourg hat keinen Seurat und fast nichts von Cézanne. Guys, Lautrec und Gauguin sind fast überhaupt nicht vertreten. Das Museum enthält nichts von der vitalen Kunst der letzten Jahre, keinen Matisse, keinen Picasso, keinen Derain, keinen Braque, keinen Laurencin, keinen Picabia, keinen Delaunay, keinen Dunoyer de Segonzac, keinen Metzinger, keinen Gleizes, keinen Rousseau, keinen Friesz, keinen Dufy, keinen Vallotton, keinen Guérin, keinen Manguin.

Ich halte wirklich weder alle diese Künstler für gleichwertig, noch habe ich ja die künstlerische Richtung von allen unterstützt oder alle ihre unterschiedlichen Talente.

Trotzdem kann nicht abgestritten werden, daß diese Künstler während der letzten zehn Jahre all das repräsentiert haben, was Frankreich im Ausland berühmt gemacht hat. Die Werke einiger dieser Maler, seien sie lebendig oder schon tot, erzielten bereits hohe Preise. Viele berühmte europäische Museen besitzen schon Bilder von den meisten dieser Künstler. Nur das Luxembourg besteht darauf, obskure Nuditäten vorzuziehen, die nicht einmal das Verdienst haben, die Stilrichtung zu vertreten, welche die Italiener sehr passend Passeismus genannt haben.[22]

Paris-Journal, 21. Juni

Montparnasse

Montparnasse hat Montmartre schon lange den Rang abgelaufen. Berg um Berg will erklommen werden, die Kunst zieht eben die Gipfel vor. Die Farbenkleckser fühlen sich im modernen Montmartre nicht länger heimisch. Es ist mühsam, hinaufzuklettern, und oben wimmelt es von falschen Künstlern, exzentrischen Industriellen und Opiumrauchern, die sich einen Dreck um alles scheren.

In Montparnasse findet man dagegen die wahren Künstler, nach amerikanischer Art gekleidet. Einige von ihnen mögen die Nase ins Kokain stecken, aber das macht nichts. Die Prinzipien der meisten Parnassois (im Unterschied zu den Parnassiens) sind dem Konsum von künstlerischen Paradiesen in jeder Form und Art entgegengesetzt. Das ist ein angenehmer Ort, wo der Himmel zur äußeren Anwendung bestimmt ist, ein Ort voller frischer Luft und Caféterrassen: die Terrasse der Closerie des Lilas, beherrscht von Paul Fort, Diriks, Mercereau, Gianattasio, Charles Guérin, Flandrin, Mme. Marval usw.; die Terrasse des La Rotonde, wo man Kisling, Max Jacob, Rivera, Friesz und andere sehen kann; die Terrasse des Dôme, wo man Basler, Goetz, Flechtheim, Pascin, Lévy finden kann, eben alle *dômiers* zusammen; die Terrasse des Petit Napoléon, wo sich Gwodzecki, Pierre Roy, G. de Chirico und Modigliani erfrischen; und die Terrasse des Versailles, wo sich Marquet, Bénoni-Auran usw. die Zeit vertreiben.

Diese Cafes sind die Oasen einer Gegend, die bald ihre eigene Zeitung haben wird, eine wöchentlich erscheinende Zeitung der Literatur und bildenden Künste, herausgegeben von unserem Freund Paul Husson.

Paris-Journal, 23. Juni

Vier neue französische Künstler

Es gibt keinen Zweifel – aus Deutschland kommt die Erleuchtung, was die französische Kunst angeht.

Kein Tag vergeht in Berlin, München, Düsseldorf, Köln ohne die Eröffnung einer neuen Ausstellung, die der Arbeit der neuen französischen Künstler gewidmet ist.

In der Galerie Der Sturm in Berlin läuft gerade eine Ausstellung von Gleizes, Metzinger, Duchamp-Villon und Jacques Villon. Wir wissen, was für ein starker Maler Gleizes ist. Er nimmt den ersten Platz in einer gesunden Kunst ein, die Raffinesse nicht ausschließt. Auf der Höhe seines Talents stellt Gleizes nun einige Landschaften und Figuren aus, die mit lobenswerter Ehrlichkeit gemalt wurden. Die Berliner können die folgenden Bilder bewundern: *Passy, La ville et la fleuve, La rue, La femme à sa toilette, L'Homme au hamac* und andere.

Metzinger repräsentiert eine sehr verfeinerte Kunst. Er vollendet seine Bilder wirklich. Und nicht zufrieden mit dem, was er gezeichnet hat, zieht er da und dort noch genauere Linien. Falls M. Ingres in diesen Tagen nicht eine so gemischte Presse hätte, obwohl er doch so bekannt ist, würde ich sagen, daß Metzingers Malerei die japanischen Qualitäten von Ingres' Bildern besitzt. *Fumeur, Tête de femme, Marine, Nuit, Paysage, La liseuse,* und *En canot* (dieses Bild und das oben erwähnte *Fumeur*, das mein Porträt sein soll, sind Meisterwerke) – das sind die Bilder, über die die Kunstkenner der Stadt an der Spree in einigen Tagen heftig diskutieren werden.

Duchamp-Villon ist ein sehr modernistischer Bildhauer, einer, dem es am besten gelungen ist, der Bewegung eine konkrete Form zu geben. Er geht ohne Vorüberlegung ans Werk, nur mit der Kraft seines Instinkts, und ist darin der mexikanischen Kunst verwandt. Die alten Mexikaner hatten ja ein wunderbar abstraktes Ideogramm zur Darstellung von Bewegung geschaffen, dem bildnerischen Ziel von Duchamp-Villon. Die Skulpturen in Terrakotta, Gips und Holz werden den Deutschen die Augen öffnen, und ich hoffe, daß sie davon profitieren.

Jacques Villon hat eine Art metallischer Malerei geschaffen, deren Ausarbeitung ihn zweifellos übermenschliche Anstrengung gekostet hat. Ich habe die neuen Bilder von ihm, die er in Berlin ausstellt, noch nicht gesehen. Aber seine neuen Radierungen scheinen sehr originell zu sein.

Neben den vier Franzosen stellen auch die russischen Künstler Marc Chagall und Alexander Archipenko aus. Chagall zeigt einige Zeichnungen und Archipenko, der Vorkämpfer der neuen bildnerischen Ästhetik, drei kühne und bezaubernde Skulpturen.

Paris-Journal, 3. Juli

Die Ausstellung von Nathalie Gontscharowa und Michail Larionov

Mme. Nathalie Gontscharowa, die das Bühnenbild für *Le Coq d'Or* entwarf, und Michail Larionov, der Gründer der russischen rayonistischen Bewegung, haben zur Zeit eine wichtige Ausstellung in der Galerie Paul Guillaume, Rue de Miromesnil, Nr. 6.

Nathalie Gontscharowa hat auf kühne Weise den Einfluß der großen französischen Maler akzeptiert, bzw. jener Malerei in Frankreich, die während der letzten zwanzig Jahre die edelste Tradition der Kunst aufrecht erhalten hat. Dieser sublime Kontakt mit der echten westlichen Tradition inspirierte die große russische Künstlerin, die Geheimnisse der reichen östlichen Tradition herauszufiltern, die scheinbar endgültige Form in der Volkskunst des russischen Reiches gefunden hat.

Das sehr große Œuvre dieser fruchtbaren Künstlerin steht somit als Verherrlichung der unendlich noblen und unendlich wahren künstlerischen Ziele, die dank Cézanne dem Impressionismus in Frankreich gefolgt sind. Ihr Werk ist auch eine Offenbarung der wunderbaren dekorativen Freiheit, die nie aufgehört hat, östliche Maler mit ihren prächtigen Schätzen an Farben und Formen zu leiten.

Nathalie Gontscharowa besitzt also eine Ästhetik, in der sich die großen und intellektuell so befriedigenden Wahrheiten der heutigen wissenschaftlichen Kunst mit den ansprechenden Feinheiten der östlichen Kunst treffen. Dieser Mischung hat Gontscharowa noch die moderne Härte von Marinettis metallischem Futurismus und dann das raffinierte Licht des Rayonismus zugefügt, das die reinste und neueste Kunstform der zeitgenössischen russischen Kultur ist.

Die Persönlichkeit der Gontscharowa zeigt sich in allen ihren Arbeiten. Sie besitzt die einmalige Gabe, immer wieder neue dekorative Elemente zu entdecken und die künstlerische Bedeutung der modernsten Themen und Gefühle richtig einzuschätzen. Die Bewegung in ihrer Kunst ist ein Tanz, der von der Leidenschaft rhythmisiert wird.

Michail Larionov hat andererseits nicht nur der russischen Malerei, sondern auch der europäischen Malerei insgesamt eine neue raffinierte Kunstrichtung gebracht, den Rayonismus.

Im Rayonismus drückt das Licht, das Werke der Kunst allgemein konstituiert, die subtilsten, fröhlichsten und grausamsten Gefühle der modernen Menschheit aus.

Die Kunst von Michail Larionov bezeugt eine sehr starke Persönlichkeit, die in der Lage ist, die Schatten des Gefühls und der Wahrnehmung auszudrücken, die er mit einem Grad von Genauigkeit erkundet, die seine leuchtende, sehr nüchterne und exakte Kunst zu einer echten ästhetischen Entdeckung macht. Einige seiner Arbeiten werden einen ersten Platz in der zeitgenössischen Malerei einnehmen.

Larionov und die Rayonisten in den bildenden Künsten und der Literatur Rußlands betrachten das Kunstwerk als einen Magneten, der als Brennpunkt für alle Eindrücke, alle Lichter und das Leben darum herum dient.

Diese Kunstauffassung befindet sich in Übereinstimmung mit den kühnsten und neuesten Experimenten der französischen Künstler.

Diese Experimente zeigen, daß eine universelle Kunst geschaffen werden kann, in der Malerei, Skulptur, Poesie, Musik und sogar die Wissenschaft in allen ihren vielfältigen Aspekten verbunden sein wird.

Viele der in dieser Zeitung veröffentlichten Gedichte waren lediglich Versuche, den Geheimnissen dieser Synthese auf die Spur zu kommen.[23]

Die Namen der verschiedenen Kunstrichtungen haben keine andere Bedeutung, als diese oder jene Gruppe von Malern und Poeten zu bezeichnen. Alle aber haben den gemeinsamen Wunsch, unsere Wahrnehmung der Welt zu verändern und schließlich ein Verständnis des Universums zu erreichen.

Les Soirées de Paris, Juli[24]

Der farbige Rhythmus

Ich hatte das Kommen einer Kunst vorausgesagt, die sich zur Malerei so verhält wie die Musik zur Literatur. Nun gibt es einen Künstler, der den Versuch unternommen hat, diese Kunst ins Leben zu rufen. Sein Name ist Leopold Sturzwage [Survage]. Er lebt im sechsten Stock eines Hauses in Montrouge. In einer Schrift hat er die Hauptmerkmale seiner Idee beschrieben und sie der Akademie der Wissenschaften eingereicht. Nun hält er Ausschau nach einer Filmgesellschaft, die die Kosten für die ersten Experimente in farbiger Orchestrierung tragen will.

Man kann den farbigen Rhythmus mit der Musik vergleichen, aber die Ähnlichkeiten sind nur oberflächlich. Wir haben es eher mit einer autonomen Kunstgattung zu tun, die eine unendliche Vielfalt von Möglichkeiten bietet, von der jede einzelne ihre Besonderheit hat. Die Ursprünge dieser Kunstrichtung können auf Feuerwerke, Springbrunnen, elektrische Signale und auf die Kristallpaläste zurückgeführt werden, die wir aus Ausstellungen kennen. Sie haben uns gelehrt, sich an kaleidoskopischen Veränderungen der Nuancen zu erfreuen. Somit werden wir eine neue Kunstgattung haben, die sowohl von jeder statischen Malerei als auch von der kinematografischen Darstellung unabhängig sein wird. Es wird eine Kunst sein, an die man sich schnell gewöhnen wird und die eine unendliche Anziehungskraft auf die ausüben wird, die für die Bewegung der Farben, ihre Unterbrechung, ihre plötzliche oder langsame Verwandlung, ihre Gegenüberstellung oder Trennung usw. empfänglich sind.

Es besteht kein Zweifel, daß Leopold Sturzwage, dem wir die Entdeckung dieser neuen Muse verdanken, bald berühmt sein wird.

Paris-Journal, 15. Juli[25]

Fantômas

Zur Zeit ist die Lektüre von *Fantômas*, geschrieben von Pierre Souvestre und Marcel Allain, in den literarischen und künstlerischen Kreisen sehr in Mode.

Dieser außergewöhnliche, lebensvolle und phantasievolle Roman, der egal wie, mit viel Sinn für das Bildhafte geschrieben wurde, hat dank einer ihm gewidmeten Filmwelle ein gebildetes Publikum gefunden, das sich für die Abenteuer des Polizisten Juve, des Journalisten Fandor, der Lady Beltham usw. begeistert.

Die Lektüre populärer Phantasie- und Abenteuerromane ist eine poetisch höchst interessante Beschäftigung. Ich selbst habe mich für acht bis zehn aufeinanderfolgende Tage völlig diesen Büchern ausgesetzt. Das sind, glaube ich, fast die einzigen Bücher, die ich gerne gelesen habe. Ich kenne zahlreiche geistvolle Menschen, die diesen Geschmack mit mir teilen.

Der große Elémir Bourges, der ein Großteil seines Lebens der Lektüre sehr ernster und sehr schwer zu lesender Bücher, die kaum sonst jemand liest, gewidmet hat, erholt sich manchmal beim Lesen von Phantasieromanen: den wunderbaren Dumas sen., den poetischen Paul Féval, Erfinder unvorhergesehener und rührender Volkslieder, ähnlich denen, die uns die reiche Folklore der Bretagne erhalten hat; die populären amerikanischen Helden *Nick Carter* und *Buffalo Bill*, diese Energiebündel, gegen die sich vergebens einige Moralisten erheben, alle diese Namen sind keine Geheimnisse für Bourges.

Bismark las Gaboriau, Vincent Musseli liest *William Tharp*. *Fantômas* ist, vom Aspekt der Phantasie her betrachtet, eines der reichhaltigsten Werke, die es gibt. Die Beschreibungen darin sind fast immer genau. Hinsichtlich der zeitgenössischen Umgangssprache [argot] wird das später ein unschätzbares Dokument sein.

Mercure de France, La vie anécdotique, 16. Juli[26]

1916

André Derain

Die deutschen Ästhetiker und Maler haben den Akademismus erfunden, jenen falschen Klassizismus, gegen den die echte Kunst immer gekämpft hat, und das seit Winkelmanns Zeiten, dessen schädlicher Einfluß nicht oft genug betont werden kann. Der französischen Malschule gereicht es zur Ehre, sich immer gegen seinen Einfluß aufgelehnt zu haben. Die kühnen Innovationen der französischen Maler im 19. Jahrhundert waren vor allem Versuche, die authentische Kunsttradition wiederzuerlangen.

Obwohl es schwierig ist, die Kunst der zeitgenössischen französischen Malschule zu bestimmen, kann man trotzdem sagen, daß das Ziel dieser Kunstrichtung immer war, sich den Regeln der großen Tradition zu unterwerfen.

Die Zukunft wird zeigen, wie erfolgreich sie dabei war. Was immer man dazu sagen kann, solche ehrlichen, unvoreingenommenen und mutigen Bemühungen können nicht umsonst gewesen sein, solange sie von Talent und Wissen unterstützt wurden. Diese Zeilen fassen den Fall André Derain zusammen, der jetzt an der Front die Zugmaschine einer Division schwerer Artillerie fährt und der als einer der herausragendsten Maler der zeitgenössischen französischen Malerei betrachtet wird.

Werke von Derain hängen in vielen ausländischen Museen. In den französischen Museen gibt es dagegen kein einziges Bild von ihm, und doch ist er nicht ganz unbekannt.

Die Urwüchsigkeit seiner dekorativen Versuche, die man vor zehn Jahren in Ausstellungen sehen konnte, haben nicht nur die Ästhetik vieler Maler beeinflußt, sondern auch die Kultur der Straße, Signale, Plakate, die farbigen Illustrationen der Zeitungen, die Holzschnitte, Töpferwaren, Möbel und selbst Kleidungsstücke. Dieser Einfluß ist auch auf dem Gebiet der Illustrationen, der Plakatkunst und der Mode bemerkbar. Auf anderen Gebieten wurde diese Kunst durch den falschen ›guten Geschmack‹ der Maskerade, die falsche theatralische Eleganz verdrängt, die direkt aus Wien, München und Berlin zu uns gelangte. Derain hat die großen Meister leidenschaftlich studiert. Seine Kopien beweisen, wie intensiv er sich bemüht hat, die Meister zu verstehen. Durch einen unvergleichlich mutigen Streich überflügelte er zur gleichen Zeit noch die wagemutigsten Experimente der zeitgenössischen Kunst, um die Einfachheit und Frische der Grundlagen der Kunst wiederzufinden und die dafür nötigen Mittel.

Nach den jugendlichen Auswüchsen wandte sich Derain der Nüchternheit und dem Maß zu. Diese Bemühungen führten zu Werken, deren Größe zuweilen an Religiosität grenzt und in denen Kritiker, ich kann nicht ermessen aus welchen Gründen, Spuren von Archaismus sehen.

Derains Kunst ist nun mit jener expressiven Größe versehen, die die Kunst der Antike auszeichnet. Sie stammt von den großen Meistern und auch von der älteren französischen

Malerei, besonders der Schule von Avignon. Sie ist aber völlig frei von Archaismen. Sie ist wie die klassische Kunst eines Racine, der den Alten soviel verdankt, und dessen Arbeiten trotzdem nicht vom Archaismus gezeichnet sind. In Derains heutigen Arbeiten wird der Betrachter also ein Temperament erkennen, das zugleich mutig und diszipliniert ist. Wegen der Spuren der in ihnen sichtbaren ungeheuren Arbeit, die notwendig war, um diese beiden Richtungen zu vereinen, sind viele seiner neuen Arbeiten sehr bewegend. Er ist nahe daran, sein Ziel zu erreichen, eine glückliche Harmonie, zugleich realistisch und sublim. Nur indem man die Kühnheit fördert und die Verwegenheit dämpft, bringt man Ordnung hervor. Um darin erfolgreich zu sein, braucht man allerdings eine ganze Menge Unvoreingenommenheit.

André Derain ist einer dieser völlig unvoreingenommenen Künstler.

Er hat den Weg für viele andere Maler freigemacht, was nicht bedeutet, daß einige von ihnen nicht wieder von diesem Weg abkommen können. Trotzdem müssen sie diesem Beispiel folgen und dürfen niemals den Mut verlieren. Denn Mut bildet den wahren Maßstab der Disziplin.

Auch die Veranstalter dieser Ausstellung müssen gelobt werden. Die Tatsache, daß die künstlerische Aktivität auch im Krieg weitergeht, ist ein sehr gutes Zeichen.

Seit langer Zeit hat Deutschland keinen bedeutenden Künstler mehr hervorgebracht. Auch der Krieg war keine Anregung für dieses Land. Die künstlerische Impotenz des heutigen Deutschlands kann nicht mehr übersehen werden. So weit wir wissen, waren die Horden von Attila auch nicht gerade als Künstler ausgebildet.

Vorwort zum Katalog der Ausstellung »André Derain«, Galerie Paul Guillaume, 15. bis 21. Oktober[1]

Die neue Religion der Geschwindigkeit

Ich möchte denjenigen, die sich fragen, ob der Krieg das religiöse Gefühl verstärkt hat, das neue futuristische Manifest anzeigen, in dem Marinetti die neue Religion der Geschwindigkeit gründet.[2] Dieser merkwürdige Text erschien in der ersten Nummer von *L'Italia futurista* in Florenz. Er offenbart einen merkwürdigen Seelenzustand inmitten einer Zeit, die nicht minder merkwürdig ist.

Wann haben Sie, mein lieber Marinetti, mir doch gleich die Veröffentlichung eines anderen futuristischen Manifestes angekündigt, mit dem Titel »Der futuristische Irrglauben«, das aber nie erschienen ist?

Ich habe mich jedoch beim Lesen des Manifestes, das Sie lancieren wollen, gefragt, ob es sich nicht um das besagte Manifest des ›futuristischen Irrglaubens‹ handelt, bei dem Sie einfach den Titel und einige Begriffe ausgetauscht haben, die Ihrer neuen Richtung entgegenstanden.

Gründer einer Religion! Sie und Gründer einer Religion! Das ist für unsere Zeit ein gesellschaftliches Ereignis! Denn es handelt sich dabei nicht um eine mehr oder weniger christliche Häresie, oder um neue rein oberflächliche Praktiken des Aberglaubens. Nein, Sie Marinetti, Sie gründen eine neue Religion, die auf der Entwicklung der Fortbewegungsmittel beruht. Anstatt »Gottheit« sagen Sie »Geschwindigkeit«. Ohne es zu wissen, haben die Deutschen die Religion der Wildheit gegründet. Aber wie Sie ziehe ich die Geschwindigkeit vor, denn sie ist eine modernere Gottheit, die sich während des Krieges wenig zu sorgen scheint.

Kein Zweifel, während ihres Aufmarschs als freiwilliger Radfahrer ist Ihnen Gott, den man sich immer als Dreieck vorgestellt hat, in Form eines Fahrrads erschienen. Da schrien Sie auf: »Schnell, aufs Fahrrad!«[3], und dieser quasi-pantagruelische Ausruf erweckte in Ihnen irgendein religiöses Gefühl, das jenes Fahrrad verwandelte. Es ließ die Räder mit einer solchen unglaublichen Geschwindigkeit rotieren, wie es bisher nur das Los jener Klasse von Engeln war, die man in der hebräischen Engelsordnung Ofaninim nennt und die als Räder des himmlischen Wagens dienen müssen.

Gründer einer Religion! Da sind Sie der erste im 20. Jahrhundert. Im 19. Jahrhundert kenne ich nur einen: Joseph Smith, Gründer des Mormonenglaubens, einer Art idealistischen Heidentums, aus dem Aberglauben rothäutiger Indianer gewonnen, charakterisiert durch die antume und postume Polygamie der Gläubigen.

Mit dem Ziel, »die Schönheit der Geschwindigkeit« zu preisen, lassen Sie »die neue Religion-Moral der Geschwindigkeit« Ihres »großen Befreiungskrieges« entstehen.

»Die christliche Moral«, so behaupten Sie, »bewahrt die physiologische Struktur des Menschen vor sinnlichen Ausschweifungen. Sie dämpft und gleicht seine Instinkte aus. Die futuristische Moral wird dem Menschen vor dem Zerfall bewahren, der von der Langsamkeit, der Erinnerung, der Ruhe und der Gewohnheit ausgeht. Die menschliche Energie, von der Geschwindigkeit verhundertfacht, wird Zeit und Raum beherrschen.« Nach einer historisch-lyrischen Übersicht über die Entwicklung der Geschwindigkeit kommt das Manifest zur Erschaffung der »geraden Linie«, »einem der Merkmale der Göttlichkeit«.

Ein Vergleich zwischen der »reinen« Geschwindigkeit und der »schmutzigen« Langsamkeit führt den Religionsgründer zu einigen Heiligen der neuen Religion. Das sind vor allem die Sterne und die Lichtwellen; und er kündigt an, daß die Sportler die ersten Katechumenen dieser Religion sind, die »als nächstes die Zerstörung von Häusern und Städten auslösen und Platz schaffen wird für die Begegnung von Automobilen und Flugzeugen.« Die Aufenthaltsorte dieser Gottheit sind dann die »Restaurant-Wagons (essen in Geschwindigkeit). Die Bahnhöfe der westamerikanischen Eisenbahn, wo die Züge mit 140 km/h daherrasen und ohne Aufenthalt das nötige Wasser und die Postsäcke aufnehmen. Die Brücken und die Tunnel. Die Place d'Opera in Paris. The Strand in London. Die Autorennbahnen. Die kinematografischen Vorführungen. Die radiotelegrafischen Stationen. Die großen Röhren, in denen Tonnen von Gebirgswasser herunterstürzten, um Elektrizität zu gewinnen. Die großen Modeschöpfer in Paris, die mittels der Erfindung der schnellebigen Mode die Leidenschaft für das Neue und den Haß auf das Alte geschaffen haben. Die modernistischen

Städte wie Mailand, die nach einem Ausdruck der Amerikaner den ›punch‹ besitzen [sauberer und genauer Schlag, mit dem der Boxer seinen Gegner k.o. schlägt]. Die Schlachtfelder.«

Der Aufzählung einiger göttlicher Dinge folgt die einiger Geschwindigkeiten: »Der Heroismus ist eine Geschwindigkeit, die eine Nation führt.«

Die Übertreibung ist zweifellos auch eine Geschwindigkeit. Man ist doch ein wenig schockiert über diesen unbedingten Willen, eine Religion zu gründen, deren Sinn man nicht ganz einsehen kann. Aber es bleibt auch nicht minder bestehen, daß die Mittel der Fortbewegung, die Bewegung schlechthin, unsere Gefühlswelt verändert und einen ausgezeichneten Vorwand geschaffen hat, sich zu erneuern. Es gibt in diesem Wunsch nach dem Neuen, der in Frankreich geboren wurde und sich nun so heftig in Italien äußert, durchaus etwas Richtiges und Aufrüttelndes. Es gibt hier, wenn nicht eine Religion, so doch eine Moral der Neuheit, die einigen Sinn hat, sobald man sie von den Concetti Marinettis befreit hat. Und wie kann man einen Menschen nicht mit Sympathie betrachten, der nicht aufhört, seinen Mitstreitern Mut einzuflößen?

Diese Moral ist nicht so schlecht, und es gibt keinen Franzosen, der nicht daran Geschmack finden würde.

Mercure de France, La vie anecdotique, 16. Oktober

Die futuristische Wissenschaft«

Während sich Marinetti zum Papst der futuristischen Geschwindigkeit macht, wenden sich andere Futuristen der Wissenschaft zu und geraten völlig ins Absurde. Ihr Manifest *Die futuristische Wissenschaft* sollte richtiger betitelt werden *Die merkwürdige futuristische Ignoranz,* denn das Ziel, das sie den desorientierten Untersuchungen und widersprüchlichen Intuitionen der Adepten dieser bizarren Wissenschaft vorgaukeln, ist die absolute Ignoranz: »Das höchste Ziel der Wissenschaft wäre hypothetisch, uns überhaupt nichts mehr verstehen zu lassen, die Menschheit in ein völliges Geheimnis zu führen.« Dummerweise verfallen sie nun dem Spiritismus. Das sind religiöse Gemüter, die sich hier sammeln. Die Futuristen gehen schnell, denn sie beten die Geschwindigkeit an, und sie gehen mit Stärke. Haben diese Kinonarren nicht noch hinzugefügt: »Wir werden die Aufmerksamkeit aller mutigen Menschen auf diese wenig gesicherte Zone unserer Realität ziehen, welche die Phänomene des Medianismus, des Psychismus, der Rutengängerei, des Hellsehens, der Telepathie umfaßt...«

Sicher, diese Untersuchungen sind nicht ganz uninteressant, aber das ist doch eine bizarre Folgerung für ein wissenschaftliches Manifest und auf keinen Fall ein Programm, das man unserer studierenden Jugend empfehlen kann. Marinetti kann sich freuen, gesunden Menschenverstand jenseits der Vernunft zu haben. Die Unterzeichner dieses Manifestes haben noch nicht einmal gesunden Menschenverstand. Das ist die unerfreulichste Richtung, die man als geistiger Mensch einschlagen kann. Wenn man schon ein unwiderstehliches Bedürfnis nach Frömmigkeit hat, so werden es die Franzosen, die sich an Pasteur und auch nicht schlecht an die Italiener erinnern, einfacher, ernsthafter, wenn nicht sogar erfolgversprechender finden, zu einem heiligen Ort hinzugehen, ohne darüber die ernsten wissenschaftlichen Studien zu vernachlässigen, und sich dort zum Gebet hinzuknien, sei es Sacre-Cœur, Lourdes oder das heilige Haus von Loretto, anstatt in der Wohnung eines Geistersehers die Religion mit der Wissenschaft zu vermählen.

Mercure de France, La vie anecdotique, 16. Oktober[4]

1917

Melanophilie oder Melanomanie

Schon seit einigen Jahren glauben Künstler wie Kunstliebhaber, sich allein für den formalen Aspekt der afrikanischen und ozeanischen Idole interessieren zu können. Sie übersehen dabei den übernatürlichen Charakter, der diesen Idolen von den Künstlern zugewiesen wurde, die sie geschaffen haben und die glaubten, sie verehren zu müssen. Ganz egal, wie man das einschätzt, es gibt eine solche Bewegung. Aber noch steht kein wissenschaftlicher Apparat für dieses neue ästhetische Interesse zur Verfügung, das man Melanophilie oder Melanomalie nennen könnte.[1]

Eine Sammlung oder eine Ausstellung von Negerstatuen zum Beispiel könnte nicht in der gleichen Weise präsentiert werden, wie Malerei oder Plastik aus Europa, aus den Ländern der klassischen Kulturen Asiens oder aus Ägypten und anderen Ländern in Nordafrika.

Das Publikum ist daran gewöhnt, in den Katalogen und Ausstellungen Kunstwerke vorzufinden, die genau beschrieben sind, zeitlich festgelegt und die oft mit Sicherheit bestimmten Meistern oder Schulen zugewiesen werden können.

Eine ähnliche Aufbereitung wäre in unserem Fall unmöglich. Beim heutigen Stand der Anthropologie und Kunstwissenschaft wäre es zwecklos, diese Negeridole mit Sicherheit erforschen zu wollen, sei es vom Standpunkt der Archäologie oder vom Standpunkt der Ästhetik aus. Diese Kunstwerke regen viel eher das Interesse ihrer Liebhaber an als das der Forscher, die weder ihren Ursprung kennen, noch bis heute den Namen irgendeines Künstlers nennen können.

Es ist also im Augenblick unmöglich, die Zeitspannen genau zu bestimmen, aus denen die schönen Holzfetische stammen. Einige von ihnen sind sehr alt und weisen in ihrem Stil (ich spreche von den afrikanischen Idolen) eine unleugbare Ähnlichkeit mit der ägyptischen Ästhetik auf, von der sie vielleicht abstammen, wenn nicht sogar das Umgekehrte der Fall sein könnte, nämlich daß sie einen Einfluß auf die ägyptischen Künstler ausgeübt haben. Das würde bei weitem das Interesse rechtfertigen, das man heute diesen Werken entgegen bringt [...]

Man könnte die Negerkunstwerke noch eher nach Regionen und Werkstätten katalogisieren. Aber hinsichtlich der afrikanischen Kunst würde diese Klassifikation oft genug Fehler aufweisen. Daher wird dieser Weg sicher nicht weiter beschritten werden.

Mit großer Wahrscheinlichkeit hat sich die Fetischskulptur der Schwarzen innerhalb von unendlich langen zeitlichen Rhythmen entwickelt, unendlich viel länger als die Stilepochen der europäischen oder chinesischen Kunst. Zweifellos kann die Übertragung traditioneller Modelle nicht als eine Hauptregel dieser Kunst betrachtet werden. Den begrenzbaren Epochen der westlichen Kunstgeschichte stehen in Afrika und Ozeanien große Zeiträume gegenüber, die manchmal Generationen von Künstlern umfassen. Die über die reine Nachahmung herrschende Phantasie, deren Ursprung oft im Gebrauch einfacher kleiner Dinge lag, die der

Künstler gerade zur Hand hatte, macht es zudem schwierig, diese Kunstwerke zeitlich einzuordnen; denn im Laufe der Jahre sind diese Dinge, zum Beispiel Lendenschurze aus Baumwollstoff, große Federn, Harzkügelchen, Perlenketten, Ohrgehänge, Eisenglöckchen, Lianen, Kräuterbündel, Muscheln, Tierzähne, Spiegel, Nägel und Stücke von Alteisen jeder Art, zerfallen. Sie wurden dann oft durch andere Dinge ersetzt, die den Charakter des Fetischs verändert haben und auf sein Alter einen Zweifel gelegt haben, der sich nicht mehr auflösen läßt. Für solche Forschungen gibt es kein Schriftstück, keine alte Eintragung und außer einigen anthropologischen Anmerkungen und vor allem Hypothesen über die religiöse Bedeutung der betreffenden Idole kann nichts das Geheimnis ihrer Herkunft lösen. Man wird sich noch lange damit begnügen müssen, die Negeridole lediglich aus ästhetischem Wohlgefallen und wegen ihrer poetischen Ausstrahlung zu betrachten.

Könnten die europäischen Kunstkritiker den Berichten der Reisenden, den Messungen der Geografen, den Klassifizierungen der Anthropologen, den Deduktionen der Ethnografen nicht eine methodische Analyse der Stile hinzufügen, ein Äquivalent dessen, was bereits für die primitiven Kunstrichtungen unserer Länder, die noch vor einem halben Jahrhundert unbekannt waren, gemacht worden ist?

Das ist eine Frage, die keine Antwort verlangt, zu einer Zeit, in der die Gesetze des Krieges Wissenschaftlern wie Kunstliebhabern verbieten, die Quellen der Erkenntnis aufzusuchen, die zum Beispiel in Brüssel gelegen sind.[2] Hinter diesem neuen ästhetischen Interesse stand seinerzeit vor allem die Zustimmung und schließlich der legitime Wunsch, neue ästhetische Modelle zu sammeln. Manchmal handelte es sich nur darum, eine Wohnung auszuschmücken. Die schönen, sozusagen klassischen Werke aus Persien, aus China und aus Japan sind ja schon fast unerschwinglich geworden. Bei dem Interesse an der neu entdeckten geheimnisvollen Kunst der Schwarzen läuft man nicht Gefahr, Fälschungen oder Täuschungen zu erliegen.

So begann ein neues Interesse zu erwachen, dessen Urheber, glaube ich, sechzehn Jahre vorher der Maler Maurice de Vlaminck gewesen ist. Wenn er auch nicht den Anspruch hatte, die Negerplastiken aller Regionen, aller Zeiten, aller Richtungen und aller Werkstätten nachzuahmen, so gehört ihm doch das Verdienst, der erste gewesen zu sein, der eine Sammlung typischer Beispiele der Fetischkultur angelegt hat. Er kümmerte sich weniger um den ethnischen Charakter der Negerstatuen als um ihre Schönheit, die zur Zeit die Aufmerksamkeit zahlreicher Künstler, Ästhetiker und Kunstliebhaber anzieht.

Es zeugt doch von großem Wagemut im Kunstgeschmack, daß man gelernt hat, die Negeridole als wirkliche Kunstwerke zu betrachten. Die Kühnheit hat alles in allem ihr Ziel nicht verfehlt. Denn ich glaube gerne, daß es sich um ästhetische Realisationen handelt, deren Anonymität nicht ihr Feuer, ihre Größe, ihre wahre und einfache Schönheit auslöscht.

Mercure de France, La vie anecdotique, 1. April 1917[3]

Parade

Die Definitionen von *Parade* blühen überall, wie die Blüten der Lilien in diesem verzögerten Frühjahr...

Parade ist ein szenisches Gedicht, von dem innovativen Musiker Eric Satie in eine erstaunlich ausdrucksstarke Musik umgesetzt, so klar und einfach, daß sie den wunderbar leuchtenden Geist Frankreichs selbst zu reflektieren scheint.

Der kubistische Maler Picasso und der kühnste der heutigen Choreografen, Léonide Massine, haben zum ersten Mal vollkommen jene Allianz zwischen Malerei und Tanz, zwischen den bildenden und den mimetischen Künsten erreicht, welche der Bote einer kommenden, vollständigeren Kunst ist. Daran ist überhaupt nichts Paradoxes! Die Alten, in deren Leben Musik eine so wichtige Rolle spielte, waren für die Harmonie, welche heute die Grundlage der modernen Musik bildet, völlig unempfänglich.

Diese neue Verbindung – ich sage neu, weil bisher Bühnenbild und Kostüme nur von sehr künstlichen Fäden verbunden waren – hat in *Parade* zu einer Art Sur-Realismus geführt[4], den ich für den Ausgangspunkt einer ganzen Serie von Manifestationen des Neuen Geistes[5] halte, der sich heute bemerkbar macht und der sicher unsere Elite anziehen wird. Wir können erwarten, daß daraus tiefgehende Veränderungen in unseren Künsten und Sitten in universeller Freude hervorgehen werden, denn es ist nur natürlich, daß die Künste nach alldem mit dem wissenschaftlichen und industriellen Fortschritt mithalten werden.

Nachdem Massine mit der choreografischen Tradition gebrochen hat, die von den in Rußland so genannten Ballettomanen gefeiert wurde, ist er nicht der Versuchung der Pantomime erlegen. Er hat etwas völlig Neues geschaffen – eine wunderbar anziehende Art von Tanz, so wahr, so lyrisch, so menschlich und fröhlich, daß er sogar in der Lage wäre (falls es der Mühe wert wäre), die schreckliche schwarze Sonne in Dürers *Melancholia* zu erhellen. Jean Cocteau hat dies als realistisches Ballett bezeichnet. Picassos Kostüme und Bühnenbildentwürfe bezeugen den Realismus seiner Kunst. Dieser Realismus – oder dieser Kubismus, wenn Sie wollen – hat die Künste während der letzten zehn Jahre angeregt.

Die Kostüme und das Bühnenbild in *Parade* zeigen deutlich, daß das Hauptziel war, den größtmöglichen Grad an ästhetischem Gefühl aus den Gegenständen zu ziehen. Es wurden Versuche unternommen, Malerei auf ihre grundlegenden Elemente zurückzuführen. Bei den meisten holländischen Meistern, bei Chardin, bei den Impressionisten findet man kaum etwas anderes als Malerei.

Picasso geht weiter als sie alle. Das ist ganz deutlich bei *Parade* zu sehen, einem Werk, bei dem das anfängliche Erstaunen bald von Bewunderung ersetzt wird. Das Ziel ist hier, vor allem Realität auszudrücken. Das Motiv wird jedoch nicht reproduziert, sondern repräsentiert, genauer gesagt, es ist auch nicht dargestellt, sondern eher mit den Mitteln einer analytischen Synthese angedeutet, die alle sichtbaren Elemente eines Gegenstandes erfaßt und falls nötig noch etwas anderes: eine integrale Schematisierung, die darauf zielt, Widersprüche zu vereinen, indem jeder Versuch unterdrückt wurde, die unmittelbare Erscheinung des Gegenstandes wiederzugeben.[6]

Massine hat sich der Disziplin von Picasso erstaunlich gut angepaßt. Er hat sich mit ihr identifiziert, und seine Kunst wurde mit schönen Einfällen angereichert, wie die realistischen Schritte des Pferdes in *Parade*, die von zwei Tänzerinnen vollführt werden, von denen die eine die Schritte der Vorderbeine, die andere die der Hinterbeine nachvollzieht.

Die phantastischen Konstruktionen, die die gigantischen und überraschenden Figuren der Manager darstellen, sind weit davon entfernt, ein Hindernis für die Einbildungskraft von Massine zu sein. Sie haben, so könnte man sagen, als befreiender Impuls gewirkt. *Parade* wird die Vorstellungskraft vieler Zuschauer verändern. Sie werden überrascht sein, das ist sicher, aber in einer ganz angenehmen Weise, und sie werden verzaubert werden. *Parade* wird ihnen die Anmut der modernen künstlerischen Bewegungen zeigen, die sie nie bezweifelt hatten.

Ein wunderbarer Chinese aus der Musikhalle wird ihre Imagination anstacheln. Das amerikanische Mädchen, das den Motor eines unsichtbaren Autos anläßt, wird die Magie ihres täglichen Lebens ausdrücken, dessen wortlose Riten von dem Akrobaten in blauen und weißen Hosenbeinen mit einer ausgezeichneten und erstaunlichen Beweglichkeit gefeiert werden.

Programmzettel für ›Parade‹, 18. Mai

1918

Die taktile Kunst

Ich habe die Ehre und das Vergnügen, die Geburt einer neuen Kunstrichtung anzuzeigen, die man ohne weiteres in die Kategorie der Schönen Künste einfügen kann. Diese neue Kunstgattung ist die taktile Kunst. Ich hatte sie schon im vorigen Jahr in einer kleinen Geschichte mit dem Titel »Mon ami Ludovic« vorgestellt, die in dem *Almanach des lettres et des arts* veröffentlicht wurde, herausgegeben von Martine. Dies sind die Hauptzüge meiner Erzählung: »Dies ist mein Freund Ludovic«, sagte ich, »der die Kunst des Kontakts, der Berührung erfunden hat. Ich werde hier nicht im Einzelnen alle die Berührungen, das Streifen und Streicheln jeder Art und in jeder Stärke, aufführen können, die mein lieber Ludovic meiner Erfahrung anbot und denen ich mich mit Geduld unterzog. Dennoch möchte ich Ihnen sagen, daß diese Kunst, deren Regeln und Technik heute vollständig entwickelt werden, auf die unterschiedliche Weise gegründet ist, wie die Gegenstände unseren Tastsinn ansprechen. So werden das Trockene, das Feuchte, das Matschige, alle Grade des Kalten und Warmen, das Klebrige, das Dicke, das Zarte, das Weiche, das Harte, das Elastische, das Ölige, das Seidige, das Samtige, das Rauhe, das Körnige usw. miteinander vermählt und auf unerwartete Weise zusammengeführt. Das alles bildet die reiche Materie, aus der mein Freund Ludovic die subtilen und sublimen Kombinationen einer taktilen Kunst schafft, einer stummen Musik, die unsere Nerven aufpeitscht... Mein Freund Ludovic behauptete, daß das simultane Gefühl aller Arten des Kontakts nur die Wahrnehmung der Leere ergeben würde, denn, fügte er hinzu, seit langem weiß man, daß die Natur Angst vor der Leere hat, und das, was man als Leere fühlt, ist das Feste selbst.«

Das sagte er mir unter anderem in meiner Erzählung. Aber die taktile Kunst, die ich nur voraussehen, ankündigen, mir vorstellen konnte, wurde tatsächlich geschaffen. Als Beweisstück kann ich nur ein Foto vorlegen, das in einer einmaligen und undatierten Nummer einer Zeitschrift mit dem bizarren Titel *Rongwrong* in New York erschien. Man kann den Zeitpunkt des Erscheinens zwischen dem 5. Mai 1917 und dem Oktober des gleichen Jahres ansetzen. Das Foto zeigt eine »Gipsplastik zum Berühren« in der Galerie von de Zayas. »Eine Gipsplastik zum Berühren«, das ist der vom Künstler verwendete Ausdruck.[1] Der Urheber dieses ersten taktilen Werkes ist ein Künstler namens Clifford Williams, dessen künstlerische Bezeichnung ich anheim stelle. Ich habe jedenfalls in meiner Erzählung nicht daran gedacht, den Plastikern der Berührungskunst im voraus einen Namen zu geben. Nachdem ich das Foto in *Rongwrong* gesehen habe, suchte ich nach einem Namen, habe aber keinen Neologismus gefunden, der die Art dieser neuen künstlerischen Ausübung bezeichnen könnte. Sei es, wie es sei, das Ereignis hat stattgefunden. Dank Mme., Mlle. oder M. Clifford Williams wird der Bereich der Künste in dem Maße vergrößert werden, wie ich es vorausgesehen habe.

Ich weiß nicht, wer einmal gemeint hat, die Erfindung eines kulinarischen Rezeptes sei für die Menschheit wichtiger als die Entdeckung eines neuen Sternes. Ich kann mir jedoch vorstellen, daß die Erfindung einer neuen Kunstgattung noch wichtiger ist als die Erfindung eines neuen Ragouts. Die wunderbaren Genüsse, die unseren Nachfahren bevorstehen, verdanken sich nicht meinem Freund Ludovic, sondern vor allem Clifford Williams, der im Frühjahr 1917 die Ehre hatte, bei M. de Zayas die erste »Gipsplastik zum Berühren« auszustellen. Verachten wir nicht seine bescheidenen Anfänge. Die Kinematografie, die heute so populär geworden ist, fing auch ganz bescheiden an. Anfangs, und das ist nicht lange her, war das nur ein Kinderspiel. Wie mein Freund Ludovic hat M. Clifford Williams erfunden und erschaffen, er hat buchstäblich das Werk eines Poeten geschaffen, denn Poesie ist Schöpfung.

Mercure de France, La vie anecdotique, 16. Februar[2]

Henri Matisse – Picasso

Jedes Bild und jede Zeichnung von Matisse besitzt eine bestimmte Qualität, die man nicht immer definieren kann, die aber immer wie eine authentische Kraft wirkt. Es ist die Stärke des Künstlers, daß er sich nicht gegen diese Kraft stemmt, sondern sie so handeln läßt, wie sie will. Wenn man die Arbeit von Henri Matisse mit etwas vergleichen wollte, so würde es eine Orange sein. Wie die Orange ist das Werk von Matisse eine Frucht, die Licht ausstrahlt.[3] Von einem tiefen Glauben an seine Kunst und einem echten Bedürfnis nach Wissen und Ausdruck inspiriert, hat der Künstler niemals aufgehört, seinem Instinkt zu folgen. Er läßt seinen Instinkt über seine Gefühle entscheiden, seine Phantasie anregen und abgrenzen, um forschend in die Tiefen des Lichts zu blicken, nichts als Licht.

Mit den Jahren hat sich seine Kunst offensichtlich von allem getrennt, was unwesentlich war. Trotz ihrer zunehmenden Einfachheit ist sie immer großartiger geworden.

Es ist nicht nur reine Geschicklichkeit, die seine Kunst einfacher und seine Arbeit lesbarer gemacht hat. Es ist eher so, daß im Laufe der langsamen Verbindung der Schönheit des Lichts mit der Kraft des Künstlerinstinkts alle Hindernisse für diese Vereinigung verschwunden sind, so wie Erinnerungen manchmal im Nebel der Vergangenheit verwehen.

Picasso ist der Erbe aller großen Künstler der Vergangenheit. Plötzlich zum Leben erweckt, zielt er in eine Richtung, die noch niemand vorher gesucht hat.

Er wechselt die Richtung, geht zum Ausgangspunkt zurück und beginnt wieder mit einem sicheren, noch größeren Schritt. Er gewinnt Stärke aus seinem Kontakt mit den Geheimnissen der Natur oder durch Vergleiche mit seinen ebenbürtigen Kollegen aus der Vergangenheit. Jede Kunst hat ihren eigenen Lyrismus. Picasso ist oft ein lyrischer Maler. Er bietet tausend Möglichkeiten der Meditation an, allesamt belebt durch das Leben und die Gedankenwelt, beleuchtet von einem inneren Licht. Jenseits dieses Lichts liegt aber ein Abgrund mysteriöser Dunkelheit. Bei Picasso ist das Talent durch Willen und Geduld verstärkt. Das

Ziel aller seiner Experimente ist die Befreiung der Kunst von ihren Fesseln. Ist das nicht die größte künstlerische Anstrengung, der wir je als Zeuge beigewohnt sind? Er hat großzügig die Grenzen der Kunst erweitert und in völlig unerwartete Richtungen gelenkt, wo die Überraschung uns erwartet wie ein ausgestopfter Hase, der mitten auf der Straße die Trommel rührt.[4]

Die Ausmaße seiner Kunst werden immer imposanter, ohne daß sie etwas von ihrer Anmut verliert.

Man denkt an eine wunderschöne Perle.

Kleopatra, wirf sie nicht in den Essig!

Vorwort zum Katalog der Ausstellung Matisse-Picasso, Galerie Paul Guillaume, 23. Januar bis 15. Februar 1918

Van Dongen

Eines Morgens im Februar schaute ich aus Van Dongens Atelier auf die nebligen Hügel des Bois de Boulogne, die in einer Atmosphäre von unvergleichlicher Delikatesse verschwammen. Hinter mir war der Künstler, der seine Bilder gerne nur mit »Der Maler« signiert, mit dem Sortieren einiger Bilder beschäftigt. Er griff eines heraus und stellte es ins Licht. In diesem Moment drehte ich mich um, um zu sehen, was er tat. Ich sah eine moderne, nackte Frau mit einem großen Hut. Es schien, als wolle sie alle Frauen einladen, die jemals durch ihre Schönheit und Wollust regiert haben, sich um sie zu versammeln. Kunst hat aber in jedem Fall sehr unterschiedliche Ansätze! Der strenge Eifer der zeitgenössischen Kunst hat im allgemeinen all das verbannt, was die Sinne anlockt. Heute ist alles, was den Bereich des Wollüstigen berührt, von Größe und Schweigen umgeben. Aber unter den extravaganten Frauen von Van Dongen mit ihren heftigen und verzweifelten Farben hat die Wollust überlebt. Die Glut entschlossener Augen schärft die Neuheit der Gelb- und Rosatöne, die geistige Reinheit der Kobalt- und Ultramarinblaus, mit Unendlichkeit abschattiert, die betäubenden Rottöne, bereit vor Leidenschaft zu sterben. Diese so junge und frische, nervöse Sinnlichkeit ist nur aus Licht komponiert. Diese Farben, die so magisch und suggestiv sind, sind unkörperlich. Dieser Kolorist war der erste, der den scharfen Glanz elektrischer Lichter der Farbenskala hinzugefügt hat. Das Ergebnis ist ein Rausch, eine Vibration, eine Betäubung. Obwohl jede Farbe ihre außergewöhnliche Individualität behält, schwindet sie, flackert auf, erhebt sich, verblaßt und verschwindet wieder, ohne daß sie auch nur von dem Anflug eines Schattens getrübt worden wäre. Und doch hält der Schatten Wacht in Gestalt eines Negers. Schatten, Süße, Geheimnis, Bewegung sind hier Synonyme für die Freude. Die wilden Blicke sprechen von unauslöslichem Leiden.

Der Maler stellt das Leben nicht als weißglühenden Farbenrausch dar, er überträgt es nur mit vehementer Genauigkeit.

Van Dongen kann Europäer oder Exote sein, ganz wie er will, und er hat ein persönliches, heftiges Gespür für den Orientalismus. Seine Bilder riechen oft nach Opium und Ambra. Die riesig weit aufgerissenen Augen scheinen Abgründe der Sinnlichkeit zu sein, in denen Lust mit Schmerz eins werden.

Auch die westliche Magie hat ihre Spuren hinterlassen: Tänze, in endlosen kräftigen Farbtönen schwingend, vom elektrischen Licht ausgereift; der Dandyismus der Rennbahnen; nüchterne wie raffinierte Eleganzen, in denen man die Charakteristika wiederfindet, die dem turbulenten, aber informierten Geist Baudelaires gefielen:

Luxe, calme et volupté.[5]

Dieser Vers aus »L'invitation au voyage« könnte hier als Motto dienen: eine erschreckende Süße, die nicht ohne eine Spur von nordischer Barbarei ist; die panische Mittagsruhe der südlichen Sommer; und schließlich Wollust, eine kristalline Wollust.

In einigen größeren Bildern erheben sich die Farben und verbinden sich zu einem Schrekken, der im Aufflammen großer Edelsteine enthalten ist. Manchmal versucht eine Welle betäubender Blautöne mit einer bleichen Haut und länglichen, dunkelgeränderten Augen zu kämpfen. Ein bizarres Licht ist aus dieser Begegnung mit dem Himmel und unerfüllter Begierde geboren.

Van Dongen berührt oft die Grenzen der Volkskunst. Er hat auch die Grenzen der dekorativen Kunst abgemessen. Er ist der erste Künstler, der seit langer Zeit erfolgreich die Vorzüge des Akts demonstriert hat, den die akademischen Maler vollkommen in Verruf gebracht hatten, indem sie ihn von der Anmut, der Harmonie und den natürlichen Farben lösten. Van Dongen hat die Farbe des Fleisches wiederentdeckt.[6]

Wie soll man bloß diese merkwürdige Glut von Blitzen beschreiben, so kostbar wie Juwelen, diese Mischung aus Naturalismus und sinnlicher Poesie?

Der Begriff Orientalismus mag vielleicht unangebracht sein, wäre er nicht verbunden mit einer gewissen nördlichen Träumerei, so zart, daß die Wut der Farben manchmal absinkt wie der Schatten einer Barke, die nachts auf einem Kanal unter den bewegten Himmeln der ernsten Meeresländer dahintreibt.

Les Arts à Paris, 15. März[7]

Der Fall Richard Mutt

In New York fand nach dem Modell des Salon des Indépendants, der in Paris vor dem Krieg abgehalten wurde, eine Ausstellung unabhängiger Künstler statt. Die Anmeldegebühr betrug sechs Dollar.

M. Richard Mutt sandte ein Objekt aus Porzellan ein, wie es an den stillen Orten der großen Cafés zu finden ist, an deren Türen die Aufschrift »Männer« zu lesen ist. An der Wand sind sie etwas niedriger angebracht als die Waschbecken, an denen man sich die Hände wäscht. Man hat bisher nicht bemerkt, daß die Rundungen der Waschbecken oder der Wasserspender, von denen M. Richard Mutt einen bei den Unabhängigen in New York ausstellen wollte, die Form eines sitzenden Buddhas assoziieren läßt. So ist dann auch der Ausstellungsbeitrag von M. Mutt betitelt »Der Buddha des Badezimmers«.

Die vorgebrachten Gründe zur Ablehnung des Ausstellungsbeitrags von M. Richard Mutt waren die folgenden:

1. Sein Beitrag sei unmoralisch und vulgär.
2. Sein Beitrag sei ein Plagiat oder vielmehr ein einfaches Stück Handelsware aus dem Bereich der Sanitärinstallation.

Darauf antwortete M. Mutt, daß sein Wasserspender nicht unmoralisch sei, da man täglich vergleichbare Stücke in den Installationsgeschäften sehen könne.

Zum zweiten Punkt bemerkte M. Mutt, daß es nicht von Bedeutung sei, ob der Wasserspender von seinen Händen gemacht worden sei oder nicht. Die Bedeutung liege in der von ihm getroffenen Auswahl. Er habe einen alltäglichen Gebrauchsgegenstand genommen und mit einem neuen Titel seine geläufige Funktion verschwinden lassen. Damit habe er diesem Gegenstand eine neue, rein ästhetische Bedeutung verliehen.

Der Vorwurf, der Gegenstand stamme ja nur aus dem Installationsbedarf, sei absurd, fügte er hinzu. Die einzigen Kunstwerke Amerikas seien aus dem Hygiene- und Installationsbereich hervorgegangen, eingeschlossen die Metallbrücken. Der Standpunkt der Society of Independent Artists ist offensichtlich absurd und unhaltbar, denn er geht davon aus, daß die Kunst keinen alltäglichen Gegenstand veredeln könne. In diesem Fall hat sie einen Gegenstand einzigartig veredelt, indem sie ein Objekt der Hygiene und männlichen Toilette in einen Buddha verwandelt hat.

Wie auch immer, die Unabhängigen in New York haben sich geweigert, den Wasserspender von M. Mutt auszustellen, selbst auf das Risiko hin, ganz bewußt die Rolle und die Rechte der künstlerischen Einbildungskraft in Frage zu stellen. Darin zeigten sie sich weniger freizügig als die Unabhängigen in Paris, die ein Bild von Boronali ausgestellt haben, und zwar im vollen Wissen, daß es sich dabei um einen Scherz oder vielmehr um ein abgekartetes Spiel handelt.[8] Sie stellten das Bild ganz einfach deswegen aus, weil die Urheber dieses Streiches die 25 Francs Anmeldegebühr bezahlt hatten und weil sie andererseits sich nicht das Recht herausnahmen, selbst einen Scherz zu verhindern. Den Druck, den damals übrigens die Zeitungen ausgeübt haben, um der Öffentlichkeit weiszumachen, daß die Gesellschaft der unabhängigen Künstler, die Maler, die Kritiker und Kunstfreunde getäuscht worden seien, beweist einmal mehr, daß die französischen Zeitungen auf einer Linie liegen, wenn es darum geht, mit der ganzen Kraft ihrer Auflage gegen alles zu opponieren, was jung und neu ist, sei es in der Kunst, in der Wissenschaft oder in der Literatur. Eine kürzliche Polemik zeigt, daß sie sich darin gar nicht einmal so sehr irren.

Mercure de France, 16. Juni[9]

Der Verkauf der Werke von Degas

Der Verkauf der Werke von Degas ist noch nicht vorbei. Seine Ergebnisse haben jedoch bereits alles übertroffen, was in der Geschichte der Kunst über eine Auktion nach dem Tode eines Malers berichtet worden ist. Zukünftige Historiker werden Grund zum Staunen haben, wenn sie diese Leidenschaft für Kunstwerke vorfinden. Das bringt zumindest eine Spur Idealismus in unsere unglücklichen Zeiten. Man würde denken, daß mitten im Krieg die Kunsthändler etwas von ihrem Erwerbsbetrieb fallen gelassen hätten. Tatsächlich ist aber der Marktpreis für Kunst nie höher als heute gewesen. Bei unseren Feinden oder auch in neutralen Ländern erreichen Kunstwerke unerhörte Preise. Bei den Alten, im römischen Reich, gab es ein ähnliches Kunstfieber, was uns anhand der Beispiele der Geschichte glauben läßt, daß Preise, wie sie in Berlin und Paris für Bilder der modernen französischen Malerei erzielt wurden [...] eine herrliche Kunstepoche nach dem Krieg voraussagen.

Die Menschheit dürstet nach Idealen und trinkt an den Quellen der Kunst. Das waren die Gedanken der Besucher bei jedem Zuschlag des Auktionatorhammers auf der Degas-Auktion. Das Urteil des Publikums war jedoch nicht einhellig. In der Vergangenheit, sogar zu den Zeiten, wo Meissoniers die höchsten Preise einbrachten, fiel es dem Publikum nicht ein, über den Wert der Künstler zu streiten. Es akzeptierte ohne Widerspruch das offizielle Kunsturteil. Heute nach den großen Schlachten des 19. Jahrhunderts ist das Publikum in zwei Lager gespalten. Bei der Ausstellung der Werke von Degas in der Galerie Georges Petit konnte man die merkwürdigsten und unvorteilhaftesten Urteile hören, die von einem Teil der Besucher ausgesprochen wurde, der noch nicht einmal die einfachen Leute und die Kleinbürger einschloß. Degas wurde auch nach seinem Tod widersprüchlich beurteilt, was aber nicht verhinderte, daß seine Bilder auf dieser Auktion die phantastischsten Preise erzielten. Die Arbeiten sind zwar sehr unterschiedlich in Technik und Inspiration, doch bestärken sie alle die große Meisterschaft, die den Meister der Ballerinas zu einem einmaligen Künstler machte, einem grausamen und subtilen Beobachter, der die verwirrende, flüchtige Essenz der Grazie ohne Banalität auszudrücken wußte.

Es ist bedauerlich, daß der Staat nicht mehr von diesen unendlich kostbaren Arbeiten ankaufte und noch bedauerlicher, daß er nicht die charakteristischsten erwarb. Viele Sammler kaufen wirklich mit der Absicht, ihre Sammlungen eines Tages dem Staat vermachen zu können. Viele dieser Gemälde und wundervollen Pastelle voller Leben und Licht werden eines Tages ihren Weg in unsere Museen finden, um Zeugnis für die Tiefe der unnachahmlichen französischen Grazie abzulegen, einer Grazie, die so duftig ist, daß der farbige Staub der Pastelle von Latour und Degas sie am besten für spätere Zeiten eingefangen hat.

Nachdem das Geheimnis der Grazie verlorengegangen ist, wird man *Les danseuses à la barre, La chartreuse verte, Les deux repasseurs* anschauen müssen, um sich all die Bitternis und den exquisiten Charme des 19. Jahrhunderts vorstellen zu können, das man so oft verleumdet hat, ohne seine Delikatesse, seine Subtilität und sogar seine grausame lyrische Wahrheit anzuerkennen.

Les Arts à Paris, 15. Juli

Skulpturen aus Afrika und Ozeanien

In der Hinwendung zu den Skulpturen aus Afrika und Ozeanien hat die ästhetische Neugier neue Nahrung erhalten. Dieser neue Zweig des künstlerischen Interesses hat bisher im Ausland mehr Kommentatoren gefunden als hier in Frankreich, obwohl er von hier seinen Ausgang nahm. Da dieses Interesse nun aber seinen Ursprung in Frankreich hat, kann man mit gutem Grund annehmen, daß dieser Einfluß hier am deutlichsten gespürt werden kann. Diese Fetische, die für die Entwicklung der modernen Künste nicht unbedeutend waren, entspringen einer religiösen Leidenschaft, welche der Ursprung der reinen Kunst ist.

Das Interesse an diesen Fetischen beruht vor allem auf ihrer bildnerischen Form, obwohl sie manchmal auch aus kostbaren Materialien gemacht wurden. Ihre Formgebung ist immer sehr ausdrucksstark, dabei weit von unseren eigenen bildnerischen Konzepten entfernt. Und doch waren diese Formen imstande, die Inspiration unserer Künstler zu beflügeln.

Es handelt sich ja nicht darum, mit den Vorbildern der klassischen Antike zu wetteifern, sondern um die Erneuerung von Form und Inhalt durch die Hinwendung der künstlerischen Beobachtung auf die grundlegenden Prinzipien großer Kunst.

In der Tat haben die Griechen von den afrikanischen Bildhauern mehr gelernt, als bisher eingestanden worden ist. Falls es wahr sein sollte, daß Ägypten einen beträchtlichen Einfluß auf die sehr menschliche Kunst von Hellas ausgeübt hat, müßte man schon mit der ägyptischen Kunst und den Fetischen der Negerkunst wenig vertraut sein, um zu leugnen, daß diese der Schlüssel zum charakteristischen Formenaufbau der ägyptischen Kunst sind. Indem sich die Kunstliebhaber und Künstler für die Kunst der Fetische interessieren, wird ihr Geschmack geschult, und sie lernen, sich ebenso für die Prinzipien unserer heutigen Kunst zu begeistern. Im übrigen können bestimmte Meisterwerke der Negerplastik ohne weiteres neben den schönen Werken europäischer Skulptur aus den großen Epochen bestehen. Ich erinnere mich an einen afrikanischen Kopf aus der Sammlung Jacques Doucet, der dem Vergleich mit einigen schönen Stücken romanischer Skulptur durchaus standhielt.

Niemand würde heute diese offensichtlichen Wahrheiten leugnen, außer den Ignoranten, die sich nicht der Mühe unterziehen wollen, die Dinge einmal von nahem anzuschauen.

Es ist jetzt höchste Zeit, daß die Forscher und Wissenschaftler, Leute mit Geschmack an einer wissenschaftlichen Klassifizierung dieser Skulpturen aus Afrika und Ozeanien zusammenarbeiten. Wenn wir erst einmal über die Werkstätten und die ihnen zugrundeliegenden Zeitabschnitte Bescheid wissen, werden wir die Schönheit ihrer Werke noch besser beurteilen können und untereinander vergleichen können. Zur Zeit ist dies kaum möglich, da der Mangel an notwendigen Vergleichsdaten kaum mehr als Annäherungen ermöglicht.

Les Arts à Paris, 15. Juli[10]

Einige Gedichte zu Malern und Malerei

Die Fenster

Von Rot zu Grün stirbt alles Gelb
Wenn die Aras kreischen in den heimatlichen Wäldern
Pihi-Frikassee
Es gilt ein Gedicht zu schreiben über den Vogel der nur einen Flügel hat
Wir werden es telephonisch durchgeben
Gigantischen Wundfiebertraum
Er läßt die Augen tränen
Sieh dort das hübsche junge Mädchen unter den jungen Turinerinnen
Der arme Jüngling schneuzte sich in sein weißes Halstuch
Du wirst den Vorhang aufziehen
Und nun öffnet sich das Fenster
Spinnen als die Hände das Licht woben
Schönheit Blässe unergründliche Violetts
Vergeblich werden wir nach Ruhe trachten
Um Mitternacht wird es losgehen
Hast du Zeit bist zu frei
Bigorneaux-Muscheln Quappe vielfache Sonnen und der Seeigel des Sonnenuntergangs
Ein altes Paar gelber Schuhe vor dem Fenster
Türme
Die Türme das sind die Straßen
Schächte
Schächte das sind die Plätze
Schächte
Hohle Bäume die den streunenden Zambonegerinnen Obdach bieten
Die Böcke der Mähnenschafe blöken todtraurig
Nach ihren entlaufenen Weibchen
Und die Schnattergans trompetet im Norden
Wo die Waschbärjäger
Die Pelze schaben
Funkelnder Diamant
Vancouver
Wo der Zug weiß vom Schnee und von nächtlichen Lichtern den Winter flieht
O Paris
Von Rot zu Grün stirbt alles Gelb
Paris Vancouver Hyères Maintenon New York und die Antillen
Das Fenster öffnet sich wie eine Orange
Die schöne Frucht des Lichts

Turm

Für R. D.

Im Norden im Süden
Zenit Nadir
Und die großen Schreie des Ostens
Der Ozean schwillt im Westen
Der Turm wendet sich
An das Rad

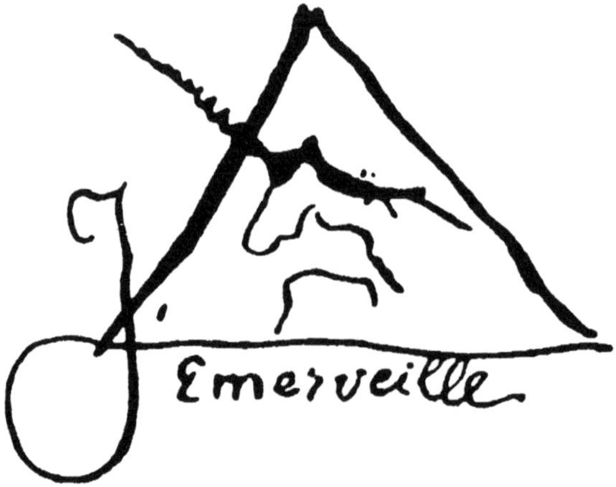

Durch Europa

Für M. Ch.

Rotsoge
Dein scharlachrotes Gesicht dein Doppeldecker der zum Wasserflugzeug werden kann
Dein rundes Haus in dem ein Bückling schwimmt
Ich brauche den Schlüssel zu den Augenlidern
Zum Glück haben wir Herrn Panado gesehen
Und sind was das angeht beruhigt
Was siehst du mein alter M. D. . .
90 oder 324 einen Mann in der Luft ein Kalb das durch den Bauch seiner Mutter schaut

Langezeit habe ich auf den Landstraßen gesucht
So viele Augen sind geschlossen an den Straßenrändern
Der Wind bringt die Weidengebüsche zum Weinen
Öffne öffne öffne öffne öffne
Schau aber schau doch
Der Alte wäscht sich die Füße im Zuber
Una volta ho inteso dire Chè vuoi
Ich mußte weinen als ich eurer Kinderjahre gedachte

Und du du zeigst mir ein entsetzliches Violett

Dies kleine Bild mit dem Wagen hat mich an den Tag erinnert
Einen Tag aus malvenfarbnen gelben blauen grünen und roten Bruchstücken
Da ich aufs Land ging mit einer bezaubernden Esse die ihre Hündin an der Leine führte
Das gibt's nicht mehr du hast deine kleine Rohrflöte nicht mehr
Weit weg von mir raucht die Esse russische Zigaretten
Die Hündin bellt den Flieder an
Das Nachtlicht ist niedergebrannt
Auf das Kleid sind Blütenblätter gefallen
Zwei goldne Ringe neben den Sandalen
Haben sich an der Sonne entzündet
Doch über deine Haare empfängt die Trambahn den Strom
Die durch ganz Europa fährt das lauter bunte Funken trägt

Die Verlobung

Für Picasso

Der Frühling treibt umher die treulosen Verlobten
Der blaue Federn lang herniederschweben läßt
Von der Zypresse wo des blauen Vogels Nest

Eine Madonna nahm Wildrosen ungezählte
In aller Früh und pflückt Levkojen morgen sich
Trägt in die Nester sie den Täubchen die sie wählte
Dem Tauber der heut nacht dem heilgen Geiste glich

Dort im Zitronenwald liebten einander wieder
Die Letztgekommenen wie wir's nicht anders tun
Die fernen Dörfer sind wie ihre Augenlider
Und ihre Herzen hängen bei Zitronen nun

Meine Freunde gestanden mir endlich daß sie mich verachten
Da ich aus vollen Gläsern die Sterne trank
Ein Engel würgte während ich noch im Schlaf lag
Die Lämmer die Hirten der traurigen Schäferein
Falsche Zenturionen nahmen den Essig fort
Und es tanzten die Bettler von Purgierkraut gepeinigt
Sterne des Erwachens ich kenne keinen von euch
Die Gaslampen pißten ihre Flammen ins Mondlicht

Im Kerzenscheine fielen wie's eben kam
Steife Kragen auf Wogen schlecht gebürsteter Röcke
Maskierte Wöchnerinnen feierten ersten Kirchgang
Die Stadt war heute nacht wie ein Inselmeer
Frauen forderten Liebe und Opferkerzen
Und dunkler dunkler Strom ich erinnere mich
Keiner war schön der vorübergleitenden Schatten

Nicht einmal mir selber tu ich mehr leid
Und kann der Qual meines Schweigens nicht Ausdruck geben
Alle Worte die ich zu sagen hatte verwandelten sich in Sterne
Ein Ikarus sucht sich aufzuschwingen zu jedem meiner Augen

Und Sonnenträger brenn ich in zweier Sternnebel Mitte
Was tat ich den gottgefälligen Trotteln der Intelligenz
Einst kamen die Toten wieder mich anzubeten
Und ich hoffte das Ende der Welt sei da
Aber nur meins kommt sausend wie ein Orkan

Ich habe den Mut gehabt rückwärts zu schaun
Die Leichname meiner Tage
Zeichnen meinen Weg und ich weine um sie
Die einen verwesen in italienischen Kirchen
Oder auch in kleinen Zitronenwäldern
Die blühen und Früchte tragen
Zugleich und zu jeder Jahreszeit
Andere Tage weinten eh sie in Tavernen starben
Wo glühende Sträuße kreisten
In den Augen einer Mulattin die das Dichten erfand
Und die Rosen des elektrischen Lichtes öffnen sich noch
Im Garten meiner Erinnerung

Vergebt mir meine Unwissenheit
Vergebt mir daß ich das alte Versespiel nicht mehr kenne
Nichts weiß ich mehr und liebe über alles
In meinen Augen werden die Blumen wieder zu Flammen
Ich meditiere göttlich

Und ich lächle über Wesen die ich nicht geschaffen habe
Doch käme die Zeit wo der Schatten endlich ganz dicht
Sich mehrt und die Vielgestalt meiner Liebe verwirklicht
So würd ich mein Werk bewundern

Ich halte die Sonntagsruhe ein
Und lobe die Faulheit
Wie nur zusammenfassen
Das unendlich geringe Wissen
Das meine Sinne mir liefern
Der eine ist gleich den Bergen dem Himmel
Den Städten und meiner Liebe

Er ähnelt den Jahreszeiten
Er lebt enthauptet sein Kopf ist die Sonne
Und der Mond sein durchschnittener Hals
Ich möchte eine unendliche Glut erleiden
Ungetüm meines Gehörs du brüllst und du weinst
Der Donner dient dir als Haarschopf
Deine Krallen wiederholen das Singen der Vögel
Unförmig der Tastsinn hat mich ergriffen vergiftet
Meine Augen schwimmen ferne von mir
Und die heilen Gestirne sind unbewiesen mir Meister
Die Bestie der Dünste hat den Kopf voller Blüten
Und das schönste Ungeheuer
Das nach Lorbeer schmeckt ist voll Trauer

Endlich machen die Lügen mir keine Angst mehr
Es brät der Mond wie ein Spiegelei
Dies Geschmeide von Wassertropfen wird die Ertrunkene schmücken
Hier mein Strauß von Passionsblumen
Sie schenken mir zart zwei Dornenkronen
Die Straßen sind noch naß vom eben gefallenen Regen
Zu Hause sind fleißige Engel für mich bei der Arbeit
Der Mond und die Trauer werden unsichtbar sein
Den ganzen Feiertag über
Den ganzen Feiertag über ging ich singend umher
Eine Dame beugte sich aus dem Fenster und sah lange mir nach
Wie ich singend dahinschritt

An einer Straßenecke sah ich Matrosen
Die tanzten mit offnem Kragen zum Akkordeonklang
Alles gab ich der Sonne hin
Alles nur nicht meinen Schatten

Die Bagger die Ballen die halbtoten Sirenen
Die Dreimaster sanken im Nebel des Horizonts
Verhaucht die Winde die anemonengekrönten
O Jungfrau reines Zeichen des dritten Monds

Templer im Flammenschein ich brenne nun wie ihr
Großmeister üben laß uns der Propheten Macht
Erkennt nun euch geweiht ersehnten Brand in mir
Es kreist das Feuerrad o schöne schöne Nacht

Bande gelöst durch freie Glut Ein Flammenspiel
Das bald mein Atem löscht O ausgesperrte Tote
Das Unglück und der Ruhm sind meines Todes Ziel
Als ob dem Schützenvogel ich mit Schüssen drohte

O Ungewißheit bunt Scheinvogel fielst du nieder
So tanzten Sonn' und Lieb' im Dorfe mit zum Fest
Und deine Kinder bauten ob zerlumpt ob bieder
Den Scheiterhaufen hier der meines Mutes Nest.

Montag Rue Christine

Die Portiersfrau und ihre Mutter lassen alles durch
Wenn du ein Mann bist kommst du heut abend mit
Einer braucht bloß in der Toreinfahrt zu stehn
Während der andre hochsteigt

Drei Gasflammen
Die Eigentümerin hat's auf der Brust
Wenn du fertig bist spielen wir eine Partie Jacquet
Ein Dirigent der Halsschmerzen hat
Wenn du nach Tunis kommst zeig ich dir wie man Kif raucht

Das scheint sich zusammenzureimen

Stapel von Untertassen Blumen ein Kalender
Bim bam bim
Ich soll meiner Hauswirtin 300 Francs in den Rachen werfen
Lieber schneid ich mir'n ab eh ich's tu

Ich fahre 20 Uhr 27
Sechs Spiegel starren sich dauernd an
Ich glaube wir werden uns noch ganz anders kommen
Mein Herr
Sie sind ein mickriger Hurenbock
Diese Dame hat 'ne Nase wie ein Regenwurm
Louise hat ihren Pelz vergessen
Ich hab keinen Pelz und frier auch nicht
Der Däne raucht seine Zigarette und guckt auf den Fahrplan
Die schwarze Katze streicht durch die Kneipe

Diese Pfannkuchen waren ausgezeichnet
Die Quelle fließt
Kleid so schwarz wie ihre Fingernägel
Das ist ganz unmöglich
Hier mein Herr
Der Ring aus Malachit
Der Boden ist voll Sägemehl
Das stimmt wirklich
Die rothaarige Kellnerin ist von einem Buchhändler entführt worden

Ein Journalist den ich übrigens nur sehr flüchtig kenne

Hör zu Jacques was ich dir zu sagen habe ist sehr wichtig

Personen- und Frachtschiffahrtsgesellschaft

Mein Herr sagt er zu mir wollen Sie mal sehen was ich alles so kann Aquarelle Ölbilder
Ich habe nur eine kleine Bonne

Nach dem Mittagessen Café du Luxembourg

Kaum sind wir da stellt er mir einen gemütlichen Dicken vor
Der zu mir sagt
Hören Sie mal das ist reizend
In Smyrna in Neapel in Tunesien
Mein Gott wo ist das bloß
Das letzte Mal als ich in China war
Acht oder neun Jahre ist das nun her
Was Ehre ist hängt vom Zeitpunkt ab
Der Royal Flush

Die erdolchte Taube und der Springbrunnen

Süsse erdolchte Gestalten Teure blühende Lippen
MIA MAREYE
YETTE LORIE
ANNIE und du MARIE
wo seid
ihr o
junge Mädchen
DOCH
neben einem
Springbrunnen der
weint und der betet
gerät diese Taube in Ekstase

All die Erinnerungen von einst
O meine Freunde fern im Krieg
Sprudeln zum Firmament
Und eure Blicke im schlafenden Wasser
Ersterben in Schwermut
Wo sind sie Braque und Max Jacob
Derain grauäugig wie die Frühe
Wo sind Raynal Billy Dalize
Namen die schwermütig klingen
Wie Schritte in einer Kirche
Wo ist Cremnitz der Freiwillige
Vielleicht sind sie schon tot
Von Erinnerungen ist meine Seele voll
Der Springbrunnen beweint mein Leid

DIE IN DEN KRIEG GEZOGEN SIND SCHLAGEN SICH JETZT IM NORDEN
Der Abend sinkt O blutiges Meer
Gärten darin der Oleander blutet die kriegerische Blüte

Anhang

Künstlerbiografien

Archipenko, Alexander franz. Bildhauer russ. Herkunft, * Kiew 30.5.1887, † New York 25.2.1964; seit 1908 in Paris, lernt Archipenko bald die damalige Avantgarde kennen. 1912–13 entstehen seine bemalten Reliefkonstruktionen (Sculpto – Peintures), die ihm die Bewunderung Apollinaires einbringen. 1915 stellt er bei der Section d'Or aus. Nach dem Krieg eröffnet er in Berlin u. New York Kunstschulen. 1924 erfindet Archipenko ein System verschiebbarer Elemente, gen. ›Archipentura‹. Ab 1924 intensive Lehrtätigkeit, Eröffnung von Kunstschulen in Woodstock und Los Angeles; zahlreiche Ausstellungen machen ihn in Europa und Amerika bekannt.

Baranov-Rossiné, Vladimir Maler und Bildhauer der Russischen Schule, * Kherson 1.1.1888, † 1942 Exekution bei der Besetzung von Paris. Nach einer Studienzeit in Odessa besucht er die Kurse der Kaiserlichen Akademie von St. Petersburg. Von 1907 bis 1910 reist er durch Finnland, Deutschland und Holland. 1910 läßt er sich in Paris nieder, wo er bis 1914 bleiben sollte. Er befreundet sich mit Malern und Dichtern, insbesondere mit Blaise Cendrars, Robert u. Sonia Delaunay, stellt im Salon des Indépendants aus u. zählt zu den Pionieren der abstrakten Malerei. Seine ›Sculpture – Peinture‹ erregt die Aufmerksamkeit von Apollinaire. 1915 wird er Professor an der Akademie von Moskau. Im selben Jahr erfindet er sein ›Piano optophonique‹, wobei jeder Ton die Projektion einer bestimmten Farbe auf eine Leinwand bewirkt. Vorführung bei Meyerhold in Moskau. 1925 geht er endgültig nach Paris, wo Hans Arp das ›Piano optophonique‹ vorführt.

Bolz, Hanns dtsch. Maler u. Holzschneider, * Aachen 21.1.1887, † Kuranstalt Neuwittelsbach b. München 4.7.1918. Gefördert von Herwarth Walden. Lebt bis 1914 meist in Paris, kurze Zeit in München. Kollektivausst. im Reiff-Museum in Aachen 1913. Anschluß an die Abstrakten.

Bonhommé, Ignace François franz. Maler u. Lithograf, * Paris 15.3.1809, † Paris 1.10.1881. Schüler von Lethière, Delaroche u. H. Vernet an der Ecole des Beaux-Arts. Widmete sich Zeit seines Lebens der Darstellung der Hütten- u. Bergwerke sowie der dort tätigen Menschen.

Bruce, Patrick Henry * 1880, † 1937. Gehört mit Arthur Burdett Frost (1887–1917) zu den engsten Schülern von Robert u. Sonia Delaunay, die sie um 1912 kennenlernten. Nach dem Krieg ziehen sich beide Maler von Delaunay zurück, verfolgen aber weiterhin eine Malerei der reinen Farbe. Bruce bleibt bis 1936 in Paris, wo er sehr zurückgezogen an Stilleben arbeitet. Kurz nach seiner Rückkehr nach Amerika begeht er Selbstmord.

Camoin, Charles franz. Maler, * Marseille 25.9.1879, † Paris 20.5.1965. Mitschüler Marquets im Atelier von Gustave Moreau, 1912–1913 Reise nach Marokko mit Matisse und Marquet; Mitglied der Fauves-Gruppe, in seinem Stil jedoch auch von Renoir u. den Impressionisten beeinflußt.

Chapuis, Pierre Marie Alfred franz. Genre- u. Landschaftsmaler, * Paris, † 23.9.1942 ebd. Beschickt seit 1906 den Salon der Soc. Nat. des Beaux-Arts, den Salon d'Automne u. den Salon des Indépendants.

Delaunay, Robert franz. Maler, * Paris 12. 4. 1885, † Montpellier 25. 10. 1941. Ausgehend von den Fauves und dem Neo-Impr. Cross', schließt sich Delaunay kurzfristig ab 1909 dem Kubismus an (Eiffelturm-Bilder, Städtebilder), gelangt aber, angeregt durch Farbtheorien und eigene Untersuchungen, ab 1912 zu einer abstrakten Malerei der ›reinen Farbe‹, nämlich aus den simultanen Interaktionen von Farbkontrasten (Fenster-Bilder, Kreisformen). Nach dem Krieg arbeitet Delaunay intensiv an der Entwicklung seiner abstrakten Malerei weiter, u. a. unter Einbeziehung neuer Materialien und deren Anwendung für Belange der Kunst am Bau (Rhythmen ohne Ende).

Delmarle, Félix (auch als Del Marle oder Mac Del Marle bekannt), franz. Maler, * Pont-sur-Sambre 1889, † Paris 1952. Läßt sich 1912 in Paris nieder und macht bald die Bekanntschaft von Apollinaire, Max Jacob, A. Salmon u. den Kubisten; teilt ein Atelier mit G. Severini u. schließt sich als einziger franz. Maler eng an die Gruppe der Futuristen an. Fut. Manifest gegen den Montmartre, 1913; »Einige Notizen zur Simultaneität in der Malerei«, in *Poême et Drame*, 1914. Nach dem Ersten Weltkrieg Anschluß an die abstrakte Malerei im Stile von Kupka; später von Mondrian und Van Doesburg beeinflußt.

Deltombe, Paul franz. Maler, * Catillon 6. 4. 1878. Kommt als 20jähriger nach Paris, wo er eine Zeitlang die Ecole des Beaux-Arts besucht, um sich dann selbständig weiterzubilden. 1901 im Salon zurückgewiesen, erscheint er im folgenden Jahr in der Société Nationale, geht aber später (um 1906) in das Lager der Sezession über, in deren Salon des Indépendants er seitdem regelmäßig ausstellt. Malt in erster Linie Landschaften und Stilleben, in denen er unter Cézannes Einfluß einem kraftvollen Kolorismus huldigt.

Denis, Maurice franz. Maler u. Kunstschriftsteller, * Grandville 25. 11. 1870, † Paris 3. 11. 1943. Schüler der Académie Julian und der Ecole des Beaux-Arts in Paris. Wird durch Sérusier mit den Ideen Gauguins bekannt, und schließt sich der Künstlergruppe der Nabis an. 1919 gründet er mit Desvallières Werkstätten für christliche Kunst, die er durch zahlreiche Italienreisen schätzen gelernt hat. Nach der Nabis-Zeit, deren bedeutendster Theoretiker er war, findet Denis seine Berufung als Erneuerer der religiösen Malerei in großen dekorativen Fresken in der Nachfolge von Puvis de Chavannes. Außer Fresken und Tafelbildern, Entwürfe für Glasfenster und Wandteppiche; Lithografien und Buchillustrationen; kunsttheoretische Bücher.

Derain, André franz. Maler, * Chatou bei Paris 10. 6. 1880, † Garches bei Paris 8. 9. 1954. Lernt Vlaminck und Matisse kennen und schließt sich dem Fauvismus an. Seit 1906 macht sich der Einfluß von Picasso bemerkbar sowie der der klassischen Malerei in Frankreich und Italien. Nach dem Studium von Cézanne, aber auch der Negerkunst und der Kunst der sog. Primitiven tritt eine klassizistische Phase ein, der er trotz einiger fauvistischer Zwischenfälle bis zu seinem Tode treu bleibt. Neben der Malerei in allen üblichen Genres schuf Derain auch Illustrationen für Bücher, Dekorationen, Kostüme, Skulpturen.

Desvallières, Georges-Olivier franz. Maler u. Zeichner für Glasgemälde, * Paris 14. 3. 1861, † ebd. 1950. Vertreter der mod. religiösen Malerei, beeinflußt von Gustave Moreau. Wandmalereien in vielen franz. u. ausländ. Kirchen; Glasgemälde und Tafelbilder. Sein Stil verdankt auch viel M. Denis und den Fauves.

Detaille, Edouard franz. Maler, * Paris 5.10.1848, † ebd. 23.12.1912. Bekannter Militär- und Schlachtenmaler, Schüler von Meissonnier, dessen Stil er weiterentwickelt, bes. hinsichtlich der Detailschilderung. Themen aus der napoleonischen Zeit, dem Jahr 1830, dem Krieg 1870–71. Er veröffentlicht *L'armée française* mit 346 Zeichnungen und 60 Aquarellen, Text von J. Richard, 1883.

Deville, Jean Maler und Holzschneider, * Lyon 27.11.1872. Schüler und Freund von Maximilien Luce. Stellt seit 1908 im Salon d'Automne und im Salon des Indépendants aus. Porträts, Blumenstücke, Landschaften, Historien- und Genrebilder.

Diriks, Karl-Edvard * Christiana 9.6.1855, † ebd. 17.3.1930. Studiert Architektur an der technischen Hochschule in Karlsruhe, später mit Unterbrechungen an der Bauakademie in Berlin, wo er im Kreis um Krohg und Klinger verkehrt. Wechsel zur Malerei 1878; studiert ein Jahr lang in Weimar unter Th. Hagen. 1883 für ein Jahr nach Paris, wo er unter den Einfluß des Impressionismus gerät. Ab 1899 fest in Paris ansässig, von wo aus er eine Reihe von Studienreisen unternimmt, z. B. in die Bretagne. Behandelt selten Figuren, überwiegend lebhaft bewegte Motive von Land und Meer – Sturm, Regen, wolkige Luft – in impressionistischer Manier.

Dongen, Kees van holl. Maler, * Delfshaven b. Rotterdam 26.1. 1877, † Monte Carlo 28.5. 1968. Früh von den Impressionisten beeinflußt; seit 1897 in Paris, schließt sich 1906 den Fauves an, auch Mitglied der ›Brücke‹. Nach dem Ersten Weltkrieg Modeporträtist und Gesellschaftsmaler.

Dorignac, Georges franz. Maler, Zeichner und Entwurfszeichner für Glasmalerei u. Tapisserien, * Bordeaux 8.11. 1879, † Paris 21.12. 1925. Ein Jahr Schüler der Ecole des Beaux-Arts in Bordeaux, dann eine Woche im Atelier Bonnat in Paris, im übrigen Autodidakt. Mitglied der Soc. Nat. des Beaux-Arts. Hauptbedeutung als Zeichner, bes. Aktzeichner (Rötel, Kohle).

Duchamp, Marcel franz.-am. Maler, * Blainville 28.7. 1887, † Paris 1.10. 1968. Studiert Malerei an der Académie Julian, lernt 1911 Picabia und Apollinaire kennen. In der Section d'Or mit Bildern vertreten, die Bewegungsabläufe darstellen. Bereits 1913 erregt Duchamp in New York auf der Armory Show mit seinem ersten Ready-made (Das Fahrrad–Rad) Aufsehen. 1917 wird *Fontäne* auf der Ausstellung der Society of Independent Artists, New York, abgelehnt. 1920–21 zieht Duchamp nach New York und gründet die Société Anonyme Inc.; optische Experimente und Arbeit am *Großen Glas*. Zwischen Paris und New York hin- und herpendelnd, beteiligt sich Duchamp an zahlreichen Manifestationen des Dada und Surrealismus, für die er als großer Anreger gelten kann. Seine wenigen Werke nach Aufgabe der Malerei zeigen ein intellektuelles Spiel mit den Möglichkeiten des Kunstmachens selbst.

Duchamp-Villon, Raymond franz. Bildhauer, * Damville (Eure) 5.11. 1876, † Cannes 7.10. 1918. Bruder von Marcel D. und J. Villon; beginnt unter dem Eindruck von Rodin, schließt sich den Kubisten an (Puteaux) und versucht die Übertragung von Bewegungsmotiven in die Plastik; als meisterhaft gelten auch seine Porträtbüsten.

Dufrenoy, Georges franz. Landschafts-, Architektur-, Veduten-, Stilleben- und Figurenmaler, * Thiais (Seine) 20.6. 1870, † Paris 1944. Schüler von Désiré Laugée u. Doucet. Befreundet mit E. Bernard u. P. Sérusier, beeinflußt besonders von Monet. Schließt sich der von Sérusier geführten

Gruppe der Nabis an. Mitglied der Societé du Salon d' Automne, wo er seit 1906 ausstellt. Beschickt auch den Salon des Indépendants (seit 1895), den Salon der Soc. Nat. des Beaux-Arts und den Salon des Tuileries (1923ff.).

Dumont, Pierre Jean franz. Architektur-, Landschafts-, Blumen- und Stillebenmaler, * Paris 29.3. 1884, † ebd. 10.4. 1936. Stellt seit 1914 bei den Indépendants aus. Malt hauptsächlich Ansichten der Normandie und der Kirchen der Stadt Rouen.

Dunoyer de Segonzac, André franz. Maler, Radierer u. Buchillustrator, * Boussy-St.-Antoine 6.7. 1884, † Paris 13.3. 1968. Einer der wichtigsten Vertreter moderner franz. Landschaftsmalerei, beeinflußt von den Impressionisten, den Fauves und den Kubisten. Etwa seit 1920 entwickelt sich ein eigener Stil mit pastosem Farbauftrag und beschränkter Farbpalette. Schließt in seiner Landschaftskunst an Corot an; grafisches Werk von über 2000 Blättern; auch Aquarelle und Buchillustrationen.

Dupont, Victor franz. Maler, tätig in Paris, * Boulogne-sur-Mer 12.7. 1875. Besucht in Boulogne bis zu seinem 20. Lebensjahr die Akademie u. 1895–1901 die Académie des Beaux-Arts in Lille. In Paris studiert er Puvis de Chavannes, Cézanne, Renoir u. schließt sich der expressionistischen Bewegung an. Er beschickt regelmäßig den Salon des Indépendants mit Landschaften, Interieurs, Porträts u. figürlichen Kompositionen.

Echevarria, Juan de span. Bildnis-, Stilleben- und Figurenmaler, * Bilbao, ansässig ebd. Beeinflußt von Renoir. Seine ganz schlicht gehaltenen Bildnisse entbehren jeder besonderen Aufmachung, sind aber psychologisch fein erfaßt.

Favory, André franz. Maler u. Illustrator, * Paris 29.3. 1889, † ebd. 5.2. 1937. Kurze Zeit Schüler von Baschet an der Académie Julian, im übrigen Autodidakt. Stellt seit 1909 bei den Indépendants, seit 1923 im Salon des Tuileries aus. Wiederholte längere Aufenthalte in Antwerpen, wo er besonders Rubens studiert. Kraftvoller Kolorist und virtuoser Dekorateur.

Flandrin, Jules Léon franz. Maler und Graphiker, * Corenc bei Grenoble 9.7. 1871, † Paris 1947. Tritt 1895 in die Ecole des Beaux-Arts als Schüler Moreaus ein und beschickt seit 1896 regelmäßig den Salon der Soc. Nat. des Beaux-Arts, deren Mitglied er seit 1898 ist. Stellt seit 1905 außerdem häufig im Salon des Indépendants und im Salon d'Automne aus und erscheint von Zeit zu Zeit auch auf deutschen Ausstellungen (Sezession Berlin 1909, München 1911, Glaspalast München 1913). Beeinflußt von verschiedenen Richtungen (bes. Cézanne u. Maurice Denis). Kraftvolle Farbsetzung, bevorzugt monumentale Fresken. Hauptsächlich figürliche Kompositionen in dekorativen Ideal-Gruppierungen im Sinne Denis'; verarbeitet in den Kompositionen Eindrücke von Ballettaufführungen.

Girieud, Pierre franz. Maler, * Marseille 1875, † Paris 1940. Schüler Sérusiers, starker Einfluß der sienesischen Malerei; Mitglied der Neuen Künstlervereinigung München. Kollektiv-Ausst. in München 1911 u. 1913.

Gleizes, Albert franz. Maler, Illustrator u. Kunstschriftsteller, * Paris 8.12. 1881, † Avignon 24.6. 1953. Hauptvertreter des Kubismus und Wegbereiter der abstrakten Kunst, schließt sich um 1911 der Gruppe der Kubisten um die Gebr. Duchamp in Puteaux an, deren Bestreben dem ital. Futurismus ähnlich war: Umsetzung von Bewegungsmotiven in eine neue bildnerische Sprache. Veröffentlicht mit Metzinger 1912 *Du Cubisme* sowie viele andere kunsttheoretische Werke, in deren Mittelpunkt der ›Faktor Zeit‹ als modernes Mittel der Raumgestaltung steht. Gleizes übt als Mitglied der Künstlergruppe der Abbaye de Créteil und Moly-Sabata großen Einfluß auf die vom Kubismus sich lösenden Maler aus. Widmet sich in den späten Jahren auch der Wandmalerei.

Granzow, Wladislaw Landschaftsmaler in Paris, * Warschau 29.4. 1872. Studierte in Warschau, dann in München bei Grocholsky u. in Paris bei Benjamin Constant u. J. P. Laurens. Reisen durch Griechenland und Spanien. Seine Landschaften, die das Studium Tizians, Velasquez' und vor allem Poussins zeigen, zeichnen sich durch harmonische Farbgebung aus. Seine Motive entnimmt er mit Vorliebe der Landschaft um Paris und der franz. Küsten.

Gromaire, Marcel franz. Maler, * Noyelles-sur-Sambre 24.7. 1892, † Paris 11.4. 1971. Versucht realistische Tendenzen mit dem Kubismus zu verbinden; neben Lurcat Erneuerer der Tapisserie (Kartons für große Wandteppiche: Die vier Elemente, die vier Jahreszeiten). Als Maler erregt er Aufsehen mit dem Bild *Der Krieg* von 1925.

Groux, Henry de belg. Maler, Radierer u. Bildhauer, * Brüssel 16.11. 1867, † Marseille im Februar 1930. Malt visionäre, symbolistische Werke mit einer Vorliebe für das Grausige u. Schaurige; als Bildhauer Schüler von C. Meunier.

Guérin, Charles franz. Maler u. Lithograf, * Sens (Yonne) 21.2. 1875, † Paris 1939. Vertritt den Neo-Impressionismus, Schüler von Moreau; anfangs Parklandschaften im Stile Monticellis, dann von Renoir und dem Impressionismus beeindruckt; bes. talentiert im Damenporträt, dem weibl. Akt, dem Stilleben; Buchillustrationen.

Harpignies, Henri Joseph Landschaftsmaler u. Grafiker, * Valenciennes 28.7. 1819, † Saint-Privé 28.8. 1916. Ab ca. 1838 Lehre bei Jean Achard. 1850 Studium an der Académie de France in Rom, sechs Monate auf Capri. 1852 in Paris. Der Einfluß Corots und der wiederholter Italienreisen macht sich die folgenden Jahre geltend. Kehrt dann nach einer Phase kräftiger Farbgebung zu Beginn des 20. Jh. wieder zu der Tonigkeit seines Frühwerks zurück.

Itturino, Francisco de span. Maler, * Bilbao 1864, † Schweiz 1924. Mitglied der Asociación de Artistas vascos in Madrid. Malt anfangs bask. Bettler u. Vagabunden, Tanz- u. Trinkszenen. 1910 Debüt im Salon des Indépendants. Später malt er auch Landschaften u. weibl. Aktfiguren; stellt auch im Salon Vollard u. im Salon d'Automne aus.

Jasinski, Felix poln.-franz. Radierer, * Zabkow (Polen) 6.5. 1862, † Puteaux 8.8. 1901. Lebte in Paris, radiert nach Vorlagen alter u. zeitgenössischer Meister. Im Salon der Soc. Nat. des Beaux-Arts 1891–1901 fast alljährlich vertreten.

Jourdain, Francis Kunstgewerbler, Maler und Grafiker in Paris, * Paris 1876. Sohn des Frantz (s. u.), Schüler von Guérard, Carrière, Besnard. Beschickt den Salon der Soc. Nat. (seit 1897), den Salon des Indépendants (seit 1905), den Salon d'Automne (desgl.) u. den der Libre Esthétique in Brüssel. Betätigt sich anfangs als Mitarbeiter seines Vaters beim Ausmalen von Innenräumen; später eigenes Atelier.

Hauptbedeutung als Kunstgewerbler; entwirft Bühnendekorationen, Möbel, Buntpapiere, Stoffmuster, Scheiben, Gerät aller Art, besonders Kinderspielzeug. Vermeidet beim Möbel als einer der Ersten alles überflüssige Ornament und stellt die praktischen Gesichtspunkte den ästhetischen voran.

Jourdain, Frantz Calixte Raphaël Ferdinand Marie Architekt, Kunstgewerbler, Schriftsteller (Pseudonym: Thomas Graindorge) u. Sammler in Paris, * Antwerpen 30. 10. 1847. Sohn der Dichterin Laure Jourdain. 1867/70 Schüler der Pariser Ecole des Beaux-Arts bei H. Daumet. Läßt sich 1870 in Frankreich naturalisieren u. macht den deutsch-franz. Krieg als Offizier mit. Errichtet in Paris und in der Provinz eine Reihe von Privatpalais; Eisenkonstruktion des Kaufhauses Samaritaine am Pont Neuf; Grabmal von Emile Zola auf dem Montmartre; Ausstellungsbauten, Bühnenbilder, Innenräume u. Möbel. 1902 eines der Gründungsmitglieder des Salon d'Automne, dessen Präsident er wird. Mitarbeiter von verschiedenen Zeitschriften. Zahlreiche Buchpublikationen: *Histoire de l'habitation humaine,* 1889; *L'Atelier Chantorel,* 1892, autobiografischer Roman mit Eindrücken aus seiner Akademiezeit; einige Abhandlungen zur Kritik u. Ästhetik der zeitgenössischen Kunst.

Juste, René Jean Camille (nennt sich seit 1909 René-Juste), Landschaftsmaler, * Paris 16. 6. 1868. Schüler von F. Cormon, malt einfache Motive aus Dörfern u. Landstädtchen des Seine-Marne-Gebiets, wo er meist lebt (ca. 1903/14 in Marlotte, 1921 in Saint-Pierre-le-Nemours). Mit den Mitteln des Impressionismus schildert er Licht- u. Luftstimmungen u. malt mit Vorliebe Schneelandschaften u. Regenstimmungen. Manchmal erinnern seine Landschaften an die frühen Arbeiten A. Guillaumins. Um 1910 kommt er zu einer stärkeren Zusammenfassung in der Form- u. Farbgebung im Sinne des Expressionismus.

Klingsor, Tristan eigentlich Léon Leclère, Porträt-, Landschafts- u. Stillebenmaler, Dichter, Komponist u. Kunstschriftsteller in Paris, * La Chapelle (Oise) 1884, † ebd. 1967. Bildet sich völlig autodidaktisch durch das Studium der alten Meister (Jean Fouquet, Chardin, die Venezianer, besonders Tintoretto). Vorsitzender des Nouveau Salon, einer 1919 gegründeten revolutionären Gruppe; Kunstkritiker u. Herausgeber der Monografiensammlung *Maîtres anciens et modernes,* in der er selbst drei Bände (Cézanne, Chardin u. La peinture française depuis vingt ans) veröffentlicht.

Kupka, František franz. Maler böhm. Herkunft, * Opotno (Böhmen), 23. 9. 1871, Puteaux b. Paris 21. 6. 1957. Gehört zu den ersten abstrakten Künstlern. Seit 1895 in Paris; wird als Buchillustrator bekannt. Um 1911 entsteht das erste abstrakte Werk *Fuge in Rot u. Blau.* In den 20er Jahren Auswirkungen der Maschinenästhetik. Seit 1931 im Umkreis der ›Abstraction – Création‹.

Laboureur, Jean Emile Originalgrafiker (Holzschnitt, Lithografie, Radierung, Linienstich, Aquatinta) in Paris, * Nantes 16. 8. 1877. Schüler Lepères, in dessen *L'Image* 1886 seine ersten Holzschnitte erschienen. Wandte sich dann der Radierung zu u. begann um 1906 mit der Grabsticheltechnik. Viele Einzelblätter u. Illustrationen von etwa 15 franz. Dichterwerken. Oft kubische Figuren, die arabeskenhaft in die Fläche gesetzt werden.

Lacoste, Charles franz. Landschaftsmaler, * Floirac 3. 3. 1870 (Gironde). Beschickt den Salon des Indépendants 1901–13, den Salon d'Automne 1905–21, den Salon des Tuileries 1923–27.

La Fresnaye, Roger de franz. Maler, * Les Mans 11. 7. 1885, † Grasse 27. 11. 1925. Bedeutender Vertreter des Kubismus, der aber mehr zu gegenständlich erkennbaren Motiven tendierte als zur geometrischen Abstraktion, Schüler von M. Denis u. P. Sérusier; von Gauguin, Cézanne u. den Nabis beeinflußt, seit etwa 1911 Kubist. In späteren Werken dem Kubismus nicht mehr zuzurechnen. Lithografien und Illustrationen.

Laprade, Pierre franz. Maler u. Radierer, * Narbonne 1875, † Fontenay-aux-Roses 1931. Schüler der Académie Carrière, Spätimpressionist in der Tradition v. Bonnard u. Vuillard; hervorragender Illustrator.

Larionov, Michail russ. Maler, * Tiraspol 3. 6. 1881, † Fontenay-aux-Roses (Seine) 10. 5. 1964. An den mod. Kunstströmungen interessierter Maler, befreundet mit Malewitsch. Entwickelt um 1910 den Rayonismus, kommt 1915 nach Paris, stellt zusammen mit seiner Frau Nathalie Gontscharowa aus; nach dem Krieg fast ausschließlich für die Bühne tätig.

Laurencin, Marie franz. Malerin, * Paris 1885, † Paris 1956. Enge Verbindung zum Kubismus über ihre Freundschaft zu Apollinaire, aber im strengen Sinne wohl kaum als Kubistin oder Orphistin zu bezeichnen. Studiert an der Académie Humbert, wo sie Braque kennenlernt, der sie Picasso u. Apollinaire vorstellt. Ihr Stil ist in der dekorativen Linienkomposition und den gedeckten, traumhaften Farben eher v. den Nabis geprägt, als von irgendeiner modernen Bewegung der Malerei. Nach der Trennung v. Apollinaire heiratet sie 1914 den dtsch. Maler Otto v. Waetjen, mit dem sie in Barcelona lebt, von dem sie sich aber bereits 1920 wieder trennt. Ihr eigentliches Talent entfaltet sich später als Bühnenbildnerin für die Ballets russes. Ihre späten Bilder sind farbiger u. opulenter, gleichen im Inhalt aber ihren frühen Werken.

Le Bail, Louise Landschaftsmalerin, * Evron (Mayenne). Autodidaktin, gefördert durch Pissarro u. Cézanne; stellt seit 1905 bei den Indépendants, im Salon d'Automne u. im Salon des Tuileries aus.

Le Beau, Alcide-Marie Landschaftsmaler, * Lorient (Morbihan) 1872, † 1943. Stellt seit 1902 im Salon des Indépendants aus.

Le Fauconnier, Henri franz. Maler, * Hesdin 1881, † Paris 25. 12. 1946. Gehört zum Kreis um Gleizes u. Delaunay, stellt zusammen mit der Gruppe der Section d'Or aus, 1914–19 Aufenthalt in Holland.

Léger, Fernand franz. Maler, * Argentan 4. 2. 1881, † Gif-sur Yvette 17. 8. 1955. Einer der Meister der mod. Kunst; ab 1900 in Paris, gehört zum Kreis der Kubisten um Apollinaire, Gleizes u. Metzinger (Section d'Or). Bemüht sich früh um die Darstellung der mod. Welt, indem er technische Dinge als Motive wählt. Ab 1921 nehmen Figuren die beherrschende Stellung in seinen Bildern ein, kombiniert mit technischen Details u. emblemartigen Versatzstücken. Sein dekoratives Interesse führt ihn immer mehr zum Wandbild; Kartons für Wandteppiche u. Mosaiken; Keramiken u. Skulpturen, Glasfenster u. Dekorationen für das Ballett.

Lempereur, Edmond franz. Landschaftsmaler, * Oullins 1876, † ebd. 24. 11. 1909. Beschickt den Salon des Indépendants.

Lepape, Georges Maler, Grafiker u. Illustrator, * Paris 1887, † 1971. Beeinflußt durch Boutet de Monvel u. die Meisterwerke der persischen Buchmalerei. Führender Pariser Modezeichner (Style Poiret). Liefert wie auch Raoul Dufy Stoffentwürfe an Paul Poiret. Modealben.

Lhote, André franz. Maler, * Bordeaux 5. 7. 1885, † Paris 24. 1. 1962. Als Bildhauer tätig, bevor er autodidaktisch zu malen beginnt, von den Kubisten beeinflußt. Entwickelt eine eigene Theorie des Kubismus, bes. zur Umsetzung in geometrische Gebilde. Seit 1918 leitet er eine sehr erfolgreiche Malschule in Paris u. veröffentlicht zahlreiche Bücher zu Fragen der Malerei.

Locquin, Maurice franz. Maler, * Nevers 15. 9. 1885, † Sondernach 23. 6. 1915 im Felde. Schüler von Quéniaux, Béronneau, Naudin. Landschaften, Stilleben, Städteansichten. 1912–14 im Salon des Indépendants.

Lotiron, Robert franz. Maler, * Paris 29. 10. 1885, † 1966, Schüler von J. Lefebvre, T. Robert-Fleury u. Denis. Kleine Landschaften mit figürlicher Staffage. Motive findet er in Paris, der Umgebung v. Paris, der Nomandie u. in der Bretagne. Er gehört zu den Malern, die nach anfänglicher Begeisterung für den Kubismus wieder zu einer naturgetreueren Darstellung übergehen.

Luce, Maximilien franz. Maler u. Lithograf, * Paris 13. 3. 1858, † ebd. 6. 2. 1941. Von Pissarro u. den Neo-Impressionisten (Seurat) beeinflußt, befreundet mit Signac u. Cross; vorwiegend Landschaften, aber auch Darstellungen aus dem Leben der Erdarbeiter u. aus den Industriebezirken.

Macdonald–Wright, Stanton amerik. Maler, * Charlottesville/Virg. 8. 7. 1890. Gehört zu den Pionieren der abstr. Malerei in Amerika; gründet 1912 zusammen mit M. Russell die dem Orphismus Delaunays nahestehende Bewegung des Synchromismus. Nach dem Weltkrieg Rückkehr nach Amerika u. Weiterentwicklung seiner abstrakten Prinzipien.

Mainssieux, Lucien franz. Maler, Grafiker, Illustrator, Musik- u. Kunstkritiker, * Voiron (Isère) 4. 8. 1885. 15jährig Schüler von Fr. Jos. Girot in Voiron, seit 1905 von J. P. Laurens in Paris. Befreundet mit Dunoyer de Segonzac. Erste Ausstellung im Salon d'Automne 1913. Ein Jahr Tunesien u. Marokko, später wiederholte Aufenthalte ebd. u. in Rom. Stellt regelmäßig bei den Indépendants, im Salon d'Automne u. seit 1924 im Salon des Tuileries aus.

Manguin, Henri-Charles franz. Maler, * Paris 23. 3. 1874, † St. Tropez 25. 9. 1949. Maler der Fauves-Gruppe, Schüler von Moreau, beeinflußt von Cézanne u. Gauguin; malt Landschaften, Akte, Stilleben, Bildnisse, die in ihrer Farbigkeit manchmal an Matisse erinnern.

Marchand, Jean franz. Maler, * Paris 21. 11. 1883, † ebd. 1940. Schüler von Merson, Bonnat, Martin, von den Kubisten beeinflußt, zu denen er anfangs gehört; wechselt später zu einem Neoklassizismus; Radierungen u. Lithografien, Buchillustrationen.

Marcoussis, Louis (eigentl. Casimir Ladislas Markus), poln.-franz. Maler u. Grafiker, * Warschau 14. 11. 1883, † Cusset 22. 10. 1941. Seit 1903 in Paris, kurze Zeit Schüler v. J. Lefebvre, gehört ab 1912 zur Künstlergruppe der Section d'Or; nach impressionistischen Anfängen Kubist; findet zu einem eigenen geometrischen Stil; Landschaften u. Stilleben, Grafik.

Mare, André Kunstgewerbler, Innenarchitekt, Maler- u. Buchkünstler, tätig in Paris. Seine Einbände sind meist handgemalt auf Pergament (stilisierte Landschaften, Blumen, Tiere).

Marquet, Albert franz. Maler, * Bordeaux 27.3. 1875, † Paris 14.6. 1947. Hauptvertreter der mod. franz. Landschaftsmalerei; kommt 1890 nach Paris und schließt sich Matisse u. den Fauves an; 1915–1919 in Marseille u. Nizza, 1940–1945 in Algier. Marquet verbindet die Merkmale des Impressionismus mit dem Fauvismus; Hauptthemen sind Hafenbilder u. die Pariser Seine-Quais.

Matisse, Henri franz. Maler u. Grafiker, * Chateau-Cambrésis 31.12. 1869, † Cimiez 3.11. 1954. Als Schüler von Moreau beginnt er um 1900 unter dem Eindruck von Gauguin, Cézanne u. Monet in starken, leuchtenden Farben zu malen, die ihn zum Führer der Fauves machten (1905, Herbstsalon). Riesiges malerisches Werk, aber auch Wandbilder, Glasfenster, Theaterdekorationen, Buchillustrationen, Lithografien, Plastiken u. Plakate. Sein Stilwillen setzt alles in große farbige Flächen und dekorative Bildzeichen um; sein letztes großes Werk sind die Wandmalereien für die Kapelle in Vence (1949–51).

Metzinger, Jean * Nantes 24.6. 1883, † Paris 1.11. 1956. Nach einer neo-impressionistischen und fauvistischen Phase schließt sich Metzinger 1908 dem Kubismus von Picasso u. Braque an u. wird ein wichtiger Vertreter und Haupttheoretiker des Kubismus. 1912 veröffentlicht er zusammen mit Gleizes die kunsttheoretische Schrift *Du Cubisme*.

Mortier, Robert * Nizza 20.6. 1877, † Paris um 1940. Landschafts-, Stilleben- u. Bildnismaler in Paris; Schüler von T. Robert-Fleury u. Carrière. Stellt ab 1912 im Salon des Indépendants aus.

Ottmann, Henri Maler, * Ancenis 10.3. 1877, † 1.6. 1927, tätig in Brüssel u. Paris.

Petitjean, Francois franz. Radierer, Mezzotinto- u. Aquatintastecher, * Charolles, † Juni 1933, Studiert bei H. Lefort an d. Académie Colarossi in Paris.

Picabia, Francis franz. Maler span. Herkunft, * Paris 1879, † ebd. 1953. Studiert an der Ecole des Arts décoratifs und stellt 1894 im Salon des Artistes français aus. 1908 erste abstrakte Kompositionen. Mit seinen Freunden Duchamp, Gris, Herbin, Gleizes, Metzinger organisiert er die Section d'Or 1912. 1916 Gründung der dadistischen Zeitschrift *391*, Anschluß an die Züricher Dada-Gruppe, gründet dann in New York zusammen mit Duchamp eine neue Gruppe. In den 20er Jahren Dekorationen für Ballettproduktionen und Filme. In der Malerei viele unterschiedliche Phasen, die ihn heute zum Ahnherrn einer ›post-modernen‹ Malerei machen.

Picasso, Pablo span. Maler, Grafiker u. Bildhauer, * Malaga 25.10. 1881, † 8.4. 1973 in Paris. Schon in Barcelona als Wunderkind der Malerei gefeiert, stilistisch noch von Toulouse-Lautrec, Van Gogh u. Cézanne beeinflußt, ab 1900 in Paris eigenständige Stilphasen im spätsymbolistischen Stil (blaue u. rosa Periode), beeinflußt von außereuropäischen Bildwerken, aber auch von Wahrnehmungstheorien begründet Picasso ab 1906 den Kubismus (1907, *Les demoiselles d'Avignon*); um 1909 Entwicklung des analytischen Kubismus; um 1911 Beginn der synthetischen Phase, Erfindung der Collage. Nach dem Krieg klassizistische Wendung, dann in den 20er Jahren wieder surrealistische Einflüsse unter Einbeziehung kubistischer Erfindungen. Beide Tendenzen laufen nun parallel und bilden einen höchst eigenständigen Kunststil aus. Daneben entsteht eine umfangreiche Produktion an Grafiken, Keramiken und Bildhauerarbeiten.

Pissarro, Georges (Pseud. Manzana) Maler, Grafiker u. Kunstgewerbler in Paris, * Louveciennes 23. 11. 1871. Sohn u. Schüler des Camille. Besucht als 16jähriger die Londoner Kunstschule unter W. Morris. Stellt im Salon d'Automne u. im Salon des Indépendants aus. In den dekorativen Arbeiten Anlehnung an orientalische Vorbilder, in der Malerei (orientalische Szenen) Beziehung zu Gauguin.

Puy, Jean franz. Maler, * Roanne (Loire) 7. 11. 1876, † ebd. 6. 3. 1960. Kommt 1898 nach Paris, Schüler der Académie Julian, dann von Carrière, schließt sich den Fauves u. Matisse an. Seine Kunst zeichnet sich durch Farbenfreudigkeit u. Vitalität aus.

Severini, Gino ital. Maler, * Cortona 7. 4. 1883, † Paris 15. 4. 1966. Vertritt den Futurismus in einer Pariser Note, abgestimmt auf die Themen u. Motive der Metropole. Vor allem wichtig wegen seines Versuches, die Dynamik des Futurismus mit kubistischen Prinzipien zu verbinden. In den 20er Jahren von Picassos klassizistischer Phase beeinflußt; widmet sich dann einer neoklassizistischen dekorativen Formsprache. Religiöse Wandmalereien u. Mosaiken.

Soffici, Ardengo ital. Maler, * Rignano sull'Arno 7. 4. 1879, † Forte dei Marmi (Lucca) 1964. Studiert an der Florentiner Akademie, 1900–07 in Paris (La Ruche, Montparnasse); begründet mit G. Papini u. G. Prezzolini die Zeitschriften *La Voce* und *Lacerba*; schließt sich 1913 den Futuristen an, kehrt aber wieder zu einem traditionellen Realismus zurück. Eng mit Apollinaire befreundet.

Steinlen, Théophile Alexandre schweiz.-franz. Grafiker u. Maler, * Lausanne 10. 11. 1859, † Paris 14. 12. 1923. Seit 1881 in Paris tätig; bekannt durch seine gesellschaftskritischen Zeichnungen für *Chat noir, La Caricature, Le Rire* u. a. Buchillustrationen u. Plakate, Radierungen im Stile Millets u. Daumiers; Plakatstil von Toulouse-Lautrec angeregt.

Survage, Léopold (eigtl. L. Sturzvage) franz. Maler finn. Herkunft, * Willmannstrand (Finnland) 12. 8. 1879, † Paris 1968. Schüler der Kunstschule Moskau, kommt 1908 nach Paris und studiert bei Matisse. Survage gilt als der Vorläufer einer ›Farblichtmusik‹, eines Zusammenspiels von bewegten Farben und Musik, für das er einige gemalte Studien entwirft. Über das Projekt kommt er allerdings nicht hinaus. Abstrakte Bilder, Dekorationen für die Ballets russes, sowie große Wandbilder für die Weltausstellung in Paris 1937.

Tobeen, Félix Elie Maler u. Grafiker, * Ciboure (Basses Pyrenées) 19. 7. 1880. Vom Kubismus beeinflußt. Malt bes. Stilleben u. Figuren. Stellt seit 1910 im Salon des Indépendants, seit 1911 im Salon des Tuileries aus. Wendet sich später vom Kubismus ab: 1918 Ausstellung mit der Gruppe Jeune Peinture Française.

Trigoulet, Eugène Maler u. Lithograf, * 1867, † Berck-sur-Mer Juni 1910. Schüler von Gérome, Lévy u. A. Maignan. Darstellungen aus dem Leben der Schiffer u. Küstenbewohner.

Truchet, Abel Maler, Lithograf u. Radierer, * Versailles 29. 12. 1857, † Auxerre 9. 9. 1918. Bis zum 33.Lebensjahr Kaufmann, lernt kurze Zeit an der Académie Julian bei Lefebvre u. T. Robert-Fleury.

Debutiert im Salon 1891, seit 1902 Mitglied der Soc. Nat., dann des Salon d'Automne. Szenen vom Leben am Montmartre, das Pariser Vie mondaine u. Landschaften.

Valensi, Henri Maler u. Kunstschriftsteller in Paris, * Algier 17. 9. 1883, † 1960. Schüler von Lefebvre u. T. Robert-Fleury, bereist Griechenland, die Türkei, Kleinasien u. Rußland, später ganz Europa mit Ausnahme von Skandinavien. Seit 1907 regelmäßig im Salon des Indépendants; 1912 Mitbegründer des Salon de la Section d'Or. Anfänglich Neo-Impressionist, dann Expressionist.

Vallotton, Félix schweiz. Maler u. Grafiker, * Lausanne 28. 12. 1865, † Paris 29. 12. 1925. Lebt ab 1882 in Paris, Schüler der Académie Julian, Mitarbeiter der *Revue Blanche*. Beschäftigt sich zunächst 1891–97 mit Grafik. Stellt 1893 mit den Nabis aus u. 1906 bei Bernheim Jeune; eng befreundet mit Vuillard. In seinem Werk verbinden sich Einflüsse der Nabis u. der japanischen Kunst mit dekorativer Formvereinfachung; Vorläufer des Jugendstils u. der Neuen Sachlichkeit; von starkem Einfluß als Grafiker in den strengen Schwarzweißkontrasten.

Verdilhan, Mathieu Maler, * Saint-Gilles (Gard), † 1929. Gehört dem Kreis der Fauves an. Beeinflußt durch Cézanne. Ansässig in Marseille, seit ca. 1912 in Paris. Beschickt seit 1910 den Salon des Indépendants.

Villon, Jaques (eigtl. Gaston Duchamp) franz. Maler u. Radierer, * Damville 31. 7. 1875, † Puteaux 9. 6. 1963. Beginnt als humoristischer Zeichner, Plakatentwerfer u. Radierer; wendet sich um 1906 der Malerei zu, beeinflußt von Degas, Toulouse-Lautrec, später den Fauves; schließt sich 1911 dem Kubismus an; in seinem Atelier in Puteaux versammeln sich die Mitglieder der Section d'Or, (Gleizes, Metzinger, Kupka, Delaunay, La Fresnaye, Raymond u. Marcel Duchamp, Picabia, Léger, Marcoussis u. a.). 1931–33 zweite abstrakte Periode. 1935 Reise in die USA. 1939 Beteiligung am Salon des Réalités Nouvelles. 1950 Carnegie-Preis.

Vlaminck, Maurice de franz. Maler u. Grafiker, * Paris 4. 4. 1876, † Rueil-la-Gadelière (Eure-et-Loire) 11. 10. 1958. Maler des Fauvismus, erster Sammler von Negerplastiken. Anfangs unter dem Einfluß Van Goghs, malt pastos in reinen Farben direkt aus der Tube; wendet sich ganz der Landschaft u. dem Stilleben zu. Ab 1915 stark expressive, summarische Malerei in oft düsteren u. trüben Farben.

Willette, Adolphe franz. Maler u. Grafiker, * Châlons-sur-Marne 31. 7. 1857, † Paris 4. 2. 1926. Fängt in seinen Zeichnungen, Lithografien und Radierungen das zeitgenössische Pariser Leben in witzig-gefühlvoller Weise ein; illustriert selbsterfundene Geschichten (Pierrot u. Pierrette); verwendet vielfältige Techniken, sein soziales Engagement, sein glühender Pazifismus und seine milde Ironie machen ihn mit seinen Zeichnungen zu einem der beliebtesten Illustratoren in der 2. Republik.

Die Salons in Paris

Der Salon

Der Ahnherr aller Salons wurde als »Exposition périodique d'artistes vivants« im Jahre 1667 zum ersten Mal von Colbert organisiert. Der Name dieser offiziellen Kunstausstellung ist vom Salon carré im Louvre abgeleitet, wo die Bilder aufgehängt waren.

Nach wechselhafter Geschichte wurde der Salon ab 1793 zu einer jährlich stattfindenden Veranstaltung unter offizieller Schirmherrschaft. Zugelassen sind nun alle Künstler ohne Auflage und Jury. Ab 1798 wird wieder eine Jury eingesetzt, die mit wechselnder Strenge ihres Amtes waltet. Der jährliche Salon ist für alle Künstler die einzige große Ausstellungsmöglichkeit, abgesehen von privaten Initiativen, und außerdem die einzige Chance für öffentliche Ankäufe (für das Musée du Luxembourg). Der Salon, der ab 1853 im Palais de l'Industrie stattfindet, einem für die Weltausstellungen reservierten Gebäude, ist das bedeutendste Kunstereignis in Paris. Alle großen Tageszeitungen berichten darüber in fortlaufenden Artikeln, die oft das Ausmaß kleiner Bücher annehmen. Denn auch für die Literaten ist der Salon eine Chance, durch geschickte Kunstkritiken Berühmtheit zu erlangen. Trotz anhaltender Proteste der Künstler gegen die strenge Jurierung, die Bevorzugung akademischer Malerei, die schlechte Hängung und Beleuchtung, gelingt dem Direktor des Institut des Beaux-Arts, Chennevières, erst 1873 eine Reform des Salons: Die Jury wird nun zu drei Vierteln aus bereits im Salon geehrten Künstlern zusammengestellt, die Zahl der Bilder auf drei pro Künstler beschränkt, die jurierten Bilder nur noch in zwei Reihen (statt bis zur Decke hoch) gehängt. Neben den privat organisierten Impressionistenausstellungen (1874–1886) stellen auch alle Maler dieser Gruppierung immer wieder im Salon aus. Nur Cézanne wird ständig abgelehnt (außer 1882), obwohl gerade er im Salon Furore machen möchte.

1890 führte eine Auseinandersetzung unter den Jurymitgliedern zur Spaltung; die Société Nationale des Beaux-Arts beginnt, eigene Salons zu organisieren, die Société des Artistes Français bleibt im Palais de l'Industrie. Nach dessen Abbruch stellen beide Gesellschaften in verschiedenen Räumen des Grand Palais des Champs-Elysées aus. Bis 1914 bleiben diese konkurrierenden Salons die großen, offiziellen Kunstereignisse in Paris.

Der Salon des Refusés

Nach einer Eingabe der von der Salonjury abgewiesenen Künstler im Jahre 1863, befahl Napoleon III., alle abgewiesenen Bilder in einem dafür reservierten Teil des Palais de l'Industrie zu zeigen. Diese großzügige Geste wurde allerdings von Kritik und Publikum schlecht belohnt. Vor allem Manets *Frühstück im Freien* und Whistlers *Dame in Weiß* waren Zielscheibe des Spotts. Trotzdem begründet dieser historische Salon den Durchbruch realistischer und impressionistischer Tendenzen, die sich in der Folge in eigenen Gruppen und Ausstellungen profilieren.

Allen Protesten der Künstler zum Trotz wird erst zehn Jahre später (1873) ein neuer Salon der Abgewiesenen eingerichtet, an dem sich viele Impressionisten beteiligen (Guillaume, Pissarro, Renoir, Sisley). Doch dieser Salon wird von Presse und Publikum völlig mißachtet. Die erste umfassende Impressionistenausstellung, auf Initiative der Maler entstanden, eröffnet im Jahre 1874 absichtlich vor der Eröffnung des offiziellen Salons, um nicht in den Geruch eines Salons der Abgewiesenen zu kommen.

Der nächste und letzte Salon der Abgewiesenen wird 1875 im Pavillon des Magasins eröffnet und von der Kritik verrissen. Einzig der historische Salon des Refusés von 1863 bleibt als Erinnerung und Datum einer einzigartigen Intitiative bestehen.

Der Salon de la Société Nationale des Beaux-Arts

Aufgrund einer Auseinandersetzung über die als ungerecht und überflüssig angesehene Medaillenvergabe im Salon wurde während der Weltausstellung 1889 der Salon Nationale gegründet. Er fand erstmals 1890 statt. Seine Neuerungen waren (außer der Abschaffung von Medaillen) die Anpassung des Ambientes an die Erfordernisse einer Bilderausstellung, d. h. neutrale Böden und Wände, sowie eine lockere Hängung. Die Jury wurde allerdings nicht abgeschafft. Bis 1900 fand dieser Salon in einem Ausstellungsgebäude auf den Champs-de-Mars statt, danach im Grand Palais.

Whistler beginnt hier ab 1892 seine Karriere. Außerdem stellen viele dem Impressionismus nahestehende Künstler aus wie Boudin, Gervex, Ribot, Besnard, Raffaelli, sowie Realisten und Symbolisten (Puvis de Chavannes, Gustave Moreau, Carrière). Ab 1895 nehmen auch einige der Nabis an diesem Salon teil, z. B. Denis, Ranson, Maillol, Vallotton. Denis zeigt hier 1901 sein berühmtes Bild *Hommage à Cézanne*.

1919 schließt sich die Société Nationale wieder der Société des Artistes Français an, und veranstaltet mit dieser zusammen einen gemeinsamen Salon.

Der Salon des Indépendants

Die Proteste und Wünsche der Künstler führten 1886 endlich zur Gründung einer Société des Artistes Indépendants unter Vorsitz von Dubois-Pillet. Der erste freie, unjurierte Salon der jungen Künstler fand jedoch bereits vom 15.Mai bis 15.Juli 1884 in einer Baracke der Post in den Tuilerien statt. Seurat zeigte *Une baignade à Asnières*, Odilon Redon Zeichnungen und Lithografien, Dubois-Pillet *L'Enfant mort*, ein Bild, das Zola in seinem Buch *L'Œuvre* beschreibt. Die zweite Ausstellung (20. August bis 27. September 1886) wird zum Triumph des Neo-Impressionismus. Seurats Bild *Un dimanche après-midi à la Grande-Jatte* wird zum Ausgangspunkt einer neuen Ästhetik, der sich nun viele Maler anschließen.

Nach heftigen Flügelkämpfen mit einer rivalisierenden Groupe des Artistes Indépendants gelingt es vor allem Dubois-Pillet, das Vertrauen der Stadt wie der unabhängigen Künstler auf seine Gesellschaft zu ziehen, die nun jährliche freie Salons auf dem Cours la Reine abhalten darf. Diese Salons der Unabhängigen haben zunächst eine starke Tendenz zum Neo-Impressionismus, werden aber um die Jahrhundertwende immer stärker zum Austragungsort der Auseinandersetzungen um die Avantgardemalerei. Matisse stellt dort 1905 sein Bild *Luxe, calme et volupté* aus, 1906 *La joie de vivre*; außerdem finden sich hier Dufy, Marquet, Derain, Utrillo, Denis, Roussell, Sérusier, Vallotton, Bonnard, Vuillard. Signac übernimmt ab 1909 den Vorsitz, ab 1934 Luce.

In diesem Salon finden alle wichtigen Ausstellungen der modernen Malerei statt, so 1911 im Saal 41 die von Apollinaire eingefädelte Gruppierung von Delaunay, Gleizes, Metzinger, Léger, La Fresnaye, die erste Gruppenmanifestation des Kubismus. Neben Kubismus, Orphismus und Futurismus behält der Neo-Impressionismus immer einen besonderen Platz, dem auch Apollinaire in seinen Salonberichten gebührend Rechnung trägt.

Der Salon d'Automne

Mit dem Ziel, alle Tendenzen der nach-impressionistischen Malerei zu zeigen, wurde im Jahre 1903 der Herbstsalon von dem Architekten Frantz Jourdain, dem Maler Georges d'Espagnat und dem Kritiker Ivanhoé Rambosson vom *Mercure de France* gegründet. Auch in diesem ebenfalls jährlich im Grand Palais im November abgehaltenen Salon finden wichtige Manifestationen der modernen Malerei statt. 1905 treten Matisse, Marquet, Rouault, Camoin, Puy, De Vlaminck, Derain, Van Dongen, Friesz, Manguin, Valtat in einer gemeinsamen Ausstellung auf, was den Kritiker Vauxcelles zu dem Ausspruch veranlaßt: »Donatello entre les Fauves.« (In der Mitte des Saals befand sich eine Donatello darstellende klassizistische Statue.) 1907 wird eine große Cézanne-Retrospektive gezeigt, die unter den jungen Malern große Bewunderung erregt. Noch zu Lebzeiten hatte Cézanne im Herbstsalon ausgestellt. 1908 stellt Braque ein Bild aus, das Matisse zu dem Wort »petits cubes« veranlaßt haben soll, wie Apollinaire berichtet. 1911 stellt Apollinaire im Saal 8 wieder seine kubistische Gruppe vor: Delaunay, Gleizes, Metzinger, Léger, La Fresnaye, Le Fauconnier. Lhote, Marcel Duchamp, Jacques Villon erscheinen zum ersten Mal. Kandinsky stellt 1904 zum ersten Mal im Herbstsalon aus. Besondere Aufmerksamkeit erhält die Skulpturenabteilung, hier stellen aus: Archipenko, Bourdelle, Maillol, Duchamp-Villon, Marquet, Lacombe, Niederhausern-Rodo u. a.

Der Herbstsalon bleibt auch nach dem Krieg die wichtigste Ausstellung avantgardistischer Kunst, wird allerdings durch eine Jury gefiltert.

Andere Salons

Die symbolistischen Maler stellen zeitweise auch in den Salons de la Rose+Croix aus, sechs ab 1882 stattfindenden Ausstellungen, die Joséphin Peladan (Lyon 1859 – Neuilly-sur-Seine 1918) in den Räumen der Galerie Durand-Ruel organisiert. Peladan, Schriftsteller und Kunstkritiker, versuchte mit seinen Salons alle die Maler anzusprechen und zu sammeln, die seinen idealistischen und okkulten Theorien entsprachen. Trotz des mondänen Erfolgs seiner Salons blieben ihm die wirklich begabten Maler nicht treu, wie Rouault, Desvallières, Filiger, Anquetin, die Nabis wie Denis und Piot oder Hodler, die bald zu anderen Salons (und anderen Stilrichtungen) überwechselten.

Im Grand Palais finden außerdem noch Ausstellungen der Ecole Française statt (im Januar und Februar) und die der Femmes Peintres et Sculpteurs (im Februar).

Kleine Salons stehen in der Publikumsgunst weiter hinten, wie die des Cercle de l'Union Artistique, Rue Boissy-d'Anglais, und des Cercle Artistique et Littéraire, Rue Voiney, sowie der Salon des Pastellistes, Rue de Sèze 8, im April.

Darüber hinaus werden Anfang des 20. Jahrhunderts in Paris immer mehr Privatgalerien eröffnet, die von Kunsthändlern mit einem kleinen Künstler- und Käuferkreis geführt werden. Während die großen Salons mehr der Durchsetzung und Bekanntmachung dienen, setzt man in den Kunstausstellungen der privaten Anbieter mehr auf Kaufkraft und finanzielle Unterstützung.

Anmerkungen

Einführung

1 Neben den oft charmant geschriebenen, aber nichtssagenden Kunstkritiken des 18. Jahrhunderts nimmt sich die 1747 erschienene Schrift von La Font de Saint-Etienne *Réflexions sur quelques causes de l'état présent de la peinture en France (Avec un examen des principaux ouvrages exposés au Louvre le mois d'août 1746)* wie ein frischer Wind aus. Künstler und Werke werden nicht nur stilkritisch geordnet, Art und Charakter der einzelnen Leistungen untersucht, sondern es wird gleichzeitig auch eine Übersicht über die gesamte Entwicklung der französischen Malerei versucht. La Font formuliert für die nachfolgenden Generationen von Kunstkritikern das Grundrecht der freien Kunstkritik: »Ein ausgestelltes Bild ist ein zum Licht des Druckes gegebenes Buch, ein auf der Bühne dargestelltes Stück – jedermann hat das Recht, darüber zu urteilen.«

Trotz heftigen Widerstands von Seiten der Künstlerschaft setzte sich diese neue, scharfe Form der Kunstkritik weiter durch. Eine Folge davon war übrigens die Einrichtung einer Salonjury, mit der die Künstlerschaft von sich aus alle Bilder einer Prüfung unterzog, um dann die schlechten oder mittelmäßigen auszuschließen. Im Laufe ihrer Geschichte wurde die Salonjury immer mehr zu einer gefürchteten Instanz, an deren Auswahlprinzipien so manche Künstlerexistenz scheiterte. Erst in den freien Salons Ende des 19. und Anfang des 20. Jahrhunderts wurde dieser Prüfungsdruck aufgehoben, wodurch allerdings auch wieder ein Heer mittelmäßiger Künstler einzog. In einer Salonbesprechung registriert Apollinaire diese Produktionswut mit der trockenen Feststellung: »Selbst wenn man das Beste aus der jährlichen Produktion aller vier großen Salons herausschöpft, so glaube ich nicht, daß zwölf Bilder übrig blieben, die das Überdauerns würdig sind.« *(Salon des Artistes Françaises,* 1914)

Vgl. zur Entwicklung der Salonkritik: Albert Dresdner, Die *Entstehung der Kunstkritik,* München 1968, S. 82ff.; Lionello Venturi, *Geschichte der Kunstkritik,* München 1972, S. 150ff.

2 S. Denis Diderot, *Salons de 1759–1761–1763,* sowie: *Salons de 1769–1771–1775–1781,* Oxford 1967ff. Auf Bitten von Grimm besuchte Diderot diese neun Salons und beschrieb sie in einer berühmt gewordenen Folge von Briefen, Dialogen und Aufzählungen. Für jeden Künstler fand Diderot die richtige Sprache: melodramatisch für Greuze, idyllisch für Vernet, philosophisch für Fragonard. Die kritische Methode Diderots hatte großen Einfluß auf Baudelaire, wie auch noch auf Fénéon, dessen freie ironische Sprache an Diderot erinnert.

In einem Brief vom 2. Mai 1773 an den Maler Falconet entwickelt Diderot den Gedanken der Überlegenheit des Kunstkritikers über den Künstler, zumindest in den »parties idéales« (caractères, passions, mouvement, convenances, composition), während er in den »parties techniques« den Vorrang des Künstlers zugibt. Vgl. D. Diderot, *Sur l'art et les artistes,* Paris 1967, S. 93f.. (dt. Ausg.: ders., *Ästhetische Schriften* (2 Bde.), Frankfurt/M. 1968).

3 Charles Baudelaire, *Curiosités esthétiques – L'Art romantique et d'autres œuvres critiques,* Paris 1962; *Charles Baudelaires Werke in deutscher Übersetzung,* übers. v. Max Bruns, 4 Bde., Minden 1906; Charles Baudelaire, *Sämtliche Werke/Briefe in 8 Bdn.,* hrsg. v. Friedrich Kemp u. Charles Pichois in Zusammenarbeit mit Wolfgang Drost, Bd. 1ff., München 1977ff.; Jonathan Maynes, *The Painter of Modern Life,* London 1964; ders., *Art in Paris,* London 1965 (reich kommentierte und bebilderte Studie zu Baudelaires Kunstkritik); Ch. Pichois, *Charles Baudelaire. Critique d'art,* Paris 1965; P.-G. Castex, *Baudelaire critique d'art,* Paris 1969; Wolfgang Drost, Kriterien der

Kunstkritik Baudelaires – Versuch einer Analyse, in: *Beiträge zur Theorie der Künste im 19. Jahrhundert*, Bd. 1, hg. v. H. Koopmann und J. A. Schmoll gen. Eisenwerth, Frankfurt a. M. 1971, S. 256ff. Zur Beziehung Baudelaire – Delacroix s. die Studie von Armand Moss, *Baudelaire et Delacroix*, Paris 1973. Zu Delacroix' Kunsttheorie s. Karl Schawelka, *Eugène Delacroix – Sieben Studien zu seiner Kunsttheorie*, Mittenwald 1979.

4 Vgl. z. B. Kandinskys Programmschrift *Über das Geistige in der Kunst* aus dem Jahre 1911 (Nachdruck Bern 1970), S. 59, Kap. V. Zur Wirkung der Farbe dort auf S. 64: »So ist es klar, daß die Farbenharmonie nur auf dem Prinzip der zweckmäßigen Berührung der menschlichen Seele ruhen muß.«

5 So lautet der Titel von Marcel Raymonds 1978 erschienenem Buch *(De Baudelaire au Surréalisme)*, in dem der Autor die Entwicklung der französischen Literatur anhand eines Pendelschlags zwischen romantischem Abenteuer und Revolte gegen die Überlieferung und einer neuen Rückkehr zur Ordnung beschreibt. Apollinaire befindet sich als Mittler zwischen beiden Positionen, indem er neue Wege zwar öffnet, aber die alten ebenso kennt und benutzt. Vgl. auch Georges Lemaitre, *From Cubism to Surrealism in French Literature*, Cambridge 1978.

Baudelaire stellte an Delacroix' Bildern fest, daß sie schon vor Erkennen des Motivs durch die Magie der Farbe auf den Betrachter wirken und das Thema ohne Umschweife direkt verstehbar machen. Ähnlich argumentiert später Apollinaire für seine neuen Maler hinsichtlich des wegfallenden Sujets, das durch die direkte Ansprache über Farbe und Form zunehmend ersetzt werde *(Über den Gegenstand in der modernen Malerei*, 1912).

6 Zu Apollinaires ambivalenter Haltung gegenüber dem Tagesjournalismus, dem er immerhin sein Existenzminimum verdankte, vgl. Pierre Caizergues, Apollinaire journaliste, in: *Cahiers du Musée National d'Art Moderne, Numéro spécial Guillaume Apollinaire*, Paris 1981, S. 17ff.

7 Zolas Kunstverständnis wurde vor allem durch seine Naturalismustheorie geprägt, die er rigoros auch auf die impressionistische Malerei anwenden wollte. Talente wie Cézanne blieben von diesem eingeengten Gesichtswinkel unberücksichtigt. Erst unter dem Einfluß der symbolistischen Literatur modifizierte Zola zumindest seine literarische Auffassung, während seine Kunstkritik auf die Jahre der Impressionismus-Ausstellungen beschränkt bleibt. Zolas Kunstverständnis kommt nicht über den Ansatz einer ›populären Ästhetik‹ hinaus, die den Zusammenhang von Kunst und Leben in möglichst einfachen, gut erkennbaren Themen sucht. – S. dazu Emile Zola, *Schriften zur Kunst. Die Salons von 1866–1896*, mit einem Vorwort von Till Neu (übers. v. Uli Aumüller), Frankfurt a. M. 1988.

8 Zit. nach Mackworth 1963, S. 27; dtsch. Übers. nach Toussaint-Luca, *G. Apollinaire. Souvenirs d'un ami*, Paris 1920, nouv. éd. Monaco 1954, S. 17f.

9 Zit. nach Kurt Wais, *Mallarmé*, München 1952, S. 517.

10 Wagnerkult und Klangtheorie waren Kennzeichen der symbolistischen Literaturkreise um Wyzéwa und Dujardin, Herausgeber der *Revue Wagnérienne* (1885), in der alle großen Schriftsteller des ausgehenden Naturalismus und des aufziehenden Symbolismus veröffentlichten. Baudelaires Korrespondenztheorie (»les parfums, les sons se correspondent«) wurde auf alles und jedes übertragen. So konnten nach René Ghil bestimmte Vokale auch bestimmte Stimmungen und Töne übertragen. Ein berühmter Vorläufer dieser Klangtheorie war A. Rimbaud in seinem Gedicht *Les Voyelles* (1871), in dem die sexuellen Attribute des weiblichen Körpers mit einem Vokal und einer Farbe korrespondieren.

11 Vgl. Martin 1968–69, S. 259ff.; s. auch dies., *Futurist Art and Theory*, Oxford 1968; s. dazu bes. 1912, Anm. 2 u. 8.

12 So werden Apollinaire große Teile des utopischen Romans *Que faire?* (Was tun?) im Stile H. G. Wells' zugeschrieben.

13 Aus dem Zyklus der Rheingedichte (Rhénanes, in: *Le Guetteur mélancolique, Œuvres poétiques,* Paris 1965) fällt z. B. das Gedicht »Die Jungfrau mit der Bohnenblüte in Köln« auf (La Vierge à la fleur de haricot à Cologne, ebd. S. 534), das inspiriert wurde von dem gleichnamigen Triptychon aus dem 15. Jahrhundert im Kölner Dom. Apollinaire erwähnt dieses Bild ebenfalls in einem Artikel über das Germanische Nationalmuseum in Nürnberg (Chroniques d'Art, S. 22). Der Kölner Dom wird, herausgelöst aus seinem regionalen Kontext, in Verbindung mit dem Eiffelturm und dem Palais Rosemonde in einem Gedicht mit dem Titel »Der Dom zu Köln« (Le Dôme à Cologne) verarbeitet (Le Guetteur mélancolique, S. 538f.). Dieses Gedicht beschwört die neoplatonische Philosophie des Cornelius Agrippa von Nettesheim, der in Köln lehrte und vertraut war mit dem *Poimander* des Hermes Trismegistos, einem Werk, das Apollinaire im ersten Vierzeiler (Orpheus) *Bestiaire* zitiert:

»Bewundert die besond're Gabe
Der Linie vornehmes Gehabe:
Die Stimme ist es, die angehörte dem Licht,
Und mit der Hermes Trismegistos spricht.«

(zit. nach der dtsch. Ausgabe, Frankfurt a. M. 1978, übertragen von Karl Krolow, S. 6).

Apollinaires Beschäftigung mit okkulten und hermetischen Theorien während seines Deutschlandaufenthalts wurde wiederholt von der Forschung aufgegriffen, vgl. z. B. M. Poupon, L'Année allemande d'Apollinaire, in: *La revue des Lettres Modernes,* Nr. 183–188, 1968, S. 9ff. Apollinaires Metapher des Lichts (oder der Flamme) im Sinne eines Schöpfungsmythos stammt aus diesem Umkreis. Zur Synthese verschiedener okkulter, hermetischer und kabbalistischer Texte in Apollinaires Werk vgl.: Lautenbach 1976. Zur Motivik der Rheingedichte vgl. M.-J. Durry, *Guillaume Apollinaire. Alcools,* Paris 1956, und Carmody 1963, bes. S. 20ff.

14 Der Anarchist und Journalist Mécislas Golberg (1868–1907), dessen Name heute kaum noch bekannt ist, spielte in den literarischen Kreisen von Paris Anfang des Jahrhunderts eine gewisse Rolle in der theoretischen ›Schulung‹ der jungen Literaten. Sein 1905 geschriebenes, aber erst posthum veröffentlichtes Buch *Die Moral der Linien* (La Morale des Lignes, Paris 1908) wurde von Apollinaire begeistert aufgenommen und besprochen (La Phalange, 15. März 1908). Golberg nimmt in seinem Buch gewisse Elemente des späteren analytischen Kubismus vorweg, z. B. die Geometrisierung der Gegenstände und Figuren, und beruft sich auf die ursprünglichen Vorstellungsformen (formes primordiales). Öfter verweist er auf Wilhelm Wundts *Psychologie physiologique* (1886), ein in Künstlerkreisen bekanntes Buch über Wahrnehmungspsychologie. Golberg war ein Freund von Jules Romains und stand der Abbaye de Créteil nahe. Bei den Zusammenkünften der Dichter um Paul Fort in der Closerie des Lilas war Golberg ein gern gesehener und gehörter Gast. Die Begegnung Apollinaires mit Matisse, aus der ein berühmtes Interview hervorging (La Phalange, 15. Dez. 1907, s. hier S. 63ff.), soll auf Golbergs Vermittlung zurückgehen.

Ein Textauszug aus Golbergs *Moral der Linien* ist nachzulesen in: E. Frey, *Der Kubismus,* Köln 1966, S. 52 (mit Anm. S. 52/53); zu Golbergs Rolle als Katalysator kubistischer Theorien s. auch: Marianne L. Teuber, Formvorstellung und Kubismus oder Pablo Picasso und William James, in: Kat. *Kubismus. Künstler – Themen – Werke 1907–1920,* Josef-Haubrich-Kunsthalle Köln, 26. Mai–25. Juli 1982, S. 30; Samaltanos 1984, S. 11ff. Samaltanos nimmt sogar an, daß Apollinaire einige begriffliche Unterscheidungen von Golberg übernommen habe, z. B. »subjektive und objektive Deformation«.

15 Vgl. »Feu Alfred Jarry«, aus der Kolumne *Contemporains pittoresques* (Mercure de France, 1909); wiederveröffentlicht in: G. Apollinaire, *Le Flâneur des deux rives,* Paris 1928 (1975), S. 88ff.; vgl. auch den Artikel »Jarry dessinateur«, in: *Paris Journal,* 28.6. 1914 (Chroniques d'Art, S. 402). Jarry machte Apollinaire auch mit Henri Rousseau bekannt. Zu Jarry vgl. Shattuck, The Banquet Years..., 1968, S. 187ff. Shattucks Buch ist bis heute eine unentbehrliche Quelle für das Studium nicht nur von Jarry, sondern des Zusammenspiels von Dichtung, Literatur, Musik und Kunst in diesen Jahren. Zu Jarry vgl. auch die ausführliche Monografie von Carola Giedion-Welcker, *Alfred Jarry, eine Monographie mit Photos, Zeichnungen und Holzschnitten, Biographie und Bibliographie,* Zürich 1960.

16 Jarrys Bücher (z. B. *Ubu-Roi,* 1888; *L'Amour absolu,* 1899; *Le Surmâle,* 1902; *Gestes et Opinions du Docteur Faustroll,* 1911) bekunden nicht nur einen satirischen Geist im Sinne von Rabelais, Swift und Sterne, sondern nehmen in ihrer Verquickung von mythisch-phantastischen Elementen (Mechanisierung des Menschen) mit burlesker Situationskomik auch Elemente des Dada und Surrealismus vorweg. Jarrys journalistische Arbeiten sind oft unter der Maske der Satire oder des absurden Witzes von ausgeprägter Beobachtungsgabe und scharfem Intellekt gekennzeichnet. Sein weitschweifendes Interesse und seine herausragende Bildung erfaßten so unterschiedliche Gebiete wie Sport, Zirkus, Mode, Politik, Technik, Auto, Verkehrsprobleme, und immer wieder neue Ereignisse auf dem Gebiet von Kunst und Literatur. Als Dichter-Journalist wußte Jarry die wesentlichen Ereignisse aus dem Alltagsgeschehen herauszufiltern. Jarrys Persönlichkeit muß auf den jungen Apollinaire geradezu auratisch gewirkt haben, gerade was seine eigene kunstkritische und journalistische Arbeit betrifft. Jarry galt für viele nachfolgende Künstler als Prototyp unabhängiger geistiger Originalität, sein *Ubu-Roi* wurde u. a. von Picasso, Max Ernst, Tanguy, Arp, Tzara, Duchamp, Picabia und Miró erlebt und dargestellt. Vgl. Alfred Jarry, *Œuvres complètes,* Bd. I–VIII, Monte Carlo 1948. Das reichste bibliografische Material ist enthalten in: *Expojarrysition (Cahiers du Collège de Pataphysique,* 10), Paris 1953, ill. Kat. der Ausst. Alfred Jarry, Galerie Jean Loize, Paris, 7.5.–20.6. 1953.

17 Zit. nach Mackworth 1963, S. 67. Mackworth berichtet ebenfalls von dem entscheidenden Zusammentreffen zwischen Apollinaire und Jarry, ebd. S. 64/65.

18 Die Beiträge des *Festin d'Esope* reichten von lyrischen Texten und symbolistischen Gedichten bis zu anarchistischen Texten und kleinen Ketzereien (u. a. von Jarry, Thrank-Spiroberg und M. Golberg). Vgl. Faksimile-Nachdruck *Le Festin d'Esope, Revue des Belles Lettres No. 1–9, Nov. 1903–Août 1904,* Genf 1971.

19 Zit. nach C. Mackworth 1963, S. 78.

20 Apollinaires Beziehung zu seiner Mutter war durch ihr exzentrisches Verhalten sehr belastet. Auch die andauernden Geldschwierigkeiten, hervorgerufen durch ihre Spielleidenschaft, werden nicht zu einem entspannten Verhältnis beigetragen haben. Dazu kommt, daß sie offensichtlich den in einer Bank arbeitenden Bruder Albert vorzog. Nach Apollinaires Tod war seine Mutter sehr erstaunt, daß ein großer Schriftsteller aus dem ungeratenen Kind geworden war. Vorher hatte sie seine literarische Aktivität nicht zur Kenntnis nehmen wollen. Vgl. dazu Toussaint-Luca [Anm. 8], S. 115: »Es geht Mutter gut, aber wir vertragen uns nicht. Ihre Widerspenstigkeit hat uns zur Zeit auseinandergebracht, und so haben wir uns denn auch wirklich eine ganze Weile kaum gesehen. Ich habe sie sehr gern, aber da sie sich weder für meine Arbeit noch für Kunst und Literatur interessiert, die ich nun einmal liebe, gibt es mehr und mehr Reibungsflächen zwischen uns. Ich hoffe, es wird nicht immer so weitergehen...« (zit. nach Mackworth, 1963, S. 40). S. auch Bordat/Veck 1983, S. 145ff.

21 Vgl. zur ›Bande à Picasso‹ und den Künstlern des Bateau-Lavoir: Jeanine Warnod, *Bateau-Lavoir – Wiege des Kubismus,* Genf 1976; Fernande Olivier, *Picasso und seine Freunde,* Zürich 1982.

22 Das Motiv des Clowns oder Harlekins bei Picasso reiht sich in eine lange Tradition dieses Künstlersymbols ein, die mit Watteaus *Gilles* beginnt (im Rückbezug auf die Comedia dell'arte), über Cézannes *Mardi Gras*-Bilder bis zum Surrealismus reicht. Über das auch in der Literatur vorkommende Motiv des Clowns, Harlekins, Saltimbanque, Pierrot, Pitre (Hanswurst), Fou, Buffo, also des Narren schlechthin, vgl. Wolfgang Raible, *Moderne Lyrik in Frankreich. Darstellung und Interpretation,* Stuttgart 1972, S. 47f. Neben den Zirkusclowns wurden übrigens auch Charlie Chaplins Darstellungen des ›kleinen Mannes‹, der den Tücken des Alltags ausgesetzt ist, von den Schriftstellern und Künstlern dieser Zeit begeistert aufgenommen. Picasso identifizierte sich eine Zeitlang mit ›Charlot‹.

23 Apollinaire scheint überhaupt einen Hang zu diesem Literaturgenre gehabt zu haben, wenn man z. B. seine Romane *Die elftausend Ruten* oder *Die Erinnerungen eines Don Juan* (beide 1907 unter Pseudonym erschienen) betrachtet. Das Interesse an solchen Themen, die übrigens durchaus in einem (für heutige Begriffe) harmlosen Rahmen abgehandelt werden, hängt sicher neben der Not auch mit Apollinaires grundsätzlichem Lebenshunger zusammen, aufgrund dessen er alles konsumierte, was lesbar (und eßbar) war. Gerd Henniger hat in seinem Vorwort für die deutsche Ausgabe des Gedichtbandes *Alcools* (Alkohol, Frankfurt a. M. 1976) einen Zusammenhang zwischen Essen und Lesen aufgestellt: »Nicht umsonst gebraucht Apollinaire so häufig Metaphern aus dem organischen Bereich, zumal aus der Sphäre des Essens und Trinkens. Im Gegensatz zur symbolistischen Poesie, die von der Idee lebt, verleiben sich seine Gedichte die Welt auf körperliche Weise ein.« (ebd., S. 7). Vgl. z. B.:
»Hört mich an ich bin der Schlund von Paris
Und trinke noch mehr Welt wenn ich Lust dazu habe
Hört meine Lieder von weltweiter Trunkenheit.« (Weinmond)

24 Im *Salon de 1859* entwirft Baudelaire ein Loblied auf die künstlerische Einbildungskraft, »la reine des facultés«: »C'est l'imagination qui a enseigné à l'homme le sens moral de la couleur, du contour, du son et du parfum. Elle a créé, au commencement du monde, l'analogie et la métaphore. Elle décompose toute la création, et, avec les matériaux amassés et disposés suivant les règles dont on ne peut trouver l'origine que dans le plus profond de l'âme, elle crée un monde nouveau, elle produit la sensation du neuf.« (Curiosités esthétiques [Anm. 3], S. 321) Mit diesem Lob der Einbildungskraft, die allein neue und echte Kunst hervorbringt, zielt Baudelaire auf eine Kunstpsychologie, die erst viel später theoretisch erörtert wird.

25 Vgl. den berühmten *Salon de 1855,* wo Baudelaire seine Korrespondenztheorie erläutert, die geheimnisvolle Verbindung aller Dinge untereinander, die nur die künstlerische Intuition, bzw. die poetische Metapher aufzuspüren vermag. (Curiosités esthetiques [Anm. 3], S. 239f.). Vgl. auch Drost 1971 [Anm. 3], S. 269: »Die Bedeutung der Assoziation als Kriterium für die Qualität.«

26 Diese Ambivalenz von Modernität und Idealismus durchzieht Apollinaires gesamte Kunstkritik, aber auch seine Dichtung. Man wird Apollinaire kaum gerecht, wenn man ihn ausschließlich unter dem Aspekt des Modernismus betrachtet. Apollinaire war sich der Rolle der stilbildenden Tradition auch nach allen Neuerungen der Poesie bewußt, wie aus vielen seiner Briefe hervorgeht. Der Begriff des Kunstschönen bei Apollinaire ist jedoch nicht ganz eindeutig zu fassen, da der Dichter selbst wenig Anhaltspunkte gibt. Bei den Schilderungen der Gemälde von Marie Laurencin ahnt man am ehesten, wie sehr Apollinaires Schönheitsideal in den neoklassizistischen Theorien der Nabis verankert war. Vgl. Blumenkranz-Onimus 1961.

27 »Par goût autant que par nécessité, il lui [Apollinaire] arriva d'écrire des ouvrages érotiques qu'on vendait sous le manteau, les Mémoires d'un jeune Don Juan et les Onze mille vergers.« A. Billy, *L'Epoque contemporaine,* Paris 1956, S. 139.

28 Besonders Emile Bernard und Maurice Denis gehen nach Aix-en-Provence, um Cézannes ›Theorien‹ kennenzulernen, die aus nur einigen wenigen Sätzen bestanden und sehr erklärungsbedürftig blieben. Aus diesen überlieferten Aussagen wurde dann durch Kommentierung und Legendenbildung die ›Theorie‹ Cézannes gebildet. Erst die große Retrospektive nach dem Tod des Künstlers im Herbstsalon von 1907 machte seine Werke einem größerem Publikum bekannt. Vgl. P. Cézanne, *Über die Kunst* (hg. von W. Hess), Mittenwald 1980; *Gespräche mit Cézanne* (hg. v. M. Doran), Zürich 1982; H. Düchting, *Paul Cézanne – Natur wird Kunst,* Köln 1988.

29 Gertrude Stein (1874–1946) war mit ihrem Bruder Leo 1903 aus Amerika nach Paris übergesiedelt, wo sie zeitgenössische Kunst zu sammeln begannen. 1906 lernte Gertrude Stein Picasso kennen, mit dem sie eine lebenslange Freundschaft verband. Das berühmte Porträt von ihr (Metropolitan Museum of Art, New York) wurde in über achtzig Sitzungen gemalt. Der intellektuelle Einfluß der unabhängigen und eigenwilligen Gertrude Stein auf Picasso, Matisse und andere Maler war sicher nicht unerheblich. Ihre eigenen Bücher mit ihrer kantigen, sich ständig wiederholenden Syntax sollen wiederum von Picassos analytischem Kubismus Anregungen erfahren haben. Vgl. den Auszug aus dem Prosastück *Picasso,* in: Frey [Anm. 14], S. 61f. G. Stein, *The Autobiography of Alice B. Toklas,* New York 1933. Zum Einfluß der iberischen Skulptur auf Picasso s. J. Golding, *Cubism. 1907–1914,* New York 1968, S. 52ff.

30 Es fällt auch heute noch schwer, festzustellen, welchen Anregungen Picasso die Entstehung dieses Bildes verdankt, ob der iberischen oder afrikanischen Plastik, dem Studium von Cézannes Bildern, z. B. der sog. *Passage,* oder rein theoretischen Erörterungen wahrnehmungspsychologischer Probleme, z. B. der Raumwahrnehmung. M. Teuber behauptet, daß insbesondere G. Stein Picasso mit den Schriften von William James, *Principles of Psychology* (1890) bekannt gemacht habe. Vgl. Teuber 1982 [Anm. 14], S. 29. Zur Geschichte der *Demoiselles d'Avignon* vgl. Frey 1966 [Anm. 14], S. 13ff.

31 »Es ist, als ob einem Petroleum zum Trinken gereicht wird«, soll Braque beim Anblick der *Demoiselles* gesagt haben. Dennoch beginnt für Braque nun eine fieberhafte Auseinandersetzung mit diesem Bild und mit den Bildern Cézannes, die er weit intensiver und genauer als Picasso studiert (*Maisons à l'Estaque,* 1908; Abb. 9). Ab 1909 arbeiten Picasso und Braque bis zum Weltkrieg eng zusammen. Vgl. Frey 1968 [Anm. 14], S. 19ff.; W. Rubin, Cézannisme and the Beginning of Cubism, in: Kat. *Cézanne – The Late Works,* Museum of Modern Art, New York 1977, S. 151–202.

32 Während *Die Verlobung* Picasso direkt gewidmet ist, hat das Gedicht *Lul de Faltenin* aus dem Jahre 1907 selbst den Kennern immer schon Rätsel aufgegeben. Die schwer einzuordnenden und zu verstehenden Verse handeln von Sirenen, die ahnungslose Seeleute in eine eindeutig erotische Falle locken. In den Vorstudien zu den *Demoiselles* von Picasso wurden ebenfalls Seeleute (normale Besucher der Bordelle) identifiziert. Vgl. Golding 1963.

33 Was aus heutiger Sicht als krasse Überbewertung erscheint, erklärt sich auch leicht durch die Zeitumstände: Marie Laurencin gehörte zu den auch von anderen Kritikern unterstützten modernen Malern. Vgl. Einführung und Kommentar von L.C. Breunig zu *Les peintres cubistes,* Paris 1980, S. 7ff. und 117ff.

34 Vgl. Neumann 1972; Ferdinand Simonis, *Die Lyrik Apollinaires. Inspiration zwischen Erinnerung und Prophetie,* Bonn 1967.

35 Die in *Die Maler des Kubismus* zusammengefaßten Texte verraten in verschiedenen, neu eingefügten Wendungen (Rhythmus der ungleichen Lichter, reine Malerei, Simultanität) den starken Einfluß von Delaunays Auffassung von Malerei. Vgl. Breunig 1980 [Anm. 33], S. 27. Das Symbol der Flamme (des Lichts) ist für Apollinaire sichtbarer Ausdruck künstlerischer, geistiger Schöpfung und stammt in seiner Metaphorik aus dem Studium gnostischer und neoplatonischer Texte.

36 So behauptet Apollinaire immer wieder, daß Matisse als erster den Begriff ›cubisme‹ gebraucht habe. Dagegen stammt der Begriff von dem Kunstkritiker Louis Vauxcelles, der anläßlich der Ausstellung von Braque das erste Mal das Wort ›cube‹ (Kubus) verwendet. Um 1911 wurde der Begriff Kubismus allgemein gebräuchlich. Apollinaire verwendet ihn zum ersten Mal offensiv in seinem Vorwort zum 8. Salon des Indépendants in Brüssel 1911. S. auch 1911, Anm. 7.

37 Wesentliche Elemente von Apollinaires ›moderner‹ Ästhetik, wie das Thema der Ubiquität und Simultanität, die Überlagerung von Mythen und Legenden, die neue Raum-Zeit-Struktur werden in diesem, aus mittelalterlichen Quellen wie aus Apollinaires unglücklicher Liebe (zu Annie Playden) gespeisten Roman bereits geprägt. Vgl. den ausführlichen Kommentar von Jean Burgos, *G. Apollinaire. L'Enchanteur pourrissant,* Paris 1972.

38 Die Sehnsucht nach dem Ursprünglichen, ›Primitiven‹ durchzieht die zweite Hälfte des 19. Jahrhunderts wie ein Leitmotiv. Es konnte eine Rückkehr zur antiken Norm bedeuten, aber auch die Hinwendung zu den exotischen Völkern. Noch die Entdeckung der afrikanischen und ozeanischen Kunst Anfang des 20. Jahrhunderts gehört in diesen Kontext. Henri Rousseaus Bilder wurden in ihrer Naivität und Stilisierung als Ausdruck einer unverfälschten künstlerischen Ausdruckssuche gesehen. Vgl. C. Lauchner/W. Rubin, Henri Rousseau and Modernism, in: Kat. *Henri Rousseau,* Museum of Modern Art, New York 1985/Grand Palais Paris 1984/85; Cornelia Stabenow, *Henri Rousseau – Die Dschungelbilder,* München 1984.

39 Zur Zusammenarbeit von Apollinaire mit Malern für die bibliophile Ausstattung seiner Bücher s. Greed 1977, mit ausführlichen Beschreibungen des Zusammenhangs von Bild und Text in Apollinaires illustrierten Büchern (L'Enchanteur pourrissant, Bestiaire, Porträts von Apollinaire für seine Gedichteditionen).

40 Apollinaires Freund aus den Tagen des *Festin d'Esope,* Jean Mollet (›Baron‹ Mollet) half beim Sammeln und Ordnen der Texte, die unter dem Titel *Flâneur des deux rives* herauskommen sollten. Diese Textauswahl konnte aber erst 1928 erscheinen, und wurde 1975 zusammen mit »Contemporains pittoresques« wiederveröffentlicht (Gallimard, Paris). Eine Auswahl aus der Kolumne »La vie anécdotique« erschien 1955 unter dem Titel *Anecdotiques* (hg. v. Marcel Adéma).

41 Robert Delaunay, *Zur Malerei der Reinen Farbe. Schriften von 1912 bis 1940* (hg. v. Hajo Düchting), München 1983, S. 37.

42 Ein Leitartikel in dem nationalistischen Blatt *Les Guêpes,* in dem auch einige von Apollinaires Freunden wie Romains und Duhamel mitarbeiteten, geschrieben 1909 von Henri Clouard, macht das damals herrschende ausländerfeindliche Klima deutlich: »Wir verteidigen den Genius Frankreichs gegen die Invasion fremder Einflüsse. Nichts kann stark sein, das nicht klar definiert und damit auch begrenzt ist. [...] Deshalb wird unsere Zeitschrift den Ausländer anprangern. Wir werden den Mantel der sogenannten Vernunft hinwegreißen und zeigen, daß sich darunter nichts anderes verbirgt als ein verräterischer Haufen sentimentaler Vorurteile, die aus feindlichen Nationen stammen. Wir weigern uns, zu gestatten, daß unter dem betrügerischen Banner einer ›Freien Kunst‹ Skandinavier, Russen, ungarische Juden, Portugiesen und die gesamten Barbaren von Cosmopolis weiterhin ungestraft unsere intellektuellen Gewohnheiten durcheinanderbringen und unsere Methoden unterminieren.« (zit. nach Mackworth 1963, S. 183).

Wenig später wird auch Apollinaire von diesem Nationalismus infiziert werden und die französische Kunst als größte Kulturleistung aller Zeiten hinstellen. Im Krieg bricht er wie selbstverständlich sämtliche Kontakte zu deutschen Künstlern, Kritikern und Galeristen ab, mit denen er wenige Wochen vorher einen herzlichen Umgang pflegte.

43 S. Faksimile-Ausgabe *Les Soirées de Paris,* Genf 1970–1971. S. 1914, Anm. 9.

44 Vgl. W. L. Rensselaer, Ut Pictura Poesis. The Humanistic Theory of Painting, in: *Art Bulletin,* XXII, 4. Dez. 1940, S. 197–269; H. M. Schueller, Correspondances between Music and the Sister Arts According to the 18th Century Aesthetic Theory, in: *Journal of Aesthetics and Art Criticsm,* XI, Juni 1953, Nr. 4, S. 334 ff.; B. Teyssèdre, *Roger de Piles et les débats sur le coloris au sciècle de Louis XIV,* Paris 1965; ders., Peinture et Musique: La notion d'harmonie au XIIe siècle français, in: *Stil und Überlieferung in der Kunst des Abendlandes. 21. Kongreß für Kunstgeschichte in Bonn 1964,* S. 128 ff.; Max Imdahl, *Farbe. Kunsttheoretische Reflexionen in Frankreich,* München 1987.

45 Vgl. Wackenroder/Tieck, *Phantasien über die Kunst* (Hamburg 1799), Stuttgart 1973, S. 67; C. Dahlhaus, *Die Idee der absoluten Musik,* München 1978; K. Lankheit, Die Frühromantik und die Grundlagen der ›gegenstandslosen‹ Kunst, in: *Neue Heidelberger Jahrbücher,* 1951, S. 55 ff.

46 Vgl. W. Vordtriede, *Novalis und die französischen Symbolisten,* Stuttgart 1963. Vordtriede belegt an zahlreichen Texten eine genaue Kenntnis der Romane und Dichtungen von Novalis durch Mallarmé und den symbolistischen Kreis. Vgl. zum romantischen Begriff »ut musica poesis« auch M. H. Abrams, *The Mirror and the Lamp,* New York 1953, S. 88; A. G. Lehmann, *The symbolist aesthetic in France,* London 1968[2].

47 Vgl. H. Chr. Wolf, Das Musikalische in der modernen Malerei, in: *Jahrbuch für Ästhetik und allgemeine Kunstwissenschaft,* 7. 1962, S. 48–66; Franzsepp Würtemberger, *Malerei und Musik. Die Geschichte des Verhaltens zweier Künste zueinander,* Frankfurt a. M. – Bern – Las Vegas 1979; Kat. *Vom Klang der Bilder. Die Musik in der Kunst des 20. Jahrhunderts,* hg. v. Karin von Maur, Staatsgalerie Stuttgart 1985.

48 Vgl. dazu auch Noszlopy 1973. Der zu dieser Zeit völlig abstrakt malende Kupka wird von Apollinaire in keinem Salonbericht erwähnt.

49 Vgl. auch *Les Peintres Cubistes,* S. 68; zur Frage des »modernen Sujets« vgl. Düchting 1982, S. 238 ff.

50 Vgl. dazu ausführlich Düchting 1982, S. 381 ff.; L. D. Henderson, *The Artist, the Fourth Dimension and Non-Euclidean Geometry 1900–1930. A Romance of many Dimensions,* Diss. Yale 1975; dies., A New Facet of Cubism. The Fourth Dimension and Non-Euclidean Geometry Reinterpreted, in: *Art Quarterly,* 34, 1971, S. 411–433. Neben den Diskussionen in den erwähnten Künstlerkreisen soll Apollinaire auch den Aufsatz von Max Weber »La Quatrième Dimension au point de vue plastique« (*Camera Work,* Juli 1910) zu Rate gezogen haben. Vgl. Samaltanos 1984, S. 26/27; Teuber [Anm. 14], die auf die Kenntnis wahrnehmungspsychologischer Schriften im Kreis der Kubisten setzt. Auch bergsonistische Einflüsse sollen wirksam gewesen sein bei der Übernahme der Idee der Vierten Dimension. Festzuhalten ist die Herkunft aus dem Atelierjargon der Künstler von Puteaux und die Anwendung dieses Begriffs zur Erklärung eines multidimensionalen Raumgefüges, bzw. des Faktors Zeit in der avantgardistischen Raumkonstruktion.

51 Ganz anders verlief dagegen seine Rezeption in Deutschland im Umkreis der Maler des Blauen Reiters und des Sturms; vgl. Kat. *Delaunay und Deutschland,* hg. v. Peter-Klaus Schuster, Haus der Kunst, München 1985/86.

52 Um die Entstehung des Gedichts rankt sich eine Anekdote. Nach A. Billy (Apollinaire vivant, in: *Les écrits nouveaux,* Nov. 1920) soll Apollinaire in einem Café in der Rue Danou ihn und Dalize

gebeten haben, beim Verfassen eines Gedichts für das Vorwort zur Delaunay-Ausstellung behilflich zu sein, da es ihm an Inspiration gemangelt habe und der Text bereits am nächsten Tag abzuliefern gewesen sei. Apollinaire und die Delaunays bestreiten diese Anekdote. M. Adéma, der Biograf Apollinaires, nimmt eine dritte Variante an: Apollinaire soll das Gedicht im Café begonnen und bei den Delaunays fertiggestellt haben. Vgl. Adéma 1952 und 1968.

Zum Einfluß des Futurismus auf Apollinaire vgl. bes. die gründliche Studie von Pär Bergman, *›Modernolatria‹ et ›Simultaneità‹. Recherches sur deux tendances dans l'avant-garde littéraire en Italie et en France à la veille de la première guerre mondiale,* Uppsala 1962, S. 337ff.; A. Noyer-Weidner, Antitraditionalität und Tradition: Zum Konzept einer »ganz neuen Ästhetik« in »Les Fenêtres« von Apollinaire, in: Leube/Noyer-Weidner 1980, S. 37ff.

53 Der Einfluß Cendrars auf Apollinaire beschränkt sich nicht nur auf diese Episode. Apollinaires Kenntnisse in Tiefenpsychologie und Psychoanalyse, besonders der Schriften Freuds, gehen auf eine Anregung Cendrars zurück. Vgl. Poupon 1969.

54 G. Duhamel in: *Mercure de France,* 15. 6. 1913, zit. nach Mackworth, 1963, S. 199.

55 Vgl. dazu die Einführung von Breunig zur Ausgabe von 1965 (1980), S. 7ff.; dort auch zur Rezeption des Buches, S. 160ff. Vgl. auch das Nachwort von Herbert Molderings zur überarbeiteten dt. Neuausgabe 1989, S. 81ff.

56 Vgl. *L'Année 1913. Les formes esthétiques de l'œuvre d'art à la veille de la première guerre mondiale,* Paris 1971, bes. N. Blumenkranz-Onimus, Quand les artistes manifestent, ebd., S. 351ff. Vgl. auch Bergman [Anm. 52], S. 261ff.

57 Zur ganzen Problematik der Beziehung Apollinaire – Futurismus vgl. vor allem Bergman [Anm. 52], S. 337ff.; für den literaturwissenschaftlichen Bereich auch H. Meter, *Apollinaire und der Futurismus,* Saarbrücken 1977.

58 Vgl. Delaunay [Anm. 41], S. 128.

59 Die Einfügung von Marées als einen Vorläufer der modernen Kunst zu dieser Zeit (1913) ist für den französischen Raum ganz außergewöhnlich. Erst wesentlich später – abgesehen von wenigen Ausnahmen – hat die Kunstwissenschaft Marées Stellung innerhalb der Moderne gewürdigt. Vgl. Kat. *Hans von Marées,* hg. von Christian Lenz, Neue Pinakothek, München 1987. Kat. *Hans von Marées und die Moderne,* Kunsthalle Bielefeld 1987.

60 Delaunay war wie viele seiner kubistischen Kollegen in seiner Anfangszeit ein Anhänger des Fauvismus, den er bald mit dem Farbmosaik des neo-impressionistischen Malers Henri-Edmond Cross zu verbinden wußte. Aus dieser Zeit stammt auch eine erste Kreisscheibe. Auch seine Frau Sonia Delaunay-Terk kam aus der fauvistischen Malerei und beeinflußte mit ihrem Farbensinn die Entwicklung zu den Fenster-Bildern. Vgl. Kat. *Robert et Sonia Delaunay,* Musée de l'Art Moderne de la Ville de Paris 1985.

61 Delaunay stellt Seurat als direkten Vorläufer seines »métier nouveau«, der Anwendung des Simultankontrastes, dar. Seurat hat die Kontrastgesetze in der Tat noch um einiges konsequenter und rigider als Delaunay angewandt. Apollinaire zitiert Seurat in seinen Salonberichten ebenfalls des öfteren als den wichtigsten neo-impressionistischen Meister und einen der größten Maler Frankreichs überhaupt. Über die Veröffentlichung des Buches *Von Eugène Delacroix zum Neo-Impressionismus,* in dem Paul Signac die wesentlichen Theorien Seurats gesammelt und erläutert hat, schreibt Apollinaire eine enthusiastische Besprechung (s. S. 123ff.). Die Bevorzugung Seurats gegenüber allen anderen impressionistischen und nachimpressionistischen Malern rührt wahrscheinlich von den Gesprächen und Begegnungen mit Signac und Delaunay her, für die Seurat einer der großen Meister der Malerei war.

62 Apollinaire erfand den Stilbegriff Orphismus während seines Aufenthalts bei den Delaunays Ende 1912 (als er den Umzug in sein neues Domizil auf dem Boulevard Saint-Germain vorbereitete). Zu dieser Zeit arbeitete Apollinaire an der Neuausgabe des *Bestiaire,* die erst 1919 mit den Holzschnitten von Dufy erscheinen sollte. Mit der Figur des Orpheus griff Apollinaire auf alte hermetische Traditionen und neoplatonische Überlieferungen zurück, für die der Künstler den Propheten und Seher symbolisierte. Der Bezug zu den Fenster-Bildern mag für Apollinaire in der direkten und sinnlichen Ansprache durch Farbe und Licht, der Musikalität der Farbrhythmen und vor allem auch in der Erkenntnismöglichkeit einer anderen ›höheren‹ Realität gelegen haben. Im Laufe seiner Kampagne für Delaunay wird aber deutlich, daß Apollinaire den Begriff Orphismus in einem ähnlich umfassenden und beliebig erweiterbaren Sinn verstand wie vorher den Kubismus, nämlich als Ausdruck einer neuen, reinen Kunst ohne mimetische Funktion: »Orphismus oder Sur-Naturalismus, das bedeutet eine Kunst, die kein fotografischer Naturalismus ist, die aber trotzdem von der Natur ausgeht [...], von jener inneren Natur unerwarteter Wunder, unvorhersehbar und erfreulich.« (G. Apollinaire et l'école nouvelle de littérature, Interview in *Le Pays* vom 24. Juni 1917). Delaunay fand den Begriff später zu ungenau und zog den ebenfalls von Apollinaire geprägten Begriff ›Reine Malerei‹ vor.

Dank Apollinaires Strategien verbreitete sich der Orphismus als neuer Kunststil schnell. Leider führte Apollinaires Bedürfnis nach Zusammenfassung aller Innovationen in der Kunst schnell zu einer Verwässerung des ursprünglich auf Delaunays Malerei gemünzten Begriffs. Unter »orphischem Kubismus« (was Delaunay schon ärgerte wegen der willkürlichen Kombination seiner Malerei mit dem Kubismus, den er überwinden wollte) verzeichnete Apollinaire wenig später anläßlich der Eröffnung der Section d'Or neben Delaunay auch Picabia, Duchamp und Léger. Bei anderer Gelegenheit wird auch Marie Laurencin eingefügt (Die Moderne Malerei, 1913). Die immer weitere Öffnung des Begriffs auf alles Farbig-Abstrakte, so im *Salon des Indépendants* von 1913 oder im *Berliner Herbstsalon von 1913,* wo auch die Futuristen ausstellten und sich nach Apollinaire im »ersten Salon des Orphismus« wiederfanden, führte bald zu einer Abkühlung zwischen Maler und Dichter. Schließlich verlor Apollinaire völlig das Vertrauen Delaunays, als er durch einige unvorsichtige Bemerkungen in die Debatte um die Simultanität zwischen Delaunay und Boccioni hineingezogen wurde (s. *Salon des Indépendants,* 1914, S. 224ff.). Nach der Fehde mit Delaunay taucht der Begriff Orphismus in Apollinaires Kunstkritiken nicht mehr auf. Andere Künstler haben ihn längst in ihren Bann gezogen. Auch die betroffenen Maler kümmern sich wenig um Apollinaires Etikettierung. Delaunay schüttelt den als zu verschwommen empfundenen Begriff nach dem Weltkrieg endgültig ab.

Wenn Delaunay auch einen großen Einfluß auf die deutsche Malerei und später auch auf einige französische und amerikanische Maler hatte (z. B. Poliakoff und Noland), so kann man doch nur die amerikanischen Maler Patrick Henry Bruce und Arthur B. Frost, die vor dem Krieg in Paris lebten und arbeiteten, als direkte Schüler Delaunays ansehen. Schon die zur gleichen Zeit auftretenden Synchromisten Morgan Russell und Stanton Macdonald-Wright, auch unter Orphismus verzeichnet, setzten in Manifesten alles daran, sich von Delaunay abzugrenzen. Auch in dieser Hinsicht (wie schon bei dem Buch *Les peintres cubistes*) folgte die Kunstgeschichte Apollinaires Klassifizierungen und verwendet Orphismus bis heute als stilgeschichtlichen Begriff. Höhepunkt des Mißverständnisses ist das Buch von Virginia Spate, ansonsten eine profunde Studie zur Entwicklung der gegenstandslosen Malerei in Paris 1910–1914, in dem Apollinaires Definition des ›orphischen Kubismus‹ zur Konzentration auf die fünf ›orphistischen Maler‹ Delaunay, Kupka, Léger, Picabia und Duchamp dient (wobei Kupka von Apollinaire nie erwähnt wurde). Vgl. Virginia

Spate, *Orphism. The Evolution of Non-Figurative Painting in Paris 1910–1914,* Oxford 1979. Vgl. dagegen Düchting 1982, S. 41 ff.; Ian Lockerbie, Que'est-ce que l'Orphisme d'Apollinaire?, in: *Journées Apollinaire de Stavelot, Actes du Colloque,* Stavelot 1967, S. 81–87; Eva Kushner, *Le Mythe d'Orphée dans la littérature française contemporaine,* Paris 1961; Hermine B. Riffaterre, *L'orphisme dans la poésie romantique. Thèmes et styles surnaturalistes,* Paris 1970; Orphism in 19th and 20th Century French Literature, Sonderheft von *Cahiers de l'Association internationale des études françaises,* Paris 1970.

63 In den kubistischen Kreisen taucht der vielstrapazierte Begriff Simultanität vor allem bei Léger, in abgeschwächter Form auch in dem Buch *Du Cubisme* von Gleizes und Metzinger auf. Sowohl die Futuristen als auch Delaunay, Léger, Cendrars, Barzun und viele andere Künstler dieser Zeit beanspruchten die Urheberschaft für diesen Begriff, wobei oft nicht mehr als Schlagworte ausgetauscht wurden. Wichtiger als die Polemik um Worte und Kunstmarktstrategien ist wohl der gemeinsame Sinnhorizont hinter allen Spiegelfechtereien. Der gemeinsame Nährboden der historischen Avantgarde ist der tief empfundene Bruch zwischen dem alten, statischen Weltbild und dem neuen, dynamisch agierenden der Moderne, angeregt durch neue Verkehrsmittel, neue Techniken und Werkstoffe, neue Sozialstrukturen. Die Künstler der Avantgarde versuchen zum einen die Fragmentierung und Beschleunigung der Außen- und Innenwelterfahrung in einem Modell der »Verschmelzung alles Gegensätzlichen« aufzufangen, das neue Identität stiften, aber auch gerade die Vielfalt der Erlebnisse und Wahrnehmungen in der Welt der Moderne als Facetten eines neuen Kunstideals aufzeigen soll. Der Begriff Simultanität ist dabei nur eine der vielen Möglichkeiten der verbalen Einkleidung dieses neuen künstlerischen Ideals. Als beliebig zerlegbare Metapher der Modernität dient sie der Avantgarde als Stichwort ihrer ganz unterschiedlichen bildnerischen Ansätze zur Bewältigung der künstlerischen Herausforderung durch die Umwälzungen der Moderne. Vgl. Düchting 1982, S. 299 ff.; P. Bergman [Anm. 52], S. 261 ff.

64 Vgl. Curiosités esthétiques [Anm. 3], S. 453.

65 Die in dem 1918 erschienenen Band *Calligrammes* vereinigten Gedichte – sie gehören zu den bekanntesten und wichtigsten Apollinaires – zeigen neben aller modernen Behandlung der Themen eine archetypische Grundstruktur des Individuations- und Reifungsweges des Dichters, wobei gerade die Rückschau auf die Vergangenheit, die Erkenntnis leidvoller, aber prägender Erfahrungen zu einem der wesentlichen Aspekte wird. Vgl. Schleifenbaum 1972.

66 Baudelaire weist in seinen Gedichten und Prosastücken immer wieder auf geheimnisvolle »Entsprechungen« (correspondances) hin, die alle Dinge des Lebens (den Menschen eingeschlossen) in ein magisches Universum einbinden, das voller beziehungsreicher Harmonie ist. Der Begriff *correspondance* ist bereits bei Castel 1735 belegt und noch früher im lateinischen *correspondere* bei Athanasius Kirchner (*Ars magna lucis,* 1645). In die französische Literatur gelangt der Begriff aber durch die Mystik Swedenborgs, in dessen Texten er einen wichtigen Platz einnimmt. Dort lernen ihn Baudelaire, Balzac und Nerval kennen und vermitteln ihn an die symbolistische Literatur weiter. Ohne die Voraussetzung von Korrespondenzen zwischen den neuen bildnerischen Formen der Avantgarde und einer ›höheren Wirklichkeit‹ (dem energetischen Weltbild der Moderne) lassen sich die meisten künstlerischen Konzepte aus dieser Zeit kaum verstehen.

67 M. Décaudin, Le ›changement de front‹ d'Apollinaire, in: *Revue des sciences humaines,* Okt.–Dez. 1950, S. 255 ff.

68 Höhepunkt dieser Stilisierung des Künstlers Rousseau war das bereits 1908 stattfindende Bankett zu Rousseaus Ehren in Picassos Atelier im Bateau-Lavoir. Ursache dieses legendären Festes war sicher auch eine milde und freundliche Ironisierung von Rousseaus Künstlerbewußtsein, im glei-

chen Maße aber eine ehrliche Verehrung seines unbeugsamen Willens, dem er in Stunden mühevoller Arbeit seine minutiös gemalten Bilder abrang. Vom Werk Rousseaus gingen im übrigen wichtige Impulse aus, über Picassos klassizistische Phase bis zu den *poème-peintures* des Surrealismus. Vgl. Kat. *Henri Rousseau* [Anm. 38]; zum Bankett für Rousseau vgl. die Beschreibung bei Shattuck 1968, S. 66ff.; Mackworth 1963, S. 148ff.

69 S. dazu die Artikel *Exotismus und Ethnografie* (1912), *Melanophilie oder Melanomalie* (1917) und *Skulpturen aus Afrika und Ozeanien* (1918). Apollinaire besaß eine große Sammlung afrikanischer Masken und Fetische. Im Gegensatz zu dem oft oberflächlichen Interesse an der Exotik solcher Kunstwerke scheint Apollinaire von der ›Magie‹ dieser gerade erst ins Bewußtstein der Öffentlichkeit getretenen Skulpturen fasziniert gewesen zu sein. Apollinaire gilt als einer der ersten Kenner dieser Kunst und als Anreger eines tieferen Verständnisses ihrer Inhalte. Vgl. Samaltanos 1984.

70 S. Artikel *Kinderzeichnungen* (1914) sowie einige hier nicht aufgenommene Beiträge über die Kunst der Geisteskranken und den Zusammenhang zwischen Neurose und moderner Kunst. Apollinaire scheint in den Jahren 1913/14 ein ausgesprochenes Interesse für die künstlerischen Äußerungen von Geisteskranken gehegt zu haben, wie einige Artikel im *Mercure de France* und in *Paris-Journal* zeigen, in denen er auf Forschungsergebnisse in diesen Bereich (unter Erwähnung z.B. von Freud) Bezug nimmt (s. z.B. La disparition du Dr. Otto Gross, *Mercure de France*, 16. Jan. 1914). Durch verschiedene Publikationen, z.B. von Marcel Réja, *L'Art chez les fous*, 1907, war Apollinaire auf dieses Gebiet aufmerksam geworden. In Réjas Buch muß ihn auch das Beispiel der *écrits absurdes* von Brisset, einem Borderline-Patienten, gefesselt haben. Apollinaire besaß drei Bücher von Brisset in seiner Hausbibliothek und kannte auch andere Veröffentlichungen zu diesem Thema in der Bibliothèque Saint-Geneviève. Vgl. dazu Samaltanos 1984, S. 84ff. Samaltanos glaubt sogar, die *Calligrammes* aus den *écrits absurdes* von Brisset und anderer Geisteskranker herleiten zu können.

71 Vgl. Briefwechsel in den *Chroniques d'Art*, S. 474–476; vgl. auch Michael Zimmermann, Der Streit zwischen Orphismus und Futurismus im ›Sturm‹ – Zur Interpretation der Selbstäußerungen von Künstlern, in: Kat. *Delaunay und Deutschland* [Anm. 51], S. 318ff.

72 Die lange schwelenden Streitigkeiten zwischen den Herausgebern wurden durch diese Übernahme beseitigt. Finanzielle Unterstützung erhielt Apollinaire von Serge Férat und dessen Schwester Hélène d'Öttingen. S. Mackworth 1963, S. 223ff. (s. auch 1914, Anm. 9).

73 »Et moi aussi je suis peintre«, behauptete Apollinaire stolz im Titelvorschlag für den Band *Calligrammes*. Rückt Apollinaire mit seinen frühen Ideogrammen (*Paysage, Lettre-Ocean, La Cravate et le Montre*, alle 1914) noch in die Nähe von Marinettis *révolution typographique* und der Forderung nach Zerstörung der Syntax (Manifest »Imagination sans fils et les mots en liberté«, 1913), so sind die folgenden Erfindungen Apollinaires von einer geistigen Brillanz, gegen die alle *parole in libertà* steif wirken. Eine Anregung ging sicher von den kubistischen Collagen aus, deren Bedeutung als Mittel zur Synthese Apollinaire des öftern herausstellte. Natürlich kannte Apollinaire auch die antiken Quellen der *technopaigina*, sowie die Bildgedichte der Renaissance und des Barock, die ihn schon als Schüler beschäftigten. Im Bereich der modernen Dichtung ist Apollinaire hier jedoch zu einem wirklichen Neuerer geworden, der den Weg zum Lettrismus und zur konkreten Poesie geöffnet hat. Vgl. Walter Pabst in: Leube/Noyer-Weidner 1980, S. 1–30.

74 Davon handelt das in *Calligrammes* aufgenommene Gedicht *Das kleine Auto;* vgl. Guillaume Apollinaire, *Poetische Werke – Œuvres poétiques*, 1969, S. 259.

75 Zit. in Adéma 1952, S. 240 (aus dem Französischen vom Verf.).

76 Vgl. Bordat/Veck 1983, S. 125ff.

77 Baudelaire spricht in den *Curiosités esthétiques* [Anm. 3] von einer »poésie sur-naturaliste« im Zusammenhang mit Heinrich Heine (Salon de 1831). Der Begriff Sur-naturalisme wird in der Folge zu einem Schlüsselwort in der Baudelairschen Ästhetik. Auch Jarrys Werke handeln von einem phantastischen Sur-Naturalismus, dessen makabre Visionen einer entmenschlichten, technisierten Zukunft selbst von heutigen Autoren dieses Genres nicht überboten werden kann.

78 Zit. nach Mackworth 1963, S. 292

79 Vgl. Leube, in: Leube/Noyer–Weidner 1980, S. 86: »Von den frühesten Werken an ist eine Reflexion auf die herausgehobene Sonderexistenz des Künstlers zu beobachten. Die notorische Endzeitstimmung, die sein Bild von Anfang an umwölkt, setzt im Grunde das Modell hieratischer dichterischer Selbststilisierung fort, das besonders in der französischen Lyrik des 19. Jahrhunderts in wechselnder Intensität begegnet. Die krisenhafte Zuspitzung der Künstlerproblematik zu Beginn des 20. Jahrhunderts, dazu die persönliche Erfahrung mangelnder Integration, führt zur Verwendung mythischer Heroenmodelle, deren Glanz und zeitlose Gültigkeit den Visionen vom Tod und Untergang der Dichtung entgegenwirkten. Orpheus ist der antike Sänger, aber er ist auch – gemäß einer Vorstellung der Renaissance – ›poeta theologus‹ und immerwährendes Bild des Dichters.«

80 In seinen von der Malerei inspirierten Gedichten jedoch finden sich zahlreiche Anspielungen auf die Farbgebungen und Konzepte der mit Apollinaire befreundeten Maler. Das beginnt mit den Simultankontrasten in *Die Fenster* (Delaunay), über *Durch Europa* (Chagall), *Eine Wolkenerscheinung* (Picassos blaue und rosa Periode) und findet einen Höhepunkt in *Die Hügel*, einem späten Gedicht, das wie ein Reigen der Stationen der modernen Malerei wirkt. Vgl. Schleifenbaum 1972, S. 169 zu *Die Hügel*, die auch vermutet, daß Apollinaire durch rauschhafte Zustände in diese Farben- und Tonsensibilität hereingefunden habe, die seine Malergedichte auszeichnet. Vgl. auch K. Heitmann, Dichten mit elementaren Symbolen. Eine chtonische Zahl und eine ätherische Farbe bei Apollinaire, in: *Poetica*, Bd. 2, H. 4, 1968, S. 451–476.

81 Nach dem *vers libre* seiner Simultangedichte kehrte Apollinaire nach dem Krieg wieder zum gebundenen Versmaß zurück, z. B. in *Die Hügel*. Vgl. Raible 1972 [Anm. 22], S. 15.

82 Veröffentlicht erst nach Apollinaires Tod, am 1. Dezember 1918 in *Mercure de France*, Nr. 491 [aus dem Französischen vom Verf.].

83 Von der Synthese der Künste war in diesen Jahren viel die Rede. In der utopischen Postulierung einer gemeinsamen Sprache aller Künste war nicht nur der Versuch einer Integration der vielen Kunst-Ismen angesprochen, sondern auch eine Popularisierung der stark angefeindeten modernen Kunst. Léger hat wohl aus diesen Diskussionen die stärkste Konsequenz gezogen, als er in den 20er Jahren aus den Versatzstücken der modernen Kunst eine plakative, ›volkstümliche‹ Kunst ›des einfachen Mannes‹ entwickelte. Zu den Diskussionen um eine gemeinsame Sprache der Kunst vgl. Düchting 1982, S. 484ff.

84 In einer Notiz in *Nord-Sud* schrieb dazu ein ungenannter Reporter: »Ich bedaure, unseren Lesern keinen Bericht über Monsieur Guillaume Apollinaires Vortrag über den ›Neuen Geist‹ geben zu können, denn gerade an jenem Samstag war ich woanders mit einem Murmelspiel beschäftigt.« Zit. nach Mackworth 1963, S. 296.

85 SIC, eine Abkürzung von »Sons, Idées, Couleurs«, wurde von Pierre Albert-Birot 1916 gegründet und veröffentlichte bis 1920 Gedichte, Texte und Bilder der kubistischen und futuristischen Avantgarde. SIC verstand sich zwar als kubistische Zeitschrift, bildet aber mit den Beiträgen von Cocteau, Soupault, Breton, Picabia u. a. eine Brücke zum einsetzenden Geist des Surrealismus, zu dem auch das Stück *Les Mamelles de Tirésias* eindeutig zu zählen ist.

86 Brief an A. Billy, zit. in: Billy 1929, S. 103.

87 In einem Nachtrag zu *Les Peintres Cubistes* erwähnt Apollinaire selbst mehrere zeitgenössische Kunstkritiker, die dem Kubismus gegenüber zumindest aufgeschlossen waren, jedoch nie die gleiche Begeisterung und Fürsprache wie Apollinaire an den Tag legten. Zu diesen gehören: Canudo (Herausgeber des Avantgarde-Magazins *Montjoie!*), Jacques Nayral, André Salmon, Granié, Maurice Raynal, Alexandre Mercereau (Mitgründer der Abbaye de Créteil, Mäzen und Ausstellungsmacher), Pierre Reverdy, André Warnod, Roger Allard, Olivier Hourcade. Vgl. die Textauszüge von Artikeln dieser Kritiker in: Frey 1966 [Anm. 14].

Daneben gab es natürlich eine Anzahl Kritiker des konservativen Spektrums wie Louis Vauxcelles, Thiébault-Sisson, Etienne Charles, Anatole France, Arsène Alexandre, Georges Lecomte und Gabriel Mourey, die Apollinaire in einer kleinen liebevollen Glosse charakterisiert (Mercure de France, 16. Oktober 1913). Einer der wichtigsten Verfechter neuer Kunst, Félix Fénéon, hatte um die Jahrhundertwende seine kunstschriftstellerische Tätigkeit eingestellt. Als literarischer Berater und Redaktionssekretär der *Revue Blanche* nahm Fénéon jedoch weiter regen Anteil am kulturellen Leben von Paris; u. a. organisierte er Ausstellungen für Bernheim-Jeune und machte die Maler Cross, Marquet, Matisse und Van Dongen bekannt. Erst wieder zwischen 1919 und 1925 schrieb Fénéon neue Kunstartikel für das *Bulletin de la vie artistique*. F. F. (so das Kürzel für Eingeweihte) galt als eines der größten Talente im Bereich der Kunstschriftstellerei, der frische und offene Ton seiner Artikel läßt sich mit den Salonberichten Diderots vergleichen. Vgl. Félix Fénéon, *Au-delá de l'impressionisme*, hg. v. F. Cachin, Paris 1966.

88 L. C. Breunig vergleicht die Auswahl und Heroisierung von Apollinaires Malergruppe mit dem Gedicht *Les Phares* von Baudelaire. Ähnlich wie Baudelaires Charakterisierung von berühmten Malern hätte seiner Meinung nach auch Apollinaire seine Maler mit Metaphern belegt, die vor allem Bewegung anzeigen, z. B. Flamme für Picasso, Tanz für Archipenko und Laurencin, aufblitzende Lichter bei Matisse, siedende Flüssigkeit bei Léger, Metaphern, die ebenfalls in seiner Dichtung vorkommen. Vgl. Breunig 1981.

89 Brief an Ardengo Soffici vom 9. Januar 1912, veröffentlicht in: Blumenkranz-Onimus 1961, S. 105 (aus dem Französischen vom Verf.).

90 Brief an Roland Chavenon aus dem Jahre 1914, veröffentlicht in: *Beaux-Arts*, 28. April 1939, S. 5, und bei Aegerter/Labracherie 1943; hier übersetzt aus Blumenkranz-Onimus 1961, S. 106.

91 Die rhetorische Fähigkeit Apollinaires wird von seinen Zeitgenossen einstimmig bestätigt, wobei die lebhafte Gestik (mit Händen und Füßen) in seltsamen Kontrast zu seiner hohen, dünnen Stimme gestanden haben muß.

92 Der größten (Selbst-)Täuschung erlag Apollinaire wohl im Fall von Marie Laurencin, aber auch die »Teilung des Kubismus« gehört zu seinen großen Irrtümern und wurde schon von den beteiligten Künstlern heftig kritisiert. Ebenso gehört die Debatte um die Simultanität, in die Apollinaire durch einen unvorsichtigen Vergleich von Delaunays Malerei und dem Futurismus verwickelt wurde, zu seinen Fehlern.

93 E. Sourian, *La correspondance des arts,* Paris 1947; Fr. Rauhut, Die Idee der Einheit oder Verwandtschaft und der Vereinigung oder Verschmelzung der Künste, in: *Wissenschaftliche Zeitschrift der Karl-Marx-Universität Leipzig,* 6, 1956–57, Gesellschafts- und Sprachwissenschaftliche Reihe, 5, S. 553ff.; K. K. Pocheim, Zur romantischen Einheit der Künste, in: *Bild, Kunst und Literatur*, hg. v. W. Rasch, Frankfurt a.M. 1970, S. 157–178; Vgl. M. Praz, Mnemosyne. *The Parallel between Literature and the Visual Arts,* Princeton 1974; F. Würtemberger, *Malerei und Musik. Die Geschichte des Verhaltens zweier Künste zueinander*, Frankfurt a. M./Bern/Las Vegas 1979.

In dieser Zeit wurden nicht nur Gedichte über Bilder und Bilder über Gedichte gemacht, sondern auch Text und Bild miteinander kombiniert, wie z. B. die Zusammenarbeit von Sonia Delaunay mit Blaise Cendrars am »Ersten simultanen Buch« beweist, ein auf 2 m Länge ausfaltbares Leporello, auf dem parallel zu einem Gedicht von Cendrars farbige Rhythmen von Sonia Delaunay verlaufen. Vgl. A. Cohen, *Sonia Delaunay*, New York 1975, S. 24–28 (Tafel 6).

94 In einem Brief an André Billy versucht Apollinaire noch Jahre später diesen ›Ausrutscher‹ zu erklären: »Was aber den Vorwurf betrifft, ich sei destruktiv, so bestreite ich das in aller Form. [...] Das ›merde‹, das in meiner Manifest-Synthese, die die Futuristen veröffentlicht haben, in Musik gesetzt ist, bezieht sich nicht auf das Werk der Alten, sondern auf ihre Namen, die den kommenden Generationen wie eine Barriere vorgehalten werden.« Billy 1923, S. 103.

95 »*La Marseillaise* von Rude ist das erste Werk, welches das moderne Erhabene (sublime) zum Ausdruck bringt, der Gegenstand ist modern, die Bewegung, das Leben darin ist modern und die synthetische Dramatisierung des Themas ist ebenfalls modern.« *Chroniques d'Art*, S. 286.

96 G. Apollinaire et l'école nouvelle de littérature, Interview in *Le Pays* vom 24. Juni 1917.

97 Vgl. z. B. den Artikel *La disparition du Dr. Otto Gross* (Mercure de France, 16. Jan. 1914), in dem Apollinaire die verschiedenen Aktivitäten des Dr. Gross beschreibt, u. a. auch seine Artikel über das schöpferische Unbewußte. Gross wurde irrtümlich in ein Asyl für Geisteskranke eingesperrt. In diesem Zusammenhang erwähnt Apollinaire die Schriften von Freud, auf die er bereits um 1912 durch Cendrars aufmerksam gemacht wurde.

98 Dies darf nicht dahingehend mißverstanden werden, daß Apollinaire nun eine homogene Theorie der Kunstpsychologie entworfen hätte. Eine solche Theorie ist erst wesentlich später, ausgehend von den Forschungen Freuds und Jungs, entstanden. Die vielen Hinweise in Apollinaires kunstkritischen Schriften auf eine innere Instanz künstlerischer Schöpferkraft, seine Betonung der künstlerischen Umsetzung und Gestaltung, seine Hinweise auf die vielfältigen Inspirationsquellen der Dichter und Künstler, sein Vernachlässigen technisch-formaler Prozesse und nicht zuletzt sein Generalthema ›Zeit‹ erlauben jedoch, Apollinaire als Vorläufer einer Kunstpsychologie zu sehen. Vgl. zur Entwicklung der Kunstpsychologie seit Freud: Hartmut Kraft (Hg.), *Psychoanalyse, Kunst und Kreativität heute. Die Entwicklung der analytischen Kunstpsychologie seit Freud*, Köln 1984; *Seminar: Theorien der künstlerischen Produktivität*, hg. v. Mechthild Curtius, Frankfurt a. M. 1976.

99 Vgl. Giedion-Welcker 1973, S. 189ff. Der 1943 erschienene Artikel ist der erste Ansatz zu einem komplementären Verständnis von Dichter und Kunstkritiker. Eine ähnliche Sicht versucht dann Adéma 1952, allerdings mit eher negativem Ergebnis, was Apollinaires Kunstverständnis angeht. Erst die Veröffentlichungen von Breunig (Chroniques d'Art u. a.) bahnten schließlich den Weg zu einem vollen Verständnis von Apollinaires Aktivitäten als Impressario der Avantgarde, das bis dahin durch die Fixierung auf den Band *Les peintres cubistes* verstellt war. Roger Shattuck (1968) hat in dem Kapitel »Painter-Poet« ebenfalls die Interdependenz zwischen Apollinaires kunstkritischer Tätigkeit und der Entwicklung seiner Dichtung aufgezeigt. Ein neuerer Versuch, den ›ganzen‹ Apollinaire zu fassen und zu verstehen mit Berücksichtigung seiner Kunstkritik, liegt vor durch Bordat/Veck 1983.

1905

1 Dieser erste Artikel über Picasso erschien anläßlich einer Ausstellung von Arbeiten der Maler Trachsel, Gérardin und Picasso, die vom 25. Februar bis zum 6. März 1905 in der Galerie Serrurier stattfand. Der Artikel bezieht sich auf das Vorwort des Kataloges von Charles Morice, der die »vorzeitige Ernüchterung« Picassos beklagt hatte.

2 Dieser Aufsatz in *La Plume* wurde von fünf Abbildungen von Werken Picassos begleitet, die auch in der Ausstellung der Galerie Serrurier zu sehen waren (Abb. 1–3). Apollinaire übernimmt die ersten beiden Absätze dieses Textes in einem anderen Artikel über Picasso, *Von Michelangelo zu Picasso* (Les Marches de provence, 1912; s. S. 149ff.) und fügt den ganzen Text mit geringen Abweichungen in *Les peintres cubistes* ein. Der Text in der hier aufgeführten Form erschien noch einmal in *Action* (Nr. 6, Dezember 1920) und in *Labyrinthe* (Nr. 21, Juli–August 1946).

1907

1 In dieser Glosse geht Apollinaire weniger auf die einzelnen Kunstwerke und Künstler ein, und wenn, dann nur ganz summarisch und flüchtig. Eher scheint ihm daran gelegen zu sein, die Institution des Salon d'Automne als solche zu ironisieren, und vor allem ihren Präsidenten Frantz Jourdain, der auch als Maler an den Ausstellungen beteiligt war. Andere von Apollinaire erwähnte Mitglieder des Gründungskomitees waren: Paul-Louis Baignères, Georges Desvallières, Vizepräsidenten; Abel-Truchet, Schatzmeister und zusammen mit Maxime Dethomas der Organisator der Ausstellung von 1907; Paul Cornu, stellvertretender Sekretär; Jansen, Verwaltungsrat; Gropéano, ausländischer Delegierter. Rouault und R. Piot gehörten ebenfalls dem Komitee an. Jourdain war außerdem der Architekt des Kaufhauses La Samaritaine. Im Salon d'Automne von 1907 hatte Jourdain die Pläne für Erweiterungsbauten ausgestellt. Diese Doppelfunktion – hier Mann der Schönen Künste, dort kapitalkräftiger Geschäftsmann – scheint Apollinaire besonders aufs Korn nehmen zu wollen.

2 Im Salon d'Automne von 1907 fand eine große Retrospektive der Werke Cézannes statt, der 1906 gestorben war und dessen Ruf besonders unter den jüngeren Künstlern immer größer wurde. Apollinaire vermischt in seinen Berichten tatsächliche Ereignisse, wie die Auswahl der Bilder bei Bernheim, mit fiktiven Anekdoten und ironischen Seitenhieben auf den Kunstgeschmack von Jourdain. Um Cézanne rankten sich bereits zu Lebzeiten Legenden, da er sehr zurückgezogen in Aix-en-Provence lebte und nur wenige Maler in sein Atelier vorließ. Die von Apollinaire geschilderte Begebenheit geht wohl auf Ambroise Vollard zurück. Jedenfalls berichtet Vollard in seiner 1914 erschienenen Cézanne-Monografie ein ähnliches Erlebnis, das Cézanne amüsiert haben soll: »Der Sohn hat Fenster und Kamine aufgemacht; der kleine Schuft sieht ganz genau, daß es ein Haus ist.« (zit. nach der deutschen Ausgabe, Zürich 1960, S. 40). In seinen letzten Jahren war Cézanne tatsächlich zu einem eifrigen Kirchgänger geworden. Zu Vollard soll er gesagt haben: »... für mich, der ich im Leben nicht stark bin, ist es besser, mich auf Rom zu stützen.« (ebd., S. 59). Dieser religiöse Aspekt geht aber wohl eher auf Cézannes pantheistische Naturanschauung zurück als auf seinen im Alter sich stärker bemerkbar machenden Konservativismus.

3 Dieser Artikel wurde von unbetitelten Abbildungen begleitet, die wie folgt identifiziert werden konnten: *Porträt des Künstlers,* Colliure 1906; *Luxus I,* Colliure 1907; *Mme. Matisse mit rotem Kopftuch,* Paris 1907; *Bei der Toilette,* Paris 1907.

Apollinaires Artikel wurde in dem Sammelband *Il y a* ohne diese Abbildungen veröffentlicht. Teile dieses Interviews erschienen in dem Buch *Matisse: Über Kunst,* hg. von Jack Flam, Zürich 1982, S. 63/64 in deutscher Übersetzung (von E. Hammer-Kraft). Die vorliegende Übersetzung folgt der englischen Ausgabe *Apollinaire on Art. Essays and Reviews 1902–1918,* hg. von Leroy C. Breunig, übers. von Susan Suleiman, New York 1972, S. 36f.

Man vergleiche diesen Artikel über Matisse mit Apollinaires ersten Artikeln über Picasso im Jahre 1905. Während Apollinaire für Picasso einen poetisch-elegischen Duktus wählt, der die Bilder der blauen Periode sprachlich adäquat umzusetzen versteht, schildert er die Kunstauffassung von Matisse mit der Sachlichkeit und Kühle eines Nachrichtenreporters. Gerade aber durch die Bescheidenheit und Zurückhaltung eigener poetischer Ambitionen gewinnt dieser Artikel an Klarheit und Gewicht. In ihm kommen wichtige Prämissen der Malerei von Matisse zum Ausdruck (wie z. B. die expressive Stilisierung der Gegenstandswelt, die Betonung der Autonomie von Farbe und Linie, Instinkt statt Intellekt), die von Matisse auch später als richtungsweisend betont werden. Zum ersten Mal bringt Apollinaire hier die Überzeugung von der Autonomie des Kunstwerks, seine Unabhängigkeit von der genauen Wiedergabe der optischen Wirklichkeit zum Ausdruck und resümiert einen berühmten Ausspruch von Maurice Denis zur Selbständigkeit von Farben und Formen im Kunstwerk: »Sie haben Ihren Bildern eine bildnerische Existenz gegeben, ohne direkt gegenständlich sein zu müssen. Die gegenständliche Welt brauchen Sie nur zur Anregung. Die Ausdrucksstärke Ihrer Arbeiten resultiert vor allem aus der Verbindung von Farben und Linien. Das macht die Arbeit eines Malers ja schließlich aus, und nicht die einfache Reproduktion von Gegenständen, wie einfältige Gemüter immer noch annehmen.«

1908

1 Der Roman *La 628-E8* von Octave Mirbeau (1908) beschreibt anhand eines (autobiografischen) Reiseberichts die damals einsetzende Begeisterung für Fahrten im Automobil, die fast von der gesamten Avantgarde geteilt wurde. Mirbeau beschreibt allerdings auch den damit verbundenen Wahrnehmungsschock als nervöse Überreizung durch die Geschwindigkeit, die die zurückgelegten Strecken, die vorbeiziehenden Bilder (der Landschaften und Orte) zu einem Endlospanorama zusammenfließen läßt. Mirbeau ist damit einer der ersten Schriftsteller, die Industrialisierung und Technisierung in ihren Auswirkungen auf die psychische Konstitution des Menschen thematisiert haben. In diesem (psychosomatischen) Roman zitiert Mirbeau u. a. eine deutsche Frau, die er in Köln getroffen hatte: »Ich bin schockiert, daß Herr Vallotton in Ihrem Land immer noch nicht die ihm zustehende Anerkennung erfahren hat, dagegen bei uns immer beliebter wird. Hier in Deutschland halten wir ihn für einen der originellsten Künstler seiner Generation...« (Übersetzung nach der französischen Ausgabe von 1908, S. 390)

2 Es handelt sich bei diesem Bild um *Grand nu* (Abb. 8).

3 Euhemerismus ist die verstandesmäßige Umdeutung von Mythen, benannt nach dem griechischen Philosophen Euhemeros, der am Hof des makedonischen Königs Kassander (311–298 v. Chr.) lehrte, daß die griechischen Götter Menschen der Vorzeit gewesen seien.

4 Zwei politische Mitstreiter Van Dongens: Eduard Dowes Dekker (1820–1887) war holländischer Offizier in den indischen Kolonien. In einer Reihe von Artikeln prangerte er unter dem Pseudonym Multatuli (lateinisch = ich habe viel gelitten) die Unterdrückungsmechanismen der Kolonialherr-

schaft an. Domela Nieuwenhuis (1846–1919) war ein militanter Sozialist. 1897 erschien sein wichtigstes Buch *Le Socialisme en danger.*

5 Laut Katalogeintrag hatte Rousseau folgende Bilder eingeschickt: *Combat de tigre et du buffle, Joueurs de football, Portrait d'enfant* und *Paysage.*

6 Wenig begabter Dichter, gestorben 1901, Autor von *Versiculets.*

7 Polemische Bemerkung, auf Rouaults *Esquisses décoratives* gemünzt.

8 Apollinaires Vorwort wurde noch einmal in der Zeitschrift *Le Feu* (Nr. 39, 1. Juli 1908) und in *Le Flaneur des deux rives* (Nr. 2, September 1954) veröffentlicht. Ohne Titel und mit einigen Abweichungen wurde der Text auch im ersten Teil der *Les peintres cubistes* verwendet. Die Ausstellung enthielt Werke von Bonnard, Braque, Denis, Derain, Dufy, Friesz, Girieud, Manguin, Marquet, Matisse, Metzinger, Puy, Redon, Roussel, Rouault, Sérusier, Signac, Vallotton, Van Dongen, De Vlaminck und Vuillard.

9 Der Hauptteil dieses Textes wurde mit einigen Abweichungen noch einmal veröffentlicht in: *La Revue indépendante,* Nr. 3, August 1911.

In seinem Angriff auf den Impressionismus scheint Apollinaire vor allem den Neo-Impressionismus im Visier zu haben. Die neo-impressionistischen Maler Seurat und Signac hatten die neue Maltechnik aus kleinen Farbpunkten (touches divisées) eingeführt, die – nach wissenschaftlicher Meinung, gestützt auf Experimente von Maxwell, Rood und Helmholtz, im Auge des Betrachters zu einer optischen Mischung gelangen und so mehr Farbenbrillanz ergeben sollten. Diese Fehleinschätzung wurde schon von den Zeitgenossen (auch von Signac) bald bemerkt. In anderen Texten kommt hingegen eine große Bewunderung Apollinaires gegenüber den Werken von Seurat und Signac zum Ausdruck (vgl. Artikel zu den Salons des Indépendants von 1910 und 1911, S. 74ff. u. 117ff.). Außerdem bespricht Apollinaire Signacs Buch *Von Eugène Delacroix zum Neo-Impressionismus,* in dem das gesamte neo-impressionistische Gedankengut gesammelt ist, äußerst wohlwollend und positiv (im *L'Intransigeant* vom 7. August 1911, s. hier S. 123ff.).

Apollinaire scheint den Impressionismus hier vor allem als negativ besetztes Schlagwort einer überholten Stiltendenz zu verwenden, um vor dieser Folie die Errungenschaften der neuen (kubistischen) Maler besser abheben zu können. Im übrigen hält er sich bei der Definition des Impressionismus an Zolas Formel: »Ein Kunstwerk ist ein Zipfel der Schöpfung aus der Sicht eines individuellen Temperaments.« Zit. nach der dtsch. Übersetzung von Uli Aumüller in: E. Zola, *Schriften zur Kunst. Die Salons von 1866–1896,* Frankfurt a.M. 1988, S. 35.

1909

1 Dieser Text wurde zu Apollinaires Lebzeiten nicht veröffentlicht, sondern erst in *Arts et spectacles* (Nr. 285, 17. Nov. 1950, mit einem Kommentar von M. Adéma). Das Manuskript befindet sich in der Sammlung Stein in der Yale University, New York. Es ist mit »Pascal Hédégat« unterzeichnet, einem Pseudonym, das Apollinaire schon früher benutzte. Unter der Signatur steht folgende Notiz: »Guill. Appolinaire [sic].Pr.Copie conforme H.M. [=Henri Matisse]«.

1 Der einzige Katalogeintrag dieses Namens lautet auf die Malerin Elsa Weise, die zwei Landschaften, zwei Studien aus Alve und zwei Kompositionen zum Salon eingereicht hatte.

2 In der 1906 gegründeten Abbaye de Créteil versammelten sich Dichter wie Jules Romains, Georges Duhamel, Charles Vildrac und René Arcos und Maler wie Albert Gleizes und Le Fauconnier, um über neue Kunstformen zu diskutieren, welche dem modernen Leben Rechnung tragen sollten. Die Gruppe nannte sich nach dem Titel des Romanes *La vie unanime* von Romains auch L'Unanimisme (Einmütigkeit, Einklang), oder nach dem amerikanischen Dichter Walt Whitman Ecole Whitmanesque. Die Dichter der Abbaye bejahten den strukturellen Wandel der Moderne und versuchten, die neue Dynamik des Lebens in ihren literarischen Schöpfungen nachzubilden. Analog zum Bergsonschen Bewußtseinsstrom sollte der Erzählfluß wenig Pausen aufweisen und durch wenige Satzzeichen unterbrochen werden. Als Bewegungsmotiv galt die Ablösung des Stabreims durch den Endreim. Diese und andere literarische Neuerungen wurden später von Apollinaire (und Cendrars) übernommen. In einer Vorlesung über *La Phalange nouvelle* (1908) zitiert Apollinaire die Dichter der Abbaye als seine engen Freunde. Vgl. 1912, Anm. 8. Vgl. Blumenkranz-Onimus, 1961, S. 109; Ch. Sénéchal, *L'Abbaye de Créteil,* Paris 1930.

3 Zwei Zeilen, die an dieser Stelle ausgelassen worden waren, verdrehten den Sinn des Satzes und brachten Apollinaire einen geharnischten Brief von Ciolkowski ein, in dem er schrieb, daß seine Kunst sich weder »an Schwule, noch an Kurtisanen, weder an Sodomiten noch an Don Juans, weder an Impotente noch an Priapisten, weder an alte Herren noch an Kollegschüler, weder an Bigotte noch an Agnostiker, weder an Moralisten noch an Immoralisten wende, sondern an alle die, was auch immer sie seien, die sich mit meiner Kunst beschäftigen wollen.« Die Entschuldigung Apollinaires im *L'Intransigeant* vom 3. Mai 1910 ist vollständig abgedruckt in: *Chroniques d'Art,* S. 454.

4 1865 hatte die Salonjury das Bild *Olympia* von Manet passieren lassen. Es löste, mehr als die Bilder Manets zuvor, einen ungeheuren Skandal bei Publikum und Kritik aus. Lediglich ein junger Autor, Emile Zola, fühlte sich dazu geneigt, Manet zu verteidigen und widmete seine folgenden Salonbesprechungen vor allem dem Lob dieses Malers. Das Publikum reagierte weniger auf die schockierende Nacktheit der gezeigten Dame so heftig als auf ihre Profession, die unmißverständlich aus dem Ambiente hervorgeht. Manet zeigte mit der *Olympia* keine profanisierte Venus – was man ihm sicher verziehen hätte – sondern ein Spiegelbild der Doppelmoral seiner Gesellschaft. Galt Manet bald als Kopf einer neuen Gruppe von antibürgerlichen, antiakademischen Malern, den zukünftigen Impressionisten, so wurden seine Bildthemen vor allem von Cézanne aufgegriffen und zu einer noch schärferen Bildaussage getrieben (Eine moderne Olympia, 1870). Vgl. W. Hofmann, *Nana – Mythos und Wirklichkeit,* Köln 1974; E. Zola, *Schriften zur Kunst. Die Salons von 1866 bis 1896,* hg. von Till Neu, Frankfurt a. M. 1988.

5 »Ich bin der Primitive einer neuen Kunst«, soll Cézanne gesagt haben (so z. B.: P. Cézanne, *Über die Kunst,* hg. von Walter Hess, München 1980, S. 76, im Gespräch mit Gasquet). Besonders die jungen, Cézanne verehrenden Maler wie Emile Bernard und Maurice Denis brachten seine Kunst einerseits mit Primitivismus und Mystizismus, andererseits aber mit einem neuen Klassizismus in Verbindung. Dieses Mißverständnis wurde von den vielen, sich widersprechenden Äußerungen geschürt, von denen besonders diejenige, »Poussin nach der Natur zu erneuern«, die Spekulationen der Maler reizte. Cézanne wurde zum ›Poussin des Impressionismus‹ stilisiert. Seine Kompositionen entsprechen aber keinem klassischen Kanon, etwa in der Art von Poussin, sondern sind für

jedes Bild neu in Auseinandersetzung mit der Natur und den Erfordernissen der Malerei gewonnen. Außerhalb von Cézannes Bildern kann eine solche Komposition keinen Vorbildcharakter erlangen, d. h. sie kann nicht ›klassisch‹ im stilbildenden Sinn wirken. Der Ausspruch von Gauguin »Laßt uns einen Cézanne machen!« enthüllt so ein tiefes Unverständnis von der Malweise Cézannes. Auf diese ganz persönliche, unverwechselbare, aber auch unwiederholbare Leistung Cézannes scheint auch Apollinaire zu zielen. Vgl. zu dem Themenkomplex jetzt R. Shiff, *Cézanne and the End of Impressionism,* Chicago/London 1984.

6 Gemeint sind die Holzschnitte zu Apollinaires *Bestiaire ou le Cortège d'Orphée.* Vier Drucke werden im Katalog angegeben: Nr. 356 *La Danse* , Nr. 357 *L'Amour,* Nr. 358 *La Chasse,* Nr. 359 *La Pêche* und der Umschlag. 1911 ließ der Kunstverleger Deplanche 120 Exemplare davon in einer Luxusausgabe erscheinen. Eine größere Auflage in erschwinglicher Form erschien erst 1919. Eine deutsche Ausgabe liegt vor in Übertragung von Karl Krolow: G. Apollinaire, *Bestiarium oder das Gefolge von Orpheus,* Frankfurt a. M. 1978.

7 M. Touny-Lérys(sic) war einer der Direktoren der Literaturzeitschrift *Poésie.* Ein nicht in Apollinaires Text erwähntes Pastell von Mme. van Bever de la Quintinie erschien in der gleichen Nummer.

8 Dieser Seitenhieb gegen einige ›abtrünnige‹ Kubisten scheint sich vor allem gegen Metzinger und Le Fauconnier zu richten, wie schon aus der Besprechung für den *L'Intransigeant* hervorging. Später wird Apollinaire auch die ›unorthodoxen‹ Kubisten (s. S. 185 f.) unterstützen. Zu diesem Zeitpunkt scheint er noch mehr auf Picasso (als Vater des Kubismus) zu setzen.

9 Cézanne hat in seinen Landschaften jedes anekdotische Element vermieden; weder Menschen noch Tiere bevölkern daher seine Bilder, in denen ein Naturbegriff ohne »impressionistischen Schein« gesucht wird. Dagegen hat Monet gerne eine belebte Landschaft dargestellt. Von ihm gibt es ein Bild mit Truthähnen: *Les dindons,* 1876 gemalt und 1877 in der Impressionisten-Ausstellung Rue Le Peletier ausgestellt. Das Bild gehört zu einer vierteiligen Serie für die Ausstattung des Château de Rottembourg in Montgeron. Vgl. Kat. *Hommage à Claude Monet,* Grand-Palais, Paris 1980, S. 169 ff.

10 Für Charles Baudelaire bedeutete der Maler und Zeichner Constantin Guys den Inbegriff des modernen Künstlers, der sich in seinen künstlerischen Mitteln der Modernität, mit ihrer beschleunigten Lebensweise und Wahrnehmung, sensibel anzupassen vermochte. Vgl. Ch. Baudelaire, Le Peintre de la Vie moderne, in: *Curiosités Esthétiques,* Paris 1962, S. 452 ff.; dt. Ausg.: *Charles Baudelaires Werke in deutscher Übersetzung*, übers. v. Max Bruns, Bd. 4, München 1906.

11 Wahrscheinlich handelt es sich um das Bild *Famille des saltimbanques.* Dieses Bild war allerdings nicht in dem Aufsatz zu Picasso abgebildet, der in *La Plume* am 15. Mai 1905 erschien (s. S. 51 ff.).

1911

1 Senator René Bérenger (1830–1915), der wegen seines Widerstands gegen die freie Äußerung in Literatur und Kunst bekannt wurde.

2 Letzte Zeile des Gedichts »Promenade galante« von Théodore de Banville (aus: *Rimes dorés*).

3 Die Aquarelle von Signac und die Wandteppiche von Maillol wurden vom 23. Januar bis zum 1. Februar 1911 in der Galerie Bernheim Jeune gezeigt.

4 Fernand Léger stellte laut Katalog drei Werke aus: *Nu dans un paysage* und zwei Zeichnungen. Bei dem Gemälde handelte es sich um das berühmte Bild *Akte im Wald* (Abb. 21) von 1909/10, das im

Salon großes Aufsehen erregte. Das Bild zeigt in dumpfen Braun- und Olivtönen eine chaotisch auseinandergebrochene Landschaft, aus der sich erst auf den zweiten Blick langsam drei nackte Gestalten herausschälen. Erst nach längerer Gewöhnung erkennt man die Thematik des Bildes: ein Waldstück mit arbeitenden Holzfällern. Léger scheint hier von Cézannes Diktum ausgegangen zu sein, man solle die Natur nach Kugel, Kegel und Zylinder aufbauen, die organische Vielfalt der Natur also auf einige stereometrische Grundformen zurückführen. In der Radikalität der bildnerischen Umsetzung dieser Grundthese Cézannes läßt Léger andere, sich auf Cézanne berufende Maler weit zurück, auch Picasso, dessen *Akt im Wald* (1908) noch die größte Verwandtschaft innerhalb der zeitgenössischen Malerei zeigt. Légers kubistische Auffassung geht über die analytische Phase von Picasso und Braque hinaus. Die dynamische Aufgliederung der Bildformen bindet ihn eher an den aufkommenden Futurismus, während die blockhafte, wuchtige Gestaltung der Einzelformen am ehesten von der in kubistischen Kreisen sehr geschätzten Negerplastik abzuleiten ist. »Die Akte im Wald«, so sagte Léger später, »waren für mich nichts weiter als eine Schlacht der Volumina.« Mit diesem Bild hatte Léger zugleich Formgebung wie Motivik seiner Kunst begründet; der arbeitende Mensch in einer technischen, modernen Umwelt, aus der nach und nach die bildnerischen, anorganischen Formen abgeleitet werden.

5 Diese erste Ausstellung des Kubismus in Belgien wurde von dem belgischen Maler André Blandin und Apollinaire organisiert. Es wurden Arbeiten von Archipenko, Delaunay, Segonzac, Gleizes, Le Fauconnier, Léger, Marchand, Moreau und Jean Plumet ausgestellt. Vgl. Moulin 1954, S. 12–13.

6 Am 21. August 1911 wurde die *Mona Lisa* aus dem Louvre entwendet. Apollinaire wurde durch die Unvorsichtigkeit seines ehemaligen Sekretärs Géry Piéret selbst in die Affäre hineingezogen. Dieser hatte drei kleine spanisch-romanische Skulpturen aus dem Museum gestohlen und zwei davon an Picasso verkauft. Aus gutem Grund beunruhigt, beschlossen Picasso und Apollinaire, die gestohlenen Objekte dem Direktor des *Intransigeant* zur Weiterleitung zu übergeben. Bei der polizeilichen Ermittlung stieß man ohne Schwierigkeiten auf Apollinaire, der am 7. September wegen Mittäterschaft verhaftet wurde. Nach fünf Tagen Untersuchungshaft wurde er dank der Fürsprache von Freunden und Anwälten wieder auf freien Fuß gesetzt. Die kurze Haftzeit und die einsetzende Kampagne gegen den *mètèque* (Ausländer) hinterließ jedoch tiefe seelische Spuren, die unter anderem auch in einer Erzählung und einem Gedicht *In der Santé* (Alcools) zum Ausdruck kommen.

7 Der Name Kubismus war als Schimpfwort gemeint und wurde hinsichtlich der Bilder von Braque, die er im November 1908 bei Kahnweiler ausstellte, durch das Wort *cubes* des Kritikers Louis Vauxcelles geprägt (Gil Blas, 14. November 1908). Um 1911 war der Begriff Kubismus allgemein bekannt. Nach einer von Apollinaire geschürten Anekdote soll noch vorher Matisse, als Jurymitglied des Salon d'Automne von 1908, von *cubes* gesprochen haben, als er die Bilder von Braque vor sich sah. Diese Anekdote wurde von Apollinaire im *Mercure de France* vom 16. Oktober 1911 berichtet und in *Les peintres cubistes* wiederholt. Um 1912 war dies die anerkannte Version der Herkunft des Begriffs. Der Salon d'Automne 1908 eröffnete jedoch sechs Wochen vor der Braque-Ausstellung. In dem Bericht über den Salon erwähnte Vauxcelles die *cubes* von Braque nicht, der seine Bilder nach der Juryschelte wieder zurückgezogen hatte. Vgl. E. Fry, Der Kubismus, Köln 1974^2, S. 57/58.

8 Folgende Bilder sind im Katalog verzeichnet: *Paysage lacustre, Village au bord d'un lac, Village dans la montagne*.

9 Zweite Ausstellung der Société Normande de Peinture Moderne, vom 20. November bis 16. Dezember 1911 in der Galerie d'Art Contemporain in der Rue Tronchet. Am 24. November hielt Apollinaire dort eine Lesung über die neue Kunst des Kubismus. Der folgende Bericht wurde von

Roger Allard in *La Côte* vom 25. November 1911 veröffentlicht: »Gestern hielt M. Guillaume Apollinaire einen Vortrag, der erste innerhalb einer Serie, die während der Ausstellung zeitgenössischer Kunst, die bereits in dieser Zeitung besprochen wurde, stattfinden soll. Falls eine Kunstrichtung jemals ihre Existenzberechtigung hätte suchen müssen, so wäre M. Apollinaire der richtige Mann, um eine solche abzugeben. Er erklärte sehr geschickt, wie er ganz logisch dazu kam, die Verteidigung des Kubismus zu übernehmen, dessen Bedeutung ein Mann von so erlesenem Verstand wie er plötzlich erfaßt hätte. Ein auserlesenes Publikum lauschte seinen Beobachtungen, teils ästhetischer, teils wissenschaftlicher Art. Ein Argument der zweiten Linie veranlaßte jedoch einen heißblütigen Zuhörer zu einem Schlaganfall, hervorgerufen von einer noch nie gesehenen neuen Kunst. Der nächste Vortragende wird unser geschätzter Kollege Louis Nazzi sein.«

1912

1 Dies war die erste Gruppenausstellung der Pompiers, deren Präsident L. O. Merson vom *Institut* war; Vizepräsident war R. Verlet, ebenfalls vom *Institut.*

Pompier ist ein pejorativer Begriff für einen neoklassizistischen oder akademischen Maler, abgeleitet von dem französischen Wort für Feuerwehrmann, wahrscheinlich wegen des Feuerwehrhelms, der seit Napoleons Zeiten in einem neorömischen Stil gefertigt wurde. *Pompier* läßt sich mit ›banal, abgedroschen‹ am besten wiedergeben.

2 Das für den Katalog eigens geschriebene Gedicht von Jean Aicard, Mitglied der Académie Française, war *L'Art* betitelt. Vielleicht erwähnt Apollinaire dieses eigentlich nebensächliche Gedicht aus einem gewissen Konkurrenzneid. Mehrmals bemühte er sich nämlich um Aufnahme in den illustren Kreis der Académie Française. Von Picasso existiert eine ironische Karikatur Apollinaires zu diesen Ambitionen auf höhere gesellschaftliche Weihen. (Abb. der Karikatur z. B. in *Die Maler des Kubismus,* Zürich 1956, S. 32.)

3 Eine Austellung mit Bildern Vallottons fand in der Galerie Druet vom 22. Januar bis 3. Februar 1912 statt.

4 Vgl. zu diesem Text Breunig 1953.

5 Die Sammlung Chauchard mit Bildern von Malern des 19. Jahrhunderts wurde erst 1910 im Louvre der Öffentlichkeit zugänglich gemacht, als die französische Regierung der Bitte des Stifters, des reichen Kaufmanns und Kunstsammlers Alfred Chauchard, der im Jahr zuvor verstorben war, entsprach. Ebenfalls 1910 erschienen unter dem Titel *Quatre dialoques sur la peinture,* die Dialoge Francisco do Hollandas mit Michelangelo in der Übersetzung von Apollinaires Freund, dem Hispanisten Léo Rouanet.

6 Vgl. Artikel vom 15. Mai 1905, S. 51 ff.. Beide Textstellen wurden in der Übersetzung angeglichen. Im Original unterscheiden sie sich geringfügig.

7 Dies ist der Leitartikel der ersten Ausgabe von *Les Soirées de Paris,* die in ihren 27 Ausgaben von Februar 1912 bis August 1914 zu einem der wichtigsten Sprachrohre der Avantgarde wurde. Apollinaire fügte diesen Artikel mit leichten Veränderungen in sein Buch *Les peintres cubistes* (1913) ein.

Die vorliegende Fassung, sowie die meisten anderen Artikel für *Les Soirées de Paris,* wurde in dem Sammelband *Il y a* (1925) aufgenommen. Die deutsche Übersetzung folgt der unveränderten englischen Ausgabe *Apollinaire on Art* und nicht der modifizierten französischen Fassung in *Les peintres cubistes* (Ausgabe von 1980).

Mit diesem Artikel macht sich Apollinaire zum Verfechter einer reinen, d. h. abstrakten Malerei, wie er sie vor allem bei Delaunay und seiner Serie der Fenster-Bilder sehen wird (ab April 1912). Es ist wahrscheinlich, daß bereits in diesen Artikel einige Begriffe und Gedanken Delaunays Eingang gefunden haben. Dagegen ist der Begriff ›reine Malerei‹ die Erfindung Apollinaires, wie Delaunay später in seinen Aufzeichnungen zugibt (vgl. Delaunay, Einleitung, Anm. 41, S. 148). In der überarbeiteten Fassung in *Les peintres cubistes* ersetzte Apollinaire »harmonie des lumières et des ombres« durch »harmonies des lumières impaires«, was auf die Kenntnis von Delaunays Manifest *Über das Licht* (von Paul Klee für den *Sturm* übersetzt) schließen läßt. (Vgl. Delaunay a. a. O., S. 125ff.) Weiter unten widerspricht sich allerdings Apollinaire, wenn er meint, daß »die meisten Maler die Natur noch nicht verlassen haben, die sie geduldig befragen«. Dann folgt der berühmte Satz: »Ein Picasso studiert einen Gegenstand wie ein Chirurg, der einen Leichnam seziert.« Der Widerspruch erklärt sich durch Picassos Bilder dieser Zeit, Apollinaires erstes Anschauungsmaterial für seine Konzeption einer reinen Malerei. In diesen Bildern der analytischen Phase war oft der Ausgangspunkt, ein Porträt oder ein Stilleben, bis zur Unkenntlichkeit zerlegt; sie erscheinen dem unvoreingenommenen Betrachter durchaus abstrakt. Apollinaire scheint hier die zwei Richtungen der Malerei versöhnen zu wollen, die den weiteren Verlauf der Kunstentwicklung bestimmen: die Abstraktion des Gegenstands und die abstrakte, gegenstandsfreie Kunst (Delaunay, Kupka, Kandinsky).

8 Nach einem Gedichtzyklus von Jules Romains *La vie unanime* nannte sich eine Gruppe von Schriftstellern Unanimistes (Die Einmütigen) oder auch Ecole Whitmanesque, nach dem amerikanischen Dichter Walt Whitman, dessen Gedichtband *Leaves of Grass* die Sinnlichkeit der Natur wie auch die Neuerungen der technischen Welt beschwört. Gemeinsam mit Whitman suchten die jungen Dichter Jules Romains, Alexandre Mercereau, Georges Duhamel, Charles Vildrac und René Arcos eine Poetik, die mit der modernen Realität und der von ihr geforderten Geisteshaltung besser übereinstimme als es die lebensabgewandte, symbolistische Literatur vermochte. In der 1906 gegründeten Abbaye de Créteil arbeiteten diese Schriftsteller zusammen mit einigen Malern, wie Albert Gleizes und Le Fauconnier, an neuen Produktions- und Distributionsformen der Kunst und Literatur. In eigenen Werkstätten wurden die Bedingungen einer gemeinsamen Zusammenarbeit geschaffen. Hier wurden auch die Bücher der Unanimisten gedruckt und verlegt. Der strukturelle Wandel der modernen Gesellschaft wurde ausdrücklich bejaht, was sich in den neuen Inhalten der Gedichte, Prosastücke und Bilder ausdrückte. Themen wie Elektrizität, Automobile, Fabriken wurden aufgegriffen und ebenso modern verarbeitet. Die Dynamik des modernen Lebens wurde z. B. in dem Erzählfluß selbst abgebildet, auf genaue Satzzeichen wurde verzichtet, der Endreim löste den Stabreim ab (Bewegungsmotiv). Dies alles hinterließ auf Apollinaire einen großen Eindruck, der mit den wichtigsten Dichtern dieser Richtung bereits 1900 in dem Collège d'esthétique moderne zusammentraf, einer Initiative des naturistischen Dichters Saint-Georges de Bouhélier. Es ist nicht unwahrscheinlich, daß Apollinaire dort, und später in der Abbaye de Créteil seine ästhetische Anschauung von der *beauté moderne* schulte und sein Konzept von der unbedingten Modernität der Künste entwickelte.

Apollinaire bemerkte als erster die Verbindung der Futuristen zur Ästhetik des Unanimisme. Tatsächlich war auch Marinetti wie Apollinaire ein häufiger Besucher der Abbaye de Créteil. Besonders angeregt wurde er von den neuen Ideen Jules Romains. Vgl. Martin 1968–69; Blumenkranz-Onimus 1961, S. 109; Ch. Sénéchal, *L'Abbaye de Créteil,* Paris 1930; D. Robbins, From Symbolism to Cubism: The Abbaye de Créteil, in: *College Art Journal,* New York 1963/64, S. 111–116.

Gleizes wiederholte das gescheiterte Experiment der künstlerischen Zusammenarbeit in der Abbaye zwanzig Jahre danach in Moly-Sabata, wo er bis zu seinem Tode in einem Kollektiv von Künstlern, Kunsthandwerkern, Literaten, Freunden und Schülern arbeitete.

9 Es handelt sich wohl eher um den italienischen Maler Romolo Romani (1884 Mailand – 1916 Brescia), der 1909 Sant'Elia, Chiattone, Drudeville und Boccioni kennenlernte. Seine Freundschaft mit den jungen Mailänder Künstlern ließ ihn auch das Manifest der futuristischen Maler von 1910 unterschreiben. Da er sich jedoch bald wieder von den Futuristen distanzierte, wurde sein Name in der zweiten Auflage des Manifests und den folgenden Schriften der Futuristen nicht mehr erwähnt. Romani suchte zwischen Malerei und Musik Analogien, die ihn zu abstrakten Bildern führten wie z. B. *Prismen* (1910, Brescia, Civica Pinacoteca Tosio Martinengo).

Mme. Juana Romani lebte in Paris und stellte dort mehrmals im Salon des Artistes Français aus.

Aroldo Bonzagni (1887 Cento/Ferrara – 1918 Mailand) lernte an der Accademia di Brera in Mailand Carrá und in der Famiglia Artistica Boccioni und Russolo kennen. Mit ihnen unterzeichnete er das Manifest der futuristischen Maler und stellte in der Famiglia Artistica im gleichen Jahr als Futurist aus. Bereits im April desselben Jahres löste er sich aber wieder vom Futurismus. Nach einem längeren Aufenthalt in Südamerika lebte Bonzagni bis zu seinem Tod in Mailand und wurde als Maler des modernen Großstadtlebens bekannt.

10 So lautet der erste Satz im Vorwort des Katalogs zur Pariser Ausstellung. Zum überheblichen Stilpathos der futuristischen Manifeste vgl. auch U. Apollonio, *Der Futurismus. Manifeste und Dokumente einer künstlerischen Revolution 1909–1918,* Köln 1972.

11 S. S. 151f. Apollinaire wendet hier bei den Futuristen und ihrer ersten Ausstellung in Paris ein kunstkritisches Argument an, das er gerade selbst erst ins Spiel gebracht hat, den Einwand nämlich, daß in der modernen Malerei der Bildgegenstand keinerlei Bedeutung mehr habe. In der Folge verläßt Apollinaire jedoch diesen Argumentationsstrang und schließt sich immer enger an futuristische Kunstkonzepte an, die dem Gegenstand nicht ganz abschwören, ihn jedoch auf moderne Weise (in Bewegung, Durchdringung, Transparenz) darstellen wollen. Bereits in der nächsten Salonbesprechung (Salon des Indépendants) feiert er Delaunays *La Ville de Paris* (Farbabb. 2) als »Meilenstein in der Geschichte der modernen Malerei« und spricht die Hoffnung aus, daß nun viele andere Künstler sich an solche großen (allegorischen) Themen heranwagen.

12 Im Vorwort des Katalogs – die Ausstellung dauerte vom 28. Februar bis 13. März – zieht Fernand Fleuret diese Parallele zwischen der Malerei Laurencins und dem Geist französischer Renaissancemalerei. Tatsächlich gehören die Bilder der Künstlerin weniger in den Zusammenhang der avantgardistischen Malerei ihrer Zeit, in die sie Apollinaire so gerne einfügen möchte, als in einen damals ebenso lebendigen Neoklassizismus, der von den Formidealen der Renaissancemalerei zehrt. Man könnte z. B. mit weitaus mehr Recht, Laurencins Linienführung mit gewissen *figurae serpentinatae* in Botticellis Gemälden vergleichen, als mit der zeitgenössischen kubistischen Malerei.

13 Die scheinbare Unvollendetheit von Delaunays Bildern bezieht sich auf ein Gestaltungsprinzip moderner Kunst, dem *non-finito* oder der offenen Form, der fragmentarischen, nicht hieratischen Kompositionsweise. In der Ausstellung war allerdings tatsächlich ein unfertiges Porträt Apollinaires (Abb. 28) zu sehen, eine Art kubistisch aufgelöster Vorskizze zu einem nie ausgeführten Bild.

14 Apollinaire war einer der ersten, der Chagall in Paris unterstützte und förderte. Beim Anblick seiner Bilder in La Ruche, dem berühmten Ateliertrakt in Montparnasse, soll Apollinaire, nach Chagalls Erinnerung, das Wort »surnaturel« (übernatürlich) ausgerufen haben. Erst wieder viel später, in der Ankündigung zu seinem Theaterstück *Les Mamelles de Tirésias* gebraucht Apollinaire ein ähnliches Wort (»drame surréaliste«), das den Begriff Surrealismus vorwegnimmt.

In seiner Autobiografie erinnert sich Chagall an das von Apollinaire beschriebene Ereignis und bezieht es auf sein Bild *Meiner Braut gewidmet* (Abb. 30), das indes im Katalog als *La Lampe et les deux personnes* verzeichnet war. Chagall verwechselt jedoch die Jahreszahlen der Salons, indem er sich auf den Salon von 1911 bezieht, wo er jedoch weder im Katalog noch in den Kritiken auftauchte. Das Bild *Meiner Braut gewidmet* wurde wegen angeblicher Pornografie angegriffen. Es zeigt in wenig verschlüsselter Form den Zugriff animalischer (männlicher) Sexualität auf eine sich schlangengleich windende (sich wehrende oder zuneigende?) Frau. Vgl. M. Chagall, *Mein Leben,* Stuttgart 1959, S. 108.

15 Auf dem Bild von Tobeen waren die Köpfe von zehn Pelotespielern dargestellt, bei denen Apollinaire eine Ähnlichkeit mit dem Schriftsteller Olivier Hourcade feststellte, dem Vorkämpfer des Kubismus in der Zeitschrift *La Revue de France et des pays français.*

16 Jean Goujon (1510/15 in der Normandie – 1540/41 in Rouen), Bildhauer und Architekt, den Apollinaire mehrmals als angebliches Vorbild für Delaunays *Ville de Paris* zitiert, hat nie Skulpturen der drei Grazien geschaffen. Die Mittelgruppe in Delaunays Bild geht unmittelbar auf ein pompejanisches Fresko zurück, dessen Reproduktion in Delaunays Atelier hing. Delaunay ging öfter von zeitgenössischen Postkarten oder Zeitungsillustrationen als Vorlage für seine Bildfindungen aus (z. B. *L'equipe de Cardiff,* Abb. 46). Eine andere Quelle für sein monumentales Salonbild war Henri Rousseau (*Selbstbildnis,* Nationalgalerie Prag), dessen linke Hälfte er in seinem Bild verwendet. Vor allem aber zitiert Delaunay seine eigenen Bilder, die er als Entwicklungsphasen zu dieser großen Vision, der Allegorie der Stadt Paris, zusammenfaßt. Eine zeitgenössische Anregung, die Apollinaire und Delaunay kaum entgangen sein wird, könnte die Darstellung der Nymphen auf den Basreliefs der Fontaine des Innocents in Paris gewesen sein. Die Nymphen sind hier tatsächlich vom großstädtischen Milieu umgeben, wie auf dem Bild Delaunays. Vgl. M. Hoog, La Ville de Paris de Robert Delaunay. Sources et devéloppement, in: *La Revue du Louvre,* 1965, Nr. 1, S. 29–37.

17 In diesem Artikel taucht zum ersten Mal der Begriff ›Vierte Dimension‹ auf, den Apollinaire in der Folge häufig benutzt, um dem Kubismus einen quasi-wissenschaftlichen Anstrich zu verleihen (so auch in *Les peintres cubistes,* Kap. III). Wahrscheinlich hat er ihn bei Gesprächen mit den Puteaux-Künstlern, Duchamp und Gleizes, kennengelernt, die an pseudowissenschaftlichen Theorien interessiert waren, wobei Duchamp sie eher zur Ironisierung seiner Arbeit einsetzte (vgl. die Schriften von Marcel Duchamp, *Duchamp du Signe,* hg. M. Sanouillet, Paris 1957), Gleizes sie dagegen mit ›wissenschaftlichem Ernst‹ verfolgte (vgl. A. Gleizes/J. Metzinger, *Du Cubisme,* Paris 1912, S. 17 zur nicht-euklidischen Geometrie). Ein Hauptinitiator dieser metaphysischen Diskussion war Maurice Princet, Versicherungsangestellter und Hobbymathematiker, der in Künstlerkreisen als Autorität auf diesem Gebiet galt. Der Begriff der vierten Dimension wird bald zum gängigen Klischee auch in aufgeklärten Kubistenkreisen (so z. B. bei M. Raynal, Qu'est-ce que ... le cubisme, in: *Comoedia illustré,* Paris 1913; dtsch. in: E. Frey, *Der Kubismus,* Köln 1974, S. 138–40). Der aus vielen Quellen gespeiste Begriff sollte besonders dazu dienen, das neue Raum-Zeit-Konzept des Kubismus zu erläutern, also die vieldimensionale, polyperspektivische Kompositionsmethode, die Picasso und Braque in ihren Bildern des analytischen Kubismus eingeführt hatten. Die Spekulationen der Maler blieben allerdings weit hinter diesen (und zum Glück auch ihren eigenen) Bildern zurück. Ganz allgemein läßt sich die Verwendung dieses Begriffs auch bei Apollinaire als metaphorische Andeutung einer angestrebten ›höheren Realität‹ verstehen, die hinter den Erscheinungen der objektiven Realität liegt und nur vom Künstler wahrgenommen und bildnerisch gestaltet werden kann. Zur ausführlichen Diskussion dieses Begriffes und seiner ver-

schiedenen Herkunftsquellen vgl. Düchting 1982, Kap. 4.4. Vgl. auch Linda D. Henderson, *The Artist, »The Fourth Dimension« and Non-Euclidean Geometry 1900–1930,* Diss. Yale University, 1975. J. A. Richardson, Cubism and the Fourth Dimension. A Myth in Modern Criticism, in: *Diogenes,* vol. 65, Montréal 1969, S. 99ff.; ders., in: *Modern Art and Scientific Thought,* Urbana 1971, S. 104ff.

Zur Relativierung vgl. Apollinaire selbst: »Wir wollen noch diesen Einfall hinzufügen: Die vierte Dimension war nichts anderes als eine Bekundung der Sehnsucht, der Unruhe zahlreicher junger Maler, welche die ägyptischen Skulpturen, die Neger- und Südseeplastiken betrachteten, über die Werke der Wissenschaft nachsannen und eine erhabene Kunst erhofften, während man heute dieser utopischen Äußerung, die festgehalten und erklärt zu werden verdiente, nur ein gewissermaßen historisches Interesse entgegenbringt.« (Die Maler des Kubismus, Zürich 1956, S. 26.)

18 Hier widerspricht sich Apollinaire offenbar wieder einmal selbst. In einem wenig später geschriebenen Artikel über das Trocadéro-Museum (Exotismus und Ethnografie, S. 174ff.) beschwört Apollinaire die wichtige Rolle, die die Kunst der afrikanischen und ozeanischen Völker für die Imagination der neuen Künstler gehabt hat. Explizit erwähnt er die auslösende Funktion solcher Masken, Plastiken und Fetische in dem Artikel »Die Anfänge des Kubismus« (S. 189ff.) am Beispiel von Derain und De Vlaminck. Insgesamt gesehen war Apollinaire offenbar einer der ersten Kunstkritiker, der auf die ästhetischen Merkmale außereuropäischer Kunst in einem größeren Zusammenhang hingewiesen hat, und die Verbindungen (und Einflüsse) zur aktuellen Kunst gesehen hat. Im Zusammenhang mit diesem Text scheint Apollinaire überhaupt jeden außerfranzösischen Einfluß auf die neue Avantgarde abwehren zu wollen, daher auch dann die fragwürdige Parallele des Kubismus zur gotischen Kunst.

19 Dieser Artikel erschien in zwei Teilen in den *Soirées de Paris* und wurde mit leichten Veränderungen wieder in Kap. III, IV, V und VI der *Peintres cubistes* verwendet. Ebenso wurde er für den Artikel »Méditations esthétiques« in *La Vie* vom 8. Februar 1913 wiederverwendet (zusammen mit »Über den Bildgegenstand in der modernen Malerei«, s. S. 151f.), vgl. *Chroniques d'Art,* S. 277ff. Die Übersetzung erfolgte aus dem Englischen (*Apollinaire on Art,* S. 222ff.).

Die Wiederverwendung älterer Artikel charakterisiert vor allem Apollinaires *Peintres cubistes.* Wie aus einem Brief an Madeleine Pagès hervorgeht (1915), wollte Apollinaire allerdings weniger eine Verteidigungsschrift des Kubismus herausgeben, wie der vom Verleger gewählte Titel nahelegt, sondern lediglich einige Überlegungen zur modernen Kunst zusammenfassen, was in dem von Apollinaire vorgeschlagenen Titel »Méditations esthétiques« zum Ausdruck gekommen wäre, der nur als Untertitel erscheint (vgl. *Chroniques d'Art,* S. 277, Anm. 1, S. 468). Trotzdem weist die häufige Verwendung dieser Artikel darauf hin, daß Apollinaire in ihnen einige besonders wichtige Gedanken zum Kubismus und zur modernen Kunst allgemein geäußert hat. Einer der wichtigsten Gedanken in diesem Text betrifft die Funktion von Kunst und Künstler: Kunst sei Schaffung neuer Illusionen und der Künstler habe die Aufgabe, diese Illusionen zu gestalten, nach denen sich dann schließlich der gesamte kulturelle Standard einer Epoche ausrichte. Apollinaire dreht also die konventionelle (positivistische) Überzeugung um, daß Kunst ein Spiegel der Gesellschaft sei, in der sie entsteht und sich entwickelt, und behauptet, zuerst sei eine künstlerische Schöpfung da, nach der sich dann die gesellschaftlichen Codes richteten. Abgesehen von dem ständigen Hintergedanken der absoluten Neuheit und proteischen Kreativität der Kunst, dem alle kunstkritischen Äußerungen Apollinaires unterliegen, handelt es sich hier im Keim um eine Kunstsoziologie, die erst viel später als Wechselwirkung zwischen Kunst und Gesellschaft erkannt und formuliert werden wird. Vgl. z. B. A. Hauser, *Soziologie der Kunst,* München 1974.

20 Dieser erst 1968 aus dem Nachlaß veröffentlichte Artikel offenbart Apollinaires frühes Interesse an der sog. Kunst der Primitiven, die auf die Entwicklung der avantgardistischen Kunst in Frankreich so großen Einfluß gehabt hat. Damit gehört Apollinaire zu den ersten Verfechtern außereuropäischer Kunst, deren Wichtigkeit für die moderne Kunst, aber auch deren ästhetische Einzigartigkeit er erkannt hat und in verschiedenen Artikeln vertritt. Mit Paul Guillaume und seiner Galerie verbindet ihn besonders in späteren Jahren eine enge Freundschaft, die zu gemeinsamen Ausstellungsprojekten führt, z. B. *Sculptures nègres* (1917). Vgl. Samaltanos 1984.

Das Trocadéro-Museum wurde erst 1928 reorganisiert, als P. Rivet und G. H. Rivière die Sammlungen zu rein ethnografischen Zwecken umbauten. Erst Jahre später wurde das Musée Guimet für die Sammlungen aus dem Fernen Osten geöffnet und erst vor kurzer Zeit das Musée des arts Africains et Océaniques. Das Trocadéro, als Musée de l'Homme bekannt, blieb ein Ort sonderbarer und kurioser Schaustücke mit einem Hauch von Verlassenheit.

21 Dieser Text erschien als Leitartikel der einzigen Ausgabe des *Bulletin de la Section d'Or* anläßlich der Ausstellung Section d'Or in der Galerie La Boétie. In dieser Ausstellung waren um den harten Kern der Puteaux-Gruppe Marcel Duchamp, Jacques Villon, Raymond Duchamp-Villon, Albert Gleizes, Jean Metzinger auch andere Maler wie Fernand Léger, Juan Gris, Roger de la Fresnaye, Francis Picabia versammelt, die als gemeinsame Basis ein Interesse an modernen Themen und ebensolcher Gestaltung hatten. Während diese Maler zum orthodoxen Kubismus von Picasso und Braque wegen derer hermetischen Bildsprache (der analytischen Phase) Abstand hielten, gab es mehr Gemeinsamkeiten zu den futuristischen Manifesten und Bildthemen (vgl. M. Duchamps *Akt, eine Treppe heruntersteigend*, 1912, Abb. 43). Neben pseudowissenschaftlichen Erklärungsmodellen (s. 1912, Anm. 17 zur ›Vierten Dimension‹) wurden von den Malern dieser von Apollinaire angeregten Gruppierung besonders oft Farbe-Musik-Beziehungen in die Konzeption ihrer Malerei einbezogen.

Am 11. Oktober 1912 hielt Apollinaire in dieser Ausstellung einen Vortrag zur »Aufteilung des Kubismus«, jener willkürlichen Zusammenstellung ganz unterschiedlicher moderner Maler in vier Gruppen, die er in *Les peintres cubistes* wiederaufnahm, obwohl ihm diese leichtfertige Übersicht von seiten der Maler wenig Zuspruch einbrachte:

1. der wissenschaftliche Kubismus: Picasso, Braque, Gris, Gleizes, Metzinger und Marie Laurencin;
2. der naturhafte Kubismus: Le Fauconnier;
3. der orphische Kubismus, die Richtung, die Apollinaire zu dieser Zeit am meisten interessierte: Delaunay, Léger, Duchamp und Picabia;
4. der instinktive Kubismus, dem alle anderen, irgendwie modernen Maler in ganz Europa automatisch zugehören.

Aus welchen unerfindlichen Gründen auch immer Apollinaire diese völlig sinnlose Unterteilung vorgenommen haben mag, fest steht jedoch, daß er die sich immer deutlicher abzeichnende Entwicklung der modernen Malerei nicht als interessante Marginalie der Kunstgeschichte betrachtete, sondern als geschichtlich bedeutsame, gesamteuropäische Kunstrichtung, der einmal ein fester Platz in den Annalen der Geschichtsschreibung gehören werde.

22 Dieser Text wurde in die »Méditations esthétiques«,in *La Vie* vom 8. Februar 1913 und in Kap. VII der *pintres Cubistes* aufgenommen. Die Übersetzung erfolgte nach der englischen Ausgabe *Apollinaire on Art*, S. 256–258.

23 In den veröffentlichten Aufzeichnungen von Robert Delaunay *Du cubisme à l'art abstrait* (Paris 1957) befindet sich ein Text von Apollinaire »Le Commencement du cubisme« (S. 151–154), der im wesentlichen der gleiche ist (mit kleinen Varianten) wie der in *Le Temps* veröffentlichte. Der in die

Schriften von Delaunay aufgenommene Text basiert auf einem Manuskript Apollinaires in Delaunays Besitz, der dem Dichterfreund für einen Vortrag in der Sturm-Galerie in Berlin im Januar 1913 diente. Eine Übersetzung des Textes in der Fassung Delaunays ist nachzulesen in: Robert Delaunay, *Zur Malerei der Reinen Farbe,* München 1983, S. 128–131. Bei Delaunay findet sich direkt im Anschluß daran ein weiterer Text *»Réalité, peinture pure«* (S. 154–157), der neben einer kurzen Einführung von Apollinaire einige eigene Notizen Delaunays zu seiner Malerei enthält. Der ursprünglich in den *Soirées de Paris* veröffentlichte Texte erschien in deutscher Übersetzung in der Zeitschrift *Der Sturm* im Dezember 1912. Er wurde in die vorliegende Sammlung nicht aufgenommen, weil er bereits in deutscher Übersetzung vorliegt, vgl. Robert Delaunay, *Zur Malerei der Reinen Farbe,* S. 131–134.

Dieser Text markiert den Höhepunkt der Beziehung zwischen Apollinaire und Delaunay. Die Freundschaft beginnt im November 1912, als sich Apollinaire mehrere Wochen bei den Delaunays aufhält, nach der Trennung von Marie Laurencin und dem Mona-Lisa-Skandal von Depressionen gequält. Dort sieht er die Fenster-Bilder und prägt für Delaunays neue Malerei den Begriff Orphismus den er als aktuellste Kunstströmung in seinen Artikeln und Vorträgen verteidigt. Eine enge Zusammenarbeit zwischen Maler und Dichter beginnt, in deren Folge Apollinaire neben einigen wichtigen Vorträgen in Berlin auch eines seiner schönsten Gedichte schreibt: »Les Fenêtres«. Es erscheint als ›Vorwort‹ in einem Album mit elf Abbildungen von Delaunays Werken zu seiner ersten Einzelausstellung in Deutschland, in der Sturm-Galerie in Berlin (27. 1.–20. 2. 1913); vgl. *Œuvres poétiques,* S. 168, und *Calligrammes* (1925), 1966, S. 25.

1913

1 Henri-Martin Barzun, ein Mitbegründer der Abbaye de Créteil, gründete eine Revue d'avantgarde mit dem Titel *Poème et Drame – Anthologie artistique et critique moderne,* deren erste Nummer im November 1912 erschien. In dieser Zeitschrift wurden moderne Gedichte, vor allem aber auch theoretische Artikel zur Moderne veröffentlicht, so z. B. »Einige Notizen zur Simultanität in der Malerei« des Futuristen Marc Delmarle. Barzun selbst vertrat einen Dramatisme-Simultanéisme mit dem Ziel einer »poésie harmonique, polyhymnique et polymélodique«, die er in einer *Esthétique dramatique* (1913) darstellte. Mit dem Einsatz verschiedener Stimmen sollte einem »Weltganzen« Rechnung getragen werden. Die angestrebte Simultanität zielt auf den Hörsinn, denn nur im gesprochenen oder gesungenen Vortrag sei diese erkennbar. Barzun sah dann auch die Zukunft der Dichtung in der »Vokalen Orchestration des simultanen Rhythmus«, auf Schallplatten aufgenommen und in einem »Institut der poetischen Kunst« anzuhören.

Nach einer vorübergehenden Zusammenarbeit mit Barzun zog Apollinaire gegen dessen unbescheidenen Anspruch einer »Revolution ohnegleichen« zu Felde. In einem Artikel »Simultanéisme-Librettisme«, in: *Les Soirées de Paris,* No. 25, 15. Juni 1914, S. 324–325, versucht Apollinaire die offensichtlich epidemisch angewachsene Verwendung des Begriffs Simultanismus (oder ähnlicher Wortableger von simultan-) auf einige Hauptinitiatoren zurückzuführen: Picasso und Braque sowie Delaunay. Im folgenden erteilt er dann Barzun eine Abfuhr, indem er noch einmal auf Delaunays Urheberschaft verweist. Delaunay wiederum glaubte, auch in der Literatur ein Wort mitreden zu können, und versuchte ein Prinzip der Simultankontraste als allgemeine Grundlage der modernen Literatur zu verteidigen. Die gesamte Polemik um die schillernden Schlagwörter der Avantgarde deuten vor allem auf eine verschärfte Konkurrenzsituation auf dem Kunstmarkt, dem sich der Künstler mit allen zu Gebote stehenden Mitteln stellen muß. Vgl. dazu Düchting 1982, S. 299ff.; s. auch P. Bergman, ›*Modernolatria*‹ *et* ›*Simultaneita*‹, Uppsala 1962.

2 *L'Enchanteur pourrissant* wurde im Jahre 1908 von Henry Kahnweiler in einer Luxusausgabe in limitierter Auflage herausgegeben. Der schnell vergriffene Band enthielt neben frühen Prosatexten von Apollinaire den berühmten protosurrealistischen Text *Onirocritique* (Traumdeutung) in der Tradition von Rimbaud, Lautréamont und Jarry. Der Band enthält Holzschnitte von André Derain, dessen »neue Kunst des Holzschnitts« Apollinaire in der Folge nicht müde wird zu rühmen. Hervorzuheben ist vor allem der expressive, ungeschönte Zugriff Derains in der Tradition deutscher expressionistischer Grafik. Zur Zusammenarbeit von Malern und Apollinaire bei der Illustration seiner Bücher vgl. Greed 1977.

3 Zum ›physischen Kubismus‹ vgl. 1912, Anm. 21.

4 Dieser Artikel erschien in deutscher Übertragung unter dem Titel »Die moderne Malerei«. Der Text diente als Grundlage für einen Vortrag Apollinaires in der Sturm-Galerie im Januar 1913 in Berlin. Eine französische Rückübersetzung wurde 1929 in Paris veröffentlicht und in die Schriften von Robert Delaunay, *Du cubisme à l'art abstrait* aufgenommen (S. 162–166). Die vorliegende Fassung des Textes wurde aus dem Englischen neu übertragen (*Apollinaire on Art,* S. 267ff.). Die französische Rückübersetzung wurde bereits neu ins Deutsche übertragen in: Robert Delaunay, *Zur Malerei der Reinen Farbe,* 1983, S. 135ff. Man vgl. die kleinen, aber oft interessanten Unterschiede in beiden Textfassungen.

5 Mit diesen zum Teil rätselhaften Zeilen will Apollinaire auf die neuen Collagenbilder Picassos hinweisen (vgl. Abb. 45). Das erste eingeklebte Element in einem kubistischen Bild ist ein Stück Wachstuch in einem Stilleben Picassos, das Apollinaire in seinem Artikel anspricht (s. auch »Die Moderne Malerei«, S. 192ff.). Braque verwendete bereits 1910 Druckbuchstaben und Ziffern, die bald darauf auch Picasso aufnimmt. Die ab 1912 entstehenden Collagen (papiers collés) gehen mit einer neuen Konzeption der kubistischen Malerei von Picasso und Braque einher. Von Braque gingen die Experimente mit Materialien aus, die der Farbe beigemischt wurden, wie Sand, Sägemehl oder Metallspäne, um die Materialität des Bildes zu erhöhen. Daraus entwickelt sich ein ganzes Arsenal an Techniken, um Holzmaserungen oder Marmorierungen vorzutäuschen. Braque hatte diese Kenntnisse aus seiner Lehrzeit als Dekorationsmaler mitgebracht und wandte sie nun konsequent an, um Zeichen optischer Realität in die zunehmend abstrakter werdenden Bilder einzufügen. Der nächste Schritt bestand darin, Tapeten mit Materialimitationen in das Bild zu kleben. Als erstes Werk mit eingeklebten Tapetenmustern gilt das *Stilleben mit Fruchtschale* (1912) von Braque. Die Collagetechnik fand sehr schnell auch bei den anderen kubistischen Malern Eingang, ebenso bei den Futuristen. Eine besondere Richtung gab ihr Sonia Delaunay-Terk, die um 1913 Bucheinbände in Collagetechnik (aus simultanen Kontrasten) schuf. Zur Geschichte der Collage vgl. Herta Wescher, *Die Geschichte der Collage,* Köln 1987.

6 Dieser Artikel bildet den Hauptteil des Picasso gewidmeten Teiles in den *Peintres cubistes.* In sprachlicher Hinsicht schließt er an die frühen Picasso-Elogen an (s. S. 51ff.). Inhaltlich zeigt er Apollinaires neuen Wissensstand nach den Gesprächen im Puteaux-Kreis in dem Versuch, pseudowissenschaftliche Erklärungsmodelle in die Critique poétique einzuführen.

7 Dies ist eine Anspielung auf einen Satz aus dem Gedicht »Villes« von Rimbaud in dem Band *Illuminations:* »... et j'assiste à des expositions de peinture dans les locaux vingt fois plus vastes qu'Hampton-Court.«

8 Diese Bemerkung markiert den Beginn einer Verwässerung und Ausweitung des eigentlich auf Delaunay bezogenen Begriff des Orphismus. In der Folge wird Orphismus zu einem Sammelbek-

ken verschiedener neuer Maler, deren Bilder zur farbigen Abstraktion tendieren. Delaunay erfaßte später diesen Grundgedanken Apollinaires, den er mit Orphismus beschrieb, sehr richtig: »Das von G. Apollinaire benutzte Wort ›orphisch‹ hatte den Sinn, jede künstlerische Erscheinung am Kubismus festzumachen, um die künstlerische Jugend zu einer Kraft zu vereinen. Auch wenn Apollinaire sah, daß eine Kunst der Farbe entstanden war – deren ganze Reichweite er vielleicht nicht ganz voraussah –, paßte er sie seiner ganzen Phantasie an, den poetischen Spielen, auch den musikalischen und bildnerischen, die ihn begeisterten. Nun sah er als Dichter vielleicht nicht so sehr das wichtige konstruktive Wesen der neuen Kunst. Er taufte mit dem Namen Orphismus alle diese farbigen Erscheinungen, die mitten im Kubismus die erste Hoffnung nach Wandlung waren...« R. Delaunay, *Zur Malerei der Reinen Farbe,* München 1983, S. 146.

Interessant ist in diesem Zusammenhang, daß Apollinaire von einer Ästhetik des Orphismus spricht, das einzige Mal, daß er den Begriff Ästhetik anwendet, allgemein verstanden als »systematische Anschauung des Schönen«. Apollinaire scheint tatsächlich unter Orphismus bereits in diesem Stadium weit mehr verstanden zu haben, als lediglich Delaunays Simultanmalerei, nämlich eine neue Manifestation der modernen Kunst, diesmal weit wichtiger und populärer als der Kubismus, wobei der Aspekt der zunehmenden Abstraktion bei einigen orphistischen Malern (Picabia, Kupka, Bruce, Frost) für Apollinaire gegenüber dem analytischen Kubismus wohl das ›kleinere Übel‹ war.

9 Der Name Légers ist im Katalog des Salons nicht verzeichnet. Im Salon des Indépendants von 1912 stellte er allerdings ein Bild mit dem Titel *Les fumeurs* aus, auf das sich Apollinaire vielleicht aus der Erinnerung bezieht, um Léger in die wichtige Gruppierung zum Orphismus miteinzubeziehen.

10 Apollinaire verwendet die selbstgewählte Gruppenbezeichnung Synchromisten der amerikanischen Maler Morgan Russell und Stanton Macdonald-Wright, die sich in eigenen Manifesten von Delaunay und seiner Malerei abzusetzen versuchten, ihr aber dennoch einiges verdankten. Ihre Bilder wurden konsequent nur mit ›Synchromie‹ betitelt. Vgl. V. Spate, *Orphism,* London 1979, S. 51; Kat. *Synchromism and Color Principles in American Painting 1900–1930,* hg. W. C. Agee, New York 1965; Herschell B. Chipp, *Theories of Modern Art,* Berkeley 1962, Manifest des Synchromismus, S. 320.

11 ›Kraftlinien‹, ein Begriff aus dem Jugendstil, ist in das Vokabular der Futuristen eingeflossen, allerdings vor allem für die Malerei reserviert. Vgl. das Vorwort zum Katalog der futuristischen Ausstellung in Paris 1912: »Aufgrund dessen, was der Maler Boccioni so treffend physische Transzendenz genannt hat, streben alle Gegenstände durch ihre Kraft-Linien nach dem Unendlichen, und unsere Intuition stellt ihre Kontinuität fest.« Vgl. U. Apollonio, *Der Futurismus...,* Köln 1972, S. 63.

12 Bruce war ein Schüler und Anhänger der Delaunays und stellte vor dem Krieg mehrmals in den Salons der Avantgarde aus. Vgl. V. Spate, *Orphism,* London 1979, S. 51, Abb. 24: Patrick Henry Bruce, *Composition,* 1913 (verschollen; abgebildet in *Les Soirées de Paris,* 15. Dez. 1913).

13 Apollinaire wiederholt hier einige Gedanken Delaunays aus dem Artikel »Realität. Reine Malerei« (Dezember 1912 im *Sturm* in deutscher Sprache veröffentlicht). Vgl. Robert Delaunay, *Zur Malerei der reinen Farbe,* München 1983, S. 128.

14 Auch dieser Abschnitt ist eine Wiederholung einiger Grundgedanken Apollinaires, zum ersten Mal veröffentlicht in dem Artikel »Die neue Malerei. Notizen zur Kunst« (April/Mai 1912, s. S. 168ff.). Sie wurden ebenso in *Peintres cubistes* wiederaufgenommen.

15 Ende 1911 übersiedelte Piet Mondrian nach Paris, wo ihn die Arbeiten der Kubisten, Braque, Picasso und Gris, sehr beeindrucken. Bis 1914 hielt er sich in Paris auf und nahm regelmäßig an den

Ausstellungen des Salon des Indépandants teil. In Paris entwickelte Mondrian einen abstrakten Stil, der ausgehend von der kubistischen Komposition (s. noch *Stilleben mit Ingwertopf*, 1912) über eine Serie von zunehmend abstrahierten Baumstudien zu völlig gegenstandsfreien Kompositionen aus einem Raster waagrechter und senkrechter Linien führte (*Ovale Komposition*, 1913/14). In seiner Besprechung des Salons der Unabhängigen von 1913 bezeichnet Apollinaire diesen Stil Mondrians als ›abstrakten Kubismus‹ und macht damit auf die zunehmende Konsequenz in Mondrians Schaffen aufmerksam, der in wenigen Jahren über den Kubismus hinaus, dem er allerdings in der gebrochenen Farbigkeit verpflichtet bleibt, zu einem neuen eigenständigen Stil gelangt, den er nach 1914 in der De Stijl-Bewegung weiter ausbaut (vgl. Abb. 48).

16 Artikel »Die Anfänge des Kubismus«, *Le Temps*, 14. Oktober 1912: s. S. 189ff. und 1912, Anm. 23.

17 Dies ist eins der wenigen Beispiele einer ausführlichen Bildbeschreibung Apollinaires. Trotz der Trennung hält Apollinaire weiterhin zu Laurencin und reiht sie nun in den neuen Kreis der Orphisten ein. In seinem erst kurz zuvor erschienenen Buch *Les peintres cubistes* zieht der Dichter wieder einen anderen Vergleich, um die Kunst seiner ehemaligen Geliebten zu adeln und in den Olymp der modernen Malerei zu heben: »Als Künstlerin kann man Mlle. Laurencin zwischen Picasso und dem Zöllner Rousseau einordnen. Das soll keine hierarchische Einstufung sein, sondern nur die einfache Feststellung einer Verwandtschaft. Ihre Kunst tanzt wie Salome zwischen Picasso, dem neuen Johannes der Täufer, der die Künste in die Taufe des Lichts reinwäscht, und Rousseau, dem sentimentalen Herodes, dem prächtigen und kindlichen Alten, den die Liebe bis an die Grenze des Verstandes geführt hat.« (Übersetzt aus: Les peintres cubistes, S. 93.)

Kunsthistorisch betrachtet ist Laurencins Malerei am ehesten den Bestrebungen der Nabis verwandt, mit denen sie einen Hang zur neoklassizistischen Linienführung teilt. Auch ihre Farbgebung dringt nicht zur autonomen, befreiten Farbe der Moderne vor, sondern bleibt in einer eigentümlichen Schwebe zwischen Lokalfarbe und stilisierter Flächenfarbe.

18 Noch ein Jahr vorher hatte Apollinaire in dem Essay »Über den Bildgegenstand in der modernen Malerei« (1. Januar 1912, s. S. 151f.) behauptet: »Der Gegenstand zählt nicht mehr, und wenn er zählt, so doch nur wenig.« Dieses kunstkritische Argument wandte er hauptsächlich gegen die futuristischen Bilder an. Aber schon im Salon des Indépendants von 1912 feierte Apollinaire das Bild *La Ville de Paris* als bestes und modernstes Bild von Delaunay. Im Verlauf der Kunstkritiken Apollinaires wird schnell deutlich, daß er immer weniger von einer abstrakten Kunst angezogen wird, aber zunehmend von Bildern, die mit modernen Allegorien arbeiten.

19 Anspielung auf die New York Armory Show (17. Febr.–15. März 1913). Die Ausstellungsmacher hatten die Kiefer als Symbol des New Spirit (in der Kunst) gewählt, wie es auch während des amerikanischen Unabhängigkeitskampfes getragen wurde. Während der Ausstellung, die zum ersten Mal moderne europäische Kunst nach Amerika brachte und dementsprechend wichtige Impulse gab, wurden tausende solcher Anstecknadeln an die Besucher verteilt.

20 *Angelos* bedeutet zugleich ›Botschafter‹ (wie bei d'Annunzio) und ›Engel‹ (wie in Anatole France' *La Révolte des Anges*).

21 Leutnant Georges Hébert veröffentlichte ein Buch über Körperertüchtigung *La Culture virile et les devoirs physiques de l'officier combattant*, Paris 1913; ein Beispiel mehr für Apollinaires unbändiges Interesse an fast allen literarischen Produkten. Boccionis Plastiken gehören sicher zu den wagemutigsten Experimenten in der Geschichte der modernen Kunst. Während Boccioni die collagierten Plastiken alle zerstörte (und als mißlungen betrachtete), überlebten die Bronzeplastiken, die Apollinaire als »athletische Freiübung« glossiert. Apollinaire zieht offensichtlich die

weniger modernen Plastiken Archipenkos oder Picassos frühe plastische Versuche vor. Zu Boccionis Plastik vgl. M. W. Martin, *Futurist Art and Theory 1909–1915,* Oxford 1968, S. 164ff. und Abb. 141 (Collageplastik), 145, 147, 151/152 (Gegenüberstellung von Boccionis *Antigrazioso,* 1912, und Picassos *Kopf einer Frau* von 1909, worauf sich Apollinaire weiter oben bezieht), 154 (Entwicklung einer Flasche im Raum) und 165–7, *Urformen der Bewegung im Raum* von 1913, s. auch Abb. 49).

22 ›Le mot de Cambronne‹ = euphemistische Umschreibung für ›merde‹.

23 Im Gegensatz zu Apollinaires heftiger Polemik erfreute sich Ferdinand Hodler (1853–1918) in Paris großer Zustimmung. Im Salon du Champ du Mars erregte Hodler bereits 1891 mit dem Bild *Die Nacht* (1890) großes Aufsehen. Das Bild wurde mit einer Silbermedaille ausgezeichnet. Hodlers monumentale Allegorien, z. B. *Der Frühling* (1907–1910), gaben nicht nur der Monumentalmalerei neue Impulse, sondern bereiteten auch den Expressionismus vor. Hodler wurde 1891 Mitglied der Société Nationale des Artistes Français, 1913 Officier de la Légion d'Honneur.

Bereits 1914 wurde Hodler aus sämtlichen deutschen Kunstverbänden ausgeschlossen. Die Polemik Apollinaires entbehrt also jeder historischen Grundlage.

24 Das *Porträt des Verlegers Figuière* von Gleizes zeigt in gemäßigt ›kubisierter‹ Form den Verleger der ersten kubistischen Schriften (Gleizes/Metzinger, *Du Cubisme,* und Apollinaire, *Les peintres cubistes*) und eines breiten Spektrums moderner Literatur von Paul Fort zu Alexandre Mercereau und Georges Polti. Einige seiner Autoren und Bücher sind im Hintergrund des Bildes benannt.

25 Die ›orphistischen‹ Bilder von Bruce und Picabia waren wohl die farbigsten und abstraktesten im Herbstsalon von 1913. Apolliniare folgt hier einem Argument aus Delaunays Theorie: Das Bild soll nur über die Mittel (der Farbe) unmittelbar auf den Betrachter wirken, vgl. z. B. folgenden Satz Delaunays: »Die Malerei ist kein Symbol, sie ist eine Übereinstimmung von Rhythmen. Die Malerei ist eine umfassende Kunst, ein Ganzes, das in seiner Reinheit eine bildnerische Tatsache darstellt, und keinen Effekt (Impressionismus), keine Anspielung (Kubismus und Symbolismus), keine Anekdote (Realismus, Naturalismus), sondern eben eine lebendige, menschliche, kreative, lyrische Handlung mit den reinen Mitteln, die aus der Malerei selbst stammen.« (Robert Delaunay, *Zur Malerei der reinen Farbe,* München 1983, S. 46.)

26 Im Hauptquartier der futuristischen Bewegung erschien am 29. Juni 1913 eine heftige, als futuristisches Manifest ausgegebene Polemik Apollinaires, *L'Antitradition futuriste. Manifeste-synthèse, Milan, Direction du Mouvement Futuriste.* Ganz entgegen seiner sonstigen Geduld und Langmut gegenüber seinen Gegnern (und denen der modernen Kunst) teilt Apollinaire hier unmißverständlich aus: Mer... de... für die Ewig-Gestrigen (Kritiker, Pädagogen, Professoren, Museen, usw.) und Rose... für alle Verfechter des Neuen und Modernen, u. a. für Marinetti, Picasso, Delaunay, Canudo, Salmon, Laurencin, Kandinsky, Cendrars, Barzun und viele andere Maler, Kritiker, Dichter dieser Zeit. Natürlich ist auch Apollinaire dabei aufgeführt (s. hintere Umschlagklappe).

27 In diesem Abschnitt greift Apollinaire noch einmal den Vergleich Malerei-Musik auf, der zu dieser Zeit von vielen Malern gezogen wurde, um die Reinheit der Mittel, die Unabhängigkeit vom Gegenstand und die direkte Ansprache durch die Farbe zu betonen, so von Delaunay, Picabia, Kupka, Kandinsky, Klee u. a.

Dann folgt Apollinaire aber wieder einem Einwand, den er vielleicht von Delaunay gehört haben mag, nämlich daß Musik und Literatur nur sukzessive Künste seien, die Malerei allein aber simultan und sofort erfaßbar sei (vgl. Delaunays Manifest »Über das Licht«, in: *Zur Malerei der reinen Farbe,* München 1983, S. 125ff.). Durch die musikalischen Vergleiche, die auch in den Titeln aufgenommen werden (Fugen, Rhythmen), sollten vor allem auch die neuen zeitlichen

Elemente herausgehoben werden, die den Bildraum der Moderne zu den multidimensionalen Kompositionen der Kubisten, Futuristen und Orphisten erweiterten. Bewegung, Rhythmus, Verzeitlichung wurden als neue bildnerische Elemente verstanden auf der Suche nach einer zeitgemäßen Bildform im Zeitalter beschleunigter sozialer und technischer Bewegungsabläufe.

28 Im November war die erste Ausgabe der neuen *Soirées de Paris* erschienen, die von Apollinaires Freunden Serge Férat und Hélène d'Öttingen aufgekauft worden war, um sie ganz in die Hände Apollinaires zu geben. Unter seiner Leitung entwickelte sich die kleine Zeitung bald zu einem wichtigen Organ der Avantgarde, in dem die Gedichte Apollinaires und seine Salonkritiken genauso selbstverständlich erscheinen konnten wie Abbildungen kubistischer und futuristischer Bilder sowie Gedichte und Artikel befreundeter Kritiker und Schriftsteller. Nach Erscheinen der ersten Nummer mit dem Bericht über den Salon d'Automne, der von fünf Abbildungen von Stilleben Picassos begleitet war, hatten alle vierzig Abonnenten gleichzeitig gekündigt. Unbeirrt folgte Apollinaire seinem eigenen Kunstgeschmack weiter und veröffentlichte im Dezember die zweite Nummer mit dem hier übersetzten zweiten Artikel über den Salon d'Automne, der diesmal von Abbildungen folgender Maler begleitet war: Matisses *Porträt der Mme. Matisse,* Laurencins *Junges Mädchen am Klaviver,* Metzingers *Im Kanu* (Zeichnung zum Gemälde im Salon) Gleizes' *Fischerboote* und Bruces *Komposition.* (Die Übersetzung folgt der englischen Ausgabe *Apollinaire on Art,* S. 334/335.)

29 Dieser Artikel erschien unsigniert, stammt aber zweifellos aus Apollinaires Feder, besonders hinsichtlich der Herausstellung der Arbeiten der Delaunays und der Behauptung, es handele sich um den »ersten Salon des Orphismus«. Gleichzeitig legt Apollinaire hier den Keim einer nachhaltigen Fehde mit Delaunay um den Begriff der Simultanität, den er dem Vokabular der Futuristen entnommen haben soll. Die Idee simultaner Plastik bestand in bunt bemalten Holzgegenständen, die Delaunay selbst später als ungenügend empfand und vernichtete. Boccionis Ausstellung futuristischer Plastik fand bereits im Juni 1913 statt (s. S. 208). Von den deutschen Malern des Sturm-Kreises und des Blauen Reiters erwähnt Apollinaire nur Kandinsky, wohl zurückzuführen auf die freundschaftlichen Beziehungen zwischen beiden. Kandinsky war außerdem einer der ersten deutschen Bewunderer von Delaunays Malerei, der er im Rahmen der Ausstellungen des Blauen Reiters großen Platz einräumte. Zu der Rezeption von Delaunay in Deutschland vgl. Kat. *Delaunay und Deutschland,* hg. von P.-K. Schuster, München 1985.

1914

1 Thomas Carlyle, *Sartor Resartus. The Life and Opinions of Herr Teufelsdröckh*, London 1841^2. Dieser Roman war in den symbolistischen Kreisen (aus denen Apollinaire ja stammt) ein vielgelesenes und vieldiskutiertes Buch, das, als Satire getarnt, die Sinnfrage stellt, die mit dem Sündenfall in die Welt gekommen ist. Natur in allen ihren Erscheinungen ist nach Carlyle »a reflex of our own inward Force, the phantasy of our Dream« (S. 63). Ein Kapitel dieses Werkes trägt den Titel »The Philosophy of Clothes«. In einem berühmten Bild von Gauguin mit dem Titel *Nirvâna (Porträt Meyer de Haan)*, 1889, liegen auf einem Tisch vor dem Porträtierten Miltons *Paradise Lost* und Carlyles *Sartor Resartus.*

2 Am 1.April 1911 erscheint in der Nr. 331 des *Mercure de France* die neue Rubrik »La vie anecdotique«, gezeichnet mit »Montade«. Nach dreimaligem Erscheinen erlischt die Kolumne vorerst und erscheint wieder am 16. Juni, diesmal mit »Guillaume Apollinaire« gezeichnet. Was zunächst als

Versuchsballon unter Pseudonym gestartet wurde, erlangte schnell große Beliebtheit, die Kolumne ist vergleichbar den heutigen Klatschspalten in den Boulevardzeitungen. Neben allerlei buntgemischten Anekdoten und Berichten aus der Welt der Kultur berichtet Apollinaire hin und wieder ausführlicher über Künstler und Kunstrichtungen, die er auch in seinen seriöseren Artikeln darstellt und verteidigt. So macht er sich selbst auf dieser Ebene zum Sprachrohr der Avantgarde, die er nicht müde wird zu preisen.

Apollinaire hat das Metier des kulturellen Feuilletons sehr geliebt. Selbst in den Kriegsjahren versucht er »La vie anécdotique« weiterzuführen. Die letzte Kolumne erscheint am 1. November 1918, bezeichnenderweise mit dem Titel »La Poésie«. Wenige Tage darauf stirbt Apollinaire. Wie sehr er diese kleinen bizarren, neugierigen Texte schätzte, zeigt eine Auswahl von ihnen, die Apollinaire noch vor seinem Tod unter dem Titel *Le flâneur des deux rives* herausgeben konnte. Mehr als nur ›Textreserve‹ zu sein, dienten ihm diese kleinen, oft charmanten Texte als eine Art öffentliches Tagebuch und Zeitchronik. Vgl. G. Apollinaire, *Anécdotiques*. Préface de Marcel Adéma, Paris 1955 (Gallimard); G. Apollinaire, *Le flâneur des deux rives suivi de Contemporains pittoresques*, Paris 1975 (Gallimard).

Aus den vielen mehr oder minder interessanten Kurzartikeln wurden hier einige ausgesucht, die wichtige Aspekte von Apollinaires Kunstgeschmack erläutern. Der vorliegende Artikel betrifft die Erneuerung der Kleidermode durch die Delaunays. In dem damals beliebten Tanzlokal Bal Bullier auf dem Montmartre verkehrten nicht nur die Delaunays und ihre Freunde, sondern auch andere Maler, Dichter und Schriftsteller aus den Avantgardekreisen. Mit ihren extravaganten Modeentwürfen machte vor allem Sonia Delaunay-Terk Furore. Ihre nach dem Krieg eingerichtete Boutique simultanée sowie ihre Kontakte zu bekannten Modeschöpfern sicherten den *fous de couleur* den Lebensunterhalt. Besonders ihre *robes simultanées* in simultanen Farbkontrasten und aus verschiedenen Stoffen erregten Bewunderung, die sich auch in den Gedichten der jungen Generation des Dada und aufkommenden Surrealismus niederschlug. Vgl. B. Cendrars, *Sur la robe elle a un corps*, 1914; vgl. auch T. Tzara, der Sonia Delaunay-Terk auch zu sog. Robes-Poèmes (1922) anregte, Kombinationen aus Modeentwürfen und poetischen Satzfragmenten. A. A. Cohen, *Sonia Delaunay*, New York 1975; *The New Art of Color. The Writings of Robert and Sonia Delaunay*, ed. by A. A. Cohen, New York 1978 (mit den Gedichten zur Kunst der Delaunays in engl. Übersetzung; hier auch der Text »The Influence of Painting on Fashion Design, 1926, S. 203); S. Delaunay, *Nous irons jusqu'au soleil*, Paris 1978, S. 83ff., zur Modereform der Text »La Bande à Delaunay«; Kat. *Robert et Sonia Delaunay*, Musée d'Art moderne de la Ville de Paris, 14. Mai bis 8. Sept. 1985.

3 Die Zeitschrift *L'Ymagier* (nicht »L'Imagier« wie Apollinaire schreibt) wurde von Remy de Gourmont und dem erst 21jährigen Alfred Jarry herausgegeben, der in den ersten fünf Nummern (Oktober 1894 bis Oktober 1895) mit Texten, Holzschnitten und Zeichnungen vertreten ist. Dann tritt er wegen zunehmenden Spannungen zu Berthe de Courrière, Gourmonts Freundin, aus der Redaktion aus. Auf das Talent Jarrys als Zeichner kommt Apollinaire in einem Artikel »Jarry dessinateur« zu sprechen (Paris-Journal, 28. Juni 1914) anläßlich der Neuausgabe des *Ubu-Roi* mit den Originalholzschnitten Jarrys. Die Lithografie *La Guerre* von Henri Rousseau geht auf ein gleichnamiges Ölbild zurück und erschien 1895 in *L'Ymagier* (Abb. s. C. Giedion-Welcker, *Alfred Jarry*, Zürich 1960, S. 95; im gleichen Buch sind auch Holzschnitte, Zeichnungen und die berühmten Marionetten von Alfred Jarry zu sehen).

4 ›Die Violine von Ingres spielen‹ ist eine französische Redewendung für das Betreiben eines Hobbys.

5 Der sonst so unnachsichtige Minister René Bérenger (s. 1911, Anm. 1) erließ auch ein Amnestiegesetz.

6 Hier folgt ein größerer Einschub eines älteren Artikels, den Apollinaire zur Besprechung des Salon des Indépendants von 1911 (s. S. 117ff.) geschrieben hatte, ein weiteres Beispiel, wie Apollinaire mit Texten umgeht und sie aus bereits geschriebenen Artikeln zu größeren Zusammenhängen collagiert.

7 Robert Delaunay hatte ebenso wie Apollinaire und viele andere Maler der Avantgarde ein herzliches Verhältnis zu Rousseau. Delaunays Mutter, eine feine Dame der Aristokratie, besaß *Die Schlangenbeschwörerin* von Rousseau. Wenn sie nicht gerade von ihren Reisen sprach, so durfte Rousseau auf ihren Soirées seine Abenteuer aus Mexiko berichten, die im übrigen frei erfunden waren. Delaunay malte ein (gegenständliches) Porträt von Rousseau, das den einfachen, warmherzigen Charakter dieses Künstleroriginals sehr gut einfängt (Abb. 54). Die erste Begegnung mit Apollinaire fand übrigens auf der gemeinsam besuchten Bestattung Rousseaus statt.

8 Kaum einen Künstler seiner Zeit hat Apollinaire so sehr gewürdigt und in so langen Texten dargestellt wie den Zöllner Rousseau. Selbst der Feldzug für Delaunays Orphismus oder die poetischen Hymnen an Picasso, den größten Meister der modernen Malerei, relativierten sich vor diesen liebevollen Beschreibungen von Rousseaus Leben und Werk. Dabei war die Begeisterung für Rousseau eine eher langsam wachsende Liebe, die wahrscheinlich von anderen, befreundeten Malern angestachelt wurde.

Henri Rousseau (1844–1910) begann nach einem ereignislosen Leben als einfacher Zollbeamter (nicht als Zollinspektor, wie Apollinaire meint) und Vater von neun Kindern, sich ab 1885 ganz der Malerei zu widmen. Er beschickte zunächst die offiziellen Salons, dann nach dessen Gründung den Salon des Indépendants (1884). Dort erhielt er bald den Ruf eines Außenseiters, dessen Bilder immer mehr zur Zielscheibe von Spott und Hohn der Presse und des Publikums wurden. Das Blatt begann sich erst um 1905 zu wenden, als Rousseau zwei Bilder in den erst zwei Jahre zuvor gegründeten Salon d'Automne einschickte. Seine Bilder wurden zusammen mit denen von Matisse, Derain, Braque, Rouault, De Vlaminck, Friesz, Dufy und den anderen Koloristen gehängt, die von dem Kritiker Louis Vauxcelles als Fauves bezeichnet wurden. Vielleicht war diese Bezeichnung zum Teil auf Rousseaus Bild zurückzuführen (*Der hungrige Löwe*, 1905, Privatsammlung Zürich). Jedenfalls wurde Rousseau in der populären Zeitschrift *L'Illustration* zusammen mit Bildern von Cézanne, Guérin, Vuillard, Matisse, Rouault und Derain abgebildet und somit in den Kreis der Avantgardemaler aufgenommen. 1907 akzeptierte der Salon d'Automne zwei Bilder von Rousseau, darunter das berühmte Bild *Die Schlangenbeschwörerin,* Paris, Louvre. Im gleichen Jahr machte Apollinaire, wahrscheinlich über Jarry, die Bekanntschaft von Rousseau. Nach anfänglicher Reserviertheit (s. Salonbesprechungen 1907, 1908) erwärmte sich Apollinaire für den Zöllner und begann, regelmäßig und in höchsten Tönen über ihn zu schreiben. Höhepunkt dieser späten Berühmtheit des Zöllners wurde das von Picasso im Bateau Lavoir abgehaltene Bankett zu seinen Ehren (1908). Neben der persönlichen Ausstrahlung Rousseaus würdigte die Avantgarde auch seine Malerei, deren exotische Themen mit einer oft überraschenden Modernität in der Farbgebung und Komposition umgesetzt wurden. Vgl. Shattuck, 1968. Der vorliegenden Übersetzung liegt die frz. Fassung aus Il ya (1925) zugrunde.

9 Serge Jastrebzoff, bekannt als Serge oder Edouard Férat, war zusammen mit seiner Schwester, Baronesse Hélène d'Öttingen, Hauptfinanzier der *Soirées de Paris*, die Apollinaire ab November 1913 allein herausgab. Neben Texten, Gedichten und Abbildungen kubistischer und futuristischer Werke konnte Apollinaire vor allem seine eigenen Werke ungehindert veröffentlichen. Die zweite

Nummer enthielt zum Beispiel das berühmte ›orphische‹ Gedicht »Lundi rue Christine«. Im folgenden wurden auch seine Ideogramme veröffentlicht; eine Nummer war ganz Henri Rousseau gewidmet; Beiträge der Futuristen Soffici, Severini und De Chirico erschienen. Das Redaktionsbüro am Boulevard Raspail wurde bald zu einem neuen Treffpunkt der Avantgarde. Durch die Neugründung der *Soirées de Paris* wurde Apollinaires Ruf nach der Mona-Lisa-Affäre gefestigter und bedeutender als zuvor. In dieser Zeitung ließ er seine wichtigsten programmatischen Texte zur modernen Kunst erscheinen.

10 Der Beitrag Archipenkos bestand aus vier Werken, im Katalog betitelt als: *Le carousel, Pierot, Le gondolier, La boxe*, und *Médrano* (Abb. 56) außer Katalog. Apollinaire verteidigt hier Archipenko gegen einen Angriff seines Kollegen vom *L'Intransigeant*, Emile Deflin, der am Vorabend veröffentlicht worden war. Die Titelseite der Ausgabe vom 2. Mai zeigt eine Abbildung von *Médrano* mit der folgenden Bemerkung: »Wir reproduzieren hier die Abbildung eines Kunstwerks [?], das in dieser Ausgabe an anderer Stelle von unserem Mitarbeiter Guillaume Apollinaire angepriesen wird, der alleine für diese Meinung verantwortlich zeichnet.« Dieses Ereignis führte zusammen mit dem Zwischenfall zur Begriffspriorität von Simultanität (s. Anm. 13) dazu, daß Apollinaire auf Druck des Herausgebers seine Artikelserie einstellen mußte.

11 Der heute völlig vergessene Künstler Alexis Mérodack-Jeaneau beklagte sich tatsächlich in mehreren Manifesten bitter über die Plagiierung seiner Malerei. Um 1899 veröffentlichte er eines der ersten Künstlermanifeste, das *Manifeste de l'Ecole Synthétique*, in dem er von einer »art plastique« spricht, die der »art littéraire« überlegen ist. Im Jahre 1905 gründete er *La grande revue angevine*, 1906 umgenannt in *Les tendances nouvelles*, in der er tatsächlich neue Kunsttendenzen ans Licht der Öffentlichkeit zu bringen suchte. In Nr. 26 (November 1906) finden sich Holzschnitte von Kandinsky, wenig später Zeichnungen von Gabriele Münter und Abbildungen von Werken Jawlenskys. Im Mai 1907 organisiert Mérodack-Jeaneau in Angers eine wichtige Ausstellung unter dem Titel »Le Musée du Peuple«, an der wiederum Kandinsky u. a. teilnahmen. In einem einfach »Manifest« betitelten Text, der am 7.August 1913 im *Gil Blas* erschien, beklagte sich dieser Künstler über das ihm entgegengebrachte Desinteresse, das auch von Apollinaire, »l'artiste subtil, incisif explorateur«, nicht durchbrochen werde, obwohl er ihm die Konzeption seiner »lignes-forces« und »écrans colorés« erklärt habe. Man kann sich die Richtung seiner Arbeit parallel zu den Forschungen von Valensi und Kupka etwa zur gleichen Zeit vorstellen. Vgl. *L'Année 1913. Les formes esthétiques de l'œuvre d'art à la veille de la premiére guerre mondiale*, ed. L. Brion-Guerry, t. 3, Manifestes et témoignages, Paris 1973, S. 192–193.

12 De Chirico hatte drei Bilder eingesandt: *La nostalgie de l'infini, Joies et enigmes d'une heure étrange, L'Enigme d'une journée*. Diese Bemerkung zu de Chirico markiert den Beginn einer freundschaftlichen Beziehung zwischen dem noch völlig unbekannten Maler, der in Paris in einem winzigen Atelier wohnte und arbeitete, und dem bekannten Kunstkritiker und Dichter. De Chirico malte das Porträt Apollinaires im Stil der Pittura metafisica (*Bildnis Guillaume Apollinaire*, 1914, Paris, Musée National d'Art Moderne, Centre Georges Pompidou, Farbabb. 8).

13 Diese, wohl unüberlegte Bemerkung Apollinaires zu Delaunays ›Futurismus‹ und seines Einflusses auf Ottmann löste eine *querelle artistique* aus, in deren Folge die Redaktion des *L'Intransigeant* mit Briefen der beteiligten Maler, auch der Futuristen, überschwemmt wurde, die jeder die Priorität ihrer jeweiligen künstlerischen Innovationen unterstrichen. Der an sich sinnlose Streit um Begriffe aus dem Atelierjargon eskalierte bis zu einer Duellforderung Ottmanns an Apollinaire. Interessanterweise wurden als Sekundanten Ottmanns Delaunay und Roches genannt, auf der Seite Apollinaires A. Billy und Léger. Bevor die Kontrahenten ins Feld ziehen konnten, wurde die Debatte

allerdings beigelegt. Die unmittelbare Folge war die Kündigung Apollinaires beim *L'Intransigeant* und das Ende der Freundschaft zwischen ihm und Delaunay. Vgl. 1913, Anm. 1. Zur *querelle artistique* vgl. *Chroniques d'Art*, S. 474ff.; R. Delaunay, *Zur Malerei der reinen Farbe*, München 1983, S. 111, Anm. 120.

14 Dieses Vorwort zu der Ausstellung von Alexander Archipenko in der Sturm-Galerie, die im März 1914 stattfand, wurde von den Abbildungen zweier Werke begleitet, *Venus* und *Deux corps*. In der Nummer 25 der *Soirées de Paris* vom 15.Juni 1914 veröffentlicht Apollinaire vier weitere Werke: *Femme à sa toilette, Portrait de Mme. Archipenko, La boxe* und *Statuette*. Dieser Artikel ist nicht nur wegen Apollinaires neuem Engagement für einen Künstler, der von der übrigen Kunstkritik noch heftig angegriffen wurde, bemerkenswert, sondern vor allem wegen der langen Beschreibungen exotischer Kunstwerke und Kunststile, die auf den Bildhauer eingewirkt haben sollen. Einmal mehr erweist sich Apollinaire als *grand mystificateur*, dem Mythos der Moderne treu ergeben, zeigt aber auch seine ungewöhnlichen Kenntnisse auf dem Gebiet außereuropäischer Kunst, deren Beziehungen zur europäischen Avantgarde er als einer der ersten Kunstkenner bemerkt und aufgezeigt hat. Vgl. Artikel »Exotismus und Ethnografie« (1912), S. 174ff. und 1912, Anm. 20.

15 Apollinaire bezieht sich auf den Artikel von Gaston Thiesson »Le Salon des Indépendants et les critiques« (*L'Effort Libre*, April 1914, S. 445–451), in dem er Apollinaire wegen seiner Fehlurteile im Bereich der modernen Kunst anprangert. Vgl. *Chroniques d'Art*, S. 477/78 mit dem teilweisen Abdruck dieses Artikels.

16 Das von Thiesson als »wagemutig« angesprochene Pamphlet stammte von Arthur Cravan (1887–1920?), Boxer und Poet, der in seiner eigenen Zeitschrift *Maintenant*, Nr. 4, die Ausstellung der Unabhängigen persifliert. Besonderen Ärger erregte eine Bemerkung über Sonia Delaunay-Terk: »Ich will nicht behaupten, daß ich es nicht einmal mit Frau Delaunay treiben werde, da ich, wie die große Mehrheit der Männer, ein geborener Sammler bin, und folglich ein grausames Wohlgefallen dabei empfinden würde, eine Volksschullehrerin zu mißhandeln, um so mehr als ich in dem Moment, in dem ich sie durchbohre, den Eindruck hätte, ein Brillenglas zu zerschlagen.« (aus: Arthur Cravan, *Poet und Boxer oder die Seele im zwanzigsten Jahrhundert*, Hamburg, Ed. Nautilus, 1978, S. 61.) Solche und andere Unflätigkeiten gegenüber den Delaunays brachte Cravan eine Duellforderung ein sowie auf Veranlassung Robert Delaunays eine Klage wegen Beleidigung seiner Frau, was mit acht Tagen Gefängnis geahndet wurde. Cravan nahm in seinen Pamphleten und Aktionen gewisse Elemente des Dada vorweg. Seine Gedichte scheinen von Apollinaire und Cendrars angeregt worden zu sein (z.B. Sifflet, 1912). Im Vorwort zur französischen Neuausgabe von *Maintenant* (Paris 1957) bezeichnet André Breton Cravans Besprechung des Salons als »ein Meisterstück des Humors in der Kunstkritik«.

17 Der Vortrag Légers wurde am 9. Mai gehalten unter dem Titel »Les Réalisations picturales actuelles«. Der Text des Vortrags wurde veröffentlicht in den *Soirées de Paris,* Nr. 27, 15. Juni 1914, S. 349–56., dtsch. in: F. Léger, *Mensch, Maschine, Malerei,* Bern 1971, S. 29ff.

18 Légers künstlerisches Anliegen war es, eine zeitgemäße Malerei zu entwickeln, die den neuen technischen und wirtschaftlichen Entwicklungen der modernen Gesellschaft Rechnung trägt. Nach kubistischen Anfängen und Anleihen bei Delaunay entwickelte Léger in den 20er Jahren eine eigenständige Ästhetik, die Elemente moderner Malerei mit einer gegenständlichen, plakativ wirkenden Thematik verbindet. »Der heutige Mensch nimmt hundertmal mehr Eindrücke auf als zum Beispiel ein Künstler des achtzehnten Jahrhunderts, weshalb ja auch unsere Sprache mit Kurzformen und Abbreviaturen nur so gespickt ist. Die Kompaktheit und Vielschichtigkeit des modernen Bildes sowie seine aufgebrochenen Formen sind als ein weiteres Ergebnis dieser Situation zu

verstehen.« (aus: *Mensch, Maschine, Malerei,* Bern 1971, S. 29/30). Vgl. auch Green, *Léger and the Avantgarde,* New Haven/London 1976.

19 Der Schriftsteller, Maler und Journalist Francesco Cangiullo (1888–?) gehörte seit 1912 dem Futurismus an. Er erfand die Poesia pentagrammata und widmete seine Aufmerksamkeit besonders dem Theater. Zusammen mit Marinetti verfaßte der das Manifest *Teatro a sorpresa* und mehrere futuristische Theaterstücke. Ab 1925 wandte er sich vom Futurismus ab. Cangiullos Stück *Piedigrotta* (1912) wurde 1986 von einer neapolitanischen Theatergruppe in München wiederaufgeführt.

20 Dem Musiker und Maler Alberto Savinio, Bruder Giorgio de Chiricos, hatte Apollinaire gerade einen langen Artikel gewidmet (»Musique Nouvelle«, *Paris-Journal,* 24. Mai 1914), den einzigen seiner Artikel, der sich mit der Kunstgattung Musik beschäftigt. Bei aller Neugier und Offenheit gegenüber fast allen Bereichen kulturellen Lebens vermißt man bei Apollinaire eine eingehendere Beschäftigung mit der Musik, es sei denn als Vergleichsmodell für die neue Malerei.

21 Dieser Artikel belegt, daß Apollinaires Affinität zur Modernität und Erneuerung auch alle die Quellen erfaßte, die etwa seit 1900 unter dem Stichwort Primitivismus in den Brennpunkt künstlerischer Forschung gerückt waren. Dazu gehörten neben den Ausdrucksmöglichkeiten ›primitiver‹, außereuropäischer Kulturen auch die Bildnerei von Geisteskranken und Kindern. Die Suche der Künstler nach reinen, magischen Formen in der unverbildeten kindlichen Kreativität, wie sie z. B. im Kreis des Blauen Reiters propagiert wurde (vgl. Kandinskys Aufsatz »Über die Formfrage« im Almanach *Der Blaue Reiter* von 1912 und die dort abgebildeten Kinderzeichnungen), korrespondierte mit der gleichzeitig einsetzenden wissenschaftlichen Aufbereitung; stellvertretend sei genannt: G. Kerschensteiner, *Die Entwicklung der zeichnerischen Begabung,* München 1905. Besonders Paul Klee bezog in seiner Frühzeit einen wesentlichen Teil seiner künstlerischen Inspiration aus der Kinderkunst, was ihm in der Zeit des Nationalsozialismus die heftigste Verfolgung einbrachte. Vgl. O. K. Werkmeister, *Versuche über Klee,* Frankfurt 1981, S. 124ff.

22 ›Passeismus‹ stammt aus dem futuristischen Vokabular und bezeichnet eine vergangene, tote Kunst.

23 Die Synthese aller Künste war ein beliebtes Denkmodell der Avantgarde und wurde besonders von Apollinaire, aber auch von Canudo (Montjoie!), Barzun (Poème et Drame) und anderen Kunstkritikern und Schriftstellern propagiert. Alles Kunstschaffen sollte auf eine Universalsprache hinauslaufen als universelles, allen Menschen zugängliches Verständigungsmittel zwischen den Kunstbereichen. Diese utopische Hoffnung der historischen Avantgarde wurde wie in einem großen Schlußwort von Apollinaire noch einmal in seinem letzten großen Artikel »L'Esprit nouveau et les poètes« (Mercure de France, 1. Dez. 1918) vorgetragen, wo er von der Verquickung der Künste, Wissenschaft und der Technik spricht vor dem Hintergrund eines *esprit nouveau,* eines letzten geistigen Taumels immerwährender Erneuerung und linearen Fortschreitens in der Geschichte der Menschheit. Zum Problem der Sprachlichkeit der modernen Kunst vgl. Düchting 1982, S. 484ff.; M. Rassem/H. Sedlmayr, *Über Sprache und Kunst,* Mittenwald 1978; R. Wedewer, *Zur Sprachlichkeit von Bildern,* Köln 1985.

24 Mit der Ausstellung der beiden russischen Künstler Nathalie Gontscharowa und Michail Larionov wurde in Paris eine Spielart des russischen Kubo-Futurismus eingeführt, die man Rayonismus nannte. Bereits 1913 wurde in Moskau eine Ausstellung rayonistischer Arbeiten gezeigt. Ein gleichzeitig lanciertes Manifest führte im Titel zwar den Neologismus »Aveniriens« (die Zukünftigen), unterschied sich aber sonst wenig von den Manifesten der Futuristen. Eine Ausstellung in Berlin in der Galerie des Sturm und in Paris in der Galerie Paul Guillaume folgte 1914. 1917 ließen sich beide Künstler endgültig in Paris nieder, wo sie an zahlreichen Ausstellungen teilnahmen

sowie einige Bühnenbilder und Theaterausstattungen entwarfen. Die sehr kurzlebige Stilrichtung des Rayonismus kann als eine Verbindung von kubistischen Elementen (prismatische Aufteilung der Fläche), futuristischer Bewegungsdarstellung und Delaunayscher Forderungen (Licht durch Farbkontraste) angesehen werden. Neu ist die Einbeziehung wissenschaftlicher Forschungen zur Strahlentheorie des Lichts. Kompositionsprinzip des Rayonismus ist die Auflösung des Bildgegenstandes in Licht- oder Strahlenbündel (rayons), die den Bildraum prismatisch brechen und eine starke Dynamik bewirken. Wichtig ist nicht der Bildgegenstand, sondern seine erlebte und dargestellte Ausstrahlung, die allen Dingen zukommt und sie verbindet. »Das Bild scheint so außer Rang und Zeit, es strömt Empfindungen aus, die uns die vierte Dimension ahnen lassen.« (M. Hoog/S. de Vigneral [Hg.], *Michel Larionov. Une avant-garde explosive,* Lausanne 1978, S. 72). Vgl. C. Gray, *Das große Experiment. Die russische Kunst 1863–1922,* Köln 1974; *Russische Avantgarde 1910–1930.* Sammlung Ludwig, Köln, mit einer Einführung von Evelyn Weiss, München 1986.

25 Leopold Survage (Sturzwage, 1879–1968) vollzog vielleicht als erster Künstler den Schritt vom statischen Leinwandbild, das Bewegung immer nur symbolisch oder physiologisch (Op-art) darstellen kann, zur tatsächlich ablaufenden Bewegung im Film. Das erste Projekt, *Rythme coloré,* ist zwar in Studien erhalten (die sehr an Delaunay angelehnt sind), doch kam es nicht zur Realisierung. Apollinaire war jedoch bereits von der Idee einer kinematografischen Vorführung von Farbbewegungen so begeistert, daß er in *Soirées de Paris* (Juli–August 1914) Survage und seiner »Neunten Muse« eine Sondernummer widmete. »Ich will meine Malerei animieren, ich will ihr Bewegung verleihen, ich will in die konkrete Aktion meiner abstrakten Malerei Rhythmus einführen, der meinem inneren Leben entspringt. Mein Instrument wird der Kinematograf sein, dieses wahre Symbol akkumulierter Bewegung. Ich will die Partituren meiner Visionen den sukkzesiven Phasen meines Gemütszustands entsprechend ausführen. Ich bin dabei, eine neue visuelle Zeit-Kunst aus farbigem Rhythmus und rhythmischer Farbe zu schaffen.« (Leopold Sturzwage, Dokument No. 8182, hinterlegt am 29. Juni 1914 bei der Académie des Sciences in Paris.) Erst mit fortgeschrittener Technik und ausgereiften Konzepten wurden allerdings erste Vorführungen einer Farblichtmusik in den zwanziger Jahren möglich. Besonders wichtig sind in diesem Zusammenhang die Farblichtspiele von Ludwig Hirschfeld-Mack am Bauhaus in Weimar (am 19. August 1923 erstmalig anläßlich der Bauhaus-Woche vorgeführt) und die abstrakten Filme von Hans Richter (1888–1976), die er zusammen mit Viking Eggeling (1890–1925) entwickelte. Vgl. S. Selwood, Farblichtmusik und abstrakter Film, in: Kat. *Vom Klang der Bilder. Die Musik in der Kunst des 20. Jahrhundert,* Staatsgalerie Stuttgart, hg. von Karin von Maur, München 1985.

26 Dieser hochinteressante Artikel über den Serienhelden Fantômas zeigt nicht nur Apollinaires Vorliebe für die ›kleine Literatur‹, sondern vor allem auch das schon früh geweckte Interesse für das Medium Film, dem Apollinaire später ein eigenes Projekt widmet: *La Bréhatine* (1918), ein Konzept für einen Film, in dem sich die Ereignisse kaleidoskopartig vermischen und überstürzen.

1916

1 Der Katalog enthielt außerdem das Gedicht »Voyage« von Apollinaire (in *Calligrammes* unter dem Titel »La Traversée« veröffentlicht), »Bombay-Express« von Blaise Cendrars, »La Messe du visionnaire« und »La Même en prose« von Max Jacob, »Ronde des signes« von Fernand Divoire und »Nature Morte, portrait« von Pierre Reverdy.

2 Es handelt sich um das Manifest »La nuova religione della velocità. Manifesto futuristo« von F. T. Marinetti, das am 11. Mai 1916 in der 1. Nummer der in Florenz erscheinenden Zeitschrift *L'Italia futurista* veröffentlicht wurde.

3 Franz. Wortspiel: »Véloce« c'est-à-dire »ce vélo« = »Schnell«, das heißt »dieses Fahrrad«.

4 »La scienca futurista« erschien in der 2. Nummer von *L'Italia futurista,* unterzeichnet von Corra Bruno, Ginanni Arnaldo, Chiti Remo, Settimelli Emilio, Carli Mario, Maria Oscar, Nannetti Vieri. Auch die Futuristen geraten wie ihre Zeitgenossen in einen, die beginnende Moderne unterschwellig sehr lebendig durchziehenden Strom des Mystizismus, wie schon am Beispiel der ›Vierten Dimension‹ aufgezeigt wurde. Die Suche nach einer transzendentalen Realität führte futuristische Maler wie Boccioni und Carrà auch zu spiritistischen Sitzungen und Aufnahmen von ausströmendem Ektoplasma ausgewählter Medien. Apollinaire stand nach den polemischen Kontroversen mit den Futuristen vor dem Krieg ihren Manifesten sehr kühl gegenüber, obwohl er insgesamt mit dem Futurismus sympathisierte.

1917

1 Melanos = schwarz, also die Liebe zum Schwarzen, bzw. die Besessenheit für das Schwarze.

2 Apollinaire meint das Teruven Museum in Brüssel, Zentrum der damaligen anthropologischen Forschung mit einer reichen Sammlung.

3 Zusammen mit dem Artikel »Exotismus und Ethnografie« und »Skulpturen aus Afrika und Ozeanien« (Les Arts à Paris, 15. Juli 1918, S. 285) dokumentiert dieser Text Apollinaires Kennerschaft auf dem Gebiet der Negerplastik. Wie viele seiner Malerfreunde besaß Apollinaire eine interessante Sammlung von Fetischen, Idolen und Masken, die er auf Flohmärkten oder in Trödelgeschäften billig erwerben konnte. Ähnlich wie in den anderen Artikeln zu diesem Thema beklagt er das fehlende wissenschaftliche Rüstzeug, das den ästhetischen Genuß dieser plastischen Objekte erhöhen würde. Noch wichtiger als die rein formale Betrachtung dieser Kunstwerke ist ihm aber die poetische Ausstrahlung und religiöse Bedeutung, die seiner Meinung nach meistens übersehen wird. Im Gegensatz zu den Kubisten oder Fauvisten (Derain und De Vlaminck) zielt Apollinaire damit auf die Wurzel aller ›primitiven‹ Schöpfungen, auf ihre Ursprünglichkeit und Reinheit sowie ihren magisch aufgeladenen Sinn.

4 Das Wort surrealistisch taucht wieder am 24. Juni 1917 auf, als Apollinaires ein Bühnenstück *Les Mamelles de Tirésias* (Die Brüste des Tiresias) aufführen ließ, das er als »surrealistisches Drama« bezeichnete. Geprägt hatte er das Wort bereits in einer Besprechung von Chagalls Bildern im Salon des Indépendants 1912. Viele Ansätze in Apollinaires Dichtungen weisen auf eine übersteigerte visionäre Kraft, so z. B. »Onirocritique« in *L'Enchanteur pourrissant* von 1908 oder auch die orphischen Gedichte oder die *Calligrammes.* All das macht ihn noch nicht zu einem Vorläufer des Surrealismus, doch sind wesentliche Elemente dieser literarischen und künstlerischen Bewegung bereits bei Apollinaire vorhanden. Nur sechs Jahre nach Apollinaires Tod formulierte André Breton in seinem Manifest des Surrealismus das neue Schlagwort so, wie auch Apollinaire ihm zugestimmt hätte: »Surrealismus, Substantiv, mas., reiner, psychischer Automatismus, durch welchen man, sei es schriftlich, sei es auf jede andere Weise, den wirklichen Ablauf des Denkens auszudrücken sucht. Denk-Diktat ohne jede Vernunftskontrolle und außerhalb aller ästhetischen oder ethischen Fragestellungen.«

5 Der ›Neue Geist‹ (esprit nouveau) wurde zum Schlagwort in den Avantgardekreisen der zwanziger Jahre. Bereits um die Jahrhundertwende waren mehrere Bücher erschienen, die diesen Begriff verwendeten, z. B. Havelock Ellis, *The New Spirit,* 1890; F. Paulhan, *Le nouveau mysticisme,* Paris 1891; Léon Bazalgette, *L'esprit nouveau,* Paris 1898. Auch von Apollinaire wird der ›Neue Geist‹ beschworen, aber nie ausdrücklich definiert. Aus einigen Bemerkungen, besonders seinem Artikel »L'Esprit nouveau et les poètes« (Mercure de France, 1. Dezember 1918),wird deutlich, daß mit diesem mystischen Begriff eine Art schöpferische Inspiration gemeint sein muß, die alle Künste verbindet und schließlich zur »synthèse des arts« führt. Der Künstler ist für Apollinaire zugleich »Macher« und »Seher« neuer Welten, die die Menschheit so wie die Fortschritte in Wissenschaft und Technik bereichern werden.

6 Apollinaire versucht hier, (angebliche) kubistische Elemente als wesentliche Bestandteile des Balletts *Parade* darzustellen. Aber wie schon in den wichtigen Teilen der *Peintres cubistes* bleibt er immer dann wenig überzeugend, wenn er versucht, (kunst-)wissenschaftlich genau neue Bildformen zu beschreiben. Im Mai 1917 erschien ein Gedicht von Apollinaire mit dem Titel »Pablo Picasso«, das noch einmal die Bewunderung für diesen Maler zum Ausdruck bringt. Die typografische Anordnung der Gedichtzeilen soll, nach dem Direktor der Zeitschrift *SIC,* Pierre Albert Birot, ein kubistisches Stilleben von Picasso nachahmen. Ein bestimmtes Bild ist jedoch nicht zu erkennen. Das Gedicht wurde in *Il y a* wiederabgedruckt. Vgl. *Apollinaire on Art,* S. 450 (in franz. und in engl. Übertragung).

1918

1 Was Apollinaire in der Hand hielt und nicht genau definieren konnte, war die erste und einzige Nummer der Zeitschrift *Rongwrong,* herausgegeben 1917 in New York von Marcel Duchamp, Roché und Beatrice Wood, ein Nachfolgeorgan der Zeitschriften *The Blind Man* und *391.* In New York hatten sich Picabia und Duchamp wiedergetroffen und bildeten bald den Kern eines neuen Künstlerkreises, den man heute New York Dada nennt. Duchamp fertigte damals seine ersten Ready-mades, darunter auch *Apolinère Enameled* (1916/17), ein metallenes Reklameschild für die Farbenmarke Sapolin Enamel. Duchamp veränderte lediglich den Text leicht. Bei den ›Unabhängigen‹ von New York, deren Gründungsmitglied er war, schickte er im Jahre 1917 anonym ein mit »R. Mutt« signiertes Pissoir unter dem Titel *Fountain* ein. Es wurde abgelehnt. Anläßlich dieser Ausstellung veröffentlichte Walter Arensberg, Mittelpunkt der New Yorker Kunstszene, gemeinsam mit Roché auf Anregung Duchamps *The Blind Man,* von dem zwei Nummern erschienen. *Rongwrong* enthielt neben zahlreichen Beiträgen von Picabia auch einige interessante Arbeiten von John Covert (1882–1960) und Edith Clifford Williams (1885–1971). Als Tochter eines Geologieprofessors in Yale hatte Williams früh Zugang zu den Künstlerkreisen um Arensberg und Stieglitz. Sie schuf einige Plastiken, die man tatsächlich sowohl mit dem Auge als auch mit dem Tastsinn erfahren sollte. Vgl. W. A. Camfield, *F. Picabia,* Princeton 1979, S. 103.

2 Dieser Artikel aus den ›Klatschspalten‹ des *Mercure de France* zeigt die immer noch große Offenheit und Sensitivität Apollinaires für alles Neue aus den künstlerischen Bereichen, auch wenn er es nicht immer richtig einordnen kann. Die Zeitschrift *Rongwrong* bestand größtenteils aus den dadaistischen Späßen Duchamps und Picabias, was z. B. die Veränderung des Vornamens des ›taktilen Künstlers‹ zeigt. Der Gedanke einer tastbaren, fühlbaren Kunst war schon in mehreren

Manifesten des Futurismus vor dem Krieg angesprochen worden, doch erst am 11. Januar 1921 veröffentlichte Marinetti sein Manifest des Tattilismo, in dem er sich als Urheber einer taktilen Kunst bezeichnet. Picabia protestierte unter Hinweis auf den hier zitierten Artikel.

3 Anspielung auf eine Gedichtzeile aus Apollinaires Gedicht »Fenêtres«:

La fenêtre s'ouvre comme une orange
Le beau fruit de la lumière
(Das Fenster öffnet sich wie eine Orange
Die schöne Frucht des Lichts)

4 Nach einer überwiegend mystischen Einführung, die gewisse Anklänge an frühere Picasso-Texte aufweist, findet sich hier ein gänzlich neuer Gedanke protosurrealistischen Inhalts. Er klingt ein wenig wie die berühmte Definition Lautréamonts, Überraschung sei »die zufällige Begegnung eines Regenschirms und einer Nähmaschine auf einem Operationstisch«. Das Element der Überraschung gehört seit Baudelaire zum Standardrepertoire modernistischer Kunstkritik und wird auch vom Surrealismus wieder verwendet, allerdings mit Betonung des Ursprungs aus dem Unbewußten.

5 Das ist auch der Titel eines bekannten Bildes von Henri Matisse von 1904 (Abb. 5).

6 Vielleicht bezieht sich Apollinaire hier auf die Manifeste der Futuristen, die mit großer Heftigkeit jede Art von Aktmalerei verdammten: »Wir bekämpfen [...] die Aktmalerei, die ebenso widerwärtig und deprimierend ist wie der Ehebruch in der Literatur.« (»Die futuristische Malerei – Technisches Manifest«, 1910, aus: U. Apollonio, *Der Futurismus,* Köln 1972, S. 43). Apollinaire hielt dieses generelle Verbot jedoch immer schon für ausgesprochen dumm (vgl. Besprechung der ersten futuristischen Ausstellung in Paris, 1912, S. 152f.), wohl wissend, daß seine kubistische Phalanx keineswegs die Aktmalerei ausgeschlossen hatte.

7 Dieser Artikel über Van Dongen wurde für *Les Arts à Paris* geschrieben, das Informationsblatt der Galerie Paul Guillaume. Der hochpoetische Text ist nur mit den frühen Texten zu Picasso vergleichbar, was die Ausgesuchtheit der Metaphern, den gemessenen Duktus angeht. Anders als bei den Texten zu Picasso betont Apollinaire hier aber die Sinnlichkeit der Farbe und der (weiblichen) Form. Wie schon bei seinem Feldzug für den Orphismus deutlich wurde, fühlte sich Apollinaire immer mehr zu einer direkt ansprechenden, sinnlichen Kunst hingezogen. In den vorhergehenden Jahren hatte er allerdings die Malerei Van Dongens entweder ausgeklammert oder mit wenigen Worten abgetan (vgl. Salonkritiken 1908–1914). Man weiß nicht, was diese neue Hinwendung zu einem Maler aus dem Kreis der Fauves, die Apollinaire bereits der Vergangenheit zugeordnet hatte, bedeutet und was sie bewirkt hat. Auch in den Aufzeichnungen Van Dongens findet sich kein näherer Anhaltspunkt.

8 Apollinaire bezieht sich hier auf einen berühmten Streich der Kunstgeschichte. Eine Gruppe junger Maler beschloß nach einem feucht-fröhlichen Abend bei Père Frédé, dem Eigentümer des Lapin à Gill, in den juryfreien Salon des Indépendants ein ›impressionistisches‹ Werk einzusenden. Auf Rat eines Schriftstellers Dorgelès band man einen Pinsel an den Schwanz von Frédés Esel Dodo und ließ ihn auf der Leinwand tanzen. Unter dem Titel »Und die Sonne ging über der Adria unter«, mit »Boronali« signiert, wurde es zum Salon des Indépendants von 1910 eingereicht, ohne daß irgend jemand Verdacht schöpfte. Das Bild wurde sogar von mehreren Kritikern lobend erwähnt (vgl. Salonkritik 1910). Vgl. Shattuck 1968, S. 25.

9 Dieser erst vor kurzem veröffentlichte Artikel (aus: *Cahiers du Musée National d'Art Moderne, Centre Georges Pompidou,* Nr. 81/6, Paris 1981, S. 15) beleuchtet noch einmal die Beziehung Apollinaires zu den dadaistischen Tendenzen seiner Zeit. »Der Fall M. Richard Mutt« war der

Skandal, der Marcel Duchamp (unter dem Decknamen Richard Mutt) mit seinem ersten Readymade, einem Pissoir, betitelt *Fountain,* zur Berühmtheit der New Yorker Kunstszene machte. Apollinaire argumentiert hier auf seiner bekannten Linie: Alles, was neu und frisch ist, muß auch gut sein, zumindest muß es gezeigt und gesehen werden, was die Aussteller in New York ja abgelehnt hatten. Der Vergleich mit einem »abgekarteten Spiel« in einer Ausstellung der französischen Unabhängigen zeigt allerdings auch eine tiefer liegende Reserve Apollinaires dagegen, sich allzusehr über das Publikum lustig zu machen, ein Vorwurf, dem er sich vor dem Krieg als Verteidiger des Kubismus und Erneuerer der Poesie oft ausgesetzt sah.

10 Man vergleiche diesen Artikel mit »Melanophilie oder Melanomalie« (S. 257f.), den er unter dem Titel »A propos de l'art des noirs« wiederveröffentlichte in: *Sculpture nègres, vingt-quatre phototypies précédées d'un avertissement de Guillaume Apollinaire et d'un exposé de Paul Guillaume* (Paris, Paul Guillaume, 1917). Die Fassung des *Mercure de France* wurde auch unter dem Titel »Opinion sur l'art nègre« in *Action,* Nr. 3, April 1920, veröffentlicht, sowie in *L'Art océanien, sa présence,* Einführung von Paul Rivet, Texte von G. Apollinaire und T. Tzara, hg. von Madeleine Rousseau in der Serie »Le musée vivant«, Nr. 38, Paris 1951, und in G. Apollinaire, *Airelles,* Lüttich 1954, unter dem Titel »L'Art des noirs«.

Literaturhinweise

A. Quellen und Texte

I. Französische Ausgaben

Guillaume Apollinaire, *Œuvres poétiques*, Paris 1956

Guillaume Apollinaire, *Œuvres complètes*, ed. M. Décaudin/M. Adéma, 4 Bde., Paris 1966

Guillaume Apollinaire, *Calligrammes*, préface de M. Butor, Paris 1966 (1925)

II. Gedichte in deutscher Übertragung

Guillaume Apollinaire, *Dichtungen*, ausgew. und hg. v. Flora Klee-Palyi (zweisprachig), Wiesbaden 1953

Guillaume Apollinaire, *Poetische Werke – Œuvre poétiques* (zweisprachig), ausg. v. G. Henniger, dtsch. v. G. Henniger, J. Hübner, L. Klünner, Neuwied/Berlin 1969

III. Schriften zu Kunst, Kultur und Zeitgeschehen

Guillaume Apollinaire, *Il y a*, préface de Ramón Gómez de la Serna, Paris 1925

Guillaume Apollinaire, *Anecdotiques*, préface de M. Adéma, Paris 1955

Guillaume Apollinaire, *Chroniques d'Art*, ed. L.-C. Breunig, Paris 1960 (einschl. vollständiger Übersicht aller erschienenen Artikel)

Guillaume Apollinaire, *Les peintres cubistes*, Texte présenté et annoté par L.-C. Breunig et J. Cl. Chevalier, Paris 1980 (1965); dt. Ausgabe: *Die Maler des Kubismus*, Zürich 1956; überarbeitete dt. Neuausgabe Frankfurt a. M. 1989

Guillaume Apollinaire (Hg.), *Les Soirées de Paris*, 2 Bde., Genf 1970–71 (Faksimile-Nachdruck der Ausg. Paris 1912–14)

Guillaume Apollinaire, *Petites Flâneries d'Art*, Textes retrouvés, préfacés et annotés par P. Caizergues, Paris 1980

IV. Dokumentationen

Bulletin d'études apollinariennes, Nr. 1 ff., Paris 1954 ff.

Documents iconographiques, in: P. Cailler (ed.),*Guillaume Apollinaire*, Genf 1965

Les Archives d'Apollinaire (Sonderreihe der *Revue des Lettres Modernes*), Paris 1969 ff.

Album Apollinaire, Iconographie recensée et commentée par M. Adéma et M. Décaudin, Paris 1971

B. Bücher und Aufsätze über Apollinaire

Adéma, Marcel, *Guillaume Apollinaire le Mal-Aimé*, Paris 1952

Adéma, Marcel, *Apollinaire*, Paris 1968 (mit umfangreicher Bibliografie)

Aegerter, Emmanuel und P. Labracherie, *Au temps de Guillaume Apollinaire*, Paris 1943

Billy, André, *Apollinaire vivant*, Paris 1923 (Neuausgabe 1949)

Billy, André, *Guillaume Apollinaire. Une étude avec un choix de poèmes, une bibliographie, des manuscrits, des dessins etc.*, Paris 1947

Blumenkranz-Onimus, Noemi, Apollinaire critique d'art, in: *L'Information d'Histoire de l'Art*, Nr. 4, Paris 1961, S. 103–110

Bordat, Denis und Bernard Veck, *Apollinaire*, Paris 1983

Breunig, Leroy, Apollinaire as an Early Apologist for Picasso, in: *Harvard Library Bulletin*, 7, Nr. 3, Herbst 1953, S. 365–370

Breunig, Leroy, Apollinaire et le Cubisme, in: *Revue des Lettres modernes*, Nr. 69–70, Paris 1962, S. 7–14

Breunig, Leroy, *Guillaume Apollinaire*, New York/London 1969

Breunig, Leroy, Les Phares d'Apollinaire, in: *Cahiers du Musée National d'Art Moderne, Centre Georges Pompidou*, Nr. 81/6, Paris 1981 (Sondernummer Apollinaire), S. 63–69

Breton, André, *Les pas perdus*, Paris 1924

Buckley, Harry E., *Guillaume Apollinaire as an Art Critic*, Ann Arbor/Michigan 1981

Cadou, René-Guy, *L'Ami des peintres*, Paris 1953

Carmody, François, L'Esthétique de l'Esprit Nouveau, in: *Le Flâneur des deux rives*, Nr. 7–8, Sept.–Dez. 1955, S. 11–20

Carmody, François, *The Evolution of Apollinaire's Poetics 1901–1914*, Berkeley 1963

Cohen, Arthur A., *The Delaunays, Apollinaire and Cendrars*, The Cooper Union School of Art and Architecture 1972 (Vortrag)

Davies, Margret, *Apollinaire*, Edinburgh und London 1964

Décaudin, Michel, Apollinaire et les peintres en 1906 d'après quelques notes inédites, in: *Gazette des Beaux-Arts*, Febr. 1970, S. 117–120

Düchting, Hajo, *Robert Delaunays »Fenêtres«: peinture pure et simultané. Paradigma einer modernen Wahrnehmungsform*, München 1982

Fabureau, Hubert, *Guillaume Apollinaire. Son œuvre*, Paris 1952

Frick, Louis, *Guillaume Apollinaire*, Paris 1946

Giedion-Welcker, Carola, *Die neue Realität bei Guillaume Apollinaire*, Bern 1945 (wiederveröffentlicht in: dies., *Schriften 1926–1971*, hg. von R. Hohl, Köln 1973)

Golding, John, Guillaume Apollinaire and the Art of the Twentieth Century, in: *Baltimore Museum of Art News*, 26, Nr. 4/27, Nr. 1, Sommer/Herbst 1963 (Doppelnummer zu Apollinaire als Kunstkritiker)

Greed, Anne Hyde, *Apollinaire et le Livre de peintre*, Paris 1977

Lautenbach, Fritz, *Die Motivik und Symbolik des synthetischen Denkens im Werk G. Apollinaires*, Frankfurt a. M. 1976

Leube, Eberhard und Alfred Noyer-Weidner (Hg.), *Apollinaire*, Vortragsreihe Universität Bonn, Wiesbaden 1980

Lichtenstern, Christa, *Pablo Picasso: Denkmal für Apollinaire*, Frankfurt a. M. 1988

Little, Roger, *Guillaume Apollinaire*, London 1976

Mackworth, Cecily, *Guillaume Apollinaire und die Kubisten*, Frankfurt a. M. 1963

Martin, Marianne W., Futurism, Unanimism and Apollinaire, in: *Art Journal*, 28, Herbst 1968–69, S. 259ff.

Moulin, Jeanine, Apollinaire, critique d'art, in: *Le Flâneur des deux rives*, Nr. 2 (Juni 1954), S. 12–14

Neumann, Volker, *Die Zeit bei Apollinaire*, München 1972

Noszlopy, George T., Apollinaire. Allegorical Imagery and the Visual Arts, in: *Literature and the Plastic Arts*, Edinburgh 1973, S. 49–71

Pia, Pascal, *Guillaume Apollinaire in Selbstzeugnissen und Bilddokumenten*, Frankfurt a. M. 1961 (frz. Ausg. 1954)

Poupon, Marc, Apollinaire et Cendrars, in: *Archives Guillaume Apollinaire (Archives de Lettres modernes)* 1969 (7), Bd. IV, Nr. 103, S. 1–65

Raynal, Maurice, »Les peintres cubistes« de Guillaume Apollinaire, in: *Le Flâneur des deux rives*, Nr. 5 (März 1955), S. 6–7

Rouveyre, André, *Apollinaire*, Paris 1945

Rouveyre, André, *Amour et poésie d'Apollinaire*, Paris 1955

Samaltanos, Katia, *Apollinaire – Catalyst for Primitivism, Picabia and Duchamp*, Ann Arbor/Michigan 1984

Schleifenbaum, Ingrid, *Guillaume Apollinaire: »Ondes«. Exemplarische Einzeluntersuchungen zu den »Calligrammes«*, Bonn 1972

Schmits, G., Apollinaire, le Douanier Rousseau et l'Art Naïf, in: *Revue Générale: Perspectives européennes des sciences humaines*, Nr. 10, Dez. 1971, S. 17–44

Shattuck, Roger, Une polémique d'Apollinaire, in: *Le Flâneur des deux rives*, Nr. 4 (Dez. 1954), S. 41–45

Shattuck, Roger, *The Banquet Years: The Arts Origins of the Avant Garde in France 1885 to World War I*, New York 1968

Soupault, Philippe, *Guillaume Apollinaire ou les reflets de l'incendie*, Marseille 1927

Steegmuller, Francis, *Apollinaire: Poet Among the Painters*, New York 1963

Themerson, Stefan, *Apollinaire's Lyrical Ideograms*, London 1968

Tournadre, Claude, *Les Critiques de notre temps et Apollinaire*, Paris 1971

Vergnes, G., *La Vie passionée d'Apollinaire*, Paris 1958

Warnier, Raymond, Apollinaire journaliste, in: *Revue d'Histoire littéraire de France*, Jan.–März 1956, S. 107–122

Warnier, Raymond, A propos de Calligrammes, in: *Revue des Sciences Humaines*, Nr. 84, Okt.–Dez. 1956

Verzeichnis der abgebildeten Werke

Farbtafeln

1 Gino Severini, Heroglifica dinamico del ›Bal Tabarin‹
(Dynamische Hieroglyphe des ›Bal Tabarin‹), 1912
Öl auf Leinwand mit Pailletten, 161,6 × 156,2 cm
The Museum of Modern Art, New York, The Lilli P. Bliss Bequest
© 1989 VG Bild-Kunst, Bonn

2 Robert Delaunay, La Ville de Paris (Die Stadt Paris), 1912
Öl auf Leinwand, 267 × 406 cm
Musée National d'Art Moderne, Centre Georges Pompidou, Paris
© 1989 VG Bild-Kunst, Bonn

3 Marc Chagall, Hommage à Apollinaire 1911/12
Silberpulver auf Leinwand, 200 × 189,5 cm
Stedelijk Van Abbemuseum, Eindhoven
© 1989 Cosmopress, Genf

4 Jean Metzinger, L'Oiseau bleu (Der blaue Vogel), 1912
Öl auf Leinwand, 230 × 196 cm
Musée d'Art Moderne de la Ville de Paris
© 1989 VG Bild-Kunst, Bonn

5 Francis Picabia, Udnie, 1913
Öl auf Leinwand, 300 × 300 cm
Musée National d'Art Moderne, Centre Georges Pompidou, Paris
© 1989 VG Bild-Kunst, Bonn

6 Roger de la Fresnaye, La conquête de l'air (Die Eroberung der Luft), 1913
Öl auf Leinwand, 235,9 × 195,6 cm
The Museum of Modern Art, New York, Mrs. Simon Guggenheim Fund

7 Henri Rousseau, Le poète et sa muse (Der Dichter und seine Muse), 1909
Öl auf Leinwand, 146 × 97 cm
Kunstmuseum Basel

8 Giorgio de Chirico, Portrait Guillaume Apollinaire (Porträt Guillaume Apollinaire), 1914
Öl auf Leinwand, 81,5 × 65 cm
Musée National d'Art Moderne, Centre Georges Pompidou, Paris
© 1989 VG Bild-Kunst, Bonn

Schwarzweißabbildungen

1 Pablo Picasso, Femme à corneille (Frau mit Krähe), 1904
Kohle, Pastell- und Wasserfarben auf Papier, 64,8 × 49,5
The Toledo Museum of Art, Schenkung Edward Drummond Libbey
© 1989 VG Bild-Kunst, Bonn

Staatliche Eremitage, Leningrad
© 1989 VG Bild-Kunst, Bonn / Succession H. Matisse
14 Henri Rousseau, Le songe (Der Traum), 1910
Öl auf Leinwand, 204,5 × 298,5 cm
The Museum of Modern Art, New York, Schenkung Nelson A. Rockefeller
15 Henri Rousseau, La charmeuse des serpents (Die Schlangenbeschwörerin), 1907
Öl auf Leinwand, 169 × 190 cm
Musée d'Orsay, Paris
16 Jean Metzinger, Le goûter (Der Nachmittagscafé), 1911
Öl auf Leinwand, 75,6 × 70,5 cm
Philadelphia Museum of Art
© 1989 VG Bild-Kunst, Bonn
17 Robert Delaunay, La Tour Eiffel (Der Eiffelturm), 1910/11
Öl auf Leinwand, 130 × 97 cm
Museum Folkwang, Essen
© 1989 VG Bild-Kunst, Bonn
18 Roger de la Fresnaye, Le cuirassier (Der Kürassier), 1910/11
Öl auf Leinwand, 180 × 180 cm
Musée National d'Art Moderne, Centre Georges Pompidou, Paris
19 Henri Le Fauconnier, L'Abondance (Die Fülle), 1910
Öl auf Leinwand, 191 × 123 cm
Haags Gemeentemuseum, Den Haag
20 Albert Gleizes, La femme au phlox (Die Dame mit dem Phlox), 1911
Öl auf Leinwand, 81,6 × 100,2 cm
The Museum of Fine Arts, Houston, Schenkung der F. Esther Whinery Goodrich Foundation
© 1989 VG Bild-Kunst, Bonn
21 Fernand Léger, Nus dans le forêt (Akte im Wald), 1909/10
Öl auf Leinwand, 120 × 170 cm
Rijksmuseum Kröller-Müller, Otterlo
© 1989 VG Bild-Kunst, Bonn
22 Robert Delaunay, La ville no. 2 (Die Stadt Nr. 2), 1911
Öl auf Leinwand, 146 × 114 cm
Musée National d'Art Moderne, Centre Georges Pompidou, Paris
© 1989 VG Bild-Kunst, Bonn
23 Gino Severini, La Danse de Pan-Pan à Monico (Pan-Pan im Monico)
im Zweiten Weltkrieg zerstört; © 1989 Vg Bild-Kunst, Bonn
24 Umberto Boccioni, Stati d'animo I: Gli adii (Die Gemütszustände I: Der Abschied), 1911
Öl auf Leinwand, 70 × 95 cm
Civico Museo d'Arte Contemporanea Palazzo Reale, Mailand
25 Umberto Boccioni, Stati d'animo II: Gli adii (Die Gemütszustände II: Der Abschied), 1911
Öl auf Leinwand, 70,8 × 95,9 cm
The Museum of Modern Art, New York, Schenkung Nelson A. Rockefeller
26 Umberto Boccioni, La città che sale (Die Stadt erhebt sich), 1910/11
Öl auf Leinwand, 199,3 × 301 cm
The Museum of Modern Art, New York, Mrs. Simon Guggenheim Fund

Musée National d'Art Moderne, Centre Georges Pompidou, Paris
© 1989 VG Bild-Kunst, Bonn
39 Fernand Léger, La femme en bleu (Die Frau in Blau), 1912
Öl auf Leinwand, 193 × 130 cm
Kunstmuseum Basel
© 1989 VG Bild-Kunst, Bonn
40 Francis Picabia, La source (Die Quelle), 1912
Öl auf Leinwand, 249,6 × 249,3 cm
The Museum of Modern Art, New York, Schenkung Eugene und Agnes E. Meyer Coll.
© 1989 VG Bild-Kunst, Bonn
41 Francis Picabia, Danses à la source (Tänze an der Quelle), 1912
Öl auf Leinwand, 120 × 120 cm
Philadelphia Museum of Art, Louise and Walter Arensberg Coll.
© 1989 VG Bild-Kunst, Bonn
42 Jean Metzinger, La danseuse (au café) (Die Tänzerin), 1912
Öl auf Leinwand, 146 × 114,3 cm
Albright-Knox Art Gallery, Buffalo, New York
© 1989 VG Bild-Kunst, Bonn
43 Marcel Duchamp, Nu descendant un escalier no. II (Akt eine Treppe hinuntersteigend), 1912
Öl auf Leinwand, 146 × 89 cm
Philadelphia Museum of Art, Louise und Walter Arensberg Coll.
© 1989 VG Bild-Kunst, Bonn
44 Jacques Villon, Jeune femme (Junge Frau), 1912
Öl auf Leinwand, 146,7 × 114,6 cm
Philadelphia Museum of Art, Louise und Walter Arensberg Coll.
© 1989 VG Bild-Kunst, Bonn
45 Pablo Picasso, Violon et fruits (Stilleben mit Violine und Früchten), 1913
Collage und Kohle auf Papier, 64,8 × 49,5 cm
Philadelphia Museum of Art, A.E. Gallatin Coll.
© 1989 VG Bild-Kunst, Bonn
46 Robert Delaunay, L'équipe de Cardiff (Die Mannschaft von Cardiff), 1912/13
Öl auf Leinwand, 193,5 × 131 cm
Stedelijk van Abbemuseum, Eindhoven
© 1989 VG Bild-Kunst, Bonn
47 Albert Gleizes, Les joueurs de football (Die Football-Spieler), 1913
Öl auf Leinwand, 226 × 183 cm
National Gallery of Art, Washington, Ailsa Mellon Bruce Fund
© 1989 VG Bild-Kunst, Bonn
48 Piet Mondrian, Ovale Komposition mit Bäumen, 1913
Öl auf Leinwand, 94 × 78 cm
Stedelijk Museum, Amsterdam
© 1989 VG Bild-Kunst, Bonn
49 Umberto Boccioni, Forme uniche della continuità nello spazio
(Urformen der Bewegung im Raum), 1913
Bronze, 111,2 × 88,5 × 40 cm

Bild- und Textquellennachweis

Stedelijk Museum, Amsterdam 48
Kunstmuseum Basel 39; Farbt. 7
Kunstmuseum Bern 9
Albright-Knox Art Gallery, Buffalo/New York 42
The Art Institute of Chicago, Chicago/Illinois 34, 51
Haags Gemeentemuseum, Den Haag 19, 36
Stedelijk van Abbemuseum, Eindhoven Farbt. 3
Museum Folkwang, Essen 17
The Museum of Fine Arts, Houston/Texas 20
Rheinisches Bildarchiv, Köln 55
Staatliche Eremitage, Leningrad 13
Musée des Beaux-Arts, Lyon 35, 50
The Minneapolis Institute of Arts, Minneapolis/Minnesota 12
The Museum of Modern Art, New York 14, 25, 26, 27, 40, 49; Farbt. 1, 6
Solomon R. Guggenheim Museum, New York, Foto: Robert E. Mates 29
Salomon R. Guggenheim Museum, New York, Foto: David Heald 56
Nasjonalgalleriet, Oslo 10
Rijksmuseum Kröller-Müller, Otterlo 21
Photothèque de la Ville de Paris 37; Farbt. 4
Service photographique du Musée National d'Art Moderne, Paris 5, 22, 28, 32, 33, 38, 52, 53, 54; Farbt. 2, 5, 8; Frontispiz
Service photographique de la Réunion des musées nationaux, Paris 15, 18; Umschlagvorderseite
Philadelphia Museum of Art, Philadelphia/Pennsylvania 16, 30, 41, 43, 44, 45,
The Saint Louis Art Museum, St. Louis/Missouri 31
Staatsgalerie Stuttgart 4
The Toledo Museum of Art, Toledo/Ohio 1
Musée d'Art moderne de Troyes 7
National Gallery of Art, Washington 3, 47

Alle übrigen Abbildungsvorlagen entstammen dem Archiv des Verfassers.

Die Gedichte (S. 287–295) wurden entnommen aus: G. Apollinaire, Poetische Werke – Œuvres poétiques (zweisprachig) ausgewählt von Gerd Henniger, dtsch. v. G. Henniger, J. Hübner und L. Klünner, Neuwied/Berlin 1969. Der Abdruck erfolgte mit freundlicher Genehmigung der Hermann Luchterhand Verlag GmbH & Co. KG, Neuwied.

Personenregister

Sachregister

Schlüsselbegriffe der Kunstkritik Apollinaires sind kursiv gesetzt.

Zum Text auf der folgenden Seite und in der hinteren Umschlaginnenklappe

L'Antitradition futuriste (Manifest Appolinaires vom Juni 1913)
Das in Französisch und Italienisch herausgegebene Flugblatt (Juli 1913 von Mailand aus verteilt) erschien in französischer Sprache, aber ohne die Originaltypografie am 3. August 1913 in ›Gil-Blas‹ mit einem Kommentar von André Salmon:
»Der Futurismus hat sich selbst überlebt! M. Guillaume Apollinaire, der Dichter von ›Alkohol‹, der Romancier von ›Erzketzer und Co.‹, hat mit dem hier zu lesenden Manifest dem Futurismus den Todesstoß versetzt. Das mußte ja passieren: noch futuristischer als Marinetti sein zu wollen! M. Guillaume ist es gelungen, zu unserer großen Freude. Hier ist also dieses wertvolle Dokument, das wir leider nicht in der Originaltypografie abdrucken konnten.« Am Schluß des Manifestes fügte Salmon noch hinzu: »Wir heben die uns geweihte Rose, lieber Dichter und Freund, als Erinnerung an den größten Bluff des Jahrhunderts auf. Der Futurismus hat sich selbst überlebt. Das ist genügend Anlaß zur Freude.« Am 7. August 1913 antwortete der Maler Mérodack-Jeaneau mit dem »synthetistischen« Manifest »Bombe, Elefant, Karaffe!« im dadaistischen Stil von Artur Cravan, das ebenfalls im ›Gil-Blas‹ abgedruckt wurde. Das Manifest Apollinaires in der französischen Fassung erschien außerdem noch in ›La Revue Mensuelle des Arts‹ in Prag im gleichen Jahr, und in ›L'Esprit Nouveau‹, Nr. 26 im Oktober 1924. Die italienische Fassung erschien in ›Lacerba‹, Nr. 18, am 15. September 1913. Nach Carrà ging die typografische Gliederung auf Marinetti zurück. Zwischen der italienischen und der französischen Fassung bestehen kleine Unterschiede. Apollinaire distanzierte sich im übrigen später von diesem Manifest, das auf dem Höhepunkt der avantgardistischen Innovationssucht wohl eher aus einer Laune als aus echter Überzeugung heraus verfaßt wurde.

L'ANTITRADITION FUTURISTE

Manifeste-synthèse

ABAS LEP*ominir* A*liminé* SS*korsusu*
otalo EIS*cramir* ME*nigme*

ce moteur à toutes tendances impressionnisme fauvisme cubisme expressionnisme pathétisme dramatisme orphisme paroxysme **DYNAMISME PLASTIQUE MOTS EN LIBERTÉ INVENTION DE MOTS**

DESTRUCTION

Suppression de la douleur poétique
des exotismes snobs
de la copie en art
des syntaxes *déjà condamnées par l'usage dans toutes les langues*
de l'adjectif
de la ponctuation
de l'harmonie typographique
des temps et personnes des verbes
de l'orchestre
de la forme théâtrale
du sublime artiste
du vers et de la strophe
des maisons
de la critique et de la satire
de l'intrigue dans les récits
de l'ennui

Pas de regrets

SUPPRESSION DE L'HISTOIRE

INFINITIF